동·서양 언어학사 I

제1부 동양의 언어 연구

동·서양 언어학사 I

제1부 — 동양의 언어 연구

정광

역락

머리말

0.0. 이 책은 동·서양의 언어학사를 한국의 언어학도들에게 개략적으로 소개하면서 인류의 언어 연구가 어디로부터 시작하였고 어떻게 흘러가며 현대의 우리에게는 어떤 영향을 주었는가를 밝히려고 집필한 것이다.

졸저(2022) <언어학사로 본 20세기까지의 한국어 연구사>에서 한국어학사에 대하여는 나름대로 어느 정도 정리하였다고 자부한다. 다만 이 책에서 한국어 연구의 역사를 살피기 위해서는 동·서양의 언어 연구사에 대한 지식이 절대적으로 필요함을 역설하고 다른 기회에 본격적으로 이에 대한 연구서를 내겠다고 약속하였다.

그것은 필자가 그동안 한글의 창제에 대하여 살펴보면서 15세기 중반에 조선에서 한글을 창제한 것이 당시 아시아의 여러 민족이 제정한 문자와 관련이 있고 특히 고대인도의 음성 연구가 문자 제정의 기본 원리였음을 깨닫게 되었다. 그로부터 인간의 모든 연구는 전시대의 것, 그리고 다른 문화로부터 영향을 받아 발전된 것이며 언어학도 마찬가지임을 알게 되었다.

더욱이 고대인도의 문법 연구가 고대 희랍어 문법과 라틴어 문법에도 영향을 끼친 것을 살펴보면서 동양과 서양의 언어 연구가 서로 어떻게 영향을 주고받았는지 본격적으로 살펴볼 필요를 느껴서 이 책을 쓰게 된 것이다. 그리고 한글의 제정만이 아니라 한국어학의 많은 분야에서도 동·서양의 언어 연구로부터 많은 영향을 받은 것은 주지의 사실이다.

우리가 현재 상용하고 있는 한국어 문법도 멀리 라틴어 문법에 소급되며 그것은 다시 고대희랍어 문법, 그리고 그것이 다시 고대인도의 문법으로 올라간다는 충격적인 사실을 누군가는 알려야 된다고 생각한 것이다. 그동안 이런 사실을 밝혀 가르쳐주는 한국어학사가 없었기 때문이다.

또 전술한 바와 같이 졸저(2022)의 '머리말'에서 동·서양의 언어학사를 본격적으로 정리하겠다고 약속을 했었는데 이 책은 그 약속을 지키기 위한 것이기도 하다. 그동안 한국

내에서는 아무도 동양의 언어학사에 대한 연구서를 쓰려고 시도하지 않았다. 그리고 서양의 언어학사도 간혹 서양의 연구서를 초역하거나 번역한 것은 있었지만 한국인이 저술한 것은 없었다.

그런 의미에서 이 <동·서양 언어학사 Ⅰ, Ⅱ>는 한국인으로서는 처음으로 시도하는 인류의 언어 연구사를 기술하는 것이라고 할 수 있다. 물론 부족한 것이 많을 것으로 본다. 다만 이를 계기로 동양과 서양의 언어 연구사, 특히 동양의 언어학사가 많은 국내 언어학자들의 관심을 갖게 되어 이로부터 좀 더 본격적인 연구사가 나오기를 바랄 뿐이다.

0.1. 이번에 쓴 <동·서양 언어학사 Ⅰ, Ⅱ>는 분량이 너무 많아서 2권으로 분책하기로 한다. 물론 제1부 동양의 언어 연구가 중심이지만 제2부 서양의 언어 연구도 무시할 수 없는 새로운 주장을 많이 담았다. 원래 한데 묶어 한 책으로 내려 하였으나 두 권으로 나누는 것이 독자들에게 편리할 수 있고 출판사에서도 부담이 적을 것 같기 때문에 분책한 것이다.

다만 제1권의 <제1부 동양의 언어 연구>와 제2권의 <제2부 서양의 언어 연구>에도 모두 같은 머리말과 참고문헌을 게재하였다. 이 책의 내용이 너무 방대하기 때문에 우선 머리말을 통해서 전체의 줄거리를 어느 정도 파악할 것으로 기대하여 이를 같이 게재한 것이고 참고문헌은 두 책에 모두 해당되는 것이라 역시 같은 것을 첨부한다.

또 <동·서양 언어학사 Ⅰ, Ⅱ>는 내용이 너무 방대하기 때문에 제1부와 제2부에 '마치기 Ⅰ, Ⅱ'를 두어 전체를 짧게 요약하고 동양과 서양의 언어학사를 고찰하는 의의를 살펴보았다. 즉, 동양의 언어학사가 가진 특이점과 서양의 언어학사에서 나타나는 중요한 내용을 정리하고 이 책에서 특별히 다른 언어학사와 다르게 본 것을 지적하여 밝혀놓았다.

독자 제위께서는 두 책의 '마치기 Ⅰ, Ⅱ'를 먼저 읽어서 전체의 내용을 파악하고 다음에 필요한 해당 장절(章節)을 찾아보는 것이 효율적일 수도 있다. 다만 각 장(章)에서는 연대 순서대로 언어 연구가 전개하는 과정을 살펴보았다. 주목할 것은 언어 연구가 역사적으로 앞선 것과 동시대의 것이라도 지역적으로 다른 것이 서로 영향을 주면서 발달한다는 사실이다. 이 책에서는 이 점을 중점적으로 밝히려고 노력하였다.

물론 이런 현상은 인류의 다른 학문 분야에서도 유사하겠지만 유독 언어 연구에서 상호 영향이 심했다고 필자는 믿는다. 한 시대를 풍미(風靡)한 어떤 언어 연구가 시대를 넘어 다른 연구에도 영향을 주고 한 지역에서 유행하던 연구가 민족과 국가를 넘어 다른 곳으로 옮겨가서 역시 성행하는 경우가 많다. 따라서 대부분의 언어 연구가 전시대의 연구나 다른 지역의 연구와 관계가 있다.

0.2. 언어학은 서양에서 시작한 것으로 알려졌다. 모든 사상과 학문이 고대 희랍과 로마에서 시작한 것으로 믿고 있는 서양의 언어학자들이 <언어학사>를 주로 저술해 왔기 때문이다. 그런데 동양의 고대인도에서는 기원전 수 세기경부터 고도로 발달한 언어 연구가 있었고 그 연구가 오늘날 동·서양의 언어 연구에 끊임없이 영향을 주고 있음을 알았을 때에 그동안의 언어학사에 익숙한 필자로서는 내심으로 경악을 금할 수가 없었다.

아득한 옛날에 고대인도에는 상당한 수준의 언어 연구가 있었고 그것이 동양과 서양에 심대한 영향을 주었다는 사실은 필자에게 매우 놀라운 사실이었다. 처음에는 반신반의(半信半疑)했으나 후대에 쏟아져 나온 고대인도의 여러 언어연구 자료를 살펴보고 그것을 고대 희랍어나 라틴어 문법과 비교하면서 이런 사실을 확인할 수 있었다.

뿐만 아니라 언어학의 주요한 개혁을 일으킨 분들이 거의 모두 산스크리트어를 연구한 사람들이었던 점도 필자가 주목한 일이었다. 그들은 전 시대에 없었던 새로운 언어 연구를 시도하여 언어학을 개혁하였는데 그들이 대부분 고대인도의 연구 방법에서 가져온 것이어서 더욱 충격이 컸다.

예를 들면 고대의 기원전 2세기에 희랍문법을 완성한 드락스(D. Thrax)는 그 이론적 근거를 파니니의 <팔장>에서 찾아볼 수 있다. 그리고 인구어족을 암시하여 언어의 역사적 연구와 비교를 촉발시킨 18세기의 존스(Sir William Jones)와 근대 19세기에 역사비교언어학을 창시한 그림(Jakob Grimm)도 산스크리트어를 전공하였다.

무엇보다도 20세기 초반에 현대 공시적인 언어학을 시작한 소쉬르(F. de Saussure)가 산스크리트어에 정통하였다. 또 미국 구조언어학의 시조인 블룸필드(L. Bloomfield), 그리고 20세기 후반에 변형생성문법을 시작한 촘스키(N. Chomsky) 등도 모두 산스크리트어를 공부했으며 고대인도의 언어 연구에 대하여 깊은 지식을 가진 연구자들이었다.

졸저(2022:71)에서 기원전 5~3세기에 편찬된 것으로 알려진 고대인도의 파니니(Pānini)의 『팔장(*Aṣṭādhyāyī*)』(<팔장>으로 약칭)이 알렉산더 대왕의 인도 침략으로 희랍에 전달되었을 것이라고 추정하였다. 그리고 이를 참고하여 희랍의 알렉산드리아 학파의 드락스(D. Thrax)가 『문법 기술(*Τέχνη γραμματική*)』(이하 <문법 기술>)을 저술하여 희랍의 굴절어 문법이 확립된 것이라고 주장하였다.

드락스의 <문법 기술(技術)>은 <팔장>의 분석적인 문법 연구의 방법으로 굴절어인 고대 희랍어를 기술(記述)한 문법으로 보인다. 그리고 이 희랍문법이 로마로 이어져 라틴문법이 되었고 오늘날 서양 언어 문법의 기틀이 되었을 뿐만 아니라 지구상의 많은 언어에서도 이 문법을 적용하고 있다. 우리의 한국어도 이 문법으로 기술하여 학교문법으로 삼고 각급(各級) 학교에서 교육하고 있다.

전술한 <팔장>으로 대표되는 고대인도의 분석문법의 비가라론(Vyākaraṇa)은 서양만이 아니라 불경을 통하여 일찍이 중국을 비롯한 동양의 여러 나라에 전달되었다. 굴절어의 문법인 비가라론(毘伽羅論)은 고립어인 중국어와는 문법이 달라서 중국에서 이용되지 못하고 비가라론의 음성 연구인 성명기론(聲明記論)만이 중국어의 한자음 연구에 이용되었다.

또 비가라론은 전술한 바와 같이 고대희랍어의 문법에 영향을 주었을 뿐만 아니라 중세 아랍어 문법도 이 이론을 추종하였고 후대에도 서양의 문법 연구에 영향을 주었다. 20세기 초반에 유럽의 공시적 언어 연구와 조음음성학도 비가라론의 음성 연구인 성명기론(聲明記論)에 근거한 음운 연구와 혹사(酷似)하며 20세기 후반의 촘스키(N. Chomsky)가 새로 주장한 변형생성문법의 언어 이론도 비가라론(毘伽羅論)과 유사한 것이 많다.

실로 언어학에 관한 한은 '빛은 동방에서'라는 타골(Rabindranath Tagore)의 시(詩)를 떠올리지 않을 수가 없다. 고대인도의 언어학이 동양과 서양의 언어 연구에 기간(基幹)으로 자리하고 있기 때문이다. 고대인도의 언어학이 서양의 굴절어 문법에서, 동양에서는 중국의 성운학(聲韻學)과 여러 민족의 표음 문자 제정에서 그 뿌리를 차지하고 있다.

0.3. 서양 언어학을 배우며 학창시절에 알고 있던 많은 언어학사가 실제로는 기존의 연구를 감추거나 무시하고 집필했다는 사실을 깨닫고 필자도 많은 충격을 받았다. 예를 들면 현대의 공시언어학을 시작한 소쉬르(F. de Saussure)가 주장하여 언어학사에서 일대 혁명이라고 알려졌던 랑그(langue)와 파롤(parole)의 구분이 실제로 기원전 수세기 경에 고대인도의 비가라론(毘伽羅論)에서는 이미 일반적인 언어연구의 방법이었다.

20세기 후반에 촘스키(N. Chomsky)가 주장한 언어의 심층(深層) 구조와 표면(表面) 구조의 개념도 고대인도에서는 언어의 이해에서 기본적인 지식이었다. 그리고 심층에서 표면으로의 변형(變形)에 적용되는 규칙도 실제로 제1부의 제1장에서 논의한 파니니의 <팔장>에서 수드라(sūtra)라고 하여 이미 실제 범어(梵語) 문법에 적용되었던 규칙들이었다.

<팔장>에서는 이 공식들을 숫자로 표시하기까지 했던 것이다. 더욱이 제1부 1.0.0.에서

소개한 『파니니의 음성학(*Pāṇinīya Śikṣā*)』에서는 심층에서 표면으로 변하는 음운의 규칙을 슬로카(śloka)의 숫자로 표시하였다. 즉, <팔장>에서 문법 규칙들은 수드라(sūtra)라의 숫자로 표시하였다면 <파니니의 음성학>에서는 음운의 변화 규칙을 역시 숫자로 된 슬로카(śloka)로 표시한 것이다.

지금까지의 언어학사에서는 이런 사실을 분명하게 밝혀놓은 것이 없었다. 그저 몇몇 언어학사의 중간 부분에 지나가는 말로 그런 연구가 고대인도에서 있었다고 서술했을 뿐이다. 그리고 모든 것이 희랍과 로마에서 시작한 것으로 보는 서양의 학문의 일반적 태도에서 벗어나지 못하고 언어학사도 언어 연구의 시작을 대부분 일관되게 희랍과 로마에서 찾았다.

이 책에서 언어 연구의 시작이 고대인도라고 주장하면서 기원전 수세기경에 시작된 고대인도의 언어 연구가 동양의 중국과 여러 나라로, 그리고 서양의 고대희랍으로 영향을 주었고 이로부터 로마의 라틴문법으로 발전하여 서양의 고전문법이 확립되었다고 본다. 이로부터 동·서양의 언어 연구가 본격적으로 수행된 것이라는 주장이다.

따라서 이 책은 동양의 언어 연구가 중심이다. 본서는 그런 의미에서 이 책은 그동안의 언어학사로부터 발상(發想)의 전환(轉換)을 시도한 책이라고 할 수 있다. 그리고 기존의 언어학사와는 다른 시각(視角)에서 인류의 언어 연구사를 살핀 것이라고 본다.

0.4. 적지 않은 언어학사가 저(著)로 보지 않고 편(編)으로 한다. 아마도 저자의 창의적인 내용보다 이미 저술된 여러 논저와 거기서 논의된 이론을 정리하는 작업이 언어학사이기 때문에 편(編)이라고 하는 것 같다. 필자도 이 책을 편(編)으로 해야 한다고 생각하기도 했다. 특히 제2부 서양의 언어학사는 이미 기존의 언어학사에 의거한 바가 많다.

그러나 이 책에서는 필자의 일관된 언어학사의 사관(史觀), 즉 어느 시대의 언어 이론이든지 전시대와 동시대의 다른 이론으로부터 영향을 받았고 그것이 단순한 추종인가 비판에 의한 발전인가, 아니면 새로운 개혁인가를 밝히는 것을 언어학사 서술(敍述)의 중요한 목표라고 보아서 본서에서는 매 시대의 언어 연구를 전후, 좌우의 영향 관계를 주로 살펴보았다.

그런 의미에서 저(著)로 해도 크게 망발이 아니라고 생각한다. 특히 제1부 동양의 언어학사는 대부분 필자의 독자적인 주장이다. 따라서 이에 대한 반대 의견이 없는 것은 아니지만 지금까지 경청해야 할 만한 연구 논저로의 비판은 아직 접한 바 없다. 그저 사석(私席)이나 흔적을 남기지 않는 자리에서 필자의 주장을 헐뜯을 뿐이고 논리적으로 다른 증거를 통한 반박은 아직 보지 못했다.

부디 이 책을 통해서 이런 논의가 표면화하고 공론화되어서 인류의 언어 연구와 그 발달에 대한 보다 명확한 이해가 생기기를 바랄 뿐이다. 그리고 이로부터 각 시대, 각 지역의 서로 다른 민족어의 연구에 대하여 올바르고 적절한 평가가 이루어져 제대로 된 인류 전체의 언어학사가 되기를 바라마지 않는다.

그리고 그로부터 보다 적절하고 균형 잡힌 연구사가 이 방면의 연구자들, 특히 한국의 한글 창제에 대한 연구자들에게 제공될 것으로 기대한다. 물론 이러한 연구 태도는 세계의 언어학사에도 중요하고 꼭 필요할 것이다.

0.5. 이 책은 아마도 필자가 저술하는 마지막 학술 저서가 될지도 모른다. 현재의 건강 상태로 보아 하나쯤 더 쓸 수가 있을 것 같기는 하지만 필자의 나이를 보면 그렇게 장담할 수 있는 일이 아니다. 하나를 더 쓴다고 하면 '이문(吏文)과 한이문(漢吏文)'에 대한 것이 될 것이다.

이미 이에 대한 요지는 논문으로 쓴 적이 있고 본서에서도 일부 소개했지만 우리 민족의 한자(漢字) 생활을 전반적으로 살피는 방대한 이 주제는 논문 한편이나 책의 한 절(節)로는 부족하다고 보기 때문에 지금 가지고 있는 자료를 중심으로 한 권의 연구서를 쓸 생각이다. 물론 건강이 그때까지 견뎌준다는 전제로 하는 말이다.

그러나 이 <동·서양 언어학사>를 쓰면서 너무 정력을 탕진해서 과연 또 다른 저술을 하는 것에 대한 겁부터 난다. 이 책을 집필하면서 일본에서 구입해서 가져온 육중한 범어(梵語) 사전 <한역대조 범화(梵和) 대사전>은 너무 뒤지고 또 뒤져서 더 이상 쓸 수 없도록 너덜너덜해졌다. 이 사전을 이용하면서 표제어의 부족과 용례의 소략함을 얼마나 원망했는지 모른다.

그리고 전부터 가지고 있던 <희랍어 사전>은 너무 작고 약소해서 새로 <바우어 헬라어 사전(*Griechisch-deutsches Wöterbuch zu den Schriften des Neuen Testaments und der frühchristichen Literatur*)>을 구입하였다. 본서에서 인용된 산스크리트어와 희랍어의 용례들은 이 사전들을 거친 것이다. 물론 잘못된 용례는 필자의 책임이다.

뿐만 아니라 고(故) 정(鄭) 추기경이 물려주신 <라틴-한글사전>은 참으로 유용하였다. 용례도 풍부하고 해설도 적절한 사전이었다. 이 사전을 이용하면서 필자가 다른 비판자들과 논쟁이 붙었을 때에 언제나 사촌 동생의 편에 서주시던 고인(故人)의 따뜻한 사랑을 온 몸으로 느꼈다. 이 책에서 인용한 복잡한 라틴어의 용례들은 이 사전을 거친 것이다.

그 외로 체코어, 불어(佛語), 독어(獨語), 일어(日語) 사전, 그리고 시베리아 여러 소수민족의 언어 사전도 닳아서 더 이상 쓸 수 없게 되었다. 졸저에서 자신이 용례로 든 많은 언어들을 반드시 사전을 찾아 확인하는 버릇이 있다. 학술 저서의 작가로서 당연한 일이지만 이런 어려운 작업을 해야 하는 형편에서 무엇을 또 쓴다는 것이 겁부터 난다.

이 책이 마지막 저서라고 한다면 학문 인생의 마지막을 자신의 연구 분야에 대한 연구사를 집필하면서 마감한다는 것이 어쩌면 의미가 있을 것 같다. 이 책을 쓰면서 자신의 연구가 언어학사에서 어떤 부분을 차지하는가를 살펴보는 기회가 많았기 때문이다. 그리고 이 책을 통하여 자신의 평생 학문을 돌아볼 수 있었다고 자평한다.

실제로 이 책을 쓰면서 "아! 이것도 모르고 대학에서 국어학을 강의 했네"라고 자탄(自嘆)한 일이 여러 번 있었다. 따라서 좀 더 일찍이 이 책에서 논의한 지식들을 가졌더라면 하는 후회도 없지 않지만 그런 과정을 거쳐서 이 지경에 이른 것을 감안(勘案)하면 이런 생각은 주객(主客)이 전도(顚倒)된 것이다.

0.6. 끝으로 이 책을 내도록 건강을 허락하신 주님께 감사를 올린다. 그리고 도움을 준 여러 사람들, 특히 집필을 할 수 있도록 온갖 뒷바라지를 성심껏 해주었던 집사람, 오경명예교수에게 무한한 애정과 함께 고마운 마음으로 이 책을 받친다. 그리고 주변에서 이 책에 대한 여러 조언과 의견을 준 여러분들, 특히 따끔한 고언(苦言)을 아끼지 않으신 미국 일리노이대학 언어학과의 김진우 명예교수에게 감사와 존경을 표한다.

2023년 초복(初伏)에 저자.

차례

제1장 고대인도의 범어(梵語) 문법

1.0.0. 동양의 고대인도에서는 일찍이 뛰어난 언어 연구가 있어 아시아의 중국과 서양의 희랍에 영향을 주었다. 그동안의 언어학사에서는 별로 거론되지 못하였지만 고대인도의 굴절어 문법 연구인 비가라론(毘伽羅論)이 알렉산더 대왕의 인도 침략으로 희랍에 전달되어 고대 희랍의 고전문법을 확립할 수 있었다는 주장을 필자가 편 적이 있다(졸저, 2022:71).

고대인도의 문법 연구에는 형태론과 통사론 이외에도 음운론이 포함되었다. 오늘날의 문법에도 이 세 분야로 이루어진 것은 굴절어 문법서의 시작이던 파니니(Pāṇinī)의 『팔장(八章)』(이하 <팔장>)에서 음운의 연구가 포함되었기 때문으로 보인다. <팔장>이 나오기 이전에 이미 <베다학파의 음운서(prātiśākhya)>가 몇 개 있었다.

'음운서'의 'prāti-śākhya'는 "베다 경전에서 말의 음운변화를 각 학파의 원전에 따라 설명한 책"이란 뜻이다.[1] 베다경전은 리그베다(Rig Veda)만이 아니라 몇 개의 베다 경전이 더 있었는데 이 경전의 언어, 즉 산스크리트어는 세월의 흐름에도 변함없이 전수되었다. 따라서 경전의 말이 당시의 언어와 음운, 문법에서 차이를 보였고 특히 음운의 변화를 가장 많이 감지한 것으로 보인다. 그래서 본서에서는 '음운서'로 번역하여 쓰기로 한다.

고대인도에서는 베다(Vedic) 경전의 범어(梵語)를 연구하는 한 무리의 연구자들이 있었다. 그들은 문법만이 아니고 음운에 대한 연구도 상당한 수준으로 이루었는데 이들이 남긴 연구서를 'prāti-şākhya(베다학파의 음운서)'라고 한다. 그 가운데 가장 오래된 것은 아마도 샤우나카(Śaunaka)의 *Ṛgveda prātiśākhya*(『리그베다학파의 음운서』)로 보인다.

이 샤우나카(Śaunaka)란 이름이 <팔장>의 수드라(sūtra)에 보인다.[2] 따라서 파니니의 <팔

1 'prātiśākhya'는 "베다 경전 중의 말에 생겨난 음운 변화를 각 학파의 원전(Prati-śākham)에 따라서 설명한 책"이다. 'prati-śākham'은 범어의 'prati-'의 "-에 대하여"란 접두어에 'śākha(가지, 지파, 학파)'가 결합한 복합어로 "[배다의] 여러 학파에 대하여"란 뜻이다. 따라서 '*Ṛgveda prātiśākhya*'는 "리그베다 학파의 해설서"라는 뜻이지만 특히 음운의 변화에 대한 설명이 많아서 이를 '음운서'로 부르기로 한다. 나머지도 모두 같다.

장>보다는 <리그베다학파의 음운서>가 먼저 있었을 것이다. 다만 이 <리그베다학파의 음운서>에 야스카(Yāska)란 이름이 거명되므로 이보다는 늦게 나온 음운서로 본다고 한다(임근동, 2022:172).[3] 아마도 기원전 6~5세기경에 이루어진 음운서일 것이다.

그리고 야주르베다(Yajur Veda)의 음운을 연구한 『타읻티리아학파의 음운서(Taittirīya prātiśākhya)』, 『슈클라 야주르베다학파의 음운서(Śukla-yajuh prātiśākhya)』가 있었고 『아타르바베다학파의 음운서(Atharva-veda prātiśākhya)』가 있었다. 이 음운서들은 대체로 거명된 순서대로 세상에 나온 것으로 인정하고 있다

그러나 다음에 논의할 파니니(Pāṇinī)의 『팔장(*Aṣṭādhyāyī*)』은 이보다 후대에 편찬되었으나 음운에 대하여 비교적 소략하게 논의하였다. 아마도 그것은 그의 동생 핌갈라(Piṃgalā)가 지은 것으로 알려진 『파니니의 음성학(*Pāṇinīya Śikṣā*)』에서 더 자세하게 음운에 대하여 논의할 것을 기대했기 때문으로 보인다.

이와 같은 고대인도의 음성 연구는 경전의 언어인 산스크리트, 즉 삼스크르타(samskrtá)와 당시의 프라크르타(prākṛta)라는 속어의 차이, 특히 두드러진 음운의 변화를 연구하는 매우 높은 수준의 음성학이었다. 주로 조음(調音)음성학의 방법이어서 오늘날의 음성학과 다를 바가 없었다.

1.0.1. 동양의 고대인도의 언어 연구는 아시아의 중국과 서양의 희랍에 영향을 주었다. 고대인도의 음성학은 불교의 전파와 전쟁 등에 의한 민족의 교류로 인접 국가들에 퍼져나갔다. 특히 중국에는 불교의 영향으로 이 언어 연구가 집중적으로 유입되었는데 중국어는 산스크리트어와 문법 구조가 다르기 때문에 형태론이나 통사론보다 음운론을 주로 도입하였다.

그리하여 중국에 불교를 전파하려고 온 서역(西域)의 역경승(譯經僧)들은 고대인도의 음성학적 지식으로 한자음을 배우게 된다. 그리하여 다음의 2.2.1.2.~3.에서 논의한 바와 같이 이들이 계발(啓發)한 한자음의 반절(反切) 표음은 중국의 성운학(聲韻學)을 낳게 하고 한자음 연구에 많은 기여를 하게 된다. 그리고 한반도에도 영향을 주어서 한글을 제정하게 한다.

그동안의 언어학사에서는 별로 거론되지 못하였지만 고대인도의 굴절어 문법 연구인

---

2 <팔장>의 4절에 "Śaunakadibhyaścandasi"(4.3.106)을 참고할 것.

3 야스카(Yasuka)는 *Nirukta*(『어휘(*Nighaṇṭu*)의 주석』)의 저자. 아마도 450 B.C.의 인물일 것임.

비가라론(毘伽羅論)이 알렉산더 대왕의 인도 침략으로 희랍에 전달되어 고대 희랍의 고전문법에 영향을 주었다는 주장이 있다(졸저, 2022:71). 그리고 희랍문법은 라틴문법으로 계승되어 오늘날의 학교문법으로 발전한다.

또 중국에서는 한당(漢唐) 이후에 발달한 성운학(聲韻學)이 고대인도의 비가라론에서 음성학으로 연구된 성명기론(聲明記論)에서 발달한 것이라고 본다(졸저, 2015:49). 즉, 중국의 성운학은 서역(西域)의 역경승(譯經僧)들이 중국에 와서 한자를 배울 때에 그 발음을 표음하기 위하여 고안한 반절법(反切法)에서 유래한 것이라 한다(졸고, 2017b).

한자음 표기에 쓰인 반절(反切)은 고대인도의 범자(梵字) 교육에서 쓰였던 반만이교(半滿二敎), 즉 반자교(半字敎)와 만자교(滿字敎)의 반자(半字)에서 착안한 것으로 한자의 발음을 어두자음(子音)과 나머지 발음으로 나누어 표기하는 방법이다. 고대인도에서 문자 교육의 반자교(半字敎)는 범자가 자음과 모음이 결합한 음절문자임으로 이를 각기 2자의 반자(半字)로 본 것을 모방한 것이다.

예를 들면 '동(東, dong)'이란 한자음을 '덕(德, [dé])'의 첫 소리 [d]와 '홍(紅, [hong])'의 끝소리 [ong]을 결합한 "덕홍반(德紅反)", "덕홍절(德紅切)"로 표음하는 것을 반절(反切)이라 한다(졸고, 2017b). 서역의 역경승들이 중국에 오기 전에는 한자음을 이 한자의 발음은 저 한자의 발음과 같다는 직음법(直音法)의 방식으로 한자음을 표음하였을 뿐이다.

1.0.2. 고대인도에서 브라미(Brāhmi) 문자로 통용되는 범자(梵字)는 악샤라(akṣara)라는 음절 단위로 된 문자다. 그리하여 불가(佛家)에서는 범자(梵字)를 마다(摩多, mātr, mātā), 또는 스봐라(svara)라고 하는 체문(体文, vyañjana)의 자음의 결합된 음절문자로 보았다.[4] 그리고 마다와 체문의 각각을 교육하는 반자교(半字敎)와 이 둘이 결합한 음절문자의 실담(悉曇)을 교육하는 만자교(滿字敎)가 있었다.

이때의 실담(悉曇)은 싯담마트르카(Siddhamātrkā)가 아니라 완성된 문자라는 뜻이다. 원래 '실담(悉曇, 悉談)'이란 말의 의미는 범어의 'siddh-(완성하다의 어근)'에 과거수동분사 '-m'을 붙여 만든 'siddham'이어서 "완성된 것"이란 뜻을 갖는다. 즉, 실담(悉曇, siddham)은 자음에 모음을 결합시켜 만든 음절문자를 말하며 졸고(2016b)에서는 여러 불경에 등장하는 반자(半字)에 대하여 만자(滿字)를 의미한다고 보았다.

4 'mātṛ(母)'의 주격 단수인 'mātā'를 한자로 표기한 것이다.

많은 불경에서 반만이교(半滿二教)라고 불리던 이 문자의 교육에서 반자교(半字教)에서와 같이 마다(摩多, mātṛ)와 체문(体文, vyaňjana)을 둘로 나누어 교육하는 방법에 따라 불교를 전파하기 위하여 중국에 온 역경승(譯經僧)들이 한자를 재울 때에 한자음도 첫 음과 다음 음을 분리하여 이 둘의 결합으로 한자음을 표기하는 반절법(反切法)을 고안하였다.

그리하여 당승(唐僧) 혜림(慧琳, 737~820)의 『일체경음의(一切經音義)』에서처럼 '멸(蔑)'이란 한자음을 "면별반(眠鼈反) - 면(眠)과 별(鼈)의 반절(ㅁ + ㅕㄹ = 멸)"로 표기하고 후대의 중국 운서(韻書)에서 '동(東)'을 "덕홍절(德紅切) - 덕(德)과 홍(紅)의 반절(ㄷ + ㅎ)"이라 하여 '면(眠), 덕(德)'과 같은 반절상자(反切上字)와 '별(鼈), 홍(紅)'과 같은 반절하자(反切下字)로 나누어 동(東)과 멸(蔑)로 표음하였다.[5]

원래 '반절(反切)'은 "번(飜 -바꾸다)"의 대자(代字)인 '반(反)'과 "자르다"의 '절(切)'로 된 성어(成語)이어서 처음에는 <일체경음의>의 '면별반(眠鼈反)'과 같이 '반(反)'을 쓰다가 당대(唐代) 안사(安史)의 난(亂, 755 A.D.) 이후에 '반(反)'을 기휘(忌諱)하여 '덕홍절(德紅切)'과 같이'절(切)'을 쓰게 되었다(졸고, 2017b).

이로부터 중국에서는 반절상자를 성(聲)이라 하고 반절하자를 운(韻)이라 하여 이 둘을 연구하는 성운학이 발달하였다. 그 이전에는 한자음의 반절하자인 운(韻)만을 연구하는 운학(韻學)이 있었을 뿐이다. 반절법(反切法)이 한자음 표음에 유용함이 인정되어 중국에서 널리 쓰이게 되매 따라 운(韻)과 더불어 성(聲)도 연구하는 성운학(聲韻學)이 성행하게 된 것이다.

1.0.3. 불경에 많이 등장하는 비가라론(毘伽羅論)은 'Vyākaraṇa'는 "분석하다"라는 범어(梵語)를 한자로 적은 것이므로 필자는 이를 굴절어의 분석문법이라고 이름을 붙였다(졸고, 2018a). 실제로 이 문법은 베다(Vedic) 경전의 산스크리트어 문장을 분석해서 여러 하위 단위로 나누고 그에 대한 음운론적, 형태론적, 통사론적 기능을 고찰하는 문법을 정했기 때문이다.

이 문법은 파니니(Pāṇni)가 저술한 『팔장(八章, *Aṣṭādhyāyī*)』(<팔장>으로 약칭함)에서 정리된 다. <팔장>의 'Aṣṭādhyāyi'는 'aṣṭā(8)'과 'adhyāyi(section)'가 결합된 서명으로 '팔장(八章)'으로 부른다. 언제 출판되었는지 확인할 수 없는데 현재로서는 기원전 5세기에서 3세기경

5 중국의 한자음 연구와 反切에 대하여는 본서의 제1부 제2장의 '3. 한자음의 반절과 聲韻學'을 참고할 것.

으로 추정하고 있다. 모두 8장으로 나누어 문장과 문장 형성의 각 단위들이 형성되는 과정을 규칙을 표시하는 수드라(sūtra)로 표시하였다.

이 문법서는 졸고(2016b)에서 중국 현장(玄奘, 602~664 A.D.)의 『대당서역기(大唐西域記)』에 파니니(波你尼, 波儞尼, Pāṇinī)에 대하여 언급하면서 이 책을 소개하였다고 보았다. <대당서역기>에는 파나니가 파라문서(婆羅門書), 즉 <팔장>을 저술하여 이름을 날렸다는 기사와 그의 동상(銅像)이 그가 방문한 7세기까지 사라도라읍(娑羅覩邏邑)에 세워져 있었다고 하였으니 파니니(Pāṇinī)가 기원전 5세기까지 소급할 것 같지는 않다고 본 것이다.

<팔장>에서 거론된 고대인도의 굴절어 문법은 각종 한역(漢譯) 불경에서 비가라론(毘伽羅論)으로 소개되었다(졸고, 2016b). 비가라론은 산스크리트어와 같은 굴절어의 문법을 말한 것이다. <팔장>은 베다(Veda) 경전의 언어인 산스크리트어의 음운, 형태, 어형성, 통사, 방언에 대하여 논의한 문법서이다.

즉, 굴절어의 문법을 잠언(箴言, aphorism)의 형식으로 짧게 언급된 규칙(sūtra- '실, 綖')으로 설명하였다. 모두 8장 32절로 되었고 3,995개의 규칙을 세워서 이 언어의 음운, 문법의 변화를 정리한 것이다. 낱말의 파생이나 굴절, 즉 동사의 활용과 명사의 곡용을 모두 규칙으로 설명하고 그것을 숫자로 표시하였다. 따라서 일반인을 위한 것이 아니라 전문가들을 대상으로 한 문법서로 알려졌다.

이 책은 원래 산스크리트어를 교육하는 교사들의 참고서였으며 일반인들이 읽을 책은 아니었다. 따라서 본고장에서도 해설서가 뒤를 이었는데 가장 유명한 해설서로는 기원전 2세기경에 인도에서 편찬된 파탄잘리(Patañjali)의 『대주석(*Mahā-bhāṣya*, great commentary)』이 가장 중요하고 기원 후 7세기경에 다시 집필된 바르트르하리(Bhartṛhari)의 『문장단어론(Vākya Padīya)』도 넓은 의미에서 <팔장>의 해설서라고 할 수 있다(졸저, 2015:255).

고대인도의 산스크리트어 문법서인 파니니(Pāṇinī)의 <팔장>이 알렉산더 대왕의 인도 침략으로 희랍에 전달되어 알렉산드리아학파의 드락스(Διονυσος Θραχ, Dionysus Thrax)가 『문법기술(*Τέχνη γραμματική, Technē grammatikē*)』(Thrax, 120. B.C.)을 저술하는데 영향을 준 것 같다(졸저, 2022:71). 즉, <팔장>에서 보여준 굴절어 문법의 품사 분류나 동사 활용, 명사 곡용, 그리고 많은 문법 속성들이 <문법기술>에서 그대로 반영되었기 때문이다.[6]

그리고 드락스(Thrax)의 희랍문법은 바로 로마의 라틴문법으로 계승되었고 문예부흥 이

6 이에 대하여는 본서의 제2부 제1장의 1.1.3.0~6를 참고할 것.

후에 유럽의 각 민족어의 문법으로 발전하였으며 선교사들에 의하여 동양의 여러 나라와 한반도에도 전달되었다. 우리가 학교문법에서 배우는 명사, 동사 등의 품사 분류나 시제, 서법 등이 모두 고대인도의 비가라론(毘伽羅論)에서 시작하여 희랍문법, 라틴문법을 거쳐 발전한 것이다.

1.0.4. 굴절어(屈折語)인 범어(梵語)의 문법과 고립어인 중국어와는 언어의 구조가 달라서 중국에서는 굴절문법인 비가라론(毘伽羅論)보다는 이 문법의 음운 연구인 성명기론(聲明記論)을 받아들여 한자음 연구에 이용하였다. 즉, 고대 중국에서 발달한 음운 연구의 운학(韻學)이 서역의 역경승들이 고안한 반절(反切) 때문에 성운학(聲韻學)으로 발달하여 한자음에 대한 한층 더 깊은 음운 연구가 이루어진 것이다.

이렇게 보면 고대인도의 음운 연구인 성명기론과 문법연구인 비가라론은 동양과 서양에서 언어 연구의 기반을 마련해 준 셈이다. 그리고 희랍문법은 바로 로마의 라틴문법으로 계승되었고 유럽의 각 민족어의 문법으로 발전하였으며 선교사들에 의하여 동양의 여러 나라와 한반도에도 전달되어 우리가 학교문법에서 배운다.

반면에 고립어(孤立語)인 중국어의 연구에서는 비가라론의 굴절어 문법보다는 그의 음성 연구인 성명기론(聲明記論)을 들여다가 성운학(聲韻學)을 발달시켜서 한자음 연구에 이용한다. 예를 들면 중국 성운학에서 말하는 아설순치후(牙舌脣齒喉)의 조음위치와 전청(全淸), 차청(次淸), 불청불탁(不淸不濁), 전탁(全濁)의 조음방식에 의한 음운의 구별은 고대인도의 성명기론에서 온 것이다.

중국 주변의 여러 민족들의 언어도 굴절어가 아니라 고립어, 또는 교착어(膠着語)이어서 문법보다는 성명기론의 음성 연구가 더 많이 이용되었다. 이 이론으로 조선에서는 한글이란 조음음성학 이론에 의거한 표음문자가 창제되었고 일본의 가나(假名)문자나 티베트의 서장(西藏)문자 등이 제정된다.

이와 같이 고대인도의 범어문법은 같은 굴절어인 서양의 희랍어와 라틴어의 문법 연구에 영향을 주었고 성명기론은 중국에서 한자음 연구에 많은 도움을 주게 되었다. 그리고 일본의 가나(假名) 문자, 티베트의 서장(西藏)문자, 조선에서 한글이란 문자를 발명하게 하였다.

1. 범어(梵語)와 범자(梵字)

1.1.0.0. 고대시대에 아리안(Arian)족이 인도에 들어가 정착하면서 자연과 우주의 현상을 인격화한 신(神)들을 찬양하는 노래로 읊은 베다(Vedic) 경전이 있었다. 그리하여 리그베다(Rig Veda)를 비롯하여 야주르베다(Yajur Veda), 삼마베다(Sāma Veda) 등의 운문 찬가가 기원전 16세기로부터 13세기에 걸쳐 구전(口傳)되어 전해오다가 기원전 4~3세기의 마우리아(Maurya) 왕조 때에 브라미(Brāhmi) 문자로 정착되었다.[7]

베다 경전은 브라만교의 종교예식에서 육성(肉聲)으로 읽혀졌으며 만트라(mantra, 眞言)라고 불리면서 고치거나 바꿀 수가 없어 몇 십 세기를 걸쳐 그대로 변하지 않고 전달되었다. 따라서 이미 변화한 당시의 실제로 쓰이던 프라크르타(prākṛta)와는 차이가 있었는데 이로부터 고대인도인들의 언어 연구가 시작된 것으로 보인다.

범어문법은 베다(Vedic) 경전의 언어인 산스크리트어의 이해와 보존을 위하여 시작된다. 산스크리트(Sanskrit)라는 언어의 명칭은 원래 'samskr-(완성되다)'의 과거수동 분사형으로 조어된 'samskrtam(완성된, 우아한)'에서 명사로 "아언(雅言)"이란 뜻의 'samskrtá'로 된 말이다. 우리가 범어(梵語)라고 부르는 산스크리트는 속어(俗語)인 프라크르타(prākṛta, 속어)에 대하여 아어(雅語)란 의미로 쓴 것이다.

산스크리트어는 베다(Vedic) 경전의 언어로 아무런 변개(變改) 없이 몇 세대를 내려왔고 오래전부터 당시대의 언어와 달라서 많은 학자들은 이들의 비교를 통하여 언어의식을 불러 일으켰다. 즉, 베다 경전의 산스크리트는 당시에 민중들이 사용하던 프라크르타와 비교하여 발음과 문법, 그리고 낱말의 의미에서 시대에 따른 언어적 변화를 관찰할 수 있게 하였다.

이것은 헬레니즘시대의 희랍의 공용어였던 코이네(Koinē)와 전시대의 고전 희랍의 문어(文語) 사이에서 발견되는 언어의 차이를 밝히기 위하여 음성학, 문법, 의미론적 해석을 위한 장치로서 희랍의 문법 연구가 시작된 것과 같은 경로를 거친 것이다. 즉, 고대인도의 언어 연구도 베다 경전의 언어인 삼스크르타(samskrtá)와 이미 언어의 변화를 거쳐 민중들이 사용하는 프라크르타(prākṛta)와의 차이를 살펴보는데서 언어 연구가 시작된 것이다.

---

7 이 3개의 베다 경전 이외에 제4의 아타르바 베다(Atharva Veda)도 있다.

1.1.0.1. 고대인도의 언어학자들은 브라만(Brāman)을 모시는 브라만교(Brāmanism)의 신도였기 때문에 자연히 언어도 그로부터 받은 것으로 생각하여 언어신수설(言語神授說)을 신봉하였고 언어의 자연설(自然說)을 믿었다.[8] 그러나 그들의 언어 연구는 희랍의 것과 달리 매우 실용적이었고 객관적이었으며 산스크리트어라는 베다 언어의 공시적인 연구였다.

당시 고대인도의 언어 연구자들은 경전의 언어인 산스크리트어의 교육과 보존을 위하여 비가라론(毘伽羅論)의 굴절어 문법을 연구하였고 이 문법은 전술한 파니니(Pāṇinī)의 <팔장>에서 정리되었다. 고대인도인들의 이와 같은 문법 연구를 서양에서는 인도문법학파, 또는 범어문법학파로 불렀다.

이 문법은 베다 경전의 언어인 산스크리트어를 그대로 보존하기 위하여 이루어진 것이라 이 언어의 문법을 연구하고 발음을 살폈으며 의미를 고찰한 것이다. 헬레니즘 시대의 공통 희랍어였던 코이네(Koinē)와 고전 희랍어와의 차이에서 음성학, 문법, 그리고 의미론적 해석을 위한 연구가 필요했던 것처럼 고대인도인들도 자신들의 언어로부터 음성에 대한 연구와 문법, 의미를 연구하였다.

그리하여 산스크리트어의 굴절어 문법으로 비가라론(毘伽羅論)과 음운 연구로 성명기론(聲明記論)을 발달시켰다. 고대인도인들의 문법 연구는 언어 사실을 객관적으로 정밀하게 기술하고 각 언어 단위들이 문장을 형성하는 규칙을 추출하여 공식화하였다. 다만 산스크리트어의 역사에 대한 비교 연구는 없었다. 말하자면 베다 경전의 언어를 공시적으로 연구할 뿐이었다.

비기라론의 문법 연구는 거의 수학적이라고 할 수 있는 간결하고 정밀한 규칙이 공식과 같이 언어에 내재하고 있음을 깨달은 것이다. 서양에서는 20세기 후반의 변형생성문법에서 본격적으로 논의되었던 이러한 생각이 고대인도에서는 기원전 수세기경에 있었던 것은 놀라운 일이다.

비가라론(毘伽羅論)은 "분석하다"라는 'Vyākaraṇa'의 한자 표기이며 기론(記論)이라 한역(漢譯)하였다. 그리고 음성 연구인 성명(聲明, śabda-vidyā)은 '성명기론(聲明記論)'이라 하여 성명을 비가라론으로 연구하는 '분석적인 음성학'으로 발전하였다. 따라서 고대인도의 문법은 음운과 형태, 통사에서 분석적인 방법이 동원되었다.

의미의 엄밀한 분석과 음운의 조음음성학적 분석은 이미 기원전 수세기에 문장을 각기

8 言語神授說과 언어의 自然說에 대하여는 제2부 제1장의 '1. 희랍의 언어 연구'을 참고할 것.

의미의 단위로 낱말(word)을 분석하였고 음운을 조음위치와 조음방식으로 나누어 분류하였다. 이러한 비가라론은 그 가운데 언어음의 연구로 발달한 성명기론의 연구는 중국에 들어가서 성운학(聲韻學)으로 발달하였다.

반면에 굴절어 문법은 같은 굴절어인 서양의 여러 언어 연구에 이용되었다. 그리하여 비가라론의 연구에서 얻어진 산스크리트어의 굴절 문법, 즉 곡용(曲用, subanto)과 활용(活用, tiṅanta)은 이미 기원전 수세기경에 고대인도의 학교에서 교육되었다. 즉, 명사의 성(性, jāti), 수(數, vacaná), 격(格, linga parimāṇa), 인칭(人稱, puruṣa) 등이 논의되었고 동사의 시제, 서법, 자동사(ātmane), 타동사(parasmai) 등의 문법 속성이 고찰되었다.

1.1.0.2. 고대인도인들의 음성에 대한 연구는 전술한 파니니의 <팔장>에서보다 그의 동생 핌갈라(Piṃgalā)의 저작으로 알려진 『파니니의 음성학(*Pāṇinīya Śikṣā*)』에서 많이 다루었다.[9] 이 책에서는 <팔장>과 같이 음운의 규칙을 슬로카(śloka)의 숫자로 표시하였다.[10] 이것 역시 <팔장>과 같이 전문가를 위한 것이므로 『음성학의 주석서(*Śikṣā-prakāśa*)』에 의해서 이해될 수 있다.[11]

<파니니의 음성학>에서 인간의 발화는 자음(vyañjana)으로 호기(呼氣, prāṇa)가 성대(聲帶)를 통하여 밖으로 배출되면서 성대의 진동에 따른 유성음(ghoṣavat)과 무성음(aghoṣa)이 구분된다고 보았다. 즉, 성문을 폐쇄(saṁvāra)하거나 성대를 울리지 않는 숨(śvāsa)으로 발음되는 무성음과 성대를 울려서 내는 숨(nāda)로 발음되는 유성음(ghoṣin)이 있음을 밝혀 놓았다.

또 호기(prāṇa)의 정도에 따라 무기음(alpaprāṇa)과 유기음(mahāprāṇa)이 구분되고 발음기관(karaṇa)에 의하여 구강(口腔)에서 막히거나 좁아지거나 막았다가 좁아지는 접촉(spṛṣṭa)의 방식에 따라 정지음, 마찰음, 파찰음이 생겨나는 것을 알고 있었다. 물론 접촉자음(sparśa) 이외에도 중간음(antaḥstha)도 있고 열음(熱音, ūṣman)도 구분하였다.

---

9 <음성학의 주석서>에 "큰 형님이시 파니니에 의해서 만들어진 문법에 대해서 동생인 세존 핌가라 스승께서 그 뜻을 이해하여 음성학을 말할 것을 선언하다"라는 기사가 있어 이 <주석서>의 저자를 동생으로 보는 것이다(임근동, 2022).

10 'śloka'란 "偈, 頌, 詩, 詩句"란 뜻으로 수드라(sūtra)와 같이 음운 변화의 규칙을 숫자로 표시한 것이다.

11 <음성학의 주석서>인 'Śikṣā-prakāśa'는 'śikṣā(음성학)'에 'prakāśa(명료한, 조명한)'가 결합된 복합어다.

분절음으로 음운을 기본으로 하고 자음(vyaňjana)과 모음(svara, 또는 mātṛ)을 구분하여 모음은 비접촉(asprṣṭa)으로 이루어지는 음운이며 이를 다시 단음절 모음(samān akṣara)과 복음절 모음(sandhy akṣara)을 구분하였다. 이러한 음운의 분류는 조음방식에 의한 것으로 오늘날의 조음 음성학의 이론에 비하여 떨어지지 않는다.

<파니니의 음성학>에서는 발음이 되는 장소로 8곳을 들었다(śloka 12). 먼저 폐, 목구멍, 머리, 설근(舌根), 치(齒), 비강(鼻腔), 양순(兩脣), 입천장에서 언어음이 만들어진다고 하였으나 다섯 곳만 기억이 된다고 하였다(śloka 9). 그리하여 목구멍, 설근, 입천장, 치아, 입술의 위치에서 언어음이 조음됨을 밝혔다.

즉, 후음(喉音), 아음(牙音), 치음(齒音), 설음(舌音), 그리고 순음(脣音)이 중요한 조음위치임을 알고 있었던 것이다. 중국 성운학(聲韻學)의 아설순치후(牙舌脣齒喉)의 오음(五音)이 이로부터 온 것이며 훈민정음에서는 여기에 반설음(半舌音)과 반치음(半齒音)을 더하여 칠음(七音)으로 보았다.

1.1.0.3. 고대인도의 음성학은 중국의 성운학에서 성명기론을 그대로 받아들였다. 성명기론에서 자음(vyaňjana)의 음운을 분류하던 기준의 오음(五音)은 중국 성운학에서 아설순치후(牙舌脣齒喉)의 5종으로 받아들여 아음(牙音)은 연구개음(velar)을 말하고 설음(舌音)은 치경음(alveolar), 순음(脣音)은 양순음(labial), 치음(齒音)은 경구개음(palatal), 그리고 후음(喉音)은 후두음(guttural)을 말한다. 이러한 분류 방법은 오늘날의 조음음성학에서 널리 사용하는 조음위치에 의한 분류다.

뿐만 아니라 중국 성운학에서 중요하게 여기던 조음방식의 사성(四聲)도 성명기론에서 유래한 것이다. 여기서 사성(四聲)은 평상거입(平上去入)의 성조가 아니라 조음방식에 따른 4부류의 음운들을 말한다(졸고, 2020b). 즉, 전청(全淸)은 무성무기음(voiceless non-aspirates), 차청(次淸)은 유기음(aspirates), 전탁(全濁)은 유성음(voiced), 그리고 불청불탁(不淸不濁)은 구강내 공명음(resonant or sonorant), 또는 비음(nasal)의 조음방식을 말한다.

조음위치의 아음(牙音), 즉 연구개음에서 조음방식의 전청(全淸)은 /k/이고 차청은 /kh/, 전탁은 /g/, 불청불탁은 /ng/이다. 역시 조음위치의 설음(舌音)에서 전청은 /t/이고 차청은 /th/, 전탁은/d/, 불청불탁은 /n/로 나뉜다. 조음위치의 오음(五音)과 조음방식의 사성(四聲)에 따른 구별이었다.

이어서 순음(脣音)은 /p, ph, b, m/, 치음은 /c, ch, j, s, z/, 후음(喉音)은 /ɦ h, ø ng/으로

분류된다. 실담(悉曇) 문자나 성명기론에 의거하여 문자를 제정한 서장(西藏) 문자, 그리고 이를 모방한 파스파 문자, 그리고 한글도 모두 이러한 순서로 문자를 만들었고 분류하였다. 이러한 분류 방법은 현대의 생성음운론에서 말하는 변별적 자질(distinctive features)을 연상하게 된다.

결국 이 자음(vyañjana)의 음운들은 조음위치와 조음방식에 따라 분류되는 것이며 범자는 이들을 문자로 한 것이다. 그리하여 아설순치후(牙舌脣齒喉)의 조음위치와 전청, 차청, 전탁, 불청불탁의 조음방식이 각기 변별적 자질로 관여하여 이러한 음운들이 구분되고 또 그에 의거하여 글자가 제정된 것이다. 소위 현대의 생성음운론에서 말하는 조음위치 자질과 조음방식 자질에 의한 음운과 그 각각을 문자로 제정하였다고 보는 것이다.[12]

1.1.0.4. 고대인도에서 최상층 특권 계급인 브라만(Brāman)들이 베다 경전의 언어를 독점하여 연구한 것은 기원전 수 세기 전의 일이다. 베다 경전의 언어인 산스크리트어의 순수성을 확보하기 위하여 브라만 계급만이 이 언어에 대하여 연구할 수 있었으며 일찍부터 문법학교를 설립하고 유능한 문법가를 양성하였다. 이들은 산스크리트어의 여러 언어 사실을 관찰하고 기술하였다.

이러한 연구가 전술한 파니니의 <팔장>에서 정리되어 오늘날 전해진다. 이 문법서에는 음운에서 형태, 단어, 그리고 문장으로 형성되는 과정을 소다라(蘇多羅), 또는 수다라(修多羅)라고 부르는 'sūtra(실, thread, 綖)'의 숫자로 표시하였다. 언어의 각 분석단위들이 연결되어 문장을 형성하는 과정에 얼마간의 규칙이 존재하며 이들은 실(綖)처럼 서로 연결된다고 본 것이다.

원래 수다라(修多羅, sūtra)라고 부른 이 규칙들은 범왕(梵王)이 말한 백만송(百萬頌)이라고 하던 비가라론(毘伽羅論)의 많은 언어 규칙들을 말하며 산스크리트어 문장에서 분석한 여러 언어 단위들이 문장을 형성할 때에 적용되는 문법 규칙들이었다. 백만이라고 했던 많은 규칙들은 제석(帝釋)이 축약하고 파니니가 다시 줄여서 <팔장>에서는 8장 32절로 나누어 설명한 3,995의 수다라가 되었다.

---

12 훈민정음의 牙音의 全淸 /ㄱ, k/는 조음위치가 연구개음이고 조음방식은 무성무기음(non-aspirates voiceless)이다. 그리고 여기에 유기음 자질이 더하면 한 획을 더하여 次淸의 /ㅋ, kh/가 되고 유성음이면 竝書해서 全濁의 /ㄲ, g/, 그리고 鼻音(nasal)이면 不淸不濁의 /ㆁ, ng/가 된다. 이것이 훈민정이란 한글의 제정 방식이었다. 즉, 음운의 변별적 자질을 문자화한 것이다.

여기서 언급된 비가라론이란 굴절어의 문법은 전술한 바와 같이 산스크리트어 'Vyākaraṇa - 분석하다'의 한자(漢字) 표기로 비가라(毘伽羅), 비가라나(毘伽羅那), 비가라남(毘伽羅諵)이란 이름으로 여러 불경 속에 수록되었다. 천축의 승려 축불념(竺佛念)이 한역(漢譯)한 『보살영락본업경(菩薩瓔珞本業經)』(하권)에는 옛 불도(佛道)에서 배워야 하는 십이부경(十二部經)의 하나로 비가라나(毘伽羅那)를 들었다.[13]

1.1.0.5. 그리고 비가라론의 음성 연구인 성명기론(聲明記論)은 성명처(聲明處), 성명업(聲明業)이란 이름으로 <팔장>에서 논의한 음성학을 말하며 이것도 불경에서 적지 않게 소개되었다. 즉, 성명기론이란 성명(聲明)에 대한 비가라론(毘伽羅論)의 연구를 말한다. 비가라론을 '기론(記論)'으로 한역하였으므로 '성명기론'은 성명(聲明)의 비가라론에 의거한 연구를 말한 것이다.

불가(佛家)에서 '성명(聲明)'은 5명(明, pañca-vidyā-sthāna)의 하나로 오명(五明)은 다섯 가지 학문이나 기예를 말한다. 여기서 '명(明, vidyā)'은 배운 것을 분명히 한다는 뜻이다. 보통은 첫째 성명(聲明), 둘째 공교명(工巧明), 셋째 의방명(醫方明), 넷째 인명(因明), 다섯째 내명(內明)으로 나눈다.[14]

『남해기귀내법전(南海寄歸內法傳)』(권4)에 "[前略] 夫聲明者梵云攝拖苾馱, 攝拖是聲 苾馱是明, 卽五明論祉一明也.- [전략] 대체로 성명을 범어로 말하기를 '섭타필태'라고 하는데 섭타(攝拖, śabda)는 성(聲)이고 필태(必馱, vidyā)는 명(明)이라고 할 수 있다"라는 기사가 있다. 성명(聲明), 즉 언어음의 연구라고 할 수 있다.[15]

비가라론의 성명기론은 인도의 지식인들에게 필수의 학문이었고 인도에 유학한 수(隋),

---

13 『菩薩瓔珞本業經』(하권)의 "佛子, 光慧信忍, 修習古佛道所謂十二部經, 修多羅、祇夜、毘伽羅那、伽陁、憂陁那、尼陁那、阿波陁那、伊帝目多伽、闍陁伽、毘佛略、阿浮陁達摩、憂波提舍, 以此法度衆生, 光光變通故, 名明地."이란 기사와 『釋摩訶衍論』(1권)의 "所以立名曰: 藏焉也。已說藏差別, 次說經差別。經有幾數幾經? 所攝今摩訶衍論何等經爲依? 頌曰: 摠百洛叉數, 十二部經攝, 修多羅祇夜及毘伽羅那。"의 '毘伽羅那'를 참조할 것.

14 『瑜伽師地論』(권2)의 "何等名五明處? 謂內明處、醫方明處、因明處、聲明處、工業明處. - 무엇이 오명처인가? '내명처', '인명처', '성명처', '공업명처'를 말하다"라는 기사와 『御製秘藏詮』(권2)의 "瑜伽論云: 一內明處、二因明處、三聲明處、四醫方明處, 五功巧明處、五地初得九地圓滿。- 유가론에 말하기를 '하나는 내명처, 둘은 인명처, 셋은 성명처, 넷은 의방명처, 다섯은 공교명처라 하였으니 오지(五地)에 이를 얻으면 구지(九地)가 원만하다'고 하였다"이란 기사가 있어 역시 다섯 가지의 학문과 기예를 말함을 알 수 있다.

15 <南海寄歸內法傳>은 당나라 義淨 법사가 기원후 670년경에 인도를 비롯하여 南海의 여러 곳을 돌아보고 尸利佛逝國에 머물면서 자신이 순례했던 여러 나라의 견문을 정리한 경전이다.

당(唐)의 승려들도 이를 모두 학습하였다. 예를 들어 <삼장법사전>의 주인공인 당(唐)의 승려 현장(玄奘)은 그의 스승인 계현(戒賢, Śilabhadra, 尸羅跋陀羅) 법사가 성명기론을 배웠다고 한다.

즉, 이 <남해기귀내법전>에 "[戒賢法師] 兼學婆羅門書、印度梵書, 名爲記論. - [계현 법사가] 바라문의 책과 인도의 범서(산스크리트 문자)를 배웠는데 이름을 기론이라 하다"라고 하여 현장의 스승인 계현법사(戒賢法師)가 바라문서(婆羅門書), 즉 <팔장>을 배웠고 이를 기론(記論)이라 하였음을 알 수 있다. 이때의 '기론'은 바로 비가라론(毘伽羅論)을 말한다.[16]

1.1.0.6. 비가라론(毘伽羅論)에 대한 설명은 이외에도 고려대장경에 포함된 당(唐) 현장(玄奘)의 『유가사지론(瑜伽師地論)』과 현장(玄奘)의 제자들이 삼장법사 현장에 대하여 기술한 『대당대자은사삼장법사전(大唐大慈恩寺三藏法師傳)』(이하 <삼장법사전>)에도 있다.

<유가사지론>은 미륵보살(彌勒菩薩)이 설법한 <Yogācāry-abhūmi-śāstra>(100권)를 당승(唐僧) 현장(玄奘)이 한역(漢譯)한 것으로 유가사(瑜伽師)가 의지하고 행해야 하는 17지(地)를 밝힌 책이다. 유가사(瑜伽師, yogācāra)란 삼승(三乘)의 행인(行人)을 말하며 17지(地)란 제1지의 오식신상응지(五識身相應地)로부터 17지의 무여의지(無餘依地)에 이르는 불가(佛家)의 승(乘), 경(境), 행(行), 과(果)에 소유한 모든 법에 상응(相應)하는 것을 말한다.

<삼장법사전>은 당(唐) 나라 때 장안(長安) 대자은사(大慈恩寺)의 고승이던 현장(玄奘)법사(602~664 A.D.)에 대한 전기이다. 그는 일찍이 낙양(洛陽)의 정토사(淨土寺)에서 출가하여 서기 629년 8월부터 645년 2월까지 17년간에 걸쳐서 서역(西域) 지방을 비롯하여 인도 여러 나라들을 순례한 뒤 『대당서역기(大唐西域記)』, 12권을 저술하였다.

그는 귀국한 뒤에 역경(譯經)에 몰두하여 총 75부 1,338권을 한역(漢譯)하였다. 대자은사(大慈恩寺)의 혜립(慧立)이 현장(玄奘) 법사의 출생부터 인도에서 귀국한 때까지의 이야기를 5권으로 저술해 놓고 미처 편찬하지 못하고 입적(入寂)하였다. 그 후에 역시 그의 제자였던 언종(彦悰)이 그것을 토대로 그 뒤의 일까지 보충하여 10권으로 완성한 것이 <삼장법사전>이다. 혜립 은 서기 664년부터 683년에 걸쳐서 기록하였고, 언종이 이를 편찬한 때는 서기 688년이다.

파니니의 <팔장>은 물론 오늘날 그 일부가 전해지고 있지만 중국에 전해진 불경 속에

16 이에 대하여는 『一切經音義』(권23)의 "記論外道卽毗伽羅論是也。"라는 기사를 참조할 것.

비가라론(毘伽羅論)이란 굴절어 문법으로 수록되었다. 그리고 『파니니의 음성학(*Pāṇinīya Śikṣā*)』이란 음성 연구도 전해지고 <팔장> 이전의 여러 음운과 문법 연구서가 전한다. 그리고 후대에 <팔장>을 주석한 파탄잘리(Patañjali)의 『대주석서(*Mahā bhāṣya, Great commentary*)』(2C B.C.)가 있고 <파니니의 음성학>을 주석한 『음성학의 해설(*Śikṣāprakāśa*)』과 『상세한 주석(細疏, *Pañcikā*)』도 있었다.

이 장(章)에서는 이러한 자료에 의거하여 비가라론(毘伽羅論), 또는 성명기론(聲明記論)이란 이름으로 들어 있는 고대인도의 범어(梵語) 문법과 음운 연구를 소개하고 이것이 다음에 논의할 서양의 굴절어 문법 연구에 어떻게 접목되었으며 동양 여러 나라의 문자 제정에 얼마나 영향을 주었는가를 살펴보고자 한다.

1.1.0.7. 파니니의 <팔장>은 독일과 러시아에서 산스크리트어를 연구한 Böhtlingk(1814~1904)에 의하여 서방 학계에 소개되었다. 그는 러시아의 쌍트 뻬제르부르그(St. Peterburg)에서 태어나서 그곳에서 성장하고 공부하였으나 후일 독일로 돌아와 라이프지히(Leipzig)에서 사망하였다.

그는 <팔장>을 독일어로 번역한 Böhtlingk(1839~40)의 <파니니의 문법 규칙 팔장>에서는 고대 인도의 문법을 소개하였고 필자는 이것이 비가라론(毘伽羅論)이라고 불경 속에 들어 있음을 주장하였다. 그리고 이어서 이 책의 개정판으로 Böhtlingk(1887)의 <파니니 문법의 팔장>을 출판하였다.

19세기 초에 시작한 역사비교언어학의 영향으로 이때의 유럽에서는 산스크리트어에 대한 관심이 컸기 때문에 이 책은 매우 주목을 받았다. 다만 <팔장>의 영어 번역은 이보다 앞서 Goonatileke(1882)의 <문법 규칙(sūtras)의 파니니 팔장>이 있었으나 <팔장>의 단순한 영역(英譯)이어서 별로 돌아보지 않았다.

영어로 번역된 것은 인도사람으로 파니니 연구의 대가였던 봐수(Vasu)가 번역한 <팔장(*The Astadhyaya*)>(Vasu, 1897)이 더 많이 알려졌다. 인도인으로 산스크리트어의 후예인 힌디어(Hindi)를 모어(母語)로 쓰고 있던 바수(Srisa Chandra Vasu, 1861~1918)는 <팔장>을 영역하여 인도 동부에 있는 힌두교의 성지(聖地)로 유명한 바라나시(Benares)의 파니니 연구소에서 출판하였다.

그러나 <팔장>은 블룸필드(Bloomfield, 1930)에서 밝히 것처럼 주석에 의해서만 이해가 될 수 있는 전문가의 문법서였다. 따라서 보다 전문적인 <팔장>의 번역은 프랑스의 민족학자 르노(Louis Renou, 1896~1966)에 의해서 프랑스어로 이루어진다. Renou(1948~54)는 그 서명이 <팔장>을 프랑스어로 번역한 "토착 주석의 요약을 첨부한 산스크리트어의 번역의 파니니 문법"이었고 이 책은 인도의 주석본을 참고하면서 <팔장>을 번역하였다.

Renou의 프랑스어 번역은 전술한 기원전 2세기의 파탄잘리(Patañjali)의 <대주석서>와 7세기의 바르트르하리(Bhartṛhari)의 <문장 구문>의 주석을 참고한 것이어서 다른 번역본보다 이해하기가 쉽다. 이 책은 10년 후에 수정되어 Renou(1966)로 재간된다. 그가 세상을 떠나기 직전의 일이다.

요즘에는 Katre(1987)의 <파니니의 팔장 - 수미트라 M. 카트르가 로마자로 번역한>이 미국의 텍사스대학에서 출판되어 이를 많이 이용한다. 이 영역본은 이보다 훨씬 전에 번역된 Vasu(1897)를 현대적으로 풀이하고 주석을 많이 붙여 이해를 도왔다. 비로소 영어로 완역한 <팔장>이 세상에 나온 것이다.

한국에서도 21세기에 들어와서 '대장경 파니니 연구회'가 결성되고 이 연구회에서 <고려대장경의 고전범어문법 연구>를 시리스로 고려대장경연구소에서 간행하여 파니니의 <팔장>에 대한 연구를 시작하였다. 그러나 관심을 갖는 연구자의 부족과 학계의 무관심으로 더 이상 연구가 진행되지 못하고 있다.

참으로 안타까운 일이지만 한문으로 된 불경(佛經)을 읽어야 하는 부담이 있어 한자에 약한 신세대의 연구자들에게는 선뜻 다가서기 어려운 분야이기도 하다. 더욱이 불경의 한문이 유경(儒經)의 고문(古文)과 다른 통어(通語)의 한문이어서 해독하기가 어렵다는 난점이 있다. 또 고전 산스크리트와 범자(梵字)도 쉽게 접하여 배울 수 있는 언어와 문자가 아니다.

그러나 이러한 언어와 문자의 벽을 넘어야 <팔장>과 고대인도의 문법 연구와 음성학을 이해할 수 있고 이러한 이해를 통하여 동·서양의 언어 연구가 어떻게 전개되었는지 알 수가 있는 것이다. 젊은 세대의 분발을 촉구하는 바이다.

1) 인도의 언어

1.1.1.0. 다민족(多民族)국가인 인도에는 많은 언어가 혼재하고 있다. 그 가운데 현재 인도에서 가장 많은 인구가 사용하는 언어는 고대 산스크리트어로부터 변화한 힌디(Hindi)어

로서 이 말을 공용어로 사용하는 곳은 우타르 프라데쉬(Uttar Pradeś) 주(州), 비하르(Bihār) 주(州), 마디야 프라데쉬(Madhya Pradeś) 주(州) 등 인도의 중심부에서 이 언어를 사용한다.

이 언어는 인도만이 아니라 주변의 여러 나라에서도 사용된다. 그러나 산스크리트어로부터 변천한 힌디어도 많은 방언으로 분화하였다. 현대 인도의 언어는 크게 5개의 방언으로 나누는데 이를 정리하여 보면 다음과 같다.

① 서부(西部) 힌디 방언군(Paścimī Hindi)
② 동부(東部) 힌디 방언구(Pūrvī Hindi)
③ 라자스타니 방언군(Rājsthānī)
④ 파하리 방언군(Pahāṛī)
⑤ 비하리(Bihārī)

이러한 방언의 분류는 매우 자의적이어서 연구자에 따라 방언이 아니라 별개의 언어로 분류하기도 한다. 즉, ③의 라자스타니 방언군, ④의 파하리 방언군, ⑤의 비하리 방언군을 독립된 언어로 간주하여 힌디어의 방언으로 보지 않는 분류 방법이 있다(Grierson, 1990). 다만 두 번에 걸쳐 인도에 침입한 인도-아리안의 언어를 역사적으로 고찰하면 이러한 분류가 가능한 것으로 본다.

고대인도의 인도-아리아인들이 인도에 들어오기 이전의 언어에 대해서는 별로 알려진 것이 없다. 다만 전술한 바와 같이 현전하는 인도의 힌디(Hindi)어를 비롯한 인도의 여러 언어와 방언 등에 언어저층(底層-substratum)으로 남아있을 뿐이다. 현대 인도의 공용어인 힌디어는 아리아인이 인도에 들어온 이후에 그들이 사용한 산스크리트어로부터 변화하고 발전한 것이다. 따라서 인도의 언어는 다음과 같이 삼단계로 나누어 볼 수 있다.

제1기 고대인도어(Old Indo-Aryan) - 1,800 B.C. ~ 500 B.C.
제2기 중세인도어(Middle Indo-Aryan) - 500 B.C. ~ 1,000 A.D.
제3기 근대인도어(Modern Indo-Aryan) - 1,000 A.D. ~ 현대

19세기에 발달한 역사비교언어학의 언어 분류에 따르면 인도의 언어들은 인구어족(印歐語族 - Indo-European language family)의 인도어파(Indian branch)에 속한다.

1.1.1.2. 기원전 20세기부터 북서부로부터 서서히 인도에 침입한 인도-아리아인(Indo-Aryan)들은 인도의 펀자브(Punjab) 지방으로부터 갠지스 강(The Ganges)이 흐르는 동부(東部) 지역으로 확대되어갔다. 인도 아리아인들이 사용하던 이 시대의 언어는 산스크리트어라고 부른다.

산스크리트어는 넓은 의미로는 베다(Vedic) 경전의 언어를 모두 포함하지만 좁은 의미로는 베다의 언어만을 구별하여 고전 산스크리트어(classical Sanskrit)라고 한다. 그 기원이 조물주인 범천(梵天, Brāman)에서 시작된 언어라고 하여 범어(梵語)로 한역(漢譯)하고 그들의 언어를 표기하는데 사용한 브라미(Brāhmi) 문자를 범자(梵字)라 하여 중국과 한반도, 그리고 일본에서 이런 용어가 널리 사용한다. 심지어 중국에서는 인도를 천축(天竺)이라고도 한다.

베다시대(vedic period)의 말경에는 매우 많은 바라문(婆羅門)들이 일찍이 몹시 거주하기 적절하지 않은 땅에 스며드는 것같이 인도 대륙의 동부에 들어와 정주(定住)하기에 이르렀다. 이 시대까지 인도-아리아인(人)들은 베다 문헌이라고 총칭하는 방대한 량(量)의 시(詩), 산문(散文)을 남겼지만 그 사이에 언어도 복잡한 조직을 조금씩 잃어버리면서 단순화 되었다.

이러한 베다 경전의 산스크리트어의 변화를 막기 위하여 고대인도어 문법이 발달하였고 전술한 파니니의 <팔장>에서 종합되었다. 파니니(Pāṇini)는 기원전 4세기에 인도 간다라의 오탁가한다(烏鐸迦漢茶, Udakakhāda) 출신으로 그의 문법은 산스크리트어의 순수한 문어(文語)가 아니고 그가 출생한 지역의 교양 있는 사용하고 있는 올바른 일상어(日常語, bhāṣā)의 문법을 기술한 것이다. 그는 이 언어의 문법을 전술한 바와 같이 4천개에 가까운 규칙 수다라(修多羅, sūtra)로 정리하였다.

1.1.1.3. 기원 전 4, 3세기경에 불타(佛陀), 즉 석가모니(釋迦牟尼, Śakyamuni)가 활동하던 시기에 어떤 언어가 사용되었는지는 아직 결론이 없고 여러 학설이 분분하다. 다만 불타가 베다(Vedic) 경전의 언어만이 아니라 교리의 포교를 위하여 많은 언어를 수용한 것은 틀림이 없는 것 같다. 따라서 순수한 베다 경전의 산스크리트어와 여러 방언을 수용한 불교 범어는 산스크리트어, 즉 원래의 범어(梵語)와 구별되어야 한다.[17]

---

17 釋迦가 활동하던 시기에 가장 강력한 언어로는 Māgadhī語가 있었다. 이 말과 주변의 방언을 조합하여 만든 Ardha-Māgadī(半마가디어)는 일종의 인공 언어였으며 당시 불교와 경쟁하던 자이나교의

불교에서 사용한 범어를 불교혼효범어(Buddhist Hybrid Sanskrit)라고 부르는 이유가 여기에 있다. 당시 석가(釋迦)가 태어난 가비라성(迦毘羅城)과 그가 활동한 갠지스 강 유역에서 널리 사용되던 마가디어(Māgadhī), 그리고 그곳 주변의 방언을 이 마가디어에 융합시킨 반(半) 마가디어(Ardha-Māgadhī)가 불타를 비롯하여 그의 제자들이 사용한 언어로 추정된다.

이 언어는 현존하는 문헌이 없어서 이 인공어가 불타가 사용한 성어(聖語, lingua sacra)라는 주장과 불타의 설법은 여러 방언으로 번역된 것이라는 주장이 서로 대립하고 있어서 현재로는 확인하기 어렵다. 그리고 석가(釋迦)가 활동하던 시기에 이 지역에서 사용되던 문자는 동양 삼국에서 범자(梵字)라고 부르는 브라미(Brāhmi) 문자였다.[18]

2) 고대인도의 문자

1.1.2.0. 오늘날의 인도에서 19세기 이후에 근대화된 힌디(Hindi)어는 주로 데바나가리 문자(Devanagari script)로 기록한다. 이 문자는 인도의 베다(Vedic) 시대부터 사용한 브라미(Brāhmi) 문자로부터 발달한 것으로 나가리어(Nāgarī)를 기록한 문자를 말한다.

즉, 브라미 문자는 인도에 들어온 인도-아리아족(Indo-Aryan)이 사용하던 문자로 전술한 바와 같이 이들은 스스로 브라만(Brāhman, 婆羅門)의 후예(後裔)라고 자처하였기 때문에 한자로는 이들 바라문(婆羅門)을 범천(梵天)이라 한역(漢譯)하고 그들의 언어인 산스크리트어를 범어(梵語)라고 하였다.

그리고 그들이 사용한 브라미(Brāhmi) 문자를 범자(梵字)로 하여 전술한 바와 같이 한중일(韓中日)의 동양 삼국에서 동일한 술어로 사용한다. 브라미 문자는 카로슈티(Kharoṣṭī) 문자와 더불어 고대인도의 언어를 표기하는데 사용되었다. 브라미 문자는 인도 전역에서 사용

Mahāvīra는 분명히 半마가디어를 사용하였다고 학계가 인정한다. 佛陀, 즉 釋迦도 이 언어를 사용하였을 것이라는 학설이 설득력을 얻고 있다.

18 브라미 문자(Brāhmi lipi)라는 명칭은 인도의 西北端 기르기트(Girgit)에서 출토된 梵語의 寫本인 『*Mūla-sarvāstivā-da-vinaya*(根本說- 一切有部毘奈耶破僧事)』(6~7세기 필사)에 보인다. 唐代의 불경인 『法苑珠林』에서는 이 문자가 梵天인 브라만(Brāhman)의 啓示에 의해서 만들어졌다고 한다. 이 문자로부터 발달한 데바나가리(Devanagari) 문자에 대하여는 졸저(2012:25~26)에서 카로슈티(Kharoṣthī) 문자와 더불어 소개되었다.

되었으나 카로슈티 문자는 제한된 지역에서 쓰였다.

브라미(Brāhmi) 문자는 기원전 4~3세기경의 마우리아(Maurya) 왕조 때부터 기원후 5세기경의 굽타(Gupta) 왕조 때까지 오랜 기간 사용되었다. 6~7세기 이후에 북(北)인도에서는 브라미(Brāhmi) 문자가 굽타(Gupta)문자, 실담문자(siddhamātṛkā), 나가리(Nāgarī)문자로 변천하여 사용되었고 남(南)인도에서는 타밀(Tamil)문자, 게란다(Grantha)문자 등으로 변천하여 사용되었다.

1.1.2.1. 현재 인도에서 힌디어의 표기에 사용되는 데바나가리(Devanagari) 문자는 전술한 나가리(Nāgarī)문자의 다른 명칭으로 아마도 'deva'는 나가리 문자에 덧붙인 존칭, 또는 '천(天)'을 의미하는 접두어로 보인다. 불교문헌에서 'devanagara'가 '신(神)들의 마을'을 의미하기 때문에 'deva'가 하늘이나 신(神)을 가리키는 것으로 볼 수 있다.

고대시대의 인도의 언어, 즉 범어(梵語)라고 불리는 산스크리트어를 표기한 브라미 문자는 범자(梵字)였으며 이 문자는 범천(梵天)인 브라만(Brāhman)이 만들어준 문자로 여러 불경에 소개되었다. 그러나 인도에 침입한 아리아인들의 독창적으로 제정한 문자라는 주장과 다른 문자, 예를 들면 북셈(North Semitic) 문자의 영향을 받아 만들었다는 주장이 서로 대립하고 있다(Dani, 1963; Salomon, 1998).

그러나 북셈 계통의 문자는 페니키아 문자와 같이 왼쪽에서 오른쪽으로 쓰지만 브라미 문자는 그 반대로 쓴다든지 Dani(1963)에서 유사한 문자로 들은 것도 그 자형(字形)이 어떤 영향을 받아 만든 것으로 보기 어려움으로 브라미 문자와 북셈 문자와의 상호 관련은 믿기 어렵다. 서양 중심의 문자론에서 온 억지 주장으로 보인다. 또 시대적으로 브라미 문자가 기원전 수세기경에 만든 것이므로 역시 아리안들의 독창적인 문자로 보는 것이 합리적이다.

1.1.2.2. 브라미 문자로 쓰인 아소카왕(阿育王)의 비문이 현재까지는 이 문자로 쓰인 가장 오래된 자료로 알려졌다. 아소카(Asoka, 阿輸迦)왕은 고대인도의 마우리아(Maurya) 왕조의 제3대 왕으로 재위(在位, 272~232 B.C.)하는 동안 천축(天竺)을 통일하였다[19] 그는 불교를 신봉하고 보호하여 이를 세계적인 종교로 발전시켰으며 제3차 불경(佛經)의 결집을 수행하

19 아소카왕의 재위를 268~233 B.C.로 보기도 한다.

였다.

그리고 거의 인도 전역을 지배하는 대 제국(帝國)을 건설하였으며 이 제국을 통치하기 위하여 법(dharma)을 세우고 이 법전(法典, dharma lipi)을 널리 알리기 위하여 영내(領內) 각지의 암석이나 석주(石柱)에 이를 새겼다. 암석에 새긴 것을 마애(磨崖) 법전이라 하고 석주에 새긴 것을 석주 법전이라 불렀다.

아소카왕의 비문(碑文)은 기원전 3세기에 결정된 아소카왕의 법전을 기록한 것으로 브라미 문자의 표기법을 가장 잘 보여주는 자료로 주목을 받았다. 여기에 보이는 브라미 문자는 음절문자로서 기본적으로 음운 단위의 글자를 악샤라(akṣara)라는 음절 단위로 묶어 표기하였다.

다만 일부 남인도의 몇 다만 일부 남인도의 몇 비문에서 발견되는 브라미 문자는 어두(語頭)에 모음이 올 경우를 제외하고는 자음(子音)만을 표기하고 자음 + a를 표기하기 위해서는 보조 기호를 사용하였다.[20] 이런 전통은 티베트의 서장(西藏)문자에 전달된다.

1.1.2.3. 브라미 문자는 아소카왕의 비문 이후에 변천을 거듭한다. 즉, 마우리아 왕조가 망한 기원전 184년경부터 인도의 서북부는 야바나(Yavana), 피흐라바(Pahlava), 사카(Śaka) 등 여러 민족의 지배를 받았으며 1세기경부터 서북부는 쿠샤트라파(Kuśatrapa) 왕조(王朝)가 세워졌고 인도의 서부에서 중부에 이르는 지역에는 샤아타봐아하나(Śātavāhana) 왕조의 지배 아래에 들게 되었다.

이러는 동안 브라미 문자는 변천하여 샤아타봐아하나 왕조와 그 이후의 여러 왕조에서 독자적인 발전을 하게 되었다. 그리하여 기원전 2세기경에 베스나가르(Besnagar) 지역에 세워진 헬리오도로스(Heliodōros) 비문에는 새로운 자형이 등장한다. 모두 마우리아 왕조가 망한 이후의 여러 왕조에서 쓰이면서 변화된 문자들이다.

북인도의 알라하바드(Allahabad)에 있는 사무드라 굽타(Samudra Gupta, 재위 335~375 A.D. 경) 왕의 비문은 초기 브라미 문자와 상당한 차이를 보여 이를 굽타(Gupta) 문자라 부른다. 기원후 4세기경의 일이다. 6세기경에 이르면 서부 인도에서 브라미 문자가 지역에 따른 변화가 생겨서 이를 고(古) 칸나다(Old Kannaḍa) 문자, 고(古) 테루그(Old Telugu) 문자라고

20 이 보조기호는 자음 + a의 브라미 문자에 오른쪽 아래에 특수한 기호, 즉 뷔라마(virāma)를 붙여서 표기한다.

부르고 이 둘을 결합하여 테루그-칸나다(Telugu-Kannaḍa), 또는 그 반대로 칸나다-테루그 문자라 부르기도 한다.

지역에 따라 문자가 상이하게 변천하여 인도 대륙 내의 브라미 문자와 중앙아시아로 전파된 문자, 그리고 그 외로 동남아시아로 뻗어나간 브라미 문자도 그 자형을 달리 하게 된다. 뿐만 아니라 인도 내에서도 시대에 따라 글자가 변모하였다. 굽타 문자 후에는 6세기경에 실담(悉曇) 문자로 발달하여 후대의 불경은 이 문자로 기록되었다.

1.1.2.4. 실담(悉曇)은 한역(漢譯) 불경에서 원래 브라미 문자의 자음 글자인 체문(体文)과 모음 글자인 마다(摩多)와의 결합으로 이루어진 음절문자의 범자(梵字)를 지칭하였다. 모음의 마다(摩多)는 '어머니(mātṛ)'란 뜻으로 주격 단수의 'mātā'를 한자로 옮긴 것으로 보인다. 원래 모음은 범어(梵語)로 스봐라(svara)라고 불렀으나 불가(佛家)에서는 모음이 음절의 근본이라고 생각하여 이를 마다(摩多), 즉 음절의 어머니라는 뜻으로 쓴 것 같다.

또 체문(体文)의 'vyaňjana'는 "들어내다, 장식하다"의 뜻이 있어 모음에 붙어야 들어나는 음운을 말한 것임을 알 수 있다(다음의 1.4.3.1.을 참조). 다만 중국의 한자음에서는 어두 자음이 기능부담량이 매우 크므로 이를 체용(體用)의 체문(体文)으로 한 것 같다. 체용(體用)의 '체(體)'는 사물의 본질이고 '용(用)'의 그 쓰임이란 뜻이어서 자음을 '용문(用文)'으로 했어야 하지만 한자음에서 음절 초 자음이 의미를 변별하는 중심 음운이라는 뜻으로 체문(体文)으로 번역한 것으로 보인다.

앞의 1.0.2.에서 언급한 바와 같이 '실담'이란 말의 의미는 범어의 'siddh-(완성하다의 어근)'에 과거수동분사 '-ṃ'을 붙여 만든 'siddhaṃ'이어서 "완성된 것"이란 뜻을 갖는다. 실담(悉曇, siddhaṃ)은 자음에 모음을 결합시켜 만든 음절문자를 말하며 졸고(2016b)에서는 여러 불경에 등장하는 반자(半字)에 대하여 만자(滿字)를 의미한다고 보았다.

실담(悉曇, siddham)은 '悉談, 悉檀, 悉旦, 悉馱, 七旦, 肆曇' 등의 한자로 전사하였고 불가에서는 이 문자의 교육을 만자교(滿字教)라 하여 불경에 자주 등장하는 반만이교(半滿二教)는 반자교, 즉 알파벳 교육과 만자교(滿字教), 즉 범자(梵字)의 교육을 말한 것이다. 중국과 한국, 일본에 전달된 진언(眞言) 불경은 모두 브라미, 즉 범자(梵字)로부터 발달한 나가리 문자였으나 이들을 실담(悉曇) 문자라 하였다.

그러나 굽타 문자 이후에 새로 발달한 새로운 'Siddhamātrkā'도 실담(悉曇) 문자라고 불렀다. 그 이전에는 실담(siddham)이 '성취(成就), 길상(吉祥)'의 의미를 가졌고 원래 <실담장

(悉曇章)>이란 실담의 문자표를 완전히 이해해서 성취한 것을 축하하는 의미였으나 이것이 문자의 명칭으로 굳어진 것이라는 주장도 있다(馬淵和夫, 1962~65).[21]

3) 아소카(阿育)왕 비문의 문자

1.1.3.0. 아소카(Asoka)왕은 파트리푸트라(Pāṭliputra, 華子城, 현재 인도의 Patna 부근)에 도읍(都邑)을 둔 마가다(Magadha)국의 제3대 왕으로 재위기간동안 인도대륙의 남부를 제외하고 대부분과 서북(西北) 근린의 여러 곳으로 영토를 확대하여 공전(空前)의 대제국(大帝國)을 건설하였다.

왕이 처음에는 폭정(暴政)을 일삼아 '나쁜 아소카(Caṇḍ,śoka, 惡阿育)'로 불리다가 불교에 귀의(歸依)한 이후에 덕행(德行)을 돈독하여 '법다운 아소카(Dharmâśoka, 法阿育)'란 칭호를 얻었다. 불법을 잘 따른 소치로 보이며 그는 대제국을 다스리기 위하여 법치(法治)밖에 없음을 깨닫고 법(法)의 정비와 이의 공표에 노력하였다.

왕이 불교의 신앙과 이를 보호하려는 신념(信念)을 백성들에게 알리기 위하여 마가다국의 영토 내의 여기저기에 금석문으로 된 칙문을 설치하였다. 이 석각(石刻)의 칙문(勅文)은 인도만이 아니라 한때 아소카왕의 치하에 있던 네팔, 그리고 아프가니스탄의 각지에서 발견되어 그 수효는 현재까지 30에 가깝게 발견되었다.

이 칙문은 연마(硏磨)된 석주(石柱)와 자연석의 측면을 깎아 연마한 마애(磨崖)의 이종(二種)이 있다. 원형의 석주는 그 표면을 잘 연마했기 때문에 여기에 각자(刻字)한 자획(字劃)은 분명하지만 마애(磨崖)의 것은 표면이 잘 연마되지 않은 조면(粗面)이어서 자형(字形)이 뚜렷하지 못한 것이 많다.

비문에 쓰인 문자는 브라미(Brāhmi) 문자가 가장 많고 그 외에 카로슈티(Kharoṣṭ,hī) 문자, 아람(Aramaic) 문자, 희랍 문자 등이 있다. 칙문(勅文) 안에는 고대희랍어의 'dipi'에서 파생한 것으로 보이는 'dipikara, lipi-kara(쓴 사람. 書手)'라는 어휘가 있고 "쪼다, 새기다"란 뜻의 어간 'likh'에서 동사의 활용형 'likhita, lekhita'가 '각수(刻手)'라는 뜻으로 쓰인 것이 보인다.

---

21 실제로 중국의 漢譯 불경 자료에는 悉曇을 吉祥으로 표기한 예가 있다.

잘 연마한 석주(石柱)나 석벽(石壁)에 각자할 글자를 쓰는 사람, 즉 'dipikara, 서수(書手)'가 있고 이를 돌에 새기는 'likhita, 각수(刻手)'가 있어서 아마도 서수(書手)가 백묵(白墨)이나 탄(炭), 적철광(赤鐵礦) 등의 필기구로 석주(石柱)나 석벽(石壁)에 먼저 쓰고 이를 각수가 새겼기 때문에 새긴 문자의 폭과 선(線)이 항상 일정해 있었다.

따라서 여기에 새긴 문자들은 나무 잎이나 껍질, 그리고 종이에 쓴 것과 달리 필세(筆勢)의 강약은 보이지 않는다. 아마도 각수(刻手)가 사용한 공구(工具)가 조악한 탓도 있을 것이다. 더욱이 비문에 새긴 문자들은 세로가 가로보다 2배 정도나 되는 서체(書體)로 새겨져 있었다(田久保周譽, 1981).

1.1.3.1. 아소카 왕의 비문이 쓰인 곳은 대마애(大磨崖), 소(小)마애, 석주(石柱), 석굴(石窟) 등으로 나누어 본다. 대마애는 칼시(Khālsī) 지역,[22] 샤바즈가리(Shābhāz-garhi) 지역,[23] 만세라(Mansera)지역[24] 등 7개 지역에 소재되었다.

대마애 비문의 내용은 살생(殺生)을 금하고 인축(人畜)의 병사(病舍)를 세우며 나무를 심고 우물을 팔 것을 권장하고 회의·상주(上奏)·지악(止惡)·수선(修善)·법시(法施) 등의 제도를 설명하였다. 왕이 친히 법을 시행하기 위하여 순행(巡行)하고 불교의 전파를 도모하기 위하여 설법하는 내용의 14장(章)으로 되었다.

소마애(小磨崖) 비문은 갠지스 강 중류의 알라바하드(Allabahad) 서쪽에 있는 루프나트(Rūpnath) 등 7곳에서 발견되었다. 이 비문의 내용은 주로 불교에 정진(精進)하면 하늘의 과보(果報)를 반드시 얻게 됨을 말하였다. 불교를 전파하기 위하여 소마애(小磨崖) 비문을 새긴 것임을 알 수 있다.

석주(石柱)의 비문은 델리-토프라(Delhi-Toprā, 델리 지방), 라우리야-아라라지(Lauriya-Ararāj, 갠지스 강 하류의 Patna의 북쪽) 등의 10곳에 소재하는 것이 알려졌다. 그 가운데 6기의 석주 비문에는 법을 존중하고 악행(惡行)을 금할 것을 권면(勸勉)하였으며 살생을 금지하고 관리에 대한 고론(告論)하는 방법을 설명하는 공통의 6장(章)을 포함하고 있다.

석굴(石窟)의 비문은 바라바르(Barābar) 지역, 즉 부처가 정각(正覺)을 얻은 가야(Gayā) 부근

22 야무나河 상류의 Mansūri의 서쪽 지방.
23 파키스탄 인더스江 상류의 Peshawar(白沙瓦)의 동북 지방.
24 펀자브의 Harzāra 지방.

의 성지(聖地) 붓다가야(Buddha-gayā)의 북쪽에 있는 세 개의 동굴에 써놓은 비문으로 그 내용은 무릇 사람들이 널리 시여(施與)하는 즐거움을 새겨놓았다고 한다(田久保周譽, 1981).

이 외에 아프가니스탄 동남부의 칸다하르(Kandahar, 坎大哈) 지방에서는 희랍어와 아람어(Aramaic)의 두 언어로 기록한 왕의 비명(碑銘)이 발견되었다. 아소카 왕이 얼마나 당시에 널리 알려진 인물이었는가를 분명하게 보여주는 대목이다. 아람어는 옛 시리아(Syria), 팔레스타인 등 서(西) 아시아에서 사용된 셈어(Semitic)의 일종이다.

1.1.3.2. 아소카 왕 비문은 1356년에 델리(Delhi) 지방에서 2기의 석주(石柱)가 발견된 이래 전술한 것처럼 인도와 파키스탄, 아프가니스탄의 각지에서 석주와 마애(磨崖), 석굴(石窟)의 비문이 알려졌다. 다만 그 해독은 Prinsep(1837)의 "빌사(Bhilsa) 근처의 산치(Sanchi)에서 가져온 비문(碑文)의 복사(複寫)에 대한 수기(手記)"라는 논문이 처음으로 아소카 왕의 비문을 해독한 논문이었다.

이 비문의 연구로 인하여 손으로 쓴 범본(梵本), 특히 불경의 수집이 뒤따랐다. 영국의 외교관인 홋지손(B. H. Hodgson, 1800~58)이 네팔에서 범문(梵文)의 불경 440부를 수집해서 『아시아 연구(*Asiatic Research*, III)』 3집에 이 불경을 학계에 보고하였다.

이어서 프랑스의 뷰르누프(E. Burnouf, 1801~1852)가 범문(梵文)의 『법화경(法華經)』을 프랑스어로 번역하여 1852년에 출판하였다. 이로부터 유럽과 인도에서 범문(梵文) 불경의 수집과 그에 대한 연구가 성행하게 되었다. 이 시기를 인도 고대문자학 성립의 제1기로 본다(田久保周譽, 1981:146).

제2기의 인도 고대문자 연구는 문자학의 연구가 인도학에서 제1과목으로 공인되었다. 여기서의 중요한 과제는 굽타(Gupta) 문자 등 많은 브라미 문자의 서체(書體)가 쓰이게 되는 역사적 위치를 정하는 것이다. 즉, 각 문자의 유행 시기를 찾는 것이다.

그 가운데 오스트리아 빈 대학의 뷰러(G. Bühler, 1837~98) 교수의 Bühler(1880) 『인도 고대문자학』에서는 그때까지의 인도 연구학자들의 연구 업적을 종합하였다.[25] 즉, Bühler(1880)에서는 기원전 350년부터 기원후 1,200년에 이르기까지 여러 종류의 고대인도 문자의 자형을 구분하고 그러한 서체의 문자가 나온 시대를 고증하여 어디에도 치우치지 않은

25 Bühler(1896)의 *Indian Paleography*(Oriental Books Reprint, Delhi)는 Bühler(1880)의 *Indische Palaeographie*(Trübner, Strsßburg)를 영역하여 출판한 것이다.

가장 중용적인 연구를 정리한 것으로 인정되고 있다.

이보다는 좀 늦게 인도에서 태어났지만 영국인인 호에르늘(R. Hoernle, 1841~1918)은 그의 Hoernle(1916)『동 투르케스탄에서 발견된 불교 문헌의 잔존 사본(寫本)』의 말미에 서역의 각지에서 쓰인 브라미계 문자를 집성하여 부록으로 붙여서 귀중한 자료가 된다. 이러한 자료를 근거로 하여 제2기에는 본격적인 고대인도의 문자학이 발달한다.

1.1.3.3. Bühler(1880)에서 제시한 9종의 문자표 17엽은 앞의 8종에 각 엽(葉)별로 로마자로 대음(對音)을 표시한 16엽이 있고 제9종은 수자로 표시한 문자표의 난외(欄外)에 대응하는 계산 수자를 써 놓아서 1엽이라 모두 17엽이 된다. 그리고 이를 해설하는 96쪽이 있는데 여기에 제시한 9종의 문자표는 다음과 같다.

① 기원전 359년부터 200년간의 카로슈티 문자
② 기원전 350년부터 서력기원 때까지의 부라미 문자
③ 서력기원부터 약 350년에 이르기까지의 브라미 문자
④ 서역 기원후 350년부터 약 800년에 걸친 북방 알파벳(자모)
⑤ 기원후 800년부터 1,200년에 이르기까지의 북방 자모
⑥ 북방 사본(寫本, 法隆寺 貝葉 포함)의 자모
⑦ 기원후 400년부터 750년에 이르기까지 남방(南方) 자모
⑧ 기원후 약 750년의 남방자모
⑨ 수자[26]

田久保周譽(1981)에 의하면 Hoernle(1916)은 제1부와 2부로 나누어 제1부에서는 앞에 36쪽의 분량의 총설(總說)을 붙이고 범어(梵語)의 원문 26종과 그 어휘를 수록하였다고 한다. 제2부에서는 브라미 문자로 적은 우전어(于闐語, Khotanese)의 원문 4종과 그 어휘를 수록하고 구자어(龜玆語, Kuchena)의 원문 2종과 그 어휘, 그리고 중국어 우전어(于闐語)와 티베트의 서장어 우전어(于闐語)의 단편(斷片)을 각각 1편씩 수록하였다고 한다(田久保周譽, 1981:148).

26 荻原雲來(1915)에는 이 가운데 ②, ④, ⑥과 그 대음표가 전재되었지만 축소한 寫本이라 보기가 매우 어렵다. 그리고 田久保周譽(1944)에는 ②와 ⑥울 원래 크기로 게재하였지만 對音表는 빠졌다(田久保周譽, 1981:148).

1.1.3.4. 아소카왕의 비문(碑文)에 대한 연구는 1950년에 인도가 영국의 식민지에서 벗어나서 독립한 이후에 인도인들에 의한 연구로 크게 발전한다. 그리하여 인도 정부가 비문에 대한 연구의 정기 간행물인 *Epigraphia Indica*, 즉 『인도 비명학(碑銘學)』을 발간하였다.

여기에 많은 비문(碑文)이 해독과 더불어 해설이 실려 있어 브라미 문자의 자형에 대한 깊은 연구가 이루어졌다. 예를 들면 Sivaramurti(1952)의 『인도의 비명(碑銘)과 남인도의 문자』라든가 Pandey(1952)의 『인도의 고대문자학』, 그리고 Dasgupta(1958)의 『카로슈티 문자의 발달』 등이 그러한 연구의 결과물이다.

이러한 연구에 따르면 고대인도의 브라미 문자를 보여주는 가장 이른 시기의 자료는 아소카 왕의 비문이며 이 비문의 브라미 문자를 원형으로 보고 있다. 그러나 남인도의 바위산에 있는 동굴에 남아있는 타밀-브라미(Tamil-Brāhmī) 각문(刻文)은 아소카왕의 비문보다 훨씬 오래되었다.

또 이러한 타밀-브라미 문자의 특징을 보여주는 문자가 북(北)인도에서 발견되는데 이들도 모두 아소카왕의 비문보다 오래된 기원전 4세기의 것으로 추정된다. 따라서 브라미 문자는 상당히 오래전부터 인도 전역에서 사용된 문자로 보아야 할 것이다.

인도의 서북단 기르기트(Girgit)에서 출토된 산스크리트의 불전(佛典)『근본설(根本說), 一切有部毘奈耶破僧事』에서[27] 이 문자가 브라만(Brahman), 즉 범천(梵天)의 계시(啓示)로 만들어진 문자로 소개되어 브라미(Brāhmī) 문자라는 이름을 얻었고 한자로 범자(梵字)라 불리게 되었다는 브라미 문자는 매우 오래전부터 인도에서 사용되었음을 말한다.

4) 아소카왕 비문 이후 고대인도의 문자

1.1.4.0. 아소카왕의 비문에 보이는 브라미 문자의 자체(字体)는 앞의 1.1.2.3.에서 살펴본 바와 같이 인도 대륙과 주변국에서 독자적으로 발달한다. 인도 대륙에서도 북부, 중부, 남인도로 나누어 문자의 변천을 살펴볼 수 있다.

기원전 317년경에 성립한 마우리아 왕조는 제3대 아소카 왕(재위 기원전 268~233)에 최성기를 맞이한다. 인도대륙의 남단부를 제외하고 인도의 전역과 아프가니스탄의 동부까지

27 원명은 *Mūla-sarvāstivā-da-vinaya*인 것을 唐僧 義淨이 漢譯하여 이러한 이름을 얻었다.

그의 지배하에 들었다. 이러한 광대한 지역을 다스리기 위하여 아소카 왕은 법치(法治)주의를 채택하였는데 이를 <다르마(Dharmâ, 法)의 정치>라고 불렀고 법을 공표하면서 브라미 문자가 제국의 공용문자로 인정받게 된다.

아소카왕은 처음에는 폭군(暴君)이었으나 불교에 귀의한 후에 법치(法治)를 강조하고 공정한 법의 집행으로 제국(帝國)을 안정적으로 유지하였다. 그리고 전술한 바와 이 자신의 이상(理想)과 새로 설치한 다르마 조칙(詔勅, dharma-lipi)을 관리와 백성들에게 알리기 위하여 왕의 비문을 제국의 영토 각처에 세웠다. 이를 통하여 브라미 문자는 제국(帝國)의 공용문자로 그 기반을 굳건하게 하였다.

그러나 아소카왕 이후 제국은 분열하여 여러 왕국이 난립하면서 각국에서 사용되는 브라미 문자도 독자적인 발전을 거듭한다. 그리하여 이 문자의 자형(字形)도 조금씩 변하여 얼마 지나지 않아 서로 별개의 문자로 보일 정도로 인도의 각지에서 사용된 브라미 문자는 변하게 된다.

1.1.4.1. 먼저 인도 북부(北部)에서 베스나가르(Besnagar)의 헬리오도로스(Heliodōros) 비문에서 브라미 문자는 조금씩 모습을 바꾸어 가기 시작한다. 전술한 바와 같이 이 비문은 기원전 2세기경에 세워진 것이다. 후에 나가리(Nagari) 문자의 특징들이 이때에 이미 나타나고 있었다.

기원후 1~3세기의 쿠샤나-쿠샤트라바(Kuśana-Kuśatrapa) 시대의 문자들은 마투라(Mathurā)국의 봐시슈카(Vasiśka) 왕(在位 2세기 中葉?)이나 후뷔슈카(Huviśka) 왕(재위 2세기 후반?)의 비문에서 보이는 문자들은 훨씬 많은 변화형을 보인다. 이 자체는 중앙아시아 쿠챠(Kucha) 부근의 퀴질(Qizil)에서 발견된 불경의 자체와 유사하다.

인도 북부에서 브라미 문자의 발전 단계에서 최후의 것은 굽타왕조의 굽타기의 문자로 본다. 알라하바드(Allahabad)에 세워진 사무드라 굽타(Samudra Gupta) 왕의 비문에는 브라미 문자로 보기 어려운 다른 자형이 새겨졌다. 이른바 굽타 문자(Gupta script) 시대가 열린 것이다.

중부(中部) 인도에서는 1세기경부터 이곳을 지배하던 샤아타봐아하나(Ŝātavāhana) 왕조(王朝)가 멸망하고 3세기경부터 북부에 봐카타카(Vākāṭaka), 서부에 카담바(Kadamba) 왕조가 세력을 쌓았고 동부에는 익슈봐쿠(Ikśvāku), 슈랑카야나(Śālańkāyana), 뷔슈누쿤딘(Viṣṇukuṇḍin)이라는 여러 왕조가 이곳에서 활거하면서 브라미 문자를 사용하였다.

기원후 6세기말부터 동남지역의 연안(沿岸) 평야지대를 지배하던 팔라봐(Pallava) 왕조의 세력은 이 시대에 데칸 지역이 동부에 있었던 것 같고 각 왕조에서는 서로 다른 문자를 개발하여 사용하매 따라 브라미 문자도 서로 다른 자형을 보이게 되었다. 4세기경에 나타난 브라미 문자의 특징은 먼저 세로 줄 앞부분의 부푼 곳을 더욱 크게 하여 사각(四角)이 되도록 한 것이다.

전술한 카담바 왕조, 봐카타카(Vākāṭaka) 왕조의 문자에서 전형적인 모습을 보였고 그 모습이 상자 같아서 상자머리(box-headed) 글자라고 불렸다. 다음으로는 세로 줄의 아랫부분을 만곡(彎曲)하게 하는 등의 장식성이 보이게 되었다. 이런 자형은 익슈봐쿠(Ikśvāku) 왕조 등 동부 제 왕조의 각문(刻文)에서 확실하게 보인다.

기원후 6~7세기경에 이르면 앞의 1.1.2.3.에서 언급한 바와 같이 이 지역에서 별도로 발달한 브라미 문자를 전술한 대로 고(古) 칸나다(Old Kannaḍa) 문자, 또는 고(古) 테루그(Old Telugu) 문자라고 하였고 이 둘을 합쳐서 칸나다-테루그(Kannaḍa-Telugu), 또 그 반대로 불리기도 한다.

1.1.4.2. 남인도 대륙에 현존하는 옛 브라미 문자는 3계통으로 나누어 볼 수 있다. 하나는 데칸 동부 안드라 프라데슈(Andhra Pradesh)의 밧티프롤루(Bhaṭṭiprōlu)에서 출토된 부처의 사리(舍利) 용기(容器)에 새겨진 문자이고 또 하나는 동남 연안 평야의 타밀나두(Tamilnādū)에서 암산(巖山)의 동굴에 남아있는, 쟈이나(Jaina) 교도들의 것으로 보이는 각문(刻文)이다.

나머지 하나는 주로 거석(巨石) 문화 후기의 유적(遺跡)에서 출토된 토기(土器)에 새긴 문자다. 전술한 밧티프롤루(Bhaṭṭiprōlu)의 출토 사리(舍利) 용기에는 프라크르타를 새겼지만 나머지 동굴이나 토기에 새긴 각문은 모두 타밀어를 새겼다. 따라서 후자의 두 각문(刻文)의 글자는 타밀-브라미(Tamil-Brāhmi) 문자라고 부른다.

이 남인도에 남아있는 브라미 문자의 각자(刻字) 연대가 확실하지 않으나 타밀나두(Tamilnādū)의 동굴에 새긴 것은 기원전 3세기에서 기원후 3세기 사이로 보고 토기(土器)의 각문(刻文)은 기원전 2세기에서 기원후 1세기경에 새긴 것으로 본다. 일부에서는 동굴의 각문을 기원전 4세기로 보기도 한다. 다만 Dani(1963)에서는 모두 기원후의 것으로 보았으나 별로 신빙성이 없다.

전술한 밧티프롤루(Bhaṭṭiprōlu) 사리 용기(容器)의 각문에는 북인도의 브라미 문자에서 찾아볼 수 없는 중요한 특징이 있다. 즉, 어두의 모음을 나타내는 문자 외에는 자음만을 표하고 모음 -a와 그 결합이 보조기호에 의해서 나타냈다는 점이다. 이 모음을 표기하는 보조기호를 virāma라고 한다.[28] 범자를 모방하여 제정된 티베트의 서장(西藏) 문자가 왜 모음을 자음의 구분부호(區分符號)로 표시했는가를 이해하게 하는 대목이 아닐 수 없다.

원래 브라미 문자에서는 모든 자음이 내재적 모음(inherent vowel) [-a]가 있어 자음만으로도 음절 단위의 발음이 가능했다. 그런데 보조기호로서 virāma(구분부호, diacritical mark)로 표시한 모음을 결합하여 자음을 음절 단위로 표음한 것은 서장(西藏) 문자에서 재현된다. 다만 서장 문자를 모방한 원대(元代) 파스파 문자에서는 처음으로 모음 글자를 만들어 사용하였다.

파스파 문자에서는 모음을 표기하는 글자로 7자를 만들었으나 이를 유모(喩母)에 속한다고 하여 자음의 글자와 동등하게 보지 않았다. 즉, 자음으로 간주하는 유모(喩母)에 속한 음운으로 본 것이다. 오히려 모음 글자를 자음과 구별하고 동등하게 제정한 것은 조선(朝鮮)에서 15세기 중엽에 제정한 언문(諺文)이다.

언문에서는 중성(中聲)을 표기하는 11자를 만들어 보였는데 이것이 실담(悉曇) 문자의 마다(摩多) 이후에 문자사에서 최초로 모음의 글자를 만든 것으로 보인다. 이 문자는 처음에 훈민정음(訓民正音)이란 이름으로 제정되었으나 곧 언문(諺文)으로 불렸고 모음을 표기하는 중성(中聲)을 자음의 초성(初聲), 종성(終聲)과 동등하게 보았다. 이 문자는 오늘날에는 남한(South Korea)에서 한글이라 칭하면서 이의 영문명 'Hangul'이 국제적인 명칭이 되었다.

1.1.4.3. 브라미 문자는 중앙(中央)아시아에도 파급되어 사용되면서 역시 문자의 서체(書體)에 변천을 겪는다. 브라미 문자는 불교의 보급과 더불어 쿠샤나-쿠샤트라파(Kuśana-Kuśatrapa) 왕조부터 굽타(Gupta) 왕조에 걸쳐 중앙아시아와 동남아시아에서 사용되게 되었다. 그리하여 이 지역의 여러 민족들이 자신들의 문자를 제정하는데 크게 기여하게 된다.

중앙아시아에서 발견된 브라미 문자는 크게 3종류로 나눌 수 있다. 하나는 북서인도의 굽타왕조 때에 브라미 문자가 동(東) 투르키스탄(Turkestan, 현재 중국의 新疆 위구르자치구)에서 토착화하여 독자의 발전을 하기 이전의 문자가 있다. 또 하나는 쿠챠(Kucha), 투르판

28 원래 'virāma'는 "낱말의 끝, 문장의 종지부"라는 의미로 자음 문자에 붙여 모음 [a]가 아닌 모음이 있음을 표시하는 의미로 쓰인 술어다.

(Turfan)을 중심으로 하는 북도(北道)와 코탄(Khotan)을 중심으로 하는 남도(南道)에서 토착화한 2종(種)의 문자가 있다.

그리고 나머지 하나는 2종의 문자가 토착화한 다음에 인도에서 다시 들어온 문자로서 이 문자들의 사용은 일시적이라 토착화한 문자에 영향을 주지는 못하였다. 브라미 문자가 중앙아시아에서 토착화하기 이전의 문자로는 북서(北西)인도의 바미얀(Bamiyan)에서 발굴된 문헌의 문자와 유사하다고 한다.

이와 같이 중앙아시아에서 사용된 브라미 문자는 굽타시대까지 인도 문자의 발전과 같은 과정을 거쳤던 것으로 본다. 그리하여 이 이전에는 굽타문자와 크게 다르지 않았다. 그러다가 기원후 5세기경부터 독자의 발전을 시작한 것으로 알려졌다. 즉 5세기 이후에 중앙아시아의 브라미 문자는 타밀 분지(盆地)에서 북도와 남도로 독작적인 변천을 겪게 된다.[29]

초기 브라미 문자의 투르키스탄-굽타(Turkestan-Gupta type) 서체가 타림 분지(Tarim basin)의 북도에서 초기 투르키스탄-브라미 서체(Early Turkestan-Brāhmī type)로 변하고 또 이어서 이것에서 북 투르키스탄-브라미 서체(North Turkestan-Brāhmī type)의 a형과 b형으로 변하였다. 타림분지의 남쪽에서는 남 투르키스탄-브라미 주요서체(South Turkestan-Brāhmī the main type)가 후기 남 투르키스탄-브라미(Late South Turkestan-Brāhmī) 문자로 변한다.

1.1.4.4. 쿠차(Kucha)와 투르판(Turfan)을 중심으로 하는 타림 분지의 북도에서 토착화된 브라미에서 발달한 문자를 Hoernle(1911)에서 사형(斜形) 굽타(Slanting Gupta) 문자로 불렀으며 이후에도 이 명칭은 그대로 유지되었다.

코탄(Khotan)을 중심으로 하는 타림분지의 남도에서는 전게한 Hoernle(1911)에서 직립(直立) 굽타(Upright Gupta)라고 부른 문자가 있다. 이 문자는 산스크리트어만이 아니고 언어학사에서 환상(幻想)의 언어로 알려진 토카라어(Tocharian)를 비롯하여 코탄어(Khotan) 등 중앙아시아의 여러 고대 언어를 표기하였다.

이러한 여러 언어를 표기하기 위하여 새로운 글자를 고안하여 표기에 첨가한 예들이 많이 발견된다. 남도의 브라미 문자를 사용하여 고대 튀르크어, 중국어, 티베트어를 표기한

29 Sander(1986)에서는 타림(Tarlim) 盆地를 北道(北側)와 南道(南側)으로 구별하여 문자의 변천을 고찰하였다.

예가 알려지고 있지만 모두 일시적으로 표기에 사용하였고 북도의 브라미 문자로 소그드(Sogdian)어를 표기한 예가 몇 점 소개되고 있으나 후대에 이 문자가 이들 언어의 표기에 이어지지 않았다고 한다(Sims-Williams, 1996:313).

토카라어는 20세기 초에 구륀베델(A. Grünwedel)과 르 콕(A. von le Coq)을 중심으로 하는 독일의 탐험대가 투르판(Trufan)에서 쿠차(Kucha)에 걸친 지역의 불교 유적을 조사하였을 때에 발견된 언어다. 이 지역은 고대 중국의 자료에서 언기(焉耆), 구자(龜玆)라고 불리던 지역이다. 7세기에 당(唐)의 장안(長安)에서 인도로 가던 당승(唐僧) 현장(玄奘)이 쓴 『대당서역기(大唐西域記)』에는 아기니(阿耆尼), 굴지(屈支) 국(國)이라고 하던 곳이다.

이 조사에서 르 콕(le Coq)은 트루판 마을의 서쪽에 있던 쉬르킾(Syrkyp), 센김(Sängim) 등의 옛 사원(寺院)의 유적을 발굴하고 서고(書庫)로 보이는 곳에서 많은 문서를 수집하였다. 이 문서 속에는 토카라어를 기록한 사본과 이 언어를 투르쿠계의 위구르어로 번역한 문서가 다수 포함되었다. 이후에 일본의 조사팀도 이 발굴에 가담하였으나 그 결과는 태평양 전재의 패전으로 늦게 세상에 알려졌다.

토카라어는 굴절어의 인구어와 같은 계통으로 그 언어 역시 굴절어이지만 음운은 산스크리트어와는 매우 달랐다. 따라서 토카라어에만 존재하는 음운의 표기를 위하여 새로운 글자를 추가하지 않을 수 없었다. 다른 인도계의 문자체계와 크게 다르다. 토카라어를 브라미 문자로 표기한 것으로부터 추출한 토카라어의 브라미 문자표를 여기에 옮겨보면 다음의 [사진 1-1]과 같다.

브라미 문자는 어두 모음자, 그리고 자음자, 또는 자음의 연속 글자가 하나의 단위가 된다. 이러한 글자 단위를 악샤라(akşra)라고 한다(Faddegon, 1936 및 졸저, 2022:124). 범자(梵字)에서 자음이 모음을 수반하지 않는 경우에 내재적 모음 [-a]를 붙여 음절 단위로 발음된다. 이 보조기호는 '자음 + a'의 브라미 문자에 오른쪽 아래에 특수한 기호, 전술한 뷔라마(virāma)를 붙여서 표기한다.[30]

30 티베트의 서장문자에서는 모음 글자를 따로 만들지 않고 자음 글자에 구분부호를 붙여 표기한 것은 이와 같은 뷔라마(virāma)를 붙여 표기한 것에 기인한 것이다(졸저, 2019b:110~112).

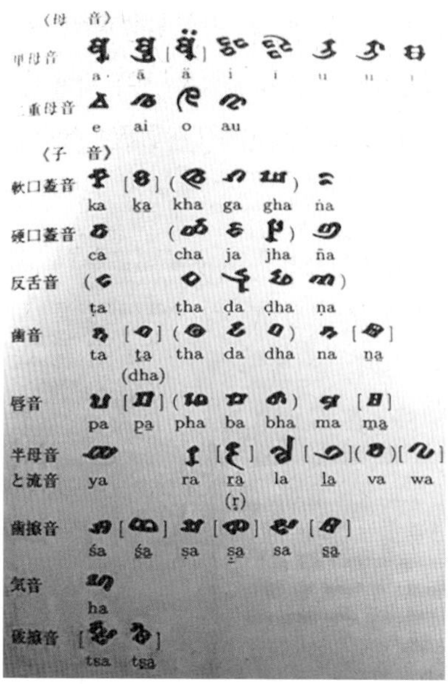

[사진 1-1] 토카라어를 표기한 브라미 문자표[31]

다만 토카라어를 표기한 브라미 문자에서는 이미 모음 기호를 가진 악샤라(akṣara)의 다음에 다시 모음 글자를 붙이는 표기 형태를 보이고 있어 주목을 끈다. 이것은 토카라어를 표기한 브라미 문자가 음절 문자가 아니고 오직 자음을 표기한 것으로 본 것이다. 이러한 표기 형태는 조선의 훈민정음에서 그대로 재현된다.

1.1.4.5. 앞에서 살펴 본 바에 의하면 아소카와의 비문에 보이는 브라미 문자는 후대의 굽타(Gupta) 문자나 나가리(Nagari) 문자 등 인도의 여러 문자에 보이는 원천(源泉) 문자라고 할 것이다. 아소카왕의 비문은 인도 전역에 널리 퍼져 있으나 거기에 쓰인 자체(字体)는 대체로 통일되어 있어서 서로 간에 큰 차이는 없었다.

이것은 강력한 왕의 집권 하에서 문자를 배워서 거의 통일된 자체를 사용한 것으로 보인다. 그러나 제국이 붕괴되고 변방에 여러 왕조의 국가가 난립하매 따라 각기 다른 자체를 개발하여 사용하기 시작하였다. 그리하여 브라미 문자는 카로슈티 문자, 굽타 문자, 나가리 문자, 싯담마트르카 등의 서로 다른 문자가 등장하게 된다.

31　Krause & Thomas(1960)의 것을 전재한 河野六郎·千野榮一·西田龍雄(2001:865)에서 재인용.

즉, 기원전 3세기경에 아소카왕의 비문에 쓰인 브라미 문자는 기원후 3세기 말까지 금석에 새긴 각문(刻文)에 따르면 커다란 변화가 없이 유지되었다. 그러나 아소카왕 이후에 인도의 재흥(再興)을 기도했던 굽타 왕조(320~500 A.D.) 때에는 직선(直線)을 중심으로 했던 문자가 우아한 곡선(曲線)으로 바뀌게 된다.

이때에는 금석문이 아니라 나무껍질(樺樹皮)나 나뭇잎(多羅樹葉, 貝葉) 등에 먹으로 쓰게 되면서 필치(筆致)의 강약과 운필(運筆)의 세부적인 것까지 볼 수 있게 되어 금석문과는 다른 모양의 문자를 확인할 수 있게 되었다. 굽타 왕조 때에 이렇게 달라진 브라미 문자를 굽타형(Gupta type)이라고도 하고 따로 이것을 굽타 문자(Gupta script)라고도 한다.

다만 이러한 자형이 이때부터 시작된 것으로 보기는 어렵고 곡선의 글자라도 이를 금석에 새기려면 직선이 될 수도 있어서 원래 이랬던 문자가 나무껍질이나 나뭇잎에 새겼던 것이 모두 부식(腐蝕)되어 없어졌기 때문에 금석에 새긴 자형만이 남은 것으로 볼 수도 있다. 파스파문자도 현전하는 금석문을 토대로 한 연구에서 많은 이체(異體)자를 실제 제정한 글자로 오해한 경우가 있었다(照那斯圖, 1981; 照那斯圖·楊耐思, 1984).

굽타 문자를 나뭇잎이나 나무껍질에 표기한 예를 들면 바라나쉬(Vārānaṣī) 왕이 타카샤실라(Takaṣaśila, 得叉尸羅)에 진출했을 때에 왕궁(王宮)을 지키고 있던 동생이 쳐들어온 적국의 왕의 이름을 나무껍질(bhūja)에 써서 화살에 매달아 보낸 자료가 남아있어 벌써 오래전부터 나무껍질이나 나뭇잎에 글을 쓰는 일이 있었음을 알 수 있다.[32]

2. 브라미(Brāhmi) 문자의 변천

1) 나무껍질과 나뭇잎에 쓰인 브라미 문자

1.2.1.0. 필사된 굽타문자로는 나무껍질(樺樹皮)에 쓴 보아사본(Bower manuscript)과 패엽(貝葉)에 쓴 법륭사의 패엽이 대표적이다. 보아 사본(Bower manuscript)이라는 것은 1891년 영국의 보아(Sir H. Bower) 대위(大尉)가 중앙아시아 쿠차(Kuchar, 옛 龜玆)의 밍가이(Mingai)에

32 이 자료는 *Śara-kṣepaṇa jataka(Mahāvastu,*(『射箭本生活』 Vol. Ⅱ)에 所收되었다.

서 발견한 것으로 패엽(貝葉) 형을 모방해서 나무껍질을 장방형으로 절단(截斷)하고 여기에 모필(毛筆)로 묵서(墨書)한 다음에 중앙에 구멍을 뚫어 편철한 사본(寫本)이다.

내용은 범어(梵語)로 『공작왕경(孔雀王經)』에 관련된 약법(藥法), 주법(呪法) 등을 굽타문자로 적었다. Bühler(1880)에서는 여기에 쓰인 서체(書體)를 전술한 직립 굽타 형(Upright Gupta type)이라고 불렀고 기원후 5세기의 것으로 추정하였다. 보아 사본의 범어(梵語)는 정통에서 벗어난 어형이 많이 있어 해독은 어려운 것 같다.

인도에서 종이가 필사에 쓰인 것은 현전하는 유품(遺品)들로 볼 때에 11세기 이후의 일로 보인다. 그 이전의 서사(書寫) 자료로는 자작나무(樺) 등의 나무껍질이나 다라수엽(多羅樹葉), 패엽(貝葉) 등의 나뭇잎이 많이 쓰였고 그 외에 목편(木片), 수피(獸皮), 그리고 목면(木綿) 등의 직물(織物)이 있었다. 서양에서 양피(羊皮)를 많이 쓴 것과 중국에서 죽간(竹簡)을 사용한 것과는 조금 다르다.

1.2.1.1. Bühler(1880)에 의하면 나무껍질(樺樹皮)은 말레이산(産)의 자작나무(梵語, bhūrja, 영어 birch)의 것 껍질을 벗긴 내피(內皮)를 말한다. 인도에서는 기원전 4세기에 알렉산더 대왕 때부터 사용되었고 기원후 11세기경의 페르시아인 알베루니(Alberūnī)가 쓴 기록에 의하면 길이가 삼분(三分)한 2미터, 폭은 손을 벌린 크기로 자르고 기름을 발라 문질러 만든 것이 있다고 한다.

이 필사(筆寫) 자작나무 나무껍질(bhūrja)에 글씨를 쓰는 일은 북서(北西)인도에서 시작되어 카스미르(Khashmir)로 보급되었으나 종이가 유행하면서 소멸되었다. 다만 동인도의 오릿사(Orissa) 지역에서는 후세에도 이 나무껍질에 글자를 쓴 것을 몸에 차서 호부(護符)로 사용하고 있다.

나무껍질에 불경을 적는 것에 대하여 당대(唐代) 희린(希麟)의 『속일체경음의(續一切經音義)』(<希麟音義>라고도 함)(권6) '화피(樺皮)'조에 다음과 같은 기사가 있다.

> <文字集略> {梁阮孝緖撰 } 云: 山木名也. 堪爲燭者, 其中有赤白麁細. 彼五天竺國, 元無紙素, 或截以貝多葉, 或多羅, 或白細樺皮, 用書梵夾. 如中國古人, 用竹簡之類也. - 양나라 원효서(阮孝緖)가 편찬한 <문자집략>에 말하기를 "산의 나무 이름이다. 초(燭)보다 낫다. 그 가운데 붉고 하얀, 크고 가는 것이 있다. 저 오천축국에서는 원래 종이가 없어 패다(貝多) 엽(葉)을 자르거나 혹 백세(白細)의 화피, 자작나무 껍질로 범자를 쓰는데 사용했다. 마치 중국의 옛 사람들이 죽간(竹簡)을 사용한 것과 같다"라고 하다.

이 기사를 보면 중국의 죽간(竹簡)처럼 자작나무 껍질인 화피(樺皮)에 글을 썼음을 알 수 있다. 그리고 화피(樺皮)에 쓰는 먹(墨)에 대해서는 태평흥국(太平興國) 5년(980 A.D.)에 중국에 온 천축의 역경승(譯經僧) 천식재(天息災)가 번역한 『대마리지보살경(大摩里支菩薩經)』(권1)에 '공구마향(供俱摩香)'과 '우황(牛黃)'을 그 제법으로 들고 있다.

공구마향(供俱摩香, kuńuma)은 울금(鬱金), 즉 사프란(saffron)의 일종으로 부식을 막고 우황(牛黃, gorocanā)은 암소의 단석(胆石, 쓸개)을 말하며 충손(虫損)을 방지한다. 아마도 검은 색을 내는 탄수(炭水)에 부식(腐蝕)과 충손(虫損)을 방지하기 위하여 첨가하는 물질을 말한 것으로 보인다. 먹(墨)에 넣는 이 두 물질은 전술한 <대마리지보살경>만이 아니라 여러 불경에서 언급되었다.

1.2.1.2. 나무껍질과 더불어 문자를 쓰는데 사용한 패엽(貝葉)패엽(貝葉)은 <삼장법사전>(권7)을 비롯하여 많은 한문 불경에 등장한다. 그리하여 패엽(貝葉)이 범본(梵本)의 대용(代用)처럼 쓰이기도 했다. 원래 패엽(貝葉)은 '패다라엽(貝多羅葉-패다라의 잎)'에서 온 말로 패다라(貝多羅)는 식물의 잎사귀를 의미하는 범어 '파트라(pattra)'를 한자로 음사(音寫)한 것이다.

패다라엽(貝多羅葉)은 여기에 잎을 의미하는 '엽(葉)'을 덧붙인 것으로 보인다. 마치 우리말의 '역전(驛前)앞'과 같은 조어법이다.[33] 당대(唐代) 혜림(慧琳)의 편찬인 『일체경음의(一切經音義)』(권10)의 '패다(貝多)'조에 다음과 같은 기사가 있다.

> 西國樹名也. 其葉可以裁爲梵夾, 書寫墳籍. 此葉麁厚鞕而難用. 若書多以刀爲文, 然後傎墨, 爲葉厚故也. 不如多羅樹葉, 薄耎光滑, 白淨細好, 全勝貝多. 其多羅樹最高出衆樹表. 若斷其苗決定不生, 所以諸經多引爲喩. 此等形狀叵似椶櫚. 五天皆有, 不及南印度者爲上. - [패다(貝多)는] 서역의 나무 이름이다. 그 잎사귀에 범어를 실을 수 있어서 글을 써서 문서가 된다. 이 잎사귀는 매우 두껍고 단단해서 사용하기에 어렵다. 만일 글을 쓰면 대부분 칼로 글을 만들고 후에 먹으로 채우는 것은 잎사귀가 두꺼운 때문이다. 다라수(多羅樹) 잎이 얇고 부드러우며 빛나고 매끄러워 패다(貝多)보다 한참 낫다. 다라수가 나무로서는 가장 출중하다. 그 싹을 자르면 살지 못하므로 이것으로 많은 경전에서 인용하여 비유한다. 이들의 형상은 매우 커서 종려나무와 같다. 다섯 천축(天竺)에 모두 있지만 남인도의 것만 못하여 제일로 친다.

---

33 唐 玄應의 『一切經音義』(권10)에 "舊言貝多訛也 - 옛 말에 '패다'라고 하는 것은 틀렸다"라고 하여 貝葉과 多羅를 구별하였다.

이 기사를 보면 패다(貝多)와 다라수(多羅樹)는 별종의 나무로 보인다. 서역의 역경승들이 중국에 들여온 초기의 불경은 다라수 나뭇잎에 새긴 것이었다. 중국에 불경이 들어와서 한역(漢譯)된 최초의 불경인 『사십이장경(四十二章經)』도 다라수 잎에 새긴 것을 백마(白馬)에 싣고 왔다고 한다(졸고, 2016b).

1.2.1.3. 서기 67년경의 후한(後漢) 명제(明帝) 때에 중국에 들여와서 한역(漢譯)한 <사십이장경>은 고려대장경에도 수록되었는데 그 서두에 이 불경이 전래된 설화를 옮겨놓았다. 그에 의하면 꿈속에서 불타(佛陀)를 접한 후한(後漢)의 명제(明帝, 57~75 A.D.)가 불법을 구하기 위해 중낭장(中郎將) 채음(蔡音)과 박사 진경(秦景) 등을 천축(天竺)에 파견했으며 그들은 대월지국(大月氏國)에서 천축의 고승(高僧) 가섭마등(迦葉摩騰)과 대월지국의 승려 법란(法蘭)을 만나서 이 사실을 털어놓았다고 한다.

중국의 황제(皇帝)가 불경을 얻으려고 하다는 사실에 감동하게 된 가섭마등과 법란의 두 고승은 후한(後漢) 영평(永平) 10년(67 A.D.)에 다라수(多羅樹) 잎에 새긴 불경 <사십이장경>과 불상(佛像)을 백마 네 필에 싣고 낙양(洛陽)에 도착하였다. 황제는 이들에게 거처를 마련하고 불경과 불상을 싣고 온 백마를 사육하기 위하여 백마사(白馬寺)를 지었는데 이것이 중국 최초의 불교 사찰이다.

이곳에서 불교를 전파하던 가섭마등(迦葉摩騰)과 법란(法蘭)은 다라수 잎에 새긴 <사십이장경>을 한역(漢譯)하였으며 이것이 현존하는 최초의 한역(漢譯) 불경으로 알려졌다. <사십이장경>은 불교의 요지를 42장에 걸쳐 간략하게 설명하고 있어서 붙여진 이름이며 부처의 교훈집이다.

이후 불경의 한역은 중국에서 후한(後漢)시대로부터 원대(元代)에 이르기까지 1천여 년간 계속되었으며 한역(漢譯)된 불경의 수효만도 수천 권에 달한다. 따라서 종이가 보급되기 이전에는 서역의 역경승들이 나뭇잎에 새긴 불경을 들여다가 중국에서 한역하여 죽간(竹簡)에 썼다가 후대에 종이에 옮긴 불경이 많았고 이것이 중국을 비롯한 동아시아의 여러 나라에 전달된 것으로 보인다.

2) 일본 법륭사(法隆寺)의 패엽(貝葉)의 굽타문자

1.2.2.0. 일본 법륭사(法隆寺)에 소전(所傳)하는 패엽(貝葉)에도 브라미 계통의 굽타 문자로 <반야심경(般若心經)>을 옮겨 적었다. 원래 이것은 전술한 파트라(pattra)의 나뭇잎을 '다라엽(多羅葉)'으로 불렸던 것으로 일승(日僧) 각현(覺賢)이 쓴 『반구고사편람(斑鳩古事便覽)』에 '존승 다라니 반야심경 다라엽 범서(尊勝多羅尼般若心經多羅葉梵書)'라고 하여 법륭사 패엽(貝葉)의 전래를 소개하였다.

> 右者太子御前生, 於衡州南嶽山, 惠恩禪師、念禪法師申, 六生間御持物也. 太子三十七歲時, 小野臣妹子, 自大隋國將來品也. - 오른쪽 것은 [패엽(貝葉)을 말함] 태자가 전생에 [중국] 형주의 남악산에서 혜은선사와 염선법사가 말한 대로 육생(六生)에서 갖고 있던 물건이다. 태자가 [일본의 성덕(聖德)태자를 말함] 37세 때에 신하였던 오노 마이코(小野妹子)가 수(隋)나라에서 가져온 물건이다.

이 패엽(貝葉)에 대하여 田久保周譽(1981:42~49)에서는 이 패엽이 중국 호남성(湖南省) 남악(南嶽) 형산(衡山)의 혜은선사와 염선법사 등이 소지하고 있던 것을 성덕(聖德) 태자 37세 때(610 A.D.) 견당사(遣唐使)로 중국에 간 오노 마이코(小野妹子)가 수(隋)나라에서 가져온 것으로 추정하고 이후 야마도(大和)의 법륭사(法隆寺)에 수장(收藏)된 것을 보았다.

현재는 동경(東京) 국립박물관 법륭사 보물관(寶物館)에 소장되었다. 모두 2엽이 전하고 있는데 이를 여기에 옮겨보면 다음과 같다.

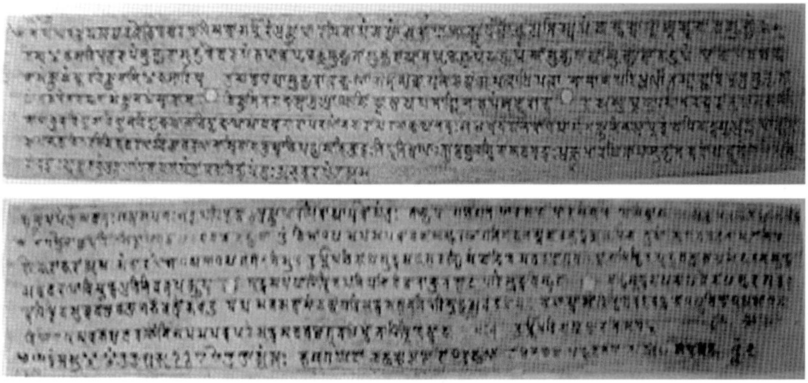

[사진 1-2] 일본 법륭사(法隆寺) 소장의 패엽(貝葉) 2장[34]

田久保周譽(1981:44~45)에서 이 패엽의 2장을 모두 로마자로 전사하여 보였다. 이를 참고하여 다시 정리하면 다음과 같다.

제1편

1행 namas sarva-jñya. Aryâvakolokiteśvara-bodhisatvo gambhiram, prajā-pāramitâyâṃ caryāṃ caramâno vyavakayati sma. pamca-skandhās taś ca svabhāva śūyam, paśya ----

2행 ti sma. iha Śāriputra rūaṃ śūnyatâiva rūpam. rūpān na pṛthag śūnyatā śūnyatāyā na pṛthag rūpam, yad rūpamsā śūnytā tad rūpam, evam eva veda ----

3행 nā-samjñā-samskāra-vijñānāni, iha Sāiputra sarva-dharmā śūnyatā-lakṣaṇā anut pannā aniruddhā amalā vimalā nânā na paripūrnā tasmā Chāriputra śūnytā ----

4행 yāṃ na rūpam, na vedanā na vijñānāni na cakṣu-śrotra-ghrāṇa-jihvā-kāya-manāńsi na rūpa-śabda-grandha-rasa-spraṣtavya-dharmā na casksur-dhātur yāvan na ma ---

5행 no-dhātu na vidyā nâvidyā na vidyya-kaṣyo yāvan na jarā-maraṇa-ksayo na duhkha-ṣamudaya-nirodha-marga, na jñānam, na prātivam bodhisatvasya prajñā-pārami ----

6행 tām āśṛtya viharti cittâvarana cittāvarana-nâstitivād alrasto, vipary asâtikrāntaḥ niṣha-niṣtha-nirvāṇah'try-adhva-vyavasthitā sarva-buddhāḥ prajñā-pāramitāṃ samyak-sambodhim abhi ----

7행 sambuddhā tasmāj jñatavyam, prajñā-pāramitā mahā-mamtro mahā-vidya-mamtrah anuttara-mamtra asa ----

제2편

1행 masama-mamtra sarva-duhkha-praśanah, satyam amithyatvā ca prajñā-paramitayam ukyo mamtrah. tadyathā gate gate pāagate pārasamgate bodhi svāhā Prajñā-pāramitā-hṛdaya samāptā

2행 namas trailokya prativiśistāya buddhāya bhagavate, tadyathā, om, viśodhaya sama-samantâabhāa-spharaṇa-gatigathana-svabhāva-viśuddhe abhhiṣmcatu mām, sugata-vayanâmṛtâbhise -----

3행 kair harā harā āyah-sambhāraṇi śodhaya śodhaya, gagana-viśuddhe Uṣṇīṣa- vijana-viśuddhe sahasra-raśmi-samcodite sarva-tathāgatâhiṣthāhṣte mudre vajra-kāya-samhātana viśuddhẹ

---

34 田久保周譽(1981:44)에서 재인용함. 모두 2엽인데 크기는 모두 세로 4.8cm, 가로 29.9cm라고 한다.

4행 saravâraraṇa-viśuddhe pratinivartaya āyu-śuddhe samayâhiṣhite mani-mani tathātā-bhūta-koti-pariśuddhe visphotā budhi-śuddhe jaya jaya vija vijaya smara sarva-bu--

5행 ddhâdhiṣhita-śuddhe vajra vajra-garbhe vaijraṃ bhavatu mama sarva-satvā-stvānaṃ ca kāya-viśuddhe sarva-gati-partiśuddhe sarva-tathāgatā samāśvāsâdhiṣtite budhya budhya bodhaya vibodhaya sodhaya viśodhaya

6행 viśodhaya sarva-karm-varaṇāi-sama-samanta-pariśuddhe sarva-tathāgatâdhiṣt-hanâdhiṣthite svāhā

7행 siddam. a ā i ī u ū r r̄~l l̥ e ai o au aḥ ka kha ga gha ńa ca cha ja jha ňa ta tha da dha ṇa ta tha da dha na pa pha ba bha ma ya ra la va śa ṣa ha llaṃ kṣa

이상의 로마자 전사로 보면 <반야심경(般若心經)>의 일부와 마지막에 실담(悉曇) 문자의 48자를 보였음으로 아마도 범자(梵字) 교육의 교재용이었던 것임을 알 수 있다. 이 로마자 전사는 田久保周譽(1981:44~45)의 것을 전재한 것이다.

1.2.2.1. 田久保周譽(1981:42~49)에서는 이 패엽(貝葉)이 중국 호남성(湖南省) 남악(南嶽) 형산(衡山)의 혜은(惠恩)선사와 염선(念禪)법사 등이 소지하고 있던 것을 일본의 성덕(聖德) 태자 37세 때(610 A.D.) 견당사(遣唐使)로 중국에 간 오노 마이코(小野妹子)가 수(隋)나라에서 가져온 것으로 추정하였다.

그리고 이후 야마도(大和), 나라(奈良)의 법륭사(法隆寺)에 수장(收藏)된 것을 보았다. 현재는 동경(東京) 국립박물관 법륭사 보물관(寶物館)에 소장되었다. 메이지 17년(1884)에 이 패엽(貝葉)의 사진이 영국 옥스퍼드(Oxford) 대학 언어학과의 맥스 뮬러(Max Müller)의 손에 들어가게 되었다고 한다.

뮬러(Müller) 교수는 이 문자의 서체로 보아 기원후 6세기 전반 이전에 굽타문자로 쓴 것이며 인도인이 필사한 것으로 보았다.[35] 따라서 오노 마이코(小野妹子)가 6~7세기의 수(隋, 581~617 A.D.)나라에서 가져온 것으로 볼 수도 있다고 하였다. 뮬러 교수는 유라시아대륙의 극동지방에 산재한 교착적 문법 구조의 언어들을 투란어족(Turanian language family)으로 부른 것으로 언어학사에 이름을 남겼다(졸저, 2022:752).

35 Oxford 대학의 Müller 교수는 일본의 南条文雄氏의 도움을 받아 일본 長谷寺 傳本의 <般若心經>과 비교하여 그 오류를 찾아 Müller(1884)에 실었다.

이로부터 법륭사의 패엽이 현존하는 최고(最古)의 패엽(貝葉) 사본으로 학계의 주목을 받았다. 필자의 의견으로는 이 패엽이 전술한 바와 같이 실담(悉曇) 문자의 교육용으로 제작된 것으로 보인다. 다만 이 패엽은 중국에서 작성된 것으로 추정되며 제작 연대도 훨씬 후대로 보이는데 이에 대한 후속적인 연구가 없는 것을 참으로 유감이다.

패엽은 2엽이 모두 각 7행으로 기입되었으며 그 내용은 제1엽에서 제2엽 초행(初行)까지는 범문(梵文)으로 된 *Pranā-pāramitā-hṛaya*(『般若心經』)를 써넣었고 2엽의 2행부터 6행까지는 *Uṣṇṣīa-vijaya-dhāraṇī*(『佛頂尊勝陀羅尼』), 그리고 2엽 7행에 범자(梵字)의 자모를 기입하였다. 아마도 진언(眞言) 불경은 이러한 자료로부터 시작된 것으로 볼 수 있다.

1.2.2.2. 이 패엽(貝葉)에 적힌 불전(佛典)의 각문(刻文)을 보면 문법적으로도 많은 오류가 있고 전사한 굽타문자도 적지 않은 일탈(逸脫)이 있어 불교의 교리를 잘 모르는 사람이 필사한 것으로 보았다(田久保周譽, 1981:42).

다만 이 각문(刻文)의 문자는 6~7세기 북(北)인도의 굽타문자로 보이고 거기에 50자의 자형을 보여준다는 점에서 중요한 자료라고 아니할 수 없다. 특히 [사진 1-2]의 하단의 제1엽 말미와 이를 로마자로 전사한 하편 제7행을 보면 브라미 문자의 모음자와 자음자가 나열되었다.

즉, 법륭사 패엽 2엽의 마지막 7행은 "siddham: a ā i ī u ū ṛ ṝ ḷ ḹ e ai o au aṃ aḥ ka kha ga gha ṅa ca cha ja jh na ṭa ṭha ḍa ḍha ṇa ta tha da dha na pa pha ba bha ma ya ra la va śa ṣa sa llam kṣa"라 하여 'a~am'까지 실담(悉曇)의 마다(摩多) 14자와 'ka~kṣa'의 체문(体文) 34자, 도합 50자가 들어있다. 이것을 실담 문자 교육용으로 보는 이유가 여기에 있다.[36]

이 법륭사 구장(舊藏)의 범문(梵文) 사본(寫本)이 패엽(貝葉)에 적힌 것이어서 일반적으로 인도에서 작성되어 일본에 들여온 것으로 인정하고 전술한 바와 같이 일본에서도 <범본심경 병존승타라니(패엽)(梵本心經幷尊勝陀羅尼(貝葉)>이라는 이름을 붙였다. 그리고 이것의 작성을 인도에서 기원후 7세기 것으로 보아 중요문화재로 지정하였다.

그러나 이 패엽(貝葉)이 과연 인도에서 작성된 것인가에는 의문의 여지가 있다. 우선 이

36 田久保周譽(1981:44)에서 51자라고 한 것은 아마도 잘못 계산한 것으로 보인다. 졸저(2022:103~9)에서는 <大般涅槃經>(권3)에서 50자의 범자에 대하여 언급하고 그 각각을 제시하였다.

패엽은 갈대나 대나무 가지, 혹은 나무를 뾰족하게 잘라서 쓰는데 이 사본은 중국식의 모필(毛筆)로 쓴 것 같다. 그리고 나뭇잎 양면에 쓰는 것이 일반적인데 이 패엽은 한 면만 쓰였고 다른 면은 공백이어서 백지(白紙)를 붙였다.

특히 제1엽의 첫 번에 '다심경(多心經)'이란 한자가 보이고 제2엽 제2행의 첫 번에 '불정(佛頂)'이라 묵서가 보인다. 상술한 <반야심경(般若心經)>의 약칭인 '다심경'과 <불정존승타라니(佛頂尊勝陀羅尼)>의 첫 두 글자 '불정(佛頂)'을 써 넣었는데 이것이 나중에 넣은 것으로 보이지 않고 처음부터 범문(梵文)과 같이 쓴 것이어서 이것이 중국에서 제작된 것이 아닌가 하는 의문을 갖게 한다.[37]

1.2.2.3. 우선 이 패엽은 일반의 다라엽(多羅葉)에 보이는 광택이 없고 세로로 나타나는 미세한 균열도 없다. 따라서 법륭사(法隆寺) 구장의 패엽(貝葉)은 다라엽(多羅葉)이 아니라 수피(樹皮)일 가능성이 있다. 특히 인도에서 <반야심경>과 <불정존승타라니>, 그리고 범자(梵字)의 자모를 함께 묶어 한 편으로 하는 일은 아무래도 일반적인 불경의 사본과는 다르다.

田久保周譽(1981)의 <범자(梵字) 실담(悉曇)>을 보필(補筆)한 가나야마 쇼우고(金山正好)는 이상의 여러 사실을 지적하고 이 패엽(貝葉)이 중국에서 수피(樹皮)에 범자의 견본(見本)으로 제작된 것이 아닌가 하였다. 다만 다쿠보 슈우요(田久保 周譽)씨가 이를 인도에서 작성한 패엽으로 보았기 때문에 이를 틀렸다고 하기가 어려운 입장이어서 그 가능성만을 말한 것으로 보인다.

특히 제1엽 첫 번에 등장하는 '다심경(多心經)'을 <반야심경>의 약칭으로 부른 것이 당대(唐代) 혜정(慧淨)의 『반야심경소(般若心經疏)』에 보이기 때문에 이것으로 보아도 중국에서 제작한 것으로 볼 수 있는 근거가 된다. 당(唐) 원측(圓測) 및 정매(靖邁)의 『반야심경소(般若心經疏)』를 <다심경소(多心經疏)>라고 약칭한 일본 정창원(正倉院)의 문서도 있다. 이 문서는 천평(天平) 19년(747 A.D.)의 것이다.

---

37 法隆寺 舊藏의 貝葉이 인도가 아니고 중국에서 제작한 것이 아닐까 하는 의문을 제기한 것은 田久保周譽(1981:56~7)에서 이 책을 補筆한 金山正好가 한 것이다.

3) 서역(西域) 불경의 다양한 언어와 문자

1.2.3.0. 기원후 2세기의 후한(後漢)시대로부터 14세기의 원대(元代)까지 인도와 그 외의 지역에서 저술된 불경들이 중국에서 한문(漢文)으로 번역되었다. 그 수효로만 보아도 수천 종(種)에 이르러 이 한역(漢譯) 사업은 아시아에서 이루어진 가장 큰 문화사업의 하나라고 할 수 있다.

그러나 한역된 불경의 원본이 모두 같은 범자(梵字)로 쓰인 같은 범어(梵語)일 수는 없다. 특히 기원후 6세기경까지의 구역(舊譯)시대에 사용된 불경의 원본은 여러 범자(梵字)로 여러 범어(梵語)를 기록한 것으로 보인다. 예를 들면 양(梁) 승우(僧祐)의 『출삼장기집(出三藏記集)』(권2) 「호한역경음의동이기(胡漢譯經音義同異記)」에 다음과 같은 기사가 보인다.

> 西方寫經, 雖同祖梵文, 然三十六國, 往往有異. 譬諸中土, 猶篆籒之變體乎? - 서역의 사경은 비록 같은 계통의 범문이라 하더라도 36국이어서 왕왕 다른 것이 있다. 비교하건대 중국에서도 전자(篆字)와 주자(籒字)의 서체가 다르지 않은가?

이 기사를 보면 한자에도 전서(篆書)와 예서(隸書)와 같이 서체의 차이가 있는 것처럼 범자(梵字)에도 고대인도의 36국이 독자적으로 발달한 글자가 있어서 서로 다름을 말하고 있다고 하였다.

1.2.3.1. 또 수대(隋代)에 자나굴다(闍那崛多)·달마급다(達磨笈多)가 공역(共譯)한 『첨품묘법연화경(添品妙法蓮華經)』의 서문에 다음과 같은 기사가 있다.

> 昔敦煌沙門竺法護, 於晉武之世, 譯正法華, 後秦姚興, 更請羅什, 譯妙法蓮花, 考驗二譯, 定非一本. 護似多羅之葉, 什似龜玆文, 余撿經藏, 備見二本, 多羅則與正法符會, 龜玆則共妙法允同. - 옛날 돈황의 사문인 서역의 법호(法護)가 진(晉)나라 무제(武帝) 때에 정법화경을 번역하였고 후진(後秦)의 요흥(姚興)이 다시 구마라집(鳩摩羅什)에게 부탁하여 묘법연화경을 번역하였다. 두 개의 번역을 고찰하면 하나로 정할 수가 없다. 법호의 것은 다라엽의 것과 비슷하고 구마라집의 것은 구자(龜玆)의 글과 비슷하며 나머지 경장에서는 두 본을 모두 보였다. 다라(多羅)의 것은 정법화경과 맞고 구자의 것은 묘법과 많이 같다.

이 기사를 보면 서역의 법호(法護, Dharmarakṣ)라는 승려(僧侶)가 진(晉)의 무제(武帝, 265~

290 A.D.) 때에 번역한 『정법화경(正法華經)』은 다라수(多羅樹)에 쓴 원본이 있고 후진(後秦) 요흥(姚興, 394 A.D.) 때에 구마라집(鳩摩羅什)이 번역한 『묘법연화경(妙法蓮華經)』은 중앙아시아의 구자(龜玆, Kucha)의 언어 및 문자와 유사함을 말한 것이다. 즉, 같은 <법화경>의 번역이라도 그 저본(底本)이 각기 다름을 밝힌 것이다.

1.2.3.2. 전술한 <출삼장기집>(권6~11)에 게재된 경서(經序) 등에 적힌 한역 불경의 원본이 구장(舊藏)된 곳을 살펴보면 다음에 소개할 <사십이장경(四十二章經)>은 대월지국(大月支國)의 것이고 『방광반야경(放光般若經)』, 『광찬반야경(光讚般若經)』, 『화엄경(華嚴經)』, 『현우경(賢愚經)』 등은 우전(于闐 Khotan), 『아비담비파사론(阿毘曇毘婆沙論)』은 총서(葱西, 또는 葱嶺, Pamir의 서쪽), 축(竺) 불념(佛念)·담마지(曇摩持) 공역의 『비구니계본(比丘尼戒本)』은 구이(狗夷, 龜玆)에 소장된 것이다.

이들 불경은 각각 그 지역의 언어와 문자로 적힌 것으로 보아야 할 것이다. 즉, 우전(于闐 Khotan)이나 구자(龜玆, Kucha) 지역의 언어와 문자로 된 불경을 번역한 것으로 언어도 원래 범어(梵語)에서 발달한 것이지만 당시에는 상당한 차이가 있었으며 문자도 같은 브라미 문자라도 그 자형의 차이는 컸었다고 볼 수 있다.

이와 같이 중국에서 불경의 구역(舊譯)시대에 번역에 참가한 승려들이 범자(梵字)와 그로부터 발달한 여러 문자를 잘 알고 있었던 것으로 보아야 한다. 하지만 번역문에서 이렇게 달라진 글자를 보여주지 않기 때문에 보다 확실한 문자나 언어의 차이를 밝히기 어렵다. 과연 어느 시대의 어떤 언어와 어떤 문자로 적힌 불경을 저본(底本)으로 하여 번역한 것이지 알기 어렵다.

다만 인명, 지명 등의 고유명사의 표기에서 일부 고전 범어(梵語)와 다른 언어가 보이고 중국에 없는 동식물명의 표기라든지 열반(涅槃)·아리야(阿梨耶, 識)·아라한(阿羅漢) 등의 술어, 또는 타라니(陀羅尼) 등 원음을 살려야 할 때에 일부 한자의 음사(音寫)로 보이는 언어에서 그 차이를 살펴볼 수가 있다.

1.2.3.3. 졸저(2022:477~8)에서 중국의 불경 유입과 그 한역에 대하여 다음과 같이 언급하였다.

> 중국에 불경이 들어와서 한역(漢譯)된 최초의 불경은 서기 67년경의 후한(後漢) 명제(明帝)

때의 『사십이장경(四十二章經)』으로 본다(졸고, 2016b). 고려대장경에 수록된 <사십이장경>의 서두에는 이 불경이 전래된 설화를 옮겨놓았다.

그에 의하면 꿈속에서 불타(佛陀)를 접한 후한(後漢)의 명제(明帝, 57~75 A.D.)가 불법을 구하기 위해 중낭장(中郎將) 채음(蔡音)과 박사 진경(秦景) 등을 천축(天竺)에 파견했으며 그들은 대월지국(大月氏國)에서 천축의 고승(高僧) 가섭마등(迦葉摩騰)과 대월지국의 승려 법란(法蘭)을 만나서 이 사실을 털어놓았다고 한다.

중국의 황제(皇帝)가 불경을 얻으려고 하다는 사실에 감동하게 된 가섭마등과 법란의 두 고승은 후한 영평(永平) 10년(67 A.D.)에 다라수(多羅樹) 잎에 새긴 불경 <사십이장경>과 불상(佛像)을 백마 네 필에 싣고 낙양(洛陽)에 도착하였다. 황제는 이들에게 거처를 마련하고 불경과 불상을 싣고 온 백마를 사육하기 위하여 백마사(白馬寺)를 지었는데 이것이 중국 최초의 불교 사찰이다.

이곳에서 불교를 전파하던 가섭마등(迦葉摩騰)과 법란(法蘭)은 <사십이장경>을 한역(漢譯)하였으며 이것이 현존하는 최초의 한역(漢譯) 불경으로 알려졌다. <사십이장경>은 불교의 요지를 42장에 걸쳐 간략하게 설명하고 있어서 붙여진 이름이며 부처의 교훈집이다. 이후 불경의 한역은 중국에서 후한(後漢)시대로부터 원대(元代)에 이르기까지 1천여 년간 계속되었으며 한역(漢譯)된 불경의 수효만도 수천 권에 달한다.

앞에서 기원후 1세기경부터 브라미 문자의 변천이 시작되었다고 했으니 앞에서 언급한 것에 따르면 후한(後漢) 영평(永平) 10년(67 A.D.)에 최초로 중국에 가져온 『사십이장경(四十二章經)』 등의 불경은 비록 다라수(多羅樹) 잎에 새긴 것이지만 범자(梵字), 즉 브라미(Brāhmi)의 문자로 적은 것으로 보인다. 왜냐하면 굽타(Gupta)나 실담(悉曇)은 그 시대에 아직 유행하지 않았기 때문이다.

1.2.3.4. <대반열반경>(권8) 「문자품(文字品)」에서는 브라미 문자의 반자(半字)로 '噁[a]'에서 '俄[ä]'까지의 마다(摩多, mātṛ)의 모음자 14자를 제시하였다. 그리고 자음자로 '迦[ka]'로 시작하여 '晥[ɣa]로 끝나는 36개의 체문(体文)과 더불어 각기 반자(半字)로서 제시하여 모두 50자를 보였다.

이 36자의 자음자가 중국에 들어가 성운학의 36자모(字母)가 된 것임을 졸고(2016b)에서 주장한 바가 있다. 자음의 체문(体文) 36자모에 마다(摩多)의 모음자 14자를 더한 50자는 이를 가각으로 분리하여 말할 때에는 반자(半字)이고 체문과 마다가 결합한 실담(悉曇)의 경우에는 만자(滿字)라고 하였다.

불경에 자주 등장하는 반만이교(半滿二敎)는 체문과 마다의 알파벳 교육인 반자교(半字敎)와 이들이 결합된 실담(悉曇), 즉 만자교(滿字敎)를 말한 것이다. 모두 범자(梵字)의 문자 교육으로 체문과 마다, 즉 자음과 모음의 글자 교육인 반자교가 먼저 시행되었고 이어서 만자교를 실시한 것이다.

그러나 기원후 6세기에 이르면 브라미 문자가 싯담마트르카(siddhamātrkā)로 바뀌어 사용된다. 이 문자도 실담(悉曇) 문자라고 불렀다. 그러나 중국에서는 이 시기 이전의 불경들에서 실담(悉曇)이란 명칭을 찾아볼 수 있다. 이때의 실담(悉曇)은 만자(滿字)의 뜻이다. 즉 앞의 1.0.2.에서 언급한 것처럼 '실담'이란 말의 의미는 범어의 'siddh-(완성하다의 어근)'에 과거수동분사 '-m'을 붙여 만든 'siddham'이어서 "완성된 것"이란 뜻을 갖기 때문이다.

구마라집(鳩摩羅什)이 지었다는 『논구마라집통운(論鳩摩羅什通韻)』에 "[前略] 又復悉曇章初二字, 與一切音聲作本[下略] - [전략] 또 다시 실담장의 첫 2자가 모든 음성을 짓는 근본이다"라고 하여 모음의 [a]가 붙어 [ka, kha, ga, gha, nga]와 같이 실현됨을 말하고 있다. 여기서 '실담장(悉曇章)'의 실담(悉曇)은 실담문자, 즉 싯담마트르카(siddhamātrkā)를 말한 것이 아니라 졸고(2016b)에서 주장한 바와 같이 반자(半字)에 대하여 만자(滿字)를 말한 것이다.

구마라집(鳩摩羅什, Kumarajība, 344~413 A.D.)은 인도 구자(龜玆)국 부마(駙馬)였던 구마라염(鳩摩羅炎)의 아들로서 왕녀인 모친을 따라 출가하여 불문에 귀의하였다. 학승(學僧)으로 이름을 날리다가 후진(後秦)의 요흥(姚興) 때에 장안(長安)으로 와서 국사(國師)의 대접을 받으면서 많은 불경을 한역(漢譯)하였다.

1.2.3.5. 이 시대에 읽힌 불경의 범문(梵文) 글자들은 서로 차이가 있었음을 알려주는 기사로 전술한 1.2.3.0.에서 인용하면서 언급한 중국 양(梁)의 승우(僧祐)가 저술한 『출삼장기집(出三藏記集)』(권1)의 「호한역경음의동이기(胡漢譯經音義同異記)」가 있다.

이 기사를 보면 승우(僧祐, 444~518 A.D.)가 활동하던 6세기 초엽에도 이미 브라미 문자의 여러 변체가 있었음을 알 수 있다. 구마라집이 입적(入寂)하고 얼마 되지 않은 중국 동진(東晋)의 의희(義熙) 13년(417)에 법현(法顯, 337~422 A.D.)이 번역한 『대반니원경(大般泥洹經)』(권5) 「문자품(文字品)」에는 자본(字本) 14자, 체문 36자의 50자를 제시하며 발성방법과 발성위치를 언급한 것이 있어 전술한 구마라집의 <논구마라집통운>에서 이를 참고한 것으로 보인다.

이 시대, 즉, 후한(後漢) 때부터 수대(隋代) 이전의 불경은 아마도 브라미 문자나 굽타문자로 쓰였을 것이다. 이때의 불경 한역(漢譯)을 구역(舊譯)이라고 부른다. 그리고 이후, 주로 당대(唐代)의 현장(玄奘, 602~664 A.D.) 이후로부터 원대(元代)까지의 한역 불경을 신역(新譯)이라고 한다.

졸저(2022)의 여기저기에서 불경의 한역에 구역(舊譯)이니 신역(新譯)이니 구분한 것은 이러한 시대적인 차이뿐만 아니라 불경의 범문(梵文)이 어떤 문자에 의하여 기록되었는가에 의한 구별도 있었고 누가 번역했는가 하는 것도 구분의 기준이 되었다고 하였다.

신역(新譯)의 불경(佛經)은 분명히 실담(悉曇) 문자, 즉 싯담마트르카(siddhamātrkā)로 적힌 불경의 한역(漢譯)이었으며 구역(舊譯)은 브라미 문자로 쓰인 초기 불경을 주로 서역의 역경승이 번역한 것이었다. 그러나 신역은 당승(唐僧)을 비롯한 중국 승려의 번역이 많다.

4) <실담자기(悉曇字記)>의 범자

1.2.4.0. 당대(唐代) 지광(智廣)의 『실담자기(悉曇字記)』에서는 모음의 마다(摩多) 12자에 자음의 체문(体文) 35자로 하여 모두 47자만을 인정하고 이 글자들을 <실담장(悉曇章)>으로 제시하였다. 따라서 전술한 <대반열반경>의 마다 14자와 체문 36자의 50자와는 3자의 차이가 난다. 글자의 수효에서는 3자가 줄어든 것이지만 내용에 있어서는 적지 않은 글자의 차이가 있었다.

<실담자기>는 전단(前段)과 후단(後段)으로 나누어 전단에는 처음에 서설(序說)이 있고 이어서 모음자와 자음자, 그리고 이 글자의 결합에 대하여 해설한 18장이 있다. 18장의 제목은 다음과 같다.

제 1 장 가가장(迦迦章)
제 2 장 기야기야장(枳也枳也章)
제 3 장 가략가략장(迦略迦略章)
제 4 장 가라가라장(迦攞迦攞章)
제 5 장 가부가부장(迦嚩迦嚩章)
제 6 장 가마가마장(迦麼迦麼章)
제 7 장 가나가나장(迦那迦那章)
제 8 장 아륵아륵장(阿勒阿勒章)
제 9 장 아륵기야장(阿勒枳耶章)
제10장 아륵가략장(阿勒迦略章)
제11장 아륵가라장(阿勒迦攞章)
제12장 아륵가부장(阿勒迦嚩章)
제13장 아륵가마장(阿勒迦麼章)
제14장 아륵가나장(阿勒迦那章)
제15장 앙가장(盎迦章)
제16장 글리장(訖里章)
제17장 아색가장(阿索迦章)
제18장 아파다장(阿波多章).

<실담자기>의 후단에는 다시 모음의 마다(摩多)와 자음의 체문(体文)에 대하여 자세히 설명하고 각 실담(悉曇)의 글자에 해당하는 한자를 첨기(添記)하였다.

1.2.4.1. <실담자기> 전단의 서설(序說)에서는 남인도의 반야보제(般若菩提)가 중국 오태산(五台山, 山西省)에 있을 때에 지광(智廣)이 스승으로 모시고 실담(悉曇)을 배우고 이 책을 지었다고 썼다. 반야보제와 지광은 모두 그 출신이 분명하지 않지만 이 <실담자기>의 말미에 '대당산음지광찬(大唐山陰沙門智廣撰)'이란 식기(識記)가 있다.

이 식기의 '산음(山陰)'이 '산음현(山陰縣)'이라면 그는 현재 중국의 절강성(浙江省) 소흥현(紹興縣) 사람일 것이다. 또 이 책에 <남해기귀내법전>을 지은 의정(義淨, 635~713 A.D.) 법사의 주장을 인용한 것으로 보아 8세기 초엽에 저술된 것으로 보인다. 또 대동(大同) 원년(元年, 806 A.D.)에 당(唐)에서 일본으로 돌아온 일승(日僧) 구카이(空海)가 이 책을 가져왔다는 기사가 있어 8세기 초에는 완성된 책으로 보인다.

일본의 홍법대사(弘法大師) 구카이(空海)가 가져왔다는 <실담자기>는 실전(失傳)되었지만 일본에서는 그의 사본이 많이 전해지고 있어 실담(悉曇) 연구의 기본서가 되었다. 일본에 전한 <실담자기>의 필사본에서 18장을 나눈 부분을 사진으로 보이면 다음과 같다.

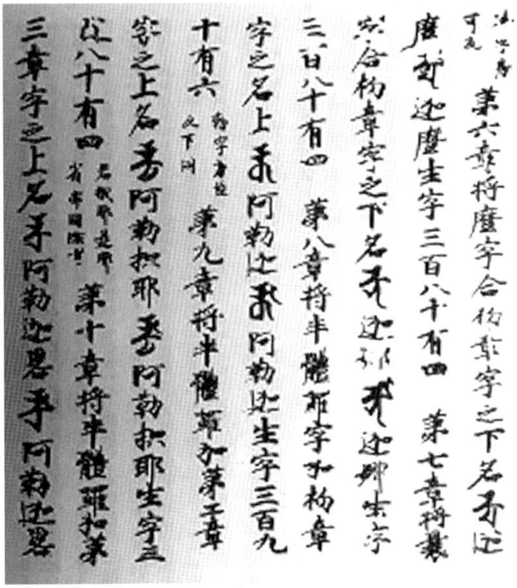

[사진 1-3] 일본 관치(寬治) 6년(1093) 필사의 <실담자기>[38]

앞의 [사진 1-3]으로 보인 것도 이른 시기에 필사한 사본 중의 하나다. 이 <실담자기>에는 <실담장(悉曇章)>이란 브라미 글자의 마다(摩多) 12자와 체문(体文)의 35자를 보여서 모두 47자의 자형을 보이고 그 음가를 한자로 표기하였다. 이태승·안주호(2004)에서는 <실담자기>와 망월사(望月寺)본 <진언집(眞言集)>을 비교하였다.

1.2.4.2. <실담자기>는 이 문헌이 불경 속에 포함되어 한반도와 일본에 전달되어 브라미 문자에서 발달한 굽타(Gupta) 문자 이후의 변체 문자를 보인 것이다. 다음의 1.5.1.1.~7.에서 논의하겠지만 <대반열반경(大般涅槃經)>(권8)의 <문자품>에서는 모음의 마다(摩多) 14자와 자음의 체문(体文) 36자를 제시하여 모두 50자의 범자(梵字)를 인정하였다.

그러나 <실담자기>에서는 자음의 체문을 35자만 인정하고 모음의 마다도 12자로 줄여 모두 47자만 인정하였다. 그리하여 <실담자기>의 전단에서 모음의 마다로 /a, ā i, ī u, ū, e, ē o, ō ɑm, ɑh/의 12자를 소개하고 이를 한자로 그 음가를 표음하였다. 다음의 1.5.2.0.에서 <실담장>의 47자를 소개하였다.[39]

이어서 별마다(別摩多)라고 한 /r^1, r^2 l^1, l^2/의 4자가 있어서 모음에 준하는 것으로 보았다(다음의 1.5.2.1.에 소개한 [사진 1-10]을 참조). 모두 구강(口腔) 내 공명을 수반하는 [+sonorant, -syllable]의 번별 자질을 가진 유성 공명 자음을 말한다. 현대음성학에서 유음(流音, liquid)으로 구별하는 자음들인데 이미 <실담자기>에서 이 자음들을 구별하고 있다.

체문(体文)으로 자음자를 조음위치에 따라 아치설순(牙齒舌脣)의 /ka, tsa, ta, ţa, pa/으로 나누고 이를 다시 조음방식에 따라 /ka, kha, ga, gha, nga/의 아음(牙音)을 시작으로 하고 이어서 각기 치설순(齒舌脣)으로 분배하였다.

그리하여 /ka, kha, ga, gha, nga/, /tsa, tsha, za, zha, ɲ/, /ta, tha, da, dha na/, ţ, ţa, ḑ, ḑa, na/, /pa, pha, ba, bha, ma/의 25자를 인정하고 그 각각을 한자로 음가를 보였다.

1.2.4.3. 이때에 아음(牙音)에 해당하는 /가, 迦[ka]/, /카, 佉[kha]/, /ᄋ가, 伽[ga]/, /ᄋ그하,

38 田久保周譽(1981:76~7)에서 재인용. 일본의 여러 寫本 중에 가장 이른 시기의 것이다.

39 /am/에 대하여 /āh/.를 장음으로 볼 것인가에 대한 논의가 있었다. 즉, 明覺의 『悉曇要訣』(권1)과 義淨은 두 글자를 모두 짧은 글자로 보았고 不空과 善無畏는 暗[ɑm]을 短字, 痾[ɑh]를 長字로 보았다(田久保周譽, 1981:78~9).

呿[gha]/, /아, 俄[nga]/의 한자(漢字)는 전술한 <대반니원경(大般泥洹經)>(권5)의 「문자품」과 다음에 논의할 남본(南本) 『대반열반경(大般涅槃經)』(권8) 「문자품」의 것과 대체로 일치한다.

아마도 동진(東晋)의 법현(法顯)이 한역(漢譯)한 <대반니원경>과 북량(北涼)의 담무참(曇無讖)이 한역한 {북본(北本)}<대반열반경>을 참고하여 송대(宋代) 혜관(慧觀)과 사영운(謝靈運)이 신역(新譯)한 남본(南本)<대반열반경>이 있어서 그로부터 재인용한 것으로 보인다.

이 자음들은 모두 무성무기의 전청(全清, /ka/)과 무성유기의 차청(次清, kha), 유성무기의 전탁(全濁, ga), 유성유기(gha), 그리고 비음(鼻音)의 불청불탁(不清不濁, nga)의 순서로 배열되었고 중국어에 존재하지 않는 유성유기의 /gha/는 비록 음운의 존재는 인정했으나 중국어에 없는 음운이기 때문에 사성(四聲), 즉 전청, 차청, 전탁, 불청불탁 등의 성운학적 분류는 하지 않았다.

이어서 편구성(遍口聲)이라 하여 다음의 1.5.2.0.에 인용한 것을 보면 /也[ya], 羅[ra], 囉[la], 縛[va], 奢[śa], 沙[ṣa], 紗[sa], 訶[ha]/의 8자를 들었다. 모두 구강(口腔) 내에서 공명을 수반하거나 권설음들을 말한다. 즉, 전게한 /ka~ma/는 현대의 생성음운론에서 말하는 참자음(true consonants)이어서 장애음 내지는 정지음을 말한다.

그리고 중자(重字)라 하여 /濫[llam], 乞灑[kṣa]/를 들었는데 범어에만 존재하는 중자음(重子音)을 말한 것이다. 그러나 이에 대한 후단의 18장(章)에서는 /llam/을 빼고 설명하였다. 그리고 대신 /kṛ, kṛ́/ 등의 글자를 들었고 /ra/가 빠진 장도 있어서 완벽한 실담 글자의 설명이라고 보기 어렵다.

1.2.4.4. <실담자기>의 후단(後段)에서는 다시 범자(梵字)로 'Nama sarva-jnāa siddham'라는 표제(標題)를 썼다. 이것은 아마도 'Namaḥsarva-jnāa siddham - 일체 지자(智者)는 실담(悉曇)에 귀명(歸命)하다'라는 경구(敬句)를 잘못 표기한 것으로 보인다.

이어서 '실담(悉曇)'이란 표로서 12자의 마다(摩多, mātṛ)를 실담자(悉曇字)와 그에 해당하는 한자를 열기(列記)하였다. 각 글자의 아래에 사성(四聲)과 반절(反切)로 그 음가를 설명하고 또 별체(別體), 즉 이체(異體)의 글자가 있는 것은 그것도 소개하였다. 그리고 현대음성학에서 유음(流音, liquid)에 해당하는 /r^1 r^2 l^1 l^2/를 '별마다(別摩多)' 4자라 하여 따로 게시(揭示)하였다. 이에 대하여는 다음의 1.5.2.1.에서, 특히 [사진 1-10]을 중심으로 자세하게 논의하였다.

<실담자기>가 전후(前後) 양단(兩段)으로 나뉘어 편철되어서 아마도 후단(後段)만이 당승

(唐僧) 지광(智廣)의 저술이고 전단은 다른 실담(悉曇) 문자의 소개서를 이기(移記)한 것이 아닌가하는 의문이 제기되었다(田久保周譽, 1981:78~9). 아마도 전단(前段)은 당승(唐僧) 일행선사(一行禪師, 683~727 A.D.)가 저술한 『일행선사자모표(一行禪師字母表)』라는 실담 문자의 해설서의 영향을 받은 것으로 보인다.

일행(一行)선사는 전술한 당승(唐僧) 선무외(善無畏)와 금강지(金剛智)와 동 시대의 역경승(譯經僧)으로 그의 <일행선사자모표>는 중국에서 그 서명(書名)이 보이지 않지만 일본에 전해 와서 무로마찌(室町) 시대의 사본(寫本)도 있고 관문(寬文) 9년(1669)에 간행한 간본(刊本)도 있다.

<일행선사자모표>는 칠언(七言) 이구(二句) 57행의 게송(偈頌)과 오언(五言) 이구(二句) 4행의 게송(偈頌)으로 된 단편(短篇)이다. 처음에 "불생(不生) /a/, 적정(寂靜) /ā/, 근(根) /i/, 재화(災禍) /ī/"로 시작하여 마다 16자와 체문 33자(/kṣa/ 제외)의 50자모를 들고 이를 18장(章)으로 나누어 간략하게 설명하였다.

그리고 이 <자모표>는 다음과 같이 마무리를 하였는데 그 부분을 옮겨 보면 다음과 같다.

> 阿等伊等十六字, 幷及字母三十四, 但合五十字義門. 是名心蓮斂金剛. 一聞妙法眞言義, 卽滅先世一切惡, 何況書寫諸章, 卽得毘盧遮那身, 利益無量衆生界. - 아(阿)와 이(伊) 등 16자 및 이와 결합한 자모 34가 무릇 50자의 발음이어서 그 이름을 심련(心蓮)이 금강(金剛)을 거둔다고 하였다.[40] 묘법(妙法)에서 진언의 발음을 한번 들었는데 앞선 시대에 일체의 악(惡)을 감했거니와 어찌 하물며 제장을 옮겨 쓰리오? 이는 곧 비로차나(毘盧遮那)불의 몸이니 무량 중생계의 이익이로다.

이를 보면 범자 50자를 모음의 마다(摩多, mātṛ) 16자와 자음의 체문(体文, vyaňjana)을 34자로 하여 모두 50자를 설명한 것임을 알 수 있다. 이것은 <대반열반경>의 50자모와 같지만 거기서는 마다 14자이고 체문 36자여서 차이가 난다. 아마도 모음자와 자음자는 시대에 따라 조금씩 변한 것으로 보인다.

체문의 36자가 중국 성운학(聲韻學)에서 36자모가 되어 송대(宋代) <광운(廣韻)> 등에서 정식으로 36개의 반절상자(反切上字), 즉 성(聲)으로 인정되었다. 그러나 후대의 중국 운서에서는 원대(元代)의 <고금운회>와 같이 35자모도 있었고 명대(明代)의 <홍무정운>과 같이 31자모도 있었다. 원래 36성모(聲母)가 중국 한자음에 맞춘 것이 아니라 범자의 체문(体文)에

---

40 心蓮과 金剛은 모두 密敎의 술어로서 '心蓮'의 연꽃과 같이 청정한 마을을 말하는데 인간의 心臟이 연꽃 모양을 했기 때문이다. 金剛(vajra)은 굳건한 육신을 말한다.

따른 것이기 때문에 후대에 많은 혼란이 생긴 것이다.[41]

1.2.4.5. 당대(唐代)에는 굽타 문자시대의 순수한 범어(梵語)와 범자(梵字)를 존중하고 한역(漢譯)의 한문을 바꾸어 새로운 신역(新譯)이 생겨났다. 천축(天竺)을 다녀온 당승(唐僧) 현장(玄奘) 등이 주도한 새로운 풍조의 불경 한역을 신역이라고 한다.

현장(玄奘, 602~664 A.D.)은 굽타시대에 순수한 범어 존중의 정신을 이어받아 범어의 불경을 한역하여 불경의 신역(新譯) 시대를 연다. 종래의 구역(舊譯)에서 보여준 오류(誤謬)를 수정하였으나 범자(梵字)의 자모(字母)를 분명하게 밝혀주지는 않았다. 그러나 그의 뒤를 이은 당승(唐僧) 의정(義淨, 635~713 A.D.)은 『범어천자문(梵語千字文)』을 편찬하여 범자 교육에 도움을 주었다,

<범어천자문>의 1권이 일본 동경(東京)의 동양(東洋)문고에 소장되었는데 헤이안(平安) 시대의 필사본으로 『대정신수대장경(大正新修大藏經)』(권54)에 수록되었다(田久保周譽, 1981:67). <범어천자문>은 같은 글자를 두 번 다시 쓰지 않은 1천개의 한자를 운문(韻文)으로 읊은 것이다. 각 한자의 오른쪽에 그 글자의 자의(字意)에 해당하는 범어를 실담 문자로 횡서(橫書)하여내려썼다.

이렇게 헤이안(平安) 시대에 필사한 <범어천자문>의 첫 장을 사진으로 보이면 다음과 같다.

[사진 1-4] 헤이안(平安) 시대 사본 <범어천자문>의 권두[42]

41 이 각각은 조선 中宗 때의 崔世珍에 의한 『四聲通解』의 권두에 <廣韻36字母之圖>, <韻會35자모지도>, 그리고 <洪武韻 31자모지도>로 정리되었다. 아마도 이것은 세종 때의 申叔舟가 편한 『四聲通攷』의 것을 移記한 것으로 보인다.

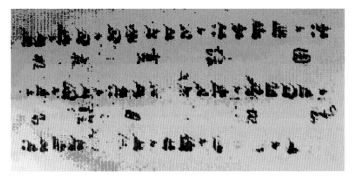

앞의 [사진 1-4]의 여기에 보이는 횡서(橫書)한 범자를 로마자로 전사해서 보이면 다음과 같다.

天 [sva]rga,[43]	地 [pṛthi]vī,	日 sūrya,	月 cāndra,	陰 chāyā,	陽 ātapa
圓 paripūrṇā,	矩 ādeśa,	晝 devasabhā,[44]	夜 ratri,	明 a[lo][45]	

이하 한자 대역(對譯)이 없는 나머지 셋째 줄의 범자(梵字)에 대한 전사는 생략하였다. 아마도 여기에 쓰인 범자는 'kah, andha-karah,(闇), deva-garjati(雷), vidyu[t](電), vāyu(風)'인 것 같다. 따라서 <범어천자문>은 범한(梵漢) 대역 어휘집으로 사용된 것으로 보인다.

권미(卷尾)에 <당자천만성어경(唐字千鬘聖語竟, Cīnâ-kṣara-sahasra-mālā ārya-bhāṣā-vṛtti samāptā)>이란 권미제(卷尾題)에 이어서 "작 아도리 다문 삼장법사 승의천(作阿闍梨多聞三藏法師勝義天, Kṛir ācārya-bahu-śruta-tripita(ka)-bhadanta-Paramâthadevasya)"이라는 식기(識記)가 있다.

이 식기(識記)의 끝에 보이는 승의천(勝義天, Paramâthadevasya)은 의정(義淨) 법사의 범어명(梵語名)이란 해석이 있다. 여기에 이어서 "천지일월성풍우설(天地日月星風雨雪) 운운"하는 3백자의 한자가 더 첨가되었다. 따라서 우리 흔히 말하는 <천자문>과는 사뭇 다르다.

또 이것을 필사한 사람도 실담(悉曇) 문자만을 알고 있는 일본인의 필사로 보여 과연 이 <범어천자문>의 중국 원본이 어떤 범자(梵字)였으며 이를 어떻게 베꼈는지 판단하기 어렵다. 다만 의정(義淨)이 활약하던 8세기에는 인도에서 실담(悉曇)이 유행하던 때이므로 아마도 여기에 쓰인 범자(梵字)는 브라미 문자에서 발달한 싯담마트르카(siddhamātrkā)이었을 것으로 추정된다.

따라서 이 <범어천자문>은 중국에서 실담(悉曇) 문자를 교육하거나 반대로 중국에 온 서역(西域)의 역경승(譯經僧)들이 한자와 한문을 배우기 위한 교재로 마련된 것으로 보인다. 이 <범어천자문>은 양(梁) 무제(武帝)가 신하(臣下)인 주흥사(周興嗣, 470~521 A.D.)를 시켜 만든 한자 교습서『천자문(千字文)』과는 다르지만 대체로 그와 유사한 형태의 한자 교재로 보인다.

42 田久保周譽(1981:68)에서 재인용.

43 [ ]의 것은 寫本에 보이지 않는 부분을 삽입하거나 추가한 것이다. 이하 모두 같다.

44 田久保周譽(1981:68)에서는 'devāsaḥ'로 전사하였으나 'devasabhā'가 아닐까 한다.

45 '夜 ratri'와 '明 alo'의 전사가 맞는지는 확인하지 못하였다.

<범어천자문>은 일본에서 원경(元慶) 8년(884 A.D.)의 사본을 원본으로 하고 후대에 여러 판본(板本)이 있다. 이들은 모두 종서(縱書)로 쓰였지만 실담(悉曇)과 한자 역어(譯語) 사이에 범어의 한자음 표기를 붙였으므로 이것은 의정(義淨)의 <범어천자문>에는 없던 것을 후대에 첨가한 것으로 보인다. 아마 일본에서 재간(再刊)하면서 일부 체재를 바꾼 것이 아닌가 한다.

3. 범어(梵語) 불경의 한역(漢譯)과 실담(悉曇) 문자

1.3.0.0. 고대인도의 여러 불경들은 중국에서 한문으로 번역되었다. 한역(漢譯) 불경의 시작은 전술한 바와 같이 후한(後漢) 명제(明帝) 때에 한문으로 번역된 <사십이장경(四十二章經)>이 최초의 한역불경으로 본다. 이후 원대(元代)에 이르기까지 수천 권의 불경이 한역되었다.

이때에 중국에 들여온 서역의 불경은 다라엽(多羅葉)이나 패엽(貝葉)과 같은 나뭇잎과 화피(樺皮)와 같은 나무껍질에 쓰인 것이었으며 중국에서 이를 한역하여 죽간(竹簡)에 붓으로 썼을 것이다. 다만 죽책(竹冊)으로 된 불경은 아직 발견된 것이 없어서 과연 불경을 한역하여 죽간에 썼었는지는 확인할 길이 없다.

또 초기 인도에서 들여온 불경은 브라미 문자로 적혔을 것인데 앞에서 살펴본 바와 같이 기원후 1세기경부터 브라미 문자의 자형이 동요하여 이미 초기 불경에서도 서로 다른 브라미 문자가 보였다. 기원전 350년경부터 고대인도에서는 카로슈티(Kharoṣṭhī) 문자와 브라미 문자가 사용되었다.

이후 브라미 문자는 변천을 거듭하여 기원후 4세기에 굽타(Gupta) 문자를 비롯하여 6세기경의 싯담마트르카(siddhamātrkā) 등 많은 새 문자들이 생겨났다. 원래 브라미 문자는 모음의 마다(摩多, mātr)와 자음의 체문(体文, vyaňjana)으로 나뉘는 음운 단위로 글자를 만들고 이를 결합하여 악샤라(akṣara) 단위로 적는 음절문자였다.

초기에는 자음과 모음의 음운 단위의 문자를 반자(半字)라고 하였고 이 둘을 결합한 음절문자를 만자(滿字)라고 하여 범자(梵字)의 알파벳 교육을 반자교(半字教)라고 하고 만자의 범자교육을 만자교(滿字教)라 하였다. 불경의 도처에 등장하는 반만이교(半滿二教)는 이러한 범자교육을 말한 것이다.

악샤라 단위의 범자(梵字)를 마다와 체문으로 나누어 이 각각을 반자(半字)라 하고 이를 교육하는 것을 반자교(半字敎)라 하였다. 반면에 체문과 마다를 결합한 범자(梵字)는 만자(滿字)라고 하여 실담(悉曇)이라 하였다. 그리고 이 실담의 범자(梵字)의 교육은 만자교(滿字敎)라고 한 것으로 이해하지 않을 수 없다.

그동안 불가(佛家)에서 이를 혼동하여 여러 가지 혼란이 있었다. 즉, 6세기경에 유행한 싯담마트르카(siddhamātrkā)를 실담(悉曇) 문자로 하여 만자(滿字)의 실담과 혼란이 생겼으며 어떤 논저에서는 실담 문자가 6세기 이후의 것으로 오해하였다. 그러나 그 이전에도 만자(滿字)를 실담(悉曇)으로 지칭하기도 한 것이다.

1.3.0.1. 브라미 문자가 변천하매 따라 반자(半字)와 만자(滿字)도 그 자형이 변하게 되어 앞의 1.2.3.4.에서 살펴본 바와 같이 구마라집(鳩摩羅什)이 번역한 불경에서 이미 6세기 초엽에 들여온 불경에서 범자가 서로 자형이 다름을 들었다.

그리고 이러한 브라미 문자의 차이를 한자에서 전서(篆書)와 후대의 예서(隸書)가 서로 자형이 다름과 같은 현상이라고 하였다. 따라서 7세기경 당승(唐僧) 현장(玄奘) 이전의 한역 불경이 보여주는 구역(舊譯)에서는 원본 불경의 언어와 문자가 서로 이동(異同)이 있었음을 알 수 있다.

초기에는 범자의 반자(半字)에 대하여 만자(滿字)를 실담(悉曇)이라 불렀다. 즉, 졸고(2016b)와 앞의 1.0.2.에서 언급한 바와 같이 '실담'이란 말의 의미는 범어의 'siddh- (완성하다의 어근)'에 과거수동분사 '-m'을 붙여 만든 'siddham'이어서 "완성된 것"이란 뜻을 갖는다. 즉, 실담(悉曇, siddham)은 반자(半字)에 대하여 만자(滿字)를 가리키는 말로 보았다. 그리하여 실담(悉曇, siddham)은 '悉談, 悉檀, 悉旦, 悉馱, 七旦, 肆曇' 등의 한자로 전사하였다.

그러나 기원후 6세기경부터 싯담마트르카(siddhamātrkā)가 유행하면서 이 문자도 실담(悉曇)으로 표기하게 되어 양자가 혼란하게 이른다. 6세기 이후의 중국에서 실담(悉曇)은 더 이상 만자(滿字)가 아니고 바로 싯담마트르카 문자를 가리키게 되었다.

1.3.0.2. 중국에서 불경의 한역(漢譯) 사업은 아시아에서 있었던 대단한 문화사업으로 동아시아 여러 문화에 많은 영향을 준다. 즉, 중국의 한문 문화권에 들어있던 여러 나라에서 한역 불경을 들여다가 불교를 배우고 이를 다시 자국의 언어로 번역하여 자신들의 문자

로 기록하는 일이 많았다.

대표적인 예로 한반도와 일본에서의 불경은 대부분 한역(漢譯) 불경을 그대로 사용하거나 아니면 이를 다시 일본어로 번역하여 일본의 가나(假名) 문자로 쓰기도 하였으며 한반도에서는 조선 전기에 언문(諺文)으로 기록한 불경이 간행되었다. 한반도에서 새로운 표음 문자인 언문(諺文)은 15세기에 제정되었으므로 이후에는 불경을 조선어로 언해하였다.

시대적으로 일본보다 늦었지만 일본에서는 가나 문자가 일찍부터 통용되어 서기 10세기 전후까지 소급해서 불경이 일본어로 번역되었다. 그러나 한반도에서는 일찍이 중국의 유교(儒敎)를 받아들여서 유교 경전을 통하여 한문(漢文)의 고문(古文)에 익숙하였고 한당(漢唐) 이후의 새로 등장한 변체 한문에도 능숙하여 이 문체로 번역한 한역(漢譯) 불경은 그대로 신라와 고려, 그리고 조선의 학승(學僧)들에게 통용되었다. 특히 고려시대에는 호국(護國) 불교가 성행하여 많은 불경이 고려의 인민들에게 읽히게 된다.

일본도 유사해서 매우 이른 시기부터 한역(漢譯) 불경을 통하여 불교의 교리를 학습함으로써 불교가 서민들 사이에까지 널리 퍼지게 되었다. 거기다가 망요가나(慢葉假名)라는 일본 독특한 한문 문장의 표기법도 발달하여 일본에서 불경은 널리 읽히게 되었고 이로 인하여 일본은 불경 지식이 대중의 의식 속에 깊이 퍼지게 되었다.

이 불경 속에는 고대인도의 굴절문법인 비가라론(毘伽羅論)이 포함되었고 음성 연구인 성명기론(聲明記論)도 수록되어 있어서 이에 의하여 일본에서는 가나(假名) 문자를 제정하였다. 지금까지 고쥬온즈(五十音圖)라 하여 51자의 글자를 사용하고 있다(졸고, 2020b). 반면에 한반도에서는 훈민정음(訓民正音)이라고 명명한 언문(諺文)의 표음 문자가 제정되어 이 글자로 불경을 언해하여 자신들의 언어로 이해하게 되었다.

1.3.0.3. 초기에 중국에 유입된 불교는 소승불교(小乘佛敎)여서 주로 불타(佛陀)의 설법을 기반으로 한 불경이 거의 전부였다. 중국에 불경이 들어와서 한역(漢譯)된 최초의 불경은 전술한바와 같이 서기 67년경 후한(後漢) 명제(明帝) 때의 <사십이장경(四十二章經)>이다. 그러나 다라수(多羅樹) 잎에 쓰였던 이 불경은 오늘날 전하지 않는다.

중국에는 후한(後漢) 명제(明帝) 이래 많은 불경이 전래되었을 것이나 현존하는 범본(梵本) 불경은 매우 드물다. 범어로 쓰인 범본 불경은 절강성(浙江省) 천태산(天台山) 고명사(高明寺)와 절강성 영파부(寧波府)의 보안사(普安寺)에 패다라엽(貝多羅葉)의 불경이 알려졌을 뿐이다. 패다라엽에 쓰인 불경은 전술한 바와 같이 나뭇잎에 쓰인 것이다.

고명사(高明寺)의 유래는 『천태산방외지(天台山方外志)』(권4)에 실려 있지만 거기에 소장된 패엽(貝葉)에 대하여는 아무런 소개가 없고 이 책의 같은 곳 국청사(國淸寺) 조에 "後燬於寇, 獨大師所題蓮經, 與西域貝多葉經一卷及隋旃檀佛像, 佛牙僅存 - [국청사는] 후에 도둑떼에 의해서 불태워졌다. 다만 대사 소제의 연경(蓮經)과 더불어 서역의 패다엽 불경 1건 및 전단나무로 된 불상, 그리고 부처의 치아가 겨우 남았다"라는 기사가 있는데 여기에 보이는 '패다엽경(貝多葉經)이 고명사(高明寺) 소장의 패엽(貝葉)을 말하는 것으로 보인다.

보안사(普安寺)에 대하여는 『고금도서집성(古今圖書集成)』 <직방전(職方典)>(권979)에 "普安教寺, 在城南五十里, 五代梁乾化二年建, 名茅山院 - 보안사는 성의 남쪽 50리에 있으며 오대(五代) 후량(後梁)의 건화(乾化) 2년(912 A.D.)에 세웠으며 이름을 모산원(茅山院)이라 하다"이라 기사가 있어 당(唐)이 망한 이후의 혼란한 시대에 세워진 절로 보인다. 다만 <고금도서집성>에는 패엽(貝葉) 불경에 대한 기사는 없다.

이 외에 중국의 범본(梵本) 불경은 소개된 것이 없어서 아마도 한역(漢譯)한 이후에 범본 불경은 모두 실전(失傳)된 것 같다. 또 다라수(多羅樹) 잎이나 패엽(貝葉)과 같은 나뭇잎, 그리고 화피(樺皮)와 같은 나무껍질에 쓰인 불경은 오래 두면 부패하기 때문에 아마도 중국에 전달된 초기불경은 남아있지 않은 것 같다.

따라서 중국에 전래된 불경의 범본(梵本) 원본은 거의 찾아보기 어렵다. 모두 현전하는 종이 책의 한역본으로 범본 불경의 모습을 추정할 수밖에 없다. 원래 범본 불경은 진언(眞言) 불경으로 불리면서 중국 내에서도 신역(新譯)시대에는 이 범본(梵本)의 진언 불경을 간행하기 시작한다.

1) 중국에서의 밀교와 실담(悉曇)

1.3.1.0. 진언(眞言)이란 이름의 범자(梵字) 불경은 주로 밀교(密教)에서 많이 통용하였다. 진언가(眞言家)에서는 금강계(金剛界)와 태장계(胎藏界)로 불리는 양부(兩部)의 대법을 순밀(純密)이라고 한다. 7세기까지 고대인도에서의 불교는 소승불교(小乘佛教)의 시대로서 불교 교리의 실천보다는 전문 지식과 승려를 중심으로 하는 경향이 주류를 이루었다.

이러한 불교계의 흐름은 교학(教學)을 발전시키기는 하였으나 너무 전문적인 교리에 치우쳐 많은 신도를 잃게 되었고 교단을 위축시키게 되었다. 이러한 단점을 극복하고 불타(佛

陀)의 가르침을 실천하는 대승불교(大乘佛教)가 발전하게 되었는데 이러한 운동의 중심에 밀교(密教)가 있었다.

7세기까지 인도에서 발전되었던 불교사상의 두 주류인 중관학파(中觀學派)의 공사상(空思想)과 유가유식학파(瑜伽唯識學派)의 유사상(有思想)을 동시에 계승, 발전시키면서, 바라문교와 힌두교 및 민간신앙까지 폭넓게 받아들여, 그것을 다시 불교적으로 정립한 것이 밀교의 사상적 바탕이 되었다.

밀교(密教) 사상의 이론적 원리를 밝힌『대일경(大日經)』과 실천법의 체계를 세운『금강정경(金剛頂經)』은 밀교의 근본경전들이다. 이에 의하면 밀교는 법신불(法身佛)인 대일여래(大日如來)를 중심으로 한 태장계(胎藏界)가 있고 금강계(金剛界)에서는 수행법을 닦아 익히면 이 육신 자체가 바로 부처가 될 수 있다는 즉신성불(卽身成佛)을 강조한다. 이러한 밀교를 순밀(純密)이라고 한다.

그러므로 밀교의 수행자는 누구나 입으로 진언(眞言)을 염송하고 손으로 결인(結印)을 하며 마음으로 대일여래(大日如來)를 생각하는, 이른바 신구의(身口意)의 삼밀가지(三密加持)를 행함으로써 중생의 삼밀(三密)과 부처님의 삼밀이 서로 감응 일치하게 되어 현생에서 성불(成佛)하는 것을 목표로 삼고 있다.

이와 같이 근본경전을 중심으로 조직된 밀교(密教)가 성립되기까지는 오랜 세월이 걸렸다. 그리하여 일반적으로 <대일경>과 <금강정경>이 성립되기 이전의 밀교사상을 '잡밀(雜密)'이라고 하고, 그 이후의 것을 '순밀(純密)'이라고 하여 구별하였다. 이러한 인도밀교의 두 형태 가운데서 중국에 먼저 전래된 것은 잡밀 계통이다.

1.3.1.1. 동진(東晋)의 원제(元帝) 5년(322 A.D.) 최초로 전래된 뒤 잡밀 계통의 경전인『대공작왕신주경(大孔雀王神呪經)』·『관정경(灌頂經)』 등이 번역되면서 차차 '잡밀(雜密)'이 전파되었다.

그러다가 당(唐) 개원(開元) 13년(725 A.D.) 당승(唐僧) 선무외(善無畏, 637~735 A.D.)가 <대일경>을 한역하고 금강지(金剛智, 669~741 A.D.)를 거쳐 천보(天寶) 11년(753 A.D.)에 당승 불공(不空, 705~774 A.D.)이 <금강정경>을 번역하여 밀교의 정통사상인 '순밀(純密)'이 중국에 전래되었다. 그 뒤 밀교(密教)는 송(宋)나라 때까지 크게 발전하여 깊은 불교 신앙의 의지가 되었다.

진언가(眞言家)에서는 금강계(金剛界)와 태장계(胎藏界)의 두 부(部)를 순밀(純密)이라고 하고 이 양부를 제외한 잡부(雜部)를 잡밀(雜密)이라고 구별한다. 잡밀의 경전은 구역시대에도 중국에 전래해서 한역되었지만 순밀의 경전이나 의궤(儀軌)는 기원후 7~8세기에 선무외(善無畏)와 금강지(金剛智), 그리고 불공(不空)의 세 삼장법사에 의해서 처음으로 한역되었다.

이 순밀 경전과 의궤의 한역에서 종래 불경 한역에서 볼 수 없었던 현상이 생겨났다. 종전에는 경전 중의 타라니(陀羅尼)와 범자(梵字) 자모를 설명할 때에 50자, 또는 47자의 범자(梵字)를 모두 한자로 표기한 것에 대하여 중당(中唐)에 이르러 새로운 신역(新譯)의 시대에는 타라니(陀羅尼)나 범자(梵字)의 자모에 범자(梵字)를 병기(併記)하는 사본이 다수 등장한 것이다.

이 시대의 범자(梵字)는 굽타(Gupta) 문자 이후에 발달한 싯담마트르카(siddhamātrkā)여서 이것을 실담(悉曇) 문자로 부르게 된다. 종래 반자(半字)에 대하여 만자(滿字)를 뜻하는 실담(悉曇, 悉談)에서 이 시대에는 당시 유행한 문자를 실담(悉曇)이라 부르게 된 것이다. 많은 불교 전문 서적에서 이러한 혼란은 발견되므로 여기서 이를 밝혀두지 않을 수가 없다.

1.3.1.2. 기원전 3세기까지의 아소카왕(阿育王) 비문에 보이는 브라미 문자는 기원후 1세기경부터 북부와 남부 인도에서 자형이 달라지기 시작하여 북(北)인도에서는 굽타문자라고 부르는 브라미 문자의 다른 서체(書體)로 일컬어지고 6세기에는 더 많은 변화를 보여 이를 싯담마트르카(siddhamātrkā)라고 하였는데 이 문자를 실담(悉曇, Siddham)이라고 부른다.

인도에서는 7세기부터는 나가리(Nāgarī) 문자가 파생되었다. 이 문자는 상부에 횡선(橫線)이 있는 것이 특징이다. 굽타문자가 줄어든 10세기경부터는 그 자형을 완비하여 범어의 사본에 널리 사용되었고 드디어 데바나가리(Deva-nāgarī) 문자로 발전한다. 이 문자는 현대에 범어(梵語) 문헌의 출판을 위하여 활자도 만들어졌고 오늘날에도 널리 사용된다.

한편으로는 기원후 10세기부터 12세기에 걸쳐 굽타문자의 왼쪽 선을 수직으로 하고 그 끝의 오른쪽에 비스듬하게 꼬리를 그은 일종의 서체가 유행하였다. 이것을 구틸라(Kuṭila) 문자라고도 하고 란차(Lan-tsa, Lan-dsa) 문자라고도 한다.[46] Bühler(1880)에서는 브라미 문자의 예각(銳角) 형(spitzwinkliger typus)이라고 불렀다.

또 동(東)인도의 벵가리(Bengārī) 문자, 서북(西北)인도의 샤라다(Śāradā) 문자는 나가리(Nāgarī) 문자로부터 파생된 것이다. 전술한 남(南)인도계의 테루그(Telugu) 문자, 간나다(Kannada), 게란타(Grantha) 문자도 브라미 문자의 굽타문자에서 발전한 것이다. 기타 인도

46 'Lan-tsa, Lan-dsa'는 범어 'rañja'의 티베트어 표기다.

문화권에 속하는 동남아시아의 미얀마, 타이, 캄보디아 등과 중앙아시아, 티베트 등에서 브라미 문자로부터 분파(分派)된 문자들이 있었다.

2) 구역(舊譯) 불경의 범자(梵字)

1.3.2.0. 기원후 2세기경의 후한(後漢)시대부터 14세기 중반의 원대(元代)에 이르기까지 불경은 한문으로 번역되어 한문을 배운 중국과 주변 여러 민족의 나라에 전파되었다. 당(唐) 개원(開元) 10년(722 A.D.)에 사문(沙門) 지승(智昇)이 편한 『개원석교록(開元釋教錄)』(20권)에 한역 불경의 목록을 게시하였다.

그에 의하면 176명의 번역자가 2,275부 7,046권을 한역하였다 하니 한역(漢譯) 불경의 방대함을 알 수 있다. 이 시대에 벌써 이런 수효의 불경이 번역된 것이다. 아마도 원대(元代)까지의 한역 불경을 감안하고 현대에도 진행되는 티베트 불경의 한역을 포함하면 대단한 숫자의 불경이 한문으로 번역되어 한중일(韓中日) 동양 삼국에 전파되었음을 알 수 있다. 그리고 그에 의하면 고대인도로부터 많은 문화적 영향을 받아온 셈이다.

특히 당대(唐代) 개원(開元) 연간에는 전술한 금강지(金剛智, 跋日羅菩提, Vajrabodhi) 삼장법사가 제자인 불공(不空) 법사를 데리고 장안(長安)에 이르러 왕명으로 자은사(慈恩寺)에 거주하면서 용수(龍樹)의 밀교(密教)를 전하고 중인(衆人)에게 불교를 전파하였다. 금강지(金剛智)는 원래 용지(龍智, 龍樹菩薩의 제자) 밑에서 7년을 수학하면서 일체의 밀교(密教)를 배워서 익혔다고 한다.

금강지(金剛智) 법사는 당(唐) 개원(開元) 7년(719 A.D.)에 광주(廣州)를 거쳐 다음 해에 장안(長安)에 들어와 자은사(慈恩寺)에 있다가 얼마 후에 천복사(薦福寺)로 옮겨 대만다라(大曼荼羅) 단(壇)을 세우고 사부 대중을 교화하였다. 전술한 일행(一行) 선사, 불공(不空) 삼장(三藏)이 모두 그의 제자였다.

전술한 선무외(善無畏)를 포함하여 금강지(金剛智), 불공(不空) 삼장(三藏)을 개원(開元) 삼대사(三大士)라 불렀다. 이들의 중국에 온 역경승(譯經僧)들로서 이들이 한역한 불경은 범자(梵字)로 쓰인 범어(梵語)의 문장으로 되었다. 불공(不空) 법사는 개원 20년(732 A.D.)에 입적(入寂)하였다.

그러나 전술한 바와 같이 모든 한역 불경이 범자로 쓰인 범어를 번역한 것이 아니었다.

어떤 것은 중아아시아의 여러 언어로 된 불경을 수입하여 번역하기도 한 것이다. 특히 기원후 6세기경까지 구역(舊譯) 불경시대에는 특히 여러 종류의 문자와 언어로 된 불경을 한역할 때에 원본으로 사용하였다.

앞의 1.2.3.1~2.에서 살펴본 바와 같이 <정법화경(正法華經)>의 한역은 서진(西晉)의 축(竺) 법호(法護)가 다라수(多羅樹)에 쓰인 원본을 한역한 것이지만 요흥(姚興, 394 A.D.) 때에 구마라집(鳩摩羅什)이 번역한 <묘법연화경>은 구자(龜玆, Kucha)의 언어와 문자로 나뭇잎이나 화피(樺皮)와 같은 나무껍질에 쓰인 것이었음을 밝혔다.

구역(舊譯) 시대의 불경 한역에서 대월지국(大月支國)의 <사십이장경>을 비롯한 많은 불경들이 인도의 것이 아닌 것을 원본으로 한 것임을 볼 때에 구역(舊譯)시대의 불경 한역(漢譯)은 원본 추정에 많은 문제가 있음을 알 수가 있다.

1.3.2.1. 불경에 쓰인 범자(梵字), 즉 브라미 문자도 전술한 바와 같이 시대적으로 많은 변천을 거친다. 구역(舊譯)시대에는 아직 싯담마트르카(siddhamātrkā)가 유행하기 이전이지만 구역(舊譯)에도 실담(悉曇, 悉談)이란 문자 명칭이 나온다. 이것은 앞의 1.2.3.4.에서 언급한 바와 같이 반자(半字)에 대하여 만자(滿字)를 가리키는 것으로 브라미 문자에서 발달한 싯담마트르카를 말하는 것이 아니다.

전술한 양(梁)의 승우(僧祐)가 편찬한 『출삼장기집(出三藏記集)』(권3)에 <신집안공실역경록(新集安公失譯經錄)>이 있는데 여기에 '悉曇慕 二卷 - 실담모 2권'이란 기사가 있다. 이것은 원래 전진(前秦)의 도안(道安, 314~385 A.D.)이 편(編)한 『종리중경목록(綜理衆經目錄)』의 <주경록(注經錄)>에 소재된 것이다. 다만 양(梁)의 승우(僧祐) 때에는 이 책이 이미 결본(缺本)이었다고 한다.

고려대장경에는 '悉曇摹'이어서 앞의 '慕(그리워할 모)'가 '摹(베낄 모)'의 오사(誤寫)로 보아 이것을 '실담(悉曇) 글자의 본(本)'이라고 보았다. 따라서 범자(梵字)인 실담(悉曇)의 각서(覺書)로 보았으나(田久保周譽, 1981:61) 싯담마트르카는 이 시대에 아직 유행하지 않았을 때이므로 브라미 문자에서 발달한 굽타 문자의 견본(見本)이 아닌가 한다. 여기서 실담(悉曇)은 문자 그대로 만자(滿字)로 보이기 때문이다.

1.3.2.2. 그리고 돈황(敦煌)에서 발굴한 『구마라집통운(鳩摩羅什通韻)』에는 다음과 같은 기사가 있다.[47]

鳩摩羅什通韻, 本爲五十二字, 生得一百八十二文. 就裏十四之聲, 復有五音和合, 數滿四千八百. - 구마라집의 <통운>에 본래 52자여서 여기서 182개의 글자가 나온다고 하다. 이로부터 14성을 뽑아서 이것이 오음(五音)과 화합하여 숫자가 4,800에 달한다.

이 기사를 보면 원래 범자(梵字)의 반자(半字)는 52자였으며 이 가운데 14개의 모음자에 아설순치후(牙舌脣齒喉)의 오음(五音)과 화합한 /가[ka], 다[ta], 바[pa], 사[sa], 아[a]/의 4천 8백자가 있다고 하였다.

이에 의하면 처음에는 범자(梵字)가 52자로 모음의 마다(摩多)가 14음이었고 이것에 체문(体文) 38음을 결합시켜서 4천 7백개의 글자가 만들어진다는 설명이다. 이렇게 만든 범자(梵字)는 마다(摩多)와 체문(体文)을 구별한 반자(半字)가 아니고 14음의 모음이 오음(五音)의 자음(子音) 글자와 결합한 것이다.

만자(滿字), 즉 범어(梵語)로 실담(悉曇, Siddham)이라 불렀다. 원래 완성되었다는 뜻의 'siddh-'에서 파생한 'Siddham'이 만자를 뜻하기 때문이다. 다음의 1.5.1.0.에서 다시 논의하겠지만 이 시대의 실담(悉曇, Siddham)은 싯담마트르카(siddhamātrkā)를 말하는 것이 아니라 범자(梵字)의 만자(滿字)를 말한다면 모음의 마다(摩多)와 자음의 체문(体文)이 악샤라(akṣara) 단위로 결합된 음절문자를 말하는 것이다.

따라서 여기서 말하는 실담(悉曇) 문자의 수효라는 것은 체문과 마다가 결합한 음절 문자의 수를 말한다. 역시 전술한 <구마라집통운>에 실담(悉曇)에 대하여 다음과 같은 기사가 있다.

[前略] 又復悉曇章初二字, 與一切音聲作本, 復能生聲, 亦能收他一切音聲, 六道殊勝語言, 悉攝在中, 於中二十五字, 正能出生長短超聲, 不能收他. [下略] - 다시 또한 실담자의 첫 2자는 일체 음성을 짓는 근본이니 소리를 낼 수 있고 또 다른 일체 음성을 담을 수 있다. 섭(모음을 말함) 가운데 25자는 정히 장음과 단음을 낼 수 있어 소리를 초월하니 다른 것을 받아드릴 수가 없다.

이 기사를 보면 <실담장(悉曇章)>의 글자들이 모든 음성을 기록할 수 있는 음운의 문자이며 모음의 마다(摩多, mātr)는 장음과 단음으로 나뉨을 말하고 있다. 물론 구마라집(鳩摩羅什,

47 敦煌本 가운데 스타인본(Stein, 1944)의 것을 중국 商務印書館의 『敦煌遺書總目索引』에서 재인용한 田久保周譽(1981:62)의 것에 의거함.

344~413 A.D.)이 활동하던 시대에도 싯담마트르카가 유행하지 않았으므로 이 <실담장>도 만자(滿字)의 실담(悉曇)으로 보아야 한다.

1.3.2.3. 구마라집(鳩摩羅什)이 입적(入寂)한 후에 얼마 안 되어 의희(義熙) 13년(417 A.D.)에 법현(法顯)이 한역한 『대반니원경(大般泥洹經)』(권5)의 <문자품>에 자본(字本) 14자와 이와 결합하는 50자를 소개하였다. 따라서 전술한 <구마라집통운>은 <대반니원경>의 <문자품>에 의거하여 구마라집의 이름으로 브라미 50자를 소개한 것으로 보인다.

또 함통(咸通) 3년(862 A.D.)의 간기를 가진 『열반경실담장(涅槃經悉談章)』이라는 책이 일본에 전해져 나진옥(羅振玉)씨가 민국(民國) 6년(1917)에 사진판으로 간행한 것이 있다.[48] 여기에 "함통삼년십월이십일(咸通三年十月二十日) 어명주개원사(於明州開元寺), 취화상성마씨사지(就和上姓馬氏寫之)"라는 오서(奧書)가 있다.[49]

권두의 몇 장이 없어졌으나 내용은 아치설후순(牙齒舌喉脣)의 오음(五音) 가운데 설음(舌音) 이하의 삼음(三音) 별로 소속 자모의 한자를 쌍성(雙聲), 첩운(疊韻) 별로 나열하고 이어서 <화회음자(和會音者)>라는 제목으로 "魯, 留, 盧, 樓爲首生 - 魯[r¹], 留[l¹], 盧[r²], 樓[l²]을 처음으로 하여"라는 한 줄이 있다.

이어서 "啞[a], 阿[ā ~ 唵[am], 啊ah]"의 마다를 종축(縱軸)으로 하고 "伽[ka], 迦[kā ~誐ń], 哾[ŋ]"의 체문을 횡축(橫軸)으로 하여 한자와 실담(悉曇)을 배열하였다. 그리고 편구성(遍口聲)으로 "耶[ya] ~ 茶[kṣ]"를 횡축(橫軸)으로 하는 자모도(字母圖)를 보였다. 여기서는 마다(摩多) 12자와 체문(体文) 35자로 하여 모두 47자를 실담의 글자로 본 것이다.

모음의 마다(摩多)와 자음의 체문(体文)으로 나눈 실담 글자의 반자(半字) 수효는 앞에서 살핀 것과 같이 50자, 47자로 조금씩 다르다. 50자로 보는 경우는 마다(摩多) 14자이고 체문 36자이다. 반면에 47자의 경우는 마다 12자에 체문 35자를 말한다.

실담(悉曇) 50자로 본 것은 북량(北涼)의 담무참(曇無讖)이 번역한 『대반열반경(大般涅槃經)』(권3)에 <문자품>에 14자의 모음 글자가 근본이라는 언급이 있기 때문이다.

---

48 원래 이 책은 일본에서 文久 원년(1861)에 日僧 普覺이 필사한 것을 羅振玉씨가 사진판으로 臺灣에서 간행한 것이다(田久保周譽, 1981:63).

49 奧書란 일본의 서지학에서 자주 쓰는 술어로 책의 末尾에 출판에 대한 날짜, 출판지, 저자 또는 書寫者를 밝힌 것을 말한다. 刊記와 유사하다.

[前略] 世尊所言字者、其義云何? 善男子有十四音、名爲字義。所言字者、名曰涅槃。[下略] - [전략] 세존이시여, 글자라는 것은 그 뜻이 어떠합니까? 선남자야, 열네 가지 음을 글자의 뜻이라 이름하고, 그 글자의 뜻을 열반이라 한다. [하략]

이 기사에서 14자의 마다(摩多, mātr)가 모음의 글자로서 글자의 근본으로 보았다. 그리고 <대반열반경>(권8) 「문자품(文字品)」에서 "迦者, 於諸衆生, 起大慈悲, 生於子想, 如羅睺羅, 作妙上善義. 是故名迦. 佉者, [中略] 晥者, 名曰魔義. 無量諸魔不能毁壞如來秘藏, 是故名晥 - 가(迦)는 모든 중생에게 대자대비를 일으키는 것이다. 아들이란 생각을 라후라(羅睺羅)와 같이 함으로 묘하고 선한 뜻을 짓기 때문에 이름을 가(迦, ka)라고 하였다. [중략] ᅌᅡ하[晥]는 마(魔)란 뜻이니 한량이 없는 마(魔)들도 여래(如來)의 비장(秘藏)을 훼손하여 깨트리지 못하니 그로 인하여 이름을 ᅌᅡ하[晥 ɣa]라고 한다"(졸저, 2022:106~109에서 재인용)라고 하여 /ka~ɣa/의 36자를 보였다.

따라서 <대반열반경>에서는 마다 14음과 체문 36자로 모두 50자를 제시한 셈이다. 그러나 졸고(2016b)에서 주로 인용한 <대반열반경>(권8)의 <문자품>은 마다(摩多, mātr)의 모음자로 14자를 들었지만 실제로는 2자가 부족한 12자만 보였음을 밝혔다. 그리고 이것은 14자에서 '[ē, æ]'의 2자가 빠진 것으로 보았다.

1.3.2.4. 현재로는 <대반열반경>이나 <열반경실담장>에서 12자만 보인 것에 대하여 수대(隋代)에 혜원(慧遠)이 편찬한 『대반열반경의기(義記)』(권4)에 역시 마다(摩多, mātr) 12자를 제시하여 다음에 살펴볼 <실담자기(悉曇字記)>와 동일하다. 田久保周譽(1981:66)에서는 <대반열반경> 때에 이미 마다가 12자뿐이었다고 하였다.

그러나 졸저(2022:106)에서는 <대반열반경(大般涅槃經)>(권3)의 "是十四字名曰字本 - 이 14자가 이름을 붙이기를 자본(字本)이라고 하는 것이다"라고 분명히 마다(摩多)의 14자임을 밝혀 두었음으로 고려대장경에 수록된 <대반열반경>(권8)의 <문자품>에 제시한 12자는 2자를 누락한 것으로 본 것이다.

실담(悉曇)을 표음한 한자는 전술한 법현(法顯)의 <대반니원경(大般泥洹經)>(권5) <문자품>의 것보다 북량(北凉)의 담무참(曇無讖)이 한역한 <대반열반경(大般涅槃經)>(권8)의 <문자품>의 것에 가깝다고 보아서 田久保周譽(1981:66)에서는 담무참(曇無讖)의 역경(421 A.D.)보다 <열반경실담장>이 후대에 저술된 것으로 보았다.

수대(隋代)의 혜원(慧遠)이 편찬한 『대반열반경의기(義記)』(권4)에는 범자(梵字)의 마다(摩多, mātr)의 12자를 인정하여 당승(唐僧) 지광(智廣)의 <실담자기(悉曇字記)>와 같게 된다. 수대(隋代)에 이르면 범자(梵字)에 대한 지식이 많이 발전하여 그 자모의 수효도 점차 확실하게 되어 간 것이다. 또 <대반열반경의기>와 <실담자기>에서는 체문(体文) 35자만을 인정하여 모두 47자의 자모를 보였다(졸저, 2022:481).

일본에서는 <대반열반경>의 실담(悉曇) 50자에 맞추어 고쥬온즈(五十音圖)의 51자 가나(假名) 문자를 만들어 사용하였고 후대에 <실담자기>에서 실담(悉曇) 47자로 줄어들자 <いろは47字>로 가나문자를 줄였다(졸고, 2020b). 지금은 다시 오십음도(五十音圖)로 돌아왔으나 모두 실담(悉曇) 문자의 증감(增減)에 따른 것이다.

3) 신역(新譯) 불경과 <실담장(悉曇章)>

1.3.3.0. 인도 브라미 문자의 변천으로 보면 굽타(Gupata) 시대에 순밀(純密) 불경의 한역(漢譯)에서 종래 속어(俗語)를 포함한 범자본(梵字本) 불경에는 많은 와오(訛誤)가 있었다. 당대(唐代)에 인도에 다녀온 삼장법사 현장(玄奘, 602~664 A.D.)이 이러한 범본(梵本) 불경의 잘못을 고치고 새로운 싯담마트르카 문자로 적힌 불경을 번역하는 신역(新譯)시대가 시작된다.

따라서 중당(中唐) 시대에는 범본(梵本) 불경의 범자(梵字)에 대하여 관심이 늘어나게 되었고 범자(梵字)의 교재인 <실담장(悉曇章)>이 저술되기 시작하였다. <실담장>은 좁은 의미로 보면 범자(梵字)의 모음과 자음의 반자(半字)를 열기(列記)하고 이를 유사한 발음의 한자로 표기한 것이다.

그러나 불경의 한역(漢譯)에서 범자(梵字)의 첨가를 인정하지 않은 것은 구역(舊譯)과 같았다. 현장(玄奘)의 뒤를 이어 당승(唐僧)으로 역경에 뛰어든 의정(義淨, 635~713 A.D.)의 한역본에서도 범자(梵字)는 첨가되지 않고 한문만으로 되었다. 대신 전술한 바와 같이 의정(義淨)은 <범어천자문(梵語千字文)>을 편찬하여 범자의 교육에 힘썼던 것으로 보인다.

그리하여 중당(中唐)에는 진언(眞言)이란 범자(梵字) 불경이 등장하여 한역본과 더불어 널리 보급되었다. 즉, 범어(梵語)로 된 불경을 브라미 문자에서 변천한 굽타(Gupta) 문자나 싯담마트르카(siddhamātrkā) 문자로 쓴 진언(眞言) 불경이 신역(新譯)시대에 유행하기 시작하였다.

1.3.3.1. 순밀교(純密教)가 중국에 전래하여 대승불교로 성행하면서 진언(眞言) 불경이 널리 퍼지고 이에 따라 실담(悉曇) 문자의 학습이 밀교(密教) 승려의 필수과목이 되었다. 중당(中唐) 이래로 실담 문자를 소개하는 많은 저술이 뒤를 이었다. 이들을 정리하면 대체로 다음과 같이 4부류로 나눌 수 있다.

① 실담장(悉曇章) 류(類) - 실담문자의 자모표.
② 실담장 해설류 - <실담장>에 해설을 붙인 것.
③ 이류(異類) 실담장류 - 실담자모에 관한 이전(異傳)을 소개한 것.
④ 범어 어휘집류 - 실담문자로 범어를 쓴 것.

먼저 <실담장(悉曇章)>은 모음의 마다(摩多)와 자음의 체문(体文)을 나열하고 여기에 같은 자음을 겹쳐서 쓴 '람[llam]'과 서로 다른 자음을 겹친 '크샤[kṣ]' 등을 더한 것을 말한다. 그러나 넓은 의미로는 위와 같은 자모를 나열한 것만이 아니라 1자 내지 2자 이상으로 마다(摩多)와 체문(体文)을 결합한 많은 글자를 수십 장(章)으로 유별(類別)하는 것을 포함하기도 한다.

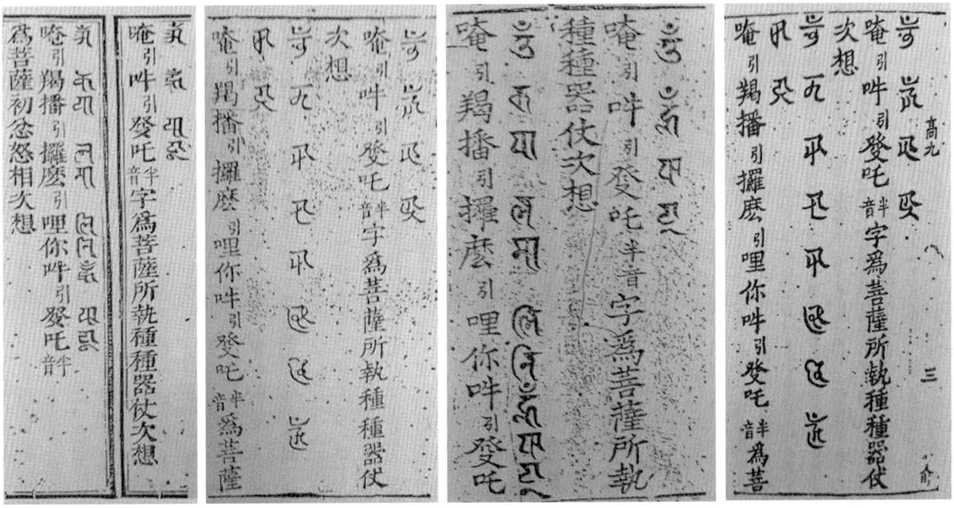

[사진 1-9] 남송판 고려판(고종 勅版) 원판(元版, 大普寧寺판) 명판(明版)[50]

50 田久保周譽(1981:72~3)에서 재인용함.

광의(廣義)의 <실담장(悉曇章)>에서 다수의 체문과 마다를 합성한 글자를 배열하는 것을 '건립(建立)'이라고 칭하고 두 자를 합성할 때에 모음의 마다와 일부의 체문을 약체(略體)로 쓰는 경우가 있는데 이렇게 약체화된 조자법(造字法)을 '절계(切繼)'라고 하였다. 그리고 약체로 쓰인 글자를 반체(半体)라고 하였다.

따라서 중국에서 쓰인 범자(梵字)는 절계(切繼)의 방법에 따라 조금씩 다른 약체자를 보이는데 그 예를 『금강향보살대명성취의궤경(金剛香菩薩大明成就儀軌經)』(卷下)의 여러 판본에 보이는 범자(梵字)는 차이가 발견된다. 즉, 남송(南宋)판, 고려(高麗)판, 원(元)판, 그리고 명(明)판을 서로 비교하면 앞의 [사진 1-9]와 같다.

1.3.3.2. 실담(悉曇) 자모의 수효는 앞의 1.3.2.4.에서 언급한 바와 같이 다소의 증감(增感)이 있다. 당(唐) 현장(玄奘)의 <대당서역기(大唐西域記)>(권2)에서는 반자(半字)를 47자로 보았고 이를 12장으로 나누어 소개하였다. 그러나 의정(義淨)의 <남해기귀내법전(南海寄歸內法傳)>(권4)에서는 성명기론(聲明記論)의 5책 중에서 그 첫째로 <실담장(悉曇章)>을 들고 49자라 하였다. 해당 부분을 옮겨보면 다음과 같다.

> 一則創學悉談章, 亦名悉地羅窣睹. 斯乃小學標章之稱, 俱以成就吉祥爲目. 本有四十九字, 共相乘轉,成一十八章. 總有一萬餘字, 合三百餘頌 [中略] 六歲童子學之, 六月方了. - 하나는 <실담장(悉談章)>을 새로 창학(創學)한 것이니 또 이름을 붙이기를 실지라솔도(悉地羅窣睹, Siddhi-rāṣṭra)라 한다. 이로써 어린 아이 들의 공부하는 표장(標章)을 이름이니 모두 길상(吉祥)함을 성취하는 것을 목표로 한다. 원래 49자가 있어서 함께 상승하여 바뀌어 18장을 일운다. 모두 1만여 자가 있고 합하여 3백 여송이 있다. [중략] 6세 동자가 이를 배워서 6개월에 끝낸다.

이 기사를 보면 <실담장(悉曇章)>은 실담(悉曇) 49자가 결합하여 18장(章)을 이루고 모두 1만이 넘는 글자가 있으며 이들이 결합되는 3백여 송(頌)이 있었음을 알 수 있다. 송(頌)이란 장단의 모음으로 구성되는 운문(韻文)을 말하며 한 운문은 36 음절(syllables)로 되어 이들이 결합하면 1만여 개의 글자들이 만들어짐을 말한 것이다.

따라서 <실담장>은 단수한 실담(悉曇) 자모를 나열한 것만이 아니고 이를 18장(章)으로 나누어 설명을 더한 것을 보인다. 또 6세의 아이가 6개월이면 모두 배울 수 있다고 하였으니 3백여 개의 조합 규칙도 함께 소개하여 설명을 덧붙인 것으로 보인다. 범자(梵字) 교육에서 초급단계의 반자교(半字教) 교재임을 알 수 있다.

1.3.3.3. 현전하는 <실담장(悉曇章)> 가운데 인도에서 작성된 것은 발견되지 않는다. 전술한바 있는 법륭사(法隆寺)의 패엽(貝葉)과 같이 모두 중국에서 작성된 것들이다. 앞의 1.2.2.2.에서 살펴본 바와 같이 패엽의 <실담장>은 실담(悉曇, Siddham)이라는 제목 아래에 /a, ā ~ o, au/의 마다(摩多) 14자와 /a/가 비음화(anusvāra)되는 /aṃ/과 말자음(visarga)이 붙은 /aḥ/의 2자를 더하여 16자를 제시하였다.

그리고 『대반열반경(大般涅槃經)』(권8) 「문자품」에서는 /aṃ, aḥ/를 제외한 모음 14자를 구체적으로 제시하였다. 즉, "아(噁 a: 단음의 아), 아(阿, ā: 장음의 아), 이(億, i: 단음의 伊), 이(伊, ī: 장음의 이), 우(郁, u: 단음의 우), 우(憂, ū: 장음의 우), 에(咽, e), 애(野, ai), 오(烏, o: 단음의 오), 오(炮, ō :장음의 오), 아우(菴, au: 아마도 ü를 말함인 듯), 예(俄, ä)"을 들었다.[51]

이렇게 소개된 마다(摩多) 14자를 정리하면 다음과 같다.

> 噁[a 단음], 阿[ā 장음], 億[i 단음], 伊[ī 장음], 郁[u 단음], 憂[ū 장음], 咽[e 단음], 野[æ 단음], 烏[o 단음], 炮[ō 장음], 菴[eo, 아마도 ö를 말함인 듯], 俄[ä, 단음], ?[ǟ 장음], ?[ǖ u의 전설음][52]

졸저(2019b:157)에서는 한국의 고려대장경연구소에서 제공한 <대반열반경>에서 모두 12개의 글자밖에 찾을 수 없었다고 하였고 아마도 2자는 누락된 것 같다고 보았다. 본서에서는 [ä]의 장음 [ǟ]와 [u]의 전설음 [ü]를 추가하여 14자에 맞추었다.

田久保周譽(1981)에서는 이미 <대반열반경>에서 14자가 아니라 12자의 마다(摩多, mātṛ)를 반영한 것이며 후대의 <실담자기>에 맞춘 것으로 보았으나 졸고(2016b)에서는 원문에 14자로 분명하게 밝혔으므로 2자가 누락된 것으로 본 것이다.

범어(梵語)에서 모음의 /a, i, u, ä o/가 각각 단음과 장음으로 구별되어 10자가 되는데 여기에 추가된 [ä]의 장음인 [ǟ]가 빠졌고 [ö]와 [ü]도 중모음과 고모음의 대립으로 존재하기 때문에 [ü]를 표기하는 글자가 빠진 것으로 보아 이를 추가한 것이다. <대반열반경>(권3)에 자본(字本)인 마다(摩多)가 14자라고 분명하게 밝혀두었기 때문이다.

1.3.3.4. 다음에 자음의 체문(体文)으로 <대반열반경>에서는 /① 迦[ka], 佉[kha], 伽[ga], 呿[gha], 俄[nga] ~ ⑥ 奢[ṣ], 沙[ṣa], 娑[z], 賒[ẓa], 鎩[lz]/의 30자에 /⑦ 倻[ya], 囉[ra], 羅[la],

---

51 다음의 1.5.1.1.에서 <대반열반경>(권8)의 모음자에 대한 설명을 모두 전재하여 우리말로 풀이하였다.

52 ?를 붙인 두 자는 필자가 참고한 <대반열반경>에서 誤寫에 의한 누락으로 보았다.

和[va], 呵[ɣ], 晥[ɣa]/를 더한 36자를 보였다.[53] 이것이 중국에 들어가 송대(宋代)의 <광운(廣韻)>에서 성운학(聲韻學)의 36성모(聲母)가 되었다.

이렇게 소개된 36자를 정리하면 다음과 같다.

① 迦[ka], 佉[kha], 伽[ga], 呿[gha], 俄[nga]
② 遮[ca], 車[cha], 闍[ja], 膳[jha], 喏[ɲ]
③ 咤[ta], 侘[tha], 茶[da], 袓[dha], 拏[na]
④ 多[ta], 他[tha], 陁ḍa], 彈[ḍa], 那[ŋ]
⑤ 波[pa], 頗[pha], 婆[ba], 滼[bha], 摩[ma]
⑥ 奢[ṣa], 沙[ṣa], 娑[ẓa], 賒[ẓha], 鎩[ɮ]
⑦ 倻[ya], 囉ra], 羅[la], 和[va], 呵[ɣ], 晥[ɣa]

여기에 마다(摩多)의 14자를 더하면 실담(悉曇) 50자가 되고 /暗[aṃ]/, 痾[aḥ]/의 두 모음자를 더하면 52자가 된다. 실담(悉曇) 50자는 일본 가나(假名) 문자의 고쥬온즈(五十音圖)를 만들어 일본어 표기에 사용하는 기본의 글자 수가 되었다(졸고, 2020b).

다음에 소개하는 <실담자기>에서는 체문(体文, vyaňjana)으로 ① 迦[ka] ~ ⑤ 波[pa]까지의 25자를 들고 ⑥ 奢[ṣ]를 빼고 ⑦을 편구성(遍口聲)이라 하여 구강(口腔) 내에서 공명(共鳴)과 마찰을 수반하는 '也[ja], 羅[ra], 囉[la], 縛[va], 奢[śa], 沙[ṣa], 紗[sa], 訶[ha]'의 8자를 더했으며 중자(重字)로 '濫[llam], 乞灑[kṣa]'를 추가하여 모두 35자를 보였다.

<대반열반경>의 50자와 비교하면 권설(捲舌)마찰음의 '⑥ 奢[ṣa], 沙[ṣa], 娑[ẓa], 賒[ẓha], 鎩[ɮa]'를 일부 편구성(遍口聲)에 포함시키고 나머지를 삭제한 것이다. 아마도 이 시대에 유행한 싯담마트르카(siddhamātrkā) 문자와 브라미 문자가 서로 달라서 이러한 혼란이 온 것이 아닌가 한다.

다만 앞의 1.2.2.2.에서 고찰한 법륭사 패엽(貝葉)의 실담(悉曇)에서는 'ka'부터 'kṣa'에 이르는 체문(体文) 34자를 보였는데 이것은 다음에 논의할 당대(唐代)에 편찬된 <실담자기(悉曇字記)>의 35자보다 하나가 더 줄었다. 법륭사(法隆寺) 패엽이 훨씬 후대에 작성된 것임을

53 다음의 1.5.1.2.에서 <대반열반경>(권8) <문자품>의 体文에 대한 기사 전문과 거기서 언급된 범자로 /① 迦[ka], 佉[kha], 伽[ga], 呿[gha], 俄[nga], ② 遮[ca], 車[cha], 闍[ja], 膳[jha], 喏[ɲ], ③ 咤[ta], 侘[tha], 茶[da], 袓[dha], 拏[na], ④ 多[ṭa], 他[ṭha], 陁ḍ], 彈[ḍa], 那[ŋ], ⑤ 波[pa], 頗[pha], 婆[ba], 滼[bha], 摩[ma], ⑥ 奢[ṣ], 沙[ṣa], 娑[ẓ], 賒ẓa], 鎩[ɮ], ⑦ 倻[ya], 囉ra], 羅[la], 和[va], 呵[ɣa], 晥[ɣha]/의 36자를 보였다.

알려주는 대목이다.

1.3.3.5. <실담자기>에서는 <대반열반경>의 마다(摩多) 14자와 체문(体文) 35자, 합하여 50자의 범자와 달리 분명하게 마다(摩多) 12자와 체문(体文) 35자의 47자를 제시되었다. 당승(唐僧) 지광(智廣)의 저작으로 알려진 <실담자기>는 앞의 1.2.4.1.에서 살펴본 바와 같이 책의 말미에 '대당 산음 사문 지광 찬(大唐山陰沙門智廣撰)'이란 식기(識記)가 있어 그의 소작임을 알 수 있다.

이 책은 일본에 전해져서 일본에서의 실담(悉曇) 연구에 기본적인 참고서가 되었다. <실담자기>(권1)에서는 모음의 마다(摩多)와 체문(体文)을 해설하고 그 합성법을 18장(章)으로 나누어 설명한 <실담장(悉曇章)>이 첨부되었다. 이에 의하면 마다 12음(音)과 체문 35성(聲)은 다음과 같다.

摩多 - 阿[a], 阿[ā, 伊[i], 伊[ī, 歐[u], 歐[ū], 藹[ä], 藹[ā], 奧[o], 奧[ō], 暗[am], 痾ah]
体文 - 迦[ka], 佉[kha], 誐ga], 伽[gha], 哦[ng],
者[tsa], 車[tsha], 社[za], 社[zha], 若[ɲa],
吒ta], 他[tha], 荼[da], 彈[dha] 拏[na].
多[ṭa], 他[ṭa], 陀[da], 陀[dha], 那[ṇa],
波[pa], 頗[pha], 婆[ba], 婆[bha], 磨[ma],
也[ja], 囉[ra], 羅[la], 縛[va] 奢[śa] 沙[ṣa] 紗[sa], 訶[ha] - 편구성(遍口聲)
濫[llam], 乞灑[kṣa] - 중자(重字)

<실담장>에서는 모음을 5음 /a, i, u, ä o/의 장음과 단음으로 된 마다(摩多, mātṛ) 10자를 인정하고 여기에 비음화(鼻音化, anusvāra)된 '暗[aṃ]'과 말자음(visarga)이 붙은 '痾[aḥ]'의 두 자를 더하여 12자로 하였다. 이어서 자음의 체문(体文, vyaňjana)으로 아음(牙音)의 /迦, ka/ 외 4자, 치음(齒音)의 /者, tsa/ 등 5자, 설음(舌音)의 /吒 ta/ 등 5자, 권설음(捲舌音)의 /多, ṭ/ 등 5자, 순음(脣音)의 /波, pa/ 등 5자의 순서로 25자를 보였다.

그리고 편구성(遍口聲)이라 하여 구강(口腔) 내에서 공명(共鳴)과 마찰을 수반하는 '也[ja], 羅[ra], 囉[la], 縛[va], 奢[śa], 沙[ṣa], 紗[sa], 訶[ha]'의 8자, 그리고 중자(重字)로 '濫[llam], 乞灑[kṣa]'를 더하여 모두 35자를 인정하여 제시하였다. 여기에 모음의 마다(摩多) 12자를 더한 47자는 일본의 가나(假名) 문자에서 'いろは 47자'가 되어 50자에 맞춘 <고쥬온즈(五十音

圖)> 이후 일본의 새로운 가나 문자 교재로 유행하였다.

<대반열반경>의 마다(摩多, mātr) 14자와 체문(体文, vyaňjana) 36자의 50자에 비하여 <실담자기>의<실담장(悉曇章)>에서는 마다 12자와 체문 35자의 47자는 모음에서 2자, 그리고 자음에서 1자가 줄어든 것이다. 브라미 문자의 변천에서 음운의 변화에 따른 글자의 축소가 있었던 것으로 보인다.

4) 한반도에서의 진언(眞言)과 범자(梵字)

1.3.4.0. 한반도에서는 잡밀(雜密) 계통의 중국밀교를 삼국시대부터 수용하였다. 백제와 고구려의 밀교(密教)에 대해서는 그 자료의 부족으로 자세한 내용은 알 수 없으나, 신라에서는 7세기 초부터 잡밀 계통이 전래되었고, 8세기에 접어들면서 순밀(純密) 계통이 전해지면서 본격적인 발전을 보게 되었다. 그리하여 밀교는 한반도의 고려나 조선시대까지 민중 신앙의 중추적 역할을 담당하였다.

이능화(李能和, 1869~1943)의 명저(名著) 『조선불교통사』(李能和, 1918)에 의하면 한반도의 불교는 주로 중국에서 전파된 것이지만 고구려, 백제, 신라의 삼국시대에 몇몇은 인도에 유학(留學)하기도 하고 더러는 인도의 승려(僧侶)가 오기도 하여 불교를 전파하였다.

예를 들면 백제(百濟)의 겸익(謙益)이 중부 인도에 가서 상가나(常伽那)의 대율사(大律寺)에서 범어(梵語) 및 율(律)을 배우고 범승(梵僧) 배달다(倍達多)와 함께 성왕(聖王) 4년(526)에 백제로 돌아왔다. 이때에 아비담(阿毘曇, Abhidharma)과 오사률(五事律)을 갖고 와서 율부(律部)의 72권을 번역했다고 한다.

전술한 의정(義淨)의 『대당서역구법고승전(大唐西域求法高僧傳)』에는 신라인으로 천축(天竺)에 들어간 여덟 승려의 이름을 들었고 고려 때에는 태조 12년(929 A.D.)에 범승(梵僧) 마후라(摩睺羅, Muhūta)가 고려에 들어왔고 충숙왕(忠肅王) 14년(1327) 경에는 범승(梵僧) 제납박타(提納薄陀, Dhyānabhadra, 禪賢, 또는 指空 화상)가 이 땅에 들어왔다.

1.3.4.1. 고려 때에 범승(梵僧) 지공(指空) 화상이 가져온 것으로 추측되는 『팔천송반야(八千頌般若)』의 패엽(貝葉) 사본이 경기도 장단(長湍)의 화장사(華藏寺)에 수장되었으며 그 가운데 1엽은 일본 동경(東京)국립박물관에 소장되었다고 한다(岡教 邃, 1910). 이 패엽에 쓰인

것은 나가리(Nagari) 문자로 표리(表裏)모두 2공(孔)을 피해서 7행으로 필사되었다.

경기도 화장사(華藏寺) 구장(舊藏)의 <팔천송반야> 패엽(貝葉), 즉, 패다라엽(貝多羅葉)의 3엽을 사진으로 보이면 다음과 같다.

[사진 1-5] <팔천송반야> 패엽의 3엽[54]

[사진 1-5]에서 볼 수 있는 것처럼 패다라(貝多羅) 3엽에 글자를 새기고 구멍 두 개를 뚫어 편철한 것을 펴놓은 것이다. 좌측 상단에 275라는 엽수(葉數)가 보이고 우측 끝에도 67이라는 엽차(葉次)를 써 놓았다. 제3엽의 우측 끝 부분은 2행이 부식(腐蝕)되어 보이지 않는다.

그리고 한 엽(葉)에 모두 7행으로 나누어 범자를 새겼는데 보이는 부분만 로마자로 전사하면 다음과 같다.

1행 -n nôpalabhate kutaḥ punar yo balasamangī bhavisyati vaiśāradyāy eva tāvan aôpolabhate kutah, punar yo wiśārādo bhaviṣyati. dharmam eva tān nôpalahate. ku----.

2행 -nar yo dharman deśa-deśyeṣyati. sarva-dharma-vivikta-vihāreṇa sarva-dharmâupalambha-vihāreṇa hi Kauśika Subhūtiḥ, sthaviro viharati. yah, khalu punar ayań Kauśika ----

3행 -teḥ sthavirasya sarva-dharma-vivikta-vihāraḥ sarva-dhamâupalambha-vihāeś ca eṣa Kauśika vihāro bodhisatvasya mahāsatvasya prajňāpāamitāyān carato viharatah

4행 śatatamīm api kalān nôpaiti. sahasratamīm api śata-saharatamīm api kotītamīm api kotī-śata tamīm api kotī-sahasratamī api kotī-śata-sahasrata

5행 mīm api kotī-niyuta-śata-sahasratamīm api kalan nôpaiti. sambhyām api gaṇanām

54 이 貝葉의 사진은 田久保周譽(1981:112)의 것을 전재한 것이다.

apy aupamyam apy upaniśādam api na kśa-
6행 mate. tathāgata-vihāran hi Kauśika teşām sarva-vihārān abhibhavaty ayam vihāro yo yam bodhisatvasya mahāsatvasya prajňāpāramitayāň cara-
7행 to viharāto vihārah. ayam Kauśika teşām sarva-vihārāņām agra ākhyāyate śreştha ākhyayate pravara ākhyāyate pra-[55]

내용을 보면 <팔천송반야>의 일부를 옮겨 쓴 것임을 알 수 있다. 아마도 가장 널리 알려진 <반야심경(般若心經)>을 통하여 범어(梵語)와 범자(梵字)를 교육할 의도로 제작한 것으로 보인다.

이외에도 황해도에서 패엽(貝葉) 3백 십 수엽에 쓰인 『십만송반야(十萬頌般若)』가 있어서 일본에 반출되었다는 보고 논문이 있다. 황해도에 전해온 <십만송반야>는 10세기경에 필사된 것으로 추정되는데 일제 강점기에 야마모토(山本正太郞)씨가 구슈(九州)대학에 보낸 것이라 한다(干瀉龍祥, 1920).

황해도 전래의 패엽(貝葉)도 경기도 화장사(華藏寺) 전래의 <팔천송반야>와 같으나 서체(書體)가 더욱 오래돼서 실담(悉曇) 문자에 가까운 나가리 문자로 보인다고 한다(田久保周譽, 1981:111).

1.3.4.2. 그리고 <고려대장경>과 몇 종류의 금석문, 그리고 후술할 <진언집(眞言集)>이 있다. <고려대장경>에 수록된 범자(梵字)는 모두가 나가리(Nāgarī) 문자인데 이러한 범자를 수록한 자료는 다음과 같다. ( ) 안은 <고려대장경>에 수합된 함명(函名)이다.

『瑜伽金剛頂經釋字母品』(營函), 『大方廣佛華嚴經入法界品四十二字觀門』(宅函),
『大方廣佛華嚴經入法界品敦證毘盧遮那法身字輪瑜伽儀軌』(宅函),
『佛說佛母般若波羅蜜多大明觀想儀軌』(翦函), 『佛說金剛香菩薩大明成就儀軌』(給函),
『七俱胝佛母所說准提陀羅尼經』(宅函)

이 가운데 세 번 째 <고려대장경>의 <불설불모반야파라밀다 대명관상의궤>(給函)에 수록된 범자(梵字)를 사진으로 보이면 다음과 같다.

55 이 로마자 전사는 田久保周譽(1981:111)의 것을 기본으로 하여 필자가 일부 수정한 것이다.

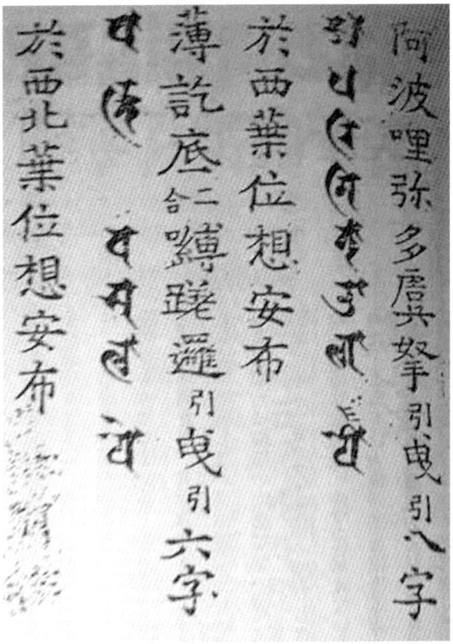
阿波哩弥多曩拏引曳引八字
於西葉位想安布
薄訖底二合嚩蹉邏引曳引六字
於西北葉位想安布

[사진 1-6] <고려대장경> <대명관상의궤>에 수록된 범자 8자와 6자[56]

[사진 1-6]의 우측 2행에 보이는 범자 6자와 좌측 2행에 있는 범자 6자를 로마자로 전사한다.

우측 2행의 8자 - a pā ri mi tā ṅā ṇā yau - apārimita nanā ya[57]
좌측 2행의 6자 - bha kti va śa lā yau - bhakti vaśalā ya[58]

이외의 전술한 6개소에 제시한 범자(梵字)들은 <유가의궤>만을 제외하고 나머지는 모우 <대명관상의궤>의 것과 같은 나가리 문자다. <유가의궤>의 것은 그 서체가 조금 부셔졌다.

또 금석문(金石文)으로 평안북도 용천군(龍川郡) 읍동면(邑東面)과 황해도 해주군 영동면(泳

56 이 사진은 田久保周譽(1981:113)에서 재인용한 것이다.
57 이 로마자 전사는 田久保周譽(1981:113)의 것을 수정한 것으로 "非[般若]波羅蜜多의 여덟 글자"의 뜻으로 보인다.
58 역시 필자가 田久保周譽(1981:113)의 것을 수정한 것으로 "[반야경에] 부속된 것에 쓰인 여섯 자"의 뜻인 것 같다.

東面) 청풍리(淸風里)에 소재한 육각(六角) 석주(石柱)로 된 <대불정타라니당(大佛頂陀羅尼幢)> 4종의 사진이 『조선금석총람(朝鮮金石總覽)』에 탁본(拓本)으로 전한다. 경기도 개성군 송도면(松都面)에도 교각으로 쓴 석재에 타라니(陀羅尼)를 쓴 범자가 있어 그 탁본을 실었으나 사진이 선명하지 못해서 판독하기 어렵지만 나가리 문자로 보인다.

원래 개성(開城)의 남대문에 걸려 있었다고 하는 연복사(演福寺)의 범종(梵鐘)에는 지정(至正) 6년(1346)의 제작 연도의 명기(銘記)가 있는데 여기에 범자(梵字)와 서장(西藏) 문자로 쓴명문(銘文)이 있다[사진 1-7].

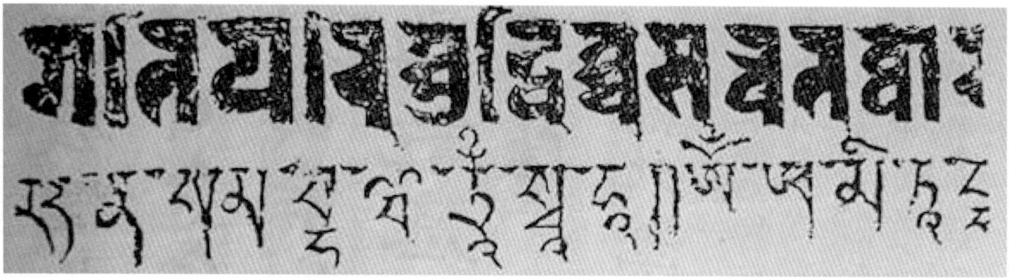

[사진 1-7] 연복사(演福寺) 범종(梵鐘)의 범자(梵字)와 서장(西藏)문자 명기(銘記)[59]

이 동종(銅鐘)의 중안 상부에 2단으로 범자를 쓰고 하부에 범자와 서장(西藏) 문자를 양주(陽鑄)로 표기하였다. 탁본(拓本)이 일부밖에 없어서 전체의 뜻은 알 수 없으나 범자(梵字)는 나가리(Nagari) 서체(書體)로 보인다. <불정존승타라니(佛頂尊勝陀羅尼)>의 일부를 를 베낀 것이다. 서장 문자로 쓰인 곳에 '아축(阿閦, 보생(寶生), 미타(彌陀)'의 진언(眞言)이 보이고 오자도 있다.

금강산 유점사(楡岾寺) 구장(舊藏)의 환종(喚鐘)은 크기가 50cm 정도이며 조선왕조 시대에 제작된 것으로 보인다. 종의 속 부분에 2단으로 범자(梵字)를 양주(陽鑄)하였는데 역시 나가리문자로 보이고 타라니(陀羅尼)를 옮긴 것으로 보이지만 전체를 판독하지는 못했다.

다만 [사진 1-7]의 자형(字形)을 보면 서장(西藏) 문자가 나가리 문자의 자형을 본뜬 것임을 알 수 있고 서장 문자를 모방한 파스파 문자에서도 유사함 자형임을 알 수 있다. 다만

59 이 사진은 田久保周譽(1981:114)에서 재인용한 것이다. 이 梵鐘에 새긴 梵字를 로마자로 전사하면 "gati-pariśuddhuiśva(?) sarva-tatha-- 정토에 나아가 일체 무상을 --"인 것 같고 역시 범자와 같이 새긴 西藏 문자를 전사하면 "Radnasmbhava trām̀˚svāhā om̀˚amitābha"로 보인다.

한글만은 이러한 자형과 달리 독창적이라고 할 수 있다.

특히 훈민정음 <해례본>에서 밝힌 바와 같이 천지인(天地人) 삼재(三才)를 상형(象形)한 모음의 글자, 중성자(中聲字)는 이 문자들과 전혀 자형이 달라서 독특하다고 할 수 있다. 또 발음기관을 상형(象形)하고 인성가획(引聲加劃)한 자음의 글자, 즉 초성자(初聲字)도 자형으로 보면 이 글자들과 전혀 관련이 없으며 제자(製字)의 발상(發想)은 독창적이다.

1.3.4.3. 한반도에 들어온 밀교(密敎)는 이론이나 교학적인 면보다는 실천적인 수행에 치중되었으며, 독자적이라기보다는 선(禪)이나 정토(淨土) 신앙 또는 천태종(天台宗) 등과 밀접한 관계를 맺고 발전하였다. 특히, 고려 이후부터는 여러 가지 의식이나 진언(眞言) 염송(念誦)을 통한 밀교신앙이 더욱 두드러지게 나타났다.

한반도에서의 밀교는 신라 이후 근대에 이르기까지, 출세간적(出世間的)인 성취를 위한 목적보다는 세속적인 성취를 위하여 전쟁을 방지한다든지 병을 치료하는 목적이 주류를 이루어왔다. 그리하여 고려에 들어와서 호국불교(護國佛敎)로 발전하여 거국적인 불교 신앙이 이루어졌다.

그리고 조선시대에 이러한 경향을 더욱 발전하여 진언(眞言)으로 불경을 염송(念誦)하는 일이 자자졌다. 따라서 조선시대에 『진언집(眞言集)』이란 이름의 범자로 된 불경이 간행된다. 그 가운데 현전하는 가장 오래된 것은 선조 2년(1569) 전라도 무등산 안심사(安心寺)에서 개판한중간본이 있다.

이 <진언집>에는 불승(佛僧) 혜징(慧澄)·인주(印珠) 등의 요청으로 설은(雪訔)이 『불정심타라니경(佛頂心陀羅尼經)』을 권두에 실었다. 그리고 <결수문(結手文)>·<지반문(志盤文)>·<자기문(仔夔文)>·<점안문(點眼文)>·<정본능엄주(正本楞嚴呪)>·<불정심관세음보살모타라니(佛頂心觀世音菩薩姥陀羅尼)>·<불정존승타라니(佛頂尊勝陀羅尼)>·<약왕보살타라니(藥王菩薩陀羅尼)>·<용시보살타라니(勇施菩薩陀羅尼)>·<제경진언(諸經眞言)>을 차례로 수록하였다.

또 <사십이수진언(四十二手眞言)>·<신묘장구대타라니(神妙章句大陀羅尼)>·<수구즉득타라니(隨求卽得陀羅尼)>·<대불정타라니(大佛頂陀羅尼)>·<불정존승타라니(佛頂尊勝陀羅尼)> 등불가의 가장 기본적인 불경을 진언(眞言)의 범자(梵字)로 적고 한자의 음역(音譯)을 대조하였는데 이 책은 『오대진언(五大眞言)』이라 하여 조선 전기에 간행되었다.

1.3.4.4. <오대진언>에 수록된 학조(學祖, 1431~1514)의 발문(跋文)에 보이는 간기(刊記)는

성화(成化) 21년(성종 16년, 1485)이다. 그리고 이 발문에 의하면 인수대비(仁粹大妃)의 명에 따라 일반 대중이 진언을 쉽게 익혀 암송(暗誦)시키기 위하여 간행한다고 하였다. <오대진언>의 한문본은 조선 초기에 간행되었는데 성종 때에 이 한문본에 한글 음역을 추가한 것이다.<오대진언>이라 하면 보통 이 책을 말한다.[60]

<오대진언>의 진언(眞言)을 한글의 음역만으로 간행된 일이 있다. 성화(成化) 12년(성종 7년, 1476)의 간기를 가지는 <사십이수진언(四十二手眞言)>있다. 그리고 간기는 없으나 같은 무렵의 간행으로 보이는 <수구즉득(隨求卽得)타라니>와 <불정존승(佛頂尊勝)타라니>는 불경의 진언을 범자와 한문을 없애고 언문으로만 표기하였다.

이것을 융경(隆慶) 3년(1569)에 은진(恩津) 쌍계사(雙溪寺)에서 복각하여 중간한 <수구즉득(隨求卽得)타라니>와 <신묘장구대(神妙章句大)타라니>가 수록된 책도 전한다. 이들 책에 나타나는 진언의 언문 음역은 전술한 성화(成化) 21년(1485)의 <오대진언>과 대체로 일치하지만 진언의 명칭과 계청문(啓請文)의 한자에 현실화된 독음을 한글로 표기한 것이 특이하다.

<수구즉득(隨求卽得)타라니> 뒤의 <수구영험(隨求靈驗)>이 첨부되었다. 이 책은 성화(成化) 12년(1476)에 언해한 『영험약초(靈驗略抄)』의 그것과 언해가 다르고 한자음의 한글표기도 현실화되어 있다.[61] 한자음의 표기에서 <동국정운>을 따르지 않고 동음(東音)을 표음하였다. 성화 12년의 언해 불전들은 동국정운식 한자음을 견지하고 있었다.

이들은 진언을 암송할 때의 손 모습을 그린 수인도(手印圖)가 매우 정교하게 판각(板刻)되어있어서 삽화(揷畵)의 연구에도 귀중한 문헌이다. 한국어의 역사와 한국 불교사 연구에 중요한 자료들이다. 특히 조선시대에 진언의 범어(梵語)와 범자(梵字)의 연구를 비롯하여 불교사연구에 중요한 자료로 알려졌다.

<진언집>은 조선 효종 9년(1658년)에 강원도 설악산 신흥사(神興寺)에서 전술한 선조 2년(1569)의 안심사(安心寺) 판본을 모각(模刻)하여 중간하였다. 신흥사 판본은 권말의 발문(跋文)이 낙산사(洛山寺) 주지 도원(道源)의 것으로 바뀐 것만이 다를 뿐, 내용은 안심사판과 같다.

---

60 성종 때의 이 판본은 후대에 많은 수정본이 간행되었다. 간기가 분명한 중간본만도 중종 26년(1531)의 지리산 鐵堀 판본, 중종 29년(1534)의 묘향산 兜率庵 판본, 중종 30년(1535)의 황해도 深源寺 판본, 명종 5년(1550)의 풍기 哲庵 판본, 인조 13년(1635)의 恩津 雙溪寺 등에서 간행된 판본이 전한다.

61 여기서 말하는 『靈驗略抄』는 <靈驗略抄諺解>를 말한다. 성종 16년에 언해하여 간행된 책으로 <大悲心陀羅尼>, <隨求卽得陀羅尼>, <大佛頂陀羅尼>, <大佛頂尊勝陀羅尼>에서 나타난 신령스러운 사실들을 설명한 책이다. 본문은 18장으로 이루어져 있으며 學祖의 발문 2장, 복각한 때의 刊記 1장으로 되었다.

또 숙종 14년(1688) 평안도 묘향산 불영대(佛影臺)에서 다시 이 책을 개판하였다.

이 판본은 안심사판본과 비교해볼 때 진언의 종류와 수에 있어 약간의 차이를 보일 뿐 거의 비슷하다. 또한 정조 1년(1777) 전라도 화순(和順) 만연사(萬淵寺)에서 이 책을 중간하였다. 권두에 서문과 범례, 홍무정운자모지도(洪武正韻字母之圖)·언본십육자모(諺本十六字母)·실담장(悉曇章)이 실려 있다.

이와 더불어 <사성통해>의 권두에 수록된 <홍무정운자모지도>의 한자의 31자모를 소개하고 지광(智廣)의 <실담자기(悉曇字記)>에 수록된 <실담장(悉曇章)>의 범자 47자모, 그리고 <언문자모>의 초성과 종성의 8자와 초성만의 8자를 더한 16자모, 그리고 중성 11자의 언문 자모를 실었다. 진언에 있어서도 새로 추가한 것이 제2권으로 되어 있다.

<진언집>에 <홍무운 31자모>를 소개한 것은 범자를 표기한 한자의 한어(漢語) 정음(正音)을 표음하기 위한 것이고 <실담장>은 범자의 한자 표음, 그리고 <언문자모>는 범자(梵字)의 언문표기와 우리말 표기를 위한 것이다. 모두 진언(眞言)의 실담(悉曇)의 문자와 그 발음을 적기위한 것이다.

1.3.4.5. 마지막으로 <진언집>은 정조 24년(1800) 경기도 의정부시 망월사(望月寺)에서 개판한 것이 있다. 이 판본은 만연사 판목이 불타버린 뒤 승려 영월(暎月)이 수정하여 새긴 것으로, 현재 망월사에 판목이 온전하게 보존되어 있다. 병서(竝書)의 순서도 범자(梵字)·한문·한글의 순으로 고쳤으며, 진언의 수도 더 증가하였다.

상하 2권 가운데 상권에는 중간진언집서(重刊眞言集序)·총론(總論)·범례(凡例)·홍무정운자모지도(洪武正韻字母之圖)·언본십육자모(諺本十六字母)·범본오십자모실담장(梵本五十字母悉曇章)·목록(目錄), 그리고 결수문(結手文) 49칙(則), 지반문(志磐文) 35칙, 자기문(仔夔文) 46칙, 점안문(點眼文) 31칙, 정본능엄주(正本楞嚴呪)의 총 162칙이 수록되어 있다.

하권에는 <무량수결정광명왕여래타라니(無量壽決定光明王如來陀羅尼)>·<불정심(佛頂心)관세음보살모타라니>·<불정존승(佛頂尊勝)타라니>·<약왕보살(藥王菩薩)타라니>·<용시(勇施)보살타라니>·<제경진언(諸經眞言)>·<천수타라니(千手)타라니>·<대수구(大隨求)타라니>·<정본능엄주(正本楞嚴呪)>·<제경자모(諸經字母)>·<금시조왕진언(金翅鳥王眞言)>·<조상경진언(造像經眞言)>과 수관거사(水觀居士)가 쓴 발문이 있다.

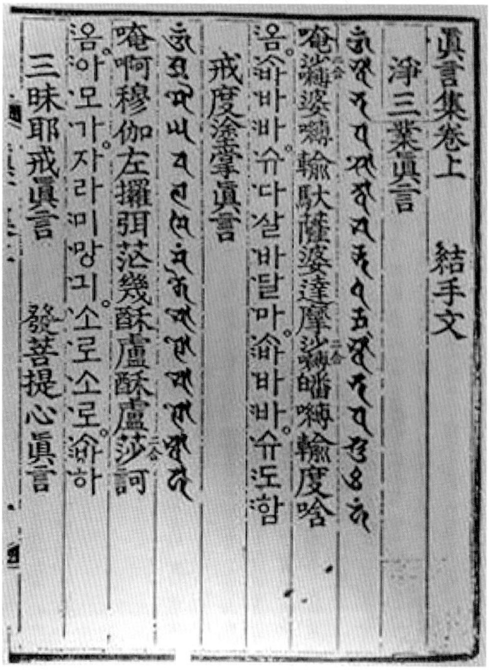

[사진 1-8] 망월사 개판의 <진언집>(권상)의 결수문[62]

앞의 [사진 1-8]에 보이는 결수문(結手文)>에 게시한 범자는 한글로도 전사되었으나 로마자로 보이면 다음과 같다.

3행 oṁ svabhāva śddhā sarbha-dharma svabhāva-śudhu(?)ham
7행 oṁ amogha calami mamke solo solo svāhā

이들 <진언집> 계통의 범자, 한자, 한글 불경은 전술한 바와 같이 권두에 범자의 자모를 위한 <실담장(悉曇章)>을 싣고 한자의 음가를 보여주는 <홍무정운(洪武正韻)자모도>, 그리고 한글을 위하여 '언본(諺本)'이라고 부르는 <언문자모(諺文字母)>를 실었다. 이들이 실담(悉曇)과 한자, 그리고 언문(諺文)의 자모(字母)를 가장 잘 보여준다고 본 것이다.

1.3.4.6. 현전하는『중간진언집(重刊眞言集)』은 목판본이다. 모두 2권 1책으로 보존의 상

62 <진언집> 영인본에서 재인용.

태는 양호한 편이고 변상도(變相圖)가 수록되어 있다. 이 책은 조선 전기에 널리 유통된 <오대진언집(五大眞言集)>과 같은 유형의 진언집이다. 범문(梵文)으로 된 수종(數種)의 진언을 모아서 범문과 한문 및 한글의 음역(音譯)을 대비하여 편집한 것이다.

초간은 승려 용암(龍巖) 체조(體照, 1714~1779)와 그의 제자 백암(白巖)이 편수하여 건릉(乾陵) 42년(정조 1년, 1777)에 전라도 화순의 만연사(萬淵寺)에서 개판(開版)하였으나 책판(冊版)은 소실되었다. 이 책은 전술한 바와 같이 영월(映月) 낭규(朗奎)가 초간본을 교정하여 가경(嘉慶) 5년(정조 24, 1800)에 경기도 양주의 망월사(望月寺)에서 중간한 것이다.

판하본(版下本)은 당시 『천자문(千字文)』 등 다른 서적의 판하본을 도맡아 썼던 홍태운(洪泰運)이 쓴 것을 정윤철(鄭潤哲)이 새긴 것으로 서수(書手)와 각수(刻手)가 당대 최고의 인물들이었다. 교정은 벽담(碧潭) 성유(聖瑜)가 맡았고 범자의 글씨는 화악(華岳) 악탁(岳卓)이 썼으며 감독은 신사(信士) 지형(智瑩)이 했다,

체제는 권두(卷頭)의 '중간진언집서(重刊眞言集序)'에 이어 범문으로 진언을 기록하고, 행을 바꾸어 나란히 한글의 음역과 한문의 음역을 기록하고 있으며, 권말에는 수관거사(水觀居士)의 진언집발(眞言集跋)과 시주질(施主秩), 간기(刊記) 등이 수록되어 있다. 중간본은 초간본에 비해 추가된 내용도 있으며, 인출은 19세기 후반에 강원도 일대에서 활약했던 연파(蓮坡) 영주(永住)에 의한 것이다.

<진언집(眞言集)>에 쓰인 범자(梵字)는 대체로 그 서체가 나가리(Nagari) 문자여서 한중일 동양 삼국에서 유행한 범자(梵字)의 서체는 나가리 문자였음을 알 수 있다. 따라서 6세기 이후에 싯담마트르카(siddhamātrkā)가 일반화된 다음에도 나가리 서체가 세력을 갖고 사용되었다.

1.3.4.7. 이상의 조선에서 간행된 <진언집>의 편집을 살펴보면 범본(梵本) 불경의 이해를 위하여 범자의 자형과 그 자모의 배열은 <실담자기(悉曇字記)>의 <실담장(悉曇章)>에 의거하였고 이를 표음한 한자의 정음(正音)을 표기한 한글의 자모는 <홍무운(洪武韻) 31자모지도>에 의거하였으며 역시 범자를 표음한 한글의 자모는 '언본(諺本)'이라고 한 <언문자모(諺文字母)>에 의지하였음을 일 수 있다. 조선 전기에서 범자와 한자, 그리고 언문의 기본을 어디에 두었는지 알려주는 대목이다.

<실담장>은 다음의 1.5.2.0.에서 논의한 대로 모음의 마다(摩多, mātṛ) 12자(字)와 자음의 체문(体文) 35자로서 모두 47자이지만 <대반열반경>에서는 마다 14자, 체문 36자의 모두

50자로서 서로 차이가 있다. 정조 24년에 망월사에서 개판한 <진언집>에 수록된 '범본오십자모실담장(梵本五十字母悉曇章)'은 실제로는 <실담장>에 의거한 것이지만 글자 수는 <대반열반경>의 50자를 따랐다.

범자의 발음을 표음한 한자의 자모를 '홍무운(洪武韻) 31자모'에 의거한 것은 이것을 근거로 하여 정음(正音)이 제정되었기 때문이다.[63] 중종 때에 최세진(崔世珍)이 편찬한 <사성통해(四聲通解)>는 세종 때의 신숙주(申叔舟)의 <사성통고(四聲通攷)>를 모방한 것인데 <사성통해>의 권두에 <광운 36자모지도>와 <운회 35자모지도>, 그리고 <홍무운 31자모지도>가 차례로 실렸다.

이 셋 가운데 <홍무운 31자모도>가 가장 정밀하게 작성되어 세종이 창제한 언문의 한어(漢語) 한자음, 즉 한자의 중국 표준 정음은 이 <홍무운 31자모도>에 의거하여 표음한 것임을 알 수 있다(졸저, 2015:314~319). 이 31자모는 훈민정음의 <언해본>에 보이는 초성 32자모와 순경음 차청의 /ㆄ/만 제외하고 모두 일치한다.

즉, <홍무운 31자모>에는 순경음을 3개만 인정하였는데 훈민정음 <언해본>에서는 /ㅸ, ㆄ,ㅹ, ㅱ/의 4개를 인정하여 1자의 차이가 생겼을 뿐이다. 그리고 훈민정음의 <언해본>은 <해례본>을 그대로 언해한 것이 아니라 독자적으로 세종의 새 문자를 우리말로 풀이한 것임을 알 수 있다.

1.3.4.8. 훈민정음 <언해본>의 한음(漢音)의 표기를 위하여 제정한 32자모는 <홍무운 31자모도>를 정리한 것이다. 훈민정음 <언해본>은 이에 근거하여 한음(漢音)의 표기에서 순경음 /ㆄ/을 제외시킨 것이다. 따라서 당시 한자의 중국어음은 이 31자의 언문으로 표음할 수 있음을 말한다.

조선 후기에 한자의 중국 발음을 표기하기 위하여 <홍무운 31자모도>를 이용한 것을 보면 이것이 세종이 새 문자를 제정할 당시에 한자의 중국 발음을 표기한 대표적인 자모였음을 알 수 있다. <홍무운 31자모도>를 졸저(2015:319)에서 다시 인용하면 다음과 같다.

63 필자는 한글에 대하여 세종~세조 때에는 한자의 중국어 표준음을 표기하는 경우에 正音이라 하고 동국정운식 한자음을 표기는 경우에는 訓民正音이었으며 우리말을 표기할 때에는 諺文이라 하였다고 보았다. 그리고 한글에 대한 이러한 명칭을 엄격하게 구별하였다(졸저, 2015).

[표 1-1] <사성통해> 권두의 <홍무운(洪武韻) 31자모도>

五音	角	徵	羽		商		宮	半徵	半商
五行	木	火	水		金		土	半火	半金
七音	牙音	舌頭音	脣音重	脣音輕	齒頭音	正齒音	喉音	半舌	半齒
全清	見ㄱ:견	端ㄷ 둰	幫ㅂ 방	非ㅸ 비	精ᅎ 징	照ᅐ·쟝	影ㆆ:힝		
次清	溪ㅋ 키	透ㅌ 틍	滂ㅍ 팡		清ᅔ 칭	穿ᅕ 춴	曉ㅎ:향		
全濁	群ㄲ 끈	定ㄸ·띵	並ㅃ:뼁	奉ㅹ 뽕	從ᅏ 쭝	牀ᅑ 쫭	匣ㆅ 향		
不清不濁	疑ㆁ 이	泥ㄴ 니	明ㅁ 밍	微ㅱ 미			喩ㅇ 유	來ㄹ래	日ㅿ·싱
全清					心ᄼ 심	審ᄾ·심			
全濁					邪ᄽ 써	禪ᄿ·쎤			

훈민정음 <언해본>에서는 순경음(脣輕音)에 대하여 "ㅇ ᄅᆞᆯ 連書 脣音之下ᄒᆞ면 則爲脣輕音ᄒᆞᄂᆞ니라 - ㅇ ᄅᆞᆯ 입시울 쏘리 아래 니ᅀᅥ 쓰면 입시울 가ᄇᆡ야ᄫᆞᆫ 소리 ᄃᆞ외ᄂᆞ니라(/ㅇ/를 입술소리 아래에 이어 쓰면 입술 가벼운 소리가 되느니라)"라고 하여 전청~전탁의 /ㅂ, ㅍ, ㅁ, ㅃ/을 모두 순경음으로 만들 수 있도록 하였다.[64] 그러나 [표 1-1]의 <홍무운 31자모도>를 보면 차청의 /ㆄ/은 인정하지 않은 것임을 알 수 있다.

그리고 한음(漢音)이라 하여 <언해본>의 본문의 협주에서 "漢音은 中國 소리라"라 하였고 언해문도 "中國 소리옛"이라 하여 한자의 중국 발음을 말한 것임을 알 수 있다. <언해본>에서는 한음(漢音)의 표기를 위해서 치두음(齒頭音)과 정치음(正齒音)을 구분하기 위하여 치음의 /ㅈ, ㅊ, ㅉ, ㅅ, ㅆ/ 5자를 둘로 나누어 치두(齒頭)에 /ᅎ, ᅔ, ᅏ. ᄼ, ᄽ/의 5자, 정치(正齒)에 /ᅐ, ᅕ, ᅑ, ᄾ, ᄿ/의 5자로 나누어 결국 5자가 늘어난 셈이다.

따라서 우리말과 우리 한자음을 표기하기 위한 17자에 전탁(全濁)의 6자(ㄲ, ㄸ, ㅃ, ㅉ, ㅆ, ㆅ), 그리고 순경음 4자(ㅸ, ㆄ, ㅹ, ㅱ)를 더하여 처음에는 초성 27자를 만들었으나 여기에 한음(漢音) 표기를 위하여 늘어난 치음(齒音) 5자를 더하면 32자이지만 순경음에서 /ㆄ/을 빼면 31자가 되어 <홍무운 31자모>에 맞게 된다.

세종의 새 문자 제정이 처음에는 한자음 표기를 위한 것임을 알려주는 대목이다. 이후 신미(信眉) 대사와 정의(貞懿) 공주에 의해서 초성 17자로 줄이고 중성을 7자에서 11자로 늘

64 원문의 한자음과 방점은 제외하였다. 이하 같다.

려서 훈민정음 28자가 되었으나 정의 공주는 /ㆆ/도 인정하지 않아서 <언문자모>에서 반절 27자, 즉 초성 16자와 중성 11자로 만들어 우리말 표기에 사용한다(졸저, 2015:238~241).

1.3.4.9. 끝으로 실담(悉曇)의 한글 표음은 '언본(諺本)'이란 <언문자모(諺文字母)>에 의거하였다. 아마도 한역(漢譯) 불경에서 실담(悉曇)의 글자들을 자본(字本)이라 번역한 것에서 언문의 자모를 소개한 <언문자모>를 언본(諺本)이라 한 것에 이끌린 것 같다.

<언문자모>에 대하여는 역시 졸저(2015:434~6)에서 자세하게 소개하였다. 비록 최세진의 <사성통해>에 수록되었지만 이것은 세종의 둘째 따님인 정의(貞懿) 공주가 작성하여 세조 때 간행한 <초학자회(初學字會)>의 권두에 실었던 것을 최세진(崔世珍)이 그의 <훈몽자회(訓蒙字會)>에 전재한 것으로 보았다(졸저, 2019a:제1장 제2절 2의 '貞懿공주와 <언문자모>).

<언문자모>는 초성과 종성의 자음 16자와 중성의 모음 11자로 어떤 문자든지 표음할 수 있는 발음기호로 사용한 것이다. 그리하여 한자음 표기의 반절(反切)로 인식하여 그 부제(副題)를 "俗所謂反切二十七字 - 속되게 말하는 반절 27자"라고 붙였다. 언문 27자를 한자음 표기의 반절(反切)과 같이 본 것이다.

졸저(2015:435)에 소개한 <언문자모>의 언문 27자를 도표로 보이면 다음과 같다.

[표 1-2] 초성종성 통용(通用) 8자[65]

성 \ 문자	ㄱ	ㄴ	ㄷ	ㄹ	ㅁ	ㅂ	ㅅ	ㆁ
초 성	기(其)	니(尼)	디(池)	리(梨)	미(眉)	비(非)	시(時)	이(伊)
종 성	역(役)	은(隱)	귿(*末)	을(乙)	음(音)	읍(邑)	옷(*衣)	응(凝)

[표 1-3] 초성 독용(獨用) 8자

성 \ 문자	ㅋ	ㅌ	ㅍ	ㅈ	ㅊ	ㅿ	ㅇ	ㅎ
초성	키(*箕)	티(治)	피(皮)	지(之)	치(齒)	ㅿㅣ(而)	이(伊	히(屎)

65 *을 붙인 한자는 원래 圓문자였다. 그리고 '末*, 衣*' 그리고 다음 [표 1-3]의 '箕*'까지 "새김을 취해서 우리말 소리로 읽는다(只取本字之釋, 俚語爲聲)"라고 하여 이 한자의 뜻인 '귿(>끝), 옷, 키'가 그 발음임을 밝혔다.

[표 1-4] 중성의 자모도(字母圖)[66]

문자	ㅏ	ㅑ	ㅓ	ㅕ	ㅗ	ㅛ	ㅜ	ㅠ	ㅡ	ㅣ	ㆍ
차자	阿	也	於	余	吾	要	牛	由	*應	*伊	*思

이 <언문자모>는 언문의 음가를 'ㄱ 기역(其役), ㄴ 니은(尼隱), ㅂ 비읍(非邑)'과 같이 서민들이 즐겨 쓰는 이두(吏讀)의 한자로 표시하여 훈민정음의 <언해본>이나 <해례본>에서 'ㄱ 군자초발성(君字初發聲), ㄴ 나자(那字)초발성, ㅂ 별자(彆字)초발성'과 같이 동국정운의 운목(韻目) 한자로 표시한 훈민정음 보다 훨씬 이해하기 쉽게 하였다.

따라서 <언문자모>를 통하여 이 새로운 문자인 언문이 신속하게 민중들에게 보급된 것이다. 특히 불가(佛家)의 <진언집>에서는 '언본(諺本)'이란 이름으로 <언문자모>로서 한글을 소개하여 불도(佛徒)들로 하여금 새 문자를 쉽게 익히게 하고 언해 불전(佛典)을 읽게 하여 불교를 전판하게 하였다. 유가(儒家)에서 경전의 언해는 상대적으로 불가보다 늦었다.

또 불가에서는 이 문자로 실담(悉曇)의 글자를 표음하도록 한 것이다. 따라서 <진언집>에서 한자의 중국 발음을 표음할 때에 쓰인 것은 <홍무운 31자모>의 언문이고 실담(悉曇)을 표기하기 위한 언문은 27자의 언문이었다. <진언집>에서는 이렇게 구분하여 우리 한글을 이용하였다. 여기서 세종의 새 문자 제정에 신미(信眉) 대사를 비롯한 불가의 인물들이 많이 관여하였음을 알려준다.

4. 파니니 <팔장>의 문법 및 음운 연구

1.4.0.0. 전술한 바와 같이 고대인도에서는 베다(Vedic) 경전의 언어인 산스크리트어를 정확하게 이해하고 올바르게 사용하기 위하여 산스크리트어 문법이 발달하였다. 이 문법 연구는 파니니(波儞尼, 波你尼, 波尼, 巴密尼, Pāṇinī, 이하 파니니)의 『팔장(八章)』(*Aṣṭādhyāyi*, 이하 <팔장>)에서 일단 정리된다.

66 *표가 붙은 '應'은 "종성을 쓰지 않는다(不用終聲)"라고 하고 '伊'는 "중성만 쓴다(只用中聲)", '思'는 "초성을 쓰지 않는다(不用初聲)"라 하여 /ㅡ, ㅣ, ㆍ/의 글자임을 밝혔다.

<팔장>은 8개의 장(章)과 32절(節)로 나누어 산스크리트어의 문법에 관여하는 규칙 3,995개를 수록하여 소개하였다. 이 규칙들은 음운론, 형태론, 낱말형성, 통사론, 방언 등에 적용되는 규칙을 담고 있다. <팔장>에 수록된 규칙들은 짧은 설명과 잠언(箴言, aphorism)으로 표현되었고 수드라(sūtra, thread, '실'이란 의미, 한자로 綖으로 표기함)라고 하여 숫자로 표시되었다.

<팔장>은 저자가 직접 쓴 것인지 구전(口傳)된 것을 후에 문자로 옮겨 쓴 것인지 확실하지 않다. 또 이 책의 출판 연대도 불확실한데 대체로 구전(口傳)되던 것이 파니니에 의하여 기원전 5세기~3세기에 문자로 정착한 것으로 보인다. 현전하는 <팔장>에는 산스크리트어의 동사어근을 정리한 목록과 유사한 굴절을 보이는 낱말의 목록, 그리고 산스크리트어의 음성 목록이 부록되었다.

<팔장>은 미국의 블룸필드(L. Bloomfield)는 이 책을 "인간 지성이 이룩한 가장 위대한 기념비(one of the greatest monuments of human intelligence, Bloomfield, 1933:11)"라고 극찬하였다. 또 네덜란드의 딤(P. Theme, 1935)도 같은 평가를 하였다. 굴절어 문법의 대요(大要)가 이 책에 들어있었기 때문이다.

<팔장>은 문법가들을 위한 문법서이지 교사나 학습자들의 참고서가 아니었다. 블룸필드(L. Bloomfield)는 이 책을 "주석에 의해서만 이해할 수 있는 책"(Bloomfield, 1933:12)으로 보았다. 즉, 문법 전문가들을 위한 책이었다. <팔장>의 문법 이론을 받아드린 희랍의 여러 희랍어 문법서나 로마의 라틴어 문법서들은 모두 희랍어와 라틴어의 교재였던 것과 대조적이다.

1.4.0.1. 이 <팔장>과 산스크리트어의 문법이 알렉산더대왕의 인도 침략으로 희랍에 전달되어 알렉산드리아학파의 고전 희랍어 연구자인 디오니수스 드락스(Dionysus Thrax)에 큰 영향을 주었다. 알렉산더 대왕의 인도원정으로 희랍에 전해진 <팔장>에 의거하여 드락스는 희랍어의 문법서인『문법기술(文法技術, *Tekhnē Grammatikê*)』(Thrax, 120 B.C.)를 편찬하였다(졸저, 2022:71).

<문법기술>은 <팔장>과 같이 매우 짧게 희랍문법을 기술하였으니 불과 15 페이지에 15절로 요약되었다. 마치 <팔장>이 8장 32절로 나누어 범어(梵語) 문법을 요약한 것과 같다. 다만 <문법기술>은 당시 희랍어의 교사들을 위한 참고서로 작성된 것이어서 범어(梵語)의 문법 전문가를 위한 <팔장>과 다르다.

로마 시대의 초기에 바로(Marcus Terentius Varro) 등에 의하여 희랍문법을 계승한 라틴문법은 기원 후 6세기경의 동로마의 비잔티움에서 라틴어 교사로 활약하던 프리스키아누스(Caesariensis Priscianus, 영문 Priscian)에 의하여 그간의 라틴문법 연구가 『문법교정(文法敎程, *Institutiones Grammaticae*)』(Priscian, 6C A.D.)으로 종합된다. 18권으로 나뉜 이 책은 수천 페이지에 달하는 대저였다.

<팔장>의 범어문법서를 시작으로 <문법기술>의 희랍문법과 <문법교정>이 라틴문법은 그동안의 언어학사에서 굴절어의 3대 문법서로 알려졌다. 즉, 프리스키아누스의 <문법교정>은 라틴어의 문법서이며 드락스의 <문법기술>은 희랍어의 문법을 다뤘고 <팔장>은 범어(梵語)의 문법을 기술한 것이다.

이 세 문법서에서 인구어(印歐語) 굴절 문법의 대강(大綱)이 결정되었고 문예부흥 이후에 유럽의 여러 언어의 문법으로 발전하였다. 중세시대의 라틴문법이 문예부흥과 더불어 여러 인구어(印歐語)의 문법이 되었고 선교사들에 의하여 일본과 한반도에도 전달되었다. 즉, 네덜란드 선교사들에 의하여 일본에 난어학(蘭語學)이 발달하였고 이로부터 일본어의 에도(江戶) 문법이 생겨났다.

일본에 유학한 유길준(兪吉濬)의 <대한문전(大韓文典)>으로 우리도 학교문법에서 파니니의 문법으로 우리말의 문법을 배운다. 명사, 동사 등의 품사 분류나 격(格)과 시제(時制) 등의 체언의 곡용(曲用)이나 용언의 활용(活用)은 모두 고대인도의 범어문법에서 시작되어 희랍문법과 라틴문법을 통하여 한반도에도 전달된 문법이론이다.

또 <팔장>과 <파니니의 음성학>에서는 성명기론(聲明記論)에 의한 음성학과 음운론도 포함되었다. 이로부터 모든 문법에는 음운론, 형태론, 통사론이란 세 하위 분야가 인정된 것이다. 고대인도의 문법이 후대 문법의 기반이 된 것임을 알려주는 대목이다. 그리고 이 세 분야는 언어학의 주요 과제이기 때문에 핵심 분야이기도하다.

1.4.0.2. 전술한 바와 같이 <팔장>은 저자가 직접 쓴 것인지 구전된 것인지는 알 수 없고 따라서 간행연도도 기원전 5세기~3세기로 보아 확실하지 않다. 그동안 서양의 언어학계에서는 <팔장>과 그 저자인 파니니에 대하여 별로 알려진 것이 없었다. 오로지 현전하는 <팔장>과 후대의 주석서로 유추할 뿐이었다.

졸고(2016b)에서는 전술한 <삼장법사전>과 <대당서역기(大唐西域記)> 그리고 <남해기귀내법전(南海寄歸內法傳)>에서 그에 대하여 언급한 것을 소개하여 비교적 자세하게 비가라론

(毘伽羅論)과 <팔장>, 고대인도의 음성학과 이를 저술한 파니니에 대하여 설명하였다. 모두 인도를 여행 하면서 그곳에서 파니니에 대한 전설과 유적을 탐방하고 그를 추억하는 민담(民譚)으로부터 추정한 것이다.

당승(唐僧) 현장(玄奘)의 일대기를 쓴 <삼장법사전>이나 그가 서역을 탐방한 <대당서역기>에서 현장(玄奘)이 인도에서 견문(見聞)한 것을 기술하는 내용에서 굴절어 문법인 비가라론(毘伽羅論, Vyākaraṇa)에 대하여 언급한 것이 많았다. 그리고 그의 스승인 계현(戒賢) 법사로부터 비가라론과 그의 음성학인 성명기론(聲明記論)을 배웠음을 밝혀두었다.

<남해기귀내법전>은 역시 당승(唐僧) 의정(義淨, 635~713 A.D.)이 인도를 비롯하여 면전(緬甸), 안남(安南) 등을 돌아본 뒤에 시리불서국(尸利佛逝國)에 머물면서 순례했던 나라들에서 견문한 것을 정리한 것이다. 이 여행기에 파니니의 고향인 사라도라읍(娑羅覩邏邑)에 대하여 쓰면서 파니니의 행적에 대하여 언급하였다. 그동안 언어학사에서 볼 수 없었던 중요한 이야기가 있었다.

세 경전(經典)은 비록 인도에서 저술된 것이 아니고 중국 당(唐)의 고승(高僧)들이나 그들의 여행기이지만 모두 고려대장경에 포함되어 한반도에 전해졌다. <삼장법사전>과 <대당서역기>는 모두 현장(玄奘)의 서역 여행기를 주된 내용으로 하고 있다. 현장의 제자들이 저술한 <삼장법사전>보다 현장(玄奘)이 직접 쓴 <대당서역기>에 파니니와 <팔장>에 대하여 좀 더 구체적으로 소개하였다.

1.4.0.3. 졸고(2016b)에서 <대당서역기>의 기사를 인용하고 우리말로 풀이한 부분을 여기에 옮겨보면 다음과 같다.

> [前略] 毘摩天祠東南行百五十里、至烏鐸迦漢荼城、周二十餘里、南臨信度河、居人富樂、寶貨盈積、諸方珍異、多集於此。烏鐸迦漢荼城西北行二十餘里、至娑羅睹邏邑、是製聲明論波你尼仙本生處也。遂古之初文字繁廣、時經劫壞世界空虛、長壽諸天降靈道俗、由是之故、文籍生焉。自時厥後、其源泛濫、梵王天帝作則隨時、異道諸仙各製文字、人相祖述、競習所傳、學者虛功、難用詳究。
>
> 人壽百歲之時、有波你尼仙、生知博物、愍時澆薄、欲削浮僞、刪定繁猥、遊方問道、遇自在天、遂申述作之志。自在天曰: 盛矣哉。吾當祐汝。仙人受教而退。於是研精覃思、採摭群言、作爲字書、備有千頌、頌三十二言矣。究極今古、摠括文言、封以進上、王甚珍異、下令國中、普使傳習、有誦通利、賞千金錢。所以師資傳授、盛行當世。故此邑中、諸婆羅門碩學高才、博物强

識。

娑羅睹邏邑中、有窣堵波、羅漢化波你尼仙後進之處。如來去世垂五百年、有大阿羅漢、自迦濕彌羅國遊化至此、乃見梵志捶訓稚童。時、阿羅漢謂梵志曰: 何苦此兒? 梵志曰: 令學聲明論、業不時進。阿羅漢逌爾而笑。老梵志曰: 夫沙門者慈悲爲情、愍傷物類、仁今所笑、願聞其說。阿羅漢曰: 談不容易、恐致深疑、汝頗嘗聞波你尼仙製聲明論、垂訓於世乎? 婆羅門曰: 此邑之子、後進仰德、像設猶在。阿羅漢曰: 今汝此子、卽是彼仙、猶以强識、翫習世典、唯談異論、不究眞理、神智唐捐、流轉未息、尚乘餘善、爲汝愛子。[下略].

ㅡ [전략] 비마천사(毘摩天祠)에서 동남쪽으로 1백 50리를 가다 보면 오탁가한다성(烏鐸迦漢荼城)에 이르게 된다. 성의 둘레는 20여 리이며 남쪽은 신도하(信度河)에 접해 있다. 성에 사는 사람들은 풍요로우며 재물과 보화가 넘쳐난다. 여러 지방의 진귀한 물건들이 대부분 이곳에 모인다. 오탁가한다성에서 서북쪽으로 20여 리를 가다 보면 사라도라읍(娑羅覩邏邑)에 이른다. 이곳은 「성명론(聲明論)」을 지은 파니니(波你尼) 선인이 태어난 곳이다. 아주 먼 옛날에는 문자가 아주 많았지만 장구한 세월이 흐른 뒤 세계가 공허하게 황폐해졌다. 장수제천(長壽諸天)이 하늘에서 내려와 사람들을 교화하여 이로 말미암아 문적(文籍)이 생겨나게 되었다. 이때 이후로 자원(字源)이 범람해지자 범왕(梵王)과 천제(天帝)는 수시로 규칙을 만들었다. 그런데 이도(異道)의 여러 선인(仙人)들이 각기 문자를 만들어내자 사람들은 서로 그 뜻을 서술하고, 앞 다투어 전해진 문자를 익히게 되었다. 그러나 배우는 자가 아무리 노력하여도 그 언어를 쓰고 자세하게 연구해 내는 일은 여간 어렵지 않았다.

한편, 사람들의 수명이 백세가 되었을 때에 파니니(波你尼) 선인이 세상에 났다. 그는 태어날 때부터 세상의 사물에 두루 통하였는데 시대가 경박한 것을 가슴 아프게 생각해서, 근거 없고 거짓된 것은 깎아내고 어지럽게 뒤섞인 것은 삭제하고 정리하여 바로잡고자 하였다. 그리하여 세상을 노닐며 도를 묻다가 자재천을[67] 만나게 되었다. 그가 마침내 술작(述作)의 뜻을 말하자 자재천이 말하였다. "갸륵한 일이다. 나도 마땅히 그대를 도우리라." 선인은 가르침을 받고서 물러갔다. 그리하여 이에 정밀하게 연구하고 깊이 사유하며 모든 언어들을 두루 모아서 선별하였다. 마침내 자서(字書)를 만들었는데 이 책은 천 개의 송(頌)이 갖추어져 있으며, 송(頌, sūtra)은 32개의 말로 나뉘었다. 고금의 모든 문자와 언어를 살펴서 총괄한 것이다. 그가 이것을 왕에게 진상하자 왕이 매우 진기하게 여겨서 두루 익히고 전할 것을 전국에 명하였다. 그리고 잘 외우고 쉽게 익히는 자에게는 1천 금전을 상으로 내렸다. 스승과 제자 사이에 서로 전수하여 당시에 성행하였다. 그런 까닭에 이 도읍에 사는 모든 바라문들은 학문이 뛰어나고 재주가 비범하였으며 사물에 두루 박식하도록 뛰어났다.

사라도라읍[68] 가운데에 솔도파(窣堵波)가 있는데 나한(羅漢)이 파니니 선인(仙人)의 후진을

67 '자재천'은 大自在天(Maheśvara), 즉 大千世界의 主神이다. 원래 인도 바라문교의 神으로 만물 창조의 최고의 神을 말한다.

68 한글대장경의 번역문에는 "파라도라읍"으로 잘못 기재되었다.

교화하던 곳이다. 여래(如來)께서 세상을 떠나신 후 5백 년이 흘러 큰 아라한(阿羅漢)이 나왔는데 가습미라국(迦濕彌羅國)에서 유화(遊化)하다가 이곳에 이르렀다. 그런데 그는 범지(梵志)가[69] 어린 아이를 때리며 훈계하는 것을 보고서 범지에게 물었다. "무슨 까닭에 이 아이를 괴롭히십니까?" 범지가 답하였다. "성명론(聲明論)을 익히게 하였는데 학업이 일정하게 진전되지 않기 때문입니다." 아라한이 빙그레 웃자 늙은 범지가 말했다. "무릇 사문이란 자비로써 중생을 위하고 만물이 다치는 것을 가슴 아파해야 합니다. 그런데도 그대는 지금 웃고 있으니 그 이유를 설명해 주십시오." 아라한이 말했다. "이야기가 쉽지 않을 것이니 자칫 깊은 의혹에 이르게 될까 두렵습니다. 그대는 일찍이 파니니 선인이 성명론을 지어 세상에 가르침을 남겼다는 이야기를 듣지 않았습니까?"라고 바라문이 답하였다. "이 고을의 아이들은 파니니 선인의 후진이며, 그의 덕을 추앙하여 상(像)을 세웠으니 그것은 지금도 있습니다." 아라한이 말했다. "지금 그대가 때리는 이 아이가 곧 그 선인입니다. 뛰어난 기억력으로 세상의 전적을 반복하여 탐독하였지만 그것은 다만 이론(異論)을 말한 것이었을 뿐 진리를 궁구하지는 못하였으며, 신령스러운 지혜를 헛되이 버려두고 정처 없이 흘러 다니면서 쉬지 못하다가 이제야 다른 선한 일 덕분에 이렇게 그대의 사랑스런 아이가 된 것입니다." [하략].[70]

이 기사에 의하면 파니니(波你尼, Pāṇini)는 인도 간다라의 오탁가한다성(烏鐸迦漢荼城, Udakakhāṇda)[71]의 사라도라읍(娑羅覩邏邑)에서 태어났고 어려서부터 박학하여 문자를 배우고 언어를 연구하였으며 자서(字書)를 저술하였다고 한다. 또 그가 저술한 자서(字書)를 왕에게 받쳤는데 이 책을 범자(梵字)와 범어(梵語) 교육의 교재로 삼았음을 말하고 있다.

이러한 <대당서역기>의 기사에서 파니니가 자재천(自在天, Maheśvara)를 만나 문법서의 저술을 계시(啓示) 받아 저술한 자서(字書)를 졸고(2016b)에서는 <팔장>이라고 보았다.[72] 이 책은 왕명(王命)에 의하여 당시에 학교의 교과서로 사용한 것 같다. 그리고 파니니가 교사로 있던 사라도라읍(娑羅睹邏邑)의 솔도파(窣堵波)에는 그의 동상(銅像)도 있었으며 그의 문법을 학생들에게 가르쳤던 것으로 소개하였다.

천 개의 송(頌)이 갖추어졌고 32절로 나누어서 제시되었으며 고금의 문자와 언어에 적용

---

69 '梵志'는 범어로는 Brahmacārin이며 '梵士'라고도 쓴다. 梵行, 淨裔·淨行이라고 번역한다. 바라문의 생활 가운데 4期의 하나로 제1기에 속하며 스승에게 가서 수학하는 동안을 말한다. 梵天의 법을 구하는 사람을 梵志라고 하니 여기서는 수업을 도와주는 助敎를 말하는 것으로 보인다.

70 한글 번역은 한글대장경 <대당서역기>(권3:92~95)를 참고하였다.

71 烏鐸迦漢荼(Udakakhāṇda)는 인더스 강과 카블 강의 합류지점으로 옛날에 信度河의 渡船場으로 유명했다.

72 이에 대해서는 다음의 1.4.5.0.을 참고할 것.

될 수 있다고 한 것은 바로 그가 <팔장>에서 제시한 문법 규칙, 즉, 수드라(sūtra)를 말한 것이다. 이 책을 왕에게 진상하였고 왕은 이를 나라의 문자 교과서로 삼았음을 알 수 있다. 또 그가 죽은 후에도 비가라론(毘伽羅論)의 교육은 계속되었으며 학교에서는 아동들을 매질까지 하면서 이 비가라론과 성명기론을 가르쳤음을 알 수 있다.

1.4.0.4. 실제로 현대의 서양 언어학사에서 파니니(Pāṇini)에 대하여는 그렇게 많이 언급되지 않았다. 다만 그가 간다라(Gandhara) 사람이며 기원전 5~3세기 사람으로 그의 <팔장>만이 오늘날 전해 와서 고대인도의 음성학이 얼마나 발달되었는가를 알려줄 뿐이라고 하였다(Robins, 1997:171). 이 책은 독일인 뵈트링크(Böhtlink)에 의하여 1887년에 간본(刊本)이 나와서 서양에 소개되었다.

뵈트링크(Otto von Böhtlink)는 독일인이지만 러시아의 쌍트 뻬제르부르그(St. Peterburg)에서 태어나서 그곳에서 자라서 활동하다가 독일로 돌아와서 라이프지히(Leipzig)에서 생을 마쳤다. 그는 1839~40년에 <팔장>을 독일어로 번역하여 <문법규칙의 파니니 팔장>(Böhtlink, 1839~40)을 편찬하였다. 그리고 이를 수정하여 <파니니의 팔장 문법>(Böhtlink, 1887)을 간행하였다.

본서의 제2부에서 살펴본 바와 같이 19세기 초엽에 유럽에서 시작한 역사비교언어학은 고전의 언어인 희랍어와 라틴어 이외에 고대인도의 산스크리트어가 비교연구에 첨가되어 더욱 심화되었다. 어쩌면 역사비교언어학은 산스크리트어가 서양에 소개되어 시작된 것으로 볼 수 있다.

흔히 언어학사에서 역사비교언어학의 연원(淵源)을 존스(Sir William Jones)로 본다. 그는 영국인으로 동인도 회사의 법률고문으로 취임하여 인도에 가서 그곳의 문화와 역사, 그리고 고대어인 산스크리트어를 접하였다. 이 언어에 깊은 관심을 가진 존스는 이를 주의깊게 관찰하고 연구하여 그 결과를 1786년 2월 2일에 "On the Hindus(힌디어에 대하여)"라는 제목으로 캘커타(Calcutta)에서 열린 아시아학회(Asiatic Society)에서 강연하였다.

그는 고대인도의 언어를 연구하고 산스크리트어를 서방세계에 소개하고 이 언어 연구의 중요성을 강조하였다. 이로부터 산스크리트어와 인구어의 고전 언어에 대한 연구가 뒤를 드디어 19세기 초엽에 덴마크의 라스크(Rasmus K. Rask), 그리고 독일의 보프(Franz Bopp), 그림(Jakob Grimm) 등에 의하여 역사비교언어학이 탄생한 것이다. 따라서 Bötlink가 <팔장>을 번역한 것은 이런 학계의 분위기에 의한 것이다.

영어의 번역은 1882년에 W. Goonatileke가 *Pāṇni's Eight Books of Grammatical sūtras* 란 제명으로 출판하였으나 전술한 바와 같이 이 책은 주석에 의해서만 이해가 가능하기 때문에 이 영역서는 별로 주목을 받지 못했다. 그보다는 인도인 봐수(Srisa Chandra Vasu)가 영어로 번역한 *The Astadhyaya*(Vasu, 1897)가 더 많이 읽혔다. 이 책은 힌두교의 성지(聖地)인 바라나시(Benares)의 파니니 연구소에서 간행되었다.

프랑스에서는 Renou(1966)의 <토착 해설로부터 뽑은 산스크리트어의 번역 파니니 문법>에서 파탄잘리(Pathanjali) 등의 후대 해설서를 참조하여 파니니 문법을 번역하여 소개하였다. 따라서 다른 <팔장>의 번역보다는 비교적 이해하기 쉽다는 평가를 받았다. Renau(1966)에 의하여 비로소 서양에 그의 문법이 제대로 전달된 것이다.

그리고 영어로 번역된 Katre(1987)의 <카트르가 번역한 파니니의 팔장(*Aṣṭāhyāi of Pāṇni: In Roman Translation by Sumitra M. Katre*)>이 미국에서 간행되었으나 역시 주석이 있어야만 이해가 가능하므로 이 문법을 제대로 이해하는데 많은 문제가 있었다. 그 외에도 Staal ed.(1972)의 <산스크리트 문법 독본>이 영국과 미국에서 간행되었으나 여기에 수록된 것은 역시 이해가 힘든 논문이어서 이에 대한 연구는 지지부진하다.

<팔장>은 이미 기원전 2세기경에 편찬된 파탄잘리(Patañali)의 *Mahā-bhāṣya*(great commentary)이 있었다. 그리고 기원후 7세기경에 바르트르하리(Bhartṛhari)의 *Vāyka padya* (Sentence-phrase)도 <팔장>의 주석이라고 보아야 할 것이다. <팔장>은 이러한 주석을 통해서만 이해가 가능하였다.

전술한 바와 같이 <팔장>은 이미 기원전 2세기경에 편찬된 파탄잘리(Patañali)의 『대주석(*Mahābhāṣa*, great commentary)』이 있었다. 그리고 기원후 7세기경에 바르트르하리(Bhartṛhari)의 『문장 구문(*Vāyka padya*, Sentence-phrase)』도 <팔장>의 주석인데 <팔장>은 이러한 주석을 통해서만 이해가 가능하였다. 따라서 번역서가 나왔어도 <팔장>에 대한 이해는 그렇게 나아지지 않았다. 이것은 오히려 한역(漢譯) 불경 속에 많이 인용되어 차라리 그를 통하여 더욱 잘 이해할 수가 있다.

1.4.0.5. 산스크리트어의 문법서인 비가라론(毘伽羅論)과 그의 음성학인 성명기론(聲明記論)은 불가(佛家)에서 외지(外智)에 속하는 것으로 본다. 외지(bāhyaṃ jnanam)는 외도(外道)의 지식이란 뜻으로 불법 이외의 사법(邪法)에서 얻은 지식을 말한다.

세친(世親)과[73] 관계가 있는 『금칠십론(金七十論)』에 "何者名爲智? 智有二種: 一外智, 二內

智。外智者, 六皮陁分: 一式叉論, 二毘伽羅論, 三劫波論, 四樹底張履及論, 五闡陁論, 六尼祿多論。此六處智名爲外。- 무엇이 지식인가? 지식에는 두 종류가 있는데 하나는 외지(外智)요 둘은 내지(內智)다. 외지란 여섯의 피타경(皮陁經), 즉 베다(Vedic) 경전을 이해하는 데 보조적인 학문으로 여섯 가지가 있다. 첫째는 식차론(式叉論), 둘째는 비가라론, 셋째는 겁파론(劫波論), 넷째는 수저장리급론(樹底張履及論), 다섯째는 천타론(闡陁論), 여섯째는 니록다론(尼祿多論)이다. 이 여섯을 외지라 한다."라고 하여 비가라론이 베다 경전을 이해하는 여섯 개의 보조 학문의 하나임을 말하고 있다.

이 기사로 보면 비가라론은 바라문의 베다(Veda) 경전과 불경을 이해하기 위하여 배우는 기본 지식이었음을 알 수 있다. 이렇게 굴절 문법의 기초지식인 비가라론과 성명학은 <팔장>으로 대표되며 고려대장경을 통하여 한반도에도 수입되었다. 그리하여 세종의 훈민정음이란 이름으로 한글을 창제할 때에 신미(信眉)를 통하여 이를 중요한 참고 이론이 되었다(졸저, 2021).

1) <팔장>이란 범어(梵語) 문법서

1.4.1.0. 고대인도에서 최상층 특권 계급인 브라만(Brāhman)들의 언어에 대한 연구는 기원전 수십 세기 전부터 활발하게 전개되었다.[74] 그리하여 고대인도에서는 베다 경전의 언어인 산스크리트어의 순수성을 확보하기 위하여 일찍부터 문법학교를 설립하고 유능한 문법가를 양성하였다. 이들은 산스크리트어의 여러 언어 사실을 관찰하고 기술하였다.

고대인도에서 언어에 대한 관심은 전술한 바와 같이 제사나 종교적 행사에서 구전으로 보존되어온 리그베다(Rig veda, 梨俱吠陀)의 이해를 위한 것이다. 리그베다는 인도에서 가장 오래된 종교적 문헌으로 브라마니즘(Brāhmanism, 婆羅門敎)의 성전(聖典)이다. 모두 10권 1천 28장여의 운문 찬가에서 볼 수 있는 우주론(宇宙論)과 아리안인들에 의한 인도의 건국 과정이 노래로 불린 것이다.

73 世親은 唯識學 분야의 많은 저술을 남긴 佛僧 婆藪槃豆(Vasubandhu)를 말한다.

74 고대인도인들은 四姓(cast)라는 극단적인 세습 신분제도가 있었는데 僧侶 계급은 婆羅門(Brāhman)이라 하였고 王族이나 武士들은 刹帝利(Ksatriya), 平民들은 吠舍(Vayśya), 그리고 奴隸들은 首陀羅(Súdra)라고 불렀다.

이 베다시대(vedic period, 1,200~1,000 B.C.)의 산스크리트어는 리그베다의 구전(口傳) 문학에 의하여 아무런 변개 없이 몇 세대를 이어왔고 오래 전부터 당시의 언어와 다른 것으로부터 많은 학자들의 언어 의식을 일깨웠다. 그리하여 굴절어인 범어(梵語)의 문법으로 발전하여 고도로 발달된 비가라론(毘伽羅論), 즉 분석문법론으로 동·서양의 언어 연구에 나타나게 된다(졸고, 2016b).

비가라론(vyākaraṇa)은 불경으로 전해져서 한중일(韓中日) 삼국을 비롯한 동양의 여러 나라에서 언어 연구와 문자 제정에 지대한 영향을 끼치게 된다. 또 비기라론의 문법 연구는 파니니의 <팔장>에서 정리되어 오늘날 전해져서 서양 언어학의 발전에 기여했다(졸저, 2022:83~99). 그러나 고대인도에서 파니니 이전의 문법 연구는 많이 알려지지 않았다. 다만 파니니 이전에도 상당한 수준의 굴절어의 문법이 존재했을 것으로 추정할 뿐이다.

1.4.1.1. 고대인도에서는 베다(Vedic) 경전의 언어인 산스크리트어를 정확하게 이해하고 올바르게 사용하기 위하여 산스크리트어 문법이 발달하였음을 앞에서 강조하였다. 이 문법 연구는 전술한 바와 같이 기원전 5~3세기에 편찬된 것으로 알려진 파니니(Pāṇinī)의 <팔장(八章, *Aṣṭādhyāyi*)>으로 대표된다.

이 책은 'aṣṭā(8) + adhyāyi(section)'라는 의미의 서명(書名)으로 알 수 있는 것처럼 8개의 장(章)으로 나누어 산스크리트어의 문법에 관여하는 규칙 3,995개를 수다라(修多羅, sūtra)라고 하여 숫자로 수록하고 소개하였다. 블룸필드(Bloomfield, 1930)에서는 "범어(梵語)를 가장 완벽하게 기술한 문법서"로 평가하였다.

이 <팔장>과 산스크리트어의 문법이 알렉산더대왕의 인도 침략으로 희랍에 전달되어 알렉산드리아학파의 드락스(D. Thrax)에 전달되었다(졸저, 2022:71). 그리하여 드락스는 이 책의 영향을 받아 전술한 <문법기술(*Tekhnē Grammatikē*)>(Thurax, 120 B.C.)을 저술하여 희랍어의 문법을 종전과는 다르게 혁신적으로 기술하였다. 이 희랍문법은 로마에 계승되어 라틴문법이 되었다.

또 본서의 제2부에서 논의할 것이지만 라틴문법은 봐로(M. T. Varro)를 거쳐 도나투스(A. Donatus) 등의 로마 문법가들에게 전수(傳授)되었고 기원 후 6세기경의 동로마의 콘스탄티노플에서 라틴어 교사였던 프리스키아누스(L. Priscian)의 『문법교정(文法教程, *Institutiones Grammaticae*)』(Priscian, 6C A.D.)으로 종합된다.

그래서 파니니의 <팔장>과 드락스의 <문법기술>, 그리고 프리키아누스의 <문법교정>

을 굴절어의 3대 문법서라고 한다. 파니니의 문법을 범어 문법이라 하고 <팔장>을 범어 문법서라고 하며 드락스의 무법을 희랍어 문법, <문법기술>을 희랍어 문법서, 프리스키아누스의 문법을 라틴어 문법, <문법교정>을 라틴어 문법서라고 부른다.

라틴문법이 중세시대의 여러 인구어(印歐語)의 유일한 문법이 되었고 각국의 학교문법으로 정착하였다. 그리고 선교사들에 의하여 한반도에도 전달되어 우리도 학교문법에서 파니니의 문법으로 우리말의 문법을 배운다. 명사, 동사 등의 품사 분류나 격(格)과 시제(時制) 등의 체언의 곡용(曲用)이나 용언의 활용(活用)은 모두 고대인도에서 시작되어 희랍문법과 라틴문법을 통하여 우리에게 전달된 문법이론이다.

1.4.1.2. 전술한 것처럼 중국에서는 중국어가 범어와 문법구조가 달라서 굴절문법인 <팔장>의 비가라론(毘伽羅論)보다는 그의 음성학인 성명기론(聲明記論)을 더 받아드렸다. 그리하여 비가라론은 한역(漢譯)하여 성명론(聲明論)으로 보기도 한다.

실제로 파니니가 사라도라읍에서 어린이들에게 성명론(聲明論)이란 비가라론을 교육한 것이 <남해기귀내법전(南海寄歸內法傳)>에 소개되었다. 즉, 이 불경의 제4권에 다음과 같은 기사가 있다.

> 夫聲明者, 梵云攝拖苾駄{停夜反}, 攝拖是聲. 苾駄是明, 卽五明論之一明也. 五天俗書, 摠名毗何羯喇拏. 大數有五, 同神州之五經也. 舊云毗伽羅論, 音訛也. 一則創學悉談章, 亦名悉地羅窣覩. 斯乃小學標章之稱, 俱以成就吉祥爲目, [中略] 更有小頌大頌, 不可具述, 六歲童子學之, 六月方了. 斯乃相傳, 是大自在天之所說也. 二謂蘇呾囉, 卽是一切聲明之根本經也. 譯爲略詮, 意明略詮要義. 有一千頌, 是古博學鴻儒波尼你所造也. 爲大自在天之所加被, 面現三目時人方信, 八歲童子八月誦了 [中略] 三謂駄覩章, 有一千頌, 專明字元, 功如上經矣. 四謂三棄羅章, 是荒梗之義, 意此由夫, 創開疇畎, 應云三荒章, 一名 頞瑟吒駄覩 {一千頌}, 二名文茶 {一千頌}, 三名鄔拏地 {一千頌}, 駄覩者, 則意明七例, 曉十羅聲, 述二俱之韻. 言七例者, 一切聲上皆悉 有之一, 一聲中各分三節, 謂一言二言多言, 摠聲二十一言也. 如喚男子, 一言名補嚕灑, 兩人名補嚕箱, 三人名補嚕沙, 此中聲有, 呼噏重輕之別. 於七例外, 更有呼召聲. 便成八例, 初句旣三, 餘皆准此, 恐繁不錄. 名蘇槃多聲, 摠三八二四聲. 十羅聲者, 有十種羅字, 顯一聲時, 便明三世之異. [中略] 此三荒章, 十歲童子. 三年勤學, 方解其義, 五謂苾粟底蘇呾羅, 卽是前蘇呾囉釋也. 上古作釋, 其類寔多, 於中妙者十八千頌, 演其經本詳談衆義, 盡寰中之規矩, 極天人之軌則, 十五歲童子, 五歲方解. [下略]. - 대체로 성명(聲明)이라는 것은 범어로 '섭타필태(攝拖苾駄)'{駄는 停과 夜의 반절}라고 하는데 섭타(攝拖, śabda]는 음성이고 필태(苾駄, vidyā)는 명(明, 학문)이어서 [다섯 가지 학문인] 오명(五明)의 하나다. 범천, 즉 인도에서는 속되게 쓰기를 그 이름을 비하갈라나(毗何羯喇拏, vyākaraṇa, 분석 문법)라고 한다. 크게 수가 다섯이 있으니 중국의

> 오경(五經)과 같다. 옛날에 비가라론(毗伽羅論)이라 한 것은 발음이 틀렸다. [다섯 중의] 하나는 실담장(悉曇章)[75]을 창학(創學)한 것이니 역시 이름을 실지라 솔도(悉地羅窣覩)[76]라고 하다. 여기서 어린 학생들에게 <실담장>을 [교육] 목표로 하는 것을 말하는데 모두 길상(吉祥 - 悉曇의 중국이름)을 성취하는 것을 목표로 하였다. [중략] 또 소송(小頌)과 대송(大頌)이 있어서 이를 모두 말하기는 불가능하다. 6세 아이가 이를 배우면 6개월에 모두 완료한다. [실담장은] 대자재천(Maheśvara, 브라만교의 창조의 신)이 말한 것이 전해왔다.[77] [다섯 중의] 둘째는 소달라(蘇呾羅)를 말한다.[78] 이것은 곧 성명(聲明)의 일체를 말하는 근본의 경문(經文)이다. [한문으로] 번역해서 뜻을 간략하게 밝히고 중요한 뜻을 밝혔다. 모두 1천송이 있으며 이들은 옛 시절에 박학하고 높은 선비였던 파니니(波膩尼, 여기서는 波尼你로 썼음)가 지은 것이다. 대자재천이 지은 것에 자기의 것을 더하여 면전에 자주 나타난 것처럼 당시 사람들이 이를 믿었다. 8세의 어린이가 8개월이면 이를 모두 암송할 수 있다. [다섯 중의] 셋째는 태도장(駄覩章)이니 1천송이 있다. 모든 글자의 근본을 밝힌 것이어서 그 공(功)은 앞에 든 경전과 같다. [다섯 중의] 넷째는 삼기라장(三棄羅章), 즉 개설의 'saṃgraha(契約)'에 해당하는 장(章)을 말한다. 이것은 뜻이 거칠고 가시 같다는 뜻이다. 뜻이 이로부터 나오고 [언어의] 여러 갈래를 열어주기 때문에 이에 따라 삼황장(三荒章)이라 한다. 첫 이름은 알슬타태도(頞瑟吒駄覩) {1천송}이라 하고 둘째 이름은 문다(文荼) {1천송}. 셋째 이름은 오나지(鄔拏地, unnati, 증보) {1천송}이라 한다. [중략] 이 삼황장(三荒章)은 10세의 어린이가 3년을 열심히 배우면 그 뜻을 이해한다. 다섯은 필속저소달라(苾栗底蘇呾羅)라를 말한 것이다. 즉, 앞에서 말한 소달라(蘇呾羅)를 해석한 것이다. 아주 옛날에 해석한 것이 그 종류가 매우 많다. 그 가운데 잘 된 것은 18천송을 펼쳐서 여러 뜻을 자세하게 말한 것이다. 온 세상 [언어의] 규칙을 인도인들이 법도로 극진하게 하였다. 15세의 아이들은 5년이면 모두 이해한다(<남해기귀내법전> 권4:10~14).

이 기사를 보면 파니니는 사라도라읍(娑羅睹邏邑)의 솔도파(窣堵波)에서 아이들에게 범자(梵字)를 가르치면서 <팔장>을 교재로 하였음을 알 수 있다. 그리하여 6세의 아동에게는 아마도 첫째의 <실담장>이라는 범자의 교육으로 시작하는 것 같다. 이 교육에서 반자교(半

75 원문은 悉談章이나 悉曇章(siddhamātṛkā), 즉 실담 문자를 다른 한자로 표기한 것으로 보인다.

76 '悉地羅'는 <삼장법사전>에서 '娑羅'로 적은 인도의 Śālārura 지역을 말한 것이다. '窣覩'는 아마도 娑羅睹邏邑의 窣堵波를 말한 것으로 보인다. 파니니가 이곳에서 교편을 잡았었다.

77 이 부분은 파니니가 히말라야에서 고행을 할 때에 大自在天(Maheśvara)인 쉬바(Śiva) 神을 禮敬했다고 한다. 그 때에 쉬바 신이 기뻐서 장구(ḍamaru)를 14번 울려서 그 소리를 듣고 <팔장>을 지었다는 설화를 말한 것이다. 그리하여 <팔장>에는 大自在天의 수드라(sūtra) 14개를 정하였는데 "1. aiuṇ, 2. ṛḷk, 3. eoṃ, 4. aiauc, 5. hayavaraṭ, 6. laṇ, 7. ňamamaṇanam, 8. jhabhaň, 9. ghadhadhaṣ, 10. jabagaḍadaś, 11. khaphachaṭhathacaṭatav, 12. kapay, 13. śaṣasar, 14. hal"이다.

78 여기서 '蘇呾羅, 蘇呾囉'는 <팔장>의 문법 규칙 修多羅(sūtra)를 말하는 것으로 보인다.

字敎)의 알파벳, 즉 범자의 자음과 모음, 그리고 길상(吉祥)이란 만자교(滿字敎)의 실담(悉曇)을 6개월에 깨우치게 하였다고 보았다.

그리고 둘째로는 음운의 변화를 간단한 규칙으로 설명한 소달라(蘇呾羅), 즉 수드라(sūtra)를 가르친 것 같다. 성명론(聲明論)이란 음성학의 이론을 규칙으로 설명한 것을 8세부터 가르쳐서 이 규칙의 수드라(sūtra)를 8개월에 걸쳐 모두 외우게 한 것 같다.

1.4.1.3. 앞에서 인용한 <남해기귀내번전>의 기상에 의하면 10살이 된 아이들에게는 삼황장(三荒章)을 가르쳐서 <팔장>의 3장(章)을 먼저 가르친 것 같다. 이 삼황장(三荒章)은 범어(梵語)의 굴절, 즉 디언다(底彦多, tiṅanta)라고 하는 동사의 활용(活用)과 수반토(蘇槃多, Subanto)라는 명사의 곡용(曲用)이 포함된 형태론 분야의 굴절어 문법을 말하며 이러한 문법을 삼황장에서 다룬 것 같다.

즉, <남해기귀내법전>의 위의 기사에서 "[前略] 一聲中各分三節, 謂一言二言多言, 摠聲二十一言也. 如喚男子, 一言名補嚕灑, 兩人名補嚕箱, 三人名補嚕沙, [下略] - 일성(一聲), 즉 한 낱말 중에는 각기 셋으로 나뉘어 일언(一言, 단수), 이언(二言, 양수), 다언(多言, 복수)가 있어 모두 21언(言)이 있다.[79]

범어의 남자(purusā, person)를 예로 하여 들어보면 단수에 보로쇄(補嚕灑, puruṣā), 양수에 보로상(補嚕箱, pruṣā), 복수에 보로사(補嚕沙, puruṣā)이다. [하략]"이라 하여 범어의 굴절 문법에서 수(數, number)를 단수(singular)와 양수(兩數, dual), 그리고 복수(multiple)로 나누어 설명하였다. 이것은 <삼장법사전>의 것을 인용한 것으로 보인다.

그리고 "名蘇槃多聲 {摠有三八二十四聲 } - 이름을 소반다성(蘇槃多聲, subanto pada)이라하고 모두 3 x 8의 24 성이 있다"라 하고 이어서 "言有十八不同, 名丁岸哆聲也 - 말에는 18개의 서로 같지 않은 것이 있는데 이를 디언다성(丁岸哆聲, Tiṅanta pada)이라 하다"라는 구절이 있어 범어에서 체언의 곡용(曲用, declension)인 수반토(蘇槃多, subanto)와 서술어의 활용(conjugation)인 디언다(丁岸哆, 底彦多, Tiṅanta)에 대하여 언급하였다.[80])

이러한 범어(梵語)의 문자와 문법 교육은 6세에 시작하여 반자교(半字敎)와 만자교(滿字敎)

79 <삼장법사전>에서는 단수(eka-vacaná의 布路殺(Puruṣā), 양수(dva-vacaná의 布路稍(Puruṣā), 복수(baha-vacaná의 布路沙(Puruṣā)로 굴절어미의 한자 표기가 다르다.

80 <삼장법사전>의 '底彦多聲'을 여기서 '丁彦多聲'이라 한 것은 '底'를 "丁履反"으로 反切 표시한 것에 기인한 것으로 보인다. <남해기귀내법전>이 <삼장법사전>을 참고한 것임을 알려주는 대목이다.

를 배우고 10세가 되면 문법 교육으로 <팔장>의 삼황장(三荒章)을 가르친 것임을 알 수 있다. 그리고 15세에 이르면 <팔장>의 나머지 부분을 가르치는데 5년이 걸린다고 하였다. 결국은 나이가 20세가 되어야 파니니의 <팔장>을 모두 익히게 되는 셈이다.

<남해기귀내법전>(권4)의 이러한 기사는 고대인도에서 범어(梵語)의 문자와 문법의 교육이 얼마나 철저했는지 알려주는 대목이다. 6세에 교육을 시작하여 20세까지 범어의 음운, 문법을 가르치는 교육을 받은 학생들은 졸업 후에 범어(梵語)의 교사가 되어 다른 지역에서 같은 방법으로 언어와 문법을 가르쳤을 것이다.

1.4.1.4. 앞의 기사에 의하면 파니니가 대자재천(大自在天, Maheśvara)을 만나 문법서의 저술을 계시(啓示) 받아 자서(字書)를 저술하였는데 졸고(2016b)에서는 이 자서가 바로 <팔장>이라고 보았다. 이 책은 왕명(王命)에 의하여 당시 인도에서 학교의 교과서로 사용한 것 같다.

그리고 <삼장법사전>에서는 그가 범어(梵語) 교사로 있던 사라도라읍(娑羅睹邏邑)의 솔도파(窣堵波)에는 그의 동상(銅像)도 있었으며 후대에 이것을 교육할 때에 학생들을 체벌까지 한 것으로 소개하였다. 따라서 파니니를 기원 전 5세기 사람으로 보는 것은 무리가 있다. 기원 후 7세기경에 이곳을 여행한 사람이 볼 수 있는 동상이 10세기, 즉 천년이 넘게 남아 있을 리가 없기 때문이다.

전게한 <남해기귀내법전>의 기사에서 <팔장>은 천 개의 게송(偈頌)이 갖추어졌고 32개의 말로 이루어졌으며 고금의 문자와 언어에 적용될 수 있다고 한 것은 바로 그가 <팔장>에서 8장(章)과 32절(節)로 나누어 제시한 문법 규칙, 앞에서 언급한 3,995개의 수드라(sūtra)를 말한 것이다. 그리고 이것은 옛말인 고전 산스크리트어와 후대의 속어(俗語)인 프라크르타(prākṛta)에 모두 적용되는 문법임을 말하고 있다.

이 책을 왕에게 진상하였고 왕은 이를 범어의 문자와 문법 교과서로 삼았음을 알 수 있다. 또 그가 죽은 후에도 <팔장>으로 비가라론(毘伽羅論)의 문법 교육은 계속되었으며 학교에서는 아동들을 매질까지 하면서 이 비가라론과 성명기론을 가르쳤음을 알 수 있다. <팔장>이 고대인도의 학교에서 교재로 사용되었음을 알려주는 대목이다.

2) <팔장>의 비가라론(毘伽羅論)과 굴절문법

1.4.2.0. 파니니의 <팔장>은 고려대장경의 여러 경전에도 언급되었으며 대체로 '비가라론(毘伽羅論)'이나 이 문법의 음성 연구인 '성명기론(聲明記論)'으로 소개되었다. 불경에서는 이 책을 '바라문서(婆羅門書)'로 불렀으며 한역(漢譯)하여 범서(梵書), 또는 자서(字書)라고도 하였다.

<삼장법사전>(권3)의 다음 기사는 파니니의 바라문서와 비가라론(毘伽羅論)에 대하여 다음과 같이 언급하고 있다.[81]

> 兼學婆羅門書、印度梵書、名爲記論。其源無始、莫知作者。每於劫初、梵王先說、傳授天人。以是梵王所說、故曰梵書。其言極廣、有百萬頌、卽舊譯云毘伽羅論者是也。然其音不正、若正應云毘耶羯剌諵<音女咸反>、此翻名爲聲明記論、以其廣記諸法能詮故、名聲明記論。昔成劫之初、梵王先說、具百萬頌、後至住劫之初、帝又略爲十萬頌。其後北印度健馱羅國、婆羅門睹羅邑波膩尼仙又略爲八千頌、卽今印度現行者是。近又南印度婆羅門爲南印度王、復略爲二千五百頌。邊鄙諸國多盛流行。印度博學之人、所不遵習。- [계현법사는] 바라문서도 겸하여 배웠다. [이런 이름으로 불리는} 인도의 범서(梵書)는 이름을 기론(記論)이라고도 한다.[82] 그 기원과 작자에 대해서는 알지 못하나 겁초(劫初)에[83] 범왕(梵王)[84]이 먼저 천인(天人)에게 전수한 것으로써 범왕이 설했기 때문에 범서라고 한다. 그 글은 매우 광범위하여 백만 송(頌)이나 되며, 구역(舊譯)에 비가라론(毘伽羅論)이라는 것이 바로 이것이다. 그러나 이 [번역의] 음(音)은 바른 것이 아니다. 만약 바르게 말하자면 비야갈라남(毘耶羯剌諵: Vyākaraṇa)이고[85] 중국말로 번역하면

---

81 <삼장법사전>은 앞의 주45에서 언급한 바와 같이 원래의 서명을 『大唐大慈恩寺三藏法師傳』이라고 하며 당 나라 때 長安 大慈恩寺의 고승, 玄奘법사(602~664 A.D.)에 대한 전기이다. 그는 일찍이 洛陽의 淨土寺에서 출가하여 서기 629년 8월부터 645년 2월까지 17년간에 걸쳐서 西域 지방을 비롯하여 印度 여러 나라들을 순례한 뒤 『大唐西域記』, 12권을 저술하였다. 그는 귀국한 뒤에 譯經에 몰두하여 총 75부 1,338권을 漢譯하였다. 대자은사의 慧立이 현장의 출생부터 인도에서 귀국한 때까지의 이야기를 5권으로 저술해 놓고 미처 편찬하지 못하고 入寂하였는데, 그 후에 역시 그의 제자였던 彦悰이 그것을 토대로 그 뒤의 일까지 보충하여 10권으로 완성한 것이 <삼장법사전>이다. 慧立은 664년부터 683년에 걸쳐서 기록하였고 彦悰이 이를 편찬한 때는 688년이다.

82 여기서 婆羅門書와 梵書는 梵字를 말하는 것으로 이해할 수 있지만 이를 記論으로 번역한다는 내용으로 보아 毘伽羅論의 <팔장>을 말하는 것으로 보아야 한다. 비가라론을 기론으로 漢譯하기 때문이다.

83 劫初란 劫이 만들어진 처음이란 뜻으로, 세계가 형성되던 초기의 시대를 말한다.

84 大梵天王을 말하는 것으로, 사바세계를 지키는 色界 初禪天의 왕이다.

85 毘伽羅論은 산스크리트어의 'Vyākaraṇa - 분석하다'를 한자로 표기한 것이다. 인간의 언어를 분석하여 각 단위별로 어형 변화를 따지는 문법임을 말한다. 이것을 毘伽羅論이라 통칭하였는데 제대로 한자로 번역하여 적으려면 '毘耶羯剌諵'이라 해야 한다는 말이다.

> 성명기론(聲明記論)이다.[86] 널리 모든 [언어의 문]법을 상세히 기록했으므로 성명기론이라고 이름을 한 것이다. 옛날 성겁(成劫)[87] 초에 범왕(梵王)이 먼저 설하여 백만 송을 만들었다고 한다. 그 뒤 주겁(住劫) 초에 제석천(帝釋天)이 다시 줄여서 10만 송으로 하였다. 그 뒤 북인도의 건다라국(健馱羅國)의 바라문 도라읍(覩羅邑)에[88] 사는 파니니(波膩尼) 신선이 또 줄여서 8천 송이 되었는데, 지금 인도에서 행해지고 있는 것이 바로 이것이다. 근래 또 남인도의 바라문이 남인도의 왕을 위해서 다시 줄여서 2천 5백 송으로 만들었는데, 이것은 주변 여러 나라에서는 많이 유행하고 있다. 그러나 이것은 인도의 박학(博學)한 사람들은 배우지 않는다(<삼장법사전> 권3:673).

이 기사를 보면 바라문서(婆羅門書), 즉 <팔장>에는 범어(梵語)의 문법을 정리한 비가라론(毘伽羅論)이 있었고 이를 기론(記論)으로 한역(漢譯)하였음을 알 수 있다. 이 문법서는 인도 간다라(Gandhara)국 출신의 파니니(Paṇini, 波膩尼, 波你尼)가 8천개의 규칙을 2천 5백개로 줄여서 설명한 것이라 한다. 여기서 말하는 비가라론은 <팔장>에서 논의한 문법을 말하는 것으로 당시 인도의 유식자들에게도 매우 어려운 이론이었음을 말하고 있다.[89]

앞에서 인용한 기사의 끝 부분의 "남인도의 왕을 위해서 2천 5백송으로 만들었다"는 것은 <팔장>의 문법에 필요한 규칙, 즉 sūtra의 수효를 말하는 것으로 8천 송에서 줄인 것임을 말한다. 아마도 파니니의 <팔장>에 게재한 3,995의 sūtra로 범어 문법의 규칙을 정한 것도 여러 차례 수정을 거듭한 것임을 알 수 있다.

1.4.2.1. <팔장>은 산스크리트어의 문법서다. 즉, 이 언어의 동사 활용(活用)과 명사 곡용

---

86 중국에서는 梵語와 문법 구조가 다름으로 주로 毘伽羅論의 음성 연구인 聲明記論을 수입하여 聲韻學으로 이용하였다. 따라서 여기서 성명기론은 비가라론을 말한다.

87 불가에서 인정하는 '成住壞空'의 네 가지의 劫을 말하는 것이다. 成劫은 世界가 이루어져서 인류가 살게 된 최초의 시대를 말하고, 住劫은 이 세계가 존재하는 기간을 말하고, 壞劫은 이 세계가 괴멸하는 기간을 말하고, 空劫은 괴겁 다음에 이 세계가 완전히 없어졌을 때부터 다시 다음 성겁에 이르기까지의 中劫을 말한다.

88 <대당서역기>(권3:92)에 "오탁가한다성(烏鐸迦漢荼城)에서 서북쪽으로 20여리를 가다보면 사라도라읍(娑羅覩邏邑)에 이른다. 이곳은 <聲明論>을 지은 波儞尼 선인이 태어난 곳이다"라는 기사가 있어 娑羅(Śālārura)의 覩邏邑임을 알 수 있다. 여기서 聲明論은 聲明記論이지만 실제는 毘伽羅論을 말한다. 중국에서는 문법의 毘伽羅論보다 음성 연구의 聲明記論이 더 알려졌기 때문이다.

89 『婆藪槃豆法師傳』(권1:6)에 "馬鳴菩薩是舍衛國婆枳多土人. 通八分毘伽羅論及四皮陀六論, 解十八部, 三藏文宗學府允儀所歸. - 마명(馬鳴)보살은 사위국(舍衛國) 파지다토(婆枳多土) 사람이다. <팔분비가라론(八分毘伽羅論)>과 <사피타육론(四皮陀六論)>을 통하고 십팔부(十八部)를 해석하니, 삼장(三藏)의 문종학부(文宗學府)가 위의를 갖춰 귀의하다"라는 기사가 있어 <八章>을 '八分'의 毘伽羅論으로 불렀음을 알 수 있다.

(曲用) 등 형태론에 의거한 굴절어의 어형 변화에 대하여 설명하였다. 이 가운데 <삼장법사전>에서 우리와 친숙한 동사의 활용과 명사의 곡용에 대한 것을 소개하면 다음과 같다.

> 此竝西域音字之本、其支分相助者、復有記論。略經有一千頌。又有八界論八百頌、此中略合字之緣體。此諸記論辯能詮所詮有其兩例、一名底<丁履反>彦多聲、有十八囀、二名蘇漫多聲、有二十四囀。其底彦多聲、於文章壯麗、處用、於諸汎文。亦少用。- 이 책은 서역(西域) 여러 나라의 음자(音字)의 기본으로 세부를 나누어 도움을 주는 것이며 다시 기론(記論)과 약경(略經)에서 천 개의 규칙이 있다. 또 팔장으로 나누어 논하면서 8백 개의 규칙으로 이 안에서 생략되거나 합해진 글자의 연유와 자체(字体)가 들어있다. 이러한 모든 기론(記論)들을 능동과 수동의 두 가지 예로 나누어 밝혔는데, 그 하나는 디 {정리반(丁履反) - 디(低, ti)와 이(履) 음의 반절} 언다성(底彦多聲)이라 하여 18변화가 있고, 또 하나는 소만다성(蘇漫多聲)이라 하여 24변화가 있다.[90] 디[ti]언다성은 문장이 장려(壯麗)한 데에 쓰고 여러 일반 문장에는 아주 드물게 사용된다. 그러나 24변화라는 것은 일체 모든 문장에 공동으로 사용되는 것이다(<삼장법사전> 권3).[91]

이 기사는 위에서 소개한 <삼장법사전>의 것에 이어진 것으로 '디언다(底彦多, tiṅanta)'성(聲, pada)이란 동사의 활용(活用)을 말하며 '소만다(蘇漫多, subanto, '蘇槃多'로 적기도 함)'성(聲, pada)이란 명사의 곡용(曲用)에 대하여 언급하였다.

1.4.2.2. 일찍이 고대인도의 문법에서는 동사와 명사를 구분하고 동사는 "인칭, 수, 시제에 의해서 굴절하는 품사"로 보았다. 그리고 문장의 핵심 요소이고 동사만으로 완전한 문장을 만들 수 있다고 보아 현대 문법의 동사에 대한 정의가 이로부터 나온 것임을 알 수 있다.

문장에서 다른 품사들은 동사와의 특정한 관계를 가지며 그 가운에 중요한 것은 명사와의 관계로 보았다. 명사는 "격에 의해서 다른 굴절형을 가질 수 있는 품사"라고 하고 동사는 디언다성(底彦多聲, tiṅanta pada)라고 하는 활용(conjugation)을 하며 그에 대하여 명사는 소만다성(蘇漫多聲, Subanto pada)이란 곡용(declension)으로 격(格, kāraka)에 의한 굴절을 말한다.

---

90 底彦多聲(Tiṅanta pada)은 산스크리트어의 굴절에서 동사의 변화, 즉 活用(conjugation)를 말하고 蘇漫多聲(Subanto pada)은 명사의 변화, 즉 曲用(declension)을 말한다. 이 언어는 중국어와 달리 굴절어임을 강조한 것이다.

91 필자의 번역으로 한글대장경의 오역을 수정하였다. 이하 같다.

범어(梵語)의 'kāraka'는 "[~을] 하다, 짓다, 생기다, 일어나다, 수행하다"의 뜻으로부터 문법에서 "동사가 지시하는 행동, 과정이나 명사가 나타내는 것과의 관계"로 보고 고대인도의 문법에서는 격(kāraka)은 명사와의 관계를 유형화해서 다음과 같이 몇 가지로 분류하였다.

그리하여 산스크리트어에서 명사의 격(格) 굴절은 주격(主格), 대격(對格), 구격(具格), 위격(爲格, 與格), 종격(從格, 奪格), 속격(屬格), 어격(於格, 處格), 호격(呼格)의 8격으로 나누고 이에 따라 문장에서 굴절하는 것을 말한다. 즉, 소만다성(蘇漫多聲)이란 곡용은 격(格, kāraka)에 의한 굴절임을 밝힌 것이다.

『성명략(聲明略)』에 소개된 범어(梵語)의 8격(格)은 제1의 체성(体聲)으로 주격(nir-deśa)[92], 제2의 업성(業聲)으로 대격(upa-deśini)[93], 제3의 구성(具聲)으로 구격(具格, kartṛka)[94], 제4의 위성(爲聲, 與聲)으로 위격(爲格), 또는 여격(與格, saṃpradāna),[95] 제5의 종성(從聲)으로 종격(從格) 또는 탈격(奪格, apādāna), 제6의 속셩(屬聲)으로 속격(屬格, savami-vacane), 제7의 의성(依聲)으로 의격(依格) 또는 처격(處格, savami-dhanarthe), 제8의 호성(呼聲)으로 호격(呼格, āmantraṇā)으로 나누었다.

그리고 이 각각의 격은 어간(prātipadika, stem)이 격 굴절(linga parimāṇa)을 하여 문장 속에서 명사나 동사와의 관계를 표시해 준다고 보았다. 또 명사들은 성(性, jāti, gender)과 수(數, vacaná, numbers)에 따라 곡용(subanto)을 하는데 성(性)에는 남성(男性, puṃvat)과 여성(女性, strī), 그리고 중성(中性, na-puṃsaka)을 구분하였다.

수(vacaná)에서는 단수(單數, eka-vakaná), 복수(複數, bahu-vacaná), 그리고 양수(兩數, dva-vacaná)로 나누었다. 따라서 범어(梵語)가 명사가 성(性)과 수(數), 그리고 격(格)에 의하여 굴절함을 말한 것이다. 이때의 굴절어미(vibhakti)는 자동적으로 교체된다.

---

92 범어 'nir-deśa'의 의미는 '설, 기술, 표명'의 의미가 있고 <聲明略>에서는 한자로 '你利提勢'로 표기하고 主格으로 한역하였다.

93 제2 業聲의 범어 'upa-deśa'는 '지시, 참조, 교시' 등의 의미가 있고 <聲明略>에서 'upa-deśeni'(여성형)를 한자로 '鄔波提舍泥"라 표기하고 賓格, 즉 對格으로 한역하였다.

94 범어 'kartṛka'는 "동작자, 能因"의 의미가 있고 이것은 <聲明略>에서는 한자로 '羯咥唎迦羅泥'로 'kartṛka-ni'를 썼는데 그 뜻은 '由此, 以此 - 이것 때문에, 이로 인하여'라고 하였다.

95 범어 'saṃpradāna'는 "주는 것, 증여"의 뜻이다. <聲明略>에서는 '三鉢囉陀你鷄'로 표기하여 'saṃ pradāna-ge'의 굴절형을 표기하였다.

1.4.2.3. <삼장법사전>(권3:25~26)에서는 다음과 같이 소만다성(蘇漫多聲, subanto pada)에서 구분한 수(數)와 성(性), 그리고 8격(格)을 설명하고 '장부(丈夫, purusa, person, man)'를 예로 하여 그 변화형을 다음과 같이 기술하였다.

> 蘇漫多聲二十四囀者, 謂惣有八囀, 於八囀中一一各三, 謂說一說二說多, 故開爲二十四. 謂男聲女聲非男非女聲, 言八囀者. 一囀諸法體, 二囀所作業, 三囀作具及能作者, 四囀所爲事, 五囀所因事, 六囀所屬事, 七囀所依事, 八囀呼召事, 且以男聲寄丈夫, 上作八囀者 - 소만다성의 24 굴절은[96] 모두 8번 굴절 하며 그 가운데 또 각각 3번, 즉 일설(一說, 단수), 이설(二說, 양수), 그리고 다설(多說, 복수)이 있어 24번의 굴절이 열린다. 남성(영어의 he)과 여성(she), 그리고 무성(無性, 영어의 it)도 8번 굴절한다. 그 첫째는 법체(主格)이고 둘째는 작업하는 것(對格), 셋째는 물건을 만들거나 만들 수 있는 것(具格), 넷째는 주는 일(與格), 다섯째는 일의 원인(奪格), 여섯째는 소속되는 일(屬格), 일곱째는 의거한 일(處格), 여덟째는 부르는 일(呼格)이다. 또 남성(男性)의 장부(丈夫)에 의거하여 위위 팔전(八囀), 즉 여덟 번 굴절을 만들어 보인다.

<삼장법사전>에서 예로 보인 명사의 변화는 위의 기사에서 언급한 것처럼 푸루사(布路沙, Puruṣa)를 예로 하였다. 여기에 산스크리트어의 명사의 수(vacana, numbers)에 의한 곡용을 함께 보이면 전술한 남자 'purusa'는 단수, 양수, 복수에 의하여 다음과 같이 격(kāraka) 변화를 한 것이다.[97]

	단수(eka-vacaná)	양수(dva-vacaná)	복수(bahu-vacaná)
주격 -	布路殺(Puruṣās)	布路筲(Puruṣāu)	布路沙(Puruṣās)
대격 -	布路芟(Puruṣām)	布路筲(Puruṣāu)	布路霜(Puruṣāh)
구격 -	布路鎩拏(Pruṣeṇa)	布路窆(Puruṣābhyām)	布路鎩鞞 혹은 布路鎩呬(Puruṣāisr)
여격 -	布路廈(Puruṣāya)	布路沙窆(Puruṣābhyām)	布路鎩韵(Puruṣebhyas)
탈격 -	布路沙哆(Puruṣāt)	布路鎩窆(Puruṣābhyām)	布路鎩韵(Puruṣebhyas)
속격 -	布路鎩(Puruṣasya)	布路鎩窆(Puruṣayos)	布路鎩諵(Puruṣanam)
처격 -	布路膹(Puruṣe)	布路殺諭(Puruṣayos)	布路鎩緆(Puruṣeṣu)
호격 -	系布路殺(he puruṣa)	系布路稍(he puruṣāu)	系布路沙(he puruṣās)

— 졸고(2016b)의 것을 도식화함.

96 '囀'을 여기서는 명사의 屈折로 보았다.

97 Staal ed.(1972:9~10)에서 'puruṣa'의 곡용에 대하여 언급하였으나 불경의 한문을 제대로 이해하지 못하여 정확하지 않다.

이것은 산스크리트어에서의 격변화를 <팔장>에서 푸루사(布路沙, Puruṣa, person)를 예로 하여 설명한 것이다. <삼장법사전>에 소개된 <팔장>을 보면 얼마나 상세한 범어의 문법서인가를 말해준다.[98]

그리고 전술한 바와 같이 <팔장>에서 범어(梵語)의 수(數)를 셋으로 나누어 단수, 양수, 복수로 나눈 것은 그대로 드락스(Thrax)의 희랍문법에 영향을 주어 그의 『문법기술(*Τέχνη γραμματική*)』(Thrax, 120 B.C.)에서 Αριθμός(Arithmos, number), 즉 수(數)를 셋으로 인정하였다.

또 명사의 곡용(declension)에서 굴절어미를 분석하는 방법도 희랍의 드락스의 Πτώσις (Ptõsis)에서 그대로 받아 들였다. 다만 범어(梵語)를 8격으로 나눈 것을 Thrax(120 B.C.)에서는 희랍어의 격(πττωςις)으로 5격만을 인정하였다. 또 <팔장>의 범어문법에서 남성과 여성, 그리고 중성(中性)으로 나눈 것도 그대로 드락스의 희랍문법에 적용되었다.

즉, Thrax(120 B.C.)에서 γένος(genos)는 역시 3성(性)으로 하였다. 이에 대하여는 본서의 제2부 제1장 1. 희랍의 언어 연구에서 2)의 <문법기술>의 품사분류와 음운 연구에서 다시 논의할 것이다.

1.4.2.4. 디언다성(底彥多聲, Tiṅanta pada)이라고 하는 동사의 활용(活用)에서는 타동사인 바라스미(般羅颯迷, Parasmai)와 자동사인 아트마니(阿答末泥, Ātmane)로 나누어 각기 9개의 변화가 있다고 하여 범어의 동사활용에는 도합 18번의 변화가 있음을 제시하였다. 즉, 타동사와 자동사에는 각각 3변화가 있고 이들은 다시 단수, 쌍수, 복수의 변화가 있어 모두 9번의 변화가 있다는 설명이다.

그리고 인칭에 따른 동사의 변화도 자세하게 설명하였다. 인칭에는 1인칭(uttama puruṣa)과 2인칭(mādhyama puruṣa), 그리고 3인칭(prathama puruṣa)로 나누고 설자유(說自有)라는 1인칭과, 설타유(說他有)라는 2인칭, 그리고 당체유(當體有)라는 3인칭으로 한역(漢譯)하여 어형 변화를 규칙으로 설명하였다.

여기에 다시 전술한 명사의 수(數, vacaná)를 첨가하면서 주어가 일언설(一言說)의 단수

98 실제로 어린이에게는 毘伽羅論을 교육하지 못한다는 내용이 경전에 담겨있다. 즉, 『大般涅槃經』(권5:38)에 "教其半字、而不教誨毘伽羅論。何以故? 以其幼稚、力未堪故。— 반자만을 가리치고 비가라론은 가르치지 못했다. 나이가 어려서 감당하지 못할까 두려웠던 까닭이다"라는 기사를 참조할 것.

(eka-vacaná, singular)와 이언설(二言說)의 양수(兩數, dva-vacaná, dual), 그리고 다언설(多言說)의 복수(bahu-vacaná, plural)를 구별하였다.[99] 즉, 일인칭 단수와 이인칭의 단수, 양수, 그리고 삼인칭의 단수, 양수, 복수를 인정한 것이다.

그리고 다시 전술한 명사의 성(性, jāti, gender)도 구분하여 동사, 즉 서술어는 주어의 인칭(人稱), 성(性), 그리고 수(數)에 따라 굴절하게 된다. 이를 디언다성(底彥多聲, Tiṅanta pada)라고 하여 인구어(印歐語)에서 말하는 서술 동사의 활용(conjugation)을 말하며 현대의 굴절문법만이 아니고 교착문법에서도 그대로 따르고 있다.

디언다성(底彥多聲, Tiṅanta pada, 동사의 인칭형), 즉 동사의 활용에 의한 범어(梵語) 'bhavati - 이다. 영어의 be'의 세 변화는 다음과 같다.

> 3인칭 단수 - bhavati, bhavataḥ, bhavanti (he, she, it is, will be, was)
> 2인칭 양수 - bhavasi, bhavataḥ, bhavata (you are, will be, were)
> 1인칭 복수 - bhavāmi, bhavāvaḥ bhavāmaḥ (we are, will be, were)
>
> —졸고(2016b)에서 재인용.

1인칭에서 현재, 미래, 과거의 3시제에 따라 3변화를 하고 2인칭과 3인칭에서도 역시 3변화를 하므로 모두 9개의 변화형을 갖게 된 것이다.

1.4.2.5. <팔장>에서는 음운에서 단어, 그리고 문장으로 형성되는 과정에 적용되는 규칙을 소다라(蘇多羅), 또는 수다라(修多羅)라고 부르는 범어로 'sūtra(실, thread, 綖)'의 숫자로 표시하였다. 원래 이는 앞의 1.4.2.0.에서 인용한 비기라론에 관한 <삼장법사전>의 기사에서 범왕(梵王)이 말한 백만송(百萬頌)이던 비가라론(毘伽羅論)의 규칙을 파니니가 2천 5백송으로 줄였다고 언급한 것이다.

현전하는 <팔장>에서는 이 규칙(sūtra)를 8장 32절로 나누어 3,995의 수다라를 들어 설명하였다. 예를 들어 앞에서 예를 든 범어 동사 'bhavati'의 어근 'bhū-(이다, to be)'의 삼인칭 단수 과거 'abhavat(he, she, it was)'가 생성되려면 다음과 같은 어형성(word formation)의

99 이에 대하여 『瑜伽師地論』(권15)에 "數를 施設建立한다고 하는 것은 무엇인가? 세 가지 數로 된 聲相의 차별을 말한다. 첫째는 하나의 數(단수)이며, 둘째는 두 가지의 數(양수)이며, 셋째는 많은 數(복수)다. [중략] 聲明處를 설하였다"라고 하여 산스크리트어 명사의 수에 대하여 聲明記論, 여기서는 毘伽羅論으로 밝혀놓았다.

과정을 거쳐야 하는데 이때에 적용되는 'sūtra'를 수자로 표시하였다.

bhū-a	3.1.2; 3.1.68	* 끝의 /a/는 어근에 붙어 어간을 을 형성함.[100]
bhū-a-t	1.4.99; 3.1.2; 3.2.111; 3.4.78; 3.4.100	
		* 끝에 붙은 /t/는 삼인칭 단수.
a-bhū-a-t	6.4.71; 6.8.158	* 어두의 /a/는 과거 접두사.
a-bho-a-t	7.3.84	* ū > o는 모음동화.
a-bhav-a-t	6.1.78	* 모음동화와 /v/ 삽입.

ábhavat - 마지막 표지만이 독립해서 발음되는 실제 낱말의 형식

— Buiskool(1939:12~3).

<팔장>은 범어의 이와 같이 어근에서 어간을 거쳐 어형 변화로 문장을 형성해 나가는 데는 규칙을 수자로 표시한 것이다. 그리고 이 규칙들은 순서대로 적용되어야 한다. 어찌 보면 기저구조(deep structure)에서 표면구조(surface structure)로 변형할 때에 규칙(rule)이 적용되며 이 규칙들은 규칙순서(rule ordering)에 따라 적용된다는 변형생성문법이 연구방법이 고대인도에는 2천여 년 전에 있었던 것이다.

파니니가 보여준 산스크리트어의 기술(記述, description)은 어근(root)과 접사(affix)의 독립적인 동일성을 증명한 것이고 이것은 오늘날의 문법 분석에서 형태소의 개념으로 이어진다. 그리고 현대의 이형태(allomorph)라고 보는 동일한 요소의 형식적인 변화형은 파니니의 문법에서는 형태음소론(morpho-phonemically)의 방법으로 처리하였다.

즉, 고대인도 문법에서는 현대 문법의 형태소(morpheme)에 해당하는 'sthānin(본래의 原用)'을 인정하였다. 이것이 실제 문장 속에서 여러 가지 요인에 의하여 변하는데 이러한 변화형을 'ādeśa(代用)'이라 하였다. 'sthānin'을 형태소라 한다면 'ādeśa'는 이형태(allomorph)에 해당할 것이다.[101]

1.4.2.6. 이러한 파니니의 문법은 고스란히 드락스(D. Thrax)의 희랍문법과 프리스키아

100 산스크리트어에서 /a/는 語根(root)에 붙어 語幹(stem)을 만든다. 이러한 규칙은 <팔장>의 3장 1절 2번째 규칙과 68번째에 箴言으로 설명했다는 뜻으로 '3.1.2; 3.1.68'의 숫자를 붙였다. 이러한 어간 형성을 위한 /a/의 결합은 제1類의 경우 /a/이지만 4류는 /-ya/, 10류는 /aya/도 있다.

101 영어에서 과거 형태소는 실제로 [-d](said), [-t](walked), [-id](plodded)로 나타난다. 이들은 모두 이형태(allomorph)들이다.

누스(C. Priscian)의 라틴문법에 단어의 어형변화(word-paradigm)로 전달되었다. 희랍문법과 라틴문법에서 보여준 굴절어의 어형변화는 이미 기원전 5~3세기의 파니니 문법에서 정리된 것이다.

이 문법이 알렉산더대왕의 인도 침략으로 희랍에 전달되어 보다 구체적인 희랍문법으로 발전한 것이다(졸저, 2022:71). 즉, 알렉산드리아학파의 드락스(D. Thrax)는 이를 받아 들여 희랍문법을 완성하고 이것이 로마로 전달되어 라틴문법이 되어 중세 시대의 기본 문법으로 자리를 잡았다.

그리고 후대에 유럽 여러 언어의 문법으로 확대된다. 즉, 서양에서는 13세기에 민족의식이 발흥(勃興)하면서 각 민족이 자국의 언어인 국어(國語, National Language)를 의식하기 시작하였다. 그리고 각국에서 라틴어가 아닌 각 민족어의 문법이 발달한다. 이미 14세기에는 라틴어가 아닌 자신들의 민족어로 문학작품을 쓰기 시작한다.[102]

유럽 각국은 자신들의 언어에 대한 문법을 고찰하면서 주로 라틴문법에 의존할 수밖에 없었다. 그리하여 영국의 영문법, 프랑스의 불문법, 독일의 독문법, 그리고 스페인과 네덜란드에서도 개별 문법을 발전시켰다. 특히 러시아의 문법은 문자도 로마자가 아닌 끼릴문자(Кириллица)였던 것처럼 독자적인 러시아어 문법을 계발하였다. 이에 대하여는 본서의 제2부 서양의 언어 연구를 참고하기 바란다.

라틴문법으로 네덜란드어를 고찰한 화란(和蘭)어 문법은 선교사들에 의하여 일본으로 전달되어 일본의 난어학(蘭語學)에서 중심 이론이 되었다. 즉, 화란 문법으로 일본어의 문법을 연구하는 에도(江戶) 문법이 시작된 것이다. 또 일본에 유학하여 에도 문법을 배운 대한제국(大韓帝國)의 유길준(兪吉濬)에 의하여 <대한문전>이 저술되면서 한국에서도 <팔장>의 고대인도 문법에 따라 품사를 분류하고 격을 따지며 문법을 배운다.[103]

언어학에 국한한다면 전술한 바와 같이 인도의 타골 시인(詩人)이 읊은 것처럼 "빛은 동방에서"였다. 즉, 고대인도의 비가라론(毘伽羅論)이 서양의 희랍문법과 라틴문법, 그리고 각 민족어의 문법이 되었고 동양에서도 중국어를 제외한 여러 문법에서 그 기준이 된 것이다.

---

102 단테(1265~1321)의 <神曲(*La divine commedia*)>은 라틴어가 아닌 이태리어로 쓰인 최초의 문학작품이다.

103 일본에서의 蘭語學 발달과 에도(江戶) 문법, 그리고 유길준의 <대한문전>에 대하여는 졸저(2022:743~747)를 참고할 것.

3) 고대인도의 음운 연구

1.4.3.0. 고대인도의 음운 연구는 베다(Vedic) 경전의 범어를 연구하는 한 무리의 연구자들에 의해서 이루어진다. 그들은 문법만이 아니고 음운에 대한 연구도 상당한 수준으로 이루었는데 이들이 남긴 연구서를 전술한 바와 같이 '베다학파의 음운서(prāti şākhya)'라고 한다. 그 가운데 가장 오래된 것은 아마도 사우나카(Śaunaka)의 『리그베다학파의 음운서(*Rgvedaprāti şākhya*)』로 보인다.

오늘날의 문법연구에도 음운, 형태 통사의 세 분야로 이루어진 것은 굴절어 문법서의 시작이라고 하던 파니니(Pāṇni)의 『팔장(八章, *Aṣṭādhyāyī*)』(이하 <팔장>)에서 음운의 연구가 포함되었기 때문이다. 파니니의 <팔장>에 사우나카(Śaunaka)의 이름이 보이는 것으로 보아[104] <팔장>보다 먼저 출판된 것으로 보이는 <리그베다학파의 음운서>는 리그베다(Rig Veda)의 범어에 대한 음운을 연구한 책이다.

야주르베다(Yajur Veda)의 음운 연구로는 『타이티리야학파의 음운서(*Taittirīya-prāti şākhya*)』와 더불어 『슈클라야주르베다학파의 음운서(*Śuklayajur-prāti şākhya*)』가 있었고 『아타르바베다학파의 음운서(*Atharvaveda-prāti şākhya*)』도 있었다. 모두 <팔장>보다 이른 시기인 기원전 7C~5C경의 저작으로 본다.

이런 베다학파의 음운서를 종합하여 <팔장>의 음운 연구가 이루어진 것으로 보지만 범어(梵語)의 음운에 대한 연구가 <팔장>에서 비교적 소략하게 다룬 것은 이 문법서와 별개로 『파니니의 음성학(*Pāṇinīya Śikṣā*)』이 있었기 때문이다. <파니니의 음성학>에서 <팔장>의 수드라(sūtra)처럼 숫자로 표시된 슬로카(śloka)가 있다.

이 <파니니의 음성학>의 슬로카 첫 번째에서 "이제 나는 파니니의 설(說)한 바에 따라 음성학에 대해 말하고자 한다(atha śikṣāṁ pravakṣyāmi pāṇinīyaṁ mataṁ yathā)"라고 하여 이 책의 저자는 파니니가 아님을 알 수 있다. 아마도 파니니학파의 다른 인물이 이 책을 저술한 것으로 보인다(임근동, 2022).

또 앞에서 소개한 <파니니의 음성학>을 주석한 『음성학의 해설(*Śikṣā-prakāśa*)』에서는 이에 대하여 "큰 형님이신 파니니에 의해서 만들어진 그 문법에 대해서 동생인 세존 핑갈라 스승께서 그 뜻을 이해하여 음성학을 말할 것을 선언하시다"[105]라고 하여 <파니니의

104 "saunakādibhyaścandasi,"(4. 3. 106).

음성학>은 파니니의 동생 핌갈라(Pimgalā)로 보기도 한다.

1.4.3.1. 인도의 고전음성학은 언술(言述, utterance)은 음성으로 표현된 의미의 단위들이 문법으로 연결된 것으로 보았다. 그리하여 음성을 다음 세 가지 주요 기준으로 기술하려 하였다.

첫째는 조음과정(processes of articulation) - 변별적 자질
둘째는 분절음(segments) - 자음과 모음
셋째는 음절(syllables) - 음운론적 구조에서 분절음의 조립

먼저 조음과정을 설명하기 위한 조음기관으로 입안을 내구강(內口腔, intra-buccal cavity)과 외구강(外口腔, extra-buccal)으로 나누고 외구강으로는 성문(聲門, glottis), 폐(lungs), 비강(鼻腔, nasal cavity)을 들었다.

<파니니의 음성학>에서는 음운을 자음과 모음으로 나누었다. 자음은 'vyañjana'인데 이 술어는 어근 'añjū(나타나다)'에 접두사 'vi-(강조)'가 앞에 붙어 'vyanj-들어내다, 장식하다'라는 뜻의 어간을 만들고 여기에 도구를 나타내는 접미사 '-ana'가 붙은 파생명사이다. 따라서 "나타나게 하는 것, 들어나게 하는 것, 장식"이라는 의미의 술어라고 한다(임근동, 2022:175).

일반적으로 고대인도의 음성학에서는 자음을 "모음에 의하여 의미의 차이가 나게 되는 음운"으로 생각한 것으로 보인다. 즉, 모음이 중심이고 자음은 그에 대한 장식(裝飾) 정도로 느낀 것 같다. 따라서 <파니니의 음성학>에서는 자음보다 모음에 대한 설명이 당연히 더 많다.

모음은 스바라(svara)라고 하여 <파니니의 음성학>의 또 다른 주석서인 『상세한 주석(細疏, *Pañcikā*)』에서는 이 술어가 'svṛ-(소리 내다)'라는 어근(語根)에 도구를 의미하는 접미사 '-a'가 붙어 만들어진 파생명사로 보았다. 따라서 스바라(svara)는 "자음에 붙어 소리 내게 하다"라는 뜻으로 만들어진 용어라고 한 것이다.

그러나 불가(佛家)에서는 모음이 음절의 근본이라고 보아 이를 범어(梵語)의 모음(mātṛā,

105 "iyeṣthabhrātṛbhirvihite vyākaraṇe nujastatra bhagavān pimgalācāryastanmanubhāvya śikṣāṁ vaktuṁ pratijānīte"가 원문임(임근동, 2022:185).

母)라고 하였고 이 말의 단수 주격의 형태인 'mātā'를 한자로 '마다(摩多)'로 한역하였다. 전게한 <대반열반경>(권8)에서 불타(佛陀)는 14개의 모음을 '자본(字本)'이라 하였는데 이로부터 마다(摩多)라는 술어가 모음의 용어로 굳어진 것 같다.[106]

다만 자음의 'vyaňjana'는 중국의 성운학에서 어두자음(onset)의 중요성을 인식하고 이를 체용(體用)의 체문(体文)으로 하였다. 성리학(性理學)에서 체(体)와 용(用)은 사물의 주체와 그 쓰임을 말하는데 아무래도 중국 성운학에서 한자음의 주체는 성(聲)이라고 하는 어두자음이라고 생각한 것으로 보인다.

다만 모음을 '용문(用文)'으로 하지 않고 마다(摩多, mātr, 母)라고 한 것은 원래 모음이 고대인도 음성학에서는 음절의 주체였기 때문이다. 비록 중국에서 고대인도의 음성학을 유입하여 참고는 하였지만 실제로는 중국어에 맞도록 수정한 것이 있음을 알려주는 대목이다. 중국의 한자음 연구에서 어두 자음(onset consonants)의 기능부담량이 큼을 인정하여 체문(体文)이라 한 것이다.

범어에서는 모음은 마다(摩多)와 스봐라(svara, 소리 내다) 이외에 '악샤라(akşara, 음절)'을 대신 쓰기도 한다. 모음(svara)은 비접촉(asprşţa)으로 이루어지는 음운이며 모음은 기본적으로 음절(akşara)을 형성하는 것으로 보았기 때문이다. 즉, 모음을 음절로 보기도 하여 svara 대신 akşara를 모음이라고 하기도 한다.

그리하여 이 책에서는 svara를 '모음'이라 하고 akşara를 '음절모음'으로 부르고자 한다. 그리고 고대인도의 음운연구에서는 음절모음(akşara)을 다시 단(單)음절모음(samān akşara)과 복(複)음절모음(saṁdhi akşara)으로 구분하였다. 이로부터 모음에 대한 다양한 이해가 있었던 것으로 보이며 그에 따라 서로 다른 용어가 있었던 것 같다.

임근동(2022:174)에 의하면 <슈클라야주르베다학파의 음운서(*Śuklayajur̥-prāti şākhya*)>에서는 모음을 단(短)모음(hrasva)과 장(長)모음(dīrgha)으로 구분하고 단모음을 'mātrā'라고도 부른다고 한다. 이 'mātrā'의 주격 단수가 전술한 바와 같이 'mātā'이어서 한자로 마다(摩多)로 번역되어 불가에서 사용하였다.

1.4.3.2. 모든 자음은 조음체(karaṇa or varṇa)가 조음위치에서 접촉(sprşţa)에 의하여 발음

106 임근동(2022)에서는 단모음을 'mātrā'라고 하고 장모음을 'dīrgha'라 하였으므로 한역의 '摩多'가 단모음의 'mātrā'를 한자로 표기한 것으로도 생각할 수 있다고 하였다.

되는 것임을 고대인도의 음성학인 성명기론(聲明記論)에서 분명하게 밝혀놓았다. 먼저 조음 과정을 설명하기 위한 조음기관으로 전술한 바와 같이 입안을 내구강(內口腔, intra-buccal cavity)과 외구강(外口腔, extra-buccal)으로 나누고 외구강으로는 성문(聲門, glottis), 폐(lungs), 비강(鼻腔, nasal cavity)을 들었다.

즉, 앞의 <파니니의 음성학>에 의하면 조음위치(sthāna)로 목(kaṇṭa)과 혀의 뿌리(軟口蓋, jihvām-ūla), 입천장(硬口蓋, tālu), 고구개(高口蓋, mūrdh-an), 치(齒, danta-mūla), 치경(齒莖, barsva), 입술(oṣṭh), 코(nāsikā)'를 인정하였다. 그리고 각 위치에서 여러 가지 방식으로 발음되는 음운들을 소개하고 그 음운을 발음하는 기제(機制, mechanism)를 숫자로 표시한 슬로카(śloka)로 설명하였다.

그리고 조음체(karaṇa, varṇa)가 접촉(spṛṣṭa)하는 조음위치에 따라 후음(喉音, kaṇṭhya), 연구개음(牙音, jihvāmūlīya), 경구개음(舌上音, tālavya), 고구개음(正齒音, mūrdhanya), 치음(舌頭音, dantamūliya), 치경음(半舌音, barsvya), 순음(脣音, oṣṭhya), 비음(鼻音, nāsikya)을 구분하였다. 'anunāsika'로 불리는 /aṁ/은 비음에 속한다.

이러한 조음위치에 의한 음운의 분류는 중국 성운학(聲韻學)에 그대로 받아들여 연구개음을 아음(牙音)으로, 경구개음을 설상음(舌上音)으로, 고구개음을 정치음(正齒音)으로, 치음을 설두음(舌頭音)으로, 치경음을 반설음(半舌音)으로, 그리고 후음(喉音, kaṇṭhya)을 후음(喉音)으로 하였다.

즉, 아음, 설두음, 설상음, 순음(脣音), 치두음(齒頭音), 정치음, 후음(喉音), 반설음, 반치음(半齒音)의 구음(九音)으로 나눈 것이다.[107] 아설순치후음(牙舌脣齒喉音)의 오음(五音)에 설음(舌音)을 설상(舌上)과 설두(舌頭)의 둘로 나누고 치음(齒音)을 치두(齒頭)와 정치(正齒)로 나누어 모두 구음(九音)으로 한 것이다.

<파니니의 음성학>에서 이러한 규정은 슬로카(śloka) 12로 설명되었는데 모두 8가지 부위에서 발음이 된다고 하였다. 또 슬로카 13에 의하면 목에서 생기는 음운은 /a, ha/, 입천장에서 생기는 음운은 /i, cu/, 입술에서 생기는 음운은 /u, pu (pa, pha, ba, bha, ma)/, 입천장 가운데서 생기는 음운으로 /ṛ, ṭu (ṭa, ṭha, ḍa, ḍha, ṇa), ra, ṣa/의 권설음, 치(齒)에서 생기는 /tu (tha, da, dha, na), la, sa/라고 하였다. 조음위치에 따른 음운의 분류가 이미 이때에 널리 쓰였던 것이다.

107 이에 대하여는 졸저(2015:315)에서 <廣韻 36자모도>를 예로 하여 설명하였다.

특히 우리가 주목하는 것은 슬로카(śloka) 9에 의하면 "위로 올라간 호기(呼氣, prāṇa)가 입천장 중앙에 걸려 구강(口腔)에 들어가 음운을 만드는데 이 음들의 종류는 모두 5가지로 기억되다"라는 기술이다.[108] 입안에서 5곳, 즉 아설순치후(牙舌脣齒喉)의 5곳을 중요한 구강 내의 발음 위치로 본 것이다.

이것이 중국 성운학에서 아음(牙音), 설음(舌音), 순음(脣音), 치음(齒音), 후음(喉音)의 오음(五音)으로 인정되며 조음위치(sthāna)에 의한 분류라고 할 것이다. 조선의 훈민정음에서는 여기에 반치음(半齒音)과 반설음(半舌音)을 더하여 칠음(七音)으로 나누었다. 세종의 최만리(崔萬理)의 언문 반대 상소에 "너희가 사성(四聲), 칠음(七音)을 아느냐?"라고 호통을 친 그 7개의 음운이다.

여기서 오음(五音), 또는 칠음(七音)은 조음위치에 의한 구분이며 같은 위치에서 발음되는 음운들을 고대인도의 음성학에서는 동위음(savarna)이라 한다. 현대 언어학의 음성연구에서 동위음(同位音)에서의 상관(相關, correlation)과 상관쌍(雙, correlation pairs)에 대한 연구는 20세기의 구조음운론(structural phonology)의 핵심이었다.

즉, 고대인도의 음성학에서 인정하고 이로써 분류한 동위음에서 서로 다른 조음방식에 의하여 구분되는 음운에 대한 연구도 구조음운론에서 중심 연구가 되었다. 그리하여 조음위치와 조음방식에서 서로 대립(opposition)되는 음운들이 언어음에서 실제로 대립적으로 존재하며 이러한 음운들의 총체를 음운체계(phonological system)으로 보았다.

즉, 한 언어에 존재하는 각 음운의 대립 관계를 살펴서 상관(相關)을 정하고 이 상관들의 상호 관계에 따라 정해진 상관쌍(相關雙)은 서로 대립적임을 인지한 것이다. 예를 들면 한국어에서는 '달(月, moon), 탈(假面, mask, 또는 trouble), 딸(女息, daughter)'에서 상관쌍으로 'ㄷ[t], ㅌ[th], ㄸ['t]'을 얻을 수 있다. 이 상관은 '무기와 유기, 성문긴장'의 상관징표(correlation mark)에 의한 것이다.

이러한 상관쌍은 '발(足, foot), 팔(臂, arm), 빨리(速, speed)'와 '갈(蘆, reed), 칼(刀, knife), 깔다(席, spread)', '잘(好, good), 찰(滿, fil full), 짤(鹽, salty)'에서도 발견되어 한국어에서 'ㅂ : ㅍ : ㅃ', 'ㄱ : ㅋ : ㄲ', 'ㄷ : ㅌ : ㄸ', 'ㅈ : ㅊ : ㅉ'의 대립을 찾아볼 수 있다. 그리고 이러한 자음 대립의 총체가 한국어의 음운 체계의 자음체계가 될 것이다.

108 이는 "sodirṇo mũrdhnyabhihato vaktamāpadya mārutaḥ, varṇāñjanayate teṣāṁ vibhāgaḥ pañcadhā smṛtaḥ."라는 <파니니의 음성학> 슬로카 9를 참조할 것.

이러한 구조음운론의 음운 체계와 대한 논의는 멀리 고대인도의 음운론에 소급된다고 본다. 이미 <파니니의 음성학>에서 이러한 음운의 대립을 살펴보았고 상관징표와 상관, 그리고 상관쌍에 대하여 논의하였던 것이다.

1.4.3.3. 전술한 바와 같이 모든 자음은 조음체(karaṇa, or varṇa)가 조음위치(varṇa-sthāna)에서 접촉(sprṣṭa)에 의하여 발음되는데 접촉의 방법에 따라 이들의 접촉자음(sparśa)은 비접촉음(asprṣṭa), 반접촉음(nemasprṣṭa), 접촉음(sprṣṭa)으로 나눈다. 즉, 조음방식(manner of articulation)에 의하여 셋으로 구분한 것이다.

비접촉음(asprṣṭa)은 모음과 구강공명을 수반하는 음운들이고 반접촉음(nemasprṣṭa)은 마찰음을 말한다. 이로부터 현대의 조음음성학에서 말하는 유음(liquid), 마찰음(fricative), 파찰음(affricative), 정지음(stop)의 구별이 생기는데 이런 사실을 고대인도에서는 이미 기원전 수세기경에 이를 알고 있었던 것이다.

접촉음(sprṣṭa)은 '어려운 접촉(duḥspṣṭa)'과 '약간의 접촉(īṣatsprṣṭa)'에 의하여 발음되는 음운도 인정해서 '어려운 접촉음'은 /ha, aḥ/와 같이 호기의 머무름(sthita)이 존재하는 음운들을 말하였다. 따라서 /aḥ/는 '유기음(visarjanīya)'라고 하고 모음으로 보는 '비(鼻)모음(anusvāra)'의 /am̊/도[109] 비음(鼻音, anunāsika)으로 보아서 접속 부위가 정해지지 않은 '부정음(不定音, ayogavāha)'라고 하였지 비접촉음으로 보지 않았다.

접촉의 방법에서 '약간의 접촉음(īṣatsprṣṭa)'은 파찰음(affricate)와 같이 짧은 접촉과 마찰이 수반하는 음운을 말한다. 범자(梵字)의 /ya, ra, la, va/의 발음이다. 조선의 훈민정음 <해례본>의 <제자해(制字解)>에서 '순경음'의 제자 방법을 소개하면서 "○連書脣音之下, 則爲脣輕音者, 以輕音脣乍合而喉聲多也. - ○를 입술소리 아래에 이어 쓰면 순경음이 되는 것은 가벼운 소리로서 입술이 잠깐 서로 합쳐져서 목구멍소리가 많은 것이다"라는 설명은 순경음이 입술에서 '약간의 접촉음(īṣatsprṣṭa)'으로 발음된 것임을 말한 것이다.

마찰음과 유기음, 권설음을 수반하는 /s, ś, ṣ/는 반접촉음(nemasprṣṭa)이고 나머지는 순수한 접촉음(sprṣṭa)으로 현대의 생성음운론에서 말하는 참자음(true consonants)이다. 즉, 조음체(karaṇa, varṇa)가 조음위치(varṇa-sthāna)에서 접촉(sprṣṭa)에 의하여 발음될 때에 접촉의 방법에 따라 이러한 구분이 가능한 것이다.

---

109 '비음화모음(anusvāra)'는 '모음(svara)'에 'anu- 후에 다음에'의 접두사가 결합된 술어다.

그리하여 같은 조음위치에서 서로 다른 조음방식으로 발성된 음운들을 계열(varga)이라 하였다. 현대 서양의 기술(記述)음성학에서는 같은 조음위치에서 발음되는 음운들을 계열(series)이라 하고 조음위치는 같지만 서로 다른 조음방식으로 발음되는 음운들을 서열(order)라고 한다(이기문·김진우·이상억, 1984:93).

즉, /p, b, m/는 조음위치가 양순(兩脣)에서 발음되는 동일 계열(series)의 음운이고 /p, t, k/는 조음방식이 동일한 무성무기음이어서 동일 서열(order)의 음운들이다. 이렇게 인간의 언어음을 조음위치와 조음방식으로 나누어 계열(series)과 서열(order)로 분류하는 방법은 서양에서는 20세기에 들어와서의 일이지만 고대인도에서는 기원전 수세기에 이미 알고 있었다.

<파니니의 음성학>의 슬로카(śloka) 19에서는 호기(prāṇa)의 작용에 따라 성대를 진동하지 않는 무성음(aghoṣa)이거나 성대를 진동하는 유성음(ghoṣavat), 또는 약간만 진동하는 'yaṇ, jaś'가 있고 성대를 울리지 않는 무기음(alpaprāṇa)과 유기음(mahāprāṇa)를 구분하였다. 서양에서 유성음과 무성을 구별한 것은 17세기 중반 이후였다(졸저, 2022:77).

특히 인도의 언어에만 나타나는 유성유기음(ghoṣavat-mahāprāṇa)도 구별하였는데 유성유기음이란 /gh, jh, ḍh, dh, bh/를 말한다. 이 음운들은 무성유기음(aghoṣa- mahāprāṇa)과 대립을 이룬다. 여기에 비음(鼻音) 계열로 /ng, n, m/도 있어서 무성무기음계열, 무성유기음 계열, 유성무기음 계열, 유성유기음 계열, 그리고 비음 계열의 다섯 계열의 대립을 보여준다.

다시 말하면 고대인도의 언어(bhāṣā) 음에 /k : kh : g : gh : ng/, /t : th : d : dh : n/, /p : ph : b : bh : m/의 오지(五肢, five series) 상관쌍(correlative pair)을 인정하지 않을 수 없다. 이것은 산스크리트가 갖는 특징, 즉 유성유기음이 존재하기 때문에 이러한 음운의 분류가 이루어진 것이다.

아세아의 다른 언어들은 유성유기음을 제외한 보통 사지(四肢, four series) 상관쌍(correlative pair)을 보인다. 다만 한국어에서는 유성과 무성의 대립이 없고 대신 성문긴장음(glottal tension sounds)이 있어 /ㄱ[k] : ㅋ[kh] : ᄭ[k'] : ㆁ[ng]/, /ㄷ[t] : ㅌ[th] : ᄯ[t'] : ㄴ[n]/, /ㅈ[c] : ㅊ[ch] : ᄶ[c']/, /ㅅ[s] : ㅆ[s']/, /ㆆ[ɦ], ᄻ[ɣ], ㅇ[null]/의 대립이 있었다.

15세기 중반에 세종이 훈민정음이라는 새 문자를 제정할 때에는 한국어에만 나타나는 성문(聲門)긴장의 된소리를 인정하지 못하여 향찰 표기 방법이 질(叱), 즉 '된시옷 ㅅ'으로 표기할 수밖에 없었다. 그리고 쌍서자로 표시된 전탁(全濁)의 글자 /ㄲ, ㄸ, ㅃ, ㅆ, ㅉ, ㆅ/는 모두 중국 성운학(聲韻學)의 전탁음, 즉 유성음의 표기에 사용되었다.

성문긴장음을 변별적인 음운으로 갖는 언어는 당시 아세아에 없었기 때문에 세종의 새 문자 제정에서 이 글자를 인정하기 어려웠으며 전통적인 향찰(鄕札)의 표기에서 질(叱) 자로 표기한 '된시옷'을 동일한 조음위치의 글자에 /ㅺ, ㅼ, ㅽ, ㅾ, ㅆ, ㅆㆆ/과 같이 붙여서 표기한 것이다.

그리고 중국 한자음에서 변별적인 유성음의 표기를 위하여 전탁의 쌍서자(雙書字)를 인정하지 않을 수 없었다. 그러나 유성음이 한국어에 변별적이지 못하므로 후일에는 이 쌍서자(雙書字)들을 된소리 표기에 사용하고 된시옷은 버리게 된다. 그리하여 한국어에는 무성무기음, 무성유기음, 성문긴장음, 비음의 사지(四肢) 상관쌍을 가진 자음체계를 보인다.

1.4.3.4. 고대인도의 이러한 자음의 음운에 대한 분류 방법은 그대로 중국에 전달되어 성운학(聲韻學)에서 반영되어 사성(四聲), 즉 무성무기음계열(aghoṣa-alpaprāṇa varga)은 전청(全淸)이라 하고 무성유기음계열(aghoṣa-mahāprāṇa varga)은 차청(次淸), 유성음계열(ghoṣavat varga)은 전탁(全濁), 비강이나 구강 내에서의 공명(共鳴)계열(nāsikya varga)의 자음은 불청불탁(不淸不濁)이라 하여 사성(四聲)을 정하였다.

이때의 사성(四聲)은 평상거입(平上去入)의 성조(聲調)를 말하는 것이 아니라 조음방식(manner of articulation)에 따른 전청, 차청, 전탁, 불청불탁을 말하는 것이다(졸고, 2020). 조선에서 훈민정음을 제정할 때에 최만리(崔萬理) 등의 반대가 있었고 이에 대한 세종의 비답(批答)에서 "너희가 사성(四聲)을 아는가?(且汝知韻書乎? 四聲七音, 字母有幾乎?)"라는 반문에도 사성(四聲)이 등장한다.

이러한 고대인도의 음성이론은 중국에 들어가 성운학(聲韻學)으로 발전하였지만 조선에서는 더 구체적인 이론을 직접 파니니의 <팔장>이나 <파니니의 음성학>에서 그 이론을 가져와서 새 문자의 제정에 이용한 것임을 알게 한다. 이런 이론들이 모두 고려의 <팔만대장경>에 들어 있었고 새 문자를 만들기에 힘을 기우리던 세종에게 이를 전달한 일은 승려로서 고대인도의 음성학에 조예(造詣)가 깊은 신미(信眉) 대사의 역할로 보인다.

조선 초기의 학승(學僧)인 신미(信眉)는 함허당(函虛堂)의 직계 제자이고 함허(函虛)대사는 무학(無學)대사의 적통을 이어 받았다. 그리고 무학(無學)은 고려 명승(名僧) 나옹(懶翁)대사의 제자였으며 나옹(懶翁)은 서역에서 원(元)나라에 온 지공(指空, ?~1363, Dhyānabhadra)에게 배웠다.

나옹(懶翁)은 원(元)나라에서 중국에 온 지공(指空)에게 실담학(悉曇學)을 배웠다. 인도의 고승으로 실담학의 대가였던 지공은 제자인 나옹을 따라 고려 충숙왕 15년(1328)에 고려에 와서 양주(楊洲) 회암사(檜巖寺)에 머문 적이 있다.[110] 지공(指空)은 일본의 실담학에 지대한 영향을 주었다.

지공(指空)이 나옹(懶翁)을 비롯한 고려 승려(僧侶)들에게 고대인도의 실담학(悉曇學)을 전수(傳授)하여 고려에서 이에 대한 연구가 성행하였고 이것이 조선에 전달되어 신미(信眉) 대사로 하여금 세종의 훈민정음 제정에서 고대인도의 음성학을 배경이론으로 자리 잡게 한 것이다.

그리하여 훈민정음에서는 /ㄱ[k], ㄷ[t], ㅂ[p], ㅈ[ts], ㅅ[s], ㆆ[ɦ]/의 전청(全淸) 계열(alpaprāṇa-aghoṣa varga)과 /ㅋ[kh], ㅌ[th], ㅍ[ph], ㅊ[tsh], ㅎ[h]/의 차청(次淸) 계열(aghoṣa-mahāprāṇa varga), /ㄲ[g], ㄸ[d], ㅃ[b], ㅉ[dz], ㅆ[z], ㆅ[ɣ]/의 전탁(全濁) 계열(ghoṣavat varga), 그리고 /ㆁ[ng], ㄴ[n], ㅁ[m], ㅇ[null], ㄹ[r. l], ㅿ[z]/의 불청불탁(不淸不濁) 계열(nāsikya varga)을 인정하고 각기 글자를 대응시켰다.

이것이 동국정운 23자모이고 여기에 순경음 /ㅸ, ㆄ, ㅹ, ㅱ/을 더하면 초기의 언문 27자가 된다. 즉, 전청의 무성무기음 계열로서 6자와 차청의 유기음 계열로 5자, 전탁의 유성음 계열로 6자, 그리고 비강 및 구강 내의 공명을 수반하는 [+sonorant]의 불청불탁으로 6자를 더한 23자가 동국정운 23자모이다.

동국정운 23자모에다가 순경음의 4자를 더한 것이 세종이 가족들과 함께 초기에 제자(製字)한 언문(諺文) 27자이다. 그리고 23자모에서 우리말에서 변별적이지 못한 유성음 6자와 순경음 4자를 뺀 것이 훈민정음 초성 17자다. 아마도 신미(信眉)대사가 참여한 다음에 훈민정음 초성 17자는 결정되었을 것이다.

그러나 신미(信眉)는 우리말에 유성과 무성의 구별이 없음을 깨닫고 유성음 계열의 순경음과 전탁음을 모두 인정하지 않았으며 언문의 초성 17자에서 유성음 계열의 글자를 모두 없앴다. 그리고 조음위치의 오음(五音)에서 조음 방식에 따른 전청의 6자, 즉 치음(齒音)에서 전청이 /ㅈ, ㅅ/으로 둘이 된 것과 차청에서 5자, 그리고 불청불탁에서 6자의 모두 17자만

110 고려 檜巖寺는 指空和尙이 인도의 羅爛陀寺를 본떠서 266칸의 大刹을 지었다고 한다. 그러나 회암사는 指空이 오기 전에 지었고 그가 머물면서 重創한 것으로 보인다. 王의 行宮으로도 사용되었다. 실제로 그는 경기도 寶鳳山 繼祖庵에 머물면서 '華藏'이란 편액을 붙였는데 이것이 후일 華藏寺가 되었다.

인정한 것이다.

신미(信眉)는 이것만으로 우리말과 우리 한자음, 즉 동음(東音)을 표기할 수 있다고 보았다. 그리고 세종이 둘째 따님인 정의(貞懿) 공주와 신미(信眉)가 이러한 초성 17자와 중성 11자를 <언문자모>로 배우기 쉽게 소개하여 세종의 새 문자는 급속하게 여항(閭巷)의 백성들에게 퍼져나갔다. 따라서 정의 공주와 신미(信眉) 대사가 언문의 문자 제정과 그 보급에 지대한 역할을 한 것으로 본다(졸고, 2019b).

1.4.3.5. 고대인도의 베다학파의 음운서(prāti ṣākhya)와 <파니니의 음성학(*Pāṇinīya Śikṣā*)>에서는 전술한 바와 같이 조음의 기제(機制)를 조음위치(varṇa-sthāna, position of articulation)와 조음체(varṇa or karaṇa, moving articulator)의 결합으로 이해하려고 하였다.

여기서 조음체의 'varṇa'는 "외면, 성질, 특질, 문자, 음, 모음, 음절, 음악의 부호"의 뜻을 가져서 고대인도의 음성학에서 조음체란 의미로 쓰인 것 같다. 한편 'karaṇa'도 "작(作), 행위(行爲), 산출(産出)"의 의미여서 역시 발화(發話)할 때에 움직이는 조음체로 본 것 같다. 또 'sthāna'는 "머물다, 체재"의 뜻이어서 조음체가 잠간이라도 정지하는 곳을 말함으로 'varṇa-sthāna'는 조음위치를 말하는데 쓰였다.

뿐만 아니라 현대 언어학의 음소(phoneme)과 같은 'varṇa sphoṭa(sound unit)'라는 용어를 사용하였다.[111] 어떤 음성의 단위, 즉 sphoṭa는 별개의 변별적 음성 단위로는 인정하지 않았지만 환경적 차이에 의하여 결정되는 서로 다른 음성적 차이를 인식했었을 것임은 틀림없는 사실로 보인다.

그리하여 언어의 심층에 숨어있는 'sphoṭa'가 실제로 개인이 실현하는 경우 이를 'dhvani'라 하여 현대 언어학에서 말하는 음운(音韻)과 음성(音聲)을 구별한 것과 같으며 촘스키(Chomsky, 1957)의 기저형(underlying form)과 표면형(surface form)의 개념과 일맥상통한다. 즉, 산스크리트의 'sphoṭa'는 원래 "조각, 요소, 음운, 명언(明言)"의 뜻을 가졌으며 입에서 발음되는 음성(dhvani)과 달리 불변적이 음운을 말한다.

반면에 'dhvani'는 산스크리트어로 "음(音), 성(聲), 선율"의 뜻으로 입안에서 발음기관으

111 'sphoṭa'에 대한 정의는 고대인도의 연구자에 따라 조금씩 다르다. 인도의 음성학자들은 어떤 언어 요소나 구성요소가 두 가지 면에서 구분된다고 보았다. 하나는 sphoṭa가 실제적인 결과 개인적인 실현에 의한 것과 구분하여 sphoṭa의 실제적이고 개인적으로 실현되는 것은 'dhvani'라 하였다.

로 발성된 실제 음성을 말한다. 즉, 'sphoṭa'는 음운(phonemic), 'dhvani'는 음성(phonetic)으로 구별한 것이다. 이 내재적인 음운(sphoṭa)과 외재적인 음성(dhvani)은 다시 모음과 자음으로 나뉘어 발음되거나 언중(言衆)의 마음속에 저장된다고 보았다.

1.4.3.6. 고대인도 문법학파들의 음운 연구에서 모음(svara)은 전술한 바와 같이 "자음(vyaňjana)에 붙어 소리를 내게 하다"라는 뜻으로 인식하고 있었다. 그러나 불가(佛家)의 범어(梵語)에서는 모음의 중요성을 인정하고 이를 "음절의 핵심"으로 보아서 마다(摩多)로 불렀다. 즉, 범어의 'mātṛ(母)'의 주격형인 'mātā'를 한역(漢譯)한 것으로 음절의 어머니, 자본(字本)으로 본 것이다.

모든 모음은 비접촉음(aspṛṣṭa, absence of constriction)이어서 구강 내에서 공명(共鳴)만을 수반할 뿐인데 공명이 일어나는 위치에 따라 전설과 후설, 원순과 비원순, 고모음과 저모음이 구별되고 공경의 길이에 따라서 장음과 단음이 구별된다고 보았다. 다만 모음에는 비(鼻)모음(anu-svāra)의 /aṁ/을 비음(鼻音, nāsikya)으로 인정하고 방출음(visarga)인 뷔사르자니야(visarjanīya)의 /aḥ/은 다른 자음과 결합할 때에 무음이 됨을 이해하였다.

전술한 사우나카(Śaunaka)의 <리그베다학파의 음운서(*Ṛgvedaprāti ṣākhya*)>에서는 음운의 문자로 제시한 것으로 비접촉음으로 본 /a, ā, ṛ, ṝ, i, ī, u, ū, e, ai, o, au, ḷ/의 13음을 먼저 제시하고 이어서 자음의 글자를 배열하였다. 이에 따라 <팔장>의 대자재천(大自在天)의 가르침이라고 하면서 수드라 1. 3. 2.에서 모음에 대하여 언급하였다.

이 가운데 몇은 단(單)음절모음(samān-akṣara, <팔장> 2.15)이고 또 일부는 복(複)음절모음(saṁdhi-akṣara, <팔장> 13. 38)이며 단음절모음(mātrā)은 장음(dīrgha)과 단음(hrasva)으로 구별되었다. 이 모음들을 <리그베다학파의 음운서>에서 맨 앞에 놓은 것은 음운의 중심으로 본 것이다. 역시 전술한 <대반열반경>에서 석가(釋迦)가 모음 14자를 자본(字本)이라고 한 것은 여기에서 온 것이다.

1.4.3.7. <리그베다학파의 음운서>에서는 모음에 이어서 조음위치에서 동위음(同位音, savarṇa)의 /ka, kha, ga, gha, ṃa/, /ca, cha, ja, jha, ňa/, /ṭa, ṭha, ḍa, ḍha, ṇa/, /ta, tha, da, dha, na/, /pa, pha, ba, bha, ma/에서 구별되는 5계열의 오지(五肢, five series) 상관(相關, correlation)의 5쌍을 인정하였다.

오지(五肢) 상관은 사지(四肢, four series) 상관에 비음 계열을 추가한 것이다. 즉, /k, c, ṭ, ḍ, t, p/. /kh, ch, ṭh, dḥ, th, ph/, /g, j, ḍ, d, b/, /gh, ḍh, dh, bh/의 4 서열(order)과 4 계열에 /ṃ, ň, ṇa, na, ma/의 비음 계열을 추가하였다. 다만 /ṃ/는 /ng, ɲ/의 다른 음운으로 보인다.

따라서 여기서 오지(五肢)란 '무성무기계열(aghoṣa-alpaprāṇa varga), 무성유기(aghoṣa-mahāprāṇa), 유성무기(ghoṣavat-alpaprāṇa), 유성유기(ghoṣavat-mahāprāṇa), 그리고 비음(nāsikya)'에 의한 5계열의 상관(相關, correlation, varga)을 말하는 것으로 고대인도에서는 동일한 조음위치에서 발음되는 음운을 동위음(同位音, savarṇa)이라 하고 이들이 조음방식에 따라 구별되는 음운의 상관을 인정한 것으로 보인다.

이러한 고대인도의 조음음성학에 인간의 음성을 고찰한 음운의 이해는 서양에서는 17세기에 들어와서야 유사한 정의가 있었다. 예를 들면 Holder(1669)의 '*Elements of Speech*'에서 처음으로 유성음과 무성음의 구별에 대한 유사한 정의가 있었으나(Holder, 1669:118) 무성과 유성의 구별이 성대의 진동 여부에 있음을 명확하게 밝히지는 못하였다(졸저, 2022:77).

유성음이 성대 진동과 관계가 있음을 밝힌 것은 19세기에 들어와서 Max Müller와 W. D. Whitney에 의해서 처음으로 명확하게 밝혔다. 즉, Müller(1869)와 Whitney(1867)에서 유성과 무성의 구별이 성대의 진동에 의한 것임을 분명하게 언급하였다. 그리하여 19세기의 기술(記述)음성학에서 고대인도의 음운에 대한 음성학적 연구가 다시 증명된 것이다.

따라서 /k/의 경우 /k, kh, ga, gha, ṃa/의 대립을 인정하고 나머지 /c, ṭ, t, p/에서도 같은 조음방식, 다시 말하면 유기음(soṣman), 유성음(ghoṣin), 비음(nāsikā)에 의한 동위음(savarna)에서의 대립을 인정한 것으로 보인다. 이때의 대열성(soṣmatā)을 가진 유기음 계열을 대열유성음(goṣī ūṣman)이라 하였다. 이들 대열유성음의 /gh, jh, ḍh, dh, bh/은 중국어에 없는 음운이기 때문에 이를 제외하고 나머지는 모두 중국의 한자음 표기에 이용되었다.

1.4.3.8. 리그베다학파의 <음운서>에서는 모음과 자음에 이어서 /ya, la, ra, va, śa, ṣa, sa, ha, kṣa/를 추가하였다. 모두 구강 내에서 공명을 수반하거나 권설음과 같은 특수 음운들과 복자음을 말한다. 현대음성학에서 유음(liquid)으로 구별하거나 약간의 유기를 수반하는 권설음이어서 이를 열음(熱音, ūṣman), 또는 유기마찰음이라 하였다.

다음에 논의할 당승(唐僧) 지광(智廣)의 『실담자기(悉曇字記)』의 <실담장(悉曇章)>에서는 이들을 편구성(遍口聲)이라 하여 다른 모음과 자음의 음운들과 구별하였다. 이에 대하여는 다음의 1.5.2.1.~2.에서 다시 논의하겠다. 현대 음성학에서는 전술한 바와 같이 이들을 유음

(流音), 권설음, 복자음으로 불렀다. 다만 /ha/는 유기음(soşman)으로서 다른 음운과 결합하여 발음되는 음운이었다.

분절음(segments)에서는 일찍부터 전술한 모음의 마다(摩多, mātṛ)와 자음의 체문(体文, vyaňjana)을 구별하였다. 그리하여 음절문자인 범자(梵字)에서는 마다와 체문의 알파벳을 반자(半字)라고 하고 악샤라(akşara)라는 음절 단위로 마다와 체문이 결합한 글자를 만자(滿字)라 하여 범자의 교육은 반자교(半字教)에서 시작하여 만자교(滿字教)로 끝이 나는 것으로 보았다.

음절로서 악샤라(akşara)라는 단위를 상정하고 이 안에서 모음과 자음이 결합하여 완성된 문자를 이룬다고 보았다. 원래 'akşara'라는 범어는 "말, 소리, 글자"의 뜻이 있었는데 인도 문법학파들은 이를 "음절, 문구, 자구"로 이해하여 'akşara-chandas(음절의 수)', 'akşara- nyāsa(문자, 알파벳)', 'akşara-gocara(글자의 경계)' 등의 술어를 만들었다.

1.4.3.9. 고대인도의 음운 연구에서 연접 자질(Juncture features)이나 운율 자질(prosodic features)에 대하여도 주의를 기우렸다. 그 증거로 산스크리트어의 연성(連聲, sandhi)에 대하여 많은 연구가 있었다. 즉, 단어나 형태소의 결합에서 sandhi에 의하여 변화되기 이전의 원형이 있고 언어 요소의 연결에는 연접자질과 운율자질에 의하여 서로 다른 형태가 나타난다고 생각한 것이다.

원래 연성(連聲)은 범어(梵語)의 문장 속에서 연속하는 낱말, 또는 복합어의 구성 요소 간(間)이나 낱말이 파생, 굴절할 때에 어근(語根)부, 또는 어간(語幹)부와 접미사, 어미의 사이에서 일어나는 음의 변화를 말하는 것으로 'saṁdhi(연결)'이라고 불렀다. 범어(梵語)의 'şaţ(6) + māsa(month)'의 결합을 예로 들면 이 복합어는 'şamņasan(여섯 달)'으로 실현된다.[112]

이런 현상은 산스크리트어 이외에도 프랑스어의 '리에종(liaison)', 일본어의 렌타쿠(連濁), 한국어의 자음접변(子音接變) 등이 있다. 한국어에서 '옷(衣, os) + 안(內, an)'이 '오산(osan)'이 아니라 '옫안(ot ̚ n)'이 되는 현상도 연성(sandhi)으로 설명할 수 있다고 본다. 즉 '옷'과 '안' 사이에는 형태소 경계가 있고 한 형태 안에서 한국어의 연성(連聲)에 따라 음절 말 자음은 내파되어 [s]가 [t ̚]으로 변한 것이다.

---

112 즉, 'şaţ6)' + 'māsa(월)' = 'şamņāsa(6개월)'은 連聲에 의하여 't > n'의 변화를 겪는다.

파니니는 추상적인 기본형으로 'sthānin(본래의, 기원적인, 原用)'이란 단위를 설정하고 이것이 형태음소론적인 변화의 규칙과 내적 연성(internal sandhi)에 의해서 실제의 형태(ādeśa, 代用)로 실현되는 결합어(resultant words)라고 보았다.[113] 이때의 'sthānin(原用)'과 'ādeśa(代用)'의 관계는 20세기 일반문법의 '형태(morph)'와 '이형태(allomorph)'와 같다.

음운론의 용어인 연성(連聲, sandhi)은 복합어(complex word)와 합성어(compound word) 형성의 여러 형태를 알기 쉽게 설명해준다. 즉, 복합어의 형성에 대하여 <팔장>에서는 한정(限定)결합(tatpuruṣa)과 대부분의 외심(外心)결합(bahuvrihi)으로 구분하여 낱말의 결합을 설명할 수 있다고 하였다.[114] 파니니의 <팔장>에서는 이 두 결합 방식이 규칙으로 정착되어 수드라로 표시되었다.

한정결합(tatpuruṣa)으로는 영어의 'doorknob(손잡이)', 'blackberry(검은 딸기)'와 같이 한 편이 다른 편의 의미를 한정해 주는 결합을 말한다. 반면에 외심결합(bahuvrihi)은 영어의 'turnkey(간수)', 'humpback(꼽추)'에서 볼 수 있는 'turn(돌리다)'과 'key(열쇠)', 'hump(혹)'과 'back(등)'와 같이 두 형태가 결합하여 전혀 새로운 의미의 결합어를 만드는 것을 말한다.

4) 불가(佛家)의 성명기론(聲明記論)

1.4.4.0. <삼장법사전>에서 비가라론(毘伽羅論, 毘耶羯剌諵)을 기론(記論)으로 한역(漢譯)하였다고 밝혔다. 또 전술한 바와 같이 비가라론은 범어 'Vyākaraṇa'의 한자 표기로 이 말이 "분석하다"의 의미를 가져서 졸고(2016b)에서는 분석문법의 뜻으로 이해하였다. 즉, 문장을 분석하여 낱말과 형태, 그리고 음운으로 분석하여 각각 의미와 기능을 밝히는 문법이라고 본 것이다.

앞에서 살펴본 바와 같이 구전(口傳)되었지만 보수성이 강한 경전(經典)의 성어(聖語)인 삼스크르타(saṁskṛta), 즉 산스크리트와 후대의 속어(俗語)인 프라크르타(prākṛta)와의 차이를 인식하고 이 언어들의 변화를 고찰하여 고도로 발달시킨 고대인도의 음운 연구가 기원전

113 'resultant word'를 '合成語'로 번역하기도 하지만 'compound word or complex word'와 혼동될 수 있다. 물론 '結合語'도 좋은 번역은 아니지만 다른 용어가 없어 그대로 사용한다.

114 여기서 'bahuvrihi'는 "소유형용 합성어"로 번역되는 많은 합성어를 총칭한다. 접두어 'bahu-'는 "많다, 다량의"의 뜻이 있다.

수세기경에 있었다.

즉, 전술한 <리그베다학파의 음운서>를 비롯하여 파니니의 <팔장>과 그의 동생의 소작으로 알려진 <파니니의 음성학(*Pāṇinīya Śikṣā*)>이 있었다. 그리고 이에 대한 <음성학의 주석서(*Śikṣā-prakāśa*)>를 비롯하여 여러 해설서도 있었다. 따라서 고대인도에서는 기원전부터 고도로 발달된 음성학이 언어 연구, 특히 산스크리트와 프라크르타의 차이에 대한 연구에 이용되었다.

1.4.4.1. 중국어에서는 문법구조가 달라서 고대인도의 문법연구보다 음운 연구가 한자음 연구에 실용적으로 필요하였다. 그리하여 일찍부터 고대인도의 음운 연구를 도입하여 성운학(聲韻學)을 발달시켰다. 즉, 성명기론(聲明記論)은 인간의 언어음을 연구하는 성명(聲明)을 기론(記論), 즉 비가라론(毘伽羅論)의 방법으로 고찰하는 것이니 '분석 음운론'으로 보아야 할 것이다.

다시 말하면 범자(梵字)의 단위인 음절을 나누어 분절음, 즉 자음과 모음으로 나누고 이 분절음을 다시 변별적 자질로 나누어 의미 분화의 기능과 역할을 살피는 분야를 성명기론이라고 말한 것으로 보인다. 언어음을 분석적으로 연구하는 성명기론(聲明記論)은 성명론(聲明論), 또는 성명학(聲明學)으로 한역(漢譯)되었고 이로부터 성운학(聲韻學)이 발달하여 중국의 한자음 연구에 널리 이용되었다.

원래 성명기론의 '성명(聲明)'은 5명(明, pañca-vidyā-sthāna)의 하나로 오명(五明)은 다섯 가지 학문이나 기예(技藝)를 말한다. 오명은 다시 내오명(內五明, 불교도로서의 學藝)과 외오명(外五明, 세속 일반의 학예)으로 나누고 오명(五明)의 첫째인 성명(聲明)은 언어와 문자를 연구하는 학문으로 내오명에 속한다고 보았다.

오명(五明)의 둘째인 공교명(工巧明)은 모든 기술과 공업, 산수(算數)와 책력(冊曆) 등을 밝힌 것이고 셋째인 의방명(醫方明)은 의술(醫術)을 밝힌 것이며, 넷째의 인명(因明)은 참과 거짓을 분별하는 논리학이었다. 마지막 다섯째의 내명(內明)은 자기 종파의 종지(宗旨)를 밝힌 것으로 불교는 3장 12부교(部敎)가 내명이다.[115]

115 五明에 대하여는 『瑜伽師地論』(권2)의 "何等名五明處? 謂內明處、醫方明處、因明處、聲明處、工業明處." 라는 기사와 『御製秘藏詮』(권2)의 "瑜伽論云: 一內明處、二因明處、三聲明處、四醫方明處、功巧明處、五地初得九地圓滿。"이란 기사에서는 세 번째여서 그 순서는 유동적이었음을 알 수 있다.

『보행왕정론(寶行王正論)』의 「출가정행품(出家正行品)」 제오(第五)에 "如毘伽羅論, 先教學字母, 佛立教如此 約受化根性 - 예를 들면 비가라론으로 먼저 자모(字母)를 가르치고 배운다. 불교의 세워서 가르침이 이러하니 간략하게 근성을 되도록 받아들이다"라는 기사처럼 비기라론을 통하여 먼저 자모(字母), 즉 문자를 배우고 불교의 교리를 배운다고 하여 성명론(聲明論), 즉 비가라론(毘伽羅論)의 음성 연구는 범자(梵字)를 배우는 불가에서 가장 기초적인 교육이었음을 알 수 있다.

7세기 중엽에 인도 출신으로 『이구혜보살소문예불법경(離垢慧菩薩所問禮佛法經)』을 한역한 서역의 학승인 나제(那提, Nadii, 한어명 福生)는 『유사자장엄왕보살청문경(唯師子莊嚴王菩薩請問經)』과 『아타나지주경(阿陀那智呪經)』을 한역(漢譯)한 것으로 유명하다. 그런데 그도 성명학(聲明學)을 배워 그 이론에 통달하였다고 한다.

나제(那提) 법사(法師)는 당(唐) 고종(高宗) 6년(655 A.D.)에 장안(長安)으로 왔는데 불경의 경(經), 율(律), 론(論)의 1,500여 부를 가져왔다고 한다. 나제(那提)는 황제의 칙명으로 현장(玄奘)과 함께 장안의 대자은사(大慈恩寺)에 거주하면서 불경의 한역에 몰두하였다. 따라서 그에 의하여 당(唐)에서 비가라론(毘伽羅論)과 성명학(聲明學) 즉 전술한 <팔장(*Aṣṭādhyāyī*)>과 <파니니의 음성학(*Pāṇinīya Śikṣā*)>이 전파된 것이다.

당승(唐僧) 현장(玄奘)도 성명학을 배웠음은 <대당서역기>의 기사에서 확인할 수 있다. 다만 성명학은 범자(梵字)의 교육과 관련한 학문이어서 범자의 한 글자 한 글자에 대한 음운론적 연구를 포함한 것이다. 전술한 바와 같이 현장(玄奘)의 스승이던 계현(戒賢) 법사도 '바라문서(婆羅門書)', 즉 <팔장>과 <파니니의 음성학>을 배웠다고 하였다.

현장(玄奘)도 스승을 통하여 인도의 범서(梵書), 즉 범자(梵字)를 배웠을 것이다. 즉, <팔장>과 <파니니의 음성학>의 성명기론(聲明記論)을 통하여 산스크리트 문자를 배웠고 이 이론으로 한자음 연구도 이끌어내었을 것이다. 그리하여 현장(玄奘)의 <삼장법사전>과 <대당서역기>에는 비가라론(毘伽羅論)과 성명기론에 대한 소개가 많았다.

1.4.4.2. 이로부터 비기라론과 성명기론이 불타(佛陀)의 가르침인가가 문제가 되었다. 즉, 『대반열반경(大般涅槃經)』(권5)에서는 부처가 비가라론(毘伽羅論)을 비밀한 지식으로 여겨 이를 숨기고 말하지 않은 것으로 오해하지 말기를 당부하는 다음과 같은 기사가 있다.

善男子, 譬如長者唯有一子, 心常憶念憐愛無已, 將詣師所, 欲令受學, 懼不速成, 尋便將還. 以愛念

故, 晝夜慇懃教其半字, 而不教誨毘伽羅論, 何以故? 以其幼稚力未堪故. 善男子, 假使長者教半字已, 是兒卽時能得了知毘伽羅論不? 不也. 世尊. 如是長者於是子所, 有秘藏不? 不也. 世尊, 何以故? 以子年幼故. 不爲說不以秘悋, 而不現示. 所以者何? 若有嫉妒秘悋之心, 乃名爲藏. 如來不爾, 云何當言如來秘藏. 佛言: 善哉, 善哉! 善男子, 如汝所言. 若有瞋心、嫉妒、慳悋, 乃名爲藏. 如來無有瞋心、嫉妒, 云何名藏? 善男子, 彼大長者謂如來也. 言一子者謂一切衆生. 如來等視一切衆生, 猶如一子. 教一子者謂聲聞弟子. 半字者謂九部經. 毘伽羅論者, 所謂方等大乘經典. 以諸聲聞無有慧力, 是故如來爲說半字九部經典, 而不爲說毘伽羅論方等大乘. 善男子, 如彼長者子旣長大, 堪任讀學, 若不爲說毘伽羅論, 可名爲藏. 若諸聲聞有堪任力, 能受大乘毘伽羅論, 如來秘惜不爲說者, 可言如來有秘密藏. 如來不爾, 是故如來無有秘藏. 如彼長者教半字已, 次爲演說毘伽羅論. 我亦如是, 爲諸弟子說於半字九部經已, 次爲演說毘伽羅論, 所謂如來常存不變. - "선남자여, 어떤 장자가 외아들을 두고 항상 사랑하고 그리워서 스승에게 보내어 공부하게 하려다가 빨리 성취하지 못할까 염려하여 도로 데려다가 밤낮으로 반쪽 글자만 가르치고(半字教을 말함. - 필자주) 성명론(聲明論)은 가르치지 못하나니, 나이가 어려서 감당하지 못할까 두려워하는 연고니라. 선남자여, 그 장자가 반쪽 글자만 가르쳐도 그 아들이 능히 성명론을 알 수 있겠느냐?" "그렇지 않습니다, 세존이시여." "그 장자가 아들에게 비밀히 감추는 것이 있겠느냐?" "그렇지 않습니다. 왜냐 하면 아들의 나이가 어려서 말하지 않았을지언정, 아끼느라고 보이지 않는 것은 아니오니, 만일 아끼고 질투하는 마음이 있으면 멈춘다 하려니와, 여래는 그렇지 아니 하옵거늘, 어찌 여래의 비밀한 장이라 말하오리까?" "훌륭하고 훌륭하다. 선남자여, 그대의 말과 같이 미워하고 질투하며 아끼는 마음이 있으면 감춘다 하려니와, 여래는 그런 마음이 없거늘 어찌 감춘다 하겠느냐. 선남자여, 장자는 여래를 비유한 것이, 외아들은 모든 중생을 비유한 것이니, 여래가 모든 중생을 외아들처럼 생각하느니라. 외아들을 가르친다는 것은 성문(聲聞 -성명론을 들은) 제자를 말함이요, 반쪽 글자는 아홉 종류 경전을 말함이요, 성명론이란 것은 방등(方等) 대승경전을 말함이니, 성문들이 지혜가 없으므로 여래가 반쪽 글자인 아홉 종류 경전만을 말하고, 성명론인 방등 대승경전은 말하지 아니하였느니라. 저 장자의 아들이 자라서 글을 배울 만하여도 성명론을 가르치지 않으면 장(藏)이라 하는 것과 같이, 성문들이 대승 성명론을 배울 만한 힘이 있어도 여래가 아끼고 가르치지 않는다면 여래는 비밀한 장이 있다고 말하려니와, 여래는 그렇지 아니하므로 여래는 비밀한 장이 없느니라. 그 장자가 반쪽 글자를 가르치고 다음에 성명론을 말하듯이, 나도 그와 같이 제자들에게 반쪽 글자인 아홉 종류 경전을 말하고, 다음에 성명론을 연설하노니, 그것이 여래가 항상 머물고 변하지 않는다 하는 것이니라"(<대반열반경> 권5).

이 기사를 보면 성명학(聲明學)을 석가(釋迦)가 비밀리에 감춰둔 것이 아니고 반쪽 글자론 즉, 반자론(半字論)을 먼저 익힌 다음에 성명론(聲明論)을 말하고자 하였음을 알 수 있다. 반자론은 9부(部) 경전이고 성명론이 대승(大乘) 경전과 같아서 제자들이 지혜가 있으면 성명론을 가르치고 그렇지 않으면 반자론을 가르침을 비유적으로 말하고 있다.

여기서 성명학이 범자의 교육인 반자교(半字敎)와 관련이 있음을 알 수 있다. 성명(聲明)이 인간의 언어음에 대한 연구인 것은 전술한 바가 있다. 그리고 이것을 문자로 할 때에 음운의 분석이 필요하며 주지하는 바와 같이 범자(梵字)는 자음(子音)과 모음(母音)으로 된 음절문자여서 반자론(半字論), 반자교(半字敎)에서는 이러한 자음과 모음의 알파벳 연구이며 교육인 것이다.

5) <팔장>과 <파니니의 음성학>의 주석

1.4.5.0. 고대인도의 음성학은 <팔장>과 <파니니의 음성학>으로 대표된다. 다만 앞에서 자서(字書), 범서(梵書), 또는 파라문서(婆羅門書)로 소개한 <팔장(*Aṣṭādhyāyī*)>은 파니니(Pāṇni)의 저술이지만 <파니니의 음성학(*Pāṇinīya Śikṣā*)>은 파니니의 동생 핌갈라(Piṃgalā)의 지은 것으로 앞에서 언급한 바가 있다.

즉, 전술한 비와 같이 <파니니의 음성학>을 주석한 <음성학의 해설(*Śikṣā-prakāśa*)>에서 이 책이 파니니의 동생인 핌갈라라 지은 것이라는 해설이 보이기 때문이다. 이 두 사람은 그동안 모두 기원전 5세기경의 사람으로 보고 있다. 즉, 파니니의 <팔장>에 대하여 임근동(2022:181~2)에서 다음과 같이 소개하였다.

> 기원전 500년 이전의 인물로 추정되는 빠니니(Pāṇini)는 비마쎄나 샤스뜨리(Bhīmasena Śāstrī)에 의하면 학생시절에 아주 아둔했습니다. 공부를 해도 아무것도 할 수가 없어서 낙담한 나머지 히말라야로 가서 고행을 하며 대자재천(大自在天, Maheśvara)인 쉬바(Śiva) 신을 예경했습니다. 그러지 쉬바신은 기뻐하며 자신의 악기인 '손으로 흔들어 각각 두 개의 끈에 달린 방울로 소리를 내는 작은 장구(ḍamamru)' 소리를 열네 번 들려주었습니다. 빠니니는 이 열네 번 울리는 소리를 듣고 이에 바탕하여 자신의 문법서인 『팔장서』를 지었습니다. 이 열네 번의 소리를 '대자재천의 열네 개 수뜨라'(Maheśvara caturdaśūtra), '대자재천의 수뜨라'(Maheśvaraśūtra), 혹은 '쉬바쑤뜨라'(Śivaśūtra)라고 합니다. 이 수드라를 외우지 못하면 <팔장>에 입문할 수 없다고 합니다. 범어 표기법은 원문대로.

이 주장에 의하면 <팔장>은 기원전 6세기의 인물인 파니니(Pāṇini)가 히말라야 설산(雪山)에서 대자재천(大自在天, Maheśvara)의 계시를 받아 집필한 것이다. 그러나 전술한 중국 불경의 <삼장법사전>과 <남해기귀내전>의 기사에 보이는 것처럼 현장(玄奘), 또는 의정(義淨)이 기원후 7세기경에 파니니의 태어난 곳에 그의 동상을 본 것으로 기술하였다.

즉, 현장(玄奘)이 목견(目見)한 파니니의 동상(銅像)은 기원후 7세기의 일이니 만일 그가 기원전 6세기의 사람이면 이 동상은 10세기, 천년이 넘게 그곳에 세워져 있었다는 뜻이다. 비록 이 동상이 그의 사후(死後) 오랜 세월이 흐른 다음에 설립되었다 하더라도 이렇게 오래도록 유지되었다는 것은 좀처럼 납득하기 어려운 일이다.

다만 마케도니아의 알렉산더대왕(Alexander, 356~323 B.C.)이 인도를 침략하고 그 원정에서 <팔장>을 가져와 알렉산드리아의 희랍 문법가들에 전달된 것으로 본다면(졸저, 2022:71~3) 파니니와 그의 동생은 이보다 앞선 기원 전 4세기경의 인물로 보는 것이 온당한 것 같다.

1.4.5.1. <팔장>은 산스크리트어의 문법을 짧은 진술(statement)과 잠언(aphorism)으로 규칙들을 설명하고 숫자로 표시하였다. 전술한 바와 같이 이 규칙들은 음운론, 형태론, 낱말형성, 통사론, 방언 등에 적용되는 규칙을 담고 있다. 즉, <팔장>에는 베다(Vedic) 경전의 언어인 산스크리트어의 음운, 형태, 낱말형성, 통사론, 방언 등의 여러 언어 현상을 규칙화하였고 이를 3,995개의 규칙(sūtra)으로 표시하였다.

이와 같이 언어의 여러 현상을 일정한 공식으로 만들 수 있었던 것은 언어를 완벽하게 이해하고 이에 대한 명석한 판단력과 정밀한 관찰이 결합했을 때에 가능한 것이다. 그리고 공식으로 정립한 이 규칙들은 오늘날 변형생성문법의 규칙(rule)과 같이 고정된 순서대로 적용되어야 하며 낱말형성(word formation)의 모든 면을 포함하였다.

이미 파니니는 언어가 체계를 이루고 있었고 문법이 규칙적으로 적용된다는 언어의 이러한 면을 인식한 것으로 보인다. 그리하여 언어의 두 가지 측면. 즉 인간의 의식 속에 있는 것이 음성형식으로 표현된다면 내면에서 의식 속의 내재된 것과 발화로 표현된 외면적인 것이 있음을 간파(看破)한 것이다.

이것은 고대인도의 언어학에서 현대 문법론에서 밝혀낸 언어의 이중성, 즉 내면성과 외면성의 특징을 알고 있었음을 의미한다. 앞의 1.4.3.5.에서 언급한 것과 같이 언어의 심층에 숨어있는 'sphoṭa'가 실제로 개인이 실현하는 경우 이를 'dhvani'라고 하여 이를 구별한 것은 인간의 의식 속에 내재된 언어와 이와 별도로 음성 형식으로 외재된 언어를 구분한 것이며 언어의 이러한 두 측면을 알고 있었기 때문이다.

그리하여 내재된 언어가 외형적으로 표출되기 위해서는 각종 규칙이 있다고 보아 <팔

장>에서는 이를 수드라(sūtra)로 표시하고 1.1.0.2.에서 소개한 것처럼 <파니니의 음성학>에서는 슬로카(śloka)로 표시하여 수드라와 같이 숫자로 표시한 것이다. 문법과 음운이 모두 내재된 형태가 일정한 규칙에 의하여 겉으로 나오면서 언어가 실현된다고 본 것이다.

따라서 파니니(Pāṇinī)의 <팔장(*Aṣṭādhyāyī*)>이나 그의 동생 핌갈라(Piṃgalā)의 <파니니의 음성학(*Pāṇinīya Śikṣā*)>은 산스크리트어를 학습하거나 교육하는 학생과 교사가 참고하기 어려운, 전문적인 문법가의 이론 문법이론서라고 할 수 있다. 이미 블룸필드(L. Bloomfield)가 언급한 것과 같이 <팔장>은 "주석에 의해서만 이해할 수 있는 책"이었다.

1.4.5.2. <파니니의 음성학>은 앞의 1.1.0.6.에서 거론한 바와 같이 이미 이 책을 주석한 <음운학의 주석서(*Śikṣā-prakāśa*)>와 <상세한 주석(細疏, *Pañcikā*)>이 있었다. <팔장>에 대한 주석서로는 앞의 1.1.0.7.에서 소개한 파탄잘리(Patañjali)의 『대주석서(*Mahā bhāṣya, Great commentary*)』(2C B.C.)가 현전하는 가장 이른 시기의 것이다.

파탄잘리의 <대주석서>는 파니니의 <팔장>에 있는 3995개의 수드라(sūtra) 가운데 1689개의 수드라를 들어 주석하고 설명하였다. 즉, 파탄잘리의 <대주석서>에서는 <팔장>에서 다룬 대자재천(大自在天)의 수드라에 대하여 자세하게 설명하였다. 이보다 후대이고 기원후에 나온 것이지만 바르트르하리(Bhartṛhari)가 집필한 『문장어구론(*Vākyapadya, Sentence-phrase*)』(5C A.D.)도 어떤 의미에서 <팔장>의 주석서로 보아야 할 것이다.

중세(中世)에 들어와서의 일이지만 바또지디크시타(Bhaṭṭojīdīkṣita, 1530~1610)의 저술로 알려진 『문법표제(*Siddhānta-kaumudī*)』는 <팔장>의 수드라 가운데 3956개의 규칙을 체계적으로 분류하여 설명하였다.[116] <팔장>에 대한 가장 방대한 분량의 주석으로 보인다. 이 주석서에 대한 또 다른 해설서가 간행되었다.

즉, 바또지디크시타의 제자인 봐라다라쟈(Varadarāja)는 스승의 <문법표제>를 이해하기 위하여 『중등 문법표제(*Madhya-siddhānta-kaumudī*)』와 『초등 문법표제(*Laghu-siddhānta-kaumudī*)』를 저술하고 <팔장>의 수드라 가운데 1276개의 규칙을 설명하였다. 모두 교육용이었으나 새로운 해설도 덧붙여진 것으로 보인다.

1.4.5.3. 파탄잘리(Patañjali)와 바르트르하리(Bhartṛhari)의 두 사람은 "개개의 언어 체계

116 임근동(2022:188)에서는 'Siddhānta-kaumudī'를 <實義本月光>으로 번역하였다.

속에서 발화되는 모든 변이체(變異体)는 항구 불변의 기층(基層)이 있다"라는 언어 이론을 구축했다. 여기서 '항구 불면의 기층'은 소쉬르(F. de Saussure)의 '랑그(langue)'와 같은 개념이고 촘스키(N. Chomsky)는 '기저형(underlying form)'이라 하였다.

물론 이 둘의 의미는 상당한 차이가 있다. 다만 랑그의 세계에서도 음운의 변화는 있을 수 있으며 기저형도 내적 입력(imput)의 차이에 따라 변화되는 것으로 보았기 때문에 내적 음운은 불변으로 만인이 동일하다는 고대인도 음성학의 생각과 조금 다르지만 그 발상은 상호 관련이 있는 것으로 보인다.

파니니의 <팔장>에서 시작하여 후대의 인도 문법가들에게 이어지는 이러한 생각은 당시에 이미 전술한 바와 같이 'varṇa sphoṭa'라는 음소(phoneme)의 개념을 이해하고 있었고 'sphoṭa'의 음운(phonemic), 'dhvani'의 음성(phonetic)의 구별도 깨닫고 있었으며 이들은 모두 언중(言衆)의 마음속에 저장된 것으로 본 것이다.

뿐만 아니라 이 시대의 음운 연구에서 모든 음운 현상이 상대적임을 깨달은 것 같다. 즉, 파탄잘리의 고저(高低)의 성조 기술을 보면 고조(high tone)와 저조(low tone)가 보여주는 변별은 절대적인 높낮이가 아니라 상대적인 것임을 밝혀두었다. 이러한 생각은 언어가 실제로 발화되는 표면적인 층위와 마음속에서 항구(恒久) 불변의 기저의 층위가 있음을 전제로 한 것이다.

즉, 강세(accent)나 성조(tone)은 절대적인 높낮이가 있는 것이 아니라 상대적으로 강하고 높고 약하고 낮음을 의식할 뿐이라는 것이다. 영어에서 발견되는 운율전도규칙은 자연어에서 운율이나 강세가 절대적인 높낮이가 있는 것이 아니라 다른 음절에 비하여 조금 더 두드러지다는 의미라는 것이다.

강세도 마찬가지다. 강세 음절은 어느 정도의 강세가 있어야 하는 것이 아니다. 기저의 층위에서는 어느 것이 상대적으로 높고 낮다고 여길 뿐이다. 즉, 강세나 약세가 연이어 연결되면 운율전도규칙(metrical reverse rule)이 작용하여 강약이 조화되는 현상이 생긴다는 것이다. 이러한 운율음운론(metrical phonology)의 발상은 인간 언어의 운율이 상대적으로 두드러지다(relative prominence)는 고대인도 문법학파의 생각에서 온 것이다.

즉, Liberman(1975)에서는 다음의 [표 1-5]와 같이 영어의 강약 음절이 형태의 결합에 따라 바뀌는 것을 첫음절에 제1 강세가 있는 'rà-bit'과 제1강세가 뒤 음절에 있는 'thir-téen'의 결합으로 이루어지는 "thirteen rabbits"이 'thi^{2}r-te^{4}en ra^{1}b-bi^{3}ts'으로 강세가 바뀌는 현상을 영어의 운율에서 자연스러운 강약, 또는 약강에 맞추려는 노력의 현상으로 보았다.

현대 언어학에서 이러한 생각은 마크 리버만(Mark Liberman)의 운율 음운론에서 처음으로 거론되었다. Liberman(1975)에서 제시한 바와 같이 변형생성문법에서 즐겨 쓰는 분지수형도(分枝樹型圖, branching tree diagram)로 보이면 다음과 같다.

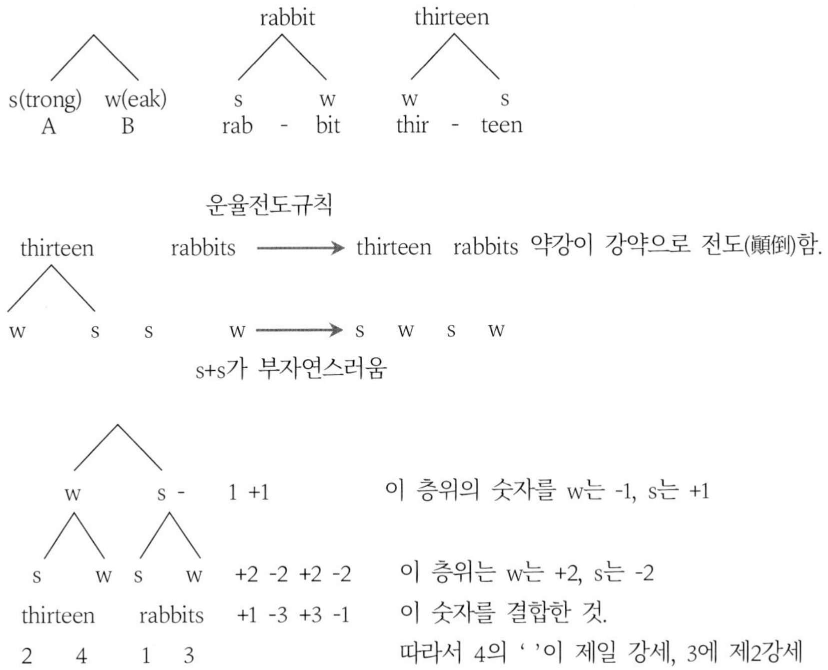

[표 1-5] 운율전도 수형도

1.4.5.4. 또 하나 이 시대의 음운연구에서 특기할 것은 산스크리트어의 알파벳이나 이들을 결합하여 음절 단위로 적는 범자(梵字)는 분절적 음소를 결합하는 방식으로 언어를 표기한 것이다. 즉, 산스크리트어의 음운에 하나의 기호를 붙인 다음 이를 결합하여 음절 단위의 글자를 만든 것이다.

음운이 결합할 때에 자체적으로 변화를 일으킨다. 예를 들면 <팔장>에서 마다(摩多), 즉 모음이 중복되는 경우 장음으로 실현됨을 규칙화 하였다., 즉, ‘a + a = ā’를 수드라(sutrā) ‘8, 4, 68’로 지정하였다. 또 동음 생략으로 실현되는 장음화 현상도 같은 방법으로 설명하였다.[117]

예를 들면 라틴어의 'sīidō'는 원래 'sis + do(sit down)'에서 온 것인데 첫 번째 음절의 /ī/와 마지막 '/ō/'는 장음으로 실현된다. 이 수형도를 Liberman(1975)에서 옮겨 보면 다음과 같다.

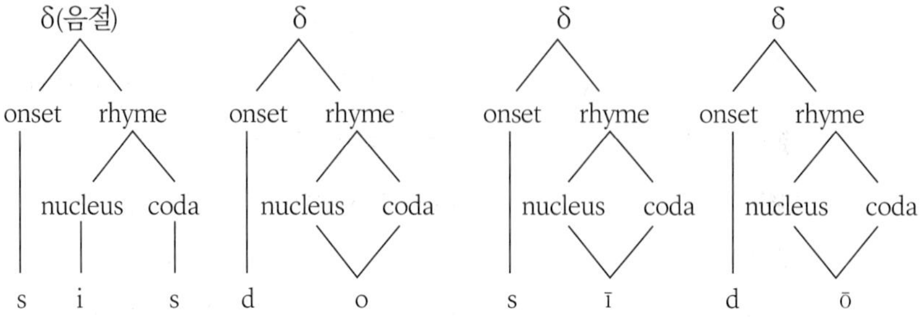

[표 1-6] 'sīdō'의 분지수형(branching tree diagram)

즉, 라틴어의 'sīidō'는 원래 'sis + do (sit down)'의 첫 번째 음절 /ī/와 마지막 /ō/는 장음으로 실현된 것이다. 이것을 음절음운론(syllable phonology)에서 앞에 보인 [표 1-6]과 같이 보상적 장음이 2차에 걸려 수행되었다고 보고 다음과 같은 분지수형(分枝樹形, branching tree diagram)을 그렸다.

앞의 [표 1-6]에 보이는 분지수형은 음절을 구성하는 음운들이 일직선상에 나열된 것이 아니라 계층적인 배합(hierarchical arrangement)으로 이루어졌음을 말한다. 따라서 20세기 후반의 생성음운론(generative phonology)에서는 통사론의 구절구조(phrase structure)처럼 분지수형(分枝樹形)으로 표시하였다.

이러한 음운의 연접에서 일어나는 음운의 계층적 배합을 고대인도의 문법가들은 매우 합리적인 규칙으로 설명하였다. 즉, 이에 대하여 파니니의 <팔장>에서는 산스크리트어에서 일어나는 보상적 장음화(compensable lengthening)를 수드라(sūtra)의 8, 4, 68의 숫자로 표시하였고 /a/가 겹쳐진 /aa/가 장음의 /ā/로 실현되는 것을 역시 수드라 6.1.101의 숫자로 표시하였다.

현대의 생성음운론에서 음절음운론의 보상적 장음화에 보이는 음절 구조를 계층적으로

117 파니니의 <팔장>에서 보상적 장음에 대한 것은 숫자로 표시된 수드라(sūtra)의 8, 4, 68인데 이것은 'a-a = ā'(/a/는 단음, /ā/는 장음)의 기호에 의한 표시다. 특별히 'a-a = ā'를 <팔장>에서는 6.1.101의 숫자로 표시하였다.

나누어 고찰한다. 즉, 음절을 구성하는 각 음운들은 동일 선상에 수평적으로 나열되는 것이 아니라 각 계층으로 나뉘어 복합적으로 결합하여 음절을 형성한다고 본다.

즉, 음절은 중국 성운학에서와 같이 음절 초 자음인 성(聲)의 onset와 나머지 운(韻)의 rhyme으로 먼저 나뉘고 이어서 운의 rhyme은 핵심모음인 nucleus와 음절 말 자음인 coda로 다시 나뉜다고 본다. 이와 같이 음절 형성이 두 개의 층위에서 복합적으로 이루어진다고 보는 것이다.

앞의 [표 1-6]에 보인 도표에 의하면 음운의 결합이 계층적으로 일어났음을 알 수 있다. 이런 음운의 계층적 배합으로 일어나는 여러 현상에 대하여 서양에서는 20세기 후반에 들어와서 복선음운론(non-linear phonology)의 자립분절 음운론(auto-segmental phonology)에서 음절의 기능을 논의하면서 처음으로 거론되었을 뿐이다(Kahn, 1976, Kenstowicz, 1994).

6) 인도학파 문법연구의 특징

1.4.6.0. 파니니(Pāṇinī)를 정점으로 하는 인도문법학파들의 언어연구는 현대 언어학의 공시론에서 다루는 거의 모든 분야를 다루었다. 이러한 고대 인도의 언어연구는 알렉산더 대왕의 인도 정벌로 희랍에 전달되었고 문예부흥 이후에 본격적으로 유럽에 전달되어 근대언어학을 이룩하는데 결정적인 역할을 하게 된다(졸저, 2022:71~3)

따라서 인도학파의 언어 연구는 일반 언어이론과 의미론, 음성학과 음운론, 그리고 기술문법(記述文法)의 세 주제로 나누어 그 특징을 살펴볼 수 있다. 이 주제들은 서양 고전 언어 연구에서 늘 연구의 대상이었으므로 아마도 인류의 언어에 대한 기본적이고 원천적인 문제이었을 것이다.

먼저 일반 언어이론과 의미론은 서양의 언어 연구가 철학적 연구를 배경으로 하여 시작되었음을 상기하게 된다. 그러나 고대인도의 문법은 베다(vedic) 경전의 문학 작품을 탐구하기 위하여 시작하였기 때문에 이로부터 문장의 구조를 살피는 실용적인 문법 연구로 발달하였다.

고대인도의 문법가들은 음성학 못지않게 그들의 언어를 문법 이론과 형태분석을 통하여 기술하였다. 물론 이러한 문법 연구는 비가라론(毘伽羅論)이라고 불리는 굴절어의 분석적인 문법 연구였는데 그 시작은 <팔장>에서 찾을 수 있고 이것이 후대의 문법가들에게 전달되었다.

고대인도의 문법에서는 낱말을 4부류로 분류하였다.

noun(inflected)	- 체언(體言)
verb(inflected)	- 용언(用言)
preposition(uninflected)	- 전치사(前置詞)
particles(uninflected)	- 분사(分詞)

명사류인 noun은 격(格)과 수(數), 인칭(人稱)에 따라 굴절하며 동사부류인 verb는 역시인칭, 수, 그리고 시제(時制)에 따라 어형이 변한다. 이러한 기술문법은 알렉산드리아학파의 드락스(D. Thrax)의 <문법기술(技術)>에서 희랍어의 문법 연구에 적용되었다.

또 산스크리트어 굴절어 문법은 19세기에 Carey(1806)와 Wilkins(1806)의 논저로 서방세계에 알려졌으며 이로부터 서양 언어학사에서 역사비교언어학이 시작되었다. 그리고 20세기에 들어와서 공시적 언어 연구의 촉매가 되었다.

1.4.6.1. 고대인도의 문법가들은 낱말이 문장을 형성하기 위하여 다음의 3가지 요건을 갖춰야 한다고 보았다. 첫째는 낱말이 적법한 문법부류(grammatical class), 즉 품사의 구성원이 되어서 서로 결합할 수 있도록 예상되어야 한다는 것이다. 그렇지 않다면 그 낱말은 그 이상의 의미를 갖지 못하는 단순한 음성의 나열에 불과하다고 보았다. 즉, 문장 구성요소들 간의 유연결성(類連結性)이 있어야 한다는 것이다.

이 유연결성을 'ākāṅkṣā'라고 하는데 산스크리트어로 이 용어는 "의미를 완전하게 하기 위하여 필요한 말"이란 뜻으로 현대 언어학 술어의 'colligation(類連結)' 즉, 연어(連語)에 해당한다. 본서의 제2부 5.2.3.2.~6.에서 소개한 훠드학파(Firthian linguistic school)에서 이 이론은 낱말이 문장 속에서 다른 낱말과의 관계에 의해서 문법부류(grammatical class, 품사에 해당)가 결정된다는 학설이다.

원래 훠드학파의 이러한 이론은 고대인도 문법가들이 주장하던 'ākāṅkṣā'의 개념에서 온 것으로 이때의 낱말 간의 관계를 통합관계(syntagmatic relation)라 하며 낱말과 낱말의 관계를 문법범주의 관점에서 보려는 생각이다. 예를 들면 "I read the book"의 유연결(colligation)은 대략 '일인칭 단수 대명사 + 타동사 과거 + 명사구'로 보는 것이다. 따라서 이 이론은 변형생성문법의 지배결속이론(government and binding theory)이나 심리학의 유의(誘意, valence)와는 다른 관점이다.[118]

낱말이 문장을 형성하기 위한 요건의 두 번째는 낱말의 연결에 있어서 의미가 서로 적절해야 한다는 것이다. 그렇지 않으면 분명히 문법적인 문장이지만 의미상의 비문(非文)을 받아드리게 된다. 예를 들어 "he wets it with fire(그는 불로 그것을 적셨다)"라는 문장을 허용하게 된다. 이 문장은 문법상으로는 완벽하지만 의미상으로는 비문(非文)이다.

이것을 고대인도 문법가들은 문장구성 요소간의 항목 연결의 적합성, 즉 'yogyatā'라고 하였다. 'yogyatā'는 범어(梵語)로 "의의(意義)의 타당성, 또는 적합성"이라는 뜻이다. 따라서 현대 언어학에서 말하는 연어(連語, collocation)와 같은 개념으로 "문장 속에서 타당한 낱말의 배열"을 말한다. 문법적으로, 그리고 의미에 있어서 서로 관련이 있는 낱말이나 그 이상의 단위가 연결되어 문장을 형성하는 방법이다.

예를 들면 영어에서 '주어 + 술어, 타동사 + 목적어, 전치사 + 목적어, 수식어 + 피수식어' 등의 통사론적 어군(語群)들의 배열 방식을 연어(連語)라고 한다.[119] 인구어에서는 '동사 + 목적어'의 연어가 일반적이지만 한국어를 포함한 알타이제어에서는 '목적어 + 동사'의 순서로 연어(連語)가 형성된다.

셋째는 모든 낱말은 시간적으로 접근해 있지 않으면 안 된다는 생각이다. 그렇지 않으면 기억에 남아있지 않게 되고 단일한 발화로서 이해할 수 없게 된다. 추상적인 개념의 어휘들이 주어진 시간에 연결됨으로써 현실적인 구현(具現)되어 비로소 한 낱말이 문장 속에서 의미를 실현(realization)시킨다는 것이다.

추상적 개념의 낱말이 현실적으로 나타나는 구현형(具現形)을 산스크리트어로 'saṃ nidhi'라고 한다. 예를 들어 명사군(noun group, phrase)은 수식어(modifier)와 주요어(head)라는 요소로 나뉘지만 이 가운데 주요어의 saṃnidhi, 즉 구현형(具現形)은 체언류이고 이 체언류의 구현형은 어휘항목(lexical item)이라는 것이다.

이러한 고대인도 문법학파의 생각은 본서의 제2부 5.5.6.0.~4.에서 소개한 Halliday (1961)의 "문법 이론의 범주(Categories of the theory of grammar)" 등의 논문으로 수립한 '체계

118 변형문법의 '지배결속(government and binding theory)'에 대하여는 본서의 제2부의 6.2.1.4.를 참고할 것. '誘意(valence)'는 심리학의 용어로 "타인과 서로 반응하거나 영향을 주고받는 것"을 의미하며 이로부터 언어학에서는 "문장의 구성상 의무적으로 필요로 하는 요소의 수효"를 말하는 용어로 쓰였다.

119 프랑스어의 경우에는 '수식어 + 피수식어'가 반대로 적용된다.

문법(systemic grammar)'에 영향을 주었다. 이 문법은 문장으로 구현(具現)된 각 낱말은 그 언어의 문법에 의하여 체계적으로 결합하고 그로부터 의미가 실현된다고 보는 이론이다(Benson·Greaves eds. 1985).

1.4.6.2. 고대인도의 문법가들은 먼저 낱말의 의미가 가진 유동성(流動性)에 대하여 고찰하였다. 예를 범어에서 들어보면 'dhenuh(젖소)'는 이것만으로 암컷(mare)과 암소(cow)를 모두 의미하지만 'savatsā dhenuh(송아지를 가진 암소)'와 같은 낱말의 배치 속에서는 오직 암소만을 가리킨다. 또 영어에서 'fire'라는 낱말은 "불(火)"이란 의미와 "발사(發射)하다"라는 의미를 갖는 것도 같은 낱말의 유동성으로 설명될 수 있다.

한 낱말에 여러 의미가 있을 수 있다. 많은 의미를 가진 단일한 어형을 다의어(多義語, polysemy)라고 하고 같은 의미의 낱말들을 동음이의어(homonym)라고 하지만 어디에서 그 많은 동음어가 다의어와 같은 낱말에 포함된 것일까에 대한 의문은 전혀 해답이 불가능한 것이다.

이와 관련해서 인도문법학파에서는 낱말에는 제일의(第一義)가 있어 그 말에서 최초로 이해되는 것이라고 보았다. 일상의 담화에서도 첫째 의미가 오고 문학적 효과를 구하는 비유적 표현(lakṣaṇa)에서 다양한 의미의 가 추가된 것으로 보았다.[120] 즉, 영어의 'fire'는 제일의가 '불(火)'이어서 여기서부터 많은 다른 의미들이 유추(類推)된다고 본 것이다.

그리고 낱말의 제일의(第一義)로서 지시(refer)하는 것은 개체(個體)인가 부류(部類)인가, 그렇지 않으면 추상적인 보편(普遍)인가 하는 문제가 거론되었다. 예를 우리말의 "이웃은 좋다"에서 찾아보면 '이웃(neighbor)'은 다음 세 가지를 지칭한다.

이웃(neighbor) <
- 특정한 이웃(a neighbor)
- 이웃 사람들(the class of neighbor)
- 이웃이 갖는 추상적 개념(abstract neighborhood)

그리하여 "우리 이웃 아무개는 좋은 사람이다"와 "우리 이웃들은 좋은 사람들이다", 그리고 "이웃처럼 지내는 좋은 관계"를 모두 말한다. 여기서 제일의(第一義)는 아마도 첫 번째

120 'lakṣaṇa'는 "간접적으로 표현하다, ~와 같은 특색을 띤다, ~와 같은 모습을 보이다"라는 뜻으로 '비유적인 표현'의 술어다.

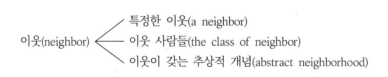

의미일 것이고 이 의미로부터 차례로 다음의 의미가 확장되었을 것이다. 개체로부터 보편으로 발달한 의미는 세 번째에서는 비유적인 표현으로 추상화된 것이다.

1.4.6.3. 고대인도 문법가들은 오늘날에도 여전히 미해결의 문제로 남아있는 문장과 낱말의 관계에 대하여 깊은 관심을 가졌다. 즉, 문장과 그것을 구성하는 낱말과의 의미 관계는 아직도 논쟁의 여지를 갖고 있는 문제다.

문장은 의미상으로 보아도 문법상으로 보아도 분명히 나열된 낱말의 총화(總和) 이상이다. 서양의 전통문법에서 낱말(word)은 개개 최소(最小)의 의미를 갖는 단위이고 문장은 어떤 특정한 논리명제(論理命題)를 위하여 모아놓은 낱말이 조합되어 만들어진 것이다. 따라서 문장은 낱말 개개의 의미 이상을 표현한다.

인도 문법학파들은 낱말이 우월한 것인가 문장이 우월한 것인가 하는 문제를 심도 있게 의논하였다. 파니니는 <팔장>에서 문장의 전체 의미는 낱말 하나하나가 맡아둔 의미에 의해서 이루어진다는 생각을 가졌었다. 낱말이 우월한 것으로 본 것이다. 그러나 이에 반대하는 견해가 전술한 바르트르하리(Bhartrhari) <문장어구론(*Vākyapadya*)>(5C)에 나타난다.[121]

그는 문장이란 분할할 수 없는 단일한 발화(發話)이며 그것의 의미는 '즉각' 전달되는 것으로 보았다. 문장이 우월하다는 생각이다. 이후 대체로 고대인도 문법학파들은 문장의 우월을 신봉하는 언어 분석이 유행하였다. 전술한 바와 같이 파니니가 비록 문장이 낱말 하나하나의 의미에 의해서 이루어진다고 보았지만 이들이 문장 속에서 의미가 실현된다는 사실을 잊지 않았다.

Robins(1997:173~4)에서 영어의 "fetch a cuckoo from the woods(숲 속에서 뻐꾸기를 잡아오다)"를 예로 하여 바르트르하리(Bhartrhari)의 생각을 설명하였다. 즉, 낱말들이 하나씩 연결된 다음 것을 통해서 이 문장이 이해되는 것이 아니라고 하였다. 왜냐하면 여기서 'fetch(잡다)'는 'cuckoo(뻐꾸기)'와 결합하여 비로소 파악되는 것이라는 것이다.

만일 'cuckoo(뻐꾸기)'를 모르면 'fetch(잡다)'와 다른 문장 요소들도 이해하지 못한다는 것이다. 이와 같이 인도 문법가들이 문장을 통일체로 인정한 것은 낱말이 개별적으로 단독

121 'vākyapadya'는 'vākya(문장)'와 'padya(어구)'에 관한 연구서로 낱말의 결합에 대한 규칙을 다루었다. 그런 의미에서 <팔장>의 해설서로 본다. Bhartrhari는 서기 7세기경에 활약한 詩人과 동일한 인물이라는 주장도 있다. 이로 인하여 졸저(2022:81)에서는 이 책을 7세기의 것으로 보았다.

으로 발음하는 경우와 문장 속에서 발음하는 경우가 음성, 운율 상의 상위(相違)가 알려졌기 때문이다. 전술한 연성(連聲, sandhi)에서도 이에 대하여 설명하였다.

1.4.6.4. 파니니(Pāṇinī)는 명사형식의 최소문법 구조를 '어근(root or stem) + 접미사(inflectional suffix)'로 보았다. 이 문법 구조의 각각은 차례로 이어지는 지표로서 실제 음성적 분절음으로 실현될 수 있다고 본 것이다. 예를 들어 범어의 'bhājam(나누기, sharing의 대격 단수)'는 어근(root) 'bhāj-'와 굴절접미사 '-am(단수 대격)'으로 분석된다.

이러한 최소문법구조의 인식은 어간형성(the stem formation)이라는 문법 규칙을 세울 수가 있다. 예를 고전희랍어에서 들면 'phlóx (flame)'은 [p^hlóks]로 발음되는데 이때의 이 말은 '어근 p^hlóg + s(주격 단수 접미사)'의 결합으로 분석된다. 그런데 희랍어의 'hippos(horse)'는 '어근 hipp + o(어간형성) + s(주격 단수)'으로 본다면 앞의 'phlóx'는 '어간형성'의 절차가 생략된 경우다. 다만 'hippos'를 통하여 희랍어에서 어간형성의 형태론적 절차가 생략될 수 있었음을 알 수 있게 된다.

파니니는 심지어 오늘날의 영형태(零形態, zero morpheme)까지 인정하였다. 즉, 현대 문법론에서 zero morpheme은 영어의 'deer, sheep'에서 보이는 복수의 형태를 말하는데 이러한 영형태의 개념은 <팔장>에서 이를 인정하고 수드라(sūtra, 실, 綖)로 표시하였다. 영(零)형태는 서양언어학에서는 Vendryes(1921) 등이 도입하여 Bloomfield(1933)에서 그 유효성이 인정되었다. 앞에 든 희랍어의 'phlóx(flame)'에 보이지 않는 '어간형성'은 바로 영형태(零形態)에 해당된다.

범어(梵語)의 어형성(語形成)에 대한 규칙은 <팔장>의 대부분을 차지한다. 문법 전체의 맥락 속에서 설정된 이 규칙들은 범어의 문체로만 설영할 수 있는 것으로 전술한 바와 같이 실(綖)이란 뜻의 수드라(sūtra)로서 숫자로 표시되었다. 그리하여 앞의 1.4.3.9.에서 논의한 바와 같이 현대 문법에서 형태소(形態素, morpheme)에 해당하는 'sthānin(原用)'과 이형태(異形態, allomorph)에 해당하는 'ādeśa(代用)'를 설정하였다.[122]

1.4.6.5. 고대인도 문법학파의 품사분류에 대하여는 잘 알려지지 않았다. 다만 그들은

122 예를 들어 영어의 과거형태인 '-d'(said)는 음운 환경에 의하여 '-t'(walked)로, 또 '-id(plodded)'로 실현된다. dl /-d, -t, -id/는 모두 과거를 나타내는 이형태들이다.

동사와 명사를 문법 속성에 의하여 구별하였다. 즉, 동사는 인칭, 수(數), 시제에 의하여 굴절하는 품사이고 문장의 핵심이며 동사만으로 완전한 문장을 만들 수 있다고 정의하였다.

이것은 고대 희랍에서 플라톤(Plato)이 문장의 주부(主部)와 술부(述部)로 나누어 주부의 'όνμα(ónoma)'가 후일 명사(noun)가 되었고 술부의 'ρήμα(rhēma)'는 동사(verb)와 유사한 개념이다. 플라톤의 ónoma(체언)와 rhēma(용언)이라고 한 2품사(品詞)로부터 고전 희랍어의 품사분류(μέρος λόγου, méros lógou, part of speech)가 시작된다.

이러한 고전 희랍어의 품사분류는 아리스토텔레스(Aristotle)의 접속사(sýndesmoi, σύνδεσμοι)를[123] 거쳐 스토아(Stoa)학파의 관사(árthra, αρθρα)가 추가되어 4품사가 되었다가 알렉산드리아학파의 드락스(D. Thrax)가 접속사에서 분사와 대명사, 전치사를 분리하여 8품사, 즉 명사(onoma), 동사(rhēma), 분사(metoche), 관사(arthron), 대명사(antonymia), 전치사(prothesis), 부사(epirrhema), 접속사(syndesmos)를 정하였다. 아마도 <팔장>의 영향을 받아 4품사가 추가된 것으로 보인다. 이에 대하여는 제2부에서 자세하게 논의된다.

고대인도 문법가들은 명사가 격(格, kāraka)에 의해서 굴절하는 형태들이라고 보았다. 범어의 'kāraka'는 동사로 쓰이면 "~을 하다, 만들다, 생기다"의 뜻으로 한역(漢譯)하여 "위(爲), 능위(能爲), 작(作), 작자(作者), 소작(所作)"이고 명사일 경우에 "작자(作者), 업자(業者)"이어서 한역(漢譯)하여 "작(作), 능(能)작자, 사(使)작자, 업(業)작자"로 한다.

그러나 문법에서는 "명사가 동사에 대한 관계를 말하다"는 의미가 되어 'kāraka'는 파니니의 <팔장>에서 동사가 지시하는 행동, 또는 과정, 그리고 명사가 나타내는 것과의 관계에 따라 유형화(類形化)하여 분류한 것이므로 현대문법의 격(格, case)에 해당한다. 다만 행위자(agent)와 대상(object)이 이러한 유형화의 기준 가운데 하나이기 때문에 현대문법의 격(格, case)과는 부분적으로 다르다.

앞의 1.4.2.2.에서 <성명략(聲明略)>에 거론된 격(格)굴절로 보인 바와 같이 범어의 8격은 1. 주격(nir-deśa), 2. 대격(upa-deśini), 3. 구격(具格, kartṛka), 4. 위격(爲格), 또는 여격(與格, sampradāna), 5. 종격(從格) 또는 탈격(奪格, apādāna), 6. 속격(屬格, savami-vacane), 7. 의격(依格)

123 접속사(sýndesmoi, σύνδεσμοι)의 어말 'i'는 희랍어에서 복수어미다. 따라서 후대에는 'sýndesmos'로 전사하기도 한다. '접속사'가 단일한 품사가 아니라 희랍어에서 대명사와 관사, 접속사, 전치사 등 플라톤의 'όνομα(명사)'와 'ρήμα(동사)'에 들어가지 않는 모든 품사를 지칭했기 때문이다.

또는 처격(處格, savami-dhanarthe), 8. 호격(呼格, āmantraṇā)을 구별하였다. 이 각각의 'kāraka'는 명사의 어간(prātipadika, stem)이 격 굴절(linga parimāṇa, case declension)을 하여 문장 속에서 명사나 동사와의 관계를 표시해 준다.

또 명사들은 성(性, jāi, gender)과 수(數, vacaná, numbers)에 따라 곡용(subanto, declension)을 한다고 보았다. 성(性)에는 남성(男性, puṃvat, masculine)과 여성(女性, strī, feminine), 그리고 중성(中性, na-puṃsaka, neuter)을 구분하였다. 수(數, vacaná)에서는 단수(單數, eka-vacaná, singular), 복수(複數, bahu-vacaná, plural), 그리고 양수(兩數, dva-vacaná, dual)로 나누었다.

따라서 범어(梵語)의 명사가 성(性)과 수(數), 그리고 격(格)에 의하여 굴절함을 말한 것이다. 격 굴절(liṅga parimāṇa)에서 굴절어미(vibhakti, inflectional endings)는 자동적으로 교체된다.[124] 명사의 곡용은 소만다성(蘇漫多聲, subanto pada, declension)이고 동사의 활용은 '디언다성(底彦多聲, tiṅanta pada, conjugation)'이라 하였다.[125]

1.4.6.6. 명사는 성(性, jāti, gender)과 수(數, vacaná, numbers)에 따라 곡용(subanto)을 하며 동사는 역시 인칭(人稱, purusa, person), 시제(時制), 서법(敍法)에 따라 활용(tiṅanta)을 한다. 이러한 굴절은 인구어(印歐語) 전반에서 일어나며 고전 희랍어에서도 발견되어 파니니의 문법으로 이를 고찰하게 된다.

즉, 전술한 알렉산드리아학파의 드락스(Thrax)의 <문법기술(*Τέχνη γραμματική*)>(Thrax, 120. B.C.)에서는 이와 같은 고대인도의 굴절 문법으로부터 영향을 받아 희랍어에 적용하였다. 예를 들면 격 굴절(liṅga parimāṇā)은 Thrax(120. B.C.)에서 고전희랍어가 5격(格, πτώσις ptōsis)이 있음을 인정하게 하였다. 이것은 파니니의 <팔장>에서 논의된 명사의 격(格, kāraka)에서 영향을 받은 것이다.

드락스의 <문법기술>에서는 고전희랍어에 주격(cāsus nōminātivus), 원인격(cāsus aitiatikē),[126] 속격(cāsus genitivus), 여격(cāsus dativus), 호격(cāsus vocativus)의 5격이 있다고 하였다. 후대

---

124 'liṅga parimāṇa'의 'liṅga'는 "명사의 어간으로서 인접하는 낱말의 의미를 결정해주는 말"이란 뜻이다. 그리고 'parimāṇa'는 원래 "測量, 尺度, 넓이, 무게, 기간, 수, 量"의 뜻을 가져서 'liṅga parimāṇa'는 명사가 격에 따라 굴절하는 방법을 말한 것으로 格屈折이라고 보았다. 'vibhakti'는 원래 "분리, 분배, 차별, 변형"의 뜻을 가졌으나 문법에서는 "명사의 어미변화, 특히 격, 또는 인칭의 어미"를 말한다.

125 '底彦多聲'의 '底'는 反切로 '丁履反'이라 하였기 때문에 '디'로 읽었다. 梵語의 /ti/를 표기한 것이다.

126 이 '원인격(aitiatikē)'은 Varro(1C B.C.)에서 誤譯되어 'cāsus accūsāivus(고발격)'이 되었다. 본서 제2부 제1장 1. 희랍문법을 참고할 것.

로마시대에 Varro(1C B.C.)는 라틴어에 탈격(奪格, cāsus ablativus)을 추가하여 이를 제6격, 또는 라틴어격이라고 하였다.

범어(梵語)에서 8격, 고전 희랍어에서 5격, 라틴어에서 6격은 이 세 언어에서 문법 속성이 차이가 있었기 때문이다. 즉, 같은 굴절어이지만 명사의 격(格) 굴절에 차이가 있었고 이를 기술한 고대인도의 범어문법이나 희랍문법, 그리고 라틴문법에서 각기 다른 기술을 한 것으로 보인다.

드락스(Thrax, 120 B.C.)는 격(πτωςις, ptōsis) 이외에도 성(性, γένος, gender), 수(數, αριθμός, numbers), 인칭(人稱, ὑπόστασις, person) 서법(敍法, τρόπος, mood), 시제(時制, τενσ, tense), 태(態, διαθεζις, voice), 파생(ειδος, derivation) 등의 문법 속성(parepōmena)을 인정하고 이를 고전희랍어의 문법에서 설명하였다.

이 모든 문법 속성이 <팔장>에서 논의된 것이므로 드락스가 그 영향을 받은 것은 분명하다. 우선 드락스의 희랍어 문법에서 격(πτωςις, ptōsis)은 <팔장>에서 'kāraka'를 인정하고 범어(梵語)의 격(格) 굴절을 설명한 것과 관련이 있을 것이다. 즉, 산스크리트어에서 명사의 어간(prātipadika)이 격 굴절(linga parimāṇa)로 여덟 가지 어형변화를 8격으로 나눈 것으로부터 희랍어에 5격을 인정한 것이다.

드락스의 <문법기술>에서 분류한 성(性, γένος)은 파니니의 <팔장>에서 성(性, jāi)을 인정하고 이에 따라 범어의 낱말이 곡용(subanto)을 하며 남성(男性, puṃvat)과 여성(女性, strī), 그리고 중성(中性, na-puṃsaka)으로 구분한 것과 관련이 있을 것이다. <문법기술>에서도 남성, 여성, 그리고 중성의 삼성(三性)을 인정하였다.

드락스의 희랍어문법에서 인정한 수(數, αριθμός)는 <팔장>에서 수(數, vacaná)를 문법속성으로 보고 이를 다시 단수(單數, eka-vacaná), 복수(複數, bahu-vacaná), 그리고 양수(兩數, dva-vacaná)로 나눈 것과 관련이 있을 것이다.

<문법기술>에서 인정한 인칭(人稱, υποστασις)도 <팔장>의 인칭(puruṣa)으로부터 왔을 가능성이 있다. <팔장>의 인칭(puruṣa, person)에는 전술한 바와 같이 1인칭(uttama puruṣa, first person)과 2인칭(mādhyama puruṣa, second person), 그리고 3인칭(prathama puruṣa, third person)으로 나누고 1인칭을 한역(漢譯) 불경에서 설자유(說自有), 2칭은 설타유(說他有), 3인칭은 당체유(當體有)라고 번역하였다.

물론 드락스의 <문법기술>에서 논의한 서법(敍法, τρόπος), 시제(時制, τενσ), 태(態, διαθεζις), 파생(ειδξος)도 모두 <팔장>의 범어(梵語) 문법에서 논의된 것들이다. 따라서 졸저

(2022:71)에서 <팔장>의 범어 문법이 알렉산더 대왕의 인도 원정(遠征)으로 희랍에 전달되어 알렉산드리아 학파의 드락스(Thrax, 120 B.C.)의 희랍문법 연구에 영향을 주었다고 본 것이다.

알렉산더(Alexander) 대왕(356~323 B.C.)은 페르시아와 인도를 연달아 침략하였다. 그의 동방 원정(遠程)으로 동·서양의 문화가 서로 교류하여 희랍을 중심으로 하는 찬란한 헬레니즘(Hellenism)의 문화가 펼쳐진다. 헬레니즘의 희랍정신은 로마시대의 기독교 정신인 헤브라이즘(Hebraism)과 더불어 서양의 양대(兩大) 중심 사상이 되었다.

헬레니즘 시대에 동서양의 학문도 교류하여 희랍에 새로운 학문의 길이 열렸다. 이러한 새로운 학문의 연구자들을 알렉산드리아 학파(Alexandria school)라고 부른다. 기원 전 4세기경에 시작하는 알렉산드리아 연구자들(Alexandrian scholars)은 철학의 한 분야였던 문법(文法)을 독립한 학문 분야로 인정하였다.

본서의 제2부 1.1.3.0.~6.에서 소개한 바와 같이 디오니소스 드락스(Dionysus Thrax)는 알렉산드리아 학파에 속한 희랍어의 문법 교육자였다. 그는 고대인도의 고도로 발전된 문법 이론을 들여다가 희랍어의 문법 연구를 철학에서 벗어나서 하나의 새로운 학문 분야로 독립시켰다고 서양의 언어학사에서 기술한다. 이에 대하여는 제2부 사양의 언어 연구의 제1장에서 자세하게 언급될 것이다.

5. 범자(梵字)의 문자 교육

1.5.0.0. 고대인도에서 사용되던 산스크리트어는 인도-유럽어족의 인도어파에서 가장 오래된 언어였다. 넓게는 고대인도의 아리아어(Aryan)로서 베다(Vedic) 경전의 언어와 여러 방언을 포함하며 좁게는 고전 산스크리트어(Sanskrit), 즉 범어(梵語)를 말한다.

산스크리트란 말은 전술한 것처럼 'saṁs-kr(완성하다)'에서 온 saṁskrtam(완성된 언어)이란 의미여서 당시 민간인들이 사용하던 prākṛta(속어)에 대하여 아어(雅語)의 의미로 붙인 이름이다. 한자로는 조물주인 Brahman을 범천(梵天)으로 번역한 것처럼 중국과 한국, 일본에서는 산스크리트어를 범어(梵語)라고 부른다. 또 그들의 글자인 산스크리트(Sanskrit), 즉 브라미(Brāhmi) 문자를 범자(梵字)라고 하였다.

기원 전 2천년 경부터 인도에 침입한 아리아족은 펀자브(Punjab) 지역으로부터 동부의 갠지스(the Ganges)강 유역으로 확장하였다. 따라서 산스크리트어는 인도 전역으로 퍼져나갔고 이 언어를 기록한 범자(梵字)도 고대인도에서 널리 사용되었다. 당연히 고대인도의 석가(釋迦)도 이 언어와 이 문자를 사용하였을 것으로 추정하고 있다.

1.5.0.1. 앞의 1.1.1.3.에서 살펴 본 것처럼 석가가 활동하던 시기에 사용한 범어(梵語)를 불교혼효범어(Buddhist Hybrid Sanskrit)라고 부른다. 당시 석가(釋迦)가 태어난 가비라성(迦毘羅城)과 그가 활동한 갠지스 강 유역에서 널리 사용되던 마가디어(Māgadhī), 그리고 주변의 방언을 융합시킨 반(半) 마가디어(Ardha-Māgadhī)가 불타를 비롯하여 그의 제자들이 사용한 언어로 추정된다.

석가(釋迦)가 활동하던 시기에 이 지역에서 사용되던 문자는 브라미(Brāhmi, 흔히 '브라흐미'로 씀)문자였다.[127] 불경에 널리 쓰인 실담(悉曇)은 이 문자에서 발달한 것이다. 전술한 불교혼효범어를 브라미 문자로 쓴 것이다. 중국과 한국, 일본에 전달된 진언(眞言) 불경은 모두 브라미 문자로부터 발달한 실담 문자로 기록된 것이다.

범어(梵語)로 '문자(文字)'를 의미하는 말로 "리피(lipi), 레카(lekha), 그리고 악샤라(akṣara)가 있다. 'lipi'는 필사된 것이나 금석에 새겨진 것이나 모두 통용되지만 'lekha'는 주로 필사한 문자만을 가리킨다. 'akṣara'는 음절이란 말로도 쓰이므로 음절 문자인 범자(梵字)의 글자를 말하며 한역(漢譯)하여 만자(滿字)라고 한다. 실담(悉曇)도 'akṣara'의 의미인 "완성된 문자"란 의미도 있다.

브라미 문자(Brāhmi lipi)는 앞에서 살펴본 것처럼 기원 전 4, 3세기의 마우리아(Maurya) 왕조로부터 5세기의 굽타(Gupta) 왕조까지 오랫동안 사용되었기 때문에 불타(佛陀)의 설법을 소개한 초기의 불전(佛典)은 이 문자로 쓰였을 가능성이 크다. 후기 불경들은 대부분 실담(悉曇) 문자로 쓰였다.

브라미 문자는 앞의 1.1.3.4.에서 소개한 것과 같이 인도의 서북단 기르기트(Girgit)에서 출토된 산스크리트의 불전 *Mūla-sarvâsitivā-da-vinaya*(이는 『根本說, 一切有部毘奈耶』란 이름으로 漢譯되었다)에서 이 문자가 브라만(Brahman), 즉 범천(梵天)의 계시로 만들어진 문자로 소

127 브라미(Brāhmi) 문자와 이로부터 발달한 데바나가리(Devanagari) 문자에 대하여는 졸저(2012b:25~26)에서 카로스디(Kharoṣthī) 문자와 더불어 소개되었다.

개되었기 때문에 브라미(Brāhmi) 문자라고 불렸고 한자로 범자(梵字)라 불리게 되었다고 설명하였다.

1.5.0.2. 이 문자는 기원전 3세기경에 세워진 아소카왕(Asoka, 阿育王)의 비문이 이 브라미 문자로 쓰였으며 따라서 산스크리트어로 된 초기 불경도 브라미 문자로 적혔을 것이다. 앞에서 불교범어는 고전 산스크리트어로 쓰였음을 지적하였으나 불교 경전만이 아니라 고전 산스크리트어로 쓰인 불교문학의 작품들이 존재하므로 초기 불경들은 모두 고전 산스크리트어로 작성되어 브라미 문자로 기록되었다고 보아야 한다.

브라미 문자의 자모(字母, mātṛkā)는 구조적으로 어두(語頭)의 자음자(子音字)와 모음자(母音字)가 하나의 단위로 인정되어 필요에 따라 이 둘이 결합한 문자가 된다. 이 자음과 모음이 결합된 단위를 음절, 즉 악샤라(akṣara)라고 하는데 이런 단위별 문자 조합이 실담(悉曇)에서 그대로 전달된다(졸저, 2022:124).

산스크리트어에서 'akṣara'는 "성(聲), 자(字), 문서(文書)"의 뜻이 있어 자음과 모음이 결합하여 쓰이는 글자를 말한다. 현대 문자학에서 말하는 음절문자인 것이니 자음과 모음이 결합한 문자다. 따라서 범자(梵字) 계통의 표음문자들은 모두 음절 단위로 표기하고 훈민정음이란 이름으로 제정된 한글도 초성(onset), 중성(nucleus), 그리고 종성(coda)이 결합된 음절 단위로 글자를 표기한다.

브라미(Brāhmi) 문자에서 모음은 앞에서 논의한 대로 스봐라(svara)라고 하지만 불가(佛家)에서는 마다(摩多, mātṛ, 母)라고 하여 브얀자냐(vyaňjana)라고 하는 자음의 체문(体文)과 구별하였다. 졸고(2016b)에서는 『대반열반경』에서 글자의 근본은 모음자이고 모두 14자임을 석가(釋迦)의 설법으로 설명되었다고 한다.

즉, <대반열반경>(권8) 「문자품(文字品)」에서 불타(佛陀)와 가섭(迦葉) 보살과의 대화에서 14자가 글자의 근본이라면서 이 글자들에 대하여 자세하게 설명하였다. 이에 대한 <대반열반경>의 기사는 다음의 1.5.1.1.에 전재하였다. <대반열반경>의 이 기사에서 기본자라고 한 14음은 마다(摩多)의 14음을 말하는 것이다. 이로부터 불가(佛家)에서는 어머니란 뜻의 'mātṛ'의 주격 단수인 'mātā'를 한자로 '마다(摩多)'로 적어 스봐라(svara) 대신 사용한 것 같다.

이에 대하여 <대반열반경>(권3)에서 14자를 구체적으로 제시하였다. 즉, "아(噁, a: 짧은 음의 아), 아(阿, ā: 장음의 아), 이(億, i: 짧은 이), 이(伊, ī: 장음의 이), 우(郁, u: 짧은 우), 우(憂, ū:

긴 우), 에(咽, e), 애(野, ai), 오(烏, o: 짧은 오), 오(炮, ō: 긴 오), 아우(菴, eo, 아마도 ö를 말함인 듯)"을 들었는데 <대반열반경>에서는 모두 11개밖에 찾을 수 없었다. 아마도 필자가 열람한 대장경연구소의 <대반열반경>에 오류가 있었던 것으로 보인다.

1.5.0.3. <대반열반경>에서는 모음에 이어서 자음으로 '迦[ka], 佉[kha], 伽[ga], 呿[gha], 俄(nga)'로부터 "遮[ca], 車[cha], 闍[ja], 膳[jha], 喏[ɲa]"와 "咤[ta], 侘[tha], 茶[da], 祖[dha], 拏[na]", 그리고 "多[t̥a], 他[t̥ha], 陁[d̥a], 彈[d̥ha], 那[n̥a]" 및 "波[pa], 頗[pha], 婆[ba], 滼[bha], 摩[ma]"에 이어서 "奢[ʂa], 沙[ʂha], 娑[ʐa], 蛇[ʐha], 囉[ra], 羅[la], 和[va], 呵[ɤa], 晥[ɤha]"의 34개 자음자를 소개하였다.

여기서도 아마 [lʐa], [lɤa]의 2자는 누락되었을 것이므로 자음으로 36자를 정한 것이다. 다음에 소개할 田久保周譽(1981)에서는 범자(梵字)의 체문(体文, vyaňjana)으로 자음의 글자 36자를 소개하였고 이것이 중국에 들어가 36자모가 된 것으로 보이기 때문이다.

즉, 범어를 중국어로 번역한 한역(漢譯) 불경에서는 모음을 마다(摩多, mātr)라고 하고 자음을 체문(vyaňjana)이라 하였다. 마다(摩多)는 범어의 mātr, mātā(母)를 발음대로 한자로 적은 것이고 체문(体文)은 원래 'vyaňjana'란 산스크리트어를 한역(漢譯)하여 적은 것이다.

'vyaňjana'는 앞의 1.4.3.1.에서 언급한 바와 같이 "들어내다, 장식하다"의 뜻이 있어 모음에 부속하여 뜻을 들어 내는 뜻이었으나 중국에서는 한자음 연구에서 어두자음의 기능부담량이 매우 크고 중요하기 때문에 체용(體用)에서 체(体)의 문자로 본 것이다. 중국 한자음에서는 어두 자음(子音, onset)이 핵심이기 때문이다.

원래 체용론(体用論)은 멀리 한대(漢代) 정현(鄭玄)의 '예기서(禮記序)'에서도 보이는 것처럼 중국의 유가(儒家)나 도가(道家)에서 널리 회자(膾炙)된 술어의 체용(體用)에서 온 것이다. 즉, 핵심은 체(体)이며 용(用)은 그에 부속하는 것으로 본 것이다. 따라서 범어(梵語)의 뜻을 살려 작명하였다면 자음을 용문(用文)으로 하고 모음을 체문(体文)이라 했어야 한다.

그러나 불가에서 마다(摩多)는 범어(梵語)로 'mātr̥(mother)'의 주격 단수를 그대로 한자로 적고 체문(体文)만 번역해서 사용했다. 따라서 한일(韓日) 양국에서는 '마다(摩多, mātr)'는 원래의 뜻을 살려서 모음(母音)이라 하고 'vyaňjana(ornamentation)'는 마다에 부속한다는 의미로 자음(子音)이라 하였다.

다만 중국에서는 모음을 원음(元音)이라 하고 자음은 보음(輔音)이라 한다. 역시 불가에서 본 것처럼 모음을 핵심으로 보고 자음을 도와주는 음운으로 본 것이다. 이러한 용어의 선택은 불경의 체문(体文)의 뜻을 살리지 않고 범어(梵語)가 가진 원래의 뜻을 살린 것이다.

1) 반자교(半字教)와 만자교(滿字教)

1.5.1.0. 앞에서 살펴본 <대반열반경>의 기사를 보면 성명론(聲明論)에 앞서 문자를 배워야 하기 때문에 반자(半字)를 먼저 가르친 것이라 하였다. 여기서 반자(半字)란 무엇인가? 불경의 반만이교(半滿二教)는 반만교(半滿教), 또는 반만이자교(半滿二字教)라고도 하는데 반자교(半字教)와 만자교(滿字教)를 말하고 여기서 반자교는 마다(摩多, mātṛ)와 체문(体文, vyañjana)을 따로 교육하는 것을 말한다.

반면에 만자교(滿字教)는 체문과 마다가 결합된 음절 문자로서 범자(梵字)를 가르치는 것이다. 따라서 반자(半字)는 마다와 체문을 각각 따로 이른 것임을 알 수 있다. 반면에 범자(梵字)는 음절 단위로 적히는 실담(悉曇)으로 훈민정음이 이를 본 받아 음절 단위로 우리말을 적은 것이다.

'실담'이란 말의 의미는 앞의 1.0.2.와 1.2.3.4.에서 설명한 바와 같이 범어의 'siddh-(완성하다의 어근)'에 과거수동분사 '-m'을 붙여 만든 'siddham'이어서 "완성된 것"이란 뜻을 갖는다. 즉, 실담(悉曇, siddham)은 자음에 모음을 결합시켜 만든 음절문자를 말하며 졸고(2016b)에서는 여러 불경에 등장하는 반자(半字)에 대하여 만자(滿字)를 의미한다고 주장하였다.

반자론(半字論)의 반자(半字)란 원래 범어의 산스크리트어를 기록한 브라미(Brāhmi) 문자의 자모를 가리키고 만자교의 만자(滿字)는 자모를 합성한 음절문자 실담(悉曇)을 말한다. 비가라론에서 성명학은 글자의 자모를 가르치는 반자교(半字教)이고 실담장(悉曇章)은 만자교(滿字教)로서 범자(梵字)의 교육을 말한다.

즉, 마다(摩多, mātṛ)와 체문(体文, vyañjana)의 알파벳 교육인 반자교(半字教)와 이들이 결합한 음절문자인 실담(悉曇)의 교육인 만자교(滿字教)를 분간한 것이다. 후대에 불가(佛家)에서는 이를 혼동하여 실담(悉曇)이 싯담마트르카(siddhamātrkā)의 표기로 보기도 하고 또 어떤 이는 이 문자가 유행하기 이전의 브라미 문자를 뜻한다고 보기도 하였다. 원래는 만자(滿字)의 뜻이었으나 후대에 'siddhamātrkā'도 '실담(悉曇) 문자'라고 하여 혼란을 야기한 것이다.

1.5.1.1. 원래 반자교(半字教)는 범어 문자의 자모의 교육을 지칭했던 것으로 『대반열반경(大般涅槃經)』(권8)에는 다음과 같은 기사가 있다.

迦葉菩薩復白佛言: 世尊云: 何如來說字根本? 佛言: 善男子、說初半字、以爲根本、持諸記論、呪術·文章·諸陰·實法, 凡夫之人學是字本、然後能知是法非法。迦葉菩薩復白佛言: 世尊所言字者、其義云何? 善男子有十四音、名爲字義。所言字者、名曰涅槃。常故不流、若不流者則爲無盡: 夫無盡者、卽是如來金剛之身、是十四音名曰字本。- 가섭보살이 다시 여쭌 것에 대하여 부처님께서 말씀하셨다. "세존이시여, 어떤 것이 여래께서 말씀하신 글자의 근본입니까?" "선남자야, 처음에 반쪽 글자[半字]를 말하여 근본을 삼아 가지고 모든 언론과 주술과 문장과 5음의 실제 법을 기록하게 하였으므로, 범부들은 이 글자의 근본을 배운 뒤에야 바른 법인지 잘못된 법인지를 알 것이다." "세존이시여, 글자라는 것은 그 뜻이 어떠합니까?" "선남자야, 열네 가지 음을 글자의 뜻이라 이름하고, 그 글자의 뜻을 열반이라 한다. 그것은 항상 있는 것이므로 흘러 변하지 않는다. 만일 흐르지 않는다면 그것은 다함이 없는 것이며, 다함이 없는 것은 곧 여래의 금강 같은 몸이다. 이 열네 가지 음을 글자의 근본이라고 하는 것이다.[128]

—졸고(2016b)에서 재인용.

이 기사의 '반자(半字-반쪽 글자)는 모음의 마다(摩多)를 가리키고 이 14자가 기본자라고 말한 것으로 보인다. 이에 대하여 <대반열반경>(권8)의 「문자품(文字品)」에서 "아(噁 a: 단음), 아(阿, ā: 장음), 이(億, i: 단음), 이(伊, ī: 장음), 우(郁, u: 단음), 우(憂, ū: 장음), 에(咽, e), 애(野, ai), 오(烏, o: 단음), 오(炮, ō: 장음), 아우(菴, 아마도 ü를 말함인 듯), 야(俄, ä)"의 12자를 들었다.

즉, 이에 대한 설명으로 <대반열반경>(권3)에 다음과 같은 기사도 있다.

[是十四音名曰字本] 噁者, 不破壞故. 不破壞者, 名曰三寶. 喩如金剛. 又復噁者, 名不流故. 不流者卽是如來. 如來九孔無所流故. 是故不流. 又無九孔, 是故不流. 不流卽常, 常卽如來. 如來無作. 是故不流. 又復噁者, 名爲功德. 功德者卽是三寶. 是故名噁. 阿者名阿闍梨. 阿闍梨者, 義何謂耶? 於世間中, 得名聖者. 何謂爲聖? 聖名無著, 少欲知足. 亦名淸淨, 能度衆生於三有流, 生死大海. 是名爲聖. 又復阿者, 名曰制度. 修持淨戒, 隨順威儀. 又復阿者, 名依聖人. 應學威儀進止、擧動, 供養、恭敬、禮拜三尊, 孝養父母, 及學大乘. 善男女等具持禁戒, 及諸菩薩摩訶薩等, 是名聖人. 又復阿者,名曰教誨. 如言汝來, 如是應作, 如是莫作. 若有能遮非威儀法, 是名聖人. 是故名阿. 億者, 卽是佛法, 梵行廣大, 淸淨無垢, 喩如滿月. 汝等如是, 應作不作, 是義 非義, 此是佛說, 此是魔說. 是故名億. 伊者, 佛法微妙甚深,難得如自在天. 大梵天王法, 名自在.若能持者, 則名護法. 又自在者, 名四護世. 是四自在則能攝護大涅槃

128 한글대장경의 역문을 참조하였으나 오역은 수정한 것임.

經. 亦能自在敷揚宣說. 又復伊者, 能爲衆生, 自在說法. 復次, 伊者, 爲自在故, 說何等是也. 所謂修習方等經典. 復次, 伊者,爲 斷嫉妒, 如除稗穢,皆 悉能令變成吉祥. 是故名伊. 郁者, 於諸經中, 最上最勝增長上上. 謂大涅槃. 復次, 郁者, 如來之性. 聲聞、緣覺所未曾聞. 如一切處, 北鬱單越, 最爲殊勝.菩薩若能聽受是經, 於一切衆, 最爲殊勝. 以是義故, 是經得名最上最勝. 是故名郁. 優者, 喩如牛乳諸味中上. 如來之性, 亦復如是, 於諸. 經中最尊最上. 若有誹謗, 當知是人與牛無別. 復次, 優者, 是人名爲無慧正念. 誹謗如來微密秘藏當知是人甚可憐愍, 遠離如來秘密之藏, 說無我法. 是故名優. 咽者, 卽是諸佛法性涅槃. 是故名咽. 野者, 謂如來義. 復次, 野者, 如來進止、屈申、擧動無不利益一切衆生. 是故名野. 烏者, 名煩惱義. 煩惱者名曰諸漏. 如來永斷一切煩惱. 是故名烏. 炮者, 謂大乘義, 於十四音, 是究竟義, 大乘經典, 亦復如是, 於諸經論最爲究竟. 是故名炮. 菴者, 能遮一切諸不淨物於佛法中能捨一切金銀寶物. 是故名菴. 阿者, 名勝乘義. 何以故? 此大乘典大涅槃經於諸經中最爲殊勝, 是故名阿.

- [이 열네 가지 음을 글자의 근본이라고 하는 것이다]. 아(噁, [ɑ])는 파괴하지 못하기 때문이니, 파괴하지 못하는 것을 이름하여 삼보라고 한다. 그것은 마치 금강과 같다. 또 '아(噁)'는 흐르지 않기 때문이니 흐르지 않는 것은 여래이다. 여래의 아홉 구멍에는 흐를 것이 없으므로 흐르지 않으며 또 아홉 구멍이 없으므로 흐르지 않는다. 흐르지 않는 것은 항상이라하고 항상함은 곧 여래이다. 여래는 짓는 것이 없으므로 흐르지 않는다. 또 '아(噁)'는 공덕이라 하니 공덕은 곧 삼보이다. 그러므로 '아(噁)'라고 한다. 아(阿, [ɑ:])는 이름이 아사리(阿闍梨)이다. 아사리란 뜻은 무엇인가? 세간에서 성인이라 하니, 어째서 성인이라 하는가? 성인은 집착이 없으니 욕심이 없어 만족할 줄을 알기 때문에 청정이라고도 한다. 3유(有)에서 흐르는 나고 죽는 바다에서 중생들을 제도하므로 성인이라 한다. 또 '아(阿)'는 제도(制度)라고 하니, 깨끗한 계행을 지키고 위의를 잘 차린다. 또 '아(阿)'는 성인을 의지함이라 하니, 위의와 거동을 배우고 삼보를 공양하고 공경하여 예배하며, 부모에게 효도하고 대승을 배우는 것이다. 선남자·선여인으로 계율을 잘 지키는 이와 보살마하살을 성인이라 한다. 또 '아(阿)'는 가르침이라 이름하니, '너희들은 이런 일은 하고 이런 일은 하지 말라'고 말하고, 위의답지 못한 일을 못하게 하는 이를 성인이라 한다. 그러므로 '아(阿)'라고 한다. 이[億, [i])는 곧 부처님 법이다. 범행(梵行)이 넓고 크고 깨끗하여 때가 없음이 보름달 같다. 너희들은 이런 일은 하고 이런 일은 하지 말며, 이것은 옳은 것이며 이것은 옳지 않은 것이며, 이것은 부처님 말씀이며 이것은 마군의 말이다. 그러므로 이(億)라고 이름한다. 이(伊, [i:])는 부처님 법이 미묘하고 깊어서 얻기 어렵다는 것이다. 마치 자재천과 대범천왕의 법을 자재라고 하는 것과 같으며, 만일 이것을 보호하면 법을 보호한다고 하는 것이다. 또 자재라고 함은 세상을 보호하는 사천왕[四護世]이라 하니, 이 네 가지 자재는 <대반열반경>을 거두어 보호하며, 또 자재하게 선전하고 연설한다. 또 '이'는 자재하기 위하여 말하니, 그것은 방등경전을 닦아 익히는 것이다. 또 '이(伊)'는 질투를 끊으려는 것이니, 돌피를 뽑는 것 같아서 모두 길상한 일로 변하는 것이므로 '이(伊)'라고 한다. 우(郁, [u])는 모든 경전 중에 가장 높고 가장 훌륭하며 자꾸 늘어나는 것이니 곧 대열반이다. 또 '우(郁)'는 여래의 성품이어서 성문이나 연각은 듣지 못하는 것이다. 모든 곳에서 북쪽의 울단월이 가장 훌륭하듯이, 보살이 이 경을 들어 가지면 모든 중생에게

가장 높고 가장 훌륭하므로 '우(郁)'라고 한다. 우(優, [u:])는 마치 우유가 모든 맛 가운데 뛰어난 것이듯 여래의 성품도 그와 같아서 모든 경전 가운데 가장 높고 가장 으뜸이 되며, 만일 비방한다면 이 사람은 소와 다를 것이 없다. 또 '우(優)'는 이 사람을 지혜와 바른 생각이 없는[無慧正念] 이라 이름하며, 여래의 비밀한 법장을 비방하면 이 사람은 매우 불쌍한 것이다. 여래의 비밀한 법장을 떠나고 내가 없다는 법을 말하므로 우(優)라 한다. 에(咽, [e])는 부처님 들 법의 성품인 열반이므로 '에(咽)'라고 한다. 아이(嘢, [ɑi])는 여래라는 뜻이다. 또 '아이(嘢)'는 여래의 나아가고 멈추고 굽히고 펴는 동작으로서 중생을 이익 되게 하지 않음이 없으므로 '아이(嘢)'라고 한다. 오(烏, [o])는 번뇌란 뜻이다. 번뇌는 루(漏)라고 하는 것이니, 여래는 모든 번뇌를 영원히 끊었다. 그래서 '오(烏)'라고 하는 것이다. 오우(炮, [ou])는 대승이란 뜻이다. 14음에서 이것이 나중이 되듯이 대승 경전도 이와 같아서, 모든 경과 논에서 가장 나중이므로 '오우'라고 한다. 에오(菴, [eo, ö])는 모든 부정한 것을 막는 것이다. 부처님 법에서는 온갖 금은과 보물을 버리므로 '에오(菴)'이라 한다. 아(阿)는 훌륭한 법이란 뜻이다. 왜냐하면 이 대승경전인 <대열반경>은 모든 경 가운데 가장 훌륭하므로 '아(阿)'라고 한다.

여기서는 원래 14자의 모음 글자가 있다고 하였으나 이 불경에서는 첫 글자인 '아(噁 a)'로부터 마지막의 '야(俄)'까지 모두 12개의 모음밖에 찾을 수가 없다. 졸고(2016b)에서는 비음화(鼻音化) 된(anusvāra) /aṁ/과 말 자음(visarga)이 붙은 /ah/의 2자가 누락된 것으로 보았다.[129]

이 기사에 의하면 <대반열반경(大般涅槃經)>에서 글자의 근본이 14자의 모음자임을 석가(釋迦)의 설법으로 설명되었다고 한다. <대반열반경>은 북량(北涼)의 담무참(曇無讖)이 한역(漢譯)한 북본(北本) <대반열반경>을 후대에 유송(劉宋), 혜관(慧觀)과 함께 사령운(謝靈運)이 수정한 남본(南本) <대반열반경>이 있는데 필자는 남본 43권 13품을 참고하였다.

앞의 기사에서 불타(佛陀)와 가섭(迦葉) 보살과의 대화에서 14자가 글자의 근본이라면서 이 글자들에 대하여 자세하게 설명하였음을 언급하였고 졸고(2016b)에서는 이를 다음과 같이 정리하였다

아(噁, a: 단음), 아(阿, ā: 장음), 이(億, i: 단음), 이(伊, ī: 장음),
우(郁, u: 단음), 우(憂, ū: 장음), 에(咽, e), 애(嘢, æ),
오(烏, o: 단음), 오(炮, ō: 장음),

129 앞의 1.4.3.2.에서 /aṁ/은 鼻音(anunāsika)이라고 하였고 방출음(visarga)의 /aḥ/은 다른 자음과 결합할 때에 무음이 된다.

에오(菴, 아마도 ö를 말함인 듯),
이아(俄, ä: 단음), 이아[ā: 장음], 이우[ŭ, u의 전설음]

1.5.1.2. <대반열반경>(권8) 「문자품」에서는 모음의 글자에 이어서 자음의 체문(体文, vyaňjana) 36자에 대하여 다음과 같이 언급하였다.

迦者, 於諸衆生, 起大慈悲, 生於子想, 如羅睺羅, 作妙上善義. 是故名迦. 佉者, 名非善友. 非善友者, 名爲雜穢. 不信如來秘密之藏. 是故名佉. 伽者, 名藏. 藏者, 卽是如來秘藏, 一切衆生皆有佛性, 是故名. 伽者, 如來常音. 何等名爲如來常音? 所謂如來常住不變. 是故名. 俄者, 一切諸行破壞之相. 是故名俄. 遮者, 卽是修義. 調伏一切諸衆生故, 名爲修義. 是故名遮. 車者, 如來覆蔭一切衆生, 喩如大蓋, 是故名車. 闍者, 是正解脫, 無有老相. 是故名闍. 膳者, 煩惱繁茂,喩如稠林. 是故名膳. 喏者, 是智慧義, 知眞法性, 是故名喏. 咤者, 於閻浮提, 示現半身而演說法, 喩如半月, 是故名咤. 侘者, 法身具足, 喩如滿月, 是故名侘. 荼者, 是愚癡僧, 不知常與無常, 喩如小兒. 是故名荼. 祖者, 不知師恩, 喩如羝羊. 是故名祖. 拏者, 非是聖義, 喩如外道. 是故名拏. 多者, 如來於彼告諸比丘, 宜離驚畏, 當爲汝等說微妙法. 是故名多. 他者, 名愚癡義, 衆生流轉生死纏裹, 如蠶蜣蜋. 是故名他. 陀者, 名曰大施, 所謂大乘. 是故名陀. 彈者, 稱讚功德, 所謂三寶, 如須彌山高峻廣大, 無有傾倒, 是故名彈. 那者, 三寶安住, 無有傾動, 喩如門閫, 是故名那. 波者, 名顚倒義, 若言: 三寶悉皆滅盡, 當知是人爲自疑惑, 是故名波. 頗者, 是世間災, 若言: 世間災起之時, 三寶亦盡. 當知是人愚癡無智, 違失聖旨, 是故名頗. 婆者, 名佛十力, 是故名婆. 滼者, 名爲重檐. 堪任荷負無上正法, 當知是人是大菩薩, 是故名滼. 摩者, 是諸菩薩嚴峻制度, 所謂大乘大般涅槃, 是故名摩. 蛇者, 是諸菩薩在在處處, 爲諸衆生說大乘法. 是故名蛇. 囉者, 能壞貪欲、瞋恚、愚癡, 說眞實法, 是故名囉. 羅者, 名聲聞乘. 動轉不住, 大乘安固無有傾動. 捨聲聞乘, 精勤修習無上大乘, 是故名羅. 和者, 如來世尊爲諸衆生雨大法雨. 所謂世間呪術、 經書, 是故名和. 奢者, 遠離三箭. 是故名奢. 沙者, 名具足義. 若能聽是大涅槃經, 則爲已得聞持一切大乘經典, 是故名沙. 娑者, 爲諸衆生演說正法, 令心歡喜, 是故名娑. 呵者名心歡喜奇哉世尊離一切行, 怪哉! 如來入般涅槃, 是故名呵. 䀮[130]者, 名曰魔義. 無量諸魔不能毁壞如來秘藏, 是故名䀮.

- '가(迦)'는 모든 중생들에게 대자대비를 일으키는 것이다. 아들이란 생각 내기를 라후라(羅睺羅)와 같이하여, 묘하고 선한 뜻을 지으므로 '가(迦, [kɑ])'라고 한다. '카(佉)'는 착하지 않은 벗이라 한다. 착하지 않은 벗은 잡되고 더러움을 이르며 여래의 비밀한 법장을 믿지 않으므로 '카(佉 [khɑ])'라고 한다. 'ᅁᅡ(伽)'는 장(藏)이라 이름한다. 장은 여래의 비밀한 장을 말한다. 모든 중생이 모두 불성이 있으므로 'ᅁᅡ(伽, [ga])'라고 한다. 'ᅁᅳ하(恒)'는[131] 여래의

130 '䀮'은 고려대장경 연구소에서 제공하는 정자본 『대반열반경』에는 나오지 않는다. 한글대장경에서 찾은 것인데 한글대장경의 한자는 오자가 많아서 이것도 믿을 수가 없다.

131 이 한자는 고려대장경 연구소에서 제공하는 정자본 『대반열반경』에는 나오지 않는다. 한글대장경에서 찾은 것인데 한글대장경의 한자는 오자가 많아서 이것도 믿을 수가 없다.

항상한 음이다. 무엇을 여래의 항상한 음이라 하는가? 여래는 항상 머물고 변하지 않으므로 ‘ㅇㄱ하(恒, [gha]’)라고 한다. ‘아(俄)’는 온갖 행을 파괴하는 모양이다. 그러므로 ‘아(俄, [nga])’라고 한다.

‘자(遮)’는 곧 닦는다는 뜻이다. 모든 중생들을 조복하는 것을 닦는다 하며 그러므로 ‘자(遮, [ca])’라고 한다. ‘차(車)’는 여래가 모든 중생들을 가려 주는 것이다. 비유하면 큰 일산과 같으므로 ‘차(車, [cha])’라고 한다. ‘ㅇ자(闍)’는 곧 바른 해탈로서 늙는 모양이 없으므로 ‘ㅇ자(闍, [ja])’라고 한다. ‘ㅇㅈ하(膳)’는 번뇌가 성한 것이다. 빽빽한 숲과 같으므로 ‘ㅇㅈ하(膳, [jha])’라고 한다. ‘냐(喏)’는 지혜라는 뜻이다. 참된 법의 성품을 알므로 ‘냐(喏, [ɲa])’라고 한다.

‘다(咤)’는 염부제에서 몸을 반쯤 나타내고 법을 연설하는 것이다. 반달과 같으므로 ‘다(咤, [ta])’라고 한다. ‘타(侘)’는 법신이 구족한 것이다. 보름달과 같으므로 ‘타(侘, tha)’라고 한다. ‘ㅇ다(荼)’는 어리석은 승려이다. 항상함과 무상함을 알지 못하는 것이 어린아이와 같으므로 ‘ㅇ다(荼, [da])’라고 한다. ‘ㅇㄷ하(祖)’는 스승의 은혜를 알지 못하는 것이다. 마치 숫양[羝羊]과 같으므로 ‘ㅇㄷ하(祖, [dha])’라고 한다. ‘나(拏)’는 성인이 아니라는 뜻이다. 마치 외도와 같으므로 ‘나(拏, [na])’라고 한다.

‘다(多)’는[132] 여래가 저기에서 비구들에게 말하기를 “두려움을 떠나라. 너희들에게 미묘한 법을 말하겠다”라고 하므로 ‘다(多, [ṭa])’라고 한다. ‘타(他)’는 어리석다는 뜻이다. 중생들이 생사에서 헤매기를 자기의 실로 몸을 얽는 누에와 같으므로 ‘타(他, [ṭha])’라고 한다. ‘ㅇ다(陁)’는 크게 베풂이다. 이른바 대승이다. 그러므로 ‘ㅇ다(陁, [ḍa])’라고 한다. ‘ㅇㄷ하(彈)’는 공덕을 칭찬함이다. 이른바 삼보가 수미산처럼 높고 가파르고 커서 뒤바뀌지 않으므로 ‘ㅇㄷ하(彈, [ḍha])’라고 한다. ‘나(那)’는 삼보가 편안히 머물러 기울어지지 않는 것이 문지방과 같으므로 ‘나(那, [ṇa])’라고 한다.

‘바(波)’는 뒤바뀌었다는 뜻이다. 만일 삼보가 모두 없어졌다고 말하면 이 사람은 스스로 의혹하는 것이므로 ‘바(波, [pa])’라고 한다. ‘파(頗)’는 세간의 재앙이다. 만일 세간의 재앙이 일어날 때에는 삼보도 끝난다고 말하면 이 사람은 어리석고 지혜가 없어 성인의 뜻을 어기는 것이므로 ‘파(頗, [pha])’라고 한다. ‘ㅇ바(婆)’는 부처님의 열 가지 힘[十力]을 이르는 것이다. 그러므로 ‘ㅇ바(婆, [ba])’라고 한다. ‘ㅇㅂ하(滼)’는 무거운 짐이다. 위없는 바른 법을 짊어질 수 있으며 이 사람이 대보살임을 알아야 한다. 그러므로 ‘ㅇㅂ하(滼, [bha])’라고 한다. ‘마(摩)’는 보살들의 엄숙한 제도이다. 대승의 대반열반이므로 ‘마(摩, [ma])’라고 한다.

‘야(蛇)’는 보살들이 간 데마다 중생들을 위하여 대승법을 말하는 것이므로 ‘야(蛇, [ya])’라고 한다. ‘라(囉)’는 탐욕·성냄·어리석음을 깨뜨리고 진실한 법을 말하므로 ‘라(囉, [ra])’라고 한다. ‘라(羅)’는 성문승이 흔들리고 머물러 있지 않으며, 대승이 편안하여 흔들리지 않는다. 그러므로 성문승을 버리고 위없는 대승을 부지런히 닦으므로 ‘라(羅, [la])’라고 한다. ‘화(和)’

132 이 梵語의 발음은 한국어에서는 찾을 수 없다. [']를 앞에 붙여 그 음이 다름을 표시한다. 즉 “'ㄷ. 'ㅌ, 'ㅇㄷ, 'ㄴ”와 같이 표음하였다.

는 여래 세존께서 중생들에게 큰 법의 비를 내림이라 하니, 세간의 주문·술법의 경전이 그것이다. 그러므로 '화(和, [vɑ])'라고 한다.

'사(奢)'는 세 가지 화살을 멀리 떠남이다. 그러므로 '사(奢, [sa])'라고 한다. '스하(沙)'는 구족하다는 뜻이다. 이 『대열반경』을 들으면 곧 온갖 대승 경전을 듣고 지니는 것이므로 '스하(沙, [shɑ])'라고 한다. '샤(娑)'는 중생들을 위하여 바른 법을 연설하며 마음을 즐겁게 함이다. 그러므로 '샤(娑, ʂa)'라고 한다. 'ㆁ가(呵)'는 마음이 즐거움이다. 신기하게 세존께서는 온갖 행을 떠났고, 특이하게 여래께서는 열반에 드시므로 'ㆁ가(呵, [ɣa])'라고 한다.[133] 'ㆁ하(晥)'는 마군이란 뜻이다. 한량없는 마군들도 여래의 비밀한 법장을 깨뜨리지 못하므로 'ㆁ하(晥, [ɣha])'이라고 한다.

이 기사에서 아(噁, [a]) 모음과 연결된 음절 문자로 '가(迦, [ka]) ~ ㆁ하(晥, [ɣha])'의 30자를 들었다. 즉, <대반열반경>에서는 모음에 이어서 체문(体文, vyaňjana)의 자음으로 '迦[ka], 佉[kha], 伽[ga], 呿[gha], 俄(nga)'로부터 "遮[ca], 車[cha], 闍[ja], 膳[jha], 喏[ɲa]"와 "吒[ta], 侘[tha], 茶[da], 袓[dha], 拏[na]", 그리고 "多[ta], 他[tha], 陁[da], 彈[ḍa], 那[ŋa]" 및 "波[pa], 頗[pha], 婆[ba], 滼[bha], 摩[ma]"에 이어서 "奢[ʂa], 沙[ʂha], 娑[ʐa], 賒[ʐha], 鎩[ɮa]" 그리고 "囉[ra], 羅[la], 和[va], 呵[ɣa], 晥[ɣha]"의 30개 자음자를 소개하였다.

즉, 모두 36개 체문에서 '賒[ʐha], 鎩[ɮa]'와 '囉[ra], 羅[la], 和[va], 呵[ɣa]'가 누락되어 30개만 제시한 것이다(졸고, 2016b). 아마도 필자가 참고한 대장경연구소 제공의 <대반열반경>에서 이 부분이 누락되어 제공한 것 같다. 다음의 1.5.2.0에서 소개한 당승(唐僧) 지광(智廣)의 『실담자기(悉曇字記)』의 <실담장(悉曇章)>에서 보인 체문의 35자가 더 분명할 것이다.

1.5.1.3. 이렇게 <대반열반경>(권8) 「문자품」에 소개된 체문(体文, vyaňjana)의 자음 36자를 정리하면 다음과 같다.

① 迦[ka], 佉[kha], 伽[ga], 呿[gha], 俄[nga]
② 遮[ca], 車[cha], 闍[ja], 膳[jha], 喏[ɲa]
③ 吒[ta], 侘[tha], 茶[da], 袓[dha], 拏[na]
④ 多[ta], 他[tha], 陁ḍa], 彈[ḍa], 那[ŋa]
⑤ 波[pa], 頗[pha], 婆[ba], 滼[bha], 摩[ma]

133 이 발음도 우리말에 없다. 음성기호 [ɣ] 음이어서 [ㆁ]로 [ㅇ]를 붙여 표시한다.

⑥ 奢[ṣa], 沙[ṣha], 娑[ẓa], 賖[ẓha], 鎩[ꞎa]
⑦ 倻[ya], 囉ra], 羅[la], 和[va], 呵[ɣa], 晥[ɣha]

—졸저(2022:111)에서 재인용.

이것은 아마도 연구개(velar) 정지음(stops)의 [k, kh, g, gh, ng]로 시작하여 경구개파찰음(palatal-affricative)의 [c, ch, j, jh, ɲ], 그리고 치경(alveolar) 정지음의 [t, th, d, dh, n], 치정지음(dental-stop)의 [ṭ, ṭh, ḍ ḍh, ṇ], 양순 정지음(bilabial stop)의 [p, b, ph, bh, m], 경구개마찰음(palatal-fricative)의 [s, sh, z, zh, lz], 그리고 반모음(semi-vowel)의 [y, w], 유음(liquid)의 [r, l], 유성 순치마찰음(voiced labial-dental fricative)의 [v], 성문음(glottal)의 [ɣ, ɣh]과 같은 순서로 [a]와 결합된 음절들을 보여준 것 같다.

또 이들은 중국의 성운학(聲韻學)에서 아음(牙音), 설음(舌音), 치음(齒音), 순음(脣音), 후음(喉音)의 오음(五音)으로 분류된다. 이미 앞의 1.2.3.4.에서 언급한 구마라집(鳩摩羅什)의 <구마라집통운(鳩摩羅什通韻)>이란 돈황(敦煌) 문서에서 오음(五音)과 마다(摩多) 14자가 결합하는 것을 밝혔음을 상기하게 한다.

여기서 말하는 오음(五音)은 '아설순치후(牙舌脣齒喉)'의 아음, 설음, 순음, 치음, 후음을 말하는 것으로 현대 생성음운론에서 말하는 조음위치자질(place of articulation features)에 의하여 분류된 음운들을 말한다. 즉, 아음(牙音)은 연구개음(velar sound), 설음(舌音)은 치경음(alveolar), 순음(脣音)은 양순음(labial), 치음(齒音)은 경구개음(palatal), 후음(喉音)은 성문음(glottal)을 말한다. 모두 조음위치(place of articulation)에 의한 구분이다.

그리고 이 오음(五音)의 음운들은 다시 전청(全淸), 차청(次淸), 전탁(全濁), 불청불탁(不淸不濁)의 사성(四聲)으로 분류한다. 여기서 사성(四聲)은 평상거입(平上去入)의 성조(聲調)가 아니라 전청, 차청, 전탁, 불청불탁의 조음방식(manner of articulation)에 의한 분류를 말한다(졸고, 2020b). 다만 범어(梵語)에만 있는 유성유기음(ghoṣin soṣman, sonant aspirates)의 [gh, jh, dh, bh, zh]는 중국의 성운학(聲韻學)에서는 빠질 수밖에 없게 되었다.

즉, 고대인도의 음성학에 의하면 전청(全淸)은 무성무기(alpaprāṇa-aghoṣa)의 무표음(無標音, unmarked)을 말하고 차청(次淸)은 유기음(有氣音, soṣman, aspirated), 전탁(全濁)은 유성음(ghoṣin, voiced), 불청불탁(不淸不濁)은 비음(鼻音, nāsikā, nasal) 또는 구강(口腔) 내 공명(共鳴, goṣī ūṣman, resonance)을 수반하는 음운을 말한다.

생성음운론의 음운 분류에서 조음방식자질(manner of articulation features)에 의한 자음(子

音)들을 말한 것이다. 기원전 수세기경의 고대인도에서 언어음의 자음들을 분류할 때에 조음위치와 조음방식으로 구별하였던 것이다. 즉, 앞의 1.4.3.7.에서 살펴본 바와 같이 고대인도의 음성연구에서 이러한 음운의 조음(調音)음성학적인 분류가 있었던 것이다.

다만 이러한 인간 음성의 연구는 서양에서 20세기 후반에 서양의 촘스키(N. Chomsky)가 시작한 생성음운론(生成音韻論)에 의해서 새롭게 조명(照明)되었다(Chomsky·Halle, 1968, Chomsky, 1965). 이 음운론에서는 변별적 자질을 주요부류자질(the major class features)과 조음방식자질(manner of articulation features), 조음위치자질(place of articulation features)로 나눈다(이기문·김진우·이상억, 1984:106).

1.5.1.4. 불가(佛家)에서는 이런 의미를 확대시켜서 반자교(半字教)를 소승성문(小乘聲聞)의 9부경(九部經)이라 하고 만자교(滿字教)는 대승방등(大乘方等)의 경전을 망라한다고 비유하였다. 범자(梵字)의 교육 방식을 말한 반자교와 만자교를 불경의 하나로 본 것이다.

또 문법을 음운론과 형태론, 통사론으로 구별하는 것과 비슷하게 성명기론(聲明記論)은 범어의 음운을 연구하고 비가라론(毘伽羅論)은 순수한 분석적인 문법 연구를 말한다. 즉, 비가라론은 음운의 결합으로 얻어지는 문장의 여러 언어 단위들을 분석해서 그 각각의 역할을 연구하는 분야로 보았다.

전술한 바와 같이 범자(梵字)라고 불리는 브라미(Brāhmi) 문자는 마다(摩多, mātṛ), 즉 모음(svara)의 글자를 14자로 구분하였다. 그리고 이 모음들이 음절문자인 범자(梵字)에서 의미 분별의 핵심(核心)임을 주장하였다. 즉, 졸고(2016b)에서는 <대반열반경>에서 글자의 근본이 14자의 모음자임을 석가(釋迦)의 설법(說法)으로 설명한 것을 들고 이들이 글자의 근본, 즉 자본(字本)이라고 했음을 살펴보았다.

전게한 <대반열반경>(권8) 「문자품(文字品)」의 기사에 실린 대로 불타(佛陀)와 가섭(迦葉) 보살(菩薩)과의 대화에서 14자가 글자의 근본이라면서 이 글자들에 대하여 자세하게 설명하였다. <대반열반경>에서 소개된 이에 대한 기사는 이미 앞에서 전문을 인용하고 우리말로 풀이하여 소개하였는데 이를 다시 정리하면 다음과 같다.

즉, "아(噁, a: 단음), 아(阿, ā: 장음), 이(億, i: 단음), 이(伊, ī: 장음), 우(郁, u: 단음), 우(憂, ū: 장음), 에(咽, e), 애(嘢, æ), 오(烏, o: 단음), 오(炮, ō: 장음), 에오(菴, 아마도 ö를 말함인 듯), 아(俄 ä)"을 들고 <대반열반경>에서는 모두 12개밖에 찾을 수 없었다고 하였다(졸저, 2019b:157). 아마도 아이(藹, aj), 이우(奥, iu, ü)의 2개의 모음 글자는 이 불경에서 누락된 것으로 보인다.

앞의 1.5.1.1.에서 소개한 <대반열반경>에서 소개된 마다(摩多), 즉 모음의 글자를 정리하면 다음과 같다.

저모음 - 아(噁, a: 단음), 아(阿, ā: 장음),
고모음 - 이(億, i: 단음), 이(伊, ī: 장음), 우(郁, u: 단음), 우(憂, ū: 장음), 이우(奥, ü)
중모음 - 에(咽, e), 애(嘢, æ), 오(烏, o: 단음), 오(炮, ō: 장음), 에오(菴, ö), 아(俄 ä)
이중모음 - 아이(藹, aj), --- 범자(梵字)의 마다(摩多) 14자

1.5.1.5. 앞의 1.5.1.2.에서 소개한 바와 같이 <대반열반경>(권8) 「문자품」에서는 모음의 마다(摩多)에 이어서 자음의 체문(体文)으로 '迦[ka], 佉[kha], 伽[ga], 呿[gha], 俄[nga]'로부터 "遮[ca], 車[cha], 闍[ja], 膳[jha], 喏[ɲa]"와 "吒[ta], 侘[tha], 茶[da], 祖[dha], 拏[na]", "多[ṭa], 他[ṭha], 陁[ḍa], 彈[ḍha], 那[ṇa]", "波[pa], 頗[pha], 婆[ba], 濮[bha], 摩[ma]", 그리고 "奢[ṣa], 沙[ṣha], 娑[ẓa], 蛇[ẓha], 囉[ra], 羅[la], 和[va], 呵[ɤa], 睆[ɤha]"의 34개 자음자를 소개하였다. 아마 여기서도 '賒[ẓha]'와 '鎩[ɮa]'가 누락되었을 것이다.

이들은 범자(梵字)의 자음(vyaňjana)인 체문(体文)은 연구개음(velar)의 '迦[ka]'로부터 경구개음(palatal)의 '遮[ca]', 치경음(alveolar)의 '吒[ta]', 치음(dental)의 '多[ṭa]', 양순음(bilabial)의 '波[pa]', 그리고 권설음의 '奢[ṣa]'가 있었음을 말한 것이다. 경구개권설음(palatal-retroflex)에서 유성유기음의 '賒[ẓha]'와 '鎩[ɮa]'는 누락된 것으로 보인다.

그리고 구강공명음을 수반하는 '倻[ya], 囉[ra], 羅[la], 和[va], 呵[ɤa], 睆[ɤha]'를 더 추가하였다. 경구대권설음에서 '賒[ẓha]'와 '鎩[ɮa]'가 빠진 것은 필자가 참고한 <대반열반경>은 고려대장경 연구소에서 제공한 것인데 많은 오자(誤字)와 탈자(脫字), 탈구(脫句)가 있는 자료여서 아마도 이 부분이 빠진 것 같으나 현재로서는 확인하기 어렵다.

이렇게 소개된 범자(梵字), 즉 브라미(Brāhmi) 문자의 36자를 정리하면 다음과 같다.

연구개음 - ① 迦[ka], 佉[kha], 伽[ga], 呿[gha], 俄[nga]
경구개음 - ② 遮[ca], 車[cha], 闍[ja], 膳[jha], 喏[ɲa]
치경음 - ③ 吒[ta], 侘[tha], 茶[da], 祖[dha], 拏[ṅa]
치음 - ④ 多[ṭa], 他[ṭha], 陁[ḍa], 彈[ḍha], 那[ṇa]
양순음 - ⑤ 波[pa], 頗[pha], 婆[ba], 濮[bha], 摩[ma]
경구개권설음 - ⑥ 奢[ṣa], 沙[ṣha], 娑[ẓa], 賒[ẓha], 鎩[lẓa]
구강 공명음 - ⑦ 倻[ya], 囉[ra], 羅[la], 和[va], 呵[ɤa], 睆[ɤha]

이것은 아마도 연구개 정지음(velar stops)의 [k, kh, g, gh, ng]로 시작하여 경구개 파찰음(palatal-affricative)의 [c, ch, j, jh, ɲ], 그리고 치경 정지음(alveolar stops)의 [ṭ, th, d, dh, n], 치 정지음(dental-stops)의 [ţ, ţh, ḍ, ḍh, ṇ], 양순 정지음(bilabial stops)의 [p, b, ph, bh, m], 경구개 권설음(palatal-retroflex)의 [ʂ, ʂh, ʐ, ʐh, lʐ], 그리고 반모음(semi-vowel)의 [y, w], 유음(liquid)의 [r, l], 유성 순치마찰음의 [v], 성문음(glottal)의 [ɣ, ɣh]와 같은 순서로 /아[a]/와 결합된 음절들을 보여준 것 같다.

또 이들은 중국의 성운학(聲韻學)에 들어가서 전술한 조음위치에 의한 아음(牙音), 설음(舌音), 치음(齒音), 순음(脣音), 후음(喉音)의 오음(五音)으로 분류된다. 그리고 다시 조음방식에 의한 전청(全淸), 차청(次淸), 전탁(全濁), 불청불탁(不淸不濁)의 사성(四聲)으로 다시 분류하게 되지만 중국어에 없는 유성유기음(voice aspirates)의 [gh, jh, dh, bh, zh]는 이러한 분류에서 빠질 수밖에 없게 되었다.

1.5.1.6. 특히 현대 음성학에서 유음(流音, liquid)으로 분류하는 구강 내에서 공명을 수반하는 음운에 대하여는 이 <대반열반경>에서 다음과 같이 언급하였다.

> 魯、流、盧、樓如是四字, 說有四義.謂佛、法、僧及以對法.言對法者, 隨順世間, 如調婆達, 示現壞僧, 化作種種形貌色像, 爲制戒故。智者了達不應於此, 而生畏怖, 是名隨順世間之行, 以是故名魯、流、盧、樓。吸氣, 舌根隨鼻之聲。長短超聲, 隨音解義。皆因舌齒, 而有差別。如是字義能令衆生, 口業淸淨. 衆生佛性則不如是假於文字, 然後淸淨. 何以故? 性本淨故。雖復處在陰界入中, 則不同於陰入界也, 是故衆生悉應歸依諸菩薩等。以佛性故, 等視衆生,無有差別。是故半字於諸經書、記論、文章而爲根本。
>
> - 로(魯, r^1)·류(流, r^2)·려(盧, l^1)·루(樓, l^2)의 네 글자는 네 가지 뜻이 있으니, 이른바 부처님·교법·승가와 대법(對法)이다. 대법이라 함은 조파달(調婆達)이 일부러 승단을 파괴하며 가지가지 형상을 변화시킴과 같은 것이다. 이는 계율을 제정하기 위한 것이므로 지혜 있는 이는 그렇게 알고 두려운 생각을 내지 말아야 한다. 이것은 세상을 따르는 행이다. 그러므로 r^1(魯)·r^2(流)·l^1(盧)·l^1(樓)라고 한다. 숨을 들이키는 소리[吸氣]는 혀의 뿌리가 코를 따르는 소리이다. 긴 소리·짧은 소리·두드러진 소리 따위로 음에 따라서 뜻을 해석하는 것이 모두 혀와 이로 인하여 차별이 있다. 이런 글자들이 중생의 구업(口業)을 깨끗하게 한다. 중생의 불성은 그렇지 않아서 문자를 빌린 뒤에야 깨끗해지는 것이 아니다. 왜냐하면 성품이 본래 깨끗한 것이므로 비록 음계(陰界, 5音·6入·18界)에 있더라도 음계와 같지 않다. 그러므로 중생들은 모두 불타에 귀의하여야 하며, 보살들도 불성의 인연으로 중생들을 평등하게 보고 차별하지 않는다. 그러므로 반쪽 글자[半字]가 모든 경서(經書)와 기론(記論)과 문장의 근본이 된다.

이 기사에 의하면 범자(梵字)에서 유음(iquid)의 /r, l/을 다른 자음과 구별하였는데 그 전통이 서양의 음성학에 그대로 답습되어 전해왔음을 알 수 있다.

즉, 앞의 기사에 "魯·流·盧·樓如是四字、說有四義。謂佛·法·僧及以對法。[中略] 吸氣舌根隨鼻之聲。長短超聲、隨音解義。皆因舌齒、而有差別。如是字義能令衆生、口業淸淨。衆生佛性則不如是假於文字、然後淸淨。- 로[r], 류[r^l], 로[l], 루[l^l]의 네 글자는 네 가지 뜻을 말하는 것이니 이른바 부처, 교법, 승가와 대법이다. [중략] 숨을 들이키는 소리[吸氣]는 혀의 뿌리가 코를 따르는 소리이다. 긴 소리, 짧은 소리, 두드러진 소리 따위로 음에 따라서 뜻을 해석하는 것이 모두 혀와 이로 인하여 차별이 생긴다. 이런 글자의 뜻들이 중생의 구업(口業, 발화를 말함)을 깨끗하게 한다. 중생의 불성은 그렇지 않아서 문자를 빌린 뒤에야 깨끗해지는 것이다"라 하여 설근(舌根), 즉 혀의 뒷부분에서 나는 구강 공명음임을 밝혀놓았다.

1.5.1.7. 이러한 <대반열반경>의 음운에 대한 설명은 조선의 훈민정음 <해례본>에 그대로 나타나고 현대 조음음성학에 비추어 전혀 손색이 없는 설명이다. 그리하여 모음(母音)과 자음(子音), 그리고 유음(流音)을 구별하여 이 불경에서는 음성학적 특징을 종교적인 해설을 곁들여 설명하였다.

위의 설명은 특히 주목할 것은 범자(梵字)의 자음과 모음의 글자를 반자(半字)로 하고 이를 먼저 교육한 다음에 자음과 모음의 결합인 음절문자의 만자(滿字)로 범자를 교육하는 것이다. 불경에 자주 등장하는 반자교(半字教)는 범자의 알파벳 교육이고 만자교(滿字教)는 자음과 모음을 연결한 음절 문자의 만자(滿字), 즉 실담(悉曇)의 교육임을 알 수 있다.

위의 설명은 범자(梵字)의 자음과 모음의 하나하나를 반자(半字)로 하고 이를 먼저 교육한 다음에 자음과 모음의 결합인 음절문자를 만자(滿字)로 하여 범자를 교육하려는 것이다. 불경에 자주 등장하는 만자교(滿字教)는 자음과 모음을 연결하여 만든 만자(滿字), 즉 실담(悉曇)의 교육임을 알 수 있다.

이러한 반자론(半字論)과 만자론(滿字論)의 개념은 중국에 들어와서 반절법(反切法)으로 발전한다. 한자의 발음을 만자(滿字)로 보고 이를 두 개의 반자(半字)인 반절(反切)의 상자(上字)와 하자(下字)로 표시하는 것이 반절법이며 이러한 한자음의 반절 표시로부터 중국 성운학(聲韻學)이 발전한 것이다.

2) <실담장(悉曇章)>의 문자 교육

1.5.2.0. 당(唐)의 지광(智廣)이 편찬한 『실담자기(悉曇字記)』(권1)의 「실담장(悉曇章)」에서는 모음의 마다(摩多) 12자와 자음의 체문(体文) 35자를 정리하여 47자를 보이고 그 합성법을 18장으로 나누어 설명하였다.

<실담장>의 47자를 정리하면 다음과 같다.

摩多 12자

— 阿[a], 阿[ā], 伊[i], 伊[ī], 歐[u], 歐[ū], 藹[e], 藹[ē], 奧[o], 敖[ō], 暗[ɑṃ], 疴[ɑḥ]

体文 35자

— ① 迦[ka], 佉[kha], 誐[ga], 伽[gha], 哦[nga],

② 者[tsa], 車[tsha], 惹[za], 社[zha], 若[ɲa],

③ 吒[ta], 他[tha], 茶[da], 茶[dha] 拏[na]

④ 多[ţa], 他[ţha], 陀[ḍa], 陀[ḍha], 那[ṇa],

⑤ 波[pa], 頗[pha], 婆[ba], 婆[bha], 磨[ma],

⑥ 也[ya], 羅[ra], 囉[la], 縛[va], 奢[śa], 沙[ṣa], 紗[sa], 訶[ha], - 遍口聲

⑦ 濫[llam], 乞灑[kṣa] - 重字

여기에 제시한 마다(摩多) 12자와 체문(体文) 35자는 각각 반자(半字)로 불리었다. 전술한 바와 같이 불경에 자주 등장하는 반자교(半字敎)는 범어의 알파벳의 교육으로 볼 수 있는 반자(半字), 즉 마다와 체문을 교육하는 것이고 이것이 가장 우선임을 여러 불경에서 강조하였다.[134] 반면에 실담(悉曇)은 만자(滿字)로 보아 만자교(滿字敎)에서 교육된다.

실담(悉曇)의 마다(摩多) 12자는 앞의 1.5.1.1.에서 <대반열반경>(권8) 「문자품(文字品)」의 기사로 살펴본 범자(梵字)의 모음자의 14자 가운데 고모음의 '아우(奧)', 이중모음인 '아이(藹)'를 제외한 것이다. 그리고 체문(体文)은 앞의 1.5.1.2.에서 살펴본 자음의 체문(体文)에서 몇 자가 다르고 표음 한자도 몇 개 다르다. 이제 <실담자기>의 <실담장(悉曇章)>에 소개된 모음의 마다(摩多)와 자음의 체문(体文)에 대하여 살펴보기로 한다.

134 다음에서 소개한 일본 가나문자의 <수상통>과 <횡상통>, 즉 五十音圖에서 '이로하(伊呂波)'를 모두 <伊呂波半字竪相通>, <伊呂波半字橫相通>이라 하여 '半字'라 한 것은 바로 여기에 근거한 것이다.

1.5.2.1. <실담자기(悉曇字記)>의 <실담장(悉曇章)>에서 모음의 마다(摩多) 12자는 앞의 1.5.1.1.에서 살펴본 <대반열반경>의 마다(摩多) 14자와 비교하면 /a, i, u, e, o/의 단음과 장음을 구별한 10자에다가 비음화(鼻音化, anusvāra)된 '暗[am]', 그리고 말자음(visarga)이 붙은 '痾[ah]'의 두 자를 더하여 12자로 하였다.

<실담자기(悉曇字記)>의 마다(摩多) 12자는 전술한 <대반열반경(大般涅槃經)>에서 보여준 마다(摩多) 14자에서 누락되었던 '?[ā 장음], ?[ū, u의 전설음]'을 제외한 12자를 인정한 것이다. 따라서 <대반열반경>의 마다 14자라고 하면서 12자만 보인 것은 2자가 누락된 것이 아니라 벌써 이때에 12자밖에 없었다고 보기도 한다(田久保周譽, 1981).

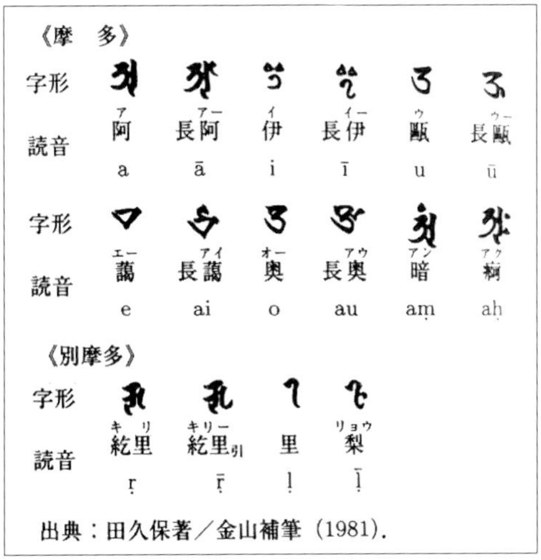

[사진 1-10] <실담장>의 마다(摩多) 16자

실담(悉曇)의 마다(摩多) 12자는 범자(梵字)의 마다(摩多) 14자에서 이중모음으로 보이는 '아이(藹), 아우(奧)'를 제외한 12자를 인정한 것이다. 이것은 앞의 1.5.1.1.에서 언급한 <대반열반경>의 14자보다 2자가 더 많은 것인데 아마도 후대에는 12자의 마다(摩多)가 일반적이었던 것으로 보인다.

그러나 田久保周譽(1981)의 <금산보필(金山補筆)>에 소개된 <실담장(悉曇章)>의 마다(摩多)를 통(通)마다 12자와 별(別)마다 4자를 더하여 모두 16자로 하였다. 이 <실담장>의 마다(摩多)를 河野六郎·千野榮一·西田龍雄(2001:474)에서 그대로 인용하였다. 이를 여기에 옮겨 보면 앞의 [사진 1-10]과 같다.

1.5.2.2. [사진 1-10]을 보면 모음의 마다(摩多) 12자에 별마다(別摩多) 4자 '紇里, 紇引里, 里, 梨'를 따로 설정하여 16자로 한 것이다. <실담장>에 소개된 '별마다' 4자의 'r^1, r^2, l^1, l^2'는 모음이 아니라 '紇里 [r^1], 紇引里 [r^2]. 里 [l^1], 梨 [l^2]'이어서 현대음성학에서 유음(流音, liquid)이라고 하는 구강(口腔)내 공명을 수반하는 자음을 말한다.

그러나 이 자음들은 범어(梵語)에서는 모음과 같이 스스로 음절을 형성하기 때문에 현대 생성음운론의 변별적 자질로 표시하면 [+syllabic]이 될 것이다. 따라서 모음과 구별할 수 없기 때문에 <실담장>에서는 마다(摩多)라 하여 모음으로 간주한 것이다. 고대인도의 음성학에서도 모음은 음절 형성을 가장 중요한 기능으로 본 셈이다.

이러한 전통은 앞의 1.4.3.6.에서 언급한 사우나카(Śaunaka)의 <리그베다학파의 음운서(*Ṛgvedaprāti şākhya*)>에서 비접촉음(asprṣṭa)으로 본 /a, ā, ṛ, ŕ, i, ī, u, ū, e, ai, o, au, ḷ/의 13음과 관련이 있을 것이다. 여기다가 몇 개의 음운을 바꾸고 추가한 것이 <실담장>의 16 마다(摩多)라고 할 것이다.

고대인도의 음성학에서 제1장의 서두인 1.0.0.에서 소개한 <베다학파의 음운서(Prāti śākhya)>와 파니니의 <팔장(*Aṣṭādhyāyī*)> 및 <파니니의 음성학(*Pāṇinīya Śikṣā*)>에서 모든 자음(vyańjana)은 발음기관(karaṇa, varṇa)이 조음위치(varṇa-sthāna)에서 접촉(sprṣṭa)이 일어나는 접촉자음(sparśa)들이며 이러한 접촉이 없는 모음과 유음은 음절(akṣara)을 형성한다고 보았다.

<리그베다학파의 음운서>에서는 동일한 장소에서 발음되는 모음성 음운들을 단(單)음절모음(samān-akṣara)과 복(複)음절모음(saṁdhi-akṣara)으로 나누고 단음절모음과 같은 조음위치에서 발음할 때에 길이가 길어지면 장(長)음절모음이라 하였다. 음절모음(akṣara)은 임근동(2022:172)에서 모음(母音)으로 보았으나 모음은 따로 스바라(svara)라고 하였음으로 여기서는 'akṣara'와 'svara'를 구별하여 후자를 모음으로, 전자를 음절모음으로 구분하였다.[135]

여기서 음절모음(akṣara)은 현대 생성음운론의 이론에서 [syllabic(成節性)]의 자질로 잘 설명된다. 현대 생성음운론(generative phonology)의 초기이론에 의하면 유음(流音)의 변별적

---

135 'akṣara'의 사전적 의미는 "글자, 소리, 문서"의 뜻이다. 그러나 <베다학파의 음운서>를 비롯한 고대인도의 음성학에서는 'svara(모음)'과 구별하여 'akṣara(음절모음)'라는 용어를 사용하였다. 불경에서는 일반적으로 'mātṛ(母)'의 주격 단수형 'mātā'를 한자로 摩多로 적어 'svara(모음)'과 'akṣara(음절모음)'의 대신으로 쓰고 한일 양국에서는 이를 '母音'으로 번역하여 쓴다. 모음이 음절 형성의 기본, 즉 字本으로 보기 때문이다.

자질은 [+vocalic(母音性), +consonantal(子音性)]이었으나 후기생성이론에 의하면 [-syllabic(成節性), +consonantal, +sonorant(鳴音性)]으로 표시되었다(Chomsky·Halle, 1968).

현대 생성음운론을 시작한 Chomsky·Halle(1968)에서는 음운의 주요부류 자질이던 [vocalic(모음성)]을 둘로 나누어서 [syllabic(성절성)]과 [sonorant(명음성)] 자질을 설정하였다. 그리하여 모음은 [+syllabic(成節性), +sonorant(鳴音性), -consonantal(子音性)]으로 자질을 표시하고 자음은 [-syllabic(성절성), -sonorant(명음성), +consonantal(자음성)]로, 그리고 유음(流音)은 [-syllabic, +sonorant, +consonantal]로 자질을 표시하였다.

유음과 모음과의 구별은 [syllabic] 자질의 [유무(∓)]에 의거한 것이다. 그러나 범어(梵語)의 별(別)마다 [ṛ, ṝ, ḷ, ḹ]의 네 음운은 현대 음운론에서 유음(流音, liquid)과 같은데 제 스스로 음절을 형성하기 때문에 그 자질을 [+syllabic(성절성)]로 표시해야 한다. 그렇게 되면 모음과의 구별이 불가능해진다.

즉, <실담자기>에서 마다(摩多)라고 하고 별도로 별마다(別摩多)라고 표시한 4 글자는 20세기 후반의 생성음운론에서 변별적 자질로도 통(通)마다의 12 모음과 구별할 수가 없다.[136] 따라서 <실담자기>에서는 이 음운을 따로 별마다(別摩多)라고 하여 별도의 음절모음(akşara)에 포함시킨 것이다.

1.5.2.3. 실담(悉曇)의 체문(体文) 35자는 <대반열반경>의 36자에 비하여 1자가 줄었다. 역시 전게한 일본의 실담(悉曇) 연구자인 田久保周譽(1981)의 <금산보필(金山補筆)>에 실담(悉曇) 35자의 체문(体文, vyañjana)을 河野六郎·千野榮一·西田龍雄(2001:474)에서 그대로 인용하였다. 이를 여기에 옮겨보면 다음의 [사진 1-11]과 같다.

여기서 편구성(遍口聲)이라 한 /ya, ra, la, va, śa, şa, sa, ha/는 田久保周譽(1981:157)에 의하면 반모음(半母音, antaḥsthā)의[137] /ya(也), ra(囉), la(羅), va(嚩)/와 유기마찰음(ūşman)의[138] /śa(奢), şa(沙), sa(娑), 訶(ha)/를 말한 것이다. 중자(重字)의 /llam, kşa/는 [lm]과 [ks]와

136 생성음운론에서 Jakobson·Fant·Halle(1955) 등의 초기 변별적 자질의 체재에서는 모음과 자음을 나누는 주요부류자질(the major class features)로 모음자질의 [母音性(vocalic)]과 자음자질의 [子音性(consonantal)]만 인정하였으나 Chomsky & Halle(1968)에서는 [母音性(vocalic)] 자질을 [成節性(syllabic)]과 [鳴音性(sonorant)]으로 나누었다.

137 'antaḥstha'는 "속격으로 ~의 내부에 있는 말"이란 뜻인데 고대인도의 음성학에서 'antaḥsthā'는 '半母音'으로 쓰인 것 같다.

138 'ūşman'은 "熱, 灼熱, 含氣音"이란 뜻으로 음성학에서 '/h/ 및 隨韻(anusvāra)'에 대한 문법 술어다.

같은 이중자음을 말한 것이다. 모두 약간의 접촉음(īṣatspṛṣṭa)으로 발음된 것이다.

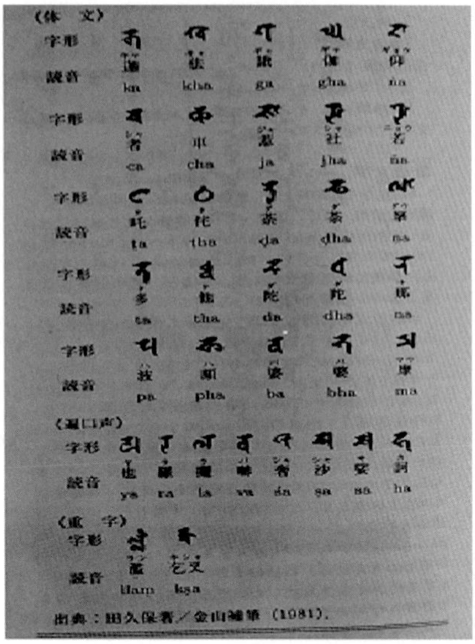

[사진 1-11] <실담장>의 체문(体文) 35자

편구성의 음운들은 역시 생성음운론에서 조음방식 자질(manner of articulation features)로 인정한 [지속성(continuant)] 자질로 표시할 수 있으며 이 자질을 갖지 않은 다른 음운들과 구별한 것이다. 즉, /ya, ra, la, va/의 반모음이라 한 음운과 유기마찰음, 또는 열음(熱音, ūṣman)이라 한 음운들은 모두 지속 자질이 [+continuant]이다.

다만 반모음(antaḥsthā, semivowel)은 명음성 자질이 [+sonorant]임에 반해 유기마찰음의 열음(ūṣman)은 [-sonorant]인 것이 다르다. 반모음의 /ya, ra, la, va/와 열음(熱音)의 /śa, ṣa, sa, ha/는 오로지 명음성의 [sonorant] 자질에 의하여 구분될 뿐이고 나머지 자질들은 모두 동일하다.

고대인도 음성학에서 조음체(karana or varṇa)가 조음위치에서 접촉(spṛṣṭa)에는 네 가지 방법으로 발음된다고 보았다. 첫째는 모음과 같은 '비접촉음(aspṛṣṭa)'이 있고 둘째는 자음과 같이 '접촉음(spṛṣṭa)'이 있다. 셋째는 '절반 접촉음(nemaspṛṣṭa)'과 넷째는 '약간 접촉음(īṣatspṛṣṭa)'이 있다고 한다. 편구성의 /śa, ṣa, sa, ha/와 같은 열음(ūṣman)은 넷째 번 약간의 접촉에 의한 유기마찰음을 말한 것이다.

셋째의 절반 접촉음(nemaspṛṣṭa)은 중자(重字)의 /kṣa/에서 볼 수 있는 [ks]와 같이 접촉과 마찰이 동시에 일어나는 음을 말한다. 즉, 폐쇄와 마찰이 동시에 수반하는 파찰음(affricate)을 말하는데 한국어의 /ㅈ, ㅊ/도 절반의 접촉(nemasprṣta)에 의한 음운이라고 할 수 있다. 그러나 중국의 성운학(聲韻學)에서는 이러한 구분은 하지 못하였다.

1.5.2.4. 앞의 [사진 1-11]에서 보여준 바와 같이 범자(梵字)와 실담(悉曇) 문자는 첫 번째로 /ka, kha, ga, gha, ng/의 순서로 제정되었다. 이에 의거하여 표음문자를 만든 7세기 중반의 티베트 서장(西藏) 문자와 13세기 중반에 원대(元代)의 파스파 문자, 그리고 15세기 중반의 한글에서는 유성 유기음의 /gha, dha, ḍa, bha/의 글자를 제외하고 모두 같은 순서로 문자가 시작된다.

유성유기음(sonant aspirates)은 인도어에만 있기 때문에 중국 성운학의 사성(四聲), 즉 전청(全淸), 차청(次淸), 전탁(全濁), 불청불탁(不淸不濁)에서는 이를 인정하지 않았다. 그리하여 전청의 무성무기음(surd unaspirated sounds)과 차청의 유기음(aspirates), 전탁의 유성음(sonant), 그리고 불청불탁의 비음과 구강공명음(nasal and resonants)을 구별하였을 뿐이고 유성유기음은 없었다.

고대인도 음성학에서 유성음(ghoṣin, sonant)과 무성음(aghoṣa, surd), 그리고 유기음(soṣman, aspirated), 비음(nāsikya, nasal)을 구별하여 같은 부류의 음운을 계열(varga)라 하였다. 즉, 유성음 계열(ghoṣin varga), 유기음 계열(soṣman varga), 비음 계열(nāsikya varga)로 나누었다.

이것이 중국에 들어가 유성음은 전탁(全濁), 유기음은 차청(次淸), 그리고 비강(鼻腔)이나 구강(口腔)에서 공명(共鳴)을 수반하는 음을 불청불탁(不淸不濁)이라 하여 조음방식에 따른 사성(四聲)으로 중국 성운학에서 재현된 것이다. 전청(全淸)은 무성무기계열이고 차청은 유기계열, 그리고 전탁은 유성계열, 불청불탁은 비음, 또는 명음(鳴音)계열이라고 할 수 있다.

즉, 서장문자와 파스파 문자, 그리고 한글의 세 문자는 조음위치와 조음방식에 따라 /k. kh, g, ng/, /t, th, d, n/, /p, ph, b, m/, /c, ch, j, s, z/, /ɦ, h, ɤ, null/의 순으로 문자가 제정되었다. 범자, 실담, 서장문자, 파스파 문자, 그리고 한글이 모두 /k, kh, g, (gh), ng/로 시작되었고 이것은 이 문자들이 같은 계통임을 말해준다.

즉, 훈민정음에서는 "ㄱ 君字初發聲, ㅋ 快字初發聲, ㆁ 業字初發聲, ㄲ 虯字初發聲"과 같이 아음(牙音, velar)의 위치에서 /ㄱ[k], ㅋ[kh], ㄲ[g], ㆁ[ng]/의 순서로 글자를 만들고 이어서 설음(舌音, dental-alveolar)에서 /ㄷ[t], ㅌ[th], ㄸ[d], ㄴ[n]/, 순음(脣音, labial)에서 /ㅂ[p], ㅍ

[ph], ㅃ[b], ㅁ[m]/, 치음(齒音, palatal)에서 /ㅈ[ts], ㅊ[tsh], ㅉ[dz], ㅅ[s], ㅆ[z]/, 그리고 후음(喉音, guttural)에서 /ㆆ[ɦ], ㅎ[h], ㆅ[ɣ], ㅇ[null]/을 만들었다.

또 이들 문자는 무성음 계열(aghoṣa varga)의 /k, t, p, c, s/와 유기음 계열(ghoṣin varga)의 /kh, th, ph, tsh, h/, 유성음 계열(ghoṣin varga)의 /g, d, b, dz, z/, 그리고 비음 계열(nāsikya varga)의 /ng, n, m/을로 나눌 수 있다. 한글에서는 유성음이 변별적이지 못하여 유성음으로 제자된 /ㄲ, ㄸ, ㅃ, ㅉ, ㅆ, ㆅ/는 모두 성문긴장(glottal tension)의 /k', t', p', ts', s', h'/로 음가를 바꿔서 쓴다.

중국 성운학에서는 무성음 계열을 전청(全淸), 유기음 계열을 차청(次淸), 유성음 계열을 전탁(全濁), 비음(鼻音) 계열을 불청불탁(不淸不濁)이라 하였다. 모두 조음방식에 의한 구분이다. 전청은 무성무기음, 차청은 무성유기음, 전탁은 유성무기음, 그리고 불청불탁은 비강 또는 구강의 공명을 수반하는 음으로 보인다.

다만 한글에서는 전탁이 전술한 바와 같이 성문긴장음(glottal tension)으로 바뀌었다. 유성음이 변별적이지 못하기 때문이다. 세종이 새 문자를 제정할 때에 가장 고심했던 대목이고 당시에는 이 음운에 대음하는 글자를 만들지 못하고 향찰(鄕札), 이두(吏讀) 등에서 성문긴장의 된소리에 사용하던 한자 질(叱)을 빌려 된 시옷의 'ㅅ'으로 /ㅺ, ㅼ, ㅽ, ㅾ, ᄻ/으로 표기하였다.

1.5.2.5. 임근동(2022)에서는 당승(唐僧) 지광(智廣)의 『실담자기(悉曇字記)』는 조선 전기까지 우리나라에 소개되지 않았으므로 아마도 고려대장경에 들어있는 『유가금강정경석자모품(瑜伽金剛頂經釋字母品)』(1권)을 신미(信眉) 대사가 참고하였을 것이라 하였다(임근동, 2022: 167).

이 불경은 당(唐)에서 활약하던 북천축(北天竺)의 불공(不空, Amogha Āįra)이 번역한 것으로 범자(梵字) 50자에 대한 뜻을 밝혔다. 그리하여 고려대장경에 수록된 <유가금강정경석자모품(瑜伽金剛頂經釋字母品)> 1권에 16자의 모음을 포함한 구강공명을 수반하는 글자를 소개하였고 이어서 참자음에 해당하는 34자를 소개하였다.

즉, 이 범어들은 현대의 생성음운론에서 [+ sonorant, 명음성 자질]을 수반하는 음운으로 소개한 /a, ā, i, ī, u, ū, ṛ, ŕ, l, ĺ, e, ai, o, au, am̊, ah̥/가 /a. i, u/의 단(短) 모음과 장(長)모음, /e, o, ai, ou/의 복모음에 넣었고 비(鼻)모음(anusvāra)의 /am̊/과 유기모음(visarjanīya)의 /ah̥/, 그리고 / ṛ, ŕ, l, ĺ/와 같은 유음(流音, liquid)을 모두 모음(svara)에 넣었다.

여기서 /e/와 /o/를 복모음으로 본 것은 /e/를 [i + a]로, /o/를 [ə + u]로 보았기 때문이다. 즉, /e/는 /a/의 전설모음(front vowel), 그리고 /o/는 /u/의 중모음(mid-vowel)으로 이해한 것 같다. 훈민정음에서 /e/를 [ㅓ + ㅣ]로 보아 /에/로 쓴 것은 어쩌면 이런 범자(梵字)의 음운 인식과 연관이 있을지도 모른다.

모음에서 단(單)모음(samān-akṣara)과 복(複)모음(saṁdhi-akṣara)의 구별은 단독(sama)으로 음절(akṣara)을 형성하는가, 아니면 결합(saṁdhi)에 의한 것인가에 의한 것이다. 앞의 1.4.3.1.에서 살펴본 바와 같이 범자는 음절 문자로서 기본적으로 악샤라(akṣara), 즉 음절 단위로 자음과 모음이 결합된 문자다. 단(單)모음은 그 자체로 음절과 동급의(samāna) 음운이고 복모음은 단모음과 결합된(saṁdhi) 음운이다.

훈민정음에서 모음의 글자로 천지인(天地人) 삼재(三才)를 상형(象形)하여 기본자 'ㆍ(天), ㅡ(地), ㅣ(人)'의 중성자(中聲字) 3자를 만든다. 'ㆍ[ɐ]'는 후설저모음, 'ㅡ[ɨ]'는 중설중모음, 그리고 'ㅣ[i]'는 전설고모음을 표음한 것이다. 여기에 후설모음 계통의 'ㅗ[o], ㅏ[a]', 중설모음 계통의 'ㅜ[u], ㅓ[ə]'의 4자를 더하여 7자의 모음 글자를 만든 것이다.

이것이 훈민정음에서 제정한 7자의 단(單)음절모음(samān-akṣara)들이다. 다만 이 7자의 모음자들은 우리말 음운에 맞춘 것이 아니라 훈민정음의 모델이었던 파스파 문자의 유모(喩母) 7자에 맞춘 것이다(졸저, 2015:261). 훈민정음은 이어서 이중모음의 'ㅛ, ㅑ, ㅠ, ㅕ'의 4자를 더하여 모음의 중성(中聲) 글자를 11자로 하였다.

이때의 'ㅛ[yo], ㅑ[ya], ㅠ[yu], ㅕ[yə]'는 말할 것도 없이 복음절모음(saṁdhy-akṣara)으로 신미(信眉) 대사가 <실담장(悉曇章)>의 12 마다(摩多)에 맞추어 4자의 복모음을 추가한 것이다(졸고, 2016b). 세종이 가족들과 함께 새 문자를 제정하던 초기에 파스파 문자에 의거하여 초성 27자를 만들면서 유모(喩母), 후대의 동국정운 23자모의 욕모(欲母)에 속하는 모음의 글자로 7자만 인정하였을 것으로 추정된다.

1.5.2.6. 아시아에서 제정된 범자(梵字) 계통의 문자들은 모두 /k/로 시작한다. 따라서 조선의 한글도 범자(梵字), 실담(悉曇), 서장(西藏), 파스파 문자와 같은 계통의 문자임을 이로써 확인할 수 있다. 그러나 지금까지 어떤 한글학자도 이런 문제에 관심을 갖지 않았다. 오로지 한글이 독창적인 문자라고 여기고 있을 뿐이다.

그동안 성현(成俔, 1439~1504)의 『용재총화(慵齋叢話)』를 비롯하여 이수광(李睟光, 1525~1628)의 『지봉유설(芝峰類說)』(1614, 20권 10책)의 권18에서는 "我國諺書字樣, 全倣梵字 - 우리나라

언서, 즉 언문의 글자 모양은 모두 범자를 모방한 것이다"라고까지 하였다. 그리고 심지어 <용재총화>(권7)에서는 "中聲十二字, 其字體依梵字爲之 - 중성 12자는 그 자체가 범자에 의거하여 만들었다"라 하여 중성을 12자로 보기도 하였다.

이러한 주장이 나온 것은 훈민정음이란 이름으로 조선의 세종 새로 만든 문자가 범자(梵字)를 비롯하여 실담(悉曇) 문자 등에 소급됨을 깨닫게 한다. 세종은 15세기 중반에 훈민정음(訓民正音)이란 명칭으로 제정한 한글은 당시 한국어 한자음을 정리하여 <동국정운(東國正韻)>이란 운서를 편찬할 때에 발음기호로 사용한 것이다. 그리하여 "백성들에게 가르쳐야 하는 올바른 한자음"이라는 뜻의 '훈민정음(訓民正音)'이란 명칭을 부여한 것이다.

초기에 세종이 가족들과 새 문자를 제정할 때에는 파스파 문자를 참고하였고 후에 신미(信眉) 대사가 참여하여 불가(佛家)의 진언(眞言)인 범자(梵字)를 모방해서 고대인도의 성명기론(聲明記論)이란 고도로 발달된 음성학의 이론에 의거하여 변별적 자질을 글자로 표시하는 매우 과학적인 문자를 만들었다,

그리고 범자(梵字)가 악샤라(akṣara)라는 단위의 글자를 인정한 것처럼 훈민정음도 초성과 중성, 그리고 종성을 결합하여 음절 단위로 표기하였다. 다시 말하면 만자(滿字)라는 실담(悉曇)으로 훈민정음을 적게 한 것이다. 그리하여 한국의 개화기 시대에 외국인들의 한글 연구에서는 한글의 범자(梵字) 기원설(起源說)이 대세를 이루었다.

즉, 한글에 대하여 최초로 언급한 서양학자는 프랑스의 동양학자 아벨-레무자(J. P. Able-Rémusat)로서 그의 Abel-Rémusat(1820)에서 한글을 소개하였다. 그러나 그는 한글이 거란(契丹) 문자나 여진(女眞) 문자의 계통이라고 하였다. 당시로서는 이렇게 볼 수밖에 없었을 것이다.

이보다 조금 늦게 영국의 선교사였던 Edkins(1871)와 독일의 Gabelentz(1892), 프랑스의 Lacouperie(1892) 등 서양의 한글 연구자들은 한글이 범자(梵字)에서 온 것이라고 주장하였다. 또 일본의 시라토리 구라기찌(白鳥庫吉) 등 많은 동양의 한글 연구자들은 한글이 파스파 문자에 의거한 것이라는 주장을 폈다(白鳥庫吉, 1897b).[139]

139 이에 대하여는 졸저(2022:752~770)에서 상세하게 논의하였다.

3) 비가라론(毘伽羅論)과 성명기론의 전파

1.5.3.0. 고대인도의 문법과 음성학은 중국에서의 한역(漢譯) 불경 속에 들어있어 아시아의 여러 나라에 전파되었다. 중국에서 불경의 번역이 유행하였고 또 중국의 고승(高僧)들이 스스로 불경을 찬술하기도 하여 한역 불경과 더불어 이들을 모두 대장경(大藏經)이라 불렀다. 또 이들이 고려대장경에 그대로 포함되었다.

이 대장경 가운데는 비가라론(毘伽羅論, 毗伽羅論)이란 술어가 도처에서 발견된다. 이 술어는 앞의 1.1.0.4.에서 살펴본 바와 같이 산스크리트어 'Vyākaraṇa(분석하다)'의 한자(漢字) 표기로 비가라(毘伽羅), 비가라나(毘伽羅那), 비가라남(毘伽羅諵)이라고 썼다. 그리하여 졸저(2022)에서는 이를 고대인도의 분석문법으로 보았다.

천축(天竺)의 승려 축불념(竺佛念)이 한역(漢譯)한 『보살영락본업경(菩薩瓔珞本業經)』(하권)에는 옛 불도(佛道)에서 배워야 하는 십이부경(十二部經)의 하나로 비가라나(毘伽羅那)를 들었다. 그리고 비가라론의 음성 연구인 성명기론(聲明記論)은 성명처(聲明處), 성명(聲明)이란 이름으로 <팔장>의 음성학에서 거론되었는데 이것이 불경에서 비가라론을 대신하여 소개되었다.

즉, 성명기론이란 성명(聲明)에 대한 비가라론(毘伽羅論)의 연구를 말한다. 비가라론을 '기론(記論)'으로 한역하였으므로 '성명기론'은 음성 연구인 성명(聲明)을 비가라론에 의거하여 연구하는 것을 말한다. 중국에서는 이것을 들여다가 전술한 바와 같이 한자음 연구에 이용하였다.

중국어는 산스크리트어와 문법 구조가 기본적으로 다르다. 고립어인 중국어는 굴절어인 산스크리트어의 문법 형태들이 어순(語順)에 의하여 처리된다. 따라서 중국에서는 비가라론의 굴절 문법으로 중국어를 연구하는 것은 어려웠다. 오히려 한자음(漢字音) 연구에 유용한 성명기론(聲明記論)이 더 발달하게 된다. 그리하여 비가라론(毘伽羅論)이란 문법론을 성명기론으로 보거나 그저 성명학(聲明學)으로 부르기도 한다.

1.5.3.1. 불가(佛家)에서 '성명(聲明)'은 앞의 1.1.0.5.에서 논의한 것처럼 5명(明)의 하나로 오명(五明)은 다섯 가지 학문이나 기예를 말한다. 오명(五明)의 하나인 성명(聲名),[140] 즉 섭타

140 원래 聲明記論의 '聲明'은 5명(明, pañca-vidyā-sthāna)의 하나로 五明은 다섯 가지 학문이나 기예를 발한다. 섭타필태(攝拖苾馱, śabda-vjdyā)의 '攝拖'는 聲(śabda)으로 인간의 발화음을 말하며 '苾馱'는 '明

필태(攝拖苾馱, śabda-vjdyā)는[141] 음성으로 의미를 전달하고 깨닫게 되는 인간 능력의 하나를 말한다. 이를 한역(漢譯)하여 성명학(聲明學), 또는 성명기론(聲明記論)이라고 한다.

측천무후(則天武后) 때에 당(唐)에 들어와 활약하던 천축(天竺)의 승려(僧侶) 가섭(迦葉)도 12살에 외도(外道)에 출가하여 바라사라(波羅奢羅)에게서 성명(聲明), 즉 비가라론의 음성학을 배웠다는 기사가 있다. 남(南)인도인으로 60세에 삼장(三藏)을 만나 불교에 귀의한 가섭(迦葉), 즉 보리류지(菩提流志, Bodhiruci, 572~727 A.D.)는 『대보적경(大寶積經)』(1권)의 자서(自序)에서

> 南天竺國淨行婆羅門種, 姓迦葉氏也. 年十有二, 外道出家, 事波羅奢羅, 學聲明、僧佉等論幷曆數、呪術及陰陽等. 年踰耳順, 遽乃心歸, 知外法之乖違, 悟釋教之深妙, 隱居名嶽, 積習頭陁. 初就耶舍、瞿沙三藏, 學經論, 其後遍遊五天竺國. - 남 천축국의 정행(淨行)인 바라문의 후예로 성은 가섭이다. 나이가 12살 때에 외도에 출가하여 성명(聲明). 승법(僧法) 등과 더불어 역수(曆數), 주술, 음양 등을 배웠다. 나이가 60을 넘어 마음에 돌아감을 따라 외법(外法)의 틀리고 다름을 알고 부처의 가르침이 심오하고 오묘함을 깨닫게 되었다. 명산에 숨어 지내며 속세의 번뇌를 버리고 불도를 배워 쌓았으며 집에 돌아와 삼장(三藏)을 살피고 경론을 배웠다. 그 후에 다섯 천축국을 돌아다녔다.

이라고 서술하였다. 따라서 그가 어려서는 비가라론의 음성학, 즉 성명(聲明), 또는 성명기론(聲明記論)을 배웠음을 알 수 있다.

이 학문은 인도의 지식인들에게 필수적이었고 안도에 유학한 수(隋), 당(唐)의 승려들도 이를 모두 학습하였다. 예를 들어 앞의 1.1.0.5.에서 언급한 대로 <남해기귀내법전>에서는 당(唐)의 승려 현장(玄奘)이 스승인 계현(戒賢, Śilabhadra, 尸羅跋陀羅) 법사도 성명기론을 배웠다고 적었다.

즉, 이 불경에 "[戒賢法師] 兼學婆羅門書、印度梵書, 名爲記論. - [계현 법사가] 바라문의 책과 인도의 범서(산스크리트 문자)를 배웠는데 이름을 기론이라 하다"라고 하여 현장의 스

(vidyā)'으로 배운 것을 분명히 한다는 뜻이다. 五明에 대하여는 졸저(2019b:137~138)에서 상세하게 논의되었다.

141 앞의 1.1.0.5.에서 인용한 『南海寄歸內法傳』(권4)에 "[전략] 夫聲明者梵云攝拖苾馱, 攝拖是聲 苾馱是明, 卽五明論祉一明也.- [전략] 대체로 성명을 범어로 말하기를 '섭타필태'라고 하는데 攝拖(śabda)는 聲이고 必馱(vidyā)는 明이라고 할 수 있다"라는 언급을 참고할 것. 이 불경은 당나라 義淨 법사가 기원후 670년경에 인도를 비롯하여 南海의 여러 곳을 돌아보고 尸利佛逝國 에 머물면서 자신이 순례했던 여러 나라의 견문 내용을 정리한 경전이다.

승인 계현법사가 바라문서(婆羅門書), 즉 <팔장>의 기론(記論)을 배웠음을 밝히고 있다. 이때의 '기론'은 바로 비가라론(毘伽羅論)이나 성명기론(聲明記論)을 말한다.[142]

1.5.3.2. 비가라론이 언급된 불경은 "대반열반경(大般涅槃經), 대승장엄경론(大乘莊嚴經論), 반야등론석(般若燈論釋), 보행왕정론(寶行王正論), 별역잡아함경(別譯雜阿含經), 금칠십론(金七十論), 바수바두법사전(婆藪槃豆法師傳), 일체경음의(一切經音義)" 등이 있고 이 가운데 <대반열반경>에 가장 많이 출현한다.[143]

이 외에도 앞에서 거론한 『대당대자은사삼장법사전(大唐大慈恩寺三藏法師傳)』(<삼장법사전>으로 약칭하였음)과 『대당서역기(大唐西域記)』, 『남해기귀내법전(南海寄歸內法傳)』에서 <팔장>의 비가라론, 그리고 이를 저술한 파니니에 대하여 비교적 자세하게 설명하였다. <삼장법사전>과 <대당서역기>는 모두 현장(玄奘)의 서역 여행기를 주된 내용으로 하고 있다.

또 앞의 1.4.0.2.에서 소개한 <삼장법사전>을 포함한 세 경전은 인도에서 저술된 것이 아니고 중국 당(唐)의 고승들의 전기(傳記)이며 여행기이지만 고려대장경에 포함되어 한반도를 비롯한 아시아의 여러 나라에 전해졌다. 물론 조선 세종 때의 함허당(涵虛堂)과 신미(信眉)를 비롯한 승려들이 탐독한 불경이다.

<남해기귀내법전>의 기사에서 파니니(波你尼, 波膩尼로도 씀)는 인도 간다라 왕국(王國)의 오탁가한다성(烏鐸迦漢荼城, Udakakhānda)의 사라도라읍(娑羅覩邏邑)에서 태어났고 어려서부터 박학하여 문자를 배우고 언어를 연구하였으며 자서를 만들었다고 한다. 여기서 '자서(字書)'는 아마도 문법서인 파니니의 <팔장>을 말하는 것임을 전술하였다.

1.5.3.3. 천 개의 게송(偈頌)이 갖추어졌고 32개의 말로 이루어졌으며 고금의 문자와 언어에 적용될 수 있다고 한 것은 바로 그가 <팔장>에서 제시한 문법 규칙, 앞에서 언급한 수드라(sūtra)를 말한 것이다. 이 책을 간다라(Gandhara) 국왕(國王)에게 진상하였고 왕은 이

142 이에 대하여는 『一切經音義』(권23)의 "記論外道卽毗伽羅論是也。"라는 기사를 참조할 것.

143 『대반열반경』은 중국의 晉나라 때에 法顯(337~422 A.D.)이 번역한 <대반열반경>(3권)이 있지만 東晋 때에 활약한 인도의 曇無讖(Dharmarakṣana, 385~433 A.D., 曇摩懺, 曇無懺으로도 씀)이 姑藏, 즉 후일의 高昌에서 沮渠蒙遜의 厚待를 받으며 北涼 10년(421 A.D.)에 『*Mahāparinirvāṇa*, 摩訶般涅槃那』을 번역한 것을 원본으로 여기는데 이를 <北本 涅槃經>(40권)이라고 부른다. 후에 劉宋 慧觀과 謝靈運이 北本을 참고하면서 다시 번역한 것을 <南本 열반경>(36권)이라고 하는데 본고에서는 北本(40권)을 참고하였다.

를 나라의 문자 교과서로 삼았음을 알 수 있다.

또 파니니가 고향인 사라(娑羅, Śālārura)의 솔도파(窣堵波)에서 그가 저술한 <팔장>으로 후진을 교육하였고 그곳에 그를 기념하는 동상(銅像)이 있었음도 증언하고 있다. 또 그가 죽은 후에도 <팔장>의 교육은 계속되었으며 학교에서는 아동들을 매질까지 하면서 이 비가라론과 성명기론을 가르쳤음을 알 수 있다.

실제로 현대의 서양 언어학사에서 파니니(Pāṇini)에 대하여는 그렇게 많이 언급되지 않았다. 다만 그가 간다라(Gandhara) 사람이며 기원전 5~3세기 사람으로 그의 <팔장>만이 오늘날 전해 와서 고대인도의 음성학이 얼마나 발달되었는가를 알려줄 뿐이라고 하였다(Robins, 1997).

그런데 이 <대당서역기>의 위에 소개한 기사를 보면 그의 출생지와 그가 활동한 지역을 분명하게 밝혀놓았다. 그리고 그의 사후에도 <팔장>은 면면하게 교육되었음을 알 수 있다. 그리고 이 책은 알렉산더 대왕이 인도를 침략할 때에 희랍에 전달되어 알렉산드리아 학파의 드락스(D. Thrax)에 전달되어 비가라론으로 희랍문법을 정리하게 된다(졸저, 2022:71).

본서의 제2부 1.1.3.6.에서 드락스의 『문법기술(文法技術, *Τέχνη Γραμματικη, Téchnē Grammatikē*)』(Thrax, 120 B.C.)을 소개하면서 그가 <팔장>으로부터 동사의 문법 속성(parepōmena)으로서 서법(τρόπος, tropos), 태(態, διαθεζις, diathesis), 시제(τενσ, tense), 인칭(ὑπό στασις, person) 등의 활용에 보이는 굴절 형태와 그 기능을 고찰하고 이를 희랍어의 문법 연구에 적용시켰다.

역시 다음의 제2부 1.1.3.4.에서 희랍어의 명사를 <팔장>의 8격(kāraka)으로부터 희랍어에서 5격(πτῶσις, case)을 인정하여 희랍어의 문법을 확립한 것으로 보았다. 그리고 앞의 1.4.6.6.에서 살펴본 바와 같이 드락스의 희랍어문법에서 인정한 수(數, αριθμός)는 <팔장>에서 수(數, vacaná)를 문법 속성으로 보고 이를 다시 단수(單數, eka-vacaná), 복수(複數, bahu-vacaná), 그리고 양수(兩數, dva-vacaná)로 나눈 것과 관련이 있을 것이다.

역시 앞의 1.4.6.6.에서 논의한 바와 같이 <문법기술>에서 인정한 인칭(人稱, ὑπόστασις)도 <팔장>의 인칭(puruṣa)으로부터 왔다. <팔장>의 인칭(puruṣa)에는 1인칭(uttama puruṣa)과 2인칭(mādhyama puruṣa), 그리고 3인칭(prathama puruṣa)으로 나누었다. 이것을 한역할 때에 1인칭을 설자유(說自有), 2칭은 설타유(說他有), 3인칭은 당체유(當體有)라고 하였다.

4) 범자(梵字)에 의한 아시아 여러 민족의 문자

1.5.4.0. 고대인도의 문법론이던 비가라론(毘伽羅論, 毗伽羅論)과 그의 음성 연구인 성명기론(聲明記論)이 불경(佛經)을 통하여 아세아의 여러 나라에서 문자 제정과 그와 관련한 언어 연구에 지대한 영향을 끼쳤다. 그리고 한자(漢字)와 달리 표음문자를 제정하여 자신들의 말을 표기하는데 사용하였다.

예를 들면 비가라론과 성명기론에 의거하여 제정된 티베트의 서장(西藏) 문자와 원대(元代) 파스파 문자를 들 수 있다. 원래 티베트인이었던 팍스파(hP'ags-pa) 라마(喇嘛)가 서장(西藏)문자를 모델로 하여 한자음과 원(元) 제국(帝國)의 여러 언어를 표기할 수 있는 표음 문자로 만든 것이 파스파 문자다.

팍스파 라마는 티베트 출신으로 티베트어로 འཕགས་པ་བླ་མ (hP'ags-pa Lama)이어서 그에 맞추어 본서에서는 '팍스파'로 부른다. 다만 그가 제정한 파스파 문자는 한자 명칭인 '八思巴'가 현대 중국어인 보통화(普通話)의 발음이 'pha-su-pa'여서 이에 따라 파스파로 한다.

어떤 한국의 연구자가 필자의 '파스파 문자'라는 명칭이 일본학자들의 것을 맹종(盲從)한 것이라고 비난한 바가 있다(송기중, 2016). 그러나 오히려 '팍바'라는 명칭이 전 시대의 일본학자들이 부르던 명칭이어서 이러한 비난은 거꾸로 된 것으로 보지 않을 수 없다. 예를 들어 우리에게 널리 알려진 파스파 문자의 논문 服部四郎(1984a,b,c)에서 'パクパ字(八思巴字)'라 하여 '파구파' 문자라고 하였다.

우리 학계에서도 이를 따라 '팍바'라고 하는 연구자들이 종종 발견된다. 티베트 문자에서 중간의 '[s]'가 묵음(黙音)이라고 간주하고 이를 '팍바'로 한 것 같다. 그러나 『원사(元史)』(권202), 「전(傳)」(제89), '석로팔사파(釋老八思巴)'조에서는 앞의 서장 글자를 '八思巴, 八思馬, 帕克斯巴'로 표기하고 또 <원사>(권4), 「세조기」에 '八合思巴'로 하여 모두 /s/를 '思, 斯'의 한자로 표기하였으므로 [s]가 묵음이 되지 않은 것을 알 수 있다. 따라서 이를 '팍바'로 읽는 것은 잘못된 것이다.

1.5.4.1. 파스파 문자의 모델이 된 서장(西藏) 문자는 기원 후 650년경에 티베트 토번(吐蕃)의 송첸감보(Srong-btsan sgam-po, 松贊干布) 대왕이 톤미 아누이브(Thon-mi Anu'ibu)를 인도

로 유학시켜 비가라론(毘伽羅論)과 성명기론(聲明記論)을 배우고 돌아와서 티베트어를 표기할 수 있는 서장(西藏) 문자를 제정하였다.

졸저(2015:62~63)에서는 이 서장(西藏) 문자에 대하여 다음과 같이 소개하였다.

> 문자의 모습은 카시미르(Kashmir) 문자를 본떴고 라사르 성(城) 마루에서 수정한 다음 문자와 문법의 <팔론(八論)>을 만들었으며 왕은 4년간 이것을 배웠다고 한다. 카시미르 문자란 인도의 서북부 카시미르 지역의 언어인 카시미르 언어를 표기한 사라다(Sarada)[144] 문자를 말하는 것으로 8세기(世紀)경에 당시 갠지스 강 중류 지역과 동인도, 서북 인도, 카시미르 지역에 보급되었던 싯담마트리카(Siddhamātṛkā) 문자의 서부파(西部派)에서 만들어진 것이다. 카시미르의 카르코다카(Karkoṭaka) 왕조는 3세기에 걸쳐 이 지방을 지배하였고 이 세력에 의거하여 사라다(Sarada) 문자는 카시미르에서 펀자브, 서인도, 북(北)인도에 퍼져나갔다.[145]

이를 보면 이 서장 문자가 싯담마트리카(Siddhamātṛkā), 즉 실담(悉曇) 문자를 본떠서 만들었으며 파니니의 <팔장>의 문법으로 티베트어를 분석하고 음운을 추출하여 문자화한 것임을 알 수 있다.

서장(西藏) 문자는 30개의 자음 문자(sal-je süm-chü)를 제정하고 모음은 /a/의 한 글자 이외로는 별도의 글자를 만들지 않았다. 모음의 표기는 앞의 1.1.4.3.에서 논의한 바와 같이 자음자에 붙이는 뷔라마(virāma), 즉 구분부호(diacritical mark) 5개를 만들어 사용하였다. 이를 사진으로 보이면 다음과 같다.

[사진 1-12] 서장(西藏) 문자의 모음 표시 구분부호[146]

144 사라다(Sarada)라는 명칭은 카시미르 지역의 守護女神인 사라다 데뷔(Śāradā Devī)에서 온 것이다. '사라다'는 시바神의 부인 '파라웨디'를 말한다.

145 인도의 대표적인 문자 데바나가리(Devanagari script)와 티베트 문자가 자형(字形)을 달리 하는 것은 사라다 문자의 영향을 받았기 때문으로 생각한다. 사라다 문자에 대한 것은 졸저(2012:80~81)를 참고할 것.

146 [사진 1-12]는 河野六郎·千野榮一·西田龍雄(2001:598)에서 재인용. /ka/ 이외의 /ki, ku, ke, ko/에는 모두

그러나 모음 /a/와 그 외의 자음 29자는 중국 성운학의 36자모의 영향을 받은 것으로 보이는데 이를 사진으로 보이면 다음의 [사진 1-13]과 같다. 이 사진을 보면 원래 서장문자에서는 29개의 자음 글자와 모음 글자로 /a/의 1자밖에 만들지 않았으나 앞의 [사진 1-12]에서 보인 것과 같이 [ka]에 붙인 5개의 구분부호(virāma)로서 /i, u, e, o/]를 표기할 수 있음을 말 수 있다.

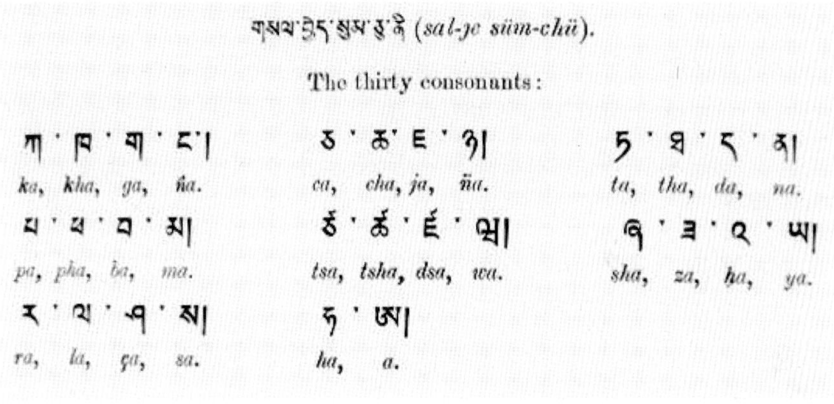

[사진 1-13] 서장(西藏) 문자의 30자모(字母)[147]

이러한 문자의 제정은 파니니 문법으로 대표되는 고대인도의 비가라론(毘伽羅論)과 반자론(半字論)의 음운 연구에서 영향을 받은 것으로 비가라론의 음성 연구, 즉 성명기론(聲明記論)으로부터 조음위치의 '아(牙), 설(舌), 순(脣), 치(齒), 후(喉)'와 조음방식의 전청(全淸), 차청(次淸), 전탁(全濁), 불청불탁(不淸不濁)에 따라 자음 문자를 배치하는 방법에 따른 것이다.

이 문자는 이렇게 고대인도의 고도로 발달된 음성학의 이론인 성명기론의 이론으로 제정된 표음문자이어서 토번(吐蕃)의 티베트어만이 아니라 주변의 여러 언어를 표기하는데 매우 편리하여 여러 언어가 이를 빌려 자국의 언어를 표기하였다(졸저, 2009:149~50). 티베트에서는 지금도 이 문자를 사용한다.

1.5.4.2. 이 서장(西藏) 문자 제정의 성공으로 중국의 북방 민족 사이에서는 새 나라를

서로 다른 뷔라마(virāma)를 붙여 표시하였다.

147 [사진 1-13]은 졸저(2012:82)에서 재인용하였다.

건국하면 먼저 새 문자를 제정하는 전통이 생겨났다. 10세기 초엽에 거란(契丹)의 요(遼)나라를 세운 태조(太祖) 야율아보기(耶律阿保機)는 나라를 세운지 14년째인 신책(神冊) 5년(920 A.D.)에 돌려불(突呂不) 등에게 거란(契丹) 대자(大字)를 만들게 하였다.

그리고 몇 년 후에 태조(太祖)의 동생인 질랄(迭剌)이 거란 소자(小字)를 만든다. 후자는 위구르 문자의 영향을 받은 것으로 표음문자로 알려졌다. 이렇게 제정된 거란 문자의 대자(大字)와 소자(小字)는 요(遼)나라의 국자(國字)로 사용되었으나 오늘날 그 해독은 지지부진하다. 우선 거란어의 재구가 어렵기 때문에 이를 표기한 거란문자의 해독도 쉽지가 않았다.

거란(契丹)의 요(遼)가 망하고 여진(女眞)의 금(金)이 건국하자 역시 금(金)의 태조(太祖) 아구타(阿骨打)가 12세기 초에 여진 문자를 만든다. 즉, 『금사(金史)』(권73) '완안희윤(完顔希尹)'조를 보면 천보(天輔) 3년(1119)에 여진자를 만들어 태조(太祖)가 이를 반포하였다는 기사가 있다. 이것이 여진(女眞) 대자(大字)이다. 역시 <금사(金史)>(권4)에 제3대 희종(熙宗)의 천권(天眷) 원년(元年, 1138)에 여진 소자(小字)를 제정하여 반포하였다는 기사가 있다.

이렇게 제정된 여진 문자는 거란 문자에 가려서 오래도록 잘 쓰이지 않았다. 그리하여 금대(金代)에 만들어진 여러 비문(碑文) 등의 금석문에 쓰인 글자들이 여진 문자로 간주하였지만 후대에 거란 문자임이 밝혀진 예가 매우 많다(金光平·金啓綜, 1980).

1.5.4.3. 금(金)을 멸망시키고 이 지역을 차지한 몽골의 칭기즈칸은 13세기 초에 위구르 문자를 빌려다가 몽골어를 적게 하였다. 칭기즈칸이 위구르족의 나이만(乃灣)을 정복하고 태양칸의 신하인 타타퉁아(塔塔統阿)를 포로로 잡아 그로 하여금 몽고어를 적게 하였더니 그는 위구르문자로 몽고어를 표기하였다고 한다(졸저, 2015:92~94). 이것이 몽고-위구르 문자다.

칭기즈칸은 아들들에게 이 문자를 교육하고 몽고-위구르 문자를 몽골 제국(帝國)의 문자로 인정하였다. 오늘날에도 내몽고에서는 이 문자를 교육문자로 사용한다. 만주족의 청(淸)을 세운 누르하치(努爾哈赤)가 17세기 초에 이 몽고-위구르 문자를 빌려다가 만주어를 표기하여 만주 문자가 되었다. 현재 북경(北京)의 자금성(紫禁城)에 있는 모든 편액(扁額)은 이 만주문자로 쓰였다.

남송(南宋)을 멸망시키고 중국의 전역을 정복하여 원(元) 나라를 건국한 쿠빌라이 칸(忽必烈汗), 즉 원(元) 세조(世祖)는 즉위 초에 국가의 통치를 위하여 파스파 문자를 제정하고 지원(至元) 6년(1269)에 황제의 조령(詔令)으로 이를 반포하여 원(元) 제국(帝國)의 공용 국자(國字)

로 삼았다.

파스파(八思巴) 문자는 라마승 팍스파(hP'ags-pa) 라마에게 명하여 서장(西藏) 문자를 모델로 하여 고대인도의 성명기론으로 제정된 표음문자여서 한자음의 표음에 이용되었다. 그리하여 파스파 문자로 한자음을 표음한 『몽고운략(蒙古韻略)』, 『몽고자운(蒙古字韻)』, 그리고 {증정(增訂)}<몽고자운> 등의 <운서(韻書)>를 간행하였다.

몽운(蒙韻)으로 알려진 이 운서들은 한반도에서 고려 말과 조선 초기에 널리 이용되었다. 그리고 조선 초기에 세종으로 하여금 훈민정음이라는 새 문자를 제정하는 직접적인 동기를 부여하였다. 파스파 문자나 이 문자의 모델인 서장(西藏) 문자는 모두 범자(梵字)처럼 첫 글자가 /ka/로 시작하고 /kha, ga, nga/의 순서로 문자를 만들었다. 훈민정음도 /ㄱ k, ㅋ kh, ㄲ g, ㆁ ng/의 순서로 글자를 제자(製字)하였다.

1.5.4.4. 일본의 가나(假名) 문자는 범자(梵字)와 실담(悉曇)을 모방하여 만든 문자다. 물론 한자의 편방(偏旁)을 떼어 글자로 썼지만 글자의 순서는 모두 범자와 실담을 따른 것이다. 그리하여 범자가 마다 14자와 체문 36자로 50자이었을 때에는 여기에 맞추어 오십음도(五十音圖)를 만들어 가나(假名) 문자를 교육하였다.

그러나 <실담장>에서 마다 12자 체문 35자로 하여 모두 47자로 줄이니까 일본에서는 'いろは 47자'로 줄여서 가나 문자를 가르쳤다. 가나문자는 원래 51자였지만 고쥬온즈(五十音圖)라고 한 것과 <실담장>의 실담 47자에 맞추어 '이로하(いろは) 47자'로 한 것은 모두 일본의 가나 문자가 범자와 실담을 따른 것임을 알 수 있다.

범자(梵字)에서 마다(摩多)의 모음자를 기본으로 한 것처럼 일본의 가나(假名) 문자도 'a[ア], i[イ], u[ウ], e[エ], o[オ]'의 'ア[a]행(行)' 모음 5자를 기본으로 하였다. 실담(悉曇)의 마다(摩多) 12자에서 이중모음의 2자를 제외하고 10자인데 이것은 5자의 장음과 단음으로 나눈 것이다. 따라서 장단의 구별을 없애고 이중모음 2자를 제외하면 가나(假名) 문자에서 모두 5자가 된다.

그리고 이 5모음자에 'k, s, t, n, h, m, i계이중모음, r, w계중모음'을 결합한 'カ[ka], サ[sa], タ[ta], ナ[na], ハ[ha], マ[ma], ヤ[ya], ラ[ra], ワ[wa]' 행의 순서로 45글자를 더하여 모두 50자를 정하고 끝에 음절 말(coda)에만 쓰이는 'ン[ng]'을 추가하여 51자가 되었다. 그럼에도 불구하고 범자(梵字)의 자모수(字母數)에 맞추어 가나(假名) 문자에서는 오십음도(五十音圖)라 하였다(졸고, 2020b).

현대 일본 가나문자를 고쥬온즈(五十音圖)라고 하는 것은 바로 범자(梵字)의 50자에 맞추어 가나문자를 만든 것이다. 전술한 <대반열반경>에서 범자는 기본 글자로 14자의 모음을 정하고 이어서 36개의 자음을 더하여 모두 50자를 인정하였기 때문이다. 일본의 나라(奈良) 시대에 고쥬온즈(五十音圖)로 가나(假名) 문자를 정리한 기비노마기비(吉備眞備, 693/695~775 A.D.)는 아마도 이 50자의 범자(梵字)에 의거하여 이 가나문자를 정한 것으로 보인다.

기원후 6세기경부터 유행한 실담(悉曇) 문자는 모음의 마다(摩多, mātṛ) 12자와 자음의 체문(体文, vyaňjana) 35로 하여 모두 47자만 인정하였고 전술한 <실담자기(悉曇字記)> 등에서 널리 알려졌다. 일본에서는 실담(悉曇)의 47자가 유행하자 헤이안(平安) 시대 이후에는 'いろは 47자(字)'로 하는 가나문자 교육이 시작되어 에도(江戶) 시대 초기까지 유행하였다.

그러나 'いろは 47자(字)'는 이때를 지나서 사라지고 에도(江戶) 중기부터 다시 고쥬온즈(五十音圖)로 돌아가서 가나(假名) 문자로 51자가 현재도 일본어의 표기에 사용되고 있다. いろは 47자(字) 일본에서 실담학(悉曇學)이 발달하면서 실담의 47자가 원래 50자의 브라미(Brāhmi) 문자에서 온 것임을 깨달은 것이다(졸저, 2011:382~389).

제2장 중국의 자학(字學)과 운학(韻學)

2.0.0. 중국은 유라시아 대륙의 동부의 중앙에 위치하여 오래 전부터 찬란한 문화를 영위하였다. 따라서 중국어는 수천 년의 오랜 역사를 갖고 변천해 온 언어라고 할 수 있다. 그리하여 각 시대의 언어에 대한 명칭도 각 시대별, 또는 왕조(王朝)별로 다르게 부른다. 현재의 중국에서는 한어(漢語)라고 부르고 중국어란 명칭은 그래서 쓰지 않는다.[1]

뿐만 아니라 중국은 광대한 지역에 걸쳐있어 각 지역의 방언(方言)도 의사소통이 불가능한 개별 언어의 수준으로 다르다. 필자는 다음에 다시 논의하겠지만 한어(漢語)는 원대(元代) 북경(北京)을 중심으로 중국에서 공용어가 된 한아언어(漢兒言語)를 줄인 말로 보기 때문에 중국에서 사용되는 언어를 추상적인 중국어로 부르기로 한다.

중국어는 중국의 역사시대가 시작한 상대(商代)의 언어는 구체적인 언어 자료를 찾을 수가 없어서 주대(周代)에 낙양(洛陽)의 아언(雅言), 즉, 상고중국어(Archaic Chinese)으로부터 시작한다. 이 말의 구어(口語)로 볼 수 있는 <시경(詩經)>을 비롯하여 사서오경(四書五經)의 문어(文語) 등 비교적 많은 자료가 남아있었다. 이러한 아언(雅言)을 한자로 적은 것을 한문(漢文)이라고 한다.

이어서 춘추전국시대를 거쳐 진(秦)이 도읍을 함양(咸陽)으로 정하고 천하를 통일한 다음에 뒤를 이은 한당(漢唐)의 수도인 장안(長安)의 서북(西北) 방언이 천여 년 동안 중원(中原)의 공통어로 사용되었다. 이를 통어(通語), 또는 범(凡)통어, 즉 중고중국어(Ancient Chinese)라고 한다.

통어(通語)는 아언(雅言)처럼 유경(儒經)의 언어가 아니기 때문에 권위가 없어서 이 말을 한자로 적은 것도 한문(漢文)이 아니라 변문(變文)으로 보기도 하였다. 그러나 이 시대에 많은 문학작품이 나왔고 특히 불경(佛經)이 이 통어로 번역되어 한자로 정착하였기 때문에

1 董同龢(1968:1)의 序頭에 "'中國音韻學'也是個可用的名字, 那是因爲在不太嚴格的時候, 我們都用'中國語'來代替'漢語'"라고 하여 중국어보다 漢語가 이 시대의 정확한 용어임을 강조하였다.

이것도 한문으로 본다.

그러다가 원대(元代)에 수도였던 북경(北京) 주변의 동북방언이 원(元) 제국(帝國)의 공용어로 인정되어 사용되면서 이 시대의 중국어, 즉 근고한어(近古漢語, Middle Chines)가 중국어의 대표 언어로 부상(浮上)한다. 명대(明代)에 일시적으로 남경(南京)의 언어가 공용어로 사용되었으나 다시 북경(北京)으로 천도하여 한어(漢語)는 계속되어 명(明)의 통용어가 되었다.

그리고 명의 뒤를 이은 청대(淸代)에 북경(北京)의 만다린은 제국(帝國)의 공용어로 인정되어 북경관화(北京官話)가 중국어의 대표가 된다. 이를 근대한어(近代漢語, Modern Chinese)라고 한다. 따라서 중국에서 표준어, 또는 공용어로 쓰인 언어는 수차례 변하였지만 본서에서는 중국 대륙에서 사용되는 일체의 언어를 모두 중국어라고 부른다.

굳이 시대적 차이를 구별하기 위해서는 본서에서 아언(雅言), 통어(通語), 한아언어(漢兒言語), 근대한어로 구분하여 부르고 보통화(普通話)인 현대한어(Contemporary Chinese)를 구분한다. 중국어의 역사에 대하여 굳이 필자가 한아언어(漢兒言語)를 강조하는 것은 원대(元代)의 이 언어가 실제 존재하는 것을 졸고(1999)로 필자가 국제 중국어학계에 처음으로 소개했기 때문이다.

이로 인하여 중국어 연구의 역사상에 처음으로 한아언어(漢兒言語)의 존재를 인정하게 되었고 그로부터 중국어 역사에 대한 기술이 변하였기 때문이다. 다만 필자는 원대(元代) 한아언어(漢兒言語)가 중세한어(Middle Chinese)로 본다. 왜냐하면 이 한아언어에는 현대의 한어(漢語)가 가진 언어적 특징들이 이미 이 언어에서 보여주기 때문이다.

따라서 필자는 중국어의 역사를 상고(上古)어(Archaic Chinese), 중고(中古)어(Ancient Chinese), 중세(中世) 한어(Middle Chinese), 근대(近代) 한어(Modern Chinese), 현대 보통화(Contemporary Chinese)의 5시기로 나누려고 한다. 보통 언어사의 삼분법, 즉 고대, 중세, 근대의 구분에서 상고어를 하나 더 인정한 것이다. 사서오경(四書五經)의 중국어를 따로 구별한 것이다.

2.0.1. 이러한 중국어의 역사에 대한 필자의 독특한 생각은 굳이 중국어와 한어(漢語)를 구분하는 이유가 될 것이다. 다만 현대 한어를 포함하는 중국어는 주변 국가와 다르게 고립적 문법 구조를 가진 어근어(語根語, radical language)로서 언어의 문법 요소는 거의 어순(語順)에 의존하고 모든 낱말은 하나하나가 사전적 의미를 갖는 한 음절 단위로 되었다.

이러한 언어를 표기하기 위하여 표의 문자인 한자(漢字)가 계발(啓發)되어 사용하였다.

이 문자는 중국어의 낱말 하나하나를 표의화(表意化)시킨 표의 문자다. 서로 다른 기호에 의해서 개별적인 형태소를 문자로 표시하는 독특한 문자 표기 체계가 기원전 20세기의 이전부터 발달한 것이다.

이 문자들은 각기 자생적인 기원을 갖고 있어 이를 탐구하는 연구가 자학(字學), 즉 문자학을 발달시켰다. 이러한 표의적인 문자 체계와 중국어 문법에서 고립적(孤立的)인 성격인 중국어를 기술하게 되어 독특한 언어 연구를 만들어내게 되었다. 그리하여 중국에서의 언어 연구는 한자(漢字)를 정리하는 일로부터 시작된다.

표의(表意) 문자인 한자(漢字)는 원래 '형(形), 음(音), 의(意)'의 세 부분으로 이루어졌다. '형(形)'은 한자의 획(劃)과 같은 자체(字體)를 말하며 '음(音)'은 이 글자의 발음을 말한다. '의(意)'는 이 글자의 뜻으로 예를 들어 '東'자는 '東'(日+木)'이란 자체(字體)와 '동쪽'이라는 의미, 그리고 '동[dong]'이란 발음이 있다.

한자의 자전(字典)은 자형(字形)을 기준으로 한자를 배열하고 그 뜻을 찾는 자서(字書)가 있고 자의(字意), 즉 뜻에 따라 한자를 분류 배열한 유서(類書)가 있으며 발음에 따라 한자를 배열한 운서(韻書)가 있다. 즉, 한자의 '형(形), 음(音), 의(意)'의 세 부분에 따라 글자를 배열하고 그 글자의 자형(字形)과 자의(字意), 자음(字音)을 정리한 세 종류의 자전(字典)이 있었던 것이다. 여기서 자전(字典)은 한자의 사전이란 뜻도 있지만 바로 중국어의 사전도 된다.

2.0.2. 중국에서 언어 연구는 한자를 연구하는 자학(字學)으로부터 시작한다. 자학은 당연히 한자의 자전(字典)을 편찬하는 일로 발전한다. 한자의 자전(字典)을 편찬하는 일이 오래 전부터 있었고 이를 편찬하면서 각 글자의 의미와 발음을 고찰하게 되었다. 그리고 이것은 자연히 중국어의 의미와 음운을 연구하는 일로 발전하였다.

그리하여 중국어의 연구는 한자를 정리하여 이를 사전으로 만드는 일이 중심이 되었다. 한자에 대한 사전은 전술한 바와 같이 한자(漢字)가 가진 세 가지 기능, 즉 전술한 형(形), 음(音), 의(意)에 따라 자서(字書), 운서(韻書), 유서(類書)가 있었으며 모두 한자의 자전(字典)이기도 하고 중국어의 사전 역할을 하였다.

자서(字書)는 자형(字形)의 부방(部傍), 즉 부수(部數)와 편방(偏旁)에 의거하여 한자를 분류하고 그 의미를 밝힌 자전(字典)이다. 후한(後漢) 때에 허신(許愼)이 편찬한 『설문해자(說文解字)』(58~147? B.C.)를 그 효시(嚆矢)로 본다. 이후에 옥편(玉篇)이란 이름으로 불리는 자서가 많이 편찬된다.

자서의 시작인 <설문해자>는 모두 15권으로 한자 9천여 자를 540부(部)로 분류하여 수록하였다. 그리고 육서(六書)의 원리에 의거하여 글자의 모양을 분석하고 해설하였다. <설문해자> 이후에는 옥편(玉篇) 등의 이름으로 한자를 부수(部數)와 획수(劃數)로 나누어 싣고 이의 뜻과 발음을 소개하는 자서(字書)가 유행하였다.

운서(韻書)는 한자의 발음에 의거하여 글자를 배열하고 그 발음과 글자 모습, 그리고 뜻을 밝히는 사전이다. 일찍부터 한자의 자전(字典)으로 운서가 유행한 것으로 보인다. 운서의 서명으로 보이는 문헌이 여러 자료에 나타나기 때문이다. 그리고 중국에서 새로운 왕조(王朝)가 탄생하여 새로 표준어를 정할 때마다 운서를 교체하였다.

새 왕조를 건설한 부류의 언어를 기반으로 하는 황제(皇帝)의 흠찬(欽撰) 운서가 간행되어서 새로운 한자음에 의하여 과거 시험을 보아서 조국(肇國)과 더불어 통치계급의 물갈이를 꾀하였던 것이다. 현재 남아있는 것으로 가장 오래 된 운서는 수대(隋代)의 육법언(陸法言)이 편찬한 『절운(切韻)』(601 A.D.)으로 이것 역시 칙찬(勅撰) 운서였다.

유서(類書)는 유사한 의미의 한자를 모아놓은 것으로 한자의 자전(字典)으로 가장 오래된 『이아(爾雅)』(6C? B.C.)가 있다. <이아>는 『시경(詩經)』과 『서경(書經)』의 한자들을 추려서 19편(篇)으로 나누고 그 자의(字意)를 전국시대와 진한(秦漢)대의 언어로 해설하였다. 이 유서는 주공(周公)의 소작으로 알려졌지만 실제는 주대(周代)로부터 한 대(漢代)에 이르는 여러 대에 걸쳐 여러 학자들에 의하여 편찬된 것이다.

중국에서 가장 오래된 문헌으로 인정하는 <시경(詩經)>은 중국의 춘추시대(春秋時代)에 민요(民謠)를 채집하여 묶은 시집(詩集)이다. <서경(書經)>은 중국의 요순(堯舜) 때부터 주대(周代)에 이르기까지의 정치사로서 공자(孔子)가 수집하여 편찬한 것이라고 한다. 흔히 상서(尙書)라고 불리기도 한다.

이 두 책의 한자를 의미에 따라 분류하여 유서(類書)로 만든 <이아(爾雅)>는 송대(宋代)에는 경서(經書)로 인정되었고 이를 주석한 문헌이 매우 많다. 후대에는 유서(類書)와 자서(字書)를 결합한다든지 운서(韻書)와 결합시킨 자전(字典)이 유행하였다. 그리하여 후대에는 한자의 자전(字典)인 유서(類書), 운서(韻書), 그리고 자서(字書)가 서로 결합하여 편찬된다.

송대(宋代)의 서현(徐鉉)이 옹희(雍熙) 3년(986 A.D.)에 <설문해자(說文解字)>를 교정하여 운서의 반절(反切)을 붙여서 『교정설문(校定說文)』(30권)을 간행하였다. 이를 <대서본(大徐本) 설문해자>라고 한다. 그의 동생인 서개(徐鍇)는 『설문해자전운보(篆韻譜)』를 편찬하여 이를 <소서본(小徐本) 설문해자>로 불렸다. 자서와 운서의 만남으로 이루어진 자전(字典)이다.

이후 자서와 운서를 결합시킨 많은 자전(字典)들이 편찬되었다. 원대(元代)의 음시부(陰時夫)의 『운부군옥(韻府群玉)』은 운서와 옥편, 즉 운서와 자서의 결합으로 한자를 배열하고 이를 풀이한 백과사전이다. 조선 선조 때의 권문해(權文海)가 지은 『대동운부군옥(大東韻府群玉)』은 이를 추종한 것이다.

2.0.3. 중국에서는 고립어인 중국어의 문법 연구보다 한자음의 연구를 중심으로 음운 연구가 발달하였다. 그리하여 중국 최고(最古)의 시가인 <시경(詩經)>의 운율 연구가 이루어졌다. <시경>은 춘추시대에 여러 나라의 민요를 모은 풍(風), 궁정의 음악인 아(雅), 종묘(宗廟)에 제사를 지낼 때 음악인 송(頌)의 셋으로 나누어 노래를 모았다.

<시경>의 운율 연구로부터 운학(韻學)이 발달하고 많은 운서(韻書)가 편찬되었다. 그러나 이때에 간행된 운서들은 오늘날 전하는 것이 없어 운학이 어떻게 전개되었는지 알기 어렵다. 예를 들면 육조(六朝)시대에 편찬된 것으로 알려진 이등(李登)의 <성류(聲類)>, 여정(呂靜)의 <운집(韻集)>, 하후해(夏侯該)의 <운략(韻略)> 등이 있었다고 하나 오늘날 전하는 것이 없다(王力, 1994:4).

한대(漢代) 이후에 불경(佛經)과 함께 중국에 들어온 고대인도의 성명기론(聲明記論)으로 반절법(反切法)이 만들어져 한자음 표기에 상용되면서 운학은 성운학(聲韻學)으로 발달한다. 이러한 중국의 음운 연구는 한자(漢字)라는 표의 문자에 대한 학습과 반절(反切)에 의한 표음의 방법을 개발하고 이를 성운학으로 확대하면서 음운 연구가 성행한 것이다.

특히 중국에서는 한(漢) 이후에 과거법(科擧法)의 시행으로 한자의 발음에 대한 관심이 높아졌다. 중국은 한(漢)나라 이후에 모든 인재의 발탁을 과거(科擧)에 의존하였고 이로 인하여 같은 음운을 모아 운서(韻書)를 편찬하는 사업은 국가의 중요한 언문(言文) 정책이 되었다. 즉, 중국에서는 과거의 시행을 위하여 한자의 표준음을 정하고 이를 황제의 칙찬(勅撰) 운서로 간행하였다.

그리고 이 운서의 한자음으로 과거를 시행하여 국가의 통치 계급을 물갈이 하는 제도를 일찍부터 개발하였다. 중국은 광활한 지역에서 서로 다는 방언(方言)을 사용하여 한자(漢字)가 서로 다른 발음으로 읽혔다. 따라서 어떤 한자음을 표준으로 정하는 것이 조국(肇國)의 가장 중요한 사업이 되었다.

그리하여 새로 국가가 건국(建國)되면 먼저 표준음을 정하고 이를 칙찬(勅撰) 운서로 공표하여 이 한자음으로 시(詩), 부(賦) 송(頌), 책(策)을 짓게 하는 과거를 시행하였다. 자신들이

정한 한자음으로 시험하여 합격한 추종 세력들을 하급관리로 임명함으로써 통치 계급을 물갈이한 것이다.

이러한 특수성 때문에 중국의 언어 연구에서 운학(韻學), 또는 성운학(聲韻學)으로 불리는 음운의 연구는 한자음 연구가 중심이 되었다. 이 장(章)에서는 이에 대하여 고찰하기로 한다.

1. 시경(詩經)의 연구와 운학(韻學)의 발달

2.1.0.0. 중국어는 고대인도의 산스크리트어와 달리 고립적 문법구조의 언어다. 따라서 고대인도에서 발달한 비가라론(毘伽羅論)이 불경을 통하여 유입되었어도 형태론이나 통사론보다 성명기론(聲明記論)이라는 음성학의 이론만이 한자음 연구에 이용되었다. 많은 한역(漢譯) 불경에서 비가라론을 성명기론으로 부른 것은 그런 이유가 있었던 것이다.

중국에서는 성명기론이 들어오기 이전부터 시(詩)의 운율을 연구하는 운학이 발달하였다. 그것은 중국어가 굴곡조(屈曲調, glide-pitch contour system)의 성조어(tone language)였기 때문이다.[2] 따라서 중국어로 쓴 시가(詩歌) 문학이 발달하였고 모든 한시(漢詩)는 평측(平仄)과 각운(脚韻)이라는 성조와 음절 구조의 운율(韻律)로 이루어져서 그 음악성으로 아름다움을 더하게 되었다.

따라서 중국에서 음운 연구는 이러한 시가의 운율을 주제로 하여 일찍부터 <시경(詩經)>의 운율을 연구하는 운학(韻學)이 성행하였다. 운학은 표의 문자인 한자의 발음 연구와도 연관을 맺으며 중국에서 언어 연구의 중심 분야가 되었다. 그리하여 수많은 운서(韻書)들이 간행되었고 수대(隋代)의 <절운(切韻)> 이후에 모든 운서의 한자음은 서역의 역경승들이 고안한 반절(反切)로 표음되었다.

2.1.0.1. 고대 중국에서는 한자(漢字)란 문자를 사용하기 이전에도 노래가 있어 구전(口

---

2 성조어(tone languages)에서 굴곡조(glide-pitch contour system)와 평판조(level-pitch register system)의 구별에 대하여는 Pike(1948)을 참고할 것. 그러나 20세기 후반의 생성음운론에서는 이러한 성조어의 구별을 비판하고 새로운 성조 연구 방법을 제시하였다.

傳)되었다. 예를 들면 선사(先史)시대로 보아야 하는 삼황(三皇) 오제(五帝) 시대의 요제(堯帝) 때에 유행했다는 강구가(康衢歌)와 격양가(擊壤歌)의 두 수를 들어보면 다음과 같다.

강구가(康衢歌)
立我蒸民, 莫匪爾極;
不識不知, 順帝之則. (『列子』 仲尼 편)

격양가(擊壤歌)
日出而作, 日入而息
鑿井而飮, 耕田而食.
帝力何有於我哉? (『帝王世紀』)

이 두 수의 중국 고대민요 가운데 먼저 강구가(康衢歌)와 격양가(擊壤歌)는 <시경(詩經)>의 주송(周頌)에 수록된 것이므로 당연히 당시의 운율에 맞추어 지은 것이지만 격양가의 운율은 전국(戰國)시대 이후에도 성행하였다(王力, 1994:1). 따라서 중국의 운학(韻學)도 시대의 변천에 따라 변하지 않고 전수되는 것도 있지만 시대에 따라 변하는 것도 있었다.

앞에서 중국어는 수천 년의 역사가 있고 또 지역별로 많은 방언으로 나뉘어 있어 어느 시대 어는 지방의 언어를 시(詩)로 읊고 여기에 나타나는 운율을 살펴보는 일은 결코 간단하지 않다. 상고(上古) 시대에도 운율을 사용한 운문(韻文)을 사용하였다. 따라서 시구(詩句)에 일정한 간격으로 같은 운(韻)을 반복하여 넣는 압운(押韻)의 방법은 시대에 따라 변하였고 그에 의한 운율도 역시 변하게 된다.

예를 들면 <노자(老子)>에서는 전부 같은 압운이 반복되는 운문으로 되었고 <순자(荀子)>, <장자(莊子)>, <열자(列子)>, <문자(文子)>, <여씨춘추(呂氏春秋)>, <회남자(淮南子)>, <법언(法言)> 등에서는 부분적으로 운문을 사용하였다. 뿐만 아니라 복역명(卜易銘)과 고지문 등의 석각(石刻)의 명문(銘文)에서도 운율을 보이는 문장을 사용하였다.

2.1.0.2. 그러나 중국어의 변천에 따라 성조도 변해서 사용되는 한문의 운문(韻文)도 변하였다. 시가(詩歌)와 기타 운문에서 사용하는 표준 성조는 세 시기로 나누어 보는 것이 일반적이다. 즉, 당(唐) 이전을 제1기로 하고 당(唐) 이후 오사(五四) 운동 이전까지를 제2기로 잡는다. 그리고 오사(五四) 운동 이후로부터 현대까지를 제3기로 구분한다(王力, 1994:3).

제1기에서는 완전히 구어(口語)에서 압운(押韻)이 발견되고 제2기에는 사곡(詞曲)과 속문학(俗文學)을 제외하고 운문에서의 압운은 구어에서는 나타나지 않는다. 다만 제3기에서는 옛날 방식의 시(詩)를 제외하거나 제1기의 시풍(詩風)으로 돌아가지 않은 작품은 구어에서 압운을 표준으로 삼았다. 따라서 제1기, 즉 당대(唐代)와 그 이후에 이러한 운율을 연구하여 편찬한 많은 운서(韻書)가 간행된다.

압운(押韻)과 더불어 운율(韻律)에서 중요한 것은 평측(平仄)이다. 중국어는 성조어(聲調語)이고 중국에서 사성(四聲)의 존재를 밝힌 것은 북위(北魏) 때에 심약(沈約)의 <사성보(四聲譜)>(489 A.D.)로 본다. 그는 중국어에서 평상거입(平上去入)의 사성(四聲)을 인정하고 또 이들이 운문(韻文) 속에서 평측으로 대립하여 율격(律格)을 형성한다고 하였다.

심약(沈約)의 평측(平仄)은 저조(low tone)인 평성과 나머지 측성(仄聲), 즉 거성(去聲, high tone), 상성(上聲, low-rising tone), 입성(入聲, checked tone)을 말한다. '측(仄)'은 '측(側)'으로서 '평(平)'이 아니라는 뜻이다. 평성(平聲)과 대립해서 측성(仄聲)과 둘이 교차하여 운율을 형성하는 것을 말한다.

그러나 중국어에서 평성의 저조와 나머지 측성(仄聲)의 성조들은 시대의 변천과 더불어 변해갔기 때문에 현대 중국어로 중고(中古) 중국어(Ancient Chines)나 상고(上古) 중국어(Archaic Chinese)의 시가(詩歌)들의 평측(平仄)을 따라가기 어렵다. 한자에서 음운의 역사적 변천을 따라가 보면 근대 중국어의 실제 저조의 평성이 반드시 중고음이나 상고음에서 평성으로 나타나지 않기 때문이다.

예를 들면 오사(五四) 운동 이후의 중국 근체시(近體詩) 중에는 '평평측측(平平仄仄)'의 장단(長短) 운율(韻律)에 대하여 '측측평평(仄仄平平)'의 단장(短長)의 운율이 교체하여 율격을 형성한다. 그러나 이러한 운율의 패턴이 상고(上古), 또는 중고(中古)의 고시(古詩)에서 그대로 나타난 예가 없다.

2.1.0.3. 중국 시가(詩歌)에서 운율과 더불어 중요한 것은 대장(對仗)이다. 이것은 언어의 대우(對偶) 표현인데 여기서 '장(仗)'은 '의장(儀仗)'에서 온 것으로 두 개가 상대한다는 뜻이다. 즉, 시가에서 상대적 연구(聯句)가 나란히 연결되는 어구의 대우(對偶) 표현을 말한다. 한문 문체에서 병려체(騈儷體)와 같이 두 필의 말이 나란히 달리는 형상으로 문장이 연결되는 것을 말한다.

예를 영국시인 바이런(Byron)의 시구(詩句)에 다음과 같은 표현이 있다.

One shade the more, one ray the less, or
The smiles that win, the tints that glow.

My boat is on te shore,
And my bark is on the sea.

— 王力(1994:8)에서 재인용.

위의 시구(詩句)들은 앞에 어구(語句)를 받아서 뒤의 어구가 대칭적으로 표현한 것이다. 따라서 그로부터 시적 아름다움을 느끼게 된다. 중국어의 시간에서 이러한 표현 방식은 예부터 매우 널리 사용되었다.

다만 중국어는 고립어(孤立語)이기 때문에 일음절(一音節) 어휘가 많고 또 이들을 표의문자인 한자로 적었다. 따라서 영어의 예와 같이 이음절 이상의 어휘가 대응되는 경우는 드물다. 예를 들면 다음과 같다.

就其深矣, 方之舟之,
就其淺矣, 泳之遊之. <시경>의 북풍(北風)

用之則行, 舍之則藏. <논어> 술이(述而)
食不厭精, 膾不厭細. <논어> 향당(鄕黨)

전술한 한문의 병려체(騈儷體) 문장은 이와 같은 대장(對仗), 즉 대우법을 최대한 살린 한문 문체다. 예를 들면 다음과 같다.

靑靑子衿, 悠悠我心. <시경> 정풍(鄭風)
草木暢茂, 禽獸繁殖. <맹자> 등문공(藤文公)상
上食槁壤, 下飮黃泉. <맹자> 등문공(藤文公)하

2.1.0.4. 중국어의 시가는 자수(字數)에 의한 운율(韻律)도 있다. 중국어는 일음절의 어휘가 많고 이를 한자의 한 글자로 표기하기 때문에 한자의 규칙적인 자수(字數)의 반복이 운율을 형성한다. 중국어의 시가에서 시구(詩句)는 매우 중요한 운율의 단위이고 이들은 한자의 일정한 자수로 결정한다.

많은 언어의 시(詩)에서 운율의 형성 단위는 어구(語句, phrase)인 경우가 많다. 중국어의 시가도 어구 단위로 운율이 형성된다. 그런데 중국어에서 한 어구(語句)는 보통 2언(言)에서 11언(言)으로 이루어진다고 한다. 여기서 언(言)은 일음절의 어휘를 말하고 하나의 한자로 표기된 단위를 말한다. 따라서 한자의 자수(字數)가 시의 형식을 결정한다.

중국어의 시가에서는 사언(四言)에서 시작해서 오언(五言), 그리고 칠언(七言)으로까지 변하였다. 물론 이언(二言)이나 삼언(三言), 구언(九言)이나 십일언(十一言)의 시(詩)가 불가능한 것은 아니다. 한대(漢代)의 가요(歌謠)에는 삼언(三言)으로 된 시가가 있다. 예를 <한서(漢書)>의 '천마가(天馬歌)'를 들어본다.

太一貺, 天馬下.
霑赤汗, 沫流赭.
籋浮雲, 晻上馳.
體容與, 迣萬里
今安匹, 龍爲友.

— 王力(1994:12)에서 재인용.

그러나 중국에서 시(詩)의 시원(始原)이라고 할 수 있는 <시경>은 4언(言)이 중심이다. 그러나 지방에 따라 오언(五言), 육언(六言), 그리고 칠언(七言)도 있다.

예를 들면 <시경> 왕풍(王風)에 다음은 3언(言)~7언(言)의 시를 보여준다.

揚之水, 不流束薪;
彼其之子, 不與我戍申.
懷哉, 懷哉, 曷月予還歸哉!

— 王力(1994:13)에서 재인용.

일반인이 오언(五言)의 시를 시작한 것은 서한(西漢) 때의 일이라 한다. 칠언(七言)의 시는 오히려 오언(五言)보다 일찍 있었다고 하지만 당대(唐代)에는 칠언(七言)과 오언(五言)이 같은 비중으로 유행하였다.

2.1.0.5. 중국에서의 학문은 대부분 과거시험과 관련하여 발달한다. 한대(漢代) 이후에 국가의 인재 등용이 과거(科擧)에 의존하게 되면서 학문도 발달하게 된다. 과거에 응과(應科)

하기 위하여 과시서(科試書)를 읽고 배워야 했기 때문이다.

한시(漢詩)도 과거시험의 과목에 들어있기 때문에 매우 발달하게 된다. 따라서 한시(漢詩)는 엄격한 규칙, 즉 평측(平仄)과 압운(押韻), 각운(脚韻)에 의한 운율이 매우 정밀하게 규정되었다. 이러한 운율의 한시(漢詩)를 율시(律詩)라고 하며 여기에는 배율(排律)과 절구(絶句)도 있어 모두 3종류의 율시(律詩)가 있었다.

배율(排律)의 시란 10구(句) 이상의 율시(律詩)를 말한다. 앞에 구가 다음 구와 대우(對偶)가 되는 경우에 이를 배율(排律)이라 한다. 예를 들면 사령운(謝靈運)의 <於南山往北山經湖中瞻眺 - 남산에서 북산을 가면서 호수 가운데의 맑음을 보다>라는 시는 다음과 같이 시작한다.

> 朝旦發陽崖, 景落憩陰峰.
> 舍舟眺廻渚, 停策倚茂松.

모두 20구(句)로 된 오언(五言)의 이 시를 보면 평측(平仄)에 의한 운율과 각운(脚韻), 즉 '애(崖, ai)'와 '저(渚, zhŭ)'; '봉(峰, fēng)'과 '송(松, sōng)'의 교차가 가져오는 운율이 절묘하게 음악성을 높인다. 거기다가 앞에 구(句)가 다음 구와 대음이 되었다. 이러한 시를 오언율시(五言律詩)라고 하고 칠언(七言)이면 칠언율시라고 한다.

그러나 대구(對句)가 없는 율시(律詩)를 절구(絶句)라 한다. 즉, 대응의 구(句)가 없다는 뜻이다. 그리하여 오언(五言)율시, 칠언(七言)율시가 있고 절구(絶句)도 오언절구, 칠언절구가 있었다. 여기서 절구란 배율(排律)의 대응 시구(詩句)가 없는 것을 말한다. 8구의 율시(律詩)에서 대구(對句)를 없앤 4구(句)만을 절구(絶句)라 한다.

예를 들면 이백(李白)의 <春夜雒陽聞笛 - 봄밤에 낙양에서 저(笛)소리를 듣다>는 칠언(七言) 절구(絶句)로 된 4구(句)의 명시(名詩)다.

> 誰家玉笛暗飛聲? 散入東風滿洛城.
> 此夜曲中聞折柳, 何人不起故園情?

이 시는 원래 8구로 되어야 배율(排律)의 7언 율시(律詩)인데 대구(對句)가 없는 4구(句)만이어서 7언 절구라 하는 것이다.

이와 같은 시가의 연구를 위한 운율의 연구, 즉, 운학(韻學)이 중국에서는 일찍부터 발달하였고 이것이 후일 중국어의 연구로 이어진다.

1) <시경>의 운율 연구와 초기 운서

2.1.1.0. 전술한 바와 같이 고대인도에서 베다(Vedic) 경전의 산스크리트어(saṁskrtam)와 당시에 사용되는 프라크르타(prākṛta)의 차이에 주목하여 비가라론(毘伽羅論)이란 굴절어의 문법과 성명기론(聲明記論)이란 음성 연구가 시작되었다. 이와 똑 같이 중국에서도 <시경(詩經)>의 상고 중국어(上古語, Archaic Chinese)를 연구하는 것으로 시작한다.

그리고 고대희랍에서 코이네(Koinē)와 당시 희랍의 여러 방언을 비교하여 음운과 문법의 연구가 발달한 것처럼 중국에서는 <시경>이란 고전 서사시(敍事詩)의 운율 연구로부터 언어에 대한 관심과 연구가 시작한 것이다. 기원전 4~3세기경의 춘추시대에 유행한 <시경>의 중국어는 아름다운 운율로 읊어진다.

예를 <시경>(권1)의 첫 구절인 「주남관저(周南關雎)」에서 들어보자.

關關雎鳩 在河之洲 - 간간하고 우는 물수리와 비둘기는 강의 물가에 있도다.
窈窕淑女 君子好逑 - 요조숙녀는 군자의 좋은 짝일세.
參差荇菜 左右流之 - 참차(參差)한 행채(荇菜)는 좌우로 흐르도다.[3]
窈窕淑女 寤寐求之 - 요조숙녀를 오매(寤寐)에 구하지만
求之不得 寤寐思服 - 구하려 해도 얻지 못하니 자나 깨나 생각에 빠져있구나.
悠在悠在 輾轉反側 - 그윽하고 또 그윽하구나. 몸을 뒤척이기를 계속하네.

— 졸저(2022:135)에서 재인용.

이 4언(言)으로 된 이 아름다운 시(詩)는 음악적인 시적(詩的) 효과를 나타내는 압운(押韻)과 각운(脚韻)을 갖고 있다. 위의 두 구절은 밑줄 친 '鳩, 洲, 逑'는 /Vu/ (V-vowel의 운(韻))을 가졌고 밑의 두 구절은 밑줄 친 '得, 服, 側'은 /Vk/의 운을 가졌다. 이러한 각운이 반복되어 이 시를 읊을 때에 매우 아름다운 음악적 효과를 낸다.

2.1.1.1. 또 당대(唐代)의 유명한 칠언율시(七言律詩)를 보면 여기에 평측(平仄)이 가미되어 그 음악성을 더욱 확대한다. 즉 저조(低調, low tone)인 평성(平聲)과 기타 상거입성(上去入聲)의

3 '參差'는 길고 짧은 것이 같지 않음을 말하며 '荇菜'는 식물이름으로 같은 뿌리에 낫지만 크기가 달라서 좌우로 흐름을 말한다.

측성(仄聲)이 교차하여 운율을 이룬다. 예를 유명한 이태백(李太白)이 지은 '산중(山中)문답'의 칠언율시를 들어보기로 한다.

問余何事栖碧山 - 푸른 산에 삶은 어인 일고?
笑而不答心自閑 - 웃고 잠잠하니 마음이 편하다.
相花流水窅然去 - 복숭아꽃 떨어진 물이 멀리 흘러가니,
別有天地非人間 - 인간이 사는 세상이 아니로구나.[4]

이 시는 물론 산(山, san), 한(閑, han), 간(間, kan)과 같이 '-an'의 각운(脚韻)이 3구에 이어질 뿐만 아니라 모든 시구(詩句)가 평측(平仄)으로 교차한다.[5] 즉, 낮은 저조의 평성(平聲)과 기타의 측성(仄聲), 상거입(上去入)성(聲)이 교차하여 음악성을 높인다.

이러한 율시(律詩)는 압운(押韻)은 물론이고 평측(平仄)과 각운의 운율로 지어져서 마치 한 편의 노래를 듣는 것 같다. '평측(平仄)'이란 저조(low tone)의 평성(平聲)과 나머지 거성(去聲, high tone), 상성(上聲, low-rising tone), 입성(入聲, checked tone)을 측성(仄聲)이라 하여 평성과 측성이 교차하여 운율을 형성하는 것을 율시(律詩)라고 한다.[6]

이러한 시(詩)의 운율을 연구하는 운학(韻學)은 한자음의 연구로 이어지고 바로 중국어의 연구가 되었다. 고대시대의 중국에서 운학(韻學)은 운율의 연구와 더불어 성조어(聲調語)인 중국어의 음운 연구가 되어 매우 성행하였다. 한자 연구인 자학(字學)에 앞서서 시운(詩韻)의 연구인 운학(韻學)이 중국어의 연구에 앞서 있었던 것으로 보인다.

2.1.1.2. 기원전 수십 세기경에 지어져서 구전(口傳)으로 전하던 이 <시경(詩經)>은 춘추시대(春秋時代)에 한자로 정착하였고 따라서 <시경>의 연구는 한자의 연구도 겸하게 되었다. 중국에서 한자의 자전(字典)은 글자를 의미 단위로 분류하여 자형(字形)과 자음(字音), 그리고 자의(字意)를 알 수 있게 한 것이다.

---

4 이 시의 해석은 가람 李秉岐 선생이 1944년에 편찬한 『支那名詩選』(京城, 漢城圖書株式會社)의 것을 참고하여 팔자가 수정한 것이다.

5 현대 普通話에서는 '山[shān], 閑[xián], 間[xian]'이지만 唐代 한자음은 오히려 우리의 東音과 유사했을 것이다.

6 入聲은 엄밀한 의미에서 聲調라고 할 수 없다. 보통 '-t, -k, -p'로 끝나는 한자음을 말하므로 폐음절과 그렇지 않은 개음절의 교차를 말한다.

즉, 의미에 따라 분류한 유서(類書), 글자의 편방(偏旁)에 따라 분류한 자서(字書), 한자의 발음에 따라 분류한 운서(韻書)로 나누고 각 한자를 찾아보게 하였다. 그리고 이 자전(字典)들은 결국 오늘날의 사전(辭典)과 같은 역할을 한 것이다. 중국어의 연구는 시가 운율의 연구인 운학(韻學)과 더불어 한자의 연구인 자학(字學)으로 크게 나눌 수가 있다.

<시경>의 운율에 대한 연구는 당연히 시운(詩韻)의 연구로 이어지고 이로부터 전술한 운학(韻學)이 발달되었다. 운학의 연구 결과로 저술된 운서(韻書)는 춘추시대에 심약(沈約)이 지은 『사성보(四聲譜)』와 그 외에 몇 개의 운서가 있었다고 한다. 불교의 영향으로 운학이 성운학(聲韻學)으로 발달하기 전에는 순수하게 시운(詩韻)의 운율을 연구하는 운학이 성행한 것이다.

초기의 운서로는 전술한 바와 같이 육조(六朝)시대에 위(魏, 220~265 A.D.)의 이등(李登)이 편한 『성류(聲類)』(10권)와 진(晉, 265~316 A.D.)의 여정(呂靜)이 편한 『운집(韻集)』(5권)이 있었다고 하나 오늘날 전하지 않는다. 전술한 <사성보(四聲譜)>를 비롯하여 모두 문헌 자료에 그 서명을 전할 뿐이다.

더욱이 남북조(南北朝) 시대(5C~6C A.D.)의 초기에 중국어의 사성(四聲)이 중요함을 인식하여 송(宋, 420~479 A.D.)의 주옹(周顒)이 『사성절운(四聲切韻)』을 편찬하고 재(齋, 479~502 A.D.)의 심약(沈約)이 『사성보(四聲譜)』를, 그리고 북제(北齊, 550~577 A.D.)의 양휴지(陽休之)가 『운략(韻略)』을 편찬하였다고 하나 역시 실전되어 전하지 않는다.[7]

2.1.1.3. 한대(漢代)부터 서역(西域)의 역경승(譯經僧)들이 한자의 발음 배우기 위하여 반절법(反切法)을 고안하고 이러한 방법의 한자음 표기가 중국인들에게도 수용되어 한자음을 반절(反切)로 표음하는 방법이 유행하였다. 아마도 남북조(南北朝) 시대부터는 반절(反切)에 의한 한자음 표기가 일반화되었을 것으로 보인다.

반절법이 보급된 다음에 편찬된 운서로는 수대(隋代)에 육법언(陸法言, 이름은 慈), 안지추(顔之推) 등 8인이[8] 지은 『절운(切韻)』(601 A.D.)이 중국에 현전하는 것 중에서 가장 오래된 것이

7 陽休之는 北齊 사람으로 자는 子烈이다. 벼슬이 魏의 中書侍郎에 이르고 天統 년간(565~569 A.D.)에는 吏部尙書에 올랐다. 北周의 武帝가 北齊를 평정하자 上開府 和州 刺史가 되었으나 隋의 開皇(581~600 A.D.) 초기에 파직되었다. 저서로 『幽州人物志와 문집이 있다.

8 陸法言을 제외한 8인은 顔之推, 劉臻, 盧思道, 魏彦淵, 李若, 蕭該, 辛德源, 薛道衡이다. 이들이 陸法言의 집에 모여 운서를 정리했다는 기사가 <절운>의 서문에 실려 있다.

다. 육법언 등이 공편한 <절운(切韻)>은 서명에서 볼 수 있는 것처럼 한자의 발음을 반절(反切)로 표음하였다.

예를 들어 송대(宋代)의 흠찬(欽撰) 운서이며 절운계(切韻系) 운서인 『대송중수광운(大宋重修廣韻)』(이하 <광운>)에서는 아음(牙音)의 전청(全淸)으로 일등(一等)의 평성, 상성, 거성, 입성의 순서를 "公 古紅切, 상성 없음, 貢 古送切, 穀 古祿切", 차청(次淸)으로 "空 苦紅切, 孔 康董切, 控 苦貢切, 哭 空谷切"을 보였다.

즉, 전청에서 '평성의 공(公, gōng), 거성의 공(貢, gòng), 입성의 곡(穀, gŭ)'과 차청에서 '평성의 공(空, kong), 상성의 공(孔, kŏng), 거성의 공(控, kòng), 입성의 곡(哭, kū)'을 각기 반절로 표시한 것이다. 이때의 사성(四聲), 즉 성조는 모두 반절하자(反切下字) '紅, 送, 祿: 紅, 董, 貢, 谷'들로 표시한다.

<절운> 이후의 모든 운서는 자음(字音)을 반절법(反切法)으로 표음하게 된다. 명대(明代)의 『홍무정운(洪武正韻)』에서도 권1의 평성(平聲) 상(上)에 '東 德紅切'로 시작하여 '同 徒紅切, 龍 盧容切, 隆 良中切, 蓬 蒲紅切, 蒙 莫紅切'과 같이 반절로 한자음을 표기하였다. 그 전에는 이 한자는 저 한자와 같다는 직음(直音)의 방법으로 자음(字音)을 표음하였을 뿐이다.

2) 한자음과 반절 표음과 운서의 발달

2.1.2.0. 한자음의 표음을 위한 노력은 매우 오래 전부터 있었던 것으로 보이나 오늘날에 볼 수 있는 한자음 표기의 반절(反切)은 불교가 전래된 이후의 것이다. 서역(西域)의 역경승(譯經僧)들이 한자의 발음을 학습하기 위하여 발음 표기에 사용한 반절(反切)을 중국인들도 그대로 받아들여 한자의 발음을 두 개의 서로 다른 한자로 표음하는 반절법(反切法)을 발전시켰다.

즉, 서역(西域)의 불교를 중국에 전파하기 위하여 중국에 온 역경승들은 한자를 학습하기 위하여 한자음의 음절 초(onset) 자음인 대운(大韻)의 성(聲)과 작시(作詩) 상에서 중요한 소운(小韻, rhyme)으로 2등분하는 반절(反切)을 한자음 표기에 사용하였다. 종래의 직음법(直音法)보다 그들이 사용하는 범자(梵字)의 자음과 모음으로 구분한 이분법(二分法)의 표음이 편하게 느꼈기 때문일 것이다.

반절법(反切法)은 졸고(2017b)에서 소개한 것처럼 '멸(蔑)'이란 한자음을 "면별반(眠鼈反) -

면(眠)과 별(鼈)의 반절", 즉 '眠[m-ián] + 鼈[b-jēl] = 蔑[mjēl, m+jēl]'로 표기하고 '동(東)'의 발음을 '덕홍절(德紅切)' 즉 "德[d-é] + 紅[h-ong] = 東[dong, d+ong]"과 같이 2자로서 발음을 표기하는 방법이다.[9]

이 "蔑-眠鼈反"이나 "東-德紅切"의 '眠[m], 德[d]'을 반절(反切)상자(上字)라고 하고 '鼈[jēl], 紅[ong]'을 반절하자(下字)라고 하는데 이때의 반절하자 '鼈[-jēl], 紅[-ong]'은 사성(四聲)의 성조(聲調)까지도 표시하여 "東-德紅切"은 '동(東)'자가 평성(平聲 - 제1성)임을 알 수 있게 한다. 즉, '홍(紅)'이 평성(平聲)의 저조(低調, low tone)이므로 '동(東)'도 평성임을 알려주는 것이다.

물론 "德紅切"에서 첫 소리 '덕(德)'이 갖는 [d-é]의 /d/도 의미 분화의 기능부담량이 매우 커서 성모(聲母), 자모(字母), 또는 대운(大韻)이라 하여 한자를 발음으로 분류할 때에 이 첫 자음이 중요한 기준이 되었다. 처음에는 36성모(聲母)로 보았으나 이것이 고대인도의 성명기론에서 온 것이므로 중국어의 음운에 맞도록 점차 축소되었다.

이로부터 운학(韻學)에서 반절하자(下字)인 운(韻)만 아니라 반절상자(上字)인 성(聲)을 연구하기에 이르러 그 명칭도 '성운학(聲韻學)', 또는 '음운학(音韻學)'으로 부르게 되었다(졸고, 2017b). 운학(韻學)으로부터 성운학(聲韻學)으로의 발전은 전혀 한대(漢代) 이후의 반절(反切)에 의하여 이루어진 것이다.

2.1.2.1. <시경>의 운율에 대한 연구는 당연히 시운(詩韻)의 연구로 이어지고 이로부터 운학(韻學)이 발달되었다. 운학의 연구 결과로 저술된 운서(韻書)는 춘추시대에 심약(沈約)이 지은 『사성보(四聲譜)』와 그 외에 몇 개의 운서가 있었다고 하나 오늘날 전하지 않고 반절법이 보급된 다음에 수대(隋代)에 육법언(陸法言, 이름은 慈)이 지은 『절운(切韻)』(601 A.D.)이 중국에 현전하는 운서 중에서 가장 오래된 것이다.

육법언 등이 공편한 <절운(切韻)>은 서명에서 볼 수 있는 것처럼 한자의 발음을 반절(反切)로 표음하였는데 이후의 모든 운서는 자음(字音)을 반절법(反切法)으로 표음하게 된다. 그 전에는 이 한자는 저 한자와 같다는 '東同冬'과 같이 직음(直音)의 방법으로 자음(字音)을

9 鼈[b-iēl]의 韻尾 [l]은 현대 普通話에서는 탈락했지만 唐代 한자음에서는 존재했으며 그 발음이 바탕이 된 한국의 東音에서는 鼈[별, bjēl]로 남아있다. 反切에서 '眠鼈反'의 '反'은 安史의 亂 이후에 忌諱하여 '德紅切'의 '切'로 바뀌었다(졸고, 2017b).

표음하였을 뿐이다.

이와는 별도로 <시경>과 <서경>의 한자에 대한 문자학의 연구, 즉 자서(字書)로는 전술한 <설문해자(說文解字)> 이후에 양(梁)의 고야왕(顧野王)이 엮은 『옥편(玉篇)』(30권)에 이르러 크게 발달하였으며 자전(字典)으로서 그 쓰임이 일반화되었다. 이 <옥편>은 당(唐)의 손강(孫强)에 의하여 증보되었고 이를 다시 송(宋)의 진팽년(陳彭年) 등이 중수(重修)하여 세상에 널리 퍼지게 되었다.

<옥편(玉篇)>이란 이름의 자서(字書)가 일용사전으로 그 편의성이 인정되면서 '옥편(玉篇)'은 특정한 명칭으로부터 자서의 대명사가 되었으며 이후에 이러한 자서가 꾸준히 발달하였다. 그리하여 앞의 2.0.2.에서 전술한 것처럼 송대(宋代) 서현(徐鉉)이 지은 『교정설문(校定說文)』(30권, 986)과 그의 아우인 서개(徐鍇)가 지은 『설문계전(說文繫傳)』(40권) 및 『설문해자운보(說文解字韻譜)』(5권) 등 옥편 형식의 자서가 뒤를 이었다.

송대(宋代)에 진팽년(陳彭年) 등이 편찬한 『대광익회옥편(大廣益會玉篇)』(1013)이 있었다. 이 자전(字典)은 조선에서도 복간되었다. 조선판(朝鮮版)은 태종 14년(永樂 12, 1414)에 광근서당(廣勤書堂)에서 간행하였다. 이 『회옥편(會玉篇)』(4책)은 권두에 신공(神珙)의[10] "사성오음구롱반뉴도(四聲五音九弄反紐圖)"가 포함되었다.

2.1.2.2. 이 반뉴도(反紐圖)가 바로 전술한 등운도(等韻圖)의 모형임으로 이와 함께 한반도에 운도가 도입되었으며 등운학(等韻學)이 발달하였음을 확인할 수 있다.[11] "사성오음구롱반뉴도(四聲五音九弄反紐圖)"이란 제목으로 보아 사성(四聲), 즉 전청(全淸), 차청(次淸), 전탁(全濁), 불청불탁(不淸不濁)의 조음방식과 오음, 즉 아설순치후(牙舌脣齒喉)의 조음위치로 나눈 것임을 알 수 있다.

여기에 구롱(九弄), 즉 아음(牙音), 설두음(舌頭音), 설상음(舌上音), 순중음(脣重音), 순경음(脣輕音), 치두음(齒頭音), 정치음(正齒音), 후음(喉音), 반설반치음(半舌半齒音)의 9음(音)을 구별하여

10 神珙은 唐代 西域에서 온 沙門으로서 陳彭年 등의 會玉篇에 그의 저술인 『四聲五音九弄反紐圖』가 실려 있고 그 서문에 『元和韻譜』가 인용되었음으로 元和(806~820 A.D.) 이후의 사람으로 추정하고 있다. 그의 五音聲論에 "喉, 舌, 齒, 脣, 牙"의 五聲을 나눈 것은 고대인도의 聲明記論에 의거한 것으로 중국에서 자모의 聲類를 분류한 최초의 것으로 본다.

11 『會玉篇』은 한자 약 2천9백자를 542개의 部首로 분류하고 주석으로 反切에 의한 字音과 간략한 字義 및 異體字를 붙인 대표적인 字書의 하나다. 이 책의 권두에 神珙의 "四聲五音九弄反紐圖"와 "玉篇廣韻指南"이 수록되어 귀중한 자료가 된다.

반절로 표시된 자모를 분류한 도식으로 표시하였다. 그리하여 많은 운서에서 자모도(字母圖)가 권두(卷頭)에 첨부되었다.

예를 들면 다음의 2.2.2.3.에 보인 [사진 2-3]의 <광운 36자모도>와 이를 도표로 보인 [표 2-3]을 들 수 있다. 또 [표 2-4]의 『사성통해』 권두의 <홍무운(洪武韻) 31자모도>를 보면 '설상음(舌上音)'을 없애고 반설음(半舌音)과 반치음(半齒音)을 둘로 나누어 9음(音)으로 보기도 한다. 모두 9음에 맞춘 것이다.

그리고 원대(元代)에 이 자모도를 표음 문자인 파스파 문자로 표음하였는데 이 문자와 이것으로 표음한 자모도가 명(明) 태조 주원장(朱元璋)에 의하여 호원(胡元), 즉 오랑캐 원나라의 잔재(殘滓)로 보아 모두 폐절(廢絶)시켰다. 예를 들면 역시 2.2.2.3.에서 보인 [표 2-2]의 <몽고자운> 파스파 문자의 36자모도는 36자모를 모두 파스파자로 표음하였다. 그러나 현전하는 다른 운서에서는 파스파자의 자모도는 하나도 보이지 않는다.

송대(宋代) 이후에는 반뉴도(反紐圖)에 의거하여 운서에는 옥편을 색인으로 붙이고 자서에는 운도(韻圖)를 편람으로 보충하였다. 원대(元代) 음시부(陰時夫)의 『운부군옥(韻府群玉)』이 그 대표적인 자전의 예라고 할 수 있다. 현전하는 조선 중종 때에 최세진(崔世珍)이 편찬한 『사성통해(四聲通解)』나 조선 후기의 권문해(權文海)가 편찬한 『대동운부군옥(大東韻府群玉)』(1836)에서 이러한 운서의 모습을 규지(窺知)할 수 있다.

2.1.2.3. 요(遼)의 학승(學僧)인 행균(行均, 幽州人)이 요의 성종(聖宗) 15년(997 A.D.)에 <설문(說文)>과 <옥편(玉篇)>, 그리고 불경에서 한자를 추려 편찬한 『용감수경(龍龕手鏡)』(4권)은 한자 26,433자를 242부의 편방(偏旁)으로 나누어 배열하고 한 부내(部內)의 글자를 또 사성(四聲)으로 나누었으며 자음을 반절(反切)로 표음하였다. 불경에 수록된 한자가 많이 수록되어 승속(僧俗)간에 널리 유행한 것으로 보인다.

그리하여 이 자전은 북송(北宋)에서 재간되었고 고려에서도 목판본으로 간행하였다. 일본에서도 간행되었는데 송판(宋版)은 송(宋) 익조(翼祖)의 이름인 '경(敬)'과 동음인 '경(鏡)'을 휘(諱)하여 희녕연간(熙寧年間, 1068~1077)에 『용감수감(龍龕手鑑)』으로 서명을 바꿨다. 조선 명종 18년(1563)에 황해도 귀진사(歸眞寺)에서 간행된 것은 송판(宋版)인 『용감수감』의 서명을 따르고 있다.

따라서 <용감수경>이란 서명의 자전(字典)은 고려에서 간행한 것이 현전하는 것으로 유일하다. <용감수경>에 대하여는 다음의 '3. <용감수경(龍龕手鏡)>과 불경의 번역'의 2.3.3.2.

에서 다시 논의할 것이다. 다만 <용감수경>은 중국에도 현전하지 않아서 고려본 <용감수경>으로 살펴볼 수밖에 없다.

여기서도 "鏒, 色咸二反 - 鏒(삼)은 색(色-ㅅ)과 함(咸-ㅏㅁ)의 반절이다"와 같이 반절법으로 한자음을 표기하였다. 다만 '반절(反切)'은 '절(切)'이 아니라 '반(反)'을 썼는데 당대(唐代) 안사(安史)의 난(亂) 이후에 모두 반절의 반(反)을 절(切)로 바꾸었으나 요(遼)에서 편찬한 <용감수경>에서는 반(反)을 그대로 쓰고 있었다.

3) 절운계(切韻系) 운서

2.1.3.0. 천축(天竺)의 역경승들이 중국에 와서 불경을 한역(漢譯)하기 위하여 한자와 한문을 배우면서 한자음을 반절(反切)로 표음하는 방안을 창안하였다. 범자(梵字)의 반자교(半字教)에서 영향을 받은 것이다. 앞의 '제1장 5. 범자(梵字)의 문자교육'의 1.5.1.0.~3.에서 살펴본 바와 같이 고대인도의 반만이자교(半滿二字教)라는 명칭으로 불경에 자주 등장하는 반자교(半字教)와 만자교(滿字教)는 범자(梵字)의 문자 교육을 말한다.

특히 반자교(半字教)라는 범자의 교육은 자음의 체문(体文, vyañjana)과 모음의 마다(摩多, mātṛ)를 따로 분리하여 교육하는 것을 말한다. 이에 맞추어서 반절(反切)은 하나의 한자음을 음절 초의 자음과 나머지를 구별하여 두 한자로 표기하는 반절법(反切法)을 고안하여 이를 표음하였다.

'반절(反切)'은 원래 '번절(飜切)'로서 '번(飜)'이 복잡하여 '반(反)'을 대신 쓴 것이다. 한자에서 이러한 대자(代字)의 방법은 흔히 있는 일이다. 따라서 '반절(反切)'은 번절(飜切)이었으며 그 뜻은 "잘라서 고쳐 쓰다"란 의미이니 두 글자를 잘라서 한 글자의 발음으로 쓴다는 말이다.

즉, '東 德紅切'의 반절은 '동(東)'이란 한 글자를 두 글자로 잘라서 '덕홍(德紅)'이란 다른 글자로 표음하는 것을 말한다. 이렇게 한자음을 반절로 표음하는 방법은 중국인들도 편리하게 생각하여 반절법(反切法)은 후대에 매우 유행하였고 중국의 모든 운서에 반절법으로 한자음을 표음하기에 이른다.

졸고(2017b)에 의하면 후한(後漢) 명제(明帝) 때에 불경이 들어오기 시작하여 서역(西域)의 역경승들에 의하여 불경의 한역(漢譯)이 시도되었고 위진(魏晉) 남북조 시대 이전부터 반절법이 시작된 것으로 보았다. 중국에서는 위(魏)의 손염(孫炎)이 반절(反切)을 처음 사용한 것으로 보지만 그 이전에 여러 한역(漢譯) 불경에서 이미 반절이 사용된 흔적이 있다.

2.1.3.1. 반절(反切)이란 명칭은 원래 직음법(直音法)에서 유사한 발음으로 다른 글자의 발음을 표음할 때에 '반(反)'이라 하였는데 이는 아마도 이를 전술한 바와 같이 "바꾸다"는 의미의 '번(飜)'에서 온 것으로 보인다. 반절(反切)은 '반어(反語), 반음(反音), 반뉴(反紐)'로도 쓰인다.[12]

『몽계필담(夢溪筆談)』에서 "切又反切, 音韻展轉相協, 謂之反亦作飜, 兩字相摩以成聲韻, 謂之切其實一也 - 절, 또는 반절이란 음운이 어울리고 서로 돕기 때문에 반(反)이라고도 하고 또 번(飜)이라고도 하며 두 글자가 서로 의지하여 성과 운을 이루는 것으로서 절(切)이라는 것도 그 하나다"(『夢溪筆談』「藝文 二」)라는 설명에서 이를 확인할 수 있다.

'반절(反切)'의 '반(反)'을 '절(切)'로 바꾼 것은 당(唐) 현종(玄宗) 때의 안록산(安祿山)과 사사명(史思明)의 반란(反亂), 즉 안사(安史)의 난(亂) 이후의 일로서 '반란(反亂)'의 '반(反)'을 피휘(避諱)한 것이다. 그로 인하여 반(反)을 절(切)로 바꾼 것인데 수대(隋代)의 <절운(切韻)>에서는 절(切)이 아닌 반(反)으로 쓰였고 전술한 <광운> 이후의 운서에서 '덕홍절(德紅切)'이라던 것도 당대(唐代)와 그 이전에는 '덕홍반(德紅反)'으로 쓰였다.

성모(聲母)와 운모(韻母)를 분리하여(切은 이런 의미일 것임) 한자의 발음을 표음하는 반절법(反切法)은 중국의 삼국시대 위(魏)의 손염(孫炎)이 지은 『이아음의(爾雅音義)』에서 처음 사용하였다는 통설이 있다.[13] 그러나 이보다 앞서 동한(東漢) 시대 복건(服虔)이[14] 주석한 『한서(漢書)』에 "惴, 音章瑞反"이 있어 이미 후한(後漢) 때에 반절이 있었음을 알 수 있다(졸고, 2017b).

2.1.3.2. 수대(隋代)에 육법언(陸法言)이 지음 <절운(切韻)>(601, A.D)은 그 이전의 여러 운서를 집대성한 것으로 여러 판본이 전하고 있다. 모두 5권으로 되었는데 1, 2, 3의 사본이

---

12 이에 대하여는 唐 玄度의 『九经字样』 서문에 "避以反言, 但纽四声, 定其音旨。其卷内之字, 盖字下云公害翻, 代反以翻, 字下云平表纽, 代反以纽。是则反也, 翻也, 纽也, 一也。"라는 기사를 참조.

13 北齊 顔之推의 『安氏家訓』「音辭篇」에 "孙叔然创尔雅音义, 是汉末人独知反语, 至于魏世, 此事大行。"라 하여 漢末까지는 反語, 즉 直音法만이 있었음을 알 수 있다. 인용문 가운데 叔然은 孫炎의 字이다.

14 服虔은 後漢의 榮陽 사람으로 字를 子愼이라 하였다. 太學에서 공부하고 靈帝 때에 九江太守를 지냈으며 『左氏傳解』를 지었다(『後漢書』 권109 하).

돈황(敦煌)에서 발견되어 대영박물관(British Museum)에 소장되었고 4의 사본은 투르판(Turfan, 吐魯番)에서 발견되어 프러시아 학사원에 소장되었다. 또 이를 수정 보완한 왕인구(王仁昫)의 『간류보결절운(刊謬補缺切韻)』도 돈황(敦煌)에서 발굴되어 파리국립도서관에 소장되었다.

<절운>은 기왕의 여러 운서, 즉, 여정(呂靜)의 『운집(韻集)』, 하후해(夏侯該)와 양휴지(陽休之)의 『운략(韻略)』, 이계절(李季節)의 『운보(韻譜)』, 두대경(杜臺卿)의 『운략(韻略)』을 참고하여 수정한 것이라고 서문에 밝혀놓았다. 이로부터 <절운>이 여러 운서를 집대성한 것이라는 주장이 나온 것이다.

이후 <절운>의 한자음 표음과 편운(編韻)과 운목(韻目)의 분류 방법에 따른 많은 운서가 뒤를 이어 편찬되었다. 소위 절운계(切韻系) 운서에 들어가는 것으로 당대(唐代) 손면(孫愐)이 <절운>을 교정한 『당운(唐韻)』이 있다. <당운>은 손면의 소작만이 아니라 당대(唐代)에 간행된 모든 절운계 운서를 가리키기도 한다.

절운계 운서들은 송대(宋代)에 『대송중수광운(大宋重修廣韻)』(1008, 이하 <광운>)으로 집대성된다. <광운>은 북송(北宋)의 진팽년(陳彭年) 등이 황제의 명으로 받아 편찬한 칙찬(勅撰) 운서로서 36성聲)과 206운(韻)으로 정리한 것이다. 이것도 원대(元代)에 망실되었다가 청초(淸初)에 고염무(顧炎武)가 명(明)의 북경 궁궐에서 <광운>을 발견하여 세상에 알렸다. 이것이 {명내부본(明內府本)}<광운>이다.

졸고(2018c)에 의하면 <광운>은 고대인도의 성명기론(聲明記論)에서 어두 자음(子音)의 36 체문(体文, vyaňjana)에서 영향을 받아 36성으로 한 것이라 한다. 즉, 앞의 제1장의 1.3.3.5.에서 소개한 당(唐)의 지광(智廣)이 편찬한 <실담자기>에서는 범어(梵語)를 기록한 싯담마트르카(siddhamātṛkā) 문자, 즉 실담(悉曇) 문자를 모음의 마다(摩多, mātr)와 자음의 체문(体文, vyaňjana)으로 나누었다.

그리고 이들이 결합하여 완성된 실담(悉曇, siddham)이 된다고 보았다. 이 문자의 교육을 만자교(滿字教)라고 하였다. 불경에 자주 등장하는 반만이교(半滿二教)란 바로 반자교(半字教)와 만자교를 말하며 체문과 마다를 따로 교육하는 반자교와 이에 대한 연구를 반자론(半字論)이라고 불경에 소개되었다. 실담(悉曇)의 교육은 바로 만자교를 말한다.

2.1.3.3. <광운>의 36성모(聲母)는 앞의 제1장의 '3. 범어(梵語) 불경의 한역(漢譯)과 실담(悉曇) 문자'의 1.3.3.4.에서 보인 <대반열반경>의 36 체문(体文, vyaňjana)에 따른 것이다. 중

국 한자음의 음절 초(onset)의 자음에 의한 것이 아니다.

범어(梵語)의 번역에서 얻어 낸 한자의 36자모를 중국어의 한자음에 맞추어 36자모로 고친 것은 금(金)의 한도소(韓道昭)가 편한 『오음집운(五音集韻)』(1212)에서 정식으로 나타난다(졸저, 2022:399~401). 따라서 중국어의 음운에 맞춘 것이 아닌 이 36성모(聲母)는 후대에 변천을 거듭한다.

고대인도의 음절 초 자음에 맞춘 36성모는 중국에서 한자음의 음절 초 자음에 대한 인식과 또 실제로 중국어에서 일어난 음운의 변화에 따라 계속해서 축소되었다. 북송(北宋) 때에 이미 <광운>에 수정이 가해졌다. 즉, <광운>의 편찬자의 하나였던 북송(北宋)의 정도(丁度) 등은 <광운>을 축약하여 간략하게 실용화 시킨 『예부운략(禮部韻略)』(5권, 1037)을 간행하였다.

이것은 과거(科擧)를 주관하는 예부(禮部)의 편찬이라 매우 인기가 있었으며 이 운서(韻書)의 한자음은 중국에서 오래도록 표준 한자음으로 인정되었다. 고려와 조선에서도 몇 차례 복간(復刊)되었다. 특히 세종 때에 간행된 것으로 보이는 『신간배자(新刊排字) 예부운략』의 권두에는 훈민정음의 '어제왈(御製曰)'로 시작하는 세종의 어제서문과 예의(例義)가 실려 있다.

송(宋) 이후의 원(元)나라에서도 <예부운략>의 한자음을 표준 한자음으로 인정하고 파스파 문자로 <예부운략>을 번역, 즉 발음을 파스파 문자로 표음하여 『몽고운략(蒙古韻略)』을 간행한다. 그리고 이를 원대(元代) 황공소(黃公紹)의 『고금운회(古今韻會)』의 발음에 맞추어 수정한 『몽고자운(蒙古字韻)』을 편찬하고 다시 북경(北京) 주위의 한어음에 맞추어 {증정(增訂)}『몽고자운』을 간행한다. 이렇게 파스파 문자로 한자음을 표음한 운서를 몽운(蒙韻)이라 불렀다.

파스파 문자는 원대(元代) 세조(世祖)인 쿠빌라이 칸(忽必烈汗)이 팍스파(hP'ags-pa) 라마를 시켜 제정하여 지원(至元) 7년(1269)에 황제의 조령(詔令)으로 반포한 문자다. 몽고어와 원(元) 제국(帝國)의 여러 언어를 표기하기 위한 것이지만 주로 한자어의 발음을 표음하는데 사용하였다. 몽고인들이 중국의 지배하기 위하여 한어(漢語)와 한자를 알아야 했기 때문이다.

2.1.3.4. <예부운략>에서 규정한 대운(大韻) 36모와 소운(小韻) 206운의 전통을 깨뜨린 것은 금(金)나라의 한도소(韓道昭)가 편한 <오음집운(五音集韻)>이다. 여기서는 대운(大韻) 36자모와 소운(小韻) 160운으로 개정하였는데 이후로부터 소운은 점차 줄어들게 되었다. 조

선의 <동국정운(東國正韻)>(1447)에서는 23모(母)와 91운(韻)으로 줄였다(申叔舟의 동국정운 서문).

<예부운략>이 당대(唐代) 통어(通語)의 발음을 준용한 운서여서 남송(南宋)의 황공소(黃公紹)가 이를 수정하여 『고금운회(古今韻會)』(1292)를 편찬하였으나 너무 방대하여 출판되지는 못한 것으로 보이고 그의 제자 웅충(熊忠)이 이를 축약한 『고금운회거요(古今韻會擧要)』(1297)를 간행하였다. 이 운서는 오늘날 여러 질이 전하고 있다.

이 운서로 한자음을 다시 수정하여 파스파 문자로 표음한 『몽고자운(蒙古字韻)』을 편찬한다. 그러나 남송(南宋)의 황공소(黃公紹)와 웅충(熊忠)이 편찬한 <고금운회>가 원대(元代) 북경의 한자음을 제대로 반영하지 못한 것으로 보고 주종문(朱宗文)이 이를 수정하여 원말(元末)에 {증정(增訂)}『몽고자운』(1308)을 간행한다.

'몽운(蒙韻)'이라고 불리는 <몽고운략(蒙古韻略)>, <몽고자운(蒙古字韻)>, {증정(增訂)}<몽고자운>은 원대(元代)에 파스파 문자로 표음되어 간행된 것으로 명(明) 태조 주원장(朱元璋)의 "호원박멸(胡元撲滅) - 오랑캐 원나라를 모조리 없앰"의 정책에 의하여 모두 없어졌고 청대(淸代)에 필사한 <증정 몽고자운>의 사본(寫本) 한 권이 현재 런던의 대영도서관(British library)에 소장되었을 뿐이다(졸저, 2009).

몽운(蒙韻)보다 좀 앞서서 송대(宋代)에 정도(丁度) 등은 <예부운략>을 다시 개정하여 『집운(集韻)』(1062)을 편찬한다. 여기서는 실담(悉曇)의 35 체문(体文, vyaňjana)에 맞추어 35성모(聲母)를 인정하고 206운(韻)을 고쳐 평수운(平水韻)의 106운을 따랐다. 몽운의 {증정}<몽고자운>에서는 32자모만을 인정하여 36자모의 설상음(舌上音) 3자를 정치음(正齒音)과 통합하고 순경음(脣輕音)의 1자를 전청과 전탁을 통합하여 같은 글자로 하였다.

원래 금(金)나라의 유연(劉淵)이 지은 『임자신간(壬子新刊) 예부운략』(1252)에서는 107운으로 정했는데 이보다 앞서 남송(南宋)의 왕문욱(王文旭)은 『평수신간(平水新刊) 예부운략』(1229)을 편찬하면서 106운으로 줄였다. 이 106운(韻)은 평수운(平水韻)이라 불리면서 후대에 시문(詩文)의 기본 운율이 되었다.

여진족의 금(金)과 몽골의 원(元)이 건국한 다음 북송(北宋)의 개봉(開封)보다 북경(北京)이 정치, 경제의 중심지가 되어 중국 화북(華北) 지역의 동북방언이 공용어로 등장한다. 이것은 한때 한아언어(漢兒言語)라 하여 천시(賤視)되었으나 금(金)과 원(元) 이후에는 이 한어(漢語)가 중원아음(中原雅音), 중주지음(中洲之音)으로 불리면서 운서의 표준음으로 자리를 잡는다(졸고, 2017b).

2.1.3.5. 전술한 <고금운회>와 <고금운회거요>가 중국어의 동북방언음을 반영한 것으로 알려졌으나 북경 중심의 한어음(漢語音)을 제대로 반영하기에는 미흡했던 것으로 보인다. 그리하여 원대(元代)에 <고금운회>로 수정한 <몽고자운>도 다시 수정되어 주종문(朱宗文)의 {증정}<몽고자운>이 다시 편찬되기에 이른 것이다. 이 운서는 북경(北京) 주변의 한아언어를 한자음에 반영한 것이다(졸저, 2009).

그리고 원말(元末)에 강서성(江西省) 고안현(高安縣)의 주덕청(周德淸, 字는 挺齋)이 사곡(詞曲)의 압운(押韻)자를 모아서 『중원음운(中原音韻)』을 편찬하였다. 당시 구어(口語)를 기초로 하여 어떤 규범 운서와도 관계없이 독자적으로 편운(編韻)하여 태정(泰定) 원년(元年, 1324)에 완성하였으나 원통(元統) 2년(1334)에 간행하였다.

이 운서는 청탁(淸濁)의 구별을 없애고 성모(聲母)도 26종(種)으로 줄였고 운(韻)도 48운으로 줄였다. 당시 현실음을 따른 것으로 보인다. 그리고 조선 세종 때의 <동국정운(東國正韻)>은 이에 의거하여 동국정운 23자모를 인정한 것으로 보인다. 다만 <동국정운>에서는 전탁(全濁)의 6개의 음운을 인정하여 이 유성음들이 변별적 기능이 있는 것으로 보았다.

몽골의 원(元)을 멸하고 오아(吳兒)의 명(明)을 건국한 태조 주원장(朱元璋)은 몽운(蒙韻)을 비롯하여 중주지음(中洲之音)과 중원아음(中原雅音)의 한자음과 이에 의거한 운서들을 호언(胡言)의 잔재(殘滓), 즉 오랑캐 말에 오염된 찌꺼기로 보아 이를 바로 잡는 『홍무정운(洪武正韻)』을 칙찬(勅撰) 운서로 간행하여 한자의 표준음을 정하였다.

송렴(宋濂) 등이 칙명(勅命)으로 편찬한 <홍무정운>은 당시 실제 한자음에 의한 것이 아니라 인위적으로 전통 운서의 한자음에 의거하여 편운(編韻)한 것이어서 실용적이지 못하였다. 즉, 이 운서는 당시 명(明)의 서울이던 금릉(錦陵), 즉 남경(南京)의 관화음도 아니고 원대(元代)의 동북방언음도 아닌 전통 운서의 발음에 따른 것이었다.

2.1.3.6. 더욱이 명(明) 제3대 황제인 영락제(永樂帝)가 북경(北京)으로 도읍을 옮기면서 이곳이 다시 정치, 경제, 문화의 중심지가 되어 원대(元代)의 한어(漢語)가 다시 세력을 얻게 되었다. 따라서 호언(胡言)에 오염된 한자음을 순화(醇化)시키려고 편찬한 <홍무정운>은 이제 더 이상 쓸모가 없는 운서가 되었다.

그리하여 실용적인 운서가 뒤를 이었는데 명대(明代) 난무(蘭茂)의 『운략이통(韻略易通)』(1442, <韻略滙通>이라고도 함)에서는 실제로 24성모(聲母)만을 인정하였다. 한어(漢語)의 음절초 자음(onset)을 24음만 인정한 것이다. 이때의 운서들이 반영한 중국어를 고관화(古官話,

old Mandarin)이라고 부르고 한어(漢語)라고 한다. 이러한 한어를 반영한 운서들이 계속 간행되었다.

명말(明末)에 개봉(開封) 사람인 여곤(呂坤)의 『교태운(交泰韻)』도 고관화의 운서로 간주하며 명말(明末)에 중국에 온 프랑스 선교사 금니각(金尼閣, Nicolas Trigault)이 편찬한 『서유이목자(西儒耳目資)』는 처음으로 로마자로 중국어의 발음을 표기한 사전이다. 금니각(金尼閣)이 마테오 리치(Matteo Ricci, 1552~1610)와 공동으로 고안한 '라틴 자모 한자음 병음(拼音) 체계'가 <서유이목자>에 부록으로 첨부되었다.

금니각은 천계(天啓) 5년(1625)에 산서성(山西省)에서 한은(韓雲)을 조수(助手)로 하여 <서유이목자>를 작성했으나 다음 해인 1626년에 서안(西安)에 가서 섬서성(陝西省) 사람 왕징(王徵)의 검토를 거친 후에 인간(印刊)하였다. 로마자 표기는 선배인 마테오 리치(利瑪竇)와 기타 여러 사람의 도움을 받았다.

2. 한자음의 반절(反切)과 성운학(聲韻學)

2.2.0.0. 후한(後漢) 명제(明帝) 때에 중국에 들어오기 시작한 불교(佛敎)는 고대인도의 고도로 발달한 음성학의 연구인 성명기론(聲明記論)을 불경 속에 포함되어 있어서 불교의 수입과 더불어 고대인도의 음성 연구도 불경과 함께 들어오게 되었다.

중국에 불교가 들어와서 한역(漢譯)된 최초의 불경은 서기 67년경의 후한(後漢) 명제(明帝) 때의 『사십이장경(四十二章經)』으로 본다(졸고, 2016b). 고려대장경에 수록된 <사십이장경>의 서두에는 이 불경이 전래된 설화를 옮겨놓았다. 황제가 꿈속에서 부처를 접하고 그로 인하여 불교에 깊은 관심을 갖게 되었다는 이야기가 들어있다.

그에 의하면 꿈속에서 불타(佛陀)를 접한 후한(後漢)의 명제(明帝, 57~75 A.D.)가 불법을 구하기 위해 중낭장(中郞將) 채음(蔡音)과 박사 진경(秦景) 등을 천축(天竺)에 파견했으며 그들은 대월지국(大月氏國)에서 천축의 고승(高僧) 가섭마등(迦葉摩騰)과 대월지국의 승려 법란(法蘭)을 만나서 이 사실을 털어놓았다고 한다.

중국의 황제(皇帝)가 불경을 얻으려고 하다는 사실에 감동하게 된 가섭마등과 법란의 두 고승은 후한 영평(永平) 10년(67 A.D.)에 다라수(多羅樹) 잎에 새긴 불경 <사십이장경>과 불상(佛像)을 백마 네 필에 싣고 낙양(洛陽)에 도착하였다. 황제는 이들에게 거처를 마련하고 불경과 불상을 싣고 온 백마를 사육하기 위하여 백마사(白馬寺)를 지었는데 이것이 중국 최초의 불교 사찰이다.

2.2.0.1. 이곳에서 불교를 전파하던 가섭마등과 법란은 <사십이장경>을 한역(漢譯)하였으며 이것이 현존하는 최초의 한역(漢譯) 불경으로 알려졌다. <사십이장경>은 불교의 요지를 42장에 걸쳐 간략하게 설명하고 있어서 붙여진 이름이며 부처의 교훈집이다. 이후 불경의 한역은 중국에서 후한(後漢)시대로부터 원대(元代)에 이르기까지 1천여 년간 계속되었으며 한역(漢譯)된 불경의 수효만도 수천 권에 달한다.

후한(後漢) 영평(永平) 10년(67 A.D.)에 가져온 <사십이장경> 등의 불경은 비록 다라수(多羅樹) 잎에 새긴 것이지만 범자(梵字), 즉 브라미(Brāhmi)의 문자로 적은 것으로 보인다.[15] 왜냐하면 실담(悉曇)은 앞의 제1장에서 살펴본 바와 같이 그 시대에 아직 유행하지 않은 문자였기 때문이다. 그러나 후대에 유입된 불경은 대부분 실담(悉曇)으로 적은 것이다.[16]

특히 당대(唐代)와 그 이후의 불경은 모두 실담(悉曇)으로 된 불경이었다. 이 문자로 된 범어(梵語)를 한역(漢譯)할 때에 당연히 범어를 중국어로 번역하는 문제만이 아니라 한자로 실담(悉曇)문자의 범어를 표기할 때에도 많은 문제가 제기되었다. 특히 중국의 한자음이 지역에 따라, 또는 시대에 따라 다르기 때문이다.

따라서 한자의 발음을 분명하게 표음할 필요를 느끼게 되어 역경승들은 반절법을 계발(啓發)하여 사용하였다. 이 반절법(反切法)은 시운(詩韻)의 연구에 중심을 둔 운학(韻學)을 한자음 연구의 성운학(聲韻學)으로 발전시킨다. 반절상자의 성(聲)과 반절하자의 운(韻)에 대한 연구가 된 것이다.

15 이때의 梵本 <四十二章經>은 多羅樹잎의 貝多羅葉에 새겼지만 한역본은 아마도 竹簡에 쓰였을 것이다. 그러나 竹冊 불경에 대한 연구는 寡聞한 탓인지 아직 찾아보지 못했다.

16 이때의 悉曇은 브라미(Brāhmi) 문자라는 梵字, 즉 滿字를 말한다. 싯담마트르카 문자는 훨씬 후대에 유행하였기 때문이다.

1) 역경승들에 의한 불경의 한역(漢譯)

2.2.1.0. 불교를 전파하기 위하여 중국에 온 서역(西域)의 승려(僧侶)들은 불경(佛經)을 번역하기 위하여 한자와 한문을 익히지 않을 수 없었다. 그러나 표음문자인 범자(梵字)와 실담(悉曇) 문자와 달리 한자는 표의(表意)문자여서 그 발음 따로 배우지 않으면 안 되었다.

그리하여 중국에서 불경을 번역하던 서역의 역경승(譯經僧)들은 한자를 배우기 위하여 그 발음을 표기하는 방법을 따로 고안하였다. 즉, 그들이 사용하던 범자는 자음의 체문(体文, vyaňjana)과 모음의 마다(摩多, mātr)가 결합된 음절 문자여서 이 각각을 배우면 자음과 모음을 결합시킨 범자(梵字)를 바로 이해할 수 있었다.

그러나 한자는 육서(六書)의 방법으로 문자가 제자(製字)되어 일부 해성(諧聲)과 같이 발음을 표시한 글자도 없지는 않지만 모든 한자는 글자와 발음이 따로 익히지 않으면 안 되었다. 따라서 표의문자인 한자는 그 발음을 이해하는 것이 매우 중요하였는데 반절법이 없었던 초기에는 '무슨 자의 발음은 무슨 자와 같다'와 같은 직음법(直音法)으로 표시할 수밖에 없었다.

즉, 불교가 들어오기 전의 『설문해자(說文解字)』에서는 "辛讀若愆, 又縕讀與聽同 - 辛(신)은 愆(건)처럼 읽는다. 또 縕(정)은 聽(청)과 더불어 같이 읽는다." 와 같이 '독약(讀若), 독여동(讀與同)'로 표음하였는데 이를 '직음(直音)'의 표음 방법이라고 한다. 그러나 서역의 역경승들은 이러한 한자의 직음법에 익숙하지 않았다.

그리하여 한자를 체문(体文, vyaňjana)과 마다(摩多, mātr)로 나눈 범자(梵字)처럼 두 글자로 한자음을 표음하는 방법을 고안한 것이 반절법이었다. 즉, 한자의 음절 초 자음(onset)과 그 나머지(rhyme)로 나누어 전술한 바와 같이 '동(東)'의 한자음을 "덕홍절(德紅切)"로 표음하는 방법이다. '덕(德, dé)'의 [d]와 '홍(紅, hong)'의 [ong]을 결합하여 [d + ong = dong]이 되는 방식이다.

여기서 홍(紅)의 [ong]을 소운(小韻)이라 하고 덕(德)의 [d]를 대운(大韻)이라 하여 반절상자(反切上字)의 대운을 성(聲), 반절하자(反切下字)의 소운을 운(韻)이라 하였고 대운(大韻)의 성(聲)과 소운(小韻)의 운(韻)을 연구하는 성운학(聲韻學)을 발달시켰다. 소운(小韻)이 중심이던 운학(韻學)에 비하여 한걸음 나아간 것이다. 즉, 한자음의 연구에서 반절상자의 음절 초 자음을 중심으로 연구하는 방법이 개발된 것이다.

역경승(譯經僧)들은 반절상자의 성모(聲母)를 범자의 체문(体文)과 같다고 보고 36성(聲)이라 하였다. 당대(唐代)의 승려 수온(守溫)이 한 때 중국 한자의 성모(聲母)를 30성(聲)으로 보기도 하였으나 송대(宋代)의 <광운>에서는 36성(聲) 206운(韻)으로 정리하였다. 아무래도 범자(梵字)의 36 체문(体文, vyaňjana)에 이끌린 것으로 볼 수밖에 없다.

2.2.1.1. 중국에서 범어(梵語) 불경의 한역(漢譯)은 후한(後漢)시대에 시작되어 당송(唐宋) 때에 절정을 이루었으며 원대(元代)에 이르기까지 천여 년간 계속되었고 한역된 불경의 수효만도 수천 권에 달한다. 이러한 불경을 모두 모운 것을 대장경(大藏經), 또는 일체경(一切經)이라 한다.

중국에서 최초의 대장경은 북송(北宋)의 태조(太祖)가 칙령(勅令)으로 개보(開寶) 4년(971 A.D.)에 간행을 하도록 지시하여 태종(太宗)의 태평흥국(太平興國) 8년(983 A.D.)에 완성한 개보(開寶) 칙판(勅板)의 것을 개보(開寶)대장경이라 말한다. 또 거란(契丹)의 요(遼)에서도 대장경을 간행하였는데 이를 요판(遼版) 대장경이라 한다.

대장경(大藏經) 또는 일체경(一切經)이라는 이름으로 불전(佛典)들이 방대한 규모로 집합되기 시작한 것은 중국에서부터지만 그 전통은 팔리어(語)의 삼장(三藏)에서 유래한 것으로 본다. 그러나 더 거슬러 올라가면 석가모니 부처님의 설법을 종합하여 확정한 결집(結集)에서 비롯될 것이다(졸고, 2012b).

후한(後漢) 명제(明帝) 때에 중국에 와서 불경을 전한 가섭마등(迦葉摩騰)과 법란(法蘭)은 처음으로 불경을 한역(漢譯)하여 전술한 『사십이장경(四十二章經)』을 편찬하였다. 이 불경은 전술한 바와 같이 최초의 한역 불경이다. 이후에 서역의 승려들이 중국에 찾아와서 불경을 한역하는 일이 뒤를 이었다.

동진(東晋)의 효무제(孝武帝) 때에 활약한 인도의 승려 담무참(曇無讖, 385~433 A.D.)이 번역한 {북본(北本)}『대반열반경(大般涅槃經)』에서는 벌써 범어(梵語) 불경의 한역에서 범어를 한자로 표기할 때에 한자음을 고심한 흔적이 보인다. 이 불경에서는 앞에서 살펴본 바와 같이 <대반열반경(大般涅槃經)>(권8) 「문자품(文字品)」에서 범자(梵字)의 마다(摩多)와 체문(体文)에 대하여 상세하게 설명하였다.

역시 동진(東晋)의 안제(安帝) 때(395~418 A.D.)에 서역 구자국(龜玆國, Kuchara) 출신의 구마라집(鳩摩羅什)이 요흥(姚興)에게 초빙되어 장안(長安)에 들어와 『법화경(法華經)』, 『반야경(般若經)』, 『대지도론(大智度論)』, 『아미타경(阿彌陀經)』과 같은 많은 경론을 한역하였다. 이미 이때에 다량의 불경이 유입되었고 한역(漢譯)도 활발하게 이루어졌다. 이 시대의 불경 한역을 구역(舊譯)이라고 한다.

2.2.1.2. 졸고(2016b)에서는 불경을 중국어로 번역한 구역(舊譯)의 예로 삼장법사(三藏法師) 진체(眞諦, 499~569 A.D., Paramārtha, 일명 Gunarata)의 『바수반두법사전(婆藪盤豆法師傳)』의 한역을 들었다. <바수반두전>은 불가의 유명한 고대인도의 불승(佛僧) 바수반두(婆藪槃豆, Vasubandhu)의 전기다.

진체(眞諦)는 서인도 우선니(優禪尼)국[17] 바라문 출신의 승려로서 중국에 와서 섭론종(攝論宗)의 개조(開祖)가 되었다. 진체(眞諦) 법사는 중국 양(梁)나라의 무제(武帝)가 대동(大同) 연간(535~545 A.D.)에 부남(扶南)에[18] 사신(使臣)을 보내어 고승(高僧)과 대승(大乘) 경전을 구하자 이에 응하여 중국으로 떠났으며 중대동(中大同) 1년(546 A.D.)에 중국의 해남(海南)에 이르렀다.

진체(眞諦)는 태청(太淸) 1년(548 A.D.)에 불가의 경(經)·논(論)을 많이 가지고 양(梁)의 서울 건강(建康, 현재의 南京)에 도착하여 양(梁) 무제(武帝)의 존경을 받았다. 진체(眞諦)가 번역한 <바수반두법사전>은 유식학(唯識學) 분야의 많은 저술을 남긴 바수반두(Vasubandhu)의 일대기를 쓴 불경이다.

그는 북인도 부루사부라국(富婁沙富羅國)의 브라만족 출신인 교시가(憍尸迦)의 둘째 아들이다. 바수반두는 구역(舊譯)에서는 천친(天親), 신역(新譯)에서는 세친(世親)이라고 번역되었다. 진체(眞諦)는 그의 형인 아승가(阿僧伽), 즉 무착(無着)에 이끌려 대승 불교로 전환하였고 많은 업적을 남긴 인물인데 그는 <바수반두법사전>의 한역(漢譯)에서 그의 이러한 이력을 잘 보여주고 있다.

그는 양(梁)의 수도 건강(建康)에 머물면서 많은 범어(梵語)의 불경을 한역하였다. <바수반두법사전>에서는 특별히 다르게 발음되는 한자를 반절(反切)로 표음한 예가 보인다. 그 예를 졸고(2016b)에서 옮겨 보면 다음과 같다.

---

17 優禪尼(ujjayanī)은 서인도 Vindhya 산맥 북쪽에 인접해 있던 고대국가를 말한다.

18 扶南은 서기 2C~7C경에 인도차이나 반도 남동쪽의 메콩 강 하류에 있었던 고대국가다. 扶南[Funan]이란 말은 '山'이란 뜻의 크메르어 'phnôm'의 음사로 보인다. 건국 시조는 女王 柳葉이며, 3세기 초에는 타이와 말레이반도까지 세력을 확장하였다.

> [전략] 此阿修羅有妹名波羅頗婆底<知履反>, 波羅頗譯爲明, 婆底譯爲妃. 此女甚有形容。阿修羅欲害毘搜紐天, 故將此妹誑之。[하략] - 이 아수라에는 이름이 파라파파디(波羅頗婆底){底는 '知履'의 반절이다}라는 누이가 있었는데 파라파(波羅頗)는 밝다(明)로 번역하고 파디(婆底)는 왕비라고 번역한다. 이 여인은 매우 아름다웠다. 아수라가 유천을 찾아 해하려고 하여서 이 누이를 유혹하고자 하였다.

여기에 들어있는 '파라파파디(波羅頗婆底)'는 '명비(明妃)'라는 뜻의 범어(梵語) 'Prabhāvati'를 한자로 음역한 것인데 왕비를 말하는 'Vati(婆底)'의 '디(底)'를 '지이반(知履反)'이라고 반절(反切)로 표시한 것은 이 한자 '底'의 발음이 '知'의 성(聲) [t]와 '履'의 운(韻) [i]가 결합한 [ti]라는 뜻이다.

우리 한자음으로는 구개음화되어 '底'가 [저, zje]로 발음되지만 당시 이 글자의 발음은 이 [디]여서 "知[t] + 履[i] = 底[ti]"의 반절법으로 표시한 것이다(졸고, 2016b:147). 굳이 구개음화되기 이전의 발음을 반절로 표음하여 밝혀둔 것이다.

2.2.1.3. 천축(天竺)의 역경승(譯經僧)들이 반절(反切)로 한자음을 표기하게 된 것은 고대인도의 범자(梵字) 교육에서 유행한 반자론(半字論)의 영향을 받은 것이다. 반자교(半字敎)에서는 범자(梵字)를 자음의 체문(体文, vyaňjana)과 모음의 마다(摩多, mātṛ)로 나누어 각각을 알파벳으로 교육하는 것이다. 따라서 앞에서 예로 든 '底 知履反 [t + i]'와 같이 자음 [t]와 모음 [i]의 구별을 위하여 반절을 사용하였다.

그러나 이러한 반절의 한자음 표기는 불가에서 온 성명기론(聲明記論)의 영향을 받아 발달한 성운학(聲韻學)으로 당대(唐代)에 들어와서 더욱 성행하였다. 당(唐)의 고승(高僧)으로 서역에 다녀와서 불경의 한역(漢譯)에 종사한 현장(玄奘, 602~664 A.D.) 법사(法師) 이후의 불경 한역을 신역(新譯)이라 한다.

현장(玄奘) 법사의 일대기를 그의 제자 혜립(慧立)과 언종(彦悰)이 서술한『대당자은사삼장법사전(大唐大慈恩寺三藏法師傳)』(이하 <삼장법사전>)(권3)에서 다음과 같은 반절법(反切法)을 보여준다.

> ① 縐 <所芻反>, 底 <丁履反>, 哆 <他我反>
>
> ② 諵 <音女咸反>, 湴[19] <音鞞僭反>, 箹 <鞞約反>

이것은 후한(後漢) 이후에 불교가 중국에 수입이 된지 수세기가 지난 당대(唐代)에서 이루어진 반절법이다. 이러한 반절의 표기는 ①에서 '縐 <所芻反>'은 "縐 [su] = 所 [s] + 芻[u]", '底 <丁履反>'은 "底 [ti] = 丁 [t] + 履[i]", '哆 <他我反>'은 "哆 [tha] = 他 [th] + 我 [a]"와 같이 반자론(半字論)에서 보여준 자음과 모음의 결합으로 표음하였다.

특히 ①의 마지막 예 '哆'의 발음도 우리 한자음인 치[chi]나 현대 한어음 두오[duō]가 아니라 '타 [他我, tha]'임을 보여준 것이다. 이 한자음들은 이미 서역의 역경승들에 의하여 반자론의 자음과 모음을 구별한 반절로 표시하였던 것들이다.

그러나 ②의 첫 예와 같이 '諵'의 발음을 '女咸反', 즉 "女[n] + 咸[am] = 諵[nam]", 둘째 예의 '湴'의 '鞞僭反'도 "鞞[p] + 僭[am] = 湴[pam]", 그리고 셋째 예 '礿'의 '鞞約反'도 "鞞 [p] + 約 [ak] = 礿 [pak]"으로 표기하여 모두 성(聲)과 운(韻)의 결합으로 표음하였다.

당승(唐僧)들은 중국 한자음의 음운구조로 보아 반자론의 자음과 모음의 분석에서 한 걸음 나아가 성(聲)과 운(韻)으로 나누어 성(聲)은 반절상자(反切上字)로 표음하고 운(韻)은 모음에 다른 음절 말 자음(coda)이 결합한 경우로서 이를 반절하자(反切下字)로 표기한 것이다. 중국의 성운학에 의거한 반절이 고대인도의 반자론을 그대로 모방한 것이 아님을 알 수 있으며 이것은 중국어의 한자음이 산스크리트어의 음절 구조와 차이가 있기 때문에 생겨난 것이다.

2.2.1.4. 불경의 한역에서 가장 어려운 것은 범어(梵語)의 음역(音譯)이다. <삼장법사전>(권3)의

> 自此漸去, 至伊爛拏國, 伽藍十所, 僧徒四千餘人, 多學小乘說一切有部義. 近有鄰王, 廢其國君, 以都城施僧, 於中竝建二寺, 各有千僧, 有二大德, 一名怛他揭多鞠多{此云如來密}, 二名羼底僧訶{此云師子忍也}, 俱善薩婆多部。 - [법사는] 이곳을 떠나서 이란나국(伊爛拏國)에 이르렀다. 이곳에는 가람이 10여 개나 되며 4천여 명의 승려들이 거의가 소승의 학설인 일체유부(一切有部)를 배우고 있다. 근래에 이웃나라의 왕이 이 나라의 왕을 폐위시키고 도성(都城)을 승려들에게 보시하고 그 안에다 두 개의 절을 세워 각각 천 명의 승려를 살게 했다. 그중에 두 사람의 대덕(大)이 있었는데 한 사람은 달타게다국다(怛他揭多鞠多)[20] {이 말은 '여래밀(如來密)'을 말

19 전산 입력된 <삼장법사전>(권3)에서는 이 한자가 실현되지 않았다. 아마도 '踋'일 수도 있는데 범어를 음역한 것이어서 어떤 한자인지 확인할 수 없다.

20 怛他揭多毱多(Tarthaga-tagupta)는 '如來蜜'이라고 번역된 比丘의 이름이다.

한다} 두 번째 사람은 찬디승가(羼底僧訶) {이 말은 사자인(師子忍)을 말하다}이라 하는데 모두 살바다부(薩婆多部)를[21] 잘했다.

라는 기사에서 '羼底僧訶'는 범어의 'kşāntisaṁgha(忍辱僧)'를 한자로 대역(對譯)한 것으로 'kşānti(참다)'의 [ti]를 '底'의 반절로 표음한 것이다(졸고, 2016b:148).[22]

이를 통하여 범어의 고유명사를 한자로 전사할 때에 그 발음의 정확성을 찾기 위하여 반절(反切)이 사용되었으며 이것은 반자론의 영향으로 자음과 모음의 음절 구성에 익숙한 서역(西域)의 역경승(譯經僧)들에 의하여 고안된 것임을 알 수 있다. 또 이러한 발음 표기 방식이 중국인들에게도 그 편리함과 정확성이 인정되어 위진(魏晉) 남북조(南北朝) 이후에 점차 널리 보급되었다.

2.2.1.5. 현전하는 중국의 운서로서는 전술한 바와 같이 수대(隋代)의 육법언(陸法言)이 찬술한 『절운(切韻)』(601 A.D.)이 가장 오래된 것이다. 이 운서는 서명 자체가 '절운(切韻)'이어서 반절(反切)의 방법으로 한자의 발음을 표음하였음을 알 수 있다. 물론 이 이전에도 기원후 5세기경에 주옹(周顒)이 『사성절운(四聲切韻)』과 같은 운서가 있어 서명으로 보면 역시 반절에 의한 것으로 보이지만 실전(失傳)되어 내용을 알 수 없다.

그리고 이러한 <절운>의 전통은 당대(唐代)의 여러 <당운(唐韻)>을 거쳐 송대(宋代)의 <광운(廣韻)>, 즉 『대송중수광운(大宋重修廣韻)』으로 이어진다. 그리고 이를 축약한 『예부운략(禮部韻略)』이 편찬되고 이어서 이를 다시 고친 『신간운략(新刊韻略)』 등 많은 수정본이 간행된다. 이러한 운서들을 절운계(切韻系) 운서라 한다.

이 절운계 운서에서는 졸고(2017b)에서 소개한 '멸(蔑)'을 "면별반(眠鼈反)"으로 표음한 것과 같이 한자음을 모두 반절로 표시하였다. 다만 당(唐)의 안사(安史)의 난(亂) 이후에 반절의 '반(反)' 대신 '절(切)'로 바꾸었다. 그리하여 <절운>에서 "동(東) 덕홍반(德紅反)"이 <광운>에서 "동(東) 덕홍절(德紅切)"과 같게 되었다(졸고, 2016b).

즉, <광운>에서는 '蟲(충)'에 대하여 "爾雅曰: 有足曰蟲, 無足曰豸, [중략] 直弓切 - 『이아』

---

21 薩婆多部는 小乘 20부의 하나로 迦旃延이 시작하였다고 하는 說一切有部를 말한다.

22 '羼底僧訶(kşāntisaṁgha)'는 "此云師子忍也- 이것은 師子忍'을 말하다"라는 夾註가 수 있다. 'kşānti(참다, 忍辱)'과 'saṃgha(승려, 복수)'의 복합어로 忍辱僧(불가에서 온갖 욕됨과 번뇌를 참고 다툼이 없는 승려)을 말한다.

에서 말하기를 발이 있는 것은 충(蟲)이고 발이 없는 것은 치(豸)다. [반절로] 直[ㅈ] + 弓[ㆁ] 切 [중]이다"(<광운>「上平聲卷第一」'東第一')라는 설명이 있다. 즉 충(蟲)의 발음을 '직궁절(直弓切)'로 표음한 것이다.

이어서 <광운>에서는 "1.東-德紅, 2.冬-都宗, 3.鍾-職容, 4.江-古雙, 5.支-章移, 6.脂-旨夷, 7.之-止而, 8.微-無非, 9.魚-語居, 10.虞-遇俱, 11.模-莫胡, 12.齊-徂奚, 13.佳-古膎, 14.皆-古諧, 15.灰-呼恢, 16.咍-呼來, 17.眞-稷鄰, 18.諄-之純, 19.臻-側詵, 20.文-武分, 21.欣-許巾, 22.元-語袁, 23.魂-戶昆, 24.痕-戶恩, 25.寒-胡安, 26.桓-乎官, 27.刪-所姦, 28.山-所間"과 같이 28개 운목(韻目)을 모두 두 글자의 반절로 표음하였다.

2.2.1.6. 전술한 바와 같이 당(唐)의 안사(安史)의 난(亂) 이후에 '반(反)'을 피휘(避諱)하여 '절(切)'을 사용하였으나 북방의 거란(契丹)이 세운 요(遼)에서는 이를 따르지 않았다. 즉, 요(遼)의 학승(學僧) 행균(行均)이 편찬한『용감수경(龍龕手鏡)』에서는 '반(反)'을 사용하였다.[23]

예를 들면「평성 권 제일(平聲卷第一)」에 "金-居音, 1.人-如隣, 2.言-語軒, 3.心-息林, 4.山-所間, 5.車-昌遮, 6.長-布遙, 7.門-莫奔, 8.刀-都勞, 10.衣-於希[하략]"와 같이 <광운>에 준하여 2자 반절로 표음하였다. 그리고 본문에서는 "鋪-普胡反, 陳也, 布也, 又去聲"(권1 金部第一), "鍋-古禾反, 溫器也, 又音果, 刈鈎也"라 하여 '절(切)'이 아닌 '반(反)'으로 반절을 표시하였다.

그러나 같은 북방 민족이라고 하더라도 거란의 요(遼) 이후에 여진의 금(金)과 몽골의 원(元)에서는 '절(切)'을 사용하였다. 즉, 금대(金代) 한도소(韓道昭)가 편찬한『오음집운(五音集韻)』과 원대(元代) 남송(南宋) 사람 황공소(黃公紹)가 편찬한『고금운회(古今韻會)』및 그의 제자 웅충(熊忠)이 산개(刪改)한『고금운회거요(擧要)』에서는 '절(切)'을 사용하였다.

예를 들면『오음집운(五音集韻)』(권1)「동(東) 제일 {독용(獨用)}」'一 東見'에서[24] "公 - 古紅切 [하략]"이란 발음과 의미의 해석 이후에 '古紅切[kong]'과 같은 발음의 한자들을 나열하였다. 이어서 "端, 一東 德紅切, 春方也 [하략]"이란 해설과 함께 '德紅切[dong]'의 반절로 표시된 한자를 나열하였다.

아마도 당(唐)에서 '절(切)'로 표시한 것이 금(金)과 원(元)에서는 이미 반절(反切)의 한자음

23 『龍龕手鏡』은 '鏡'을 기휘하여『龍龕手鑑』으로 바꾸었다. 졸고(2015a)를 참고할 것.

24 '東見'은 '東'이 韻母이고 '見'은 聲母로서 '東'운, 즉 [ong]과 '見'모, 즉 [k]를 반절한 [kong]을 가진 한자의 배열을 말한다.

표기로 굳어진 것으로 볼 수 있다. 원대(元代) 웅충(熊忠)의 <고금운회거요>의 「고금운회거요운모(韻母)」에서 「평성(平聲) 상(上)」 '一 東 獨用'에서 "見公[切] 公, 溪公 空, 端公 東, 透公 通, 定公 同, 泥公 濃, 並公 蓬, 明公 蒙, 非公 風, 敷公 豊[하략]"이라 하여 공운(公韻)에 결합되는 '見[k], 溪[kh], 端[t], 透[th], 定[d], 泥[n], 並[b], 明[m], 非[p], 敷[ph]'이란 음절 초에 등장하는 자음을 반절로 표음하였다.

그리하여 "公-見公切, 空-溪公切, 東-端公切, 通-透公切, 同-定公切, 濃-泥公切, 蓬-並公切, 蒙-明公切, 風-非公切, 豊-敷公切"과 같은 반절의 방법으로 한자음을 표음하였다. 이때의 반절상자와 반절하자는 바로 성모(聲母, 또는 字母)와 운모(韻母)로 불리고 이들을 한자음에서 분리하여 추출하는 것이 성운학(聲韻學)의 중요한 과제가 되었다.

2) 반절(反切)로부터 발달한 성운학

2.2.2.0. 전술한 <광운> 계통의 운서에서는 반절상자에 상응하는 성모(聲母), 즉 대운(大韻)를 36모로 정하고 반절하자에 상응하는 운모(韻母), 즉 소운(小韻)으로는 206운으로 나누었음을 앞에서 언급하였다.

이 36자모는 <광운>의 축약본인 <예부운략>에서 「예부운략칠음삼십육모통고(禮部韻略七音三十六母通攷)」로 정착한다. 당승(唐僧) 수온(守溫)이 30자모를 인정한 것에서 6모가 늘어난 것이다. 그리고 206운도 {임자신간(壬子新刊)}<예부운략>에서 107운으로 줄이고 후대에는 106운으로 정하였다.[25] 아무래도 중국어의 음운에 맞춘 것이 아니라 범어(梵語)의 자모에 의한 것이어서 변화가 있었을 것이다.

송(宋) 이후 원대(元代)에 제정된 파스파 문자는 <예부운략(禮部韻略)>을 이 표음문자로 번역하여 <몽고운략(蒙古韻略)>이라는 운서를 편찬한다(兪昌均, 1963, 1978). 벌써 이때에 36자모에 따라 파스파 글자를 제정하였지만 같은 글자가 있어서 실제로는 모두 31자의 서로 다른 자모를 인정한 셈이 되었다(졸고, 2011a).

그리고 <광운> 계통의 <예부운략>을 당시 북방음에 따라 부분적으로 수정한 <고금운

---

25 {壬子新刊}<禮部韻略>은 平水人 劉淵이 수정한 <禮部韻略>으로 이때에 수정된 107운을 平水韻이라고도 한다.

회>의 편운에 맞추어 『몽고자운(蒙古字韻)』이 편찬되고 지대(至大) 무신(戊申, 1308)에 주종문(朱宗文)이 이를 증정한 {증정(增訂)}<몽고자운>이 간행된다(졸저, 2009). 이들은 모두 몽고운(蒙古韻), 또는 몽운(蒙韻)이라고 불린다.

이 몽운의 권두에는 모두 「예부운략칠음삼십육모통고(禮部韻略七音三十六母通攷)」라는 36자모도(字母圖)가 첨부되었을 것이고 이 자모도는 파스파 문자로 그 음운이 표음된 것으로 추정된다.[26] 현전하는 <고금운회거요>의 권두에는 이 <예부운략칠음삼십육모통고>라는 제목만 붙어있고 다음에 붙어 있어야 하는 자모도는 삭제되었다.

즉, 졸저(2009:69)에 [사진 2-6]으로 보인 고려대 소장의 <고금운회거요>의 권두를 보면 <예부운략칠음삼십육모통>라는 제목 다음에 "거고자운음동(據古字韻音同) - 옛 자운과 음이 같다"이라는 부제(副題)가 보인다. 이것은 조선 세종 때 "몽고자운음동(蒙古字韻音同)"의 '몽고자운(蒙古字韻)'의 '몽(蒙)'을 '거(據)'로 바꾼 것으로 명(明)을 의식하여 '몽고(蒙古)'를 '거고(據古)'로 고친 것이다. 이 시대에는 몽고(蒙古)라는 말을 금기(禁忌)로 여겼다.

다음의 2.2.2.1.에 보인 [사진 2-2]의 가운데 사진으로 권두 첫 장의 고려대 도서관의 화산(華山)문고본 <고금운회거요>의 간본(刊本)은 우리나라에 현전하는 가장 오래된 판본으로 아마도 세종 때에 간행된 것으로 보인다. 이 시대에는 명(明)을 의식하여 몽골의 원(元)을 거론하는 것조차 금지되었다.

그동안 학계에서는 '거고자운음동(據古字韻音同)'이 '몽고자운음동(蒙古字韻音同)'의 오각(誤刻)으로 보았으나 졸저(2009:67~69)에서는 이것이 의도적인 변개였음을 밝혔다. 이처럼 강력한 호원(胡元)의 잔재(殘滓)를 박멸(撲滅)하려는 정책은 파스파 문자로 쓰인 일체의 문헌을 훼손하여 오늘날 중국에는 <몽고운략>이나 <몽고자운>의 간본이 전하지 않는다.

다만 주종문(朱宗文)의 증정한 {증정}<몽고자운>은 청대(清代) 가정(嘉靖) 연간에 필사되어 그 초본이 전해진 것이 런던의 대영도서관(British library)에 소장되었다. 졸저(2009)의 말미에 이를 영인하여 첨부하였다.

이 런던 초본의 권두에 필자가 그렇게 찾았던 36자모표가 첨부되었다. 이를 졸저(2009:41)에서 옮겨 보면 다음과 같다.

26 오늘날에 전하는 <고음운회> 계통의 운서에는 '禮部韻略七音三十六母通攷'라는 제목만 남았고 정작 자모도는 모두 삭제되었다(졸저, 2009:287~8).

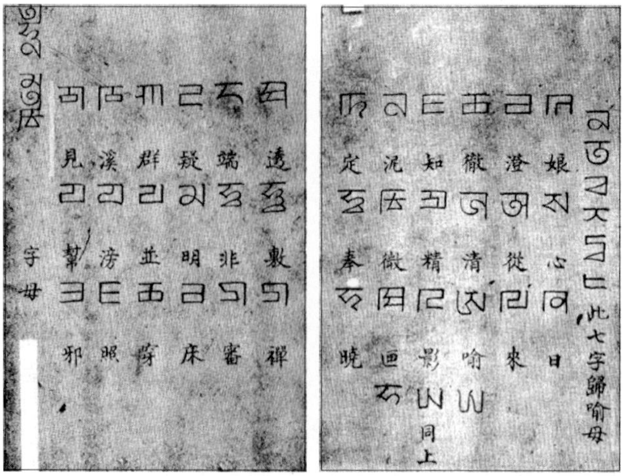

[사진 2-1] {증정}『몽고자운』 런던초본 권두의 자모(字母)

{증정}<몽고자운>의 런던 초본에 대하여는 졸저(2009)에서 자세하게 논의되었으며 이 초본의 권두에 첨부된 「자모(字母)」의 36자모도가 바로 「예부운략칠음삼십육모통고(禮部韻略七音三十六母通攷)」를 파스파 문자로 표음한 것이라고 졸고(2011a,b, 2012a)에서 주장하였다.[27] 그리고 런던초본의 권두에 첨부된 「자모(字母)」는 필자가 중국 운서에서 발견한 유일한 자모도(字母圖)이다.

2.2.2.1. 현전하는 <고금운회거요>의 여러 이본(異本)의 권두에는 "禮部韻略七音三十六母通攷 {蒙古字韻音同} - <예부운략>의 7음 36자모 통고 {몽고자운 발음과 같음"이라는 제목과[28] 이어서 "韻書始於江左, 本是吳音。今以七音韻母通攷, 韻字之序, 惟以雅音求之, 無不諧叶。- 운서는 양자강의 왼쪽에서 시작하여 본래 오음(吳音)이었다. 이제 칠음(七音)의 운모

27 <광운> 계통의 『禮部韻略』과 『蒙古韻略』, 그리고 『古今韻會』와 『蒙古字韻』 사이에는 매우 밀접한 관계에 있었던 것으로 보인다. 『蒙古韻略』에는 『禮部韻略』의 36자모를 파스파 문자로 표음하여 자모를 정하였고 이 蒙古韻은 『古今韻會』에 많은 여향을 끼친다. 즉, 『古今韻會擧要』 「범례」 '音例'에 "吳音角次濁音, 卽雅音羽次濁音, 故吳音疑母字, 有入蒙古韻喩母者, 今此類並注云: 蒙古韻音入喩母{說見麻韻牙字注} - 오음(吳音)은 각(角)의 차탁음이 아음(雅音)에서는 우(羽)의 차탁음이 된다. 그러므로 오음(吳音)의 의모(疑母) 'ㆁ'는 몽고운에서 유모(喩母)에 들어가는 글자가 있다. 이번에 이러한 부류를 모두 주석하여 몽고운에서의 이러한 음은 유모(喩母)에 들어간다고 하였다. {견모(見母) 마운(麻韻)의 아자(牙字)에 대한 주에서 설명했다}" 라고 하여 몽고운과의 관계를 자세하게 언급하였다.

28 { } 안의 것은 협주 형식으로 덧붙인 것을 표시한다. 필자의 논문에서 자주 이런 표시로 협주들을 표시하였다.

통고로서 운자(韻字)의 순서를 매기니 아음(雅音)에서 구하여 배열한 것이라 어울리고 화합하지 않는 것이 없다"라는 주석이 게재되었다.

즉, 중국 사고전서(四庫全書)에 수록된 <고금운회거요>의 권두에 첨부된 "禮部韻略七音三十六母通攷 {蒙古字韻音同}"과 거기에 덧붙인 주석을 보면 이 36모 통고(通攷)가 송대(宋代) 아음(雅音), 즉 표준음으로 36자모를 배열한 것임을 알 수 있다. 그러나 전술한 대로 실제로 36자모도는 모두 삭제되었다.

그러나 고려대 도서관의 화산(華山)문고와 만송(晩松)문고에 소장된 <고금운회거요>에는 전술한 바와 같이 권두의 "禮部韻略七音三十六母通攷 {蒙古字韻音同}"의 '{蒙古字韻音同}'을 '거고자운음(據古字韻音同)'이라 하여 몽고(蒙古)의 '몽(蒙)'을 '거(據)'로 바꾸었다. 그래도 의미는 "옛 자운(字韻)과 발음이 같다"라고 하여 통한다.

이를 사진으로 보이면 다음과 같다.

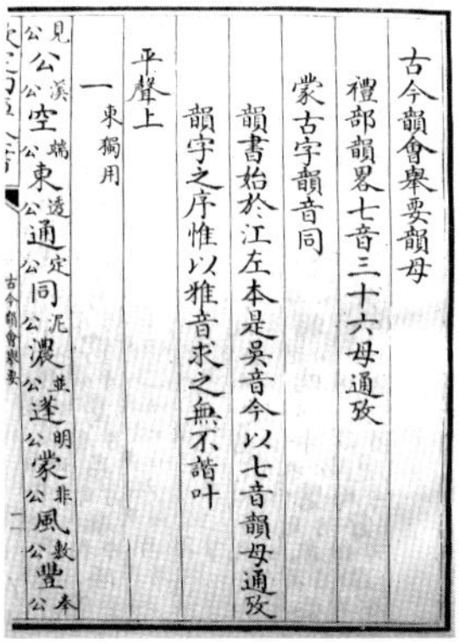
古今韻會舉要韻母
禮部韻畧七音三十六母通攷
蒙古字韻音同
韻書始於江左本是吳音今以七音韻母通攷
韻字之序惟以雅音求之無不諧叶
平聲上
一東獨用

[사진 2-2] <고금운회거요> 사고전서본

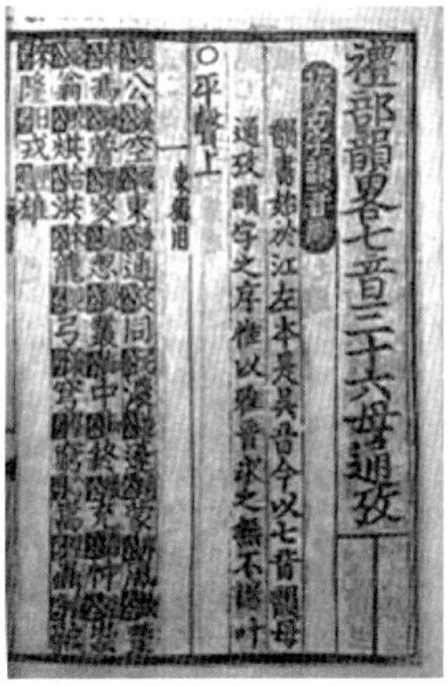

고려대 화산문고본[29]

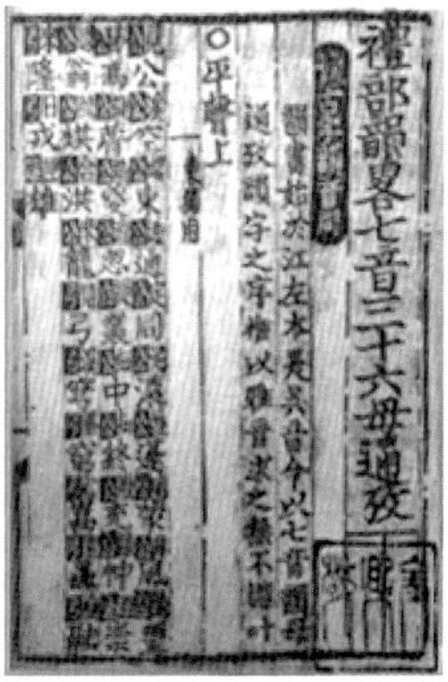

고려대 만송문고본[30]

29 고려대 도서관의 화산문고에 貴重本으로 소장된『古今韻會擧要』는 後學 陳寀이 30권을 간판한다는 跋文이 있어 元版임을 알 수 있다. 이 元版을 조선 세종 16년(1434)에 당시 慶尙道 觀察使였던 辛引孫이 慶州와 密陽에서 覆刻한 것이다. 즉 辛引孫이 쓴 跋文에 '宣德 九年 甲寅 五月 日'이라는 간기가 있어 세종 16년(1434)에 간행된 것임을 알 수 있다.

30 역시 고려대 만송문고의 귀중본인『古今韻會擧要』는 전30권 10책 중에서 8책만이 남은 낙질본이고 화산본과 같이 跋文이 없어서 자세한 간판의 경위는 알 수 없지만 宣祖 甲戌(1574) 가을에 漢陽에서 인출하여 소장하게 되었다는 印出 收藏記가 있어 이 시대로부터 멀지않은 시기에 조선에서 인간한 것으로 보인다. 역시 中書省 參知政事 李术魯翀의 서문과 至順 2년(1331) 2월 己未라는 간기가 있는 余謙의 進箋文으로 보아 元代의 刊本임을 알 수 있다. 조선에서는 선조 7년 이전에, 아마도 세종 연간에 이를 覆刻한 판본으로 보인다.

앞의 [사진 2-2]의 고려대 화산문고본과 만송문고본의 <고금운회거요>를 보면 '몽고(蒙古)'를 '거고(據古)'로 바꾼 것을 확인할 수 있다. 이것은 말할 없이 명(明) 태조가 실시한 호언(胡言)의 잔재(殘滓)를 없애는 정책에 맞춘 것이다.

이러한 정책의 영향인지 필자는 아직 36자모도(字母圖)를 제시한 <고금운회거요>의 어떤 판본도 보지 못했으며 필자가 열람한 북경(北京) 국가(國家)도서관에 소장된 금대(金代) 한도소(韓道昭)의 『오음집운(五音集韻)』에서도 자모도는 없었다.

[표 2-1] <예부운략>과 <고금운회거요>의 36자모

學要 ＼ 通攷	淸音	次淸音	次淸次音	濁音	次濁音	次濁次音	
角(牙)	1. 見	2. 溪		3. 群	4. 疑	5. 魚	
微(舌)	6. 端	7. 透		8. 定	9. 泥		
宮(脣)	10.幫	11.滂		12.並	13.明		
次宮(脣輕)	14.非	15.敷		16.奉	17.微		
商(齒頭)	18.精	19,淸	20.心	21.似		22.邪	
次商(正齒)	23.知	24.徹	25.車	26.澄	27.娘	28.禪	
羽(喉)	29.影	30.曉	31.么	32.匣	33.喩	34.合	
半微商(半舌)							35.來
半商微(半齒)							36.日

다만 花登宏正(1983)에서는 「예부운략칠음삼십육모통고」의 36자모와 <고금운회거요>의 자모는 일치하고 오로지 그 분류의 명칭만 다르다고 하면서 앞의 [표 2-1]과 같은 자모도를 그렸다(花登宏正, 1983:260~261). 자모도는 붙어있지 않지만 운서에 등장하는 운목자(韻目字)들로 36자모도를 재구한 것이다.

2.2.2.2. 필자는 졸저(2015)에서 {증정}<몽고자운>의 런던 초본에 실린 '자모(字母)', 즉 [사진 2-1]에 의거하여 '칠음(七音) 삼십육모(三十六母) 통고(通攷)'를 다음과 같이 재구하였다. 여기서 칠음(七音)은 아, 설, 순, 치, 후음(牙,舌,脣,齒,喉音)의 오음(五音)에 반설음(半舌音), 반치음(半齒音)의 2음을 더한 것이다.

여기에 36자모, 즉 성명기론의 체문(体文, vyañjana)에 해당하는 어두 자음을 전청(全淸),

차청(次淸), 전탁(全濁), 불청불탁(不淸不濁)의 사성(四聲)으로 나눈 것이다. 즉, 조음위치인 칠음(七音)과 조음방식인 사성(四聲)으로 자음을 분류한 것인데 같은 글자가 있어서 모두 32자만 인정한 것이다.

{증정}<몽고자운> 런던초본의 권두에 게재한 「자모(字母)」를 조선의 『사성통해(四聲通解)』에 첨부된 <광운 36자모도>에 의거하여 도표로 작성하여 보이 다음과 같다.

[표 2-2] 『몽고자운』 파스파 문자의 36자모(字母), 졸저(2009:187)에서 재인용.

七音 / 四聲	牙音	舌音		脣音		齒音		喉音	半音	
		舌頭音	舌上音	脣重音	脣輕音	齒頭音	正齒音		半舌音	半齒音
全淸	見 ꡀ	端 ꡈ	知 ꡄ	幫 ꡌ	非 ꡤ	精 ꡐ	照 ꡄ	曉 ꡜ		
次淸	溪 ꡁ	透 ꡉ	徹 ꡅ	滂 ꡍ	敷 ꡰ	淸 ꡑ	穿 ꡅ	匣 ꡣ		
全濁	群 ꡂ	定 ꡊ	澄 ꡆ	並 ꡎ	奉 ꡤ	從 ꡒ	床 ꡆ	影 ꡖ		
不淸不濁	疑 ꡃ	泥 ꡋ	娘 ꡇ	明 ꡏ	微 ꡓ			喩 ꡗ	來 ꡙ	日 ꡔ
全淸						心 ꡛ	審 ꡚ	(么) ꡝ		
全濁						邪 ꡕ	禪 ꡮ			

즉, [표 2-2]를 보면 설상음(舌上音)과 정치음(正齒音)의 전청, 차청, 그리고 전탁의 3자가 /ꡄ, ꡅ, ꡆ/로 동일하고 순경음(脣輕音)의 전청과 전탁이 /ꡤ/로 동일하여 모두 4자가 같다. 이것은 이들의 음운이 실제로 당시 중국어, 즉 한아언어(漢兒言語)에서 구별되지 않았다는 뜻이다. 그리하여 모두 32자만이 서로 다른 글자로 표시한 셈인데 이것은 훈민정음 <언해본>에서 한음(漢音)을 포함한 32자와 일치한다.

[표 2-2]와 같이 파스파 문자로 표음한 자모도(字母圖)는 아마도 원대(元代)에 몽운(蒙韻), 즉 <몽고운략>, <몽고자운>에 부재(附載)되었을 것이며 {증정}<몽고자운>의 런던초본에 첨부되어 현전한다고 보았다. 이때에 조금씩 자모의 수효와 순서가 각각 바뀌었을 것이다.[31] 특히 설상음(舌上音)의 불청불탁의 /娘 ꡇ/도 설두음(舌頭音)의 불청불탁의 /泥 ꡋ/와 통합되어 결국은 모두 31자모만이 구별된다. 이것이 후술할 <홍무운 31자모>다.

31 『몽고자운』 런던초본의 '字母'를 보여주는 사진은 졸저(2015:312)에 전재되었다.

2.2.2.3. 졸저(2015)에서는 <몽고운략>, <몽고자운>, 그리고 {증정}<몽고자운>의 자모도에 표음된 파스파자를 훈민정음자로 바꾸어서 「광운 36자모도(廣韻三十六字母之圖)」, 「운회 35자모도(韻會三十五字母之圖)」, 「홍무운 31자모도(洪武韻三十一字母之圖)」로 게재한 것으로 보았다.

원래 신숙주(申叔舟)의 『사성통고(四聲通攷)』에 부재되었던 것이 다시 최세진(崔世珍)의 『사성통해(四聲通解)』에 전재(轉載)되었다고 주장하였다. 이 가운데 <홍무운 31자모도>가 {증정}<몽고자운>에 있던 것을 이름을 바꾸어 '홍무운(洪武韻)'으로 하여 31자모도란 이름으로 <사성통고>에 개재되었을 것으로 추정하였다.

당시에는 명(明)의 철저한 호원(胡元)의 잔재(殘滓)를 타파하는 정책 때문에 몽고(蒙古)라는 이름을 쓸 수가 없었기 때문일 것이다. 이 사실은 전술한 <고금운회거요>의 권두에 첨부되었던 「예부운략칠음삼십육모통고(禮部韻略七音三十六母通攷)」에는 "{蒙古字韻音同}"을 '거고자운음(據古字韻音同)'이라 고친 것과 관련하여 추정한 것이다. 또 <홍무정운>에서는 실제로 31자모(字母)만을 인정한 것은 아니었다.

<사성통해>의 권두에 첨부된 <광운 36자모도>, <운회 35자모도> 그리고 <홍무운 31자모도>는 졸저(2015:315~318)에 사진으로 보였으므로 여기서는 <광운 36자모도>만 옮겨 보기로 한다.

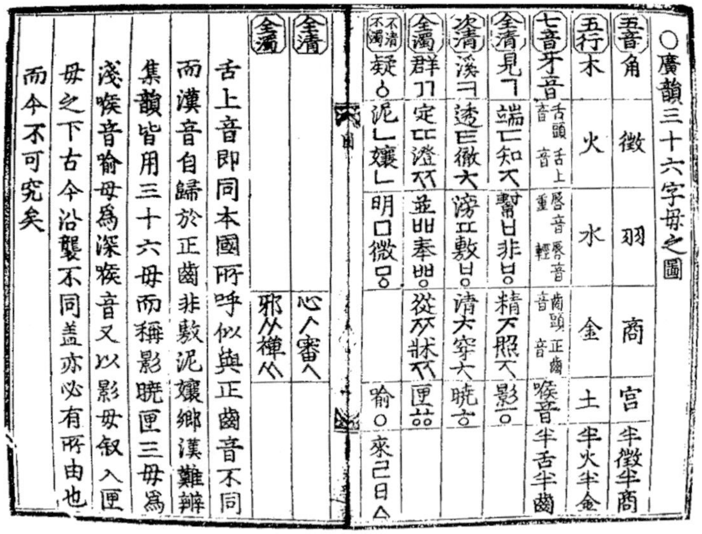

○廣韻三十六字母之圖

五音	角	徵	羽	商	宮	半徵半商
五行	木	火	水	金	土	半火半金
七音	牙音	舌頭音 舌上音	脣音重 脣音輕	齒頭音 正齒音	喉音	半舌半齒
全清	見ㄱ	端ㄷ 知ㅈ	幫ㅂ 非ㅸ	精ㅈ 照ㅈ	影ㆆ	
次清	溪ㅋ	透ㅌ 徹ㅊ	滂ㅍ 敷ㅸ	清ㅊ 穿ㅊ	曉ㅎ	
全濁	群ㄲ	定ㄸ 澄ㅉ	並ㅃ 奉ㅹ	從ㅉ 牀ㅉ	匣ㆅ	
不清不濁	疑ㆁ	泥ㄴ 孃ㄴ	明ㅁ 微ㅱ		喩ㅇ	來ㄹ 日ㅿ
全清				心ㅅ 審ㅅ		
全濁				邪ㅆ 禪ㅆ		

舌上音即同本國所呼似與正齒音不同
而漢音自歸於正齒非敷泥孃鄕漢難辨
集韻皆用三十六母而稱影曉匣三母爲
淺喉音喩母爲深喉音又以影母叙入匣
母之下古今沿襲不同盖亦必有所由也
而今不可究矣

[사진 2-3] <사성통고> 권두의 <광운 36자모도>

이어서 이러한 자모도에 의거하여 졸저(2015:315~319)에 소개된 <사성통해>의 권두에 소재된 <광운(廣韻)>과 <홍무운(洪武韻)>의 '자모도'만을 옮겨 표로 보인다.

[표 2-3]『사성통해』 권두의 <광운(廣韻) 36자모도>

五音	角	徵		羽		商		宮	半徵半商	
五行	木	火		水		金		土	半火半金	
七音	牙音	舌頭音	舌上音	脣音重	脣音輕	齒頭音	正齒音	喉音	半舌半齒	
全淸	見 ㄱ	端 ㄷ	知 ᅐ	幫 ㅂ	非 ㅸ	精 ᅎ	照 ᅐ	影 ㆆ		
次淸	溪 ㅋ	透 ㅌ	撤 ᅕ	滂 ㅍ	敷 ㅸ	淸 ᅔ	穿 ᅕ	曉 ㅎ		
全濁	群 ㄲ	定 ㄸ	澄 ᅑ	並 ㅃ	奉 ㅹ	從 ᅏ	牀 ᅑ	匣 ㆅ		
不淸不濁	疑 ㆁ	泥 ㄴ	孃 ㄴ	明 ㅁ	微 ㅱ			喩 ㅇ	來 ㄹ	日 ㅿ
全淸						心 ᄼ	審 ᄾ			
全濁						邪 ᄽ	禪 ᄿ			

[표 2-4]『사성통해』 권두의 <홍무운(洪武韻) 31자모도>

五 音	角	徵	羽		商		宮	半徵	半商
五 行	木	火	水		金		土	半火	半金
七 音	牙音	舌頭音	脣音重	脣音輕	齒頭音	正齒音	喉音	半舌	半齒
全 淸	見ㄱ·견	端ㄷ 뒨	幫ㅂ 방	非ㅸ 빙	精ᅎ 징	照ᅐ ·쟝	影ㆆ:힝		
次 淸	溪ㅋ 키	透ㅌ 틍	滂ㅍ 팡		淸ᅔ 칭	穿ᅕ 쳔	曉ㅎ:향		
全 濁	群ㄲ 뀬	定ㄸ·띵	並ㅃ:삥	奉ㅹ·뽕	從ᅏ 쭝	牀ᅑ 쨩	匣ㆅ 향		
不 淸 不 濁	疑ㆁ 이	泥ㄴ 니	明ㅁ 밍	微ㅱ 미			喩ㅇ유	來ㄹ래	日ㅿ·싱
全 淸					心ᄼ 심	審ᄾ :심			
全 濁					邪ᄽ 써	禪ᄿ ·쎤			

2.2.2.4. 앞의 [표 2-3]의 <광운 36자모도>는 <몽고자운> 런던초본에서 「자모(字母)」로 보인 파스파 문자의 36자모도와 거의 일치한다. 예를 들면 치음(齒音)의 정치음 3모(母)와 설음(舌音)의 설상음(舌上音) 3모는 파스파 글자가 같은데 <사성통해>의 <광운 36자도>에서

도 같은 정음(正音) 글자로 표시하였다.

두 자모도에서 차이가 나는 것은 런던초본의 <자모(字母)>에서는 순경음의 전청(全淸)과 전탁(全濁)의 파스파자가 /ꡤ/로 동일하지만 <광운 36자모도>에서는 전청과 차청이 /ㅸ/으로 동일하다. 특히 중요한 것은 런던초본의 <자모>에서는 설두음(舌頭音)의 불청불탁(不淸不濁)이 니(泥)모 /ꡋ/이고 설상음(舌上音)의 불청불탁의 남(娘)모 /ꡃ/로 서로 다른데 <광운 36자모도>에서는 설두음의 니(泥)모와 설상음의 양(孃)모가 모두 /ㄴ/으로 동일하다.

따라서 <사성통해><의 <광운 36자모도>는 같은 글자로 표시된 4모를 제외하면 32자가 남는다. 아마도 <몽고자운> 런던초본과는 다른 판본을 참고하여 저음의 글자로 옮겨 쓴 것으로 볼 수밖에 없다. {증장}<몽고자운>에는 여러 다른 판본이 있었을 것이다. 아니면 이를 필사한 런던초본이 오류를 범했을 수도 있다. 현재로서는 다른 증거가 나오기 전까지는 결론을 유보할 수밖에 없다.

또 <홍무운(洪武韻) 31자모도>는 조선에서 창제한 훈민정음의 <언해본>에서 제시한 32자모와 거의 일치한다. 즉, 조선에서 세종 25년(1443)에 제정한 훈민정음의 27자는 여기에 제시한 31자모(字母)에서 순경음(脣輕音)의 차청(次淸)에 'ㆄ'을 인정하면 모두 32자가 되는데 여기서 정치음(正齒音)과 치두음(齒頭音)을 구별하는 5자를 빼면 27자가 된다. 이것이 세종이 가족들과 함께 처음 새 문자를 제정할 때에 만든 자음의 글자들이다.

비록 <세종실록>(권103) 세종 25년 12월의 기사가 "上親制諺文二十八字"이지만 이보다 2개월 후에 올린 최만리(崔萬理)의 반대 상소에는 '언문 27자'로 되었다. 따라서 '언문 28자'의 기사는 <세종실록>을 편찬할 때에 고친 것으로 보인다(졸저, 2021:494). 이에 대하여는 그동안 학계에 여러 논문이 있었다.

실제로 훈민정음의 해설서로 <해례본>의 세종어제훈민정음 서문과 예의(例義) 부분만을 언해한 <언해본> 훈민정음에서는 27자에다가 한음(漢音)의 표기를 위한 것이라고 하면서 치두음과 정치음을 구별하는 5자를 더 만들어 32자를 소개하였다. 따라서 초기에는 27자의 초성(初聲)만을 제정하고 중성(中聲)을 위한 기본자 3자와 초출(初出)자 4자를 더한 7자를 더하여 <운회>을 번역하라는 명령을 내린 것이다. 이 초기의 '언문 27자'는 다음의 4.1.1.2.에서 [표 4-1]로 제시하였다.

그러므로『동국정운(東國正韻)』을 편찬을 위한 한자음의 발음의 표기를 위하여 제정한 훈민정음(訓民正音)은 처음에 27자를 만들었고 이것이 최만리(崔萬理)의 반대 상소에 등장하는 '언문(諺文) 27자'이다. 그리고 『훈몽자회(訓蒙字會)』의 권두에 실려 전해오는 <언문자모(諺文字母)>의 부제(副題)가 '속소위(俗所謂) 반절(反切) 27자'인 것이다.

2.2.2.5. 그러다가 후에 신미(信眉) 대사가 세종의 새 문자 제정에 참여하여 우리말과 우리 한자음 표기에는 필요 없는 전탁(全濁)의 6자와 순경음(脣輕音) 4자를 제외하여 17자를 만들고 여기에 모음의 중성자(中聲字)는 재출자(再出字) 4자를 더하여 11자로 하고 이를 17자에 더하여 언문 28자를 정한 것이다.

이것이 신미(信眉)에 의하여 정리된 것임은 종래의 성운학(聲韻學)으로는 유성(有聲)의 전탁(全濁)이나 유성마찰음의 순경음(脣輕音)이 우리말 표기에 필요하지 않음을 깨닫기 어려웠기 때문이다. 전탁(全濁)이 유성음이고 순경음(脣輕音)이 유성마찰음임을 알려주는 것은 불가의 음성 이론인 성명기론(聲明記論)에 의해서만 알 수 있었고 신미가 이를 깨우쳐주었으므로 초성 17자로 정리된 것이다.

신미(信眉)가 세종의 새 문자 제정에 참가하고 나서 우리 한자음, 즉 동음(東音)의 표기에는 순경음(脣輕音)도 필요 없다고 생각한 것 같다. 그리하여 <동국정운>의 신숙주 서문에 다음과 같은 기사가 보인다.

> 於是調以四聲, 定爲九十一韻二十三母, 以御製訓民正音定其音。又於質勿諸韻, 以影補來, 因俗歸正, 舊習譌謬, 至是而悉革矣。書成, 賜名曰東國正韻 - 어시에 사성(四聲)으로 조율하여 91운 23모를 정하여 임금이 지으신 훈민정음의 음을 정하였다. 또 질(質), 물(勿)의 [입성] 운들은 이영보래(以影補來)로서 속음에 따라 정음으로 돌아오게 하였고 잘못된 예 습관을 이에 이르러 모두 고치게 되었다. 책이 완성되어 동국정운이란 이름을 내려주셨다.

이 기사를 보면 <동국정운>에서는 23자모만을 인정하였는데 전탁(全濁)은 살리고 순경음(脣輕音)은 인정하지 않았다. 그리고 [표 2-5]의 운목(韻目) 한자를 모두 바꾸었다. 그 이유는 임홍빈(2006, 2013)에서 일부 소명한 바 있지만 현재로서는 <동국정운>에서 운목(韻目)의 한자를 동원한 것으로 보인다(유창균, 1966). 이를 도표로 보이면 다음의 [표 2-5]와 같다.

[표 2-5]는 종래 동국정운 23자모라고 알려진 것에 순경음 4자를 추가하고 후음(喉音)의 순서를 일부 바꾼 것이다. 실제로 <동국정운>에는 전탁의 6자가 모두 사용되었고 순경음도 'ㅱ'이 한자음 표음에 사용되었다. 따라서 종래의 23자모에 순경음 4자를 추가하여 27자로 보아야 한다. 다만 <동국정운>에서 순경음이 한자음의 표음에 일부만이 이용되었기

때문에 아마도 순경음을 뺀 23자모를 동국정운 23자모라고 한 것 같다.

[표 2-5] 동국정운 23자모

七音 / 四聲	牙 音	舌 音	脣音	齒 音	喉 音	半舌音	半齒音
全 清	ㄱ(君)	ㄷ(斗)	ㅂ(彆)	ㅈ(卽)	ㆆ(挹)		
次 清	ㅋ(快)	ㅌ(呑)	ㅍ(漂)	ㅊ(侵)	ㅎ(虛)		
全 濁	ㄲ(虯)	ㄸ(覃)	ㅃ(步)	ㅉ(慈)	ㆅ(洪)		
不清不濁	ㆁ(業)	ㄴ(那)	ㅁ(彌)		ㅇ(欲)	ㄹ(閭)	△(穰)
全 清				ㅅ(戌)			
全 濁				ㅆ(邪)			

그러나 동국정운식 한자음 표기에서는 비록 순경음은 'ㅱ'만이 사용되었다고 하더라도 [표 2-5]와 같은 훈민정음 27자를 인정하지 않은 것은 아니라고 본다. 더욱이 『홍무정운역훈(洪武正韻譯訓)』을 편찬하면서 한자의 중국 표준음 표기할 때에는 정음 32자가 사용되었다. 27자에 치두음과 정치음을 구별하는 5자를 더하여 32자를 사용한 것이다.

우리가 「세종어제훈민정음」이라고 알고 있는 훈민정음의 <언해본>에는 32자를 보이고 이를 한자로 그 발음을 표시하였다. 이 훈민정음 <언해본>의 판심(版心) 서명은 '정음(正音)' 이었다. 따라서 졸저(2015, 2021)에서는 세종이 제정한 새 문자를 표기 대상에 따라 셋으로 나누어 문자의 명칭을 정했다고 보았다.

즉, 우리말이나 우리 한자음을 표기할 때에는 언문(諺文)이었고 동국정운식 한자음을 표기할 때에는 훈민정음(訓民正音)이었으며 한자의 중국 표준음을 적을 때에는 정음(正音)이라 하였다고 주장하였다. 표기 대상에 따라 그 명칭을 다르게 부른 것이다. 이것은 파스파 문자가 한자음 표기에 사용한 문자 체계가 다르고 범자(梵字)나 실담(悉曇)의 표기와 몽고어의 표기가 서로 달랐던 것으로부터 충분히 이해가 가능하다.

따라서 훈민정음이란 명칭은 동국정운식 한자음이 없어진 세조 이후에는 별로 사용되지 않는다. 실제로 <조선왕조실록>에서 '훈민정음(訓民正音)'은 11번밖에 나타나지 않았고 그나마도 모두 세종~세조 연간에 집중되었다. 후에는 『성종(成宗)실록』과 『정조(正祖)실록』에 한 번씩 나타날 뿐이다.

2.2.2.6. 앞에서 원대(元代)에 제정된 파스파 문자로 발음을 표기한 <몽고운략>이 <광운> 계통의 <예부운략>을 파스파자로 번역한 것이고 <고금운회>의 수정음을 반영하여 역시 파스파자로 표음한 <몽고자운>이 있었으며 후대에 이를 다시 주종문(朱宗文)이 북경음을 근거로 하여 증정한 것이 {증정}<몽고자운>이라고 주장하였다. 이들이 바로 몽운(蒙韻)이라고 불리는 운서다.

따라서 앞에서 제시한 <사성통해>의 세 자모도는 세 몽운(蒙韻)의 권두에 첨부되었던 자모도로 볼 수 있다. 우선 <몽고운략>의 자모도를 <광운(廣韻) 36자모도>라는 제목을 붙인 것이다. <예부운략>이 광운 계통의 운서이기 때문이다.

그리고 <몽고자운>의 것을 <운회(韻會) 35자모도>로 하였다. <몽고운략>을 <고금운회>에 의하여 수정한 『신간운략(新刊韻略)』이고 이것을 파스파 문자로 번역한 것이 <몽고자운>이므로 여기세 첨부된 자모도를 운회의 것이라고 해도 무방했기 때문일 것이다.[32] 더구나 전술한 바와 같이 '몽운(蒙韻)'이나 '몽고자운(蒙古字韻)' 등의 '몽고(蒙古)'는 당시에 명(明)으로부터 금기시된 용어였기 때문에 '운회(韻會)'라고 했을 것이다.

마지막 {증정<몽고자운>의 것은 역시 명(明)의 눈치를 보아 명(明) 태조(太祖)의 흠찬운서(欽撰韻書)인 <홍무정운>의 이름을 빌려 아예 <홍무운(洪武韻) 31자모도>로 한 것이 아닌가 한다.[33]실제로 <홍문정운>은 36자모 체계를 유지하고 있어서 '홍무운'으로 31자모를 정한 것은 사리에 맞지 않기 때문이다.

2.2.2.7. {증정}<몽고자운>의 런던 초본에 부재된 몽고운의 자모도(字母圖)는 앞에 보인 [표 2-2]처럼 운목자(韻目字)의 음운을 /見ꡀ [k], 端ꡈ [t], 幫ꡌ [p], 非ꡤ [ɓ], 精ꡐ, 照ꡄ [ts], 曉ꡜ [h]/와 같이 아설순치후(牙舌脣齒喉)의 오음(五音)에 맞추어 파스파 문자로 표음하였다.[34]

그러나 몽고의 원(元)을 멸하고 오아(吳兒)의 명(明)을 세운 주원장(朱元璋)이 몽골의 호원)

32 <신간운략>과 <몽고자운>과의 관계에 대하여는 寧忌浮(1992, 1994)를 참고할 것.

33 각 자모도에 이러한 제목을 붙인 것은 나름대로 이유가 있다. 『몽고운략』의 저본으로 삼았던 『예부운략』은 『광운』을 축약한 것임으로 <광운 36자모도>라고 했던 것 같고 『고금운회』의 영향을 받아 북방음을 반영한 『몽고자운』의 것은 자모도를 <韻會 35자모도>로 제목을 단 것으로 이해할 수 있다. 다만 元代 『中原音韻』의 영향을 받은 {증정}<몽고자운>은 그 31자모도를 '洪武韻'이라 한 것은 이미 당시에 明 太祖의 欽撰 운서로 간행된 『홍무정운』의 聲韻을 무시할 수 없었기 때문이며 明의 눈치를 본 것으로 생각할 수 있다(졸저, 2009 및 졸고, 2016b).

34 훈민정음에서는 "君ㄱ, 那ㄴ, 彌ㅁ, 戌ㅅ, 欲ㅇ"와 같이 五音에 맞추어 제자하였다.

이 남긴 잔재(殘滓)를 박멸하는 정책을 철저하게 실시하면서 이 자모도는 모든 운서에서 일제히 삭제되었다. 현전하는 운서에는 이러한 파스파 문자의 자모도를 찾아볼 수 없고 파스파자로 표음하지 않은 자모도도 삭제된 것이 많다.

앞의 2.2.2.1.에서 게재한 [사진 2-2]의 첫 번째 사진은 타이완(臺灣)에 소장된 청대(淸代) 사고전서(四庫全書)의 진본(珍本) 『고금운회거요(古今韻會擧要)』를 영인한 판본으로 중화민국 행정원에서 고려대에 기증한 것이다. 이 판본에는 '古今韻會擧要韻母'라는 제하(題下)에 「예부운략 7음 36모 통고(禮部韻略七音三十六母通攷)」라는 제목은 있으나 실제로 36자모도는 삭제되었다.

뿐만 아니라 [사진 2-2] 첫째 사진과 같이 사고전서(四庫全書)의 판본에는 '몽고자운동(蒙古字韻音同)'이란 부제(副題)가 그대로 보이지만 조선전기, 주로 세종 시대에 복각하여 간행한 <고금운회거요>에서는 앞의 [사진 2-2]의 둘째, 셋째 사진과 같이 '蒙古字韻音同'이 '거고자운동(據古字韻音同)'과 같이 '蒙'이 '據'로 바뀌었다.[35]

조선 전기의 두 판본에서 보이는 것처럼 이 시대에는 '몽고(蒙古)'의 '몽(蒙)'을 밝히는 것조차 두려워했던 것이다. 명(明)에서 추진한 몽골의 호원잔재(胡元殘滓)를 말살(抹殺)하는 정책이 얼마나 철저했는가를 말해 준다. 아마도 파스파 문자로 표음한 36자모도는 이로 인하여 모든 운서에서 자취를 감춘 것이 아닌가 한다.

3) 조선의 언문(諺文)과 반절(反切)

2.2.3.0. 조선에서는 원대(元代)의 파스파 문자와 같이 훈민정음(訓民正音)을 제정하여 한자음 표기에 이용하였다. 조선 세종 25년(1443) 12월에 세종이 친히 언문 28자를 제정하였는데 이것이 소위 말하는 훈민정음이라는 기사가 『세종실록』(권103)에 수록되었다.[36]

다만 이 기사는 원래 "親制諺文二十七字 - 이 친히 언문 27자를 만드셨다"였던 것을 <세종실록>을 간행할 때에 수정한 것으로 보인다. 왜냐하면 2개월 후에 올라온 최만리(崔萬理)의 반대상소에는 '언문27자'로 되었기 때문이다. <세종실록>은 여러 차례 수정을 거쳐 세

35 '據古字韻音同'이라 하여도 "옛 자운에 의거하면 같은 음이다"란 뜻이 되기 때문에 의미는 통한다.

36 "是月, 上親制諺文二十八字, [中略] 是謂訓民正音"(『세종실록』, 권103) 세종 25년 12월조)란 기사를 참조할 것.

조 연간에 간행된다.

이 '언문 27자'는 『훈몽자회(訓蒙字會)』의 「언문자모(諺文字母)」에는 "俗所謂反切二十七字 - 속되게 소위 반절 27자라고 하는 것"이라 하여 '반절(反切) 27자'로 나타난다. 따라서 세종 25년 12월까지는 반절상자(反切上字), 즉 초성을 표기하는 문자로 27자를 제정한 것으로 본 것이다. 모음의 중성자(中聲字)들은 기본 3자와 초출(初出) 4자의 7자만 제정하여 유모(喩母), <동국정운>의 욕모(欲母)에 속한 것으로 보았다.

당시 세종과 집현전(集賢殿)학자들은 반절법(反切法)과 성운학 그리고 파스파 문자를 비롯한 여러 언어의 문자를 이해하고 있었으며 그 표기법이라든지 제자의 원리들을 파악하고 있었다. 그리하여 우리말을 표기할 수 있는 문자가 필요함을 느끼고 그러한 문자를 제정하게 된다. 다만 당시 표음문자로 불경과 함께 들어온 범자(梵字)에 대한 지식은 후일 신미(信眉)대사의 참여로 참고하게 된다.

2.2.3.1. 『홍무정운역훈(洪武正韻譯訓)』(단종 3년, 1455)에 신숙주가 쓴 서문에 "我世宗莊憲大王, 留意韻學, 窮研底蘊, 創製訓民正音若干字. 四方萬物之聲, 無不可傳 - 우리나라 세종 장헌대왕께서 운학에 뜻을 두시어 깊이 연구하시고 훈민정음 약간의 글자를 창제하시니 사방 만물의 소리가 전할 수 없는 것이 없게 되었다."라고 하여 세종 자신도 운학에 조예가 깊었음을 알 수 있다.

뿐만 아니라 집현전의 소장학자들은 세종의 신문자 창제의 의도와 방법론을 깊이 인식하고 이해하였으며 그들도 끊임없는 연찬을 거듭하였다. 그리하여 상술한 <홍무정운역훈>의 신숙주 서문에 다음과 같이 서술하였다.

> 臣等學淺識庸, 曾不能鉤深(臣責)顯揚聖謨. 尙賴我世宗大王天從之聖, 高明博達無所不至, 悉究聲韻源委, 而斟酌裁定之, 使七音四聲一經一緯, 竟歸于正. 吾東方千百載, 所未知者, 可不浹旬而學, 苟能沉潛反復, 有得乎是則聲韻之學, 豈難精哉 - 신들이 학문이 얕고 학식이 모자라서 일찍이 깊은 이치를 연구하고 차지 못하여 임금님의 의도를 현양하지 못하고 오히려 하늘이 내신 성인이신 세종대왕의 고명하고 널리 통달하여 도달하지 않는 바가 없는 지식에 의뢰하는 바가 되었고 성운의 연원에 대한 모든 연구도 위탁하여 [우리가 못하는 바를] 짐작하여 재정하여 주셨다. 칠음(七音)과 사성(四聲)을 하나는 날줄로, 하나는 씨줄로 하여 마침내 바른 곳에 돌아가게 하였다. 우리 동방 국가에서 천백년 동안 모르던 것을 열흘이 못되어 배울 수 있게 되었으니 진실로 침잠하여 반복해서 생각한다면 성운학인들 어찌 연구하기가 어렵겠는가? 강신항

(1980:33)의 번역 참조.

이 기사를 보면 세종 때에 임금과 신하가 일치하여 성운학(聲韻學)에 몰두하였음을 알 수 있다. 여기에 등장하는 칠음(七音)과 사성(四聲)은 최만리(崔萬理)의 반대상소에 대한 세종의 비답(批答)에서도 다시 나타난다. 즉, "[前略] 且汝知韻書乎? 四聲七音、字母有幾乎? [下略] - [전략] 또 너희들이 운서를 아느냐? 사성(四聲), 칠음(七音), 그리고 자모(字母)가 몇 개인지 아느냐? [하략]"라고 꾸짖었다.

이숭녕(1964)에 의하면 최만리(崔萬理)는 당대 최고의 한학자였다고 하였으니 그는 성운학(聲韻學)에 대하여도 상당한 식견을 가졌을 것이다. 그런데 세종은 그를 향하여 사성(四聲)이 무엇인가? 칠음(七音)은 무엇인가? 자모의 수효는 몇인가? 하고 반문한 것이다. 이러한 세종의 반문(反問)은 그저 그들을 꾸짖으려는 것이 아니라 다른 심오한 의미가 들어있었다.

2.2.3.2. 졸고(2020b)에 의하면 사성(四聲)은 '평상거입(平上去入)'의 성조를 말하는 것이 아니라 '전청(全淸), 차청(次淸), 전탁(全濁), 불청불탁(不淸不濁)'의 무성무기음, 유기음, 유성음, 비음 및 구강공명을 말한다고 한다. 또 칠음(七音)은 '아(牙), 설(舌), 순(脣), 치(齒), 후음(喉音)'의 오음(五音)에 반치음(半齒音)과 반설음(半舌音)을 더한 것이라고 한다.

후자의 칠음(七音)이 조음위치에 의한 음운의 구별이었다면 전자의 사성(四聲)은 조음방식에 따른 구분이었다. 인간의 언어음을 조음위치와 조음방식에 따라 생리음성학의 방법은 서양에서 20세기 후반의 생성음운론에서 본격적으로 논의되었다. 그러면 세종의 이러한 첨단적인 음운의 분류 방법은 어디서 왔을까?

중국의 성운학(聲韻學)은 고대인도에서 불교를 전파하기 위하여 중국에 온 서역(西域)의 역경승(譯經僧)들의 의하여 계발(啓發)된 반절(反切)의 한자음 표기로부터 발달한 것이다(졸고, 2018a). 따라서 성운학에 대하여 살펴보려면 먼저 반절법(反切法)에 대하여 살펴보아야 한다.

범자(梵字)에 익숙한 서역의 역경승들은 자음의 체문(体文, vyañjana)과 모음의 마다(摩多, mātṛ)가 결합하여 음절문자로 쓰이는 범자(梵字)와 같이 한자(漢字)도 첫 자음과 그에 후속하는 요소의 결합으로 보고 이 둘을 나누어 배우려 하였다. 한자도 범자처럼 두 부분으로 나눈 것이다.

즉, 음절 초의 자음(子音, onset)과 나머지 부분(rhyme)으로 나누어 2.1.2.0.에서 논의한 바와 같이 "蔑-眠鼈反 - 멸(蔑)의 발음은 면(眠)과 별(鼈)의 반절", 또는 "東-德紅切 - 동(東)의 발음은 덕(德)과 홍(紅)의 반절"이라고 두 한자로 발음을 표기하였다. 반절상자인 '면(眠), 덕(德)'과 반절하자인 '별(鼈), 홍(紅)'의 두 글자로 표음하는 방식이다.

중국에서 발달한 성운학(聲韻學)은 반절상자(反切上字)를 성(聲)이라 하고 반절하자(反切下字)를 운(韻)이라 하여 한자음을 음절 초 자음(onset)의 성(聲)과 후속하는 운(rhyme)으로 나누었다. 그리고 후자의 운(韻)과 전자의 성(聲)으로 나누어 한자음을 연구하는 학문을 성운학이라 하였다.

세종이 최만리에 반문한 "字母有幾乎?"의 자모는 성(聲)과 운(韻)을 말하므로 이 질문은 "네가 성(聲)과 운(韻)의 수효를 아느냐?"는 말이다. 실제로 중국의 여러 운서에서 자모의 수효, 즉 성과 운의 수효는 자주 변하였으며 훈민정음 제정에서도 성모(聲母)의 수효를 처음에 27자로 하였다가 23자로 줄이고 드디어 17자로 줄였다. 그리고 한음(漢音)의 표기를 위해서는 32자까지 늘리기도 하였다.

이러한 사실을 감안하면 세종이 최만리 등에 대한 반문이 얼마나 당시 문제점을 지적한 것인지 알 수 있다. 처음의 27자모는 초기에 가족들과 제정한 초성 27자를 말한다. 그러나 이 가운에 우리말 표기에 불필요한 유성음 글자들을 모두 제거하여 {해례}『훈민정음』(이하 <해례본>)의 '예의(例義)' 부분 상단에 소개한 17 글자가 된다.

그러나 에의(義)의 하단에서는 제자 방식을 소개한 각자병서(各字竝書)의 6자를 더하여 23자가 되고 역시 글자를 만드는 방식만 소개한 순경음(脣輕音) 4자를 더하면 모두 27자가 된다. 우리말과 우리 한자음을 표기하는 데 필요한 초성 17자를 훈민정음 초성 17자라고 하고 여기에 전탁의 각자병서 6자를 더한 것을 동국정운 23자모라고 부른다.

그리고 <해례본>의 '예의(例義)' 말미에 연서(連書)의 방법으로 소개한 순경음(脣輕音) 4자는 다만 글자 제자의 방식만 말했다. 동국정운 23자모에 이를 더하면 27자가 되는데 실제로 이 27자로 동국정운식 한자음을 표기하였다. 여기에 한음(漢音), 즉 한자의 한어음을 표기하기 위하여 치음(齒音)의 5자를 치두음(齒頭音)과 정치음(正齒音)으로 나누어 5자가 늘어나서 모두 32자가 된다.

<해례본>에는 치두와 정치를 구별하지 않았으나 {언해}『훈민정음』(이하 <언해본>)에서는 모두 32자를 제시하고 이에 대한 음가를 설명하였다. 따라서 최만리 등에게 내린 세종의 비답(批答)에 보이는 반문은 이러한 한자음의 자모와 관련된 것이었고 당시 세종도 매우 혼란을 느끼고 있던 문제의 질문이어서 답변이 매우 절실했던 것이나 최만리 등은 이에 대하여 엉뚱한 답변을 한 것이다.

2.2.3.3. 다음으로 세종의 반문에 '사성(四聲), 칠음(七音)'에 대한 질문이 들어있다. 사성(四聲)은 조음방식에 의한 변별적 자질들로서 전청, 차청, 전탁, 불청불탁의 자질로 음운을 구별함을 말한다.[37]

칠음(七音)은 조음위치를 말하는데 성운학에서 말하는 아설순치후음(牙舌脣齒喉音)의 오음(五音)에 반치음(半齒音)과 반설음(半舌音)을 더한 것이다. 이러한 분류는 현대 생리음성학의 조음위치에 의한 구별과 크게 다르지 않다. 오음(五音)은 앞의 1.1.0.3.에서 언급한 바와 같이 고대인도에서 범어(梵語)의 자음을 조음위치에 따라 분류하던 것이다.

그리하여 {해례}<훈민정음>,[38] 즉 훈민정음 <해례본>에서는 가장 깊숙한 곳에서 발음되는 후음(喉音)으로부터 차차로 아음(牙音), 치음(齒音), 설음(舌音), 그리고 순음(脣音)의 순서로 '후아치설순(喉牙齒舌脣)'라는 발음위치를 정하였으나 오행(五行)에 맞추어 아설순치후(牙舌脣齒喉)의 순서로 바꾼 것이다.[39]

원래 오음(五音)은 앞의 1.1.0.3.에서 살펴본 바와 같이 고대인도의 성명기론(聲明記論)에서 음운을 조음위치와 조음방식의 자질로 구분하여 조음위치로 아음(牙音, velar sound), 설음(舌音, dental-alveolar), 순음(脣音, labial), 치음(齒音, palatal), 후음(喉音, glottal)의 다섯 위치를 정한 것이다. 중국 성운학에서 여기에 반치음(半齒音, half-palatal)과 반설음(半舌音, half-alveolar)을 더하여 칠음(七音)으로 한 것이다.

앞에서 제1장의 '고대인도의 범어(梵語) 문법'에서 살펴본 바와 같이 고대인도에서는 산스크리트라고 불리는 리그베다(Rig Veda) 경전의 언어를 연구하여 그 순수성과 문법성을 그대로 유지하기 위하여 비가라론(毘伽羅論, Vyākaraṇa)이란 굴절어의 문법을 발달시켰다.

37 졸고(2020b)에 의하면 四聲은 '平上去入'의 성조를 말하는 것이 아니라 '全淸, 次淸, 全濁, 不淸不濁'의 무성무기음, 유기음, 유성음, 비음 및 구강공명을 말한다고 한다.

38 訓民正音'이란 書名의 문헌은 2종이 있다. 하나는 우리가 훈민정음 <해례본>, 또는 <원본훈민정음>이란 이름으로 부르는 책이 있다. 이것은 澗松미술관에 소장된 국보 70호의 문헌이다. 또 하나는 고려대 육당문고에 소장된 문헌으로 이 책의 서명도 '訓民正音'이지만 <언해본>이다. 아마도 <월인석보> 구권에 첨부되었던 것을 따로 떼어 단행본으로 제책한 것으로 보인다. 이 문헌은 <월인석보> 제1권 권두에 붙은 '세종어제훈민정음'과 첫 장만 다르고 나머지는 모두 같아서 동일한 책판을 쇄출한 同板本이다(졸고, 2020a). 필자는 고려대 소장의 <훈민정음>과 <세종어제훈민정음>의 둘을 훈민정음 <언해본>이라 부른다.

39 훈민정음의 <해례본>「制字解」에서는 喉音을 五行의 水로 하여 가장 먼저 설명하고 다음에 牙音을 木, 舌音을 火, 齒音을 金, 脣音을 土로 하여 순서대로 하면 조음위치가 깊은 곳으로부터 차례로 하여 '喉牙舌齒脣'이지만 五行의 '木, 火, 土, 金, 水'의 순서에 따라 '牙舌脣齒喉'가 된 것이다. 五行의 순서는 相生에 이치, 즉 '水生木, 木生火, 火生土, 土生金, 金生水'에 따라 '木'이 맨 처음이 된 것이다.

원래 비가라론은 졸고(2016b)에서 처음으로 학계에 소개되었는데 고대인도의 굴절문법을 날하며 이는 범어의 'Vyākaraṇa - 분석하다'를 한자로 적은 것이다. 따라서 졸고(2016b)에서는 분석문법이라 불렀다. 이 문법에는 서양의 문법처럼 음운론을 포함하고 있는데 음성에 관한 연구는 성명기론(聲明記論)이라 한다.

비가라론을 기론(記論)이라 한역하였으므로 성명기론은 성명(聲明), 즉 섭타필태(攝拖苾馱)를 비가라론의 방법으로 연구하는 것을 말한 것이다. 원래 섭타필태(攝拖苾馱)의 '섭타(攝拖, śabda)'는 성(聲, 언어음)이고 '필태(必馱, vidyā)'는 명(明, 학문)이어서 성명(聲明)은 인간 음성의 연구를 말하므로 음성학, 또는 음운론이다.[40]

원래 성명(聲明)은 고대인도에서 오명(五明, pañca-vidyā-sthāna)의 하나였으며 고대인도의 다섯 가지 학문 중의 하나로 보통은 첫째 성명, 둘째 공교명(工巧明, 기술), 셋째 의방명(醫方明, 의술), 넷째 인명(因明, 논리학), 다섯째 내명(內明, 불법)으로 나눈다. 당시 인도에서 유행하던 다섯 분야의 학문이다.

2.2.3.4. 기원전 5C~3C 경에 저술된 것으로 알려진 파니니(Pāṇini, 波儞尼, 波你尼)의 『팔장(八章, *Aṣṭādhyāyī*)』과 『파니니의 음성학(*Pāṇinīya Śikṣā*)』을 중심으로 하는 인도의 고전음성학에서 언술(utterance)은 음성으로 표현된 의미의 단위들이 문법으로 연결된 것으로 보았다.

앞의 제1장 1.4.3.2.에서 논의한 바와 같이 조음과정을 설명하기 위한 조음기관으로 입안을 내구강(intra-buccal cavity)과 외구강(extra-buccal)으로 나누고 외구강으로는 성문(glottis), 폐(lungs), 비강(nasal cavity)을 들었다. 이 각각의 기관에서 발성되는 부분을 조음위치라고 한다.

이 세 기관에서 유성(voiced)과 무성(voiceless), 유기(aspirates)와 무기(non-aspirates), 비음(nasal)과 비비음(non-nasal)의 구별을 담당한다고 보았다. 그리하여 산스크리트의 음운에서 자음은 서로 다른 조음위치에서 앞에 제시한 조음방식에 따라 무성무기음 : 유성무기음, 무성유기음 : 유성유기음, 비음(鼻音)의 5항의 대립 체계를 이룬다고 보았다. 양순음을 예로 하면 /p : b : ph : bh : m/의 구별을 기술한 것이다.

40 이에 대하여는 『南海寄歸內法傳』(권4)에 "[前略] 夫聲明者梵云攝拖苾馱, 攝拖是聲 苾馱是明, 卽五明論祉一明也. - [전략] 대체로 성명을 범어로 말하기를 '섭타필태'라고 하는데 섭타(攝拖, śabda)는 성(聲)이고 필태(必馱, vidyā)는 명(明)이라고 할 수 있다. 즉 오명(五明)의 하나다"라는 기사를 참고할 것.

조음과정에서 조음방식으로는 이 외에도 내구강에서 일어나는 접촉에 따라 정지음(stops), 마찰음(fricative), 파찰음(affricative)을 구별하였다. 정지음은 구강내에서 혀의 접촉이 있는 경우이고 마찰음은 접촉이 아니고 협착에 의하여 일어나며 파찰음은 차단 후에 협착에 의한 마찰도 일어나는 음성을 말한다.

뿐만 아니라 비협착음(absence of constriction)으로 모음(vowels, 摩多)을 들었는데 구강내에서 어떠한 장애도 받지 않는 발음을 말한다. 그러나 일부 장애가 있는 반모음(semi-vowels)은 반모음 협착(semi-vowel constriction)을 인정하였다. 그리하여 고대인도에서는 조음의 구조를 조음점(sthāna, point of articulation)과 조음체(varṇa, moving articulator)의 결합으로 일어나는 것으로 보았다. 그리고 이러한 음성의 이해는 입술(labial)과 성문(glottis) 등의 조음으로 확대되었다.

이러한 고대인도의 조음음성학에 인간의 음성을 고찰한 음운의 이해는 서양에서는 17세기에 들어와서야 겨우 유사한 정의가 나타난다. 제1장의 1.4.3.7.과 제2부 3.3.1.0.에서 언급한 바와 같이 영국의 Holder(1669)의 '*Elements of Speech*'에서 처음으로 유성음과 무성음의 구별에 대한 유사한 정의가 있었으나(Holder, 1669:118) 무성과 유성의 구별이 성대의 진동 여부에 있음을 명확하게 밝히지는 못하였다(Danielsson, 1955). 당시 영국에서는 경험론에 입각한 음성 연구가 성행하였다(졸저, 2022:194).

유성음이 성대 진동과 관계가 있음을 밝힌 것은 19세기에 들어와서 뮐러(Max Müller)와 휘트니(W. D. Whitney)에 의해서 처음으로 분명하게 밝혀지게 되었다. 즉, Müller(1869)와 Whitney(1867)에서 유성과 무성의 구별이 성대의 진동에 의한 것임을 실증적으로 조사되었다. 19세기에 들어와서 겨우 고대인도의 음운에 대한 음성학적 연구가 다시 증명된 것이다.

4) 사성(四聲)과 칠음(七音)

2.2.4.0. 이러한 고대인도의 발달한 음성학이 중국에 들어와서 음운을 분류하면서 사성(四聲)과 칠음(七音)으로 나누어 자음(子音)의 자모도(字母圖)가 정착된다. 즉 사성은 조음위치에 따라 오음(五音)의 아음(牙音), 설음(舌音), 순음(脣音), 치음(齒音), 후음(喉音)으로 나뉜다. 먼저 아음은 연구개음(velar sound)의 위치를 말하고 설음은 치경음(alveolar), 순음은 양순음

(labial), 치음은 경구개음(palatal), 후음은 성문음(glottal)을 말한다.

이 오음(五音)에 반설음(半舌音), 반치음(半齒音)을 더하여 성운학에서는 조음위치를 칠음(七音)으로 나눈 것이다. 현대 음성학의 조음위치에 의한 구별과 크게 다르지 않다. 그리하여 훈민정음 <해례본>에서는 가장 깊숙한 후음으로부터 차차로 아음, 치음, 설음, 그리고 순음의 순서로 발음위치를 정했으나 오행(五行)에 맞추어 아설순치후(牙舌脣齒喉)로 한 것이다.

다음으로 조음방식에 따라서 구별한 전청(全淸)은 무성무기음(voiceless non-aspirates)을 말하고 차청(次淸)은 유기음(aspirates), 전탁(全濁)은 유성음(voiced), 그리고 불청불탁(不淸不濁)은 비음(nasal) 또는 구강공명음(resonants)을 말한 것이다.

2.2.4.1. 조선의 훈민정음에서는 불청불탁을 기본으로 하여 글자를 만들고 인성가획(引聲加劃)하는 방법으로 초성을 제자(製字)하였다. 예를 들면 아설순치후(牙舌脣齒喉)에 따라 ‘ㄱ > ㅋ, ㄴ > ㄷ > ㅌ’, ‘ㅇ > ㆆ > ㅎ’이 되었다. 다만 아음에서 불청불탁은 후음과 유사하다고 보아 ‘ㅇ’의 이체자(異体字)로 ‘ㆁ’를 만든 것이기 때문에 전청의 ‘ㄱ’을 기본자로 하여 ‘ㄱ > ㅋ’이 되었다.

치음의 위치에서는 불청불탁의 비음이나 구강공명음이 발생하지 않기 때문에 역시 전청의 ‘ㅅ’을 기본자로 하고 ‘ㅅ > ㅈ > ㅊ’의 인성가획으로 글자를 만든 것이다. 이에 대하여는 훈민정음 <해례본>에서 자세하게 설명되었다. 여기에서는 불청불탁을 최불려자(最不厲字), 즉 가장 거세지 않은 글자로 하여 기본자로 삼았다.

다만 아음에서는 불청불탁의 ‘ㆁ, ng’를 후음의 불청불타 ‘ㅇ, null’의 이체자로 보아 기본자를 전청의 ‘ㄱ’으로 하여 ‘ㄱ, ㅋ’의 가획을 한 것이다. 따라서 세종의 새 문자에서 사성(四聲)과 칠음(七音)으로 분류한 음운은 문자 제정의 중요한 기준이었다. 세종의 반대상소에 대한 비답(批答)에서 왜 ‘사성(四聲)과 칠음(七音)’에 대하여 반문하였는지 이해가 될 것이다.

또 이러한 사실을 모르고 그저 성운학을 피상적으로 알고 있는 최만리(崔萬理) 등에게 이 질문은 매우 어렵기 때문에 올바른 답변을 할 수가 없었다. 최만리의 반대상소에 대한 세종의 비답(批答)에서 “자모가 몇 개인지 아는가?”라는 반문도 여간 중요한 질문이 아닐 수 없다. 실제로 세종이 새 문자를 제정하면서 과연 몇 개의 글자를 만들면 좋을까 하는 문제에 깊이 고민하고 있었기 때문이다.

성운학에서는 한자음의 음절 초 자음(onset)이 변별의 기능부담량으로 보아 매우 높았다.

그리하여 이를 성모(聲母), 또는 자모(字母)라 하여 많은 운서에서 이 성(聲)을 중심으로 한자를 분류하고 다음에 그 안에서 운(韻)으로 다시 나누었다. 운(韻, rhyme)은 성(聲)에 부속한다고 보아 운서(韻書)에서의 분류에서 두 번째 기준으로 본 것이다.

원래 중국에서는 앞의 2.1.1.0.~2.에서 살펴본 바 있는 <시경(詩經)>의 시운(詩韻)을 연구하는 운학(韻學)이 있어서 한자음은 한 때 운(韻)을 중심으로 연구하였다. 그러다가 서역의 역경승들에 의하여 반절(反切)이 유행하게 되었고 반절상자(反切上字), 즉 성(聲)이 한자음 표음에 매우 유용한 것을 깨닫게 되었다.

그리고 반절과 같이 두 개의 널리 알려진 한자로 발음을 표음하는 방법으로부터 한자음의 성(聲), 즉 음절 초 자음(onset, 초성)이 매우 중요함을 알게 되었다. 그리하여 반절법에서 반절상자(上字)를 성(聲)으로 하고 반절하자(下字)를 운(韻)으로 하여 한자음을 연구하는 성운학(聲韻學)이 발달하였다.

이 성운학은 전술한 바와 같이 위진(魏晉) 남북조 시대 이후에는 운서에서 반절법으로 한자음을 표음하였다. 따라서 성운학이 유행하게 되었는데 여기서는 음절 초의 자음, 즉, 자모(字母)를 몇 개로 하는가가 매우 중요한 문제였다.

2.2.4.2. 당대(唐代) 이전에는 남아 있는 운서들이 없어서 과연 몇 개의 자모(字母)를 인정하였는지 알 수 없으나 남아있는 기록에 의하면 당승(唐僧) 수온(守溫)이 30개의 자모를 인정한 것이 가장 이른 시기의 것으로 알려졌다. 그러나 송대(宋代)의 『대송중수광운(大宋重修廣韻)』(이하 <광운>)에서는 36자모를 인정하고 206운으로 하여 한자를 분류하였다.

원대(元代)의 <고금운회(古今韻會)>에서는 35자모, 그리고 같은 원대의 『중원아음(中原雅音)』에서 24자모까지 줄었다. 원래 한자의 중국어 발음은 지역이 광대하여 여러 방언으로 표음되므로 그 자모의 수효를 정하는 것은 쉬운 일이 아니었다. 원대(元代)에는 정해진 자모(字母)를 파스파 문자로 발음을 표기하는 자모도를 운서의 권두에 붙이는 것이 유행하였다.

그러나 명(明) 태조 주원장(朱元璋)이 파스파 문자를 호원(胡元)의 잔재(殘滓)로 보아 철저하게 폐절시켜서 오늘날 중국에는 물론이고 조선에서도 거의 모든 자모도가 운서에서 지워졌다. 따라서 몇 개의 자모를 인정하여 파스파자, 또는 정음으로 표음되었는지 알기 어렵다. 예를 들면 전게한 <고금운회거요>는 조선 세종 때에 복간하였는데 권두에는 '예부운략칠음삼십육모통고(禮部韻略七音三十六母通攷)'라는 제목만이 있을 뿐 정작 칠음, 사성으로 구별하였을 36자모도는 지워졌다.

<광운>에서 정한 36자모는 아마도 범자(梵字)로 알려진 고대인도의 브라미(Brāhmi) 문자에서 음절 초 자음으로 인정한 36 자음의 체문(体文, vyaňjana)을 그대로 받아드린 것 같다. 이 문자는 아소카(阿育王) 비문의 것이 가장 기본이 되는 문자로서 후대에는 여러 형태로 자형(字形)이 변하였다. 5세기경의 굽타(Gupta) 문자로, 다시 이로부터 나가리(Nāgarī) 문자, 싯담마트르카(Siddhamātṛkā)로 변한다.

당승(唐僧) 지광(智廣)이 편한『실담자기(悉曇字記)』의 <실담장(悉曇章)>에서는 35개의 자음을 인정하고 모음은 12자로 하였다(졸고, 2020b). 그리하여 모두 47자가 되는데 이 47자의 실담(悉曇) 문자를 배울 때에 자음의 체문(体文)과 모음의 마다(摩多)를 각기 반자(半字)라고 하여 이 각각을 따로 가르쳤다.

훈민정음에서는 초성(初聲)과 중성(中聲)으로 나누고 따로 종성(終聲, coda)를 분리하여 보기도 하였다. 한 음절을 초(初), 중(中), 종성(終聲)의 3 음운으로 분류한 것이다. 그런데 이러한 음운의 분류는 고대인도의 성명기론에서 온 것이다.

2.2.4.3. 인도의 고전 음운론에서는 분절음(segments)으로 일찍부터 모음의 마다(摩多, mātṛ)와 자음의 체문(体文, vyaňjana)을 구별하였다. 그리하여 음절문자인 범자(梵字)는 마다와 체문의 알파벳을 반자(半字)라고 하고 악샤라(akṣara)라는 음절 단위로 마다와 체문이 결합한 글자를 만자(滿字)라 하여 범자의 교육은 반자교(半字教)에서 시작하여 만자교(滿字教)로 끝이 난다고 하였다.

음절 문자인 범자(梵字)는 음운의 연결에서 악샤라(akṣara)라는 음절 단위를 상정하고 이 안에서 자음과 모음이 결합하여 완성된 문자를 이룬다고 보았다. 원래 'akṣara'라는 앞의 1.5.0.2.에서 논의한 바와 같이 범어(梵語)의 말뜻은 "성(聲), 자(字), 문서(文書)"의 뜻이 있었는데 인도 문법학파들은 이를 "문자, 문구(文句), 자구(字句)"로 이해하고 'akṣara-chandas(음절의 수)', 'akṣara- nyāsa(문자, 알파벳)', 'akṣara-gocara(글자의 경계)' 등의 술어를 만들었다.

원래 연성(連聲, sandhi)은 범어의 문장 속에서 연속하는 낱말, 또는 복합어의 구성 요소간(間)이나 낱말이 파생, 굴절할 때에 어근(語根)부, 또는 어간(語幹)부와 접미사, 어미의 사이에서 일어나는 음의 변화를 말하는 것으로 'saṃdhi(연결)'라고 불렸다. 예를 들어 범어(梵語)의 'ṣaṭ(6) + māsa(month)'의 결합으로 이루어진 이 복합어는 'ṣaṃṇasan(6월)'으로 실현된다.[41] 'sat'의 마지막 [t]이 산디에 의하여 [n]으로 변한 것이다.

이런 연성(sandhi) 현상은 산스크리트 이외에도 프랑스의 '리에종(liaison)', 일본어의 렌타쿠(連濁), 한국어의 자음접변 등이 있다. 또 한국어에서 '옷(衣, os) + 안(內, an)'이 '오산(osan)'이 아니라 '옫안(otㄱan)'이 되는 현상도 연성(sandhi)으로 설명할 수 있다고 본다. 즉, '옷'과 '안' 사이에는 형태소 경계가 있고 한 형태 안에서 한국어의 연성(連聲)에 따라 음절 말 자음은 내파되어 's'가 't'로 변한 것이다.

이러한 비가라론(毘伽羅論)의 음운의 연구를 성명기론(聲明記論)이라 한 것이다. 고대인도의 굴절문법인 비가라론(毘伽羅論)은 불경을 통하여 중국에 유입되었다. 후한(後漢)시대부터 시작된 범어(梵語) 불경의 한역(漢譯)은 원대(元代)에까지 줄곧 이어져왔다. 물론 한역된 불경은 한반도와 일본 등지에 전해졌다.

그리하여 수천 권의 불경이 한문으로 번역되었고 한국어를 포함한 동아시아의 여러 언어로도 번역되었는데 이것은 아시아에서 일어난 대단한 문화현상이라고 아니할 수 없다. 이를 통하여 고대인도의 문화가 아시아 전역에 퍼져나가 찬란한 불교문화가 꽃 피우게 되고 음성 연구도 크게 발달하였으며 결과로 한글과 같은 표음문자가 제정된다.

3. <용감수경(龍龕手鏡)>과 불경의 번역

2.3.0. 고대인도에서 저술된 불경(佛經)에는 부처님의 말씀만 아니라 고대인도의 정신문화가 거의 망라되었다. 이런 불경이 전술한 바와 같이 중국에서는 후한(後漢) 때로부터 원대(元代)에 이르기까지 천년이 넘도록 한문으로 번역되었다. 그리고 이 한역(漢譯) 불경은 중국과 그 주변 국가에 퍼져났다.

그리하여 아시아의 여러 국가에서 불경을 자신들의 민족어로도 번역하였다. 원문을 번역한 것도 있지만 한역(漢譯) 불경을 다시 번역한 경우도 적지 않다. 그로 인하여 아시아에서는 중국의 유교(儒教)와 인도의 불교(佛教)가 교차하는 독특한 문명이 생겨났다. 마치 서양 문화의 근저를 헬레니즘(Hellenis)과 헤브라이즘(Hebraism)으로 나누어 보는 것처럼 동양에서는 유교와 불교가 모든 정신문화의 뿌리에 있게 된 것이다.

즉, 이승의 현실세계에서 인간의 살아가는 도리를 중시하는 유교(Confucianism)의 이념

41 즉, 'ṣaṭ(6)' + 'māsa(월)' = 'ṣamṇāsa(6월)'은 連聲에 의하여 't > n'의 변화를 겪는다.

과 저승의 이상 세계에서 완전한 조화를 추구하는 불교(Buddhism)의 교리는 정말로 대조되는 두 가지 인간 정신의 세계를 보여준다. 엄혹(嚴酷)한 현실 세계를 살아가는 방법과 이로부터 벗어나서 피안(彼岸)의 이상 세계를 추구하려는 두 종교는 실제로 동양인의 모든 사상과 행동 속에 스며들어 있다.

그리하여 동양에서는 냉혹(冷酷)한 정치 집단과 더불어 자비로운 종교 집단이 혼재하면서 서로 균형을 유지하였다. 유교의 충효(忠孝) 사상을 강조하는 봉건군주의 전제(專制) 정치는 백성들을 수없이 많은 혹정(酷政)을 낳게 하였다. 물론 서양도 마찬가지지만 동양의 역사는 이러한 전제 왕조의 점멸(點滅)이라고 할 수 있다.

반면에 이에 시달린 백성들은 마을 곳곳에 세워놓은 자애로운 불상(佛像)과 멀리 떨어진 사찰을 찾아 부처님의 자비를 빌면서 잠시나마 현실을 잊고 피안(彼岸)의 세계에서 위안을 얻어 고단한 생을 영위하였던 것이다. 서양의 기독교(Catholicism)에 비하여 동양의 불교는 현실도피(現實逃避)의 성향(性向)이 강했다.

1) 후한(後漢) 명제(明帝)의 불교 수입

2.3.1.0. 서양의 헤브라이즘이 성경(聖經, Bible)에서 나오는 것처럼 동양의 불교 사상은 불경(佛經, Sutra)에서 나온다. 불경은 소승(小乘)불교에서는 부처님의 말씀만을 말하지만 대승(大乘)불교에서는 부처의 제자들과 많은 불가의 학승(學僧), 선승(禪僧)들의 저술을 불경 속에 포함시킨다. 따라서 수천 권의 불경이 간행되었고 이것이 중국에 들어와서 한문으로 번역되었다.

물론 중국의 불경 속에는 인도의 저작만이 아니라 중국에서 저술된 것도 많이 있다. 불경의 많은 해설서를 비롯하여 중국인 승려(僧侶)가 서역(西域)을 방문하고 쓴 여행기들도 적지 않다. 이 속에 모두 부처의 말씀이 들어있어 이들도 불경으로 간주한 것이다. 예를 들면 본서에서 여러 번 인용된 당승(唐僧) 현장(玄奘)의 <삼장법사전(三藏法師傳)>이라든지 역시 당승 의정(義淨)이 쓴 <남해기귀내법전(南海寄歸內法傳)> 등을 들 수 있다.

불경의 한역(漢譯)에 대하여는 졸저(2022:478~9)에서 소략하지만 그 시작과 후세에 끼친 영향에 대하여 언급하였다. 그 시작은 후한(後漢)의 명제(明帝) 때의 일이다. 이후 원대(元代)에 이르기까지 수천 권의 불경이 한역(漢譯)되었고 또 중국의 영향 아래에 있던 아시아의 여러 나라에서도 이를 자국어로 번역하는 작업이 성행하였다. 더러는 범본(梵本) 불경을 번역한 것도 있지만 대부분 한역 불경을 번역한 것이 많다.

2.3.1.1. 앞의 2.2.1.4.에서 <삼장법사전>의 범어(梵語) 번역에 대한 기사를 소개하면서 '찬디승가(羼底僧訶)'는 범어의 'kṣāntisaṁgha(忍辱僧)'를 한자로 대역(對譯)한 것이라 하였다. 범어 불경을 한역할 때에 가장 문제가 되는 것은 고유명사의 표기라고 할 수 있다. 범어를 기록한 범자는 표음문자이지만 이를 번역하는 한문의 한자는 표의문자이어서 고유명사의 한자표기가 항상 문제가 되었다.

따라서 역경승들은 한자를 표음문자로 이용하기 위하여 그 발음에 주목하였고 전술한 바와 같이 반절법(反切法)을 고안하여 사용하였다. 그리하여 앞의 2.2.1.5.에서 자세하게 살펴본 것과 같이 반절로서 한자를 표음문자로 인식할 수 있게 되었다. 그러나 표음문자로 사용한 한자가 그가 가진 원래의 뜻 때문에 혼란을 가져올 수가 있었다. 또 유사한 발음의 한자도 있어 하나의 범어에[여러 한자 표기가 있는 경우도 있다.

예를 들어 동진(東晋) 때에 중국에 와서 활약한 Dharmarakṣana(385~433 A.D.)는 한자로 담무참(曇無讖)으로도 쓰고 담마참(曇摩讖)으로도 쓴다. 'Dharm(美德)'은 '담(曇)'으로 음차(音借) 표기하고 'arakṣana(無後悔)'는 '무참(無讖)', 또는 마참(摩讖)으로 석차(釋借, 뜻을 빌림) 표기한다. 이와 같이 복잡한 형태의 범어(梵語)에 대한 한자 차자표기가 있었다.

<팔장>의 저자로 유명한 파니니(Pānini)도 '파이니(波儞尼)', 또는 '파니니(波你尼)'로 쓴다. 후자는 혜립(慧立)과 언종(彦悰)이 쓴 <삼장법사전>에서 보이는 표기이고 전자는 현장(玄奘)의 <대당서역기>(권2)에서 한자로 표기한 것이다.[42] 같은 발음의 한자 중에서 비교적 획이 간편한 쪽을 택하여 쓴 경우가 많음을 알 수 있다.

또 범어를 한자로 먼저 적고 그 뜻을 아울러 쓰는 방법도 발달하였다. 앞의 1.2.1.2.에서 논의한 잎사귀란 뜻의 범어 'pattra'를 '패다라엽(貝多羅葉)'으로 쓰고 줄여서 패엽(貝葉)으로 하는 것도 같은 방법이다. 한국어에서 '역전(驛前)앞'이라고 하는 것과 같다. 또 유명한 <반

42 <삼장법사전>은 앞의 주45에서 언급한 바와 같이 원명을『大唐大慈恩寺三藏法師傳』이라고 하며 당 나라 때 長安 大慈恩寺의 고승, 玄奘법사(602~664 A.D.)에 대한 전기이다. 대자은사의 慧立 스님이 현장 스님의 출생부터 인도에서 귀국한 때까지의 이야기를 5권으로 저술해 놓고 미처 편찬하지 못하고 입적하였는데, 그 후에 역시 그의 제자였던 彦悰이 그것을 토대로 그 뒤의 일까지 보충하여 10권으로 완성한 것이 <삼장법사전>이다. 혜립 스님은 664년부터 683년에 걸쳐서 기록하였고, 언종이 이를 편찬한 때는 688년이다.

야심경(般若心經)>도 같은 방법으로 한역된 불경의 이름이다.

즉, [Prājña-hṛdaya-sūtra]의 <반야심경>은 먼저 범어의 'Prājña'를 '반야(般若 - 敎訓)'로 발음대로 한자로 적고 'hṛdaya'의 '흘리제야(紇哩第野 - 心臟)'를 마음(心)으로 번역하였으며 그리고 'sutra'의 '소달라(素怛羅)'를 경(經)으로 번역하여 "Prājña-hṛdaya- sūtra"를 '반야심경(般若心經)'으로 한역(漢譯)한 것이다.

역시 반야(般若)는 'Prājña'를 한자로 발음을 음사(音寫)한 것이며 'hṛdaya'와 'sūtra'를 '심경(心經)'이라 한 것은 한자로 범어(梵語)의 뜻을 번역하여 붙인 이름이다. 한자가 표의문자이기 때문에 이러한 표기가 가능했던 것이다.

2.3.1.2. 그러므로 불경의 한역에 쓰이는 한자의 정확한 발음이 매우 중요하지 않을 수가 없었다. 그리하여 중국의 불가(佛家)에서는 일찍부터 많은 자서(字書)와 운서(韻書)가 간행되었는데 특히 한자의 발음에 대한 자전(字典)이 많았다. 그 가운데 가장 대표적인『용감수경(龍龕手鏡)』에 대하여 살펴보기로 한다.

<용감수경>은 요대(遼代)에 유주(幽州)의 승려인 행균(行均)이 요(遼)의 성종(聖宗) 15년(997 A.D.)에 <설문해자(說文解字)>와 <옥편(玉篇)>, 그리고 한역 불경에서 추려낸 한자 26,433자를 편방(偏旁)으로 배열하고 한 부내(部內)의 글자를 다시 평상거입(平上去入)의 사성(四聲)으로 나누어 자음(字音)을 반절로 표시한 자전(字典)이다.[43]

이 책은 북송(北宋)에서 복각(覆刻)되었고 고려와 일본에서도 간행되었다. 후대 남송(南宋)의 개간본은 송(宋) 익조(翼祖, 宋 太祖 趙匡胤의 祖父)의 이름인 '경(敬)'과 동음인 '경(鏡)'을 피휘(避諱)하여 희녕(熙寧)년간(1068~1077)에 <용감수감(龍龕手鑑)>으로 서명을 바꿨다. 따라서 <용감수경>보다 <용감수감>이 널리 알려진 서명이다.

<용감수경(龍龕手鏡)>의 원본이었을 요판(遼版)의 원본이나 북송(北宋)의 복각본은 아직 발견된 것이 없다. 명청대(明淸代)의 장서가들이 수장(收藏)하고 있는 <용감수감>의 대부분이 요대(遼代)의 원본이 아니며 이것을 복각한 것도 아니고 남송(南宋)의 개간본이거나 그의 복각본들이다.

예를 들면 청대(淸代) 전증(錢曾)이 요판(遼版)의 원전이라고 자랑하던 간본도 역시 남송에

43 실제로 <용감수경>에는 <설문해자>, <옥편>은 물론 晉의 漢中 沙門인 可洪의『藏經音義隨函錄』(30권), 唐의 太原處士 郭逐의『音訣』등 佛家의 字典에서 인용된 것이 많다.

서 개간한 목판본이었다. 전증(錢曾)은 청대(淸代) 상숙인(常熟人)으로 그가 편찬한 『독서민구기(讀書敏求記)』(권1)에 <용감수감>의 야시원(也是園) 장서본이 요대(遼代)의 원본이라고 하였다. 그러나 후대의 서지학자인 황비렬(黃丕烈)은 이를 비판하고 이 판본도 서명이 <용감수감(龍龕手鑑)>이므로 남송(南宋)의 개간본임을 주장하였다.[44]

또 청대(淸代) 팽원서(彭元瑞) 등이 편찬한 『속천록임랑서목(續天祿琳琅書目)』(권8)에 소개된 청(淸) 소인전(昭仁殿) 소장의 <용감수감>이 역시 요판(遼版)이라고 하였지만[45] 그 서명이 역시 '용감수경(龍龕手鏡)'이 아니고 '용감수감(龍龕手鑑)'이므로 요판(遼版)일 수가 없다고 보았다.

더욱이 『중국조판원류고(中國雕版源流考)』에는 야시원(也是園) 구장(舊藏)본의 <용감수감>이 소인전(昭仁殿) 장본(藏本)이라고 한 것은 이 책의 장서인(藏書印)이 '수곡정속장서(繡谷亭續藏書)', '오성자독복(吳城字敦復)'이어서 과연 소인전의 장본인지 알 수 없다고 한다(藤塚 鄰, 1929:1).

2) 구역(舊譯) 불경의 전래와 한역(漢譯)

2.3.2.0. 후한(後漢) 영평(永平) 10년(67 A.D.)에 가섭마등(迦葉摩騰)과 법란(法蘭)이 중국에 들여와서 한역(漢譯)한 『사십이장경(四十二章經)』은 물론 종이에 쓴 불경은 아니다. 앞의 제1장 1.2.1.3.에서 언급한 바와 같이 다라수(多羅樹) 잎에 쓴 것을 흰말에 싣고 들여온 불경을 번역한 것이다.

인도에서 종이가 사용된 것은 11세기 이후의 일로 그 이전에 인도에서는 화수피(樺樹皮)

44 黃丕烈.은 淸代 吳縣 사람으로 字를 紹武, 호를 復翁이라 하였으며 乾隆시기에 擧人이었다. 宋代 板本 1000여종을 구하여 소장하고 그 書室을 '百宋一廛'이라 하며 애지중지 하였는데 후에 士禮居 총서로 이를 간행하였다. 淸代 顧廣圻가 이를 소재로 '百宋一廛賦'를 지었는데 거기의 "統和手鏡, 方遼庶幾。"라는 구절에 주를 달기를 "龍龕手鑑四卷。[中略] 相傳此書遼刻, 元名手鏡, 宋刻改爲鑑, 今驗此標題, 是宋而非遼矣,。敏求記所載, 與此正同, 乃遵王仍以契丹鏤版說之, 豈因首列統和十五年丁酉七月初一癸亥, 燕臺憫忠寺沙門智光字法炬序, 遂以據耶。序云: 猶手持於鸞鏡, 鏡字但缺一筆而不改, 則又何也。"라고 하면서 <龍龕手鑑>이라는 제목으로는 <敏口記>에서 말한 것처럼 遼版이 될 수 없음을 밝혔다.

45 <續天錄琳琅書目>(권8)에는 '遼版 經部'라는 항목을 세우고 "龍龕手鑑 {一函六冊}"에 대하여 "是書雖不載刊刻年月, 而僧智光序稱統和十五年丁酉七月癸亥, 當卽是時所刊本, 刻手精整, 紙墨古澤。[중략] 括又謂: 契丹書禁至嚴, 傳入別國者, 法皆死。故遼代遺編, 諸家絶少著錄。此編閱世五百年, 吉光片羽獲登壁府, 不可謂非是書之幸矣。"이란 해석을 붙여 당시 전해진 <용감수감>이 遼代의 판본으로 보았다.

라는 나무껍질(bhūrja)과 앞의 1.2.1.2.에서 살펴본 바와 같이 패다라엽(貝多羅葉, 이하 <貝葉>)이라는 나뭇잎(pattra)에 주로 글을 썼다.

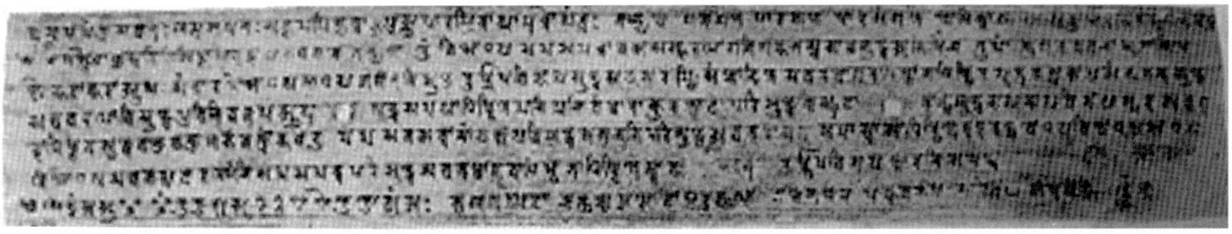

[사진 2-4] 일본 법륭사(法隆寺) 소장의 패엽(貝葉) <반야심경(般若心經)> 부분

가섭마등과 법란이 가져온 <사십이장경>도 다라수(多羅樹) 잎에 새긴 것이어서 모두 부식(腐蝕)해서 오늘날 남아있지 않다. 전술한 바와 같이 패다(貝多)와 다라수(多羅樹)는 별종의 나무다. <일체경음의>(권10)의 "다라수보다 패다(貝多)의 잎이 더 좋다"는 기사기 있기 때문인데 그러나 '패다라(貝多羅)'가 잎사귀를 뜻하는 '파트라(pattra)'의 한자 전사임으로 이를 믿기는 어렵다.

물론 중국에서 한역한 불경들은 아마도 죽간(竹簡)에 쓰여서 후대에 종이에 옮겨진 것으로 보아야 할 것이다. 중국에서 종이는 한대(漢代) 채륜(蔡倫, 50?~121? A.D.)에 의해서 원흥(元興) 원년(元年, 105 A.D.)에 일반인들이 사용할 수 있도록 발명되었기 때문이다. 따라서 <사십이장경>도 한역(漢譯)되어 아마도 죽간(竹簡)에 쓰였다가 후대에 종이로 옮겨 적었을 것이다.

남송(南宋)의 주희(朱熹, 1130~1200)가 <사십이장경>에 대하여 언급한 바가 있고 명대(明代)에 여러 주석이 있었으며 지욱(智旭)은 그 해설을 책으로 간행하였다. 이들은 모두 종이책으로 간행되었으며 따라서 오늘날 죽간에 쓰인 <사십이장경>은 전해지지 않는다. 오늘날 전하는 불경은 모두 종이책에 옮겨져 전해온 것이다.

2.3.2.1. 범본(梵本) 불경의 한역(漢譯)을 위하여 중국에온 서역(西域)의 역경승(譯經僧)들은 한자를 배우게 되었고 그로부터 반절법(反切法)을 고안하였음을 전술한 바 있다. 동진(東晋) 때에 활약한 인도의 승려 담무참(曇無讖)은 전술한 바가 있지만 그가 번역한 {북본(北本)}<대반열반경>의 한역(漢譯)에서 한자음의 표기를 고심한 흔적이 보인다.

전술한 담무참(曇無讖, Dharmarakṣana)은 서인도 우선니(優禪尼, Ujjayanī)국[46] 바라문(婆羅門) 출신의 승려로서 중국에 와서 섭론종(攝論宗)의 개조(開祖)가 된 삼장법사(三藏法師) 진체(眞諦,

499~569 A.D.)를 말한다. 진체는 범어(梵語)의 이름으로 'Paramārtha'이라 하고 일명 'Gunarata'라고도 부르며 불가(佛家)의 유명한 『바수반두법사전(婆藪盤豆法師傳)』을 한역(漢譯)한 명승(名僧)이다.

중국 양(梁)나라의 무제(武帝)가 대동(大同) 연간(535~545 A.D.)에 부남(扶南)에[47] 사신을 보내어 고승(高僧)과 대승(大乘) 경전을 구하자 진체(眞諦) 법사는 이에 응하여 중국으로 떠났다. 담무참(曇無讖), 즉 진체는 중대동(中大同) 1년(546 A.D.)에 중국의 해남(海南)에 도착하였으며 불가의 경(經)·논(論)을 많이 가지고 태청(太淸) 1년(548 A.D.)에 양(梁)의 서울 건강(建康, 현재의 南京)에 도착하여 양(梁) 무제(武帝)의 후대를 받았던 인물이다.

진체(眞諦)가 번역한 <바수반두법사전>은 유식학(唯識學) 분야의 많은 저술을 남긴 불승(佛僧) 바수반두(婆藪槃豆, Vasubandhu)의 전기다. 바수반두는 불경의 구역(舊譯)에서는 천친(天親), 신역에서는 세친(世親)이라고 번역되었는데 북인도 부루사부라국(富婁沙富羅國)의 브라만 족 출신인 교시가(憍尸迦)의 둘째 아들이다.

2.3.2.2. 진체(眞諦)는 그의 형인 아승가(阿僧伽, Asaṁga), 즉 무착(無著, 無着)에 이끌려 대승불교로 전환하였고 많은 업적을 남긴 인물인데 이 전기(傳記)에서 그의 이러한 이력을 잘 보여주고 있다. <바수반두법사전>에서는 특별히 다르게 발음되는 한자를 반절(反切)로 표음한 예가 보인다. 다음은 반절이 보이는 부분이다.

> [前略] 此阿修羅有妹名波羅頗婆底<知履反>, 波羅頗譯爲明, 婆底譯爲妃. 此女甚有形容. 阿修羅欲害毘搜紐天, 故將此妹誑之. [下略] - [전략] 이 아수라에는 이름이 바라파바디(波羅頗婆底) {底는 知履의 반절이다}라고 하는 누이가 있었는데 '바라파(波羅頗, varapa)'는 '밝다(明)'로 번역하고 '바디(婆底, pati)'는 '왕비'라고 번역한다. 이 여인은 매우 아름다웠다. 아수라가 유천을 찾아 해하려고 하였으므로 이 누이를 유혹하고자 하였다.

이 구절에 들어있는 "底 <知履反>"은 반절 표기로서 '底'의 발음이 '知'의 성(聲) [d]와 '履'의 운(韻) [i]이 결합하여 [di]로 발음한다는 뜻이다. 당시의 발음은 알 수가 없고 우리

46 優禪尼국은 서인도 Vindhya 산맥 북쪽에 인접해 있던 고대국가를 말한다.

47 扶南은 서기 2C~7C경에 인도차이나 반도 남동쪽의 메콩 강 하류에 있었던 고대국가다. 扶南[Funan]이란 말은 '山'이란 뜻의 크메르어 'phnôm'의 음사로 보인다. 건국 시조는 女王 柳葉이며, 3세기 초에는 타이와 말레이 반도까지 세력을 확장하였다.

한자음으로 하면 [저, dzə]이지만 아마도 당시 이 글자의 발음을 '디 [di]'이어서 "知[d] + 履[i] = 底[di]"로 쓴다는 반절의 방법으로 표시한 것으로 보인다.[48]

이러한 한자음의 반절 표음은 후대에 더욱 발달하여 성운학(聲韻學)이란 이름을 얻었고 수대(隋代)에 육법언(陸法言)이『절운(切韻)』(601 A.D., 仁壽 1년)을 편찬한다. 이 운서에서는 중국 한자음에 보이는 음절 초 자음을 범자의 체문에 맞추어 반절상자(上字)의 36자모를 성(聲)으로 하고 이에 연속하는 반절하자(下字)의 206운을 운(韻)으로 하여 한자음을 표음한 운서다.

반절상자(反切上字)를 성(聲)으로 하고 반절하자(反切下字)를 운(韻)으로 하여 한자음에서 성(聲)과 운(韻)을 논하는 학문이 바로 성운학(聲韻學)이다. 그리고 이 성운학의 결실로 편찬된 운서가 바로 <절운>이다. 그리고 이 운서처럼 반절로 한자음을 표시한 운서들을 절운계(切韻系) 운서라고 한다.

절운계 운서로는 당대(唐代)의 운서들, 즉 <당운(唐韻)>이 있고 이를 집대성한 송대(宋代)의 <광운>이 있다. 이 절운계 운서에서는 전술한 <대반열반경>에서 제시한 36 체문(体文)에 맞추어 36성모(聲母)로 정리하였다.

3) 요대(遼代) <용감수경>의 성운학

2.3.3.0. 중국에서 당(唐) 이래 산스크리트로 된 불경이 통어(通語)의 한문으로 많이 번역되었고 그렇게 번역된 불경의 한자에는 서로 자형이 다른 여러 이체자(異體字)가 출현했으며 발음도 제 각각이어서 이를 바로 잡을 필요성이 대두되었다. 그리하여 요(遼)에서는 전술한『용감수경(龍龕手鏡)』이란 자전이 편찬되었다.

요승(遼僧) 행균(行均)이 편찬한 <용감수경>은 부수(部首)의 편방(偏旁)에 따라 한자를 배열하여 그 정확한 자형(字形)을 보이고 발음을 반절(反切)로 표시하였으며 그 뜻을 설명하였다. 동일 부수(部首)의 한자를 사성(四聲)에 따라 배열하였다. 그리하여 평성(平聲)에 97부, 상성(上聲)에 60부, 거성(巨星)에 26부, 그리고 입성(入聲)에 59부를 배치하였다. 사성에 따른 분

48 이것이 인도인 眞諦가 창안한 방법인지 후대에 漢人들이 보유한 것인지 확인할 길은 없다. 다만 이 불경에서는 이것 이외의 다른 반절표시가 없어 후대의 보유로 보기 어렵다. 만일 후대에 끼워 넣은 것이라면 이런 반절 표시가 한 군데에 국한되지 않았을 것이다.

류를 보면 처음에 평성(平聲)의 '금(金)' 부(部)를 시작으로 하여 마지막으로 입성(入聲)의 '불(不)' 부에서 끝이 났다.

원본이 전하지 않아서 원본의 모습을 가장 잘 보여주는 고려판 <용감수경>을 살펴보면 앞에서 언급한 평성의 권1 첫째 예는 "金部, 第一 鏒. {玉篇七, 鏒, 色咸二反, 金敢, 馬口中鐵也. 又思感反} - 금(金)부의 첫째 삼(鏒) {옥편의 일곱 번째, 삼(鏒)은 [그 발음이] 색(色 - ㅅ)과 함(咸 - ㅁ)의 반절 [삼]이다. '금감삼(金敢鏒)'은 말의 입 안에 채운 쇠를 말한다. 또는 사(思 - ㅅ)와 감(感 - ㅁ)의 반절 [삼]이다}"와 같이 올바른 자형과 그 문자에 해당하는 뜻 및 발음을 풀이하였다.[49]

2.3.3.1. 이 책은 한자의 자형(字形)에 대하여 중국 역대의 자서(字書), 즉 후한(後漢) 허신(許愼)의 <설문해자(說文解字)>, 양(梁) 고야왕(顧野王)의 <옥편(玉篇)>, 진(晉) 가홍(可洪)의 <장경음의수함록(藏經音義隨函錄)>, 당(唐) 곽이(郭迻)의 <음결(音訣)> 등 옛 자전(字典)의 주(注)를 널리 참고하여 그들을 남김없이 실었다.[50]

그리고 각 글자의 주(注)에서 어느 책 어디에 있었음을 밝힌 최초의 자서(字書)라고 한다. 예를 들면 <용감수감>(권2) '초부(草部) 거성(去聲)' 조의 ''항에 "在廣弘明集 第二-七卷 - <광홍명집> 제2~7권에 있다"이라는 출전을 밝혀 놓았다. 이렇게 인용한 자서의 권수를 표시한 것은 이 책이 처음으로 보인다(藤塚 鄰, 1929).[51]

고려본의 권두에 첨부된 연대(燕臺) 민충사(憫忠寺) 사문(沙門) 지광(智光, 字는 法炬)의 '신수용감수경서(新修龍龕手鏡序)'에 의하면 이 책은 궁상(宮商)으로 다스리고 후치(喉齒)로 세분한 본자(本字)가 26,430여 자이고 이와 함께 주석된 163,170여 자이어서 이를 합하면 도합 189,610여 자를 4권으로 나누어 등재(謄載)하고 주를 붙였다고 하였다.[52]

'연대(燕臺) 민충사(憫忠寺) 사문(沙門) 지광(智光)'의 연대(燕臺)는 황금대(黃金臺)를 말하며 연

49 { }의 것은 2행 협주이며 [ ] 안의 것은 이해를 돕기 위하여 필자가 삽입한 것이다. 이하 동일함. 한국 한자음으로 注音한 것은 지금의 중국어 발음이 당시의 발음과 많이 다르기 때문이다.

50 예를 들면 고려본의 권2 魚部 上聲조의 '魚且' 항에 "{玉篇同上, 郭迻, 又音蛆古字}"란 주에서 <옥편>과 <音訣>을 참고하였음을 알 수 있다.

51 ''은 전산 자료가 없는 한자여서 손으로 써 넣었다.

52 <용감수경>의 주석은 唐의 顔玄孫이 찬한 <干祿字書>의 예에 따라 매 글자의 아래에 正俗, 古今, 或作의 여러 자체를 설명하였다. 그리고 宮商과 喉齒로 나눈다고 한 것은 宮商角徵羽, 또는 牙舌脣齒喉의 五音으로 분류한 것을 말한다. 즉, 조음위치에 따라 음운을 분류한 것이다.

(燕)의 소왕(昭王)이 하북성 이현(易縣)의 동남에 있는 이수(易水) 가에 쌓은 대(臺)을 말한다. 이 대를 쌓고 소왕(昭王)이 현자(賢者)를 불렀다는 고사가 있어 선비를 우대하여 부르는 것을 연대(燕臺)라고도 한다. 후일 이 연대(燕臺)가 연경(燕京) 팔경의 하나가 되었다.

이 대(臺)는 원대(元代) 웅몽상(熊夢祥)의 『석진지집일(析津志輯佚)』「고적(古蹟)」 '연대(燕臺)' 조에 "在南城奉先坊元福寺內。 - 남성의 봉선방 원복사 내에 있다"라 하여 원(元)나라 대도(大都)의 남성(南城)에 있는 봉선방(奉先坊) 원복사(元福寺) 내에 있었음을 알 수 있다. 민충사(憫忠寺)는 지금의 북경 법원사(法源寺)를 말한다.

역시 <석진지집일(『析津志輯佚)>「고적」 '당민충사(唐憫忠寺) 무구정광탑(無垢淨光塔)' 조에 의하면 당(唐) 지덕(至德) 2년(757 A.D.)에 "민충사(憫忠寺)의 반야원(般若院)에 무구정광탑(無垢淨光塔)을 세웠다"라고 하니 이 절은 그 이전부터 있었고 또 <석진지집일(析津志輯佚)>「사관(寺觀)」 '대민충사(大憫忠寺)' 조에 "在舊城之南 [下略] - 옛 성의 남쪽에 있다. [하략]"이라 하였으니 옛 연경(燕京), 즉 북경의 남쪽에 위치하였음을 알 수 있다.

2.3.3.2. 서명(書名)을 '용감수경(龍龕手鏡)'이라 한 것은 역시 지광(智光)의 서문에 "新音偏於龍龕, 猶手持於鸞鏡, 形容斯鑒, 妍醜是分, 故目之曰龍龕手鏡. - 새로운 소리가 용감(佛典을 상징적으로 표현함)에 두루 펴지는 것이 마치 손에 거울을 들고 모양을 비추어 보면 곱고 미운 것이 분간되는 것과 같으니 그로 말미암아 제목을 '용감수경'이라 하였다"라는 설명으로 알 수가 있다.

이렇게 만들어진 <용감수경>의 요판(遼版)은 북송(北宋)에 들어갔고 다시 고려로 전파된 것으로 보인다. 심괄(沈括)의 『몽계필담(夢溪筆談)』(권15) 등에 의하면 당시 서적의 유통에서 금서(禁書)의 법이 매우 엄하여 송(宋)에 요(遼)의 서적을 갖고 들어가다가 발각되면 사형에 처하였다고 한다.[53]

---

53 清代 錢曾의 『讀書敏求記』(권1)에 "沈存中言, 契丹書禁甚嚴, 傳入中國者, 法皆死, 今此本獨流傳於劫火洞燒之餘, 摩挱蠹簡靈光巍然, 洵希世之珍也."라 하여 契丹의 서적을 중국에 가져오는 것이 사형에 처하는 중죄임을 말하고 있고 다른 기사에서도 이러한 禁書의 법률이 지엄하였음을 볼 수 있다. 혹시 '契丹書禁'에 대하여 宋의 서적을 契丹에 반입하는 것을 금지한다고 보는 의견이 있다. 그러나 宋이 契丹書를 금지한 것은 거란이 중국에 저항하기 위하여 고유한 문자를 갖고 있어 앞의 기사는 그것의 유입을 두려워 한 것으로 보아야 한다. 또 졸고(2001a)에서 밝힌 바와 같이 契丹에서는 7세의 어린 아이가 孔子와 지혜를 겨루어 이긴다는 說話를 소재로 한 <七歲兒>, <小兒論>이란 교재로 국민을 교육하고 있었기 때문에(졸저, 2017:733~8) 이러한 反유교적인 사상이 유입되는 것을 두려워 한 것으로 보인다.

그럼에도 불구하고 이 책이 출판된 지 70여 년을 지난 송(宋)의 신종(神宗) 때에 부요유(傅堯兪)가[54] 포로로부터 이를 얻어 집에 이를 보존하다가 포종맹(蒲宗孟)이 이를 절서(浙西)에서 루판(鏤版)하였다(<宋史> 권328). 이것이 <용감수경> 북송판(北宋版)의 남상(濫觴)이며 <몽계필담(夢溪筆談)>의 「군재독서지(郡齋讀書志)」에 의하면 이때까지는 '용감수경'이란 이름을 가지고 있었다고 한다.

남송판(南宋版)에 이르러 '용감수경(龍龕手鏡)'의 '경(鏡)'이 송(宋) 태조의 조부인 익조(翼祖)의 휘(諱)가 '경(敬)'이어서 이와 같은 발음의 '경(鏡)'도 획을 줄이는 결필(缺筆) 피휘(避諱)하거나 아예 '감(鑑)'으로 대자(代字) 피휘하여 '용감수감(龍龕手鑑)'으로 서명을 바꿨다.[55] 이후 수 백 년 동안 '수감(手鑑)'이란 이름으로 이 자서는 널리 이용되었으나 송대(宋代), 명대(明代)의 고판본은 잘 볼 수 없었고 청대(淸代)의 개간본이 난무하였다.

청대의 개판본(改版本)은 와오(訛誤)가 많아 거의 폐서(廢書)에 가까웠다. 예를 들면 청대(淸代) 이조원(李調元)의 함해간본(函海刊本)이나 장단명(張丹鳴)의 간본이 그러하다. 후자는 <용감수감(龍龕手鑑)> 4권 3책의 매 책을 상, 하로 나누어 모두 6책으로 간행하였고 처음으로 지광(智光)의 서문도 권두에 실었으나 그 와중에 많은 오류가 있었다. 전자 이조원(李調元)의 간본은 마멸, 탈자, 및 오류가 더욱 심하여 거의 이용하기 어려운 책이 되었다(藤塚 鄰, 1922).

그러다가 민국(民國) 12년(1923)에 남송(南宋)의 송참본(宋槧本, 4권 3책)이 '속고일총서본(續古逸叢書本)' 44종의 하나로 <송본신수(宋本新修) 용감수감>(續古逸叢書之十五)이란 이름으로 영인 출판되었고 또 명말(明末) 모진(毛晉, 字는 子晉)의 급고각(汲古閣)에 구장(舊藏)되었던 송참본(宋槧本)도 동강(董康, 字는 授經)씨에 의하여 영인되어 중국 학계에 널리 이용되기에 이른다.

2.3.3.3. 졸고(2012c, 2015b)에서 왜 요(遼)에서 이러한 자전(字典)이 필요했는지 자세하게 논의하였다. 즉, 중국의 북방에 몽골계통의 거란족이 나라를 세운 요(遼)는 강남(江南)의 오아(吳兒)들의 한자음과 다르게 발음하는 한아언어(漢兒言語)의 발음을 쓰고 있었다. 거기다가

54 傅堯兪는 宋代 須城 사람으로 哲宗조 元祐년간(1086~1093)에 中書侍郎의 벼슬에 올랐고 監察御使를 지냈다. 字는 欽之다.

55 缺筆 및 代字 避諱에 대하여는 졸저(2009:95~104)를 참고할 것. 鏡을 鑑으로 代字 避諱한 것은 唐代 顔眞卿의 『韻海鏡源』을 『韻海鑑源』으로 고친 것에서도 '鏡 → 鑑'의 代字 避諱한 것을 볼 수 있다. <韻海鏡源>은 顔眞卿이 湖州 刺史로 있을 때에 諸儒와 함께 고금의 문자를 모아서 撰述한 것으로 大曆 12년(777) 11월에 그가 刑部尙書로 있으면서 황제에 받친 것인데 후대에 散逸되었다.

승려들은 유경(儒經)에 없는 글자를 자의적으로 만들거나 이체자(異体字)를 사용하였다. 따라서 한자의 발음을 정리하고 자형도 표준을 정할 필요가 있었다고 이 책을 편찬한 것이다.

그럼으로 <용감수경>은 자서(字書)이지만 사성(四聲)에 따라 분류하였고 모든 한자를 반절로 표음하였으므로 엄밀하게 말하면 자서와 운서가 결합된 형태다.[56] 자서(字書)는 한자의 자형(字形)에 다라 부수(部首)와[57] 편방(偏旁)에 따라 한자를 나누어 같은 것끼리 모아놓은 자서로서 앞의 2.0.2.에서 살펴본 바와 같이 후한(後漢)의 허신(許愼)이 편찬한 『설문해자(說文解字)』를 자서의 효시(嚆矢)로 본다.[58]

유서(類書), 운서(韻書), 자서(字書)의 세 부류 자전(字典)이 그동안 역사적으로 중국어의 사전 역할을 한 것이다. 다만 이들은 우리가 익히 알고 있는 표음적인 문자의 언어 사전과는 다른 모습을 보여준다. 앞의 2.0.2.에서 논의한 바와 같이 <설문해자> 이후에 발달한 자서(字書)는 양(梁)의 고야왕(顧野王)이 엮은 『옥편(玉篇)』(30권)에 이르러 크게 발달하였고 일반화되었다.[59]

이 <옥편>은 당(唐)의 손강(孫强)에 의하여 증보되었고 이를 다시 송(宋)의 진팽년(陳彭年) 등이 중수(重修)하여 세상에 널리 퍼지게 되었다. 뒤를 이어 송대(宋代) 서현(徐鉉)이 지은 『교정설문(校定說文)』(30권, 986 A.D.)과 그의 아우인 서개(徐鍇)가 지은 『설문계전(說文繫傳)』(40권) 및 『설문해자운보(說文解字韻譜)』(5권) 등의 자서가 뒤를 이었다.

특히 <설문해자운보>에 이르러서는 운서와 옥편, 즉 자서가 결합되는 자전(字典)이 유행하기에 이르렀다. 서개(徐鍇)의 <설문해자운보>는 한자들을 부수(部首)와 획수(劃數)에 따라 분류했을 뿐 아니라 사성(四聲)의 성조로도 나누어 편차하여 운서와 자서를 결합하였다. 그리하여 이후에는 운서에는 옥편을 색인으로 붙이고 자서에는 운도(韻圖)를 편람으로 보

56 중국 聲韻學에서 '四聲'은 두 가지 의미가 있다. 하나는 平上去入聲의 성조를 말하는 것이며 또 하나는 全淸, 次淸, 全濁, 不淸不濁을 말한다. 후자의 四聲은 늘 五音과 같이 쓰여서 五音이 牙舌脣齒喉音의 조음위치에 의한 구분을 말한다면 四聲은 조음방식에 의한 구별이다(졸고, 2020b).

57 '部首'는 "한자를 字形으로 나누어 그 대표가 되는 기본자"를 말한다. <說文>은 540部, 唐 張參의 <五經文字>는 160부, 明 趙撝謙의 <六書本義>에서는 360부 등 일정하지 않았으나 梅鼎祚의 <字彙>에 이르러 처음으로 每部의 순서나 部中의 수서를 모두 없애고 字劃의 多少에 의해서 차례로 240부를 정하였는데 후에 <正字通>, <康熙字典> 등에서 이를 따르게 되었다.

58 『說文解字』는 後漢의 許愼에 의하여 기원 후 100년경에 편찬된 것으로 알려졌고 小篆体의 한자 9,353자가 수록되었다. 淸代 段玉裁의 주석이 유명하지만 甲骨文字에 대한 지식의 결여로 잘못된 것도 없지 않다.

59 실제로 <용감수경>에는 <설문해자>, <옥편>은 물론 晉의 漢中 沙門인 可洪의 <藏經音義隨函錄>(30권), 唐의 太原處士 郭迻의 <音訣> 등 佛家의 字典에서 인용된 것이 많다.

충하는 자전이 유행하였다. 원대(元代) 음시부(陰時夫)의 『운부군옥(韻府群玉)』이 그 대표적인 예라고 할 수 있다(졸저, 2022:140).

2.3.3.4. <용감수경(龍龕手鏡)>에서도 편방(偏旁)으로 나눈 다음에 다시 성조의 사성(四聲)으로 나누었으니 예를 제1권 '금부(金部)'에서 들면 '金部第一'이란 제하(題下)에 "鏒 {玉篇七, 色咸二反。金敢鏒馬口中鐵也。又思感反。- 삼(鏒) {<옥편>의 7권, 색(色, ㅅ)과 함(咸, ᅡᆷ)의 반절 [삼]이다. 금감삼(金敢鏒)은 말의 입안에 들어가는 쇠이다. 또 사(思, ㅅ)와 감(感, ᅡᆷ)의 반절 [삼]이다"라고 하여 자형을 보이고 발음을 반절로 표시하였다.

이와 같은 방식으로 제1권에서 평성(平聲)의 글자를 수합하고 이어서 상성(上聲), 거성(巨星), 입성(入聲)의 금변(金邊) 한자들을 제2, 3, 4권에 수록하였다. 즉, 제1권은 "제1 금(金) {居[ㄱ]와 音[ᅳᆷ]의 반절}, 제2 인(人) {如[ㅇ]과 隣[ᅵᆫ]의 반절}"로 시작하여 "제97 지(知) {涉[ㅈ]과 池[ㅣ]의 반절}"[60]까지를 수록하였다.

제2권에서는 '상성(上聲)'부로 제1 "수(手) {書 [ㅅ]와 九 [ㅜ]의 반절}"로 시작하여 제60 "과(果) {古[ㄱ]와 火[ᅪ]의 반절}로 끝이 나고 제3권에서는 '거성(去聲)'부로 제1 "견(見) {古[ㄱ]와 電[ᅧᆫ]의 반절}"로부터 제26 "구(句) {九[ㄱ]와 遇[ㅜ]의 반절}"로 끝이 난다. 제4권에서는 '입성(入聲)'부로 제1 "목(木) {箕[ㄱ]와 卜[ᅩᆨ]의 반절}"로 시작하여 "잡(雜) {狙[ㅈ]와 合[ᅡᆸ]의 반절}"로 끝이 난다.

그리고 '오음도식(五音圖式)'이란 제목으로 조음위치인 오음(五音), 즉 아설순치후(牙舌脣齒喉) 음(音)과 조음방식인 전청(全淸), 차청(次淸), 전탁(全濁), 불청불탁(不淸不濁)의 사성(四聲)에 의거하여 운도(韻圖)를 작성하여 이 책의 후미(後尾)에 첨부하였다는 내용이 지광(智光)의 '신수용감수경서(新修龍龕手鏡序)'에 수록되었다. 그러나 실제로 이 운도가 부재된 <용감수경>, 또는 <용감수감>은 아직 발견되지 않는다.

2.3.3.5. 조음위치인 오음(五音)을 경(經)으로 하고 조음방식의 사성(四聲)으로 위(緯)를 삼아 한자음의 첫 자음(onset)을 분류하는 음도(音圖), 또는 자모도(字母圖)는 송대(宋代) 이후 매우 유행하여 거의 모든 운서에 이를 첨부한 것으로 보인다. 그리하여 원대(元代)에 파스파

60 '涉'의 현재 普通話 발음은 [shè]이고 우리 한자음도 [섭]이어서 반절상자는 [s]으로 보이지만 이 반절로 보면 당시 遼의 漢語에서는 [접, *jəb]이었을 가능성이 있다.

문자는 이 자모도에 의거하여 글자를 제정하고 이 파스파자로 음도를 작성한 몽운(蒙韻)을 간행하여 세상에 이 문자를 알렸다.

여기서 <몽운(蒙韻)>이란 원대(元代)에 간행된 파스파 문자로 표음한 운서를 말한다. 몽골의 원(元)에서는 파스파 문자를 제정하고 바로 <광운> 계통의 전통운서 『예부운략(禮部韻略)』을 이 문자로 표음하여 『몽고운략(蒙古韻略)』을 간행하였다. 조선에서 훈민정음을 창제하고 바로 <동국정운>을 간행한 것과 같다.

그러나 <몽고운략>의 발음이 <광운> 계통의 통어(通語) 한자음, 즉 장안(長安)의 발음이라 파스파자로 표음한 한자음은 당시 북경(北京) 중심의 한아언어(漢兒言語, 이하 漢語)의 발음과 많이 달랐으므로 이를 『고금운회(古今韻會)』, 또는 『고금운회거요(擧要)』에 의거하여 수정하여 다시 파스파자로 표음한 『몽고자운(蒙古字韻)』을 간행한다.

이 운서도 한어(漢語)의 한자음을 제대로 반영하지 못하였기 때문에 다시 주종문(朱宗文)이 이를 수정하여 지대(至大) 술신(戌申, 1308)에 {증정(增訂)}<몽고자운>을 간행했는데 앞의 두 몽운(蒙韻)들은 조선의 훈민정음 제정자들의 저서에 서명만 거론되었지 실제 운서는 전하지 않는다. 다만 주종문(朱宗文)의 <증정본>만이 청대(清代)에 필사한 것이 런던의 대영(大英)도서관에 전할 뿐이다. 이를 <몽고자운>의 런던 초본으로 부른다(졸저, 2009).

이 몽운(蒙韻)에는 런던 초본처럼 모두 파스파자로 표음되었을 뿐만 아니라 조음위치의 오음(五音)과 조음방식의 사성(四聲)으로 분류된 자모도가 권두에 붙어 있었을 것이다. 당시 파스파 문자는 한자음을 표기하는데 매우 유용한 표음문자였기 때문에 이것으로 표음한 자모도는 한자음의 성모(聲母)를 일목요연(一目瞭然)하게 보여줄 수 있었다.

그리고 이 몽운(蒙韻)의 영향으로 후대에 간행된 <고음운회>와 <동 거요> 등의 전통운서에도 모두 운도(韻圖)라는 자모도를 붙였던 것으로 추정된다. 그러나 몽골의 원(元)을 쫓아내고 중원(中原)에 오아(吳兒)의 명(明)을 세운 태조 주원장(朱元璋)은 몽골에 오염(汚染)되었다고 보는 여러 제도와 행정을 모두 원래대로 돌려놓으려는 정책을 강력하게 수행하였다.

그리하여 파스파 문자를 호원(胡元)의 잔재(殘滓)로 간주하고 철저하게 파괴하였다. 아마도 이때에 오음(五音)과 사성(四聲)을 경위(經緯)로 하고 파스파 문자로 표음한 자모도가 모두 삭제되었고 음도(音圖)도 함께 없어진 것으로 보인다.

2.3.3.6. 졸고(2015b)에서 논의한 바와 같이 요대(遼代)에 <용감수경>이 출판된 이유가 불경의 한자를 수집하여 이를 정리할 필요를 느꼈기 때문이라고 보았다. 즉, 불경에는 사서

오경(四書五經)과 같은 고문(古文)에 능통한 사람들이 쓰는 한자가 아니고 불가(佛家)에서 무분별하게 혼용되는 한자의 여러 이체자(異体字)가 있어서 이를 정리하기 위하여 <용감수경>이란 자서(字書)가 필요했다고 보았다.

그러나 보다 근본적인 것은 올바른 한자음을 정리하기 위한 것이다. 요(遼)에서는 장안(長安)의 통어(通語)보다는 동북지방의 방언, 즉 한어(漢語)로 발음하는 한자음이 세력을 가졌기 때문에 이를 정리하기 위하여 <용감수경>을 편찬한 것이다. 이 한자음에는 통어를 기반으로 하는 전통의 운서음과 상당한 차이를 보이게 된다. 따라서 <용감수경>은 자서(字書)라기보다 운서(韻書)에 가깝게 편찬되었다.

요대(遼代)에 대두한 중국의 동북방언은 후일 원대(元代)에 결국 한아언어(漢兒言語)라는 공용어로 나타난다. 따라서 전통 한자음, 즉 <광운>과 같은 운서음과는 다른 한자의 발음이 많았다. 또 이 불경에 쓰인 한자의 자형들이 승속(僧俗) 간에 널리 유행하였기 때문에 이들의 올바른 자음(字音)과 자형(字形)을 정리할 목적으로 편찬된 것이다.

그러나 이 자전(字典)을 요(遼)에서 편찬한 근본적인 이유에 대하여는 많은 의문이 남아있어 후대에 이에 대한 여러 연구가 뒤를 이었다. 먼저 청(淸)의 전대흔(錢大昕)은 『잠연당문집(潛研堂文集)』(권27) 「발용감수감(跋龍龕手鑑)」에서 "부수(部首), 자음(字音)에 잘못이 있고 복출(複出), 양수(兩收), 이속(俚俗)의 망담(妄談)을 늘어놓았으며 어시(魚豕)에 위자(譌字)가 있다"고 하여 그 예를 일일이 제시하였다.

또한 청(淸)의 이자명(李慈銘)이 저술한 『월만당독서기(越縵堂讀書記)』에 「석행균용감수감4권 {허죽재각본}(釋行均龍龕手鑑四卷 {虛竹齋刻本})」이란 제목으로 이 자전의 잘못을 예시하면서 <용감수경>의 오류를 통박(痛駁)하였다(藤塚 鄰, 1929:20, 특히 주6을 참조). 이러한 많은 오류가 있었음에도 불구하고 이 자서는 당대(唐代)에 성행한 통어(通語)를 바탕으로 형성한 변문(變文)의 한자 속자(俗字), 즉 변체자와 그 발음을 이해하는 데 매우 중요하였다.

돈황학(敦煌學)이 발달하고 돈황(敦煌)의 장경동(藏經洞)에서 발굴된 변문(變文) 자료들, 주로 불경 자료에 나타나는 속자(俗字)들을 <용감수경>이 대량으로 수록한 것이 밝혀지면서 이 자서에 대한 평가도 다르게 되었다(潘重規, 1988).[61] <용감수경>의 잘못된 한자라는 것이

---

61 중국어의 역사에서 變文의 등장과 그 특징에 대하여는 "變文의 시작을 唐 中期이후 佛經 번역문에서 찾는다. 문법구조가 다른 梵語를 번역하면서 그 문법에 이끌렸고 특히 佛僧들의 俗講에서 고문의 雅言과는 다른 通語가 사용되었다. 이때에 佛教의 教理를 대중에게 전파하기 위하여 곡조를 붙일 수 있는 韻文과 교리를 설명하는 散文을 혼합하여 連唱帶講하는 경우가 있었는데 변문은 이와 같이 운문과 산문이 혼합된

실제 쓰이던 변문(變文)이었으며 속음(俗音)이라던 것이 실제로 당시의 발음이었음을 깨닫게 된 것이다.

2.3.3.7. 그러면 어떻게 하여 요(遼)에서 <용감수경(龍龕手鏡)>을 편찬하였는가? 그 편찬의 배경과 동기는 무엇인가? 왜 송(宋)보다 요(遼)에서 이러한 자전이 필요하였는가에 대하여 고찰하고자 한다. 불경의 한역(漢譯)에서 이에 대한 논의는 매우 중요하다고 보기 때문이다.

졸고(2009, 2010)에서 몽골어 계통으로 보이는 거란(契丹)의 요(遼)나 퉁구스어 계통으로 간주되는 여진(女眞)의 금(金)은 지배자들이 강남(江南)의 오아(吳兒)들과는 달라서 소위 알타이어족이라고 부르는 북방민족들이었다. 그들의 언어는 교착적 문법구조로 되었기 때문에 고립어인 중국어와 문법구조가 달랐다.

따라서 이들의 언어를 한자로 기록하기에 적절하지 않았으므로 표음문자에 가까운 새로운 문자를 제정하여 사용하였다고 보았다.[62] <용감수경>이 편찬된 요(遼)도 중국어가 아니라 거란어(契丹語)를 공용어로 삼았으며 일반 백성들은 몰라도 지배층은 거란어를 사용하였고 아마도 <용감수경>의 편찬자도 유주(幽州) 사람인 것으로 보아 행균(行均)은 거란어를 모국어로 사용하였을 것이다.

<용감수경>은 이러한 거란(契丹)인들의 한자음 학습을 위하여 운서(韻書)와 자서(字書)를

것이 특징이다. 소박하고 간결하며 고립적 문법 구조인 古文에 비하여 變文은 詩文에 사용된 것이기 때문에 화려하고 장식적일 뿐만 아니라 불교를 전파하기 위한 속어를 구사하여 口語化되었다. 그리하여 唐, 宋, 元 이후에 발달한 平話, 詞話, 白話小說, 寶卷, 彈詞, 鼓子詞 등이 모두 변문으로부터 나온 것으로 본다(졸저, 2011:34)"라는 논의를 참고할 것.

62 중국 대륙의 북방민족과 그들의 문자 제정의 동기에 대하여는 졸고(2010)의 "先秦時代の諸文獻には、鬼戎、犬戎、玁狁、山戎、狄(翟)、肅愼、穢、貊、東胡、月氏等が登場しており、これらは漢族とは違った言語を使用し、文化も互いに違っていたであろうと推測される。漢族が主に黃河と陽子江周辺で農耕文化を營む文化を享有していたとすれば、北方民族はステップで遊牧文化を持っていたものと思われ、これら二つの文化は基本的にそのパターンが互いに違っており、互いに對峙する文明の構図を見せてきた。後に漢帝國と對立した匈奴、その後に續いた五胡十六國時代にそれぞれ自ら王朝をたてた慕容·乞伏·禿髮の三つの鮮卑族と匈奴系統の沮渠·赫連部族、羯·氐·羌の五胡、南北朝時代に北魏を建てた拓拔(托跋)、北周を建てた宇文、そして同時代に漠北に可汗國を建てた柔然、この柔然を滅亡させて唐帝國と對立した突厥、唐以來獨自的な文化圈を形成した吐蕃(西藏)等がある。そして中國の辺境で自ら夫余、高句麗、渤海、西夏、南詔國を建てた夫余·高句麗·靺鞨·党項·烏蛮があり、華北の支配族として遼、金王朝を建てた契丹·女眞があったのであり、東北方で興起し中國まで席捲した後元と清を建てた蒙古族と滿洲族を北方民族の代表ということができる。これらは中國の漢族とは言語と宗教が違っており、彼らの巨大な漢文化に吸收されるまいとして、漢字を直して使ったり、漢字でない新しい文字を制定する等、相当な努力を傾注してきた。"를 참고할 것.

겸한 한자의 자전(字典)으로 편찬된 것이다. 그리고 요(遼)에서 읽히는 한역(漢譯) 불경의 이해를 위하여 이러한 자전이 필요했던 것이다.

4) 범어(梵語) 불경의 한역(漢譯)

2.3.4.0. 거란(契丹)의 요(遼)와 같이 중국어와 문법적으로 상이한 북방민족의 국가에서 한자가 아닌 새로운 문자를 제정하여 사용하는 전통은 앞의 1.5.4.1.에서 살펴본 바와 같이 7세기 후반에 티베트 토번(吐藩)의 송첸 감포(Srong-btsan sgam-po, 한자로 松贊岡保, 또는 松贊干布) 왕(王)에서 시작된 것으로 본다.

그가 표음적인 티베트 문자를 제정하여 자국어를 기록한 것에 성공했을 뿐만 아니라 주변의 언어를 표기에 사용하였다. 이로부터 북방민족들 사이에는 나라를 세우면 새 문자를 새로 제정하는 관례가 생겼다(졸저, 2009). 그 결과 앞의 1.5.4.2.에서 논의한 대로 요(遼) 태조 야율아보기(耶律阿保機)가 거란(契丹)문자를, 금(金) 태조 아구타(阿骨打)가 여진(女眞)문자를 제정하였다.

그 뒤를 이은 몽골의 칭기즈칸(成吉思汗)은 위구르문자를 차용하여 몽고어와 제국(帝國)의 여러 언어를 기록하였다. 소위 몽고-위구르 문자라고 부르는 표음문자다. 그리고 역시 몽골인으로 원(元) 세조(世祖)가 된 쿠빌라이 칸(忽必烈汗)은 파스파 문자를 창제하여 몽고어와 제국(帝國)의 여러 민족어를 표기하고 한자 학습에 발음기호로 사용하였다.

칭기즈칸의 위구르 문자를 빌려다가 몽고어와 몽골 제국의 여러 언어를 표기한 몽고-위구르 문자는 만주족이 중원을 통일하고 대제국(大帝國)을 세운 청(淸)의 태조 누르하치(奴兒哈赤)가 받아들여 자신들의 만주어를 기록하게 하였다. 물론 청(淸)의 만주문자에서 몽고-위구르 문자를 일부 변형시킨 것은 새 국가에는 새 문자라는 북방민족의 전통에 따른 것이다.

2.3.4.1. 티베트 토번왕조(吐蕃王朝)의 송첸감포 대왕이 신하인 톤미 아누이브(Thon-mi Anu'ibu) 등을 인도에 파견하여[63] 인도의 음성학을 배우게 한 다음에 그로 하여금 7세기

63 톤미 아누이브(Thon-mi Anu'ibu)보다는 톤미 삼보다(Thon-mi Sam-bho-ta)가 인도에 유학하고 돌아와서 티베트 문자를 제정한 것으로 알려졌다(김민수, 1980). 그러나 톤미 삼보다는 유명한 譯經僧이기는 하지만 후대의 인물이며 송첸감포 왕 시대의 인물은 아니었다(졸저, 2009).

중반에 티베트의 서장(西藏)문자를 제정하여 자국의 언어와 주변 민족어의 기술에 성공하였다.

이것은 고립적인 문법구조의 중국어와 다른 티베트어를 한자만으로 완전하게 기록하기가 어려웠기 때문이며 또 티베트가 그들과 인접한 중국의 강력한 한자 문화의 영향에서 벗어나기 위한 수단이기도 하였다. 중국과 대치하던 북방민족들은 항상 중국의 한자 문화에서 벗어나려고 노력하였다.

앞의 제1장에서 살펴본 바와 같이 고대 인도에서는 파니니의 음성학으로 알려진, 고도로 발달한 성명기론(聲明記論), 즉 비가라론(毘伽羅論)의 음성학이 성행하였으며[64] 표음문자인 범자(梵字), 즉 산스크리트 문자로 언어를 기록하였다. 송첸감포 왕은 전술한 톤미 아누이브라마를 인도에 파견하여 이 성명업(聲明業)과 범자(梵字)의 표기법을 배우게 하였다.[65]

그가 돌아온 후에 그로 하여금 새 문자를 짓게 하여 티베트어를 기록하였으니 이것이 지금도 티베트어의 표기에 사용되고 있는 서장(西藏) 문자(티베트 문자)인 것이다. 음절 단위의 표음문자인 티베트 문자는 티베트어 표기에 성공하여 적어도 서기 655년경 이후부터는 토번(吐藩)왕국에서 자국어의 표기에 사용되었을 뿐 아니라 주변의 여러 민족들도 이 문자를 빌려 기록하기에 이르렀다.[66] 이에 대하여는 다음의 제3장에서 다시 논의할 것이다.

2.3.4.2. 앞에서 살펴 본 <용감수경>이 중국 성운학(聲韻學)에 입각한 운서의 영향을 받아 편찬된 것으로도 볼 수 있다. 당대(唐代) 이후의 한자 자전(字典)에는 자서(字書)와 결합된 운서(韻書)가 유행하였음을 앞에서 언급하였다. <용감수경>도 한자의 발음, 즉 자음(字音)에

64 聲明記論은 聲明業이라고도 불리는데 毘伽羅論의 한자 번역이다. 佛家에서 말하는 五明(pańca vidyā-sthānāni)의 첫 번째로 인도에서의 음성학, 언어학, 문법학을 말한다. <龍龕手鏡>의 권두에 부재된 智光의 '新修龍龕手鏡序'에 맨 처음 등장하는 "夫聲明著論 운운"의 '聲明'도 바로 이 성명기론을 말한다.

65 聲明業에서 거론된 음성학은 파니니의 <八章(*Aṣṭādhyāyī*)>과 앞의 1.4.3.5.에서 논의한 <파니니의 음성학(*Pāṇinīya Śikṣā*)>에서 종합되었다. 이 책이 大藏經에 포함되어 중국에 유입되어 五音, 七音, 四聲 등의 음운 분석 단위가 생겨나서 조음위치와 조음방식에 따른 음운의 분석 방법이 정리되었다. 이러한 한자음의 연구가 聲韻學으로 발전되었고 이것이 다시 朝鮮에도 들어와 훈민정음 창제의 이론적 배경이 되었다(졸저, 2009).

66 졸저(2009:222~223)에서는 한반도 주변의 여러 민족들이 고유한 문자를 제정하여 사용하였음은 『세종실록』의 여러 기사를 인용하여 밝혔다. 그리고 결론적으로 "[전략]훈민정음, 즉 新文字를 試驗하여 그들만을 관리에 임명함으로써 자연스럽게 통치계급의 물갈이가 이루어지게 한 것이다."라고 하여 훈민정음의 제정 목적이 북방민족들의 전통에 따라서 새 문자를 제정하고 그로써 統治階級의 자연스런 교체에 있었음을 주장하였다.

많은 관심을 갖고 올바르게 이를 정하기 위하여 노력한 흔적이 도처에서 발견된다.

이 자전이 올바른 범문(梵文)으로 된 불교 교리를 올바르게 한문으로 번역하기 위하여 편찬된 것임을 알려주는 지광(智光)의 서문이 있다. 즉, "矧復釋氏之敎, 演於印度, 譯布支那, 轉梵從唐 雖匪差於性相, 按敎悟理, 而必正於名言, 名言不正則性相之義差, 性相之義差則修斷之路阻矣 - 하물며 부처님의 가르침이 인도에서 통하고 있어 이를 번역해서 중국에 퍼지게 하려니 범어(梵語)를 바꾸어 당나라 말이 되게 하였다. 비록 성상(性相)에서는[67] 차이가 없지만 가르침을 받아드려 이치를 깨우치려면 반드시 말과 뜻이 바르게 되어야 한다. 말과 뜻이 바르지 않으면 성상(性相)의 의미가 다르게 되고 성상의 의미가 다르면 수단(修斷)의[68] 길이 어렵다."라는 서문의 구절이 있다.

이를 보면 <용감수경>의 편찬 목적이 범어(梵語)를 한역(漢譯)할 때에 올바른 표현이 되도록 하기 위하여 중국어의 어휘를 밝히는데 있다고 하여 단순한 자전(字典)이 아님을 강조하였다. 올바른 중국어의 표현은 바른 한자의 표기를 통하여 얻을 수 있다는 생각이 이 자서를 편찬하게 하였음을 말한 것이다.

범어(梵語) 불경의 한역(漢譯) 작업은 보통 집단으로 이루어지며 시대에 따라 얼마간의 차이가 있었다고 한다. 예를 들면 송(宋)의 태평흥국(太平興國) 7년(982 A.D.)에 개봉(開封)의 역경원(譯經院)에서 이루어진 『반야심경(般若心經)』의 역경 의식에서는 다음과 같은 순서로 불경의 번역이 이루어진다고 하는데[69] 이를 金文京(2011:190)에서 인용하면 다음과 같다.

① 역주(譯主) - 범문의 원문을 낭송한다. 인도에서 온 승려가 하는 것이 보통임.
② 증의(證義) - 역주(譯主)의 왼쪽에 있어 역주와 함께 범문의 의미 내용을 토의함.
③ 증문(證文) - 역주의 오른쪽에 있어 역주가 낭송하는 범문에 잘못이 없는지 검토함.
④ 서자(書字) - 범학승(梵學僧)이 역주가 낭송하는 범문의 발음을 한자로 표기한다. 범어를 한자의 음성적 표기. 예, 범어: Prājña- 般若, hṛdaya - 紇哩第野, sutra - 素怛羅
⑤ 필수(筆受) - 한자로 쓰인 범어를 중국어로 번역한다. 예. 般若 - 知慧, 紇哩第野 - 心, 素怛羅 - 經, 이를 합치면 '般若心經'이 됨.

67 '性相'은 佛家의 용어로 '性'과 '相'을 말한다. '性'은 佛法의 자체로 안에 있어 고치지 못하는 것이며 '相'은 相貌로 밖에 나타나서 분별되는 것이다. 有爲와 無爲가 相對하면 無爲法은 性이 되고 有爲法은 相이 된다. 有爲와 無爲는 모두 性相이 있어 自體를 性이라 하며 可識을 相이라 한다.

68 '修斷'은 佛家의 용어로 四正斷의 하나를 말한다. '四正斷'은 ① 斷斷, ② 律儀斷, ③ 隨護斷, ④ 修斷을 말하며 '修斷'은 능히 수행하여 正道를 이루고 그것을 생장하도록 하여 諸惡을 斷除하는 것을 말한다.

69 『佛祖統紀』(권43) 「法運通塞志」(제17의 10) '宋 太宗'조에 기술되었음.

⑥ 철문(綴文) - 낱말 단위로 한역한 것을 중국어 문법에 맞게 문장을 만들어 한문이 되게 함.
⑦ 참역(參譯) - 범문(梵文)과 한문(漢文)을 비교하여 잘못을 고침.
⑧ 간정(刊定) - 번역된 한문의 용만(冗漫)한 곳을 삭제하여 經典의 문장으로 바꿈. 범문의 표현은 자세하고 길게 되는 경향이 있지만 한문의 경전 문체는 고문과 같이 간결함.
⑨ 윤문관(潤文官) - 역문(譯文)의 한문이 적절하도록 윤색함.

— 필자 번역.

이러한 범문(梵文) 한역(漢譯)의 여러 단계는 의식(儀式)일 경우에 이러한 단계를 거치지만 보통은 ④ 범어(梵語)를 한자로 표기하고, ⑤ 이를 중국어로 번역하며, ⑥ 단어 단위의 한역은 중국어 문법에 맞도록 어순(語順)을 정리하는 순서로 이루어진다.

이러한 범문(梵文) 불경의 한역을 위하여 편찬된 행균(行均) 상인(上人)의 <용감수경>은 단순히 한자의 자획과 편방을 보여주는 자서(字書)가 아님을 알 수 있다. 정확한 한자의 발음을 함께 고찰할 수 있어야 하기 때문에 당시 유행하던 서개(徐鍇)의 『설문해자운보(說文解字韻譜)』와 같이 사성(四聲)으로 나누고 각 글자의 발음을 반절법(反切法)으로 표음하는 운서(韻書)와 자서의 결합이 될 수밖에 없었다. 이것은 또한 편찬자인 행균(行均)이 중국 성운학에 일가견이 있었음을 말한다.

2.3.4.3. <용감수경>이 인도 음성학의 영향을 받은 중국 성운학(聲韻學)에 근거하였음을 지광(智光)의 서문에서 밝혀 놓았다고 앞에서 지적하였다. 즉, 이 서문의 초두에 "夫聲明著論, 迺印度之宏綱, 觀跡成書, 寔支那之令躅。印度則始摽天語, 厥号梵文載。彼貫線之花, 綴以多羅之葉, 開之以字, 緣字界分之, 以男聲女聲。 - 대저 성명기론에 관한 논저는 인도의 대강(大綱)에서[70] 시작하며 중국에서도[71] 이를 보고 좋은 서적을 만들었으니 이를 잘 따른 것이

70 원문 宏綱은 大綱을 말한다. 孔安國의 <尙書序>에 "擧其宏綱, 撮其機要"를 참조할 것.

71 원문 '支那'는 佛家에서 중국을 가리키는 말이다. 원래 秦始皇이 中原을 통일하여 秦을 세웠으며 이로부터 중국 주변의 여러 민족들이 중국을 秦으로 불렀다. 인도의 天竺에서도 梵字로 '秦'의 발음대로 [China]로 썼는데 이 산스크리트어를 한자로 전사한 것이 '支那'이다. 『慈恩傳』에 "三藏至印土, 王問: 支那國何若? 對曰: 彼國衣冠濟濟, 法度可遵, 君聖臣忠, 父慈子孝"에 '支那'가 등장하며 『飜譯名義集』「諸國篇」에 "脂那, 一云支那, 此云 文物國"이라고도 하였다. 따라서 '支那'는 '脂那'로도 쓰였으며 宋代에는 물론 唐代에서도 西域에서 중국을 지칭하는 말이었음을 알 수 있다. 참고로 삼장법사 玄奬의 傳記인 <삼장법사전>(10권)은 『大唐大慈恩寺三藏法師傳』을 줄여 부른 말이다. 『飜譯名義集』은 宋代 法雲의 찬이다.

다. 인도 천축(天竺)의 언어를 기록할 때에 범문(梵文), 산스크리트 문자를 부호로 하여 쓴다. 저들의 문자는 선에 맞춘 꽃을[72] 다라수(多羅樹)의 잎사귀로 철자하여 비로소 글자로 열리게 된다고 한 것이다. 남자의 소리와 여자의 소리(아마도 자음과 모음을 말함인 듯)로 글자에 따라 경계를 나눈다"라[73] 하여 인도의 비가라론(毘伽羅論)의 성명기론(聲明記論)이 중국에 전달됨에 따라 여러 성운학(聲韻學)의 연구서들이 만들어졌으며 인도어의 표기에 쓰인 표음문자인 범자(梵字)의 표기 방법이 매우 독특함을 말하고 있다.

이것은 앞에서 살펴본 바와 같이 범문(梵文)의 불경(佛經)을 읽고 이를 한자로 표기한 다음에 이를 한문으로 번역하는 과정에서 필요한 자전(字典)을 편찬하기 위하여 요(遼)에서도 성명기론(聲明記論)에 대한 연구가 있었으며 이것은 당시 송(宋)과 요(遼), 즉 중국과 북방민족들 사이에 널리 퍼져 있었음을 암시한 것이다.

<용감수경>의 편찬으로 보면 당시 한자음 연구에서 오늘날 우리가 생각하는 것보다 훨씬 많은 인도 음성학의 영향이 있었음을 말하는 것이다. 이 책의 편찬자가 불가(佛家)의 승려임을 잊어서는 안 될 것이다. 이러한 성명기론이 고려에도 들어와서 조선 초기에 훈민정음 창제의 바탕을 이루었을 것이다(졸저, 2009).

역시 같은 지광(智光)의 서문에 전술한 바와 같이 "具辯宮商, 細分喉齒, 計二萬六千四百三十餘字, 注一十六萬三千一百七十餘字, 弁注惣有一十八萬九千六百一十餘字 - 궁상각치후(宮商角徵喉)로 자세하게 나누고 아설순치후(牙舌脣齒喉)로 세분하여 합계 26,430여 자가 되었다. 다시 163,170여 자를 주석하였으니 모두 189,610여 자를 주석한 셈이다."라는 기사에 등장하는 '궁상(宮商)'과 '후치(喉齒)'는 앞에서 언급한 대로 모두 조음 방식과 조음 위치에 따른 음운의 분석 방법을 말하는 것으로 고대 인도의 음성학, 즉 성명기론에 바탕을 둔 것이다.

지광(智光)의 서문 후미에 "故目之曰龍龕手鏡, 惣四卷以平上去入, 爲次隨部, 復用四聲列之 - 그러므로 제목을 '용감수경'이라 하였으며 평성, 상성, 거성, 입성에 따라 모두 4권인데 부수에 따라 차례를 삼고 다시 사성으로 정렬하였다."라고 하여 이 자서가 단지 부수(部首)

72 '貫線之花'의 "선에 맞춘 꽃, 또는 선을 따라 이어지는 꽃"은 梵字를 말한다. 글자의 모습이 마치 꽃과 같다고 비유한 것이다.

73 '緣字界分之, 以男聲女聲。'은 梵語를 표음 문자인 산스크리트가 자음과 모음의 글자를 나누어 쓰는 梵字의 표기법을 설명한 것이다. 梵語에서 모음을 '摩多'라고 하여 범어 'mātṛ(어머니)'의 주격 단수의 'mātā'를 한자로 표기하였다. 이를 아마 女聲이라 한 것 같다. 그리고 자음은 'vyaňjana'를 漢譯하여 '体文'이라 하였는데 '體用'의 体로서 중국 한자음은 어두 자음이 중요함으로 이런 번역을 한 것 같다. 이 체문을 女聲에 대해서 男聲으로 한 것이 아닌가 한다.

에 의한 분류만이 아니라 평상거입(平上去入)의 성조와 전청, 차청, 전탁, 불청불탁의 사성(四聲)에 의하여 한자를 정리하였음을 알 수 있다.

여기서 말미에 "復用四聲列之 - 다시 사성으로 정렬하였다"는 평상거입의 성조와 더불어 사성(四聲)으로 다시 나누었다는 뜻으로 여기의 사성이 평상거입(平上去入)이 아님을 말한다. 여기서 사성(四聲)은 전청(全淸), 차청(次淸), 전탁(全濁), 불청불탁(不淸不濁)의 조음방식을 말한 것이다.

특히 지광(智光)의 서문 말미에 "又撰五音圖式, 附於後, 庶力省功倍, 垂益於無窮者矣 - 또 오음도식을 편찬하여 뒤에 첨부하니 힘을 적게 드리고 공은 배가 되며 무궁하게 이익이 될 것이다."라고 하여 「오음도식(五音圖式)」을 편찬하여 이 책의 뒤편에 붙인 것이 있었음을 알 수 있다.

2.3.4.4. 여기서 말한 <오음도식>은 북송(北宋)에서 진팽년(陳彭年) 등이 편찬한 『대광익회옥편(大廣益會玉篇)』(1013)의 권두에 실려 있는 신공(神珙)의 「사성오음구롱반뉴도(四聲五音九弄反紐圖)」를 말하는 것으로 보인다. 사성(四聲)과 오음(五音)의 9단위로 분류해서 서로 연결시킨 도식이란 말이다.

졸고(2020b)에서는 이 사성(四聲)은 전술한 바와 같이 평상거입(平上去入)의 성조를 말한 것이 아니라 조음방식의 전청(全淸), 차청(次淸), 전탁(全濁), 불청불탁(不淸不濁) 등을 말한 것이고 오음(五音)은 아설순치후(牙舌脣齒喉) 음(音)을 말한 것이라 하였다. 따라서 한자음의 음운을 조음방식과 조음위치로 분류한 도식이었다.

신공(神珙)은 당대(唐代) 서역(西域)에서 온 사문(沙門)으로서 그 서문에 『원화운보(元和韻譜)』가 인용되었음으로 원화(元和, 806~820 A.D.) 이후의 사람으로 추정하고 있다. 반뉴도(反紐圖)는 등운도(等韻圖)의 모형으로 그의 오음성론(五音聲論)에서 불가의 성명기론에 의거하여 "후(喉), 설(舌), 치(齒), 순(脣), 아(牙)"의 오성(五聲)을 나눈 것으로 중국에서 한자 자모의 성류(聲類)를 조음위치로 분류한 것이다.

<오음도식(五音圖式)>은 이 오음성론(五音聲論)에 사성(四聲)의 '전청(全淸), 차청(次淸), 불청불탁(不淸不濁), 전탁(全濁)'의 조음방식에 의한 분류를 더한 것으로 보이며 이 도식은 송(宋)과 요대(遼代)에는 거의 모든 자서(字書)와 운서(韻書)에 부재되었을 것으로 보이지만 현재는 금대(金代) 한도소(韓道昭)의 『오음집운(五音集韻)』에 부재된 것이 가장 오래 된 것으로 알려졌다(졸저, 2009:70).

그러나 현전하는 <용감수경> 및 <용감수감>의 어떤 판본에도 이 <오음도식(五音圖式)>은 첨부되지 않았다. 원대(元代)에 파스파 문자를 제정하여 이 <오음도식>을 파스파자로 표음하여 운서와 자서에 첨부하였기 때문에 아마도 명대(明代)에 호원(胡元)의 잔재(殘滓)를 없애려는 정책에 따라 파스파 문자로 표음된 도식도 삭제된 것으로 보인다.

<오음도식(五音圖式)>은 원대(元代) 파스파 문자의 제정에 기초가 되었고 이 문자의 보급에 이용되었다. 졸저(2009:167)에 의하면 파스파 문자는 칠음(七音)과 사성(四聲)에 의하여 앞의 2.2.2.2.에서 보인 [표 2-2] 같은 <36자모도>의 도식(圖式)에 의하여 문자가 만들어졌다고 보는 이유가 여기에 있다.

그리하여 졸고(2015b)에서는 다음과 같을 것으로 추정되는 <오음도식(五音圖式)>을 보였다.

[사진 2-5] 파스파자로 쓴 36자모의 <오음도식>

2.3.4.5. 이 도식은 파스파 문자가 없는 상태로 송대(宋代)의 『운략(韻略)』이나 『예부운략(禮部韻略)』, 원대(元代)의 황공소(黃公紹)의 『고금운회(古今韻會)』, 그의 제자 웅충(熊忠)의 『고금운회거요(擧要)』, 명초(明初)의 『홍무정운(洪武正韻)』 등의 운서에서 권두에 첨부되었을 것이고 역시 『용감수경(龍龕手鏡)』에도 책의 후미에 「오음도식(五音圖式)」이란 이름으로 이 36자모표가 부재되었음을 앞의 지광(智光)의 서문 말미의 기사로 알 수 있다.

즉, <용감수경>에 지광(智光)이 쓴 서문의 말미에 "又撰五音圖式, 附於後, 庶力省功倍, 垂益於無窮者矣 - 또 <오음도식>을 지어 뒤에 붙이니 많은 노력으로 공이 배가 될 것이며 무궁한 이익이 될 것이다"라는 기사가 있다. 이를 보면 <오음도식>이 <용감수경>의 말미에 붙어있을 것으로 보이지만 실제로 현전하는 고려본 <용감수경>에는 실려 있지 않다.

원대(元代)에 파스파 문자라는 한자음의 표음 문자가 제정되어 <오음도식(五音圖式)>은 대부분 파스파자로 발음이 표음되었다. 그러나 명대(明代)에 있었던 호원(胡元)의 잔재(殘滓)를 없애려는 파스파 문자 말살(抹殺) 정책으로 이 <오음도식>이란 이름의 36자모표도 거의 모든 운서와 자서에서 제외되었다.

예를 들면 현전하는 금(金)의 <오음집운(五音集韻)>에도 이 36자모표가 부재되지 않은 것이 많으며 <고금운회거요>에는 이 36자모표가 '예부운략칠음삼십육모통고(禮部韻略七音三十六母通攷)'란 제목만 남아있고 정작 도식은 삭제되었다. 오음(五音)은 반설음(半舌音)과 반치음(半齒音)을 더하여 칠음(七音)이 되었다.

조선 세종 때에 복간한 <고금운회거요>에는 이 제목에 이어서 "거고자운음동(據古字韻音同)"이란 주가 있는데 이때의 '거고자운(據古字韻)'은 앞의 2.2.2.1.에서 게시한 [사진 2-2]의 왼쪽 사진에 의하면 '몽고자운(蒙古字韻)'의 '몽(蒙)'을 '거(據)'로 고친 것이다(졸저, 2009:69). 물론 현전하는 <용감수경>, <용감수감>의 어느 판본에도 이 도식은 부재되지 않았다.

고려본 <용감수경>은 졸고(2016c)에 의하면 고려대 도서관에 소장된 판본이 3,4권의 1책뿐이고 1권 1책이 금강산(金剛山) 유점사(楡岾寺)에 소장되었다가 6.25 전란 중에 유실(流失)되었다. 다만 고려대 소장의 3,4권이 마지막 권이어서 지광(智光)의 서문에 <오음도식>을 뒤에 붙였다면 여기에 첨부되었어야 한다.

졸고(2015b)에 의하면 고려본 <용감수경>은 요판(遼版)을 들여다가 복각한 것이라 하였음으로 명(明) 태조의 파스파 문자 박멸의 화(禍)를 입지 않을 수 있다. 그러나 명대(明代) 이후에 조선의 소장자가 이를 뜯어낼 수도 있고 책이 오래되어 자연히 뒷부분의 몇 장이 떨어져 나갈 수도 있다.

4. 중국어 표기에서 한이문(漢吏文)

2.4.0. 한문(漢文)이란 중국의 언어를 한자(漢字)라는 표의문자로 기록한 것이다. 언어학적인 용어로 한다면 중국어는 구어(口語)를 말하고 한문은 문어(文語)를 말한다. 모든 자연언

어는 구어(口語)가 있은 다음에 이를 기록한 문어(文語)가 있기 마련이다.

즉, 살아있는 언어를 문자로 기록할 때에는 문자가 가진 여러 가지 제약에 의하여 약간의 변화를 입게 된다. 뿐만 아니라 문어(文語)는 독자적인 발달을 하면서 상당한 기간이 지나면 구어(口語)와는 매우 다른 언어가 된다. 한문(漢文)도 구어인 중국어를 모태로 하여 생겨난 문어이었으나 그 후에 독자적 발전을 거듭하였다.

그런데 여기서 중국어가 어떤 언어인가는 전술한 바와 같이 그렇게 간단하게 정의할 수 없다. 우선 역사적으로 중국어는 몇 천 년의 변화를 거듭한 것이어서 각 시대별로 매우 다른 언어의 모습을 보여준다. 또 하나 중국어는 지역적으로 많은 방언을 갖고 있다. 실제로 방언(方言) 이상의 차이를 보이는 언어도 여럿이 있다.

뿐만 아니라 중원(中原)의 공용어는 패권(覇權)을 잡은 민족의 언어나 정치 중심지의 방언에 의하여 수시로 변하였다. 여기서 우리는 '한문(漢文)이 중국어를 한자(漢字)로 기록한 문어(文語)'라는 정의가 매우 애매함을 깨닫게 된다. 또 한자음의 정음(正音), 즉 표준음이 수시로 바뀐 이유를 알 수 있다.

1) 한문(漢文)의 변천과 한아언어의 한자 표기

2.4.1.0. 우리가 보통 한문(漢文)이라고 부르는 것은 선진(先秦)시대에 고문(古文)을 말한다. 보통 사서삼경(四書三經)으로 불리는 초기 유교 경전의 한문을 고문이라고 말하는데 이 문어는 동주(東周) 시대에 수도인 낙양(洛陽)의 언어를 기본으로 하여 형성된 것이다.[74]

'아언(雅言)'이라고 불리는 주대(周代)의 공용어가 선진(先秦) 때까지는 학문(學文)의 언어이었고 주(周)의 행정언어이기도 하였다. 고문은 간결성과 암시성을 특징으로 하는 기록과 의사전달이 주된 목적으로 형성된 문장어이었다.[75] 그러나 이러한 고문(古文)은 시대의 변화에 따라 바뀌게 된다. 춘추전국시대에 각국의 언어가 독자적으로 발전하였기 때문이다.

---

74 B. Karlgren(高本漢, 1940)에서는 『詩經』 이전 시기를 '太古 漢語', 『詩經』 이후부터 東漢시기까지를 '上古漢語', 六朝 시기부터 唐末까지를 '中古 漢語', 宋朝 시기를 近古 漢語, 元明 시기를 '老官話'로 구분하였다(蔣紹愚, 1994).

75 古文은 先秦시대에 만들어진 『論語』, 『孟子』, 『莊子』, 『荀子』, 『韓非子』 등의 諸家의 議論文에서 기틀이 잡혔고 漢代에 賈誼의 『治安策』, 『過秦論』 등의 論策文과 左丘明의 『春秋左氏傳』, 司馬遷의 『史記』 등에서 서사문으로 발전하였다.

그러나 진(秦)의 천하 통일 이후에 함양(咸陽)과 장안(長安)의 언어가 새로운 공용어로 부상하게 되었다. 보통 '통어(通語)'라고 불리는 중국어의 서북방언은 그동안 중원(中原)의 공용어로 사용되었던 아언(雅言)의 권위에 도전하였다. 그러나 유교 경전의 언어이었던 아언의 고문(古文)은 다른 종교의 경전 언어처럼 매우 보수적이었고 다른 언어로의 변화를 받아드리지 못하였다. 그런 면에서 고대인도의 산스크리트어와 같다.

따라서 장안(長安)의 언어를 기반으로 하는 통어(通語)는 비록 천여 년을 통용하였지만 유교 경전의 언어를 바꾸지는 못하였고 시문(詩文)의 언어로 발전한다. 즉, 고문(古文)의 간결성(簡潔性)과 암시성(暗示性)으로부터 장식성(粧飾性)이 추가된 통어(通語)를 바탕으로 생겨난 새로운 문어(文語)는 육조(六朝) 시대에 이르러 더욱 장식성이 두드러지게 나타났다.

이렇게 변형된 한문을 '변문(變文)'이라고 부른다. 이 한문으로 많은 문학작품이 저술되었다. 변문의 시작을 당대(唐代) 중기 이후 불경 번역문에서 찾는 학자도 있다. 문법구조가 다른 범어(梵語)를 번역하면서 그 문법에 이끌렸고 특히 불승(佛僧)들의 속강(俗講)에서 고문(古文)의 아언(雅言)과는 다른 통어(通語)가 사용되었다.

이때에 불교의 교리(敎理)를 대중에게 전파하기 위하여 곡조를 붙일 수 있는 운문(韻文)과 교리를 설명하는 산문(散文)을 혼합하여 연창대강(連唱帶講)하는 경우가 있었는데 변문은 이와 같이 운문과 산문이 혼합된 것이 특징이다. 소박하고 간결하며 고립적 문법 구조인 고문(古文)에 비하여 변문(變文)은 시문(詩文)에 사용된 것이기 때문에 화려하고 장식적이다.

당(唐), 송(宋), 원(元) 이후에 발달한 평화(平話), 사화(詞話), 백화소설(白話小說), 보권(寶卷), 탄사(彈詞), 고자사(鼓子詞) 등이 모두 변문(變文)으로부터 나온 것으로 본다.[76] 중국어가 변하였고 그 변화된 언어를 한자로 표기하면서 자연스럽게 생겨난 새로운 한문 문체가 바로 변문(變文)이었다.

2.4.1.1. 변문(變文)의 시작을 당대(唐代) 중기 이후 불경 번역문에서 찾는 학자도 있다. 문법구조가 다른 범어(梵語)를 번역하면서 그 문법에 이끌렸고 특히 불승(佛僧)들의 속강(俗講)에서 고문(古文)의 아언(雅言)과는 다른 통어(通語)가 사용되었다.

76 淸의 光緖 25년(1899)에 중국 甘肅省 敦煌의 千佛洞 石室에서 2만여 권의 장서가 발견되었다. 그 가운데 佛經의 俗講 교재로 보이는 變文으로 된 사본이 다수 포함되었다. 이것이 소위 敦煌 變文 자료로서 盛唐(8세기 후반)부터 宋 太宗 2년(977 A.D.)의 것이 가장 새로운 것이라고 한다. 따라서 變文은 唐代 中葉부터 발달한 것으로 본다.

또 이러한 변문(變文)은 동 시대에 한자를 빌려서 자신들의 민족어를 기록한 이민족의 한문 표기에서도 나타난다. 중국의 북방민족들은 중국어와 달리 교착적 문법구조였기 때문에 어미와 조사와 같은 형태부의 첨가가 중요한 문법 속성을 발휘하였다. 이러한 중국의 주변 민족들은 중국어의 문법에 의거한 한문 고문의 문법에서 벗어나 자신들이 언어에 맞추어 표기했기 때문에 종래의 한문과 다른 모습을 보인다. 이렇게 변질된 한문을 변문(變文)이라 부른다.

변문은 주로 동북아 알타이제어의 한문표기에서 나타난다. 굴절어인 범어와 달리 알타이제어는 교착적 문법구조의 언어들이어서 그 영향도 같이 받았다. 남송(南宋)시대에 금(金)의 사절(使節)로 회령(會寧, 지금의 吉林)에 간 홍매(洪邁, 1123~1201)는 거란(契丹)의 어린이들이 한시(漢詩)를 읽을 때에 우리의 이두문과 같이 여진어의 어순에 맞추어 읽는다고 하였다.

예를 들면 금(金)나라 사신으로 갔을 때에 자신을 영접한 부사(副使) 비서소감(秘書少監) 왕보(王補)가 퇴고(推敲)의 고사로 유명한 당대(唐代) 가도(賈島)의 '제이응유거(題李凝幽居)'의 절구(絶句) "鳥宿池中樹, 僧敲月下門"을 "月明裏和尙門子打, 水底裏樹上老鴉坐"라고 읽어 웃음을 금치 못했다고 했는데 왕보(王補)는 금주(錦州)사람으로 거란인(契丹人)이었다는 기사가 있다(『夷堅志』「丙志」第18 '契丹誦詩' 조).[77]

물론 이와 같은 '거란송시(契丹誦詩)'를 변문(變文)에 넣지는 않는다. 오히려 이것은 우리의 이두(吏讀)와 같은 것으로 쓰기는 한자로 쓰였지만 읽기는 아마도 거란어나 여진어로 읽었을 것이다. 당시 중국 대륙과 그 주변의 여러 민족이 그들의 다양한 언어를 한자로 기록하였으며 그 가운데는 고문(古文)의 문장구조와 일치하지 않는 일종의 변문(變文)도 적지 않았던 것으로 보인다.

전술한 중당(中唐) 이후에 발달한 변문들은 고문에서 조금 일탈(逸脫)한 것이지만 그 문법구조는 중국 상고어(上古語), 즉 고문(古文)의 그것에 맞춘 것이다. 그러나 수(隋), 당(唐)을 거치면서 통어(通語)의 세력은 더욱 커져 이 언어를 모태로 한 새로운 문어(文語)가 등장하였으니 그것이 백화(白話), 또는 백화문(白話文)이다.

---

77 淸格爾泰(1997)에서는 이 "月明裏和尙門子打, 水底裏樹上老鴉坐 - 달 밝은 가운데 화상이 문을 두드리고 물 밑 나무 위에 갈가마귀가 앉았다"에 해당하는 몽고어 "saran-du xoošang egüde toɣsixu-du naɣur taxi modun-du xeriy-e saɣumui"를 들면서 중국사신 洪邁가 듣기에는 우스운 중국어 語順이지만 契丹語로는 당연한 것이고 이 어순은 몽고어와도 일치함을 주장하였다. 물론 이것은 우리말의 어순과 이와 일치하며 아마도 우리의 吏讀文도 이와 같이 '우스운' 중국어의 하나였다. 이러한 현상은 고립적인 중국어 문법에 의한 한문과 교착적 문법 구조의 契丹文이나 吏讀文의 차이에서 생겨난 것이다.

백화문은 보다 구어적(口語的)인 이 새로운 문체는 산문에 쓰였으나 일부는 문학작품의 언어가 되었다. 당, 송에 이르러 구어적인 이 문체로 고문의 유교 경전들이 주석된다.[78] 이 시대에 유교 경전들이 거의 모두 이 언어로 번역되고 주석되었다. 예를 들면 유경(儒經)에 대한 주자(朱子)의 많은 해설서가 이에 해당될 것이다.

2.4.1.2. 원대(元代)의 한이문(漢吏文)은 원 제국(帝國)의 공용어인 북경의 한아언어(漢兒言語)을 기반으로 만들어진 문어(文語)로서 물론 변체 한문이다. 중국어의 역사에서 가장 특기할 만한 일은 몽고족에 의하여 건립된 원(元)의 건국으로 인하여 언어 중심지가 동북방(東北方)의 북경(北京)으로 옮겨진 것이다.

쿠빌라이 칸(忽必烈汗), 즉 원(元) 세조(世祖)가 연경(燕京), 지금의 북경(北京)에 도읍을 정할 때에 이 지역은 동북아의 여러 이민족이 한족(漢族)과 각축(角逐)을 벌리던 곳이어서 여러 언어가 혼용되었다. 13세기 초에 몽고족이 세력을 얻어 이 지역의 패권을 차지하면서 몽고어가 많이 혼입된 형태의 중국어가 등장하게 되었는데 이것이 종래 몽문직역체(蒙文直譯体), 또는 한문이독체(漢文吏牘体)로 불리던 한아언어(漢兒言語)다.[79]

이러한 한아언어(漢兒言語)는 비단 원대(元代)만이 아니라 그 이전부터, 즉 요대(遼代)와 금대(金代)에도 있었던 것 같다. 金文京 外(2002:372)의 설명에 의하면 다음과 같다.

> 금(金)의 왕족은 몇 마디라도 '한어(漢語)'를 말할 줄 알았지만 몽고의 왕족이나 귀족은 일반적으로 한어를 알지 못하였으며 또 배울 생각도 없는 것 같았다. 그렇기 때문에 특히 칸(汗)의 명령과 같이 중요한 사항은 칸(汗)이 말한 몽고어로 번역하여 기록할 필요가 생겨났

78 이러한 儒教 經典의 註釋은 後漢시대 鄭玄의 『十三經奏疏』까지 거슬러 올라가지만 唐·宋代 通語에 의한 經典의 주석은 朱子에 의해서 본격적으로 이루어진 것으로 볼 수 있다.

79 '漢兒言語'는 필자에 의하여 세상에 알려진 元代 北京지역의 口語로서 실제 이 지역의 공통어이었다. 高麗 후기에는 이 언어를 학습하는 '漢語都監'을 두었고(졸저, 1988) 이 언어를 학습하는 <老乞大>, <朴通事>를 편찬하였다. 조선 太宗조에 간행된 것으로 보이는 <老乞大>가 발견되어 소개되었고 필자에 의하여 이것이 漢兒言語를 학습하던 교재이며 거의 原本으로 추정되었다(졸고, 1999; 졸저, 2004). <原本老乞大>의 발견과 이것이 漢兒言語의 교재라는 주장은 중국과 일본의 중국어 역사를 전공하는 많은 연구자들에게 매우 충격적인 일이었다. 이미 中宗조에 崔世珍에 의하여 소개된 바 있는 元代 漢兒言語와 그 교재의 존재에 대하여는 졸고(1999, 2000, 2002b, 2004a)에 의해서 여러 차례 주장되었고 이제는 많은 중국어 연구자들에게 사실로 받아들이고 있는 것으로 보인다(金文京 外, 2002). 한아언어에 대한 졸고(1999)는 일본어로 東京에서, 졸고(2000)는 한국어로 서울에서, 그리고 졸고(2002b)는 영어로 ICKL에서 발표한 것이며 졸고(2004a)는 중국어로 北京에서 발표되었다.

다. 거기에는 원래 엉터리 중국어이었던 '한아언어(漢兒言語)'를 사용하는 것이 가장 간편하였고 또 정확하였을 것이다. 만일 정규 중국어, 혹은 문언(文言, 古文이나 후대의 백화문 등)으로 번역하려고 생각하면 의역(意譯)에 의하여 의미의 어긋남이 없을 수가 없게 된다. 더구나 이것을 읽는 사람들이 거란인(契丹人), 여진인 등 한아언어를 사용하고 있을 '한인(漢人)'들이었다. 이리하여 '한아언어'는 구어(口語)에서 문장어(文章語)가 되었다. 소위 '몽문직역체(蒙文直譯体)'라는 한문이 바로 그것이다. 일문의 번역은 필자.

이 언어는 종래의 아언(雅言)이나 통어(通語)와는 의사소통이 불가능할 정도의 다른 언어이었던 것이다. 金文京 外(2002:369~370)에서는 북송(北宋)의 허항종(許亢宗)이 선화(宣和) 7년(1125)에 금(金) 태종(太宗)의 즉위식에 축하의 사절로 다녀오면서 쓴 여행기 『허봉사행정록(許奉使行程錄)』을 인용하면서 어떻게 이런 언어가 생겨났는지를 소개하였다.

즉, 허봉사(許奉使) 일행이 요(遼)의 황룡부(黃龍府, 지금 하얼빈에서 남서쪽으로 약 100km 지점) 부근을 지날 때의 기록으로 "거란(契丹)이 강성했을 때에 이 부근으로 여러 민족을 이주시켰기 때문에 여러 나라의 풍속이 섞여있어서 서로 말이 통하지 않았는데 '한아언어(漢兒言語)'를 써서 처음으로 의사가 소통했다는 기록이 있다"(『三朝北盟會編』 권20)고 하여 이 지역에 이주해온 여러 이민족들이 한아언어로 의사를 소통했음을 지적하였다.

실제로 북경(北京)지역에 모여 살게 된 동북아 여러 민족들이 일종의 코이네(Koinē)로서[80] 한아언어(漢兒言語)를 사용하였고 이것은 종래 중원(中原)의 공용어이었던 장안(長安)의 언어를 기본으로 한 통어(通語)와는 매우 다른 엉터리 중국어이었던 것이다. 그리하여 이것을 따로 학습하는 일도 생겨났다.

즉, 몽고 제국(帝國)의 제2대 대칸(大汗)인 태종 오고타이(窩闊大)가 몽고인 서기관(必闍赤人)의 자제에게는 한아언어와 그 문서를, 그리고 한인(漢人)의 자제에게는 몽고어를 학습시키라는 성지(聖旨)를[81] 내린 것은 이 한(漢)·몽(蒙) 관리들이 몽고어와 그를 번역할 한아언어와

80 코이네(κοίνη, Koinē)는 알렉산더대왕 이후 지중해 지역을 석권한 대 희랍제국의 공용어로서 아티카(Attica) 방언을 기본으로 한 것이다. 이로부터 大帝國의 공용어를 '코이네'라고 한다.

81 이 오고타이(窩闊臺) 大汗의 聖旨는 北京의 地誌인 『析津志』(『析津志輯佚』, 北京古籍出版, 1983)에 실려있으며 元 太宗 5년(1233)에 내린 것이다. 그 내용은 燕京(元의 首都)에 '四教讀'이란 학교를 설립하고 그곳에서 몽고인 必闍赤의 子弟 18인과 중국인의 자제 22인을 함께 起居시키면서 몽고인의 자제에게는 '漢兒言語·文書'를, 중국인의 자제에게는 몽고어와 弓術을 교육하게 하라는 것이었다. 여기서 '漢兒言語'는 당시 漢人들의 口語를 말하며 또 '文書'는 文語인 漢吏文을 말하는 것으로 이해할 수 있다. 金文京 外(2002) 참조.

그 문어(文語)를 서로 학습하여 의사소통에 지장이 없도록 할 목적으로 내린 것이었다.

2.4.1.3. 한아언어(漢兒言語)는 앞에서 언급한 '거란송시(契丹誦詩)'와 같이 몽고어의 어순에 맞추고 몽고어의 조사와 어미를 삽입한 상태의 언어로서 졸저(2004)에서 필자는 일종의 크레올(Creole)로 보았고 金文京 外(2002)에서는 이를 '호언한어(胡言漢語)'라 불렀다.[82] 원(元)에서는 이 언어를 공용어로 하여 고려가 중국과의 교섭에서 사용하게 하였다. 따라서 고려에서는 원(元)이 건국한 이후에 한어도감(漢語都監)을 두어 이 언어를 별도로 교육하게 되었다.[83]

원대(元代)에 공용어가 된 한어(漢語)는 원(元) 제국(帝國)에서 공용하는 구어(口語)였으며 이것 역시 한자로 기록하여 새로운 문어(文語)가 생겨났는데 이것을 이문(吏文)이라고 불렀다. 당시 통치 계급은 몽고인들이었으며 한인(漢人)들은 이들을 보좌하는 서리(胥吏)였다. 그러나 이 한인(漢人)들은 새로운 중국어인 한어(漢語)를 사용하였고 이 말을 한자로 적어 그들의 통치자들에게 보고할 수밖에 없었다.

원(元)의 국가경영은 매우 독특하였다. 즉, 몽고인들이 통치하는 원(元) 제국(帝國)은 중원(中原)의 한족(漢族)들과 색목인(色目人)들을 다스리는 방법으로 통치자인 몽고인을 관(官)으로 임명하여 파견함으로써 서정(庶政)을 감독하게 하고 실제 백성들의 통지와 관리는 원(元)에 추종하는 한인(漢人)과 색목인을 리(吏)에 임명하여 다스리게 하는 관리(官吏) 제도에 의한 것이었다.

따라서 당시 한인(漢人)들이나 색목인(色目人)들이 출세하는 길은 통역을 담당하는 게레메치(怯里馬赤, Kelemechi), 또는 문서를 번역하는 비치에치(必闍赤, Bichigchi)가 되거나 이들보다 높은 행정관(行政官)의 다루가치(達魯花赤, Darugachi)가 되어 몽고인의 단사관(斷事官)인 자르구치(札魯忽赤, Jarghuchi)를 보좌하는 길뿐이었다.

게레메치(Kelemechi), 비치에치(Bichigchi), 그리고 다루가치(Darugachi)를 모두 서리(胥吏)라고 불렀다. 자르구치(Jarghuchi)는 황제가 임명한 관(官)으로서 현지에서 한인(漢人)이나 색

82 金文京 外(2002:370~371)에 '胡言漢語'에 대하여 "南宋人이 '漢人', '漢兒'라고 말하는 경우 그것은 반드시 北方의 金나라 治下에 있는 중국인을 가리킨다. 따라서 '漢語'도 북방에서 사용되는 중국어를 의미하지만 그 언어는 南宋人에게는 奇妙한 말로 들린 것 같다. 南宋의 저명한 철학자 陸九淵(1139~93)의 『象山語錄』(卷下)이나 禪僧의 傳記集인 『五灯會元』(卷 16) '黃檗志因禪師' 조 등에 엉터리, 이상한 말이라는 의미로 '胡言漢語'라는 말투가 보인다"라고 기술하였다.

83 고려시대의 '漢語都監' 및 '吏學都監'의 설치와 운영에 대하여 졸고(1987), 졸저(2014)를 참고할 것.

목인(色目人), 또는 현지의 실력자를 뽑아서 임명하여 단사관의 행정을 돕게 하는 하급관리들이었다. 이렇게 중앙정부가 관(官)을 임명하고 현지에서 리(吏)를 뽑아 나라를 다스리는 관리(官吏) 제도는 조선 왕조에서 그대로 받아들였다.

그리고 이들이 작성하여 단사관(斷事官)에게 받치는 행정이나 법률 문서는 고문(古文)과 같은 고급 한문(漢文)이 아니라 한어(漢語)를 한자로 적을 수밖에 없었다. 이러한 독특한 한문 문체를 서리(胥吏)들의 문체라고 하여 이문(吏文)으로 불렀다. 또 이렇게 한인(漢人)의 서리(胥吏)들이 작성한 문서는 이문으로 작성되었다.

한때 일본학자들은 이러한 문서에 쓰인 이문(吏文)을 한문(漢文)의 몽문직역체(蒙文直譯体), 또는 한문이독체(漢文吏牘体)라는 이름을 붙이기도 했다(吉川幸次郎, 1953; 田中謙二, 1961, 1962, 1965). 그러나 이러한 명칭은 실제로 한아언어(漢兒言語), 즉 한어(漢語)의 존재를 미처 알지 못한 탓으로 붙인 것이다.[84]

2.4.1.4. 졸고(1999, 2002b, 2004a)로 세계 학계에 보고한 <원본(原本) 노걸대(老乞大)>는 원대(元代)의 한아언어(漢兒言語)를 학습하는 고려 역관들의 중국어 학습교재였다. 필자에 의하여 이러한 한어 교재가 세상에 알려지면서 원대(元代)의 법률 문서에 사용된 독특한 한문 문체가 실제로는 당시 구어(口語)로 사용되던 한아언어(漢兒言語)를 한자로 적은 문어(文語)였음을 세계 학계가 인정하게 되었다. 당시로서는 대단한 자료의 발굴이었다.

특히 졸고(2006)에서는 몽문직역체(蒙文直譯体), 또는 한문이독체(漢文吏牘体)라고 부르던 원대(元代)의 『원전장(元典章)』, 『지정조격(至正條格)』 등을 비롯한 많은 법률 문서들의 한문체가 실제로 당시 원(元)에서 공용어로 사용하던 구어(口語)의 한어(漢語)를 한자로 기록한 문어(文語)였음을 밝혔다.

더욱이 원(元)에서는 주변의 조공(朝貢) 국가들에게도 이러한 이문(吏文)으로 외교 문서를 보내게 하여 고려에서는 이학도감(吏學都監)을 설치하고 이 이문(吏文)을 교육하였다(졸저, 2014:23). 그리고 이러한 한이문(漢吏文)의 영향을 받아 고려 후기, 조선 전기에 우리말에 맞도록 한문을 변용시킨 이문(吏文)을 고안하여 발전시켰다.

고려에서 자체적으로 우리말 어순에 맞도록 이문(吏文)을 만들어 사용하였는지는 현재

---

84 蒙文直譯体와 漢文吏牘体에 대하여는 졸저(2014:34~39)에서 吉川幸次郎(1953)와 田中謙二(1964)의 설명을 들어 자세하게 논의하였다.

자료가 없어 알 수 없다. 그러나 조선 전기에는 몽고어에 맞춘 원대(元代)의 이문(吏文)에 맞도록 한문 문체를 고친 이문 형식의 문체가 발견된다. 졸고(2006)에서는 이를 원대(元代)의 이문(吏文)과 구별하기 위하여 조선이문(朝鮮吏文)이라 하였다.

따라서 원대(元代)의 한어(漢語)에 근거한 이문(吏文)은 한이문(漢吏文)으로 불렀다. 조선시대에 발달한 이문은 조선어에 근거한 것이므로 조선이문(朝鮮吏文)으로 부를 수 있었다. 따라서 한이문과 조선이문은 몽고어와 조선어의 문법 구조가 유사하므로 근본적인 문장 구조는 동일하다. 다만 몽고어의 형태부들이 조선어와 다르기 때문에 원대(元代)이 한이문과 조선이문은 그런 면에서 서로 다르다.

2) 한이문(漢吏文)의 등장과 변천

2.4.2.0. 원대(元代)에 북경지방의 동북방언이던 구어(口語)의 한아언어(漢兒言語)를 기반으로 하여 형성된 문장어를 '몽문직역체(蒙文直譯体)'와 '한문이독체(漢文吏牘体)'로 나누어 생각한 학설이 있다. 즉, 田中謙二(1964)에서는 그 논문 모두(冒頭)에

> <원전장>, 정확하게는 「대원성정국조전장(大元聖政國朝典章)」에 수록된 문서의 스타일은 크게 나누어서 한문이독체(漢文吏牘体)와 몽문직역체(蒙文直譯体)의 2종으로 나누어진다. 전자는 행정·사법의 실무에 종사하는 서리(胥吏)의 손으로, 적어도 북송(北宋) 때에는 거의 완성된 법제문서용(法制文書用)의 문체이다. 이에 대해서 후자는 몽골족이 지배하는 원(元) 왕조의 특수 정황 아래 발생하였고 몽고어로 쓰인 법제문서를 역사(譯史, 飜譯官)가 중국어로 번역할 때에 사용한 문체를 가르친다. 몽문직역체라는 말은 임시로 지은 이름에 지나지 않고 이것도 역시 한자로 쓰인 일종의 한문(漢文)이다. 다만 이들 2종의 문체는 통상의 중국문과 조금씩 양상을 달리 하기 때문에 일반적으로 <원전장> 문장은 난해하다고 하여 살아있는 사료를 많이 가지고 있지만 지금도 충분하게 활용하지 못하고 있다(田中謙二, 1964:47). 필자번역.

라고 하였다.

이러한 주장은 한문이독체(漢文吏牘体)가 북송(北宋) 때부터 시작되었고 몽문직역체(蒙文直譯体)는 원대(元代)에 발생한 것으로 보았으나 필자는 모두가 원대(元代) 이후에 북경(北京) 지역의 구어(口語)인 한아언어(漢兒言語)를 그대로 기록한 것이고 한문이독체(漢文吏牘体)는 이를 좀 더 이를 문어화(文語化)한 것으로 본다.

물론 거란(契丹)의 요대(遼代)와 여진(女眞)의 금대(金代)에도 북경(北京)지역의 중국어 동북 방언이 세력을 갖고 이를 한자로 표기하는 변체(變體) 한문이 없었던 것은 아니다. 그러나 몽골의 원(元)이 중원(中原)을 정복하고 이 방언이 원(元) 제국(帝國)의 공용어가 되면서 한아언어(漢兒言語)가 중국의 공용어로 등장하였고 본격적인 한이문(漢吏文)이 제국의 문어(文語)로 인정을 받게 된다.

2.4.2.1. 이에 대하여 吉川幸次郎(1953)에서는 원대(元代) 이독문(吏牘文)의 대표적 자료인 <원전장(元典章)>의 문체에 대하여 다음과 같은 언급한 것은 비록 그가 한아언어의 존재를 몰랐다 하더라도 당시 현실을 꿰뚫어본 것이다.

> [前略] かくきわめて僅かではあるが、あたかも元曲の白のごとく、口語の直寫を志した部分が存在する。なぜこれらの部分たけ口語を直寫しようとするのか。それは恐らく、いかなる言語に誘導されての犯罪であるかが、量刑に關係するからであり、その必要にそなえる爲であろうと思われるが、要するに吏牘の文が、必要に応じてはいかなる言語をも受容し得る態度にあることを、別の面から示すものである。[後略] - [전략] [<원전장>에는] 아주 정말 적기는 하지만 마치 <원곡(元曲)>의 '白'과 같이 구어(口語)를 그대로 적으려고 한 부분이 존재한다.[85] 그것은 아마도 어떤 언어로 유도된 범죄인가가 형량을 정하는데 관계됨으로 그러한 필요에 대비하기 위한 것일 수도 있다고 생각된다. 요컨대 이독(吏牘)으로 된 문장이 필요에 응하기 위하여 어떤 언어라도 수용할 수 있는 태도라는 것을 다른 면에서 보여준 것이다.

이 언급은 원대(元代) 이독문(吏牘文)이 사법(司法)에서 사용될 때에는 죄인의 공초(供招)라든지 소송의 소장(訴状)에서 사실을 파악하기 위하여 그들이 사용하는 구어(口語)를 사용하게 되었고 그것이 어떤 언어이든지 그대로 기록하려고 한 부분이 있다는 것이다.[86]

---

85 吉川幸次郎(1953)은 <元典章>에서 사건 관계자의 회화를 본래의 회화대로 기록하려고 한 부분은 거의 刑部조에만 보이지만 간혹 戶部에도 보인다고 하였다.

86 吉川幸次郎(1953)에는 당시 口語를 <元典章>에 그대로 기록한 예를 몇 개 들었는데 그중 하나를 소개하면 <元典章>(권8) 「殺親屬」 제5의 예로 한 기사가 있다. 여기에 인용된 妻를 죽인 범인의 供招는 皇慶 元年(1312) 6월 12일 池州路 東流縣으로 饑饉을 피하여 온 霍牛兒가 乞食의 동무인 岳仙과 싸움하여 여지없이 얻어맞았는데 그것을 본 妻가 "你喫人打罵。做不得男子漢。我每日做別人飯食。被人欺負。- 당신은 사람들에게 얻어맞고 욕을 먹네. 사내로서 자격이 없어. 내가 매일 다른 사람의 밥을 얻어먹으니(?) 사람들로부터 바보라고 하지."라고 한데 격분하여 처를 죽였다는 심문 내용이 들어 있다. 이 문장은 구어체로서 古文과는 매우 다른 문장이며 형식을 갖춘 漢文吏牘体와도 다름을 지적하였는데 실제로 이 문장구조는

여기서 어떤 언어라는 것은 두말할 것도 없이 당시 북경(北京) 지역에서 동북방언으로 사용되던 한아언어(漢兒言語)이며 원대(元代) 이독문(吏牘文)에는 이러한 구어(口語)를 한자로 적어 몽문직역체(蒙文直譯体)란 이름의 한문 문체가 있었다고 잠정적으로 규정한 것이다.

2.4.2.2. 그러나 후대의 일본의 중국어 학자들은 요시가와(吉川幸次郎)와 다나까(田中謙二)의 이러한 잠정적 용어를 마치 실제로 한문(漢文)에 그러한 문장체가 존재하는 것처럼 신봉하여왔다. 이것은 그때까지 모두가 한아언어(漢兒言語)의 존재를 미처 이해하지 못한 결과라고 할 수 있다.

따라서 그들에게 <원본 노걸대>의 등장과 그 중국어 교재로 배우는 한아언어의 존재가 들어난 것은 대단히 충격적인 사실이다. 필자가 1999년대와 2000년대에 일본에 자주 불려가서 여러 학회, 대학에서 강연을 한 것은 이런 사실에 기인한 것이다. 당시로서는 매우 당혹스러운 자료의 발굴이 아닐 수 없었다.

필자는 지금까지 논의한 원대(元代)에 사법(司法)이나 행정에서 주로 사용한 한문이독체(漢文吏牘体)를 '한이문(漢吏文)'으로 보고자 한다. 다시 말하면 지금까지 일본인 학자들에 의하여 주장된 '한문이독체', '몽문직역체'라는 한문의 변문(變文)은 실제로 원대(元代) 이문(吏文)으로 당시 쓰이고 있는 구어(口語)를 한자로 직사(直寫)한 것을 말하는 것으로 본다.

몽문직역체에 비하여 한문이독체는 한아언어를 그대로 받아쓴 것에서 좀 더 문어화한 것이다. 특히 '한문이독체(漢文吏牘体)', 즉 원대 이후 발달한 중국의 '이문(吏文)'을 전술한 바와 같이 조선시대에 한반도에서 널리 쓰이던 조선이문(朝鮮吏文)과 구별하여 '한이문(漢吏文)'으로 부르고자 한다.[87]

지금까지 한문이독체(漢文吏牘体)의 원대(元代) 문장어가 고문(古文)과 다른 문체를 보일 때에 이를 한이문(漢吏文)으로 본 경우가 없었다. 그러나 한반도에서 조선 초기까지 원대(元代)

필자가 漢兒言語의 자료로 소개한 <原本老乞大>의 그것과 일치한다. 蒙文直譯体란 당시 北京지역에서 실제 口語로 사용되던 漢兒言語를 말한다. 졸저(2010:375~497) 참조.

87 成三問의 <直解童子習序>에 의하면 조선시대 초기에는 漢吏文을 承文院에서 교육하여 事大文書 작성에 임하게 하였고 司譯院에서는 구어, 즉 漢兒言語를 학습하여 통역을 담당하게 하였다는 기사가 있다. 즉 그 序文에 "[前略] 自我祖宗事大至誠, 置承文院掌吏文, 司譯院掌譯語, 專其業而久其任. [下略] - [전략] 우리 조종으로부터 사대에 지성이시매 승문원을 두어서는 이문을 맡기시고 사역원을 두어서는 언어의 통역을 맡기시어 그 업을 한갖지게 하고 그 직을 오래게 하시니 [하략]"라는 기사에 의하면 사역원에서는 구어를 배워 통역을 담당하고 承文院에서는 吏文, 즉 漢吏文을 학습하였음을 알 수 있다. 본문의 해석은 洪起文(1946)을 참고함.

에 시작된 이문(吏文), 즉 한이문(漢吏文)을 시험하는 한이과(漢吏科)가 있어서 어떤 교육이었는지 가늠할 수 있다.

즉, 『세종실록』(권47) 세종 12년 경술(庚戌) 3월조의 기사에 상정소(詳定所)에서 제학(諸學)의 취재(取才)에 사용할 과시서(科試書)를 규정하여 등재하였는데 이것으로 한이문의 교육이 어떻게 시행되었는지 알 수 있다. 또 여기에 한이과(漢吏科)의 과시(科試) 방법이 상세히 설명되어 있어 한이문의 교육과 그것을 평가하는 방법을 알 수가 있다.

상정소(詳定所)에서 정한 제학(諸學) 취재(取才)의 과시서(科試書) 가운데 한이학(漢吏學)의 출제서로는 '서(書), 시(詩), 사서(四書), 노재대학(魯齋大學), 직해소학(直解小學), 성재효경(成齋孝經), 소미통감(少微通鑑), 전후한(前後漢), 이학지남(吏學指南), 충의직언(忠義直言), 동자습(童子習), 대원통제(大元通制), 지정조격(至正條格), 어제대고(御製大誥), 박통사(朴通事), 노걸대(老乞大), 사대문서등록(事大文書謄錄), 제술(製述): 주본(奏本)·계본(啓本)·자문(咨文)'을 들었다(졸저, 2014:160).

2.4.2.3. 한이학(漢吏學)의 취재에 사용된 출제서를 보면 대부분 한이문(漢吏文)을 학습하는 교재였다. 즉, 위의 취재서 가운데 '서(書), 시(詩), 사서(四書)'는 선진(先秦)시대의 고문(古文)을 시험하는 과시서이고 <박통사(朴通事)>, <노걸대(老乞大)>는 당시의 구어(口語)인 한아언어(漢兒言語)를 학습하는 교재이며 나머지는 한이문(漢吏文)을 학습하는 교재임이 분명하다. 이 각각에 대하여 소개하면 다음과 같다.

먼저 <노재대학(魯齋大學)>은 원(元)의 허형(許衡)이 편찬한 『노재유서(魯齋遺書)』 3권의 <대학직해(大學直解)>를 말하는 것으로 사서(四書)의 하나인 <대학(大學)>을 당시 원대 한아언어(漢兒言語)로 풀이한 것이다.

또 <성재효경(成齋孝經)>은 원대(元代) 북정(北庭) 성재(成齋)가 편찬한 『효경직해(孝經直解)』을 말한다.[88] 북정(北庭)은 위구르인들의 고장이었다. 일본에 전해지는 <효경직해>는 그 서명이 '신간전상 성재 효경직해(新刊全相成齋孝經直解)'이며 권미(卷尾)에는 '북정성재직설효경종(北庭成齋直說孝經終)'으로 되었다.

권두에 실린 서문의 말미(末尾)에 '소운석해애(小雲石海涯) 북정성재자서(北庭成齋自敍)'로 되

88 『成齋孝經』은 精文研(1986:484)에 "明의 陳璠이 지은 책. 兒童의 教訓을 위하여 지은 것이다"라는 설명이 있어 정광 외(2002b:18)의 주3에서 "『成齋孝經』은 元代의 『直解孝經』을 明代 陳璠(號 成齋)이 당시 북경어로 주석한 것이다. [중략] 精文研(1986) 참조"로 보았다. 그러나 이것은 잘못된 것으로 『直解孝經』은 元代의 北庭 成齋, 즉 北庭의 成齋가 지은 것으로 그는 小雲石 海涯(自號 酸齋, 一名 成齋)라고 부른다.

었다. 즉, 소운석해애(小雲石海涯)는 위구르인의 고장인 북정(北庭)의 성재(成齋)라고 하며 그가 자서한 것이라는 뜻이다. 따라서 <효경직해>는 위구르인인 소운석해애가 <효경(孝經)>을 당시 한어로 직해한 것임을 알 수 있다.[89]

<대원통제(大元通制)>는 원(元)의 건국초기부터 연우연간(延祐年間, 1314~1320)에 이르기까지 원대(元代)의 법률제도를 집대성한 책으로 원(元) 황경(皇慶) 1년(1312)에 인종(仁宗)이 아산(阿散)에게 개국 이래의 법제 사례를 편집하도록 명하여 지치(至治) 3년(1323)에 완성된 원대(元代) 유일한 체계적 법전『대원통제(大元通制)』를 말한다. 물론 이 책 역시 사법(司法) 문헌이므로 한이문(漢吏文)으로 작성되었다.

또 <지정조격(至正條格)>은 원(元) 지정(至正) 6년(1346)에 전술한 <대원통제>를 산수(刪修)한 것이다. <어제대고(御製大誥)>은 명(明) 태조(太祖)가 원대(元代)의 악풍(惡風)을 바로잡기 위하여 관민의 범법 사례를 채집하여 이를 근거로 홍무(洪武) 18년(1385) 10월에 '어제대고(御製大誥)' 74조를 반포하였으며 이듬해 다시 '어제대고속편(御製大誥續編)' 87조(1권)와 '어제대고 삼(御製大誥三)'의 47조(1권)를 만들었는데 이를 통칭하여 <어제대고(御製大誥)>라고 한다.

<사대문서등록(事大文書謄錄)>은 조선시대 승문원(承文院)에서 중국 조정과 왕래한 문서를 모아놓은 것으로『세종실록』의 기사(권51, 세종 13년 1월 丙戌조, 동 권121, 세종 30년 8월 丙辰조)와『단종실록』(권13, 단종 3년 1월 丁卯조)의 기사에 의하면 5년마다 한 번씩 서사(書寫)하고 10년마다 한 번씩 인쇄하여 출간하였다고 한다(정광 외, 2002b) 참조.

따라서 '노재대학(魯齋大學), 직해소학(直解小學), 성재효경(成齋孝經), 소미통감(少微通鑑), 전후한(前後漢)'은 '대학(大學), 소학(小學), 효경(孝經), 통감(通鑑), 전한서(前漢書), 후한서(後漢書)' 등의 경사서(經史書)를 한아언어(漢兒言語)로 풀이한 것이고 '이학지남(吏學指南), 충의직언(忠義直言), 대원통제(大元通制), 지정조격(至正條格), 어제대고(御製大誥)'은 모두가 한이문(漢吏文)으로 작성된 사법(司法) 관계의 문헌이다.

그동안 <이학지남>, <충의직언>, <대원통제>, <지정조격>, 그리고 <어제대고>의 한문 문체는 한문이독체(漢文吏牘体)라고 불러왔다. 그런데 실제로 이들의 문체는 원대(元代)에 공용어가 된 한아언어에 의거한 새로운 문어(文語), 즉 한이문(漢吏文)이며 이 가운데 '이학지남

89 같은 위구르인으로서 高昌國 출신의 偰長壽는 元을 거쳐 高麗로 귀화하였다. 그는 외국어 교육기관인 고려의 通文館과 조선의 司譯院에 提調로 있으면서 <直解小學>을 저술하여 고려와 조선 초기의 司譯院에서 한어 교재로 사용하였다. 위구르인들은 한문의 古文보다 漢語가 편리함을 알고 있었기 때문이다.

(吏學指南)’은 이러한 한이문을 학습하는 참고서의 역할은 한 책이다.[90]

그리고 ‘충의직언(忠義直言), 대원통제(大元通制), 지정조격(至正條格), 어제대고(御製大誥)’는 앞에서 살펴본 <원전장>과 같은 부류의 책으로 원대(元代)의 법률, 조칙(詔勅), 상소(上疏) 등의 행정문서를 모은 문헌이다. 또 ‘노걸대, 박통사’는 구어인 한아언어(漢兒言語)를 학습하는 교재인데 이 언어가 한이문이란 문장어의 모태이었다.

3) <성재효경(成齋孝經)>의 몽문직역체

2.4.3.0. 그러면 앞에서 한이문, 즉 한문이독체(漢文吏牘体)와 몽문직역체(蒙文直譯体)의 교본으로 본 ‘노재대학(魯齋大學), 직해소학(直解小學), 성재효경(成齋孝經), 소미통감(少微通鑑), 전후한(前後漢)’을 중심으로 한이문이 어떠한 한문인가를 살펴볼 수 있다.

이들 한이문 교재 가운데 필자가 자유로인 이용할 수 있는 <성재효경(成齋孝經)>을 예로 하여 한이문의 정체를 찾아보기로 한다. 앞에서 살펴본 바와 같이 <성재효경(成齋孝經)>은 원대(元代) 소운석해애(小雲石海涯)가 고문(古文)의 <효경(孝經)>을 당시 북경(北京) 지역의 구어(口語)인 한아언어로 풀이한 것으로 노재(魯齋, 元의 許衡)가 <대학(大學)>을 당시 북경어로 직설(直說)한 것을 본뜬 것이다.[91]

이 책의 저자 소운석해애(小雲石海涯)는 『원사(元史)』(권143)에 다음과 같은 기사가 있다.

> 小雲石海涯家世, 見其祖阿里海涯傳, 其父楚國忠惠公. 名貫只哥, 小雲石海涯. 遂以貫爲氏, 復以酸齋自號. [中略] 初襲父官爲兩淮萬戶府達魯花赤, [中略] 泰定元年五月八日卒, 年三十九. 贈集賢學士中奉大夫護軍, 追封京兆郡公, 謚文靖. 有文集若干卷, 直解孝經一卷, 行于世. - 소운석 해애의 가세(家世)는 그 조부 아리해애의 전기를 보면 아버지가 초국의 충혜공(忠惠公)으로 이름이 관지가(貫只哥)이었으며 그리하여 소운석(小雲石) 해애(海涯)는 ‘관(貫)’으로 성을 삼았다. 또 자호(自

---

90 『吏學指南』에 대하여는 정광 외(2002b)를 참조할 것. 元 大德 5년(1301)에 徐元瑞가 편찬한 <吏學指南>을 조선 세조 4년(1458) 경에 경주에서 복간하였는데(奎章閣 소장) 정광 외(2002b)에서는 이 책을 영인하여 공간하면서 상세한 해제와 색인을 붙였다.

91 이에 대하여는 일본에 전해지는 『新刊全相成齋孝經直解』의 권두에 붙은 自敍에 “[前略] 嘗觀魯齋先生, 取世俗之□直說大學. 至於耘夫竟子皆可以明之. 世人□之以寶, 士夫無有非之者於以見. 云云 [下略]”라는 기사를 참조할 것. □부분은 훼손되어 글자가 보이지 않는 부분임. 일본에 전해지는 <孝經直解>에 대하여는 太田辰夫·佐藤晴彦(1996) 참조.

號)를 '산재(酸齋)'라 하였다. [중략] 처음에는 아버지의 관직을 세습하여 '양회만호부 다루가치(兩淮萬戶府達魯花赤)'가 되었다. [중략] 태정 원년(1324) 5월 8일에 돌아갔다. 나이가 39세 집현학사(集賢學)士 중봉대부(中奉大夫) 호군(護軍)을 증직(贈職)하였고 경조군공(京兆郡公)으로 추증되었다. 시호(諡號)는 문정(文靖)이며 문집 약간 권과 <직해효경> 1권이 있어 세상에 유행하였다.

이 기사를 보면 소운석해애(小雲石海涯, 1286~1324)가 『직해효경(直解孝經)』 1권을 지어 세상에 유행시켰는데 그는 원래 위구르인으로 한명(漢名)을 관운석(貫雲石)이라 하였으며 <효경(孝經)>을 당시 북경어, 즉 한아언어(漢兒言語)로 알기 쉽게 풀이한 것이 <직해효경>임을 알 수 있다. 그는 관산재(貫酸齋)란 이름으로 악부산곡(樂府散曲)의 작자로도 널리 알려졌다.

2.4.3.1. 『직해효경』은 당시 매우 인기가 있었던 것으로 전대흔(錢大昕)의 『보원사(補元史) 예문지(藝文志)』(권1)와 김문조(金門詔)의 『보삼사(補三史) 예문지(藝文志)』에 "小雲石海涯直解孝經一卷 - 소운석 해애 직행효경 1권"이란 기사가 보이며 예찬(倪瓚)의 『보요금원(補遼金元) 예문지(藝文志)』와 노문초(盧文弨)의 동일한 서명에 "小雲石海涯孝經直解一卷"이란 기사가 보인다. 명대(明代) 초굉(焦竑)의 『국사경적지(國史經籍志)』(권2)에는 "成齋孝經說 一卷 -성재효경설 1권"으로 기재되었다(長澤規矩也·阿部隆一, 1933).

관운석(貫雲石)의 <성재효경>은 그의 자서(自敍) 말미에 "至大改元孟春既望, 宣武將軍, 兩淮萬戶府達魯花赤, 小雲石海涯, 北庭成齋自敍 - 지대 개원 맹춘 15일에 선무장군 양회만호부 다루가치, 소운석 해애, 북정 성재 자서"라 하여 관운석(貫雲石)이 지대(至大) 원년(1308) 정월(正月) 15일에 자서(自敍)하였음을 알 수 있고 그가 양회(兩淮) 만호부(萬戶府)의 다루가치(達魯花赤, Darugachi)로 있었던 때임을 알 수 있다.

그는 허형(許衡)의 『노재대학(魯齋大學)』과 같이 <효경(孝經)>을 당시 한아언어로 풀이하여 직설(直說)한 것으로 필자가 소개한 <원본(原本)노걸대>와 <효경직해>는 당시 북경어를 동일하게 반영한다. <직해효경>이 <원본노걸대>와 같이 한아언어의 문체를 갖고 있는 예를 <효경>의 직해에서 찾아보면 다음과 같다.

『新刊全相成齋孝經直解』「孝治章 第八」

원　문: 治家者不敢失於臣妾 而況於妻子乎 故得人之懽心 以事其親

직해문: 官人每 各自家以下的人 不着落後了 休道媳婦孩兒 因這般上頭 得一家人懽喜 奉侍父母呵

不枉了有 麽道 - 관인들은 각기 자신의 아랫사람을 홀대하지 않는다. 아내나 아이들에게는 말할 것도 없다. 이러한 차례로 일가 사람들의 기쁨을 얻어 부모님에게 시중을 들면 굽힘이 없다고 말할 것이다.

이 예문에서 직해문의 밑줄 친 ① 每와 ② 上頭, ③ 呵, ④ 有, ⑤ 麽道는 모두 몽고어의 영향으로 한문에 삽입된 것이다. 이제 이들을 고찰하여 <직해효경>이 <원본노걸대>(이하 <원노>로 약칭)와 같이 당시 구어인 한아언어로 직해(直解)한 것임을 살펴보기로 한다.

2.4.3.2. 먼저 '매(每)'에 대하여 살펴본다. 이 직해문의 "官人每"에 보이는 '每'는 명사의 복수접미사로 후대에는 '每 > 們'의 변화를 보였다. 조선 중종 때의 최세진 『노박집람(老朴集覽)』에서는 <원노>에 '每'가 사용되었음을 알고 있었고 이에 대하여 다음과 같이 언급하였다.

每: 本音上聲, 頻也. 每年, 每一箇. 又平聲, 等輩也. 我每, 咱每, 俺每 우리, 恁每, 你每 너희. 今俗喜用們字. (單字解 1 앞) - '매(每)'의 본음은 상성(上聲)이고 '빈번하다'이다. '每年 - 해마다', '每一箇 - 하나씩'과 같다. 또는 평성(平聲)으로 읽으면 '等輩(같은 무리)'와 같은 의미를 나타낸다. '我每(우리들)', '咱每(우리들, 청자 포함)', '俺每(우리들), 恁每(당신들), 你每(너희들)' 등으로 쓰인다. 지금은 일반적으로 '們'자를 즐겨 쓴다.

이 해설에 의하면 '每'가 복수접미사임을 말하고 있고 <노걸대>의 신본(新本), 즉 산개본(刪改本)에서는 이미 '每'가 '們'으로 바뀌었음을 증언하고 있다. 실제로 <원노(原老)>의 '每'는 <산개(刪改)노걸대>[92]와 <번역노걸대(飜譯老乞大)>(이하 <번노>)에서는 '們'으로 교체되었다.

別人將咱每做甚麼人看(<原老> 2앞)	別人將咱們 做甚麼人看(<飜老> 上 5 뒤)
漢兒小厮每 哏頑(<原老> 2 앞)	漢兒小厮們 十分頑 漢兒(<飜老> 上 7 앞)
俺這馬每不曾飲水裏(<原老> 9 앞)	我這馬們不曾飲水裏(<飜老> 上 31 앞)

복수의 의미로 '們'이 사용되기 시작한 것은 송대(宋代)부터이었으며 '懣(滿), 瞞, 門(們)'

92 고려 말에 편찬된 <原本老乞大>를 조선 성종 14년(1483) 경에 漢人 葛貴 등이 刪改한 것을 <刪改老乞大>라고 하며 이것이 <飜譯老乞大>와 『老乞大諺解』의 저본이 되었다. '原本'이나 '刪改', '飜譯'이란 서명은 없고 그저 '老乞大'로 표시되었다.

등의 형태로 나타난다. 원대(元代)에 이르러서도 '們'이 부분적으로 사용되었으나 대부분은 '每'로 바뀌었다. 그러다가 명대(明代) 중엽부터 다시 '們'의 사용이 많아지기 시작하였다.

이처럼 송(宋)·원(元)·명대(明代)에는 '們 > 每 > 們'의 형태로 반복되는 변화의 과정을 거쳤으며 그 원인에 대해서는 정확히 밝혀지지 않고 있다. 주목되는 것은 원대(元代)에 이르러 동북 방언이 공용어로 되면서 '每'가 통용되었지만 남방계 관화(官話)에서는 여전히 '們'을 사용하였으며 원대 이후에는 또한 북방계 관화에서조차 '每'가 점차 사라지게 되었다는 것이다(呂叔湘, 1985:54). 따라서 <효경직해>가 <원노>와 같이 북방계 한아언어를 반영함을 알 수 있다.

2.4.3.3. 다음은 '상두(上頭)에 대하여 살펴본다. 직해문의 "因這般上頭"에 나오는 '上頭'는 후치사로서 이 시대의 한아언어에서만 사용되고 후일에는 '上頭 > 因此上(-까닭에)'으로 바뀌었다. '上頭'는 더 이상 사용되지 않음을 말한 것이다.

『노박집람(老朴集覽)』(이하 <노람>)에 "上頭: 젼ᄎᆞ로, 今不用. (累字解 2 앞) - '上頭'는 '까닭으로'라는 의미로 현재는 사용하지 않는다."라는 주석이나 "因此上, 猶言上頭. (累字解 2 뒤) - '因此上'은 '上頭'(까닭으로)와 같은 의미이다."라는 주석은 '上頭'와 '因此上'이 같은 의미였음을 말하고 있다.

'因此上'은 원인을 나타내는 접속사의 형태이며 '上頭'는 '上'에 '頭'가 첨가된 형태로서 원인을 나타낸다. 모두 몽고어의 영향을 받은 후치사의 형태로 분석된다. 『원조비사(元朝秘史)』의 대역문에는 '禿剌(tula)'로 대응되는데 이를 余志鴻(1992:6)에서 옮겨보면 다음과 같다.

注　音: 騰格裏因　札阿隣　札阿黑三　兀格　忝貼昆　禿刺(『元朝秘史』 206-567)
對譯文: 天的　神告　告了的　言語　明白的　上頭
意譯文: 天告你的言語 明白的上頭(『원조비사』 권6, 앞013)

따라서 <효경직해>(이하 <효해>)에 자주 쓰인 '上頭'는 몽고어 '禿剌(tula)'에 대응되어 삽입된 것이다. 이 예는 <효해>의 직해문을 몽문직역체(蒙文直譯体)라고 보는 것을 이해하게 한다.

2.4.3.4. 다음으로 직해문의 "奉侍父母呵"에 나오는 '가(呵)'는 역시 후치사로서 몽고어

에 이끌려 삽입된 것이다. 후대에는 ‘呵 > 時(-면)’로 변화되었는데 이에 대하여 <노람>에서는 “時: 猶則也. 古本用呵字, 今本皆易用時字. 或用便字. (單字解 5 앞) -‘시(時)’는 ‘칙(則)’과 같다. 고본(古本)에서는 ‘가(呵)’자를 사용하였는데 금본(今本)에서는 모두 ‘시(時)’자로 바꾸거나 또는 ‘편(便)’자를 사용하였다.”[93]라고 하여 고본(古本)의 ‘가(呵)’를 금본(今本)에서 ‘시(時)’로 교체하였음을 밝히고 있어 <원노>에서는 ‘가(呵)’이었음을 알 수 있다.

예를 <원노>에서 찾아보면 다음과 같다.

> 身已安樂呵, 也到. - 몸이 편안하면 도착하리라. (<原老> 1 앞)
>
> 旣恁賣馬去呵, 咱每恰好做伴當去. - 이제 네가 말을 팔러 간다면 우리들이 벗을 지어 가는 것이 좋다. (<원노> 3 앞)[94]

여기서 ‘가(呵)’는 어기조사(語氣助詞)로 분석될 수도 있겠으나 예문이 보여 주는 바와 같이 가정의 의미를 나타내는 후치사 형태로 보는 것이 더욱 타당할 것이다. 이것은 몽고어에서 그 흔적을 찾아 볼 수 있는데 『원조비사』에 의하면 몽고어 ‘阿速’(-[b]asu/esü)의 대역문으로 ‘가(呵)’가 사용되었고 이 몽고어는 한국어의 ‘-면’과 같이 가정의 의미를 나타내고 있으며 ‘[b]’는 모음 뒤에서만 사용된다(余志鴻, 1992:3).

2.4.3.5. 다음으로 ‘유(有)’에 대하여 검토한다. 졸저(2010:487~491)에서 <원노>의 특징으로 몽고어의 시제와 문장종결을 나타내는 ‘a-(to be)’, ‘bayi-(to be)’를 ‘유(有)’로 표기하였고 이것이 원대 한아언어(漢兒言語)의 영향임을 최세진은 『노박집람』에서도 밝힌 바 있음을

93 『老朴集覽』에는 ‘呵’에 대한 <音義>의 주석을 옮겨놓았다. 이를 인용하면 “音義云: 原本內說的[呵]字, 不是常談. 如今秀才和朝官是有說的, 那箇[俺]字是山西人說的, [恁]字也是官話不是常談. 都塗(弔)了改寫的, 這們助語的[那][也][了][阿]等字, 都輕輕兒微微的說, 順帶過去了罷. 若緊說了時不好聽. 南方人是蠻子, 山西人是豹子, 北京人是태子, 入聲的字音是都說的不同. - <음의(音義)>에 의하면 원본에서 사용한 ‘呵’자는 일상용어가 아니라고 하였다. 현재는 秀才나 조정의 관리 중에 그 말을 사용하는 사람들이 있다. 그 ‘俺’자는 山西人이 사용하는 말이며 ‘恁’字 역시 官話로서 일상용어가 아니므로 모두 지워버리고 고쳐서 쓴 것이다. 어조사인 ‘那’, ‘也’, ‘了’, ‘阿’ 등 글자들은 가볍게 발음하여 지나가야 하며 만일 발음을 분명히 할 경우 듣기가 좋지 않다. 南方人은 ‘蠻子’, 山西人은 ‘豹子’, 北京人은 ‘태子’라고 하는데 이들은 入聲字의 發音을 각기 다르게 한다.”라고 하였다.

94 이들은 <번노>에서는 모두 ‘呵 > 時’로 교체되었다.
身已安樂時 也到(<飜老> 上 2 앞)
你旣賣馬去時 咱們恰好做火伴去(<飜老> 上 8 앞)

소개하였다.

즉, <노박집람>의 '한아인유(漢兒人有)'조에 "元時語必於言終用有字, 如語助而實非語助, 今俗不用. - 원대(元代)의 언어에서는 반드시 말이 끝나는 곳에 '有'자를 사용하는데 어조사(語助辭)인 것 같지만 실은 어조사가 아니다. 지금은 세간에서 사용하지 않고 있다"(「老集」上 1앞)라고 하여 어조사(語助辭)처럼 사용되는 문장 종결어미의 '유(有)'가 원대 언어에 있었으나 최세진 당시에는 더 이상 사용되지 않음을 말하고 있다.

몽고어의 동사 'bui̯(is)', 'bolai̯(is)', 'bülüge(was)'와 모든 동사의 정동사형(all finite forms of the verbs)인 'a-(to be)', 'bayi-(to be)', 그리고 동사 'bol-(to become)'은 모두 계사(繫辭, copula)로 쓰였다.[95] 따라서 <원노>에 쓰인 문장종결의 '유(有)'는 몽고어의 'bui̯, bolai̯, bülüge, a-, bayi-, bol-'가 문장의 끝에 쓰여 문장을 종결시키는 통사적 기능을 대신하는 것으로 몽고어의 영향을 받은 원대 북경어의 특징이라고 보았다(졸저, 2004:518~519).

<효경직해>(이하 <孝解>)의 직해문에서 '유(有)'가 사용된 용례가 많으며 그 가운데 몇 개를 추가하면 다음과 같다. 직해문의 우리말 번역은 필자가 한 것이다.

㉠ 원　문: 夫孝德之本也, <孝解>「開宗明義章 제1」
직해문: 孝道的勾當是德行的根本有. (효행이라는 것은 덕행의 근본이다)

㉡ 원　문: 敬其親者 不敢慢於人, <孝解>「天子章 제2」
직해문: 存着自家敬父母的心呵, 也不肯將別人來欺負有. (스스로 부모를 존경하는 마음을 갖고 있는 사람은 다른 이를 업신여기지 않는다)

㉢ 원　문: 君親臨之厚莫重焉, <孝解>「聖治章 제9」
직해문: 父母的恩便似官裏的恩一般重有. (부모의 은혜는 마치 천자의 은혜만큼 무겁다)

㉣ 원　문: 宗廟致敬不忘親也 修身愼行恐辱先也, <孝解>「感應章 제16」
직해문: 祭奠呵 不忘了父母有, 小心行呵 不辱末了祖上有. (제를 지내는 것은 부모를 잊지 않으려는 것이다. 수신하여 행동을 조심하는 것은 선조를 욕되게 함을 두려워하기 때문이다)

95 이에 대하여는 Poppe(1954:157)의 "The Simple Copula" The verbs bui̯ "is," bolai̯ "is," bülüge "was," and all finite forms of the verbs a- "to be," bayi- "to be," and bol- "to become" usually serve as copula."라는 설명을 참조.

이 예문의 직해문 끝에 쓰인 '유(有)'는 志村良治(1995:384)에서는 入矢義高(1973)의 주장에 따라 원대(元代) 초기부터 사용되기 시작하였으며 확정적인 의미를 나타낸다고 주장하였다. 한편 太田辰夫(1991:179)에서는 '유(有)'자의 이러한 용법은 원대(元代)에서 명초(明初)에 걸친 자료들에서 많이 찾아 볼 수 있는데 실제 구어체에서 사용되었던 것임에 틀림이 없다고 하였다.

그리고 원곡(元曲)에 이르러서는 더 이상 사용되지 않았으나 '一壁有者 - 한 쪽에서 기다리고 있다'와 같은 관용어적 용법은 원곡에서도 찾아 볼 수 있으며 따라서 '유(有)'는 어휘적 의미가 없는 문장 말 종결어미였을 것으로 추정이 된다고 하였다.

<원노>에서는 문장 말에 '유(有)'가 대량으로 사용되었음을 발견할 수 있다. 이것은 <노람>의 해설과 같이 바로 원대의 대도(大都)지역의 언어임을 보여주는 유력한 근거라 할 수 있다.[96] <원노>에 나오는 예를 두 개만 들어보자. 원문의 번역은 필자.

㉤ 我也心裏那般想著有. - 나도 마음에 이렇게 여기노라. (<原老> 3뒤)
㉥ 您是高麗人却怎麼漢兒言語說的好有. - 너는 고려인인데 어떻게 漢兒言語로 잘 말하느냐? (<原老> 1앞)[97]

이 예문들을 보면 '유(有)'가 문장의 종결어미로서 과거완료 시상(時相)을 보여주는 것으로 보인다.[98]

2.4.3.6. 다음의 '마도(麼道)'는 <효해>만이 아니고 원대(元代)의 성지(聖旨)나 그를 새긴 비문(碑文)에서도 발견된다. 이것은 몽고어의 'ge'e(말하다)'를 표기한 것으로 몽한대역(蒙漢對譯) 한아언어 비문을 보면 몽고어의 "ge'en, ge'eju, ge'ek'degesed aju'ue'를 대역한 것

96 『元朝秘史』의 경우를 살펴 보면 '有'는 '-UmU'에 대응되는데 다음과 같은 예문에서 보여 주는 바에 의하면 과거에서 현재까지(미래까지 지속 가능한) 지속되는 시제를 나타낸다고 하였다(余志鴻, 1988).
貼額周 阿木'載着有'(『元朝秘史』 101, 948) 迭兒別魯 梅'顫動有'(『元朝秘史』 98, 947)
莎那思塔 木'聽得有'(『元朝秘史』 101, 948)

97 『飜譯老乞大』에서는 이 '有'가 없어진다.
我也心裏這般想着. (<飜老> 上 11앞)
你是高麗人, 却怎麼漢兒言語說的好? (<飜老> 上 2앞)

98 몽고어의 "ge'ek'degsed aju'ue(말 하고 있다)"가 '說有, 說有來'로 표시되는 예를 들 수 있다(田中謙二, 1962).

이다.

즉, '마도(麼道)'는 "~라고 말씀하셨다"에 해당하는 몽고어를 대역한 것이다. 예를 대덕(大德) 5년(1301) 10월 22일의 상주문(上奏文)에서 찾으면 다음과 같다. 원문의 번역은 필자.

> 大德五年十月二十二日, 奏過事內一件:
> 陝西省官人每, 文書裏說將來. "貴(責)赤裏愛你小名的人, 着延安府屯田有, 收拾贖身放良不蘭奚等戶者麼道. 將的御寶聖旨來有, 教收拾那怎生?"麼道 '與將文書來' 麼道, 奏呵, '怎生商量來' 麼道 - 대덕 5년 10월 22일에 상주(上奏)한 안건 하나: 섬서성 관인들이 문서로 전해 와서 "귀적(貴赤, 弓兵)의 아이니(愛你)라고 하는 사람이 연안부(延安府)의 둔전(屯田)에 와서 '속량금으로 평민적을 회복한 보론기르(不蘭奚, 옛 南宋 지구에서 몽고군에 포로로 잡혀 와서 노예로 일하는 사람을 말함. '孛蘭奚'로도 씀)를 돌아가라'고 말한 어보성지(御寶聖旨)를 휴대하고 있습니다만 돌아가게 시키면 어떨까요?" 라고 하는 문서를 보내 왔다고 상주(上奏)하였더니 "어떻게 상담하였는가?" 라고 하여-. 밑줄 친 부분은 '麼道'를 번역한 곳.

이 예를 보면 밑줄 친 '마도(麼道)'가 3번 나오는데 모두가 인용문 형식을 취하고 있다. 물론 <원노>에는 이러한 인용문이 없기 때문에 '마도(麼道)'는 사용되지 않는다. 필자는 <효해>의 이러한 문체가 <원노>의 한아언어로부터 문어(文語)로써 한이문(漢吏文)으로 발전해 가는 과정을 보여주는 것으로 본다. 여기서 <노걸대>의 한아언어는 구어(口語)로서 일상회화에 사용되는 언어이었고 <효해>의 직해문은 문어(文語)의 모습을 보이는 것으로 장차 이문(吏文)으로 발전한 것이다.

이와 같이 <효해>에는 보통 한문(漢文)에서 사용되지 않는 '每, 上頭, 呵, 有, 麼道' 등의 어휘를 사용하였으며 문장 구조도 고문(古文)과는 상당한 차이를 보인다. 그러나 <효해>가 조선 전기에 시행된 한이과(漢吏科)의 출제서임으로 이러한 한문, 다시 말하면 한이문(漢吏文)을 실제로 학습하였고 이것으로 조선에서 중국에 보내는 사대문서를 작성하였음을 알 수 있다.

4) <원전장(元典章)>의 한문이독체(漢文吏牘体)

2.4.4.0. 위에서 언급한 『세종실록』(권47) 세종 12년 3월 경술(庚戌)조의 기사에는 상정소(詳定所)에서 한이과(漢吏科), 즉 한이문(漢吏文)을 시험하는 출제서로 '충의직언(忠義直言), 대원

통제(大元通制), 지정조격(至正條格), 어제대고(御製大誥)'가 있었다.

이들은 <원전장(元典章)>과 같은 부류의 책으로 원대(元代)의 법률, 조칙(詔勅), 상소(上疏) 등의 행정문서를 모은 문헌이었다. 吉川幸次郎(1953)에서는 <원전장(元典章)>, 즉『대원성정국조전장(大元聖政國朝典章)』(60권)과『신집지치조례(新集至治條例)』(不分卷)의[99] 한문 문체를 고찰하였다.

그리고 이 자료에 보이는 한문은 몽문직역체(蒙文直譯体)로 보이는 것도 없지는 않다. 예를 들면 <원전장(元典章)>에서 몽고어 직역체(直譯体)를 보이는 제19 호부(戶部)의「방옥(房屋)」의 "관리가 방옥(房屋)을 사는 것을 금(禁)함"이란 조(條)에 다음과 같은 기사가 있다.

> 至元二十一年四月. 中書省奏過事內一件. 在先收附了江南的後頭. 至元十五年行省官人每. 管軍官每. 新附人的房舍事產. 不得買要呵. 買要呵. 回與他主人者麽道. 聖旨行了來. 如今賣的人. 用着鈔呵. 沒人敢買. 生受有. 人待買呵. 怕聖旨有. 依着聖旨. 官人每不得買. 百姓每買呵. 賣呵. 怎生麽道. 闊闊你教爲頭衆人商量了. 與中書省家咨示來. 中書省官人每. 俺衆人商量得. 依已前體例. 官吏不得買者. 百姓每得買賣者麽道. 奏呵. 那般者麽道. 聖旨了也. 欽此." 띄어쓰기, 구두점은 吉川의 것을 따름(吉川幸次郎, 1953).

이를 보면 역시 '每, 呵, 麽道' 등의 한아언어(漢兒言語)의 어휘가 쓰였다.

2.4.4.1. 그러나 대부분은 한문이독체(漢文吏牘体)로 보인다고 하였다.[100] 예를 들어 <원전장>(권42)「형부(刑部)」'잡례(雜例)' 가운데 "사람을 치어죽이고 시체를 옮긴 일"이란 제목에서 다음과 같은 예를 골랐다.

> 看碾子人李鎭撫家驅口閻喜僧狀招. 至元三年八月初八日. 本宅後碾黍間. 有小厮四箇. 於碾北四五步地街南作要. 至日高碾亻 齒(亻 +齒). 前去本家. 取墊碾油餠回來. 到碾上. 見作要小厮一箇. 在西北碾槽內. 手脚動但掙揣. 其餘三箇小厮. 碾北立地. 喜僧向前抱出小底. 覷得頭上有血. 抱於西墻下臥地. 恐驢踏着. 移於碾東北房門東放下. 倚定痲楷坐定. 手動氣出. 喜僧委是不知怎生碾着. 避怕本使問着. 走往阜城縣周家藏閃. 在後却行還家. 干證人殷定僧等三人狀稱. 崔中山於碾內弄米來. 俺三箇碾外要來. 趕碾的人無來. 法司擬. 旣是殷定僧等稱. 崔中山自來弄米. 別無定奪. 止據閻喜僧不合移屍出碾.

99 약칭하여 <元典章>이라고 하는 이 자료는 正集에 2,400餘例, 新集에는 200餘例의 勅令, 判決例를 모아놓은 방대한 元代의 法律集이다.

100 그는 <元典章> 자료의 예문 가운데 4분에 3이 蒙古語直譯体가 아니라고 주장하였다(吉川幸次郎, 1953:1)

不告身死人本家得知. 合從不應爲. 事輕. 合笞四十. 部擬三十七下. 呈省准擬. 吉川幸次郎(1953)에서 재인용.

내용은 방앗간을 지키는 사람으로 이진무(李鎭撫)의 노예인 염희승(閻喜僧)의 정초(狀招, 문초한 내용)인데 전체의 뜻은 다음과 같다.

지원 3년(1266) 8월 초팔일 이진무 댁의 뒤편에서 기장을 맷돌에 돌릴 때에 남자 아이 4명이 맷돌의 북쪽 4~5보 되는 곳의 길 남쪽에서 놀고 있었다. 해가 높게 이르렀을 때에 맷돌이 잘 돌지 않아서 집으로 가서 맷돌에 칠 기름덩어리(油餠?)를 갖고 돌아왔더니 길가에 놀고 있던 남자 아이 하나가 서북쪽에 있는 절구 속에 넘어져 팔다리가 늘어져 움직이지 않고 나머지 세 명의 아이들을 방아의 북쪽에 서있는 것을 보았다. 염희승은 앞으로 나아가서 그 아이를 안아내었는데 머리에 피가 난 것을 보고 안아서 서쪽 담 밑으로 데려가서 땅에 뉘었지만 나귀가 [아마도 나귀가 맷돌을 돌리는 방아인 것으로 보인다] 밟을지 모르기 때문에 맷돌의 동북쪽에 있는 집 문 앞의 동쪽에 옮겨 내려놓았다. 염희승은 아이가 죽은 것이 맷돌에 치였기 때문이어서 관청에 잡혀갈 일을 걱정하여 부성현(阜城縣) 주가(周家)의 집으로 달려가 숨어서 집에는 돌아가지 않았다고 하였다.

이에 대하여 증인이 된 은정승(殷定僧) 등 3인의 아이들의 심문에 의하면 "최중산(崔中山, 맷돌에 치여 죽은 아이를 말함)은 맷돌 안에서 쌀을 갖고 놀고 있었고 우리 세 사람은 맷돌 밖에서 놀고 있었습니다. 맷돌을 들리는 사람은 없었습니다."라고 하였고 법사(法司)에서는 "이미 이것은 은정승 등의 말한 바와 같이 최중산이 스스로 와서 쌀을 갖고 놀다가 치인 것이라면 별로 정탈(定奪)할 것이 없음. 다만 염희승이 못되게 시체를 움직여 맷돌에서 끌어내었고 죽은 애의 본가에 알려서 알게 하지 않은 것은 확실히 범죄라고 판단한다. 가벼운 일이므로 40대의 태형을 쳐야지만 37대로 한다.[101]

이러한 내용의 판결을 <원전장>에 실은 것인데 모두 한이문(漢吏文) 형식을 띈 한문이독체(漢文吏牘体)의 문체다.

2.4.4.2. 이 한문 문장은 당시의 구어(口語)를 그대로 채용한 것으로 보이는 어휘가 보이

101 『南村輟耕錄』(권2) 「五刑」조에 "大德中, 刑部尙書王約數上言: 國朝用刑寬恕, 笞杖十減其三, 故笞一十減爲七."이라 하여 3대를 감하는 제도에 의하여 40대의 笞刑을 37대로 한 것이다(梁伍鎭, 1998:31). 明代 葉子奇의 『草木子』에 의하면 元 世祖가 인심을 얻으려고 모든 笞刑은 그 대수에서 3대를 감하였는데 한 대는 하늘이 감해주고 또 한대는 땅이 감해주면 마지막 한 대는 세조 자신이 감한다는 것이다(정광 외, 2002a:91).

고 고문(古文)이라면 다른 단어를 사용하였을 것으로 보이는 어휘가 빈번하게 혼용되었다. 예를 들면 고문(古文)이라면 '남아(男兒)'라고 할 것을 '소사(小厮), 소저(小底)'라고 하고 "어린 아이들이 노는 것"은 '작희(作戱)'라고 해야 할 것을 '작요(作耍)'라고 한다든지 운동(運動)을 '동단(動但)', "발버둥치는 것"을 '쟁췌(挣揣)', "서는 것"을 '입지(立地)'라고 하고 "보는 것"을 '견(見), 간(看)'이라고 하지 않고 '처득(覰得)'이라고 하며 "어떻게 하든지"를 '여하(如何)'라고 하지 않고 '즘생(怎生)'이라 하는 것들이 바로 그런 예들이다.

이러한 예로부터 필자는 원대(元代)의 한문 이독(吏牘)이 '한아언어(漢兒言語)'라는 구어를 바탕으로 형성된 것으로 보는 것이다. 다시 말하면 한아언어가 구어(口語)라면 원대(元代) 이문(吏文)은 이를 한자로 직사(直寫)한 문어(文語)라 할 수 있다.

따라서 한이문, 즉 한문의 이독(吏牘) 문체는 어디까지나 중국어이며 문법적으로는 고문(古文)의 그것과 그렇게 크게 다르지 않다.[102] 왜냐하면 한아언어는 비록 어휘나 문법요소에서 몽고어의 영향을 받았지만 전체 문장의 문법구조는 중국어와 같기 때문이다.

2.4.4.3. 이 한문의 이독(吏牘) 문체는 하급관리인 한인(漢人)이 통치자인 몽고인에게 올리는 일체의 행정문서에서 일괄적으로 사용되었다. 따라서 고전적 교양을 중시하던 옛 중국의 관습은 무너지고 실무의 지식과 기능이 중시되었다. 여기서 '사(士), 선비'보다는 실제 법률 지식이 풍부한 '서리(胥吏)'가 우대를 받았다.

전술한 바와 같이 몽고인의 통치를 받고 있는 원대(元代)에 한인(漢人)이 출세하는 길은 법률, 행정, 문서작성과 같은 실무 지식과 한이문에 정통하여 서리(胥吏)로 임용되는 길밖에 없었다(宮崎市定, 1987). 여기서 필자는 원대(元代)에 유행하기 시작한 이독(吏牘)의 한문 문체를 한이문(漢吏文)으로 보려고 한다.

조선 전기에 한이과(漢吏科)를 개설한 것은 사대문서를 작성하는데 한이문에 정통한 인원이 필요하였기 때문이며 이때의 출제서로 전술한 한이문 교재들이 선택된 것이다. 중국에서는 이러한 한이문을 학습하는 것을 '이도(吏道)'라고 하였으며 '이독(吏牘)'은 원래 한이문으로 쓰인 문서를 지칭한 것이었으나 점차 한이문 작성 자체를 말하게 된다.

102 이에 대하여 吉川幸次郎(1953:7)에서는 "元典章中の漢文の吏牘、その語法の基礎となっているものは、古文家の古文のそれとそんなに違ったものでない。口語的な語彙の混用から、語法的にも口語に近いものを多く含むと豫想するならば、この豫想はあたらない。語法の基礎となるものは、やはり大たいに於いて古文家のそれである。"라고 하여 元代의 한문 吏牘이 문법적으로는 古文 계통임을 강조하였다.

즉, 일정한 공문서 서식에 의하여 작성된 이문을 이독(吏牘)이라 한 것이다. 전자에 대하여 한반도에서는 '이두(吏頭)'로, 후자에 대하여는 '이독(吏讀)'으로 한 글자를 고쳐서 술어로 사용하게 된 것으로 본다. 같거나 유사한 발음의 한자로 바꾼 것이다. 실제로 사역원의 교재 중에는 이와 같이 한 글자를 바꾼 것이 많다.

2.4.4.4. 이러한 몽고어를 위한 한이문(漢吏文)은 우리말의 한문 표기에서도 적절하여 조선에서 이문(吏文)을 낳게 하였다. 조선에서는 한이문과 유사한 조선이문(朝鮮吏文)을 사용하였다. 그 예문을 졸저(2017:659)에서 소개한 현계근(玄啓根)의 진시(陳試) 소지(所志)에 찾아보기로 한다.

조선 영조 때 왜학역관이었던 현계근은 19세가 되던 건륭(乾隆) 갑자(甲子, 1744) 식년시(式年試)의 역과(譯科) 초시(初試) 한학(漢學)에 부거(赴擧)하여 합격하였다. 이 초시(初試)는 상식년(上式年)인 계해(癸亥, 1743) 가을에 시행되었을 것이나[103] 갑자년(甲子年) 5월에 부상(父喪)을 당하여 진시(陳試)할 것을 요청하였다.[104]

졸저(2017:646~651)에 소개한 천녕(川寧) 현씨(玄氏) 고문서에 이때의 진시소지(陳試所志)가 남았는데 전형적인 조선이문으로 작성되었다. 이를 옮겨 적으면 다음과 같다.

> 訳科初試挙子喪人玄敬躋,
> 右謹言所志矣段, 矣身今甲子式年訳科初試, 以漢学挙子入格矣。五月分遭父喪是如乎, 依例陳試, 事後考次立旨, 成給為只為, 行下向教是事。
> 礼曹 処分 手決 依法典
> 甲子十月 日 所志

이 예문을 보면 현계근(玄啓根, 初名 玄敬躋)이 갑자식년(甲子式年) 역과초시(譯科初試)에 한학(漢學), 즉 한어 전공으로 합격하였으나 부상(父喪)을 당하여 복시(覆試)에 부거(赴擧)함을 진시(陳試)하겠다는 것이며 법전(法典)에 의거하여 허가한다는 처분이 과거를 주무하는 관서인 예조(禮曹)에서 있었음을 알 수 있다.

---

103 『增補文獻備考』(卷186) 「選擧考」3 '科制'3조에 "經國大典至是始, 命頒行諸科三年一試. 前秋初試, 春初覆試殿試."라는 기사 참조.

104 陳試란 初試나 鄕試에 入格한 擧子가 親喪 등의 이유로 會試에 赴擧하지 못할 때 다음 科試의 會試에 應科할 수 있도록 연기함을 말하는 것이다.

여기에는 비록 한문 문법에 따랐으나 어미와 소자 등의 형태부가 이두로 첨가되었다. 즉, '-矣段(-의ᄯᆞᆫ), 矣身(이 몸), -是如乎(-이다온), -為只為(ᄒᆞ기삼), -下向教是事(-하샤올 일)' 등은 구결 토로서 우리말로 풀어야 의미를 알 수 있다. 앞에서 고찰한 한이문(漢吏文)의 예에서 몽고어의 형태에 맞추어 표기한 형태부의 표기와 매우 유사하다.

2.4.4.5. 이상의 고찰을 정리하면 조선의 이문은 원대(元代)에 유행하던 한이문(漢吏文)의 예를 따라 우리말에 맞도록 한문을 변형하여 만든 변체(變體) 한문으로 조선이문(朝鮮吏文)이라 부른다고 하였다.

그리고 이 이문(吏文)의 사용은 종전에 사용하던 한자로 우리말을 표기하는 향찰이라 한 것처럼 이찰(吏札)로 부르게 하고 한자로 향찰과 같이 우리말을 표기하는 것을 이두(吏讀)라고 하였다고 보았다. 이문(吏文)의 등장은 모든 변체(變體) 한문을 이문(吏文)으로 보고 우리말을 한자로 표기하는 일체의 행위에 이문의 '이(吏)'를 붙여 표시하기에 이른다.

그리하여 이두(吏讀), 이토(吏吐), 이찰(吏札), 이서(吏書) 등과 같은 술어가 난무하게 된다. 이러한 '이(吏)'가 들어간 한자 차자표기의 술어들은 모두 고려 후기에 생긴 것이다. 따라서 원대(元代)에 공식 문체로 등장한 한이문(漢吏文)의 영향을 받아 '이(吏)'를 붙인 이두(吏讀), 이토(吏吐), 이찰(吏札), 이서(吏書), 이투(吏套) 등의 용어가 생긴 것이다. 그 이전에는 향찰(鄕札)이란 용어가 일반적이었다.

현재 사용되는 보통화(普通話)는 한아언어(漢兒言語)인 중국의 고관화(Old Mandarin), 즉 필자의 시대구분에 따르면 중세중국어(Middle Chinese)에서 발달한 것이다. 따라서 주대(周代)의 아언(雅言, Archaic Chinese)이나 한당(漢唐)의 통어(通語, Ancient Chinese)와 달리 문법의 교착적인 요소가 많이 혼효되었다.

현대의 보통화(普通話)는 한어(漢語)라고 부른다. 한아언어의 후예임을 보여주는 명칭인데 다만 이 말을 한자로 써도 이를 한문(漢文)이라고 하지 않는다. 그저 한어(漢語)라고 할 뿐이다. 따라서 아언(雅言)과 통어(通語)를 한자로 쓴 것만이 한문(漢文)이며 그 이후의 중국어를 한자로 쓴 것은 한문이라고 하지 않는다.

특히 주대(周代)에 수도였던 낙양(洛陽)의 말인 아언(雅言)으로 된 한문을 고문(古文)이라 하여 유교(儒教) 경전(經典)의 언어로 특별히 우대한다. 통어(通語)의 한문을 변문(變文)이라 하지만 그것도 한문으로 취급한다. 당송(唐宋) 때에 많은 문학작품이 이 통어로 쓰였고 특히 불경이 이 말로 번역되었기 때문에 널리 알려진 한문 문체였기 때문이다.

제3장 중국 주변 여러 민족의 문자 제정과 언어 연구

3.0.0. 아시아에는 앞의 제2장에서 살펴본 바와 같이 거대한 두 개의 고대 문명이 있었다. 하나는 황하(黃河) 문명을 이어받은 중국의 유교(儒教) 문화이고 또 하나는 인도 반도의 갠지스 강 유역을 중심으로 전개된 불교(佛教) 문화다. 이 두 문화가 유라시아 대륙의 아시아 지역에서 사는 민족들의 정신세계를 지배한다.

서양의 희랍정신(Hellenism)과 기독교정신(Hebraism)처럼 아시아에서는 중국의 유교문화(Confucianism)와 인도의 불교문화(Buddhism)가 아시아인들의 사상에 바탕을 이룬다. 전술한 것처럼 불교문화가 초현실적인 피안(彼岸)의 조화로운 세상을 추구한다면 유교문화는 현실적인 이승의 인간 세계를 영위하는 합리적인 이상(理想)의 세계를 지표로 삼는다.

이렇게 대조되는 두 사상은 아시아인들의 모든 사고(思考)의 저변에 깔려있다. 그리하여 매우 현실적이며 인간의 합리성을 추구하는가 하면 한 편으로는 전혀 도달할 수 없는 피안의 이상세계를 그리워하며 살아가고 있다. 따라서 동양인들은 현실적인 이승과 상상의 저승을 동시에 그리며 살아간다.

아시아에는 다종(多種)의 언어가 다양한 민족들에 의하여 사용되고 있다. 역시 중국은 고립적인 문법구조의 언어를 구사한다면 인도를 중심으로 하는 서아시아에서는 굴절적인 언어를 사용하고 반대로 동아시아에서는 교착적인 문법구조의 언어가 주종을 이룬다. 주로 굴절어를 사용하는 유럽에 비하여 유라시아대륙의 동쪽에서는 고립어와 교착어를 포함한 다양한 언어들이 사용되었다.

이렇게 다종의 언어를 표기하는 문자도 매우 다양하다. 우선 굴절어인 리그베다(Rig Veda)의 고대인도어를 표기하기 위하여 산스크리트 문자를 발달시켜 사용하였다. 이 문자는 기원전의 여러 세기경에 사용되기 시작하여 기원전 3세기까지 브라미(Brāhmi) 문자가 세력을 가졌고 이후에 여러 문자로 분화되어 발달하였다. 불교문화에서도 이 문자를 주로 사용하였다.

반면에 중국의 유교문화에서는 기원전 수 세기경부터 한자(漢字)를 사용하기 시작하여 역시 자형(字形)을 계속해서 바꿔가면서 오늘날까지 사용하고 있다. 기원전 11세기까지 거슬러 올라가는 은대(殷代), 즉 상대(商代) 은허(殷墟)의 복사(卜辭)로부터 갑골(甲骨)문자가 사용되었고 이후 계속적으로 자형을 변형하면서 이 한자는 오늘날까지 여러 나라에서 이어져 왔다.

아시아에서는 유교문화와 불교문화가 교차하는 것처럼 문자도 고대인도의 산스크리트 문자와 중국의 한자로부터 발달된 많은 문자를 제정하여 사용하였다. 어떤 것은 이 두 문자의 영향을 모두 함께 받아서 만들어진 것도 있다. 예를 들면 일본의 가나(假名) 문자는 한자의 편방(偏旁)을 빌려 글자를 만들었지만 그 순서나 배열을 인도의 실담(悉曇) 문자에 의거하였다.

3.0.1. 불교문화의 영향으로 불경의 문자인 산스크리트 문자를 빌려 문자를 고안하고 이것으로 자국의 언어를 표기하려는 노력은 현재로서는 7세기 중엽에 만들어진 티베트의 서장(西藏) 문자가 가장 이른 시기의 것으로 보인다.

물론 일본의 가나(假名) 문자도 이보다 훨씬 앞선 시기에 사용된 문자이지만 단순한 범자(梵字), 즉 산스크리트 문자에 의거한 표음문자로 보기 어렵고 한자의 편방(偏旁)을 떼어 문자를 삼고 간혹 뜻으로 읽는 등으로 볼 때에 순전한 표음 문자로 보기 어렵다. 따라서 순수한 의미의 범자 계통의 표음 문자로는 서장(西藏) 문자가 가장 우선한다고 보는 것이다.

티베트 토번(吐藩)의 송첸감포(Srong-btsan sgam-po, 松贊干布) 왕이 7세기 중엽에 톤미 아누이브(Thon-mi Anu'ibu) 등으로 하여금 제정하게 한 서장(西藏) 문자는 13세기의 원대(元代)에 역시 같은 토번(吐藩) 사람인 팍스파(hPags-pa) 라마에 의하여 파스파 문자로 발달한다. 그리고 15세기에 조선의 언문(諺文)으로 발전하여 이 계통에서 가장 완전하게 언어를 표기하는 표음문자로 정착한 것이라고 본다.

아시아에서는 고대인도의 표음문자인 산스크리트 문자의 영향을 받아 자민족의 언어를 표기하기 위하여 새로운 문자를 만들 때에 많은 언어학적인 연구가 뒤를 따르게 된 것 같다. 왜냐하면 자신들의 언어에 대한 음성학적인 연구와 음운론적인 기술(記述)이 이루어진 다음에 이 각각의 음운에 새로운 기호를 대응시켜 문자를 제정할 수 있기 때문이다.

따라서 새로운 문자의 제정에는 그 언어에 대한 음성학적인 또는 음운론적인 연구가 선행되었다. 모든 아시아의 문자들은 고대인도의 음성학 이론으로 자신들의 언어에 대한 음운 분석이 이루어진 다음에 이 각각에 기호를 대입하는 방법으로 제정되었다. 따라서 동양에는 한자와 같은 표의문자와 더불어 많은 표음문자도 제정되어 사용되었다.

이 제3장에서는 중국 주변의 여러 민족들이 어떤 문자를 제정하여 사용하였는가를 살피면서 그들의 언어 연구와 문자 제정의 관계를 살피려고 한다. 그리고 그 첫 번째로 범자(梵字)와 실담(悉曇) 문자 계통의 여러 문자들을 고찰한 제1장을 참고하면서 아시아에서 과연 그들이 새 문자를 제정할 때에 어떻게 자신들의 언어를 고찰했는지를 살펴보기로 한다.

1. 일본의 가나(假名) 문자

3.1.0.0. 제2장에서 살펴본 바와 같이 인류의 4대 문명 발상지의 하나였던 황하(黃河) 문명을 발전시킨 중국에서는 오래전부터 한자를 고안하여 고립적인 문법구조의 중국어를 표기하여왔다. 그리고 중국 문화의 영향을 받은 아시아의 여러 민족들은 한자를 빌려 자신들의 언어를 표기하였다.

그러나 아시아의 여러 민족들은 문법적으로 중국어와 다른 교착적인 문법구조의 언어들이 많았다. 따라서 고립적인 중국어의 표기를 위하여 발달된 한자로 자신들의 언어를 표기하기가 어려웠다. 그리하여 새로운 표음 문자를 자체적으로 제정하여 사용하였는데 이때에 근거가 된 문자는 오래 전부터 고대인도에서 표음문자로 사용된 범자(梵字)였다.

이렇게 범자(梵字)의 영향을 받아 표음문자로 제정된 것으로 일본의 가나(假名) 문자가 현재로서는 가장 오래되었고 7세기 중반에 제정된 티베트의 서장(西藏) 문자, 그리고 이를 모방하여 14세기에 제정된 원대(元代) 파스파 문자가 뒤를 이었다. 15세기에 조선에서 훈민정음이란 이름으로 창제된 언문(諺文)도 이런 방식으로 제정된 문자로 보아야 한다(졸저, 2015).

그러나 가나(假名) 문자는 한자의 편방(偏旁)을 따로 떼어 표음문자로 하였기 때문에 순수한 범자(梵字) 계통의 문자로 보기 어렵다. 서력기원 전후에는 동아시아에서 한자를 변형시킨 문자로 자민족의 언어를 표기하기 시작한다. 그 시작은 고구려(高句麗)로 보이고 발해(渤海)로 퍼져나갔지만 모두 자료가 부족하여 현재로서는 정밀한 연구가 불가능하다.

고구려와 발해의 와당(瓦當) 문자와 더불어 한자를 변형시켜 표음문자를 만들어 오늘날까지 사용하고 있는 일본의 가나(假名) 문자는 비록 한자의 편방을 떼어 문자로 만들었지만 문자 체계는 범자(梵字)를 따랐다. 이제 일본의 가나(假名) 문자를 시작으로 하여 동아시아 여러 민족들의 문자 제정에 대하여 살펴보기로 한다.

3.1.0.1. 앞의 제1장에서 살펴본 바와 같이 불교가 중국을 포함한 아시아 여러 나라에 전파되매 따라 불경의 원어인 산스크리트, 즉 범어(梵語)와 그를 표기한 브라미(Brāhmi) 문자도 더불어 널리 퍼져나가게 되었다.

브라미 문자는 범자(梵字)로 한역(漢譯)되지만 아소카(Asoka, 阿育王) 비문(碑文) 이후에 자형(字形)이 변천하여 갔다. 앞의 제1장에서 살펴본 바와 같이 브라미 문자(Brāhmi lipi)라는 명칭은 인도의 서북단 기르기트(Girgit)에서 출토된 범어(梵語)의 사본인 *Mūla-sarvāstivā-da-vinaya*(『根本說- 一切有部毘奈耶破僧事』, 6~7세기 필사)에 나타난다.

그리고 당대(唐代)의 불경인 『법원주림(法苑珠林)』에서는 이 문자가 범천(梵天)인 브라만(Brāhman)의 계시에 의해서 만들어져서 범자(梵字)로 부른다고 하였다. 서양에서 산스크리트 언어와 문자로 불리는 말과 글을 동양에서는 범어(梵語), 범자(梵字)로 부르며 고대인도의 베다(Vedic) 경전에 쓰인 언어와 이를 표기한 문자를 말한다.

졸고(2020b)와 앞의 1.5.0.1.에서 논의한 대로 불경에 쓰인 범어(梵語)를 불교혼효범어(佛教混淆梵語, Buddhist Hybrid Sanskrit)라고 부른다고 하였다. 당시 석가가 태어난 비가라성(迦毘羅城)과 그가 활동한 갠지스 강 유역에서 널리 사용되던 마가디어(Māgadhī語), 그리고 주변의 방언을 이 언어에 융합시킨 반(半) 마가디어(Ardha- Māgadhī)가 섞인 언어를 말한 것이다.

초기 불경은 브라미 문자로 쓰였을 것이나 3세기에 굽타(Gupta) 문자로 변천하고 5세기경에 다시 싯담마트르카(siddhamātrkā), 즉 실담(悉曇) 문자로 바뀐다. 그러나 실담(悉曇)이란 의미는 제1장의 1.1.2.4.에서 논의한 바와 같이 모음의 마다(摩多)와 자음의 체문(体文)이 결합된 완성된 만자(滿字)라는 뜻도 가지고 있어서 오랫동안 불가(佛家)에서는 혼란스럽기 사용하였다.

즉, 졸고(2017b)에 의하면 Siddhamātrkā 문자가 나오기 전부터 실담(悉曇)이란 문자 명칭이 사용되었기 때문에 이 말은 불경에 자주 등장하는 반만이교(半滿二教)의 반자교(半字教)와 만자교(滿字教)에서 말하는 만자(滿字)를 말한다고 보았다. 범자(梵字)에는 자음의 글자와 모음의 글자가 있어 이 각각은 반자(半字)이고 이들이 결합한 음절문자는 만자(滿字)라고 본 것이다.

3.1.0.2. 중국 주변의 아시아의 여러 민족들은 중국의 고도로 발달한 한자 문화의 영향을 받아 한자를 빌려다가 자신들의 언어를 표기하는 방법을 개발하였다. 그러나 한자는 고립어인 중국어를 표기하도록 발달된 문자이어서 아시아에서 교착적인 언어를 사용하는 여러 민족들은 한자를 빌려 언어를 표기하는데 많은 문제점이 있었다.

즉, 표의(表意)문자인 한자로 교착어에서 어미와 조사와 같은 형태부의 표기를 기록하기가 어려웠다. 그리하여 새로운 문자를 제정하여 사용하였는데 그 이유는 한자로 표기하기가 어려울 뿐만 아니라 중국 한자문화권의 예속(隷屬)에서 벗어나서 독자적인 문화를 영위하고자 하는 뜻도 없지 않았다.

그러나 역시 한자의 영향을 완전히 벗어나기 어려워서 한자를 표음 글자로 하여 사용하거나 글자의 일부를 차용하여 새 문자를 만들기도 하였다. 그렇지만 가장 좋은 방법은 표음문자를 따로 제정하여 자신들의 언어를 표기하는 것인데 이때에 근거가 되는 것은 같은 표음문자로 불경의 문자로 익히 알고 있는 범자(梵字)에 의거하여 새 문자를 만드는 것이다.

범자(梵字)는 표음문자일 뿐만 고대인도의 고도로 발달한 음성학, 즉 성명기론(聲明記論)에 의해서 그 문자의 음운들이 모두 음운론적으로 정리가 되었다. 본서의 제1장에서 살펴본 바와 같이 고대 인도의 성명기론은 20세기의 음성학에서 겨우 밝혀낸 변별적 자질, 특히 조음위치 자질과 조음방식 자질을 이미 기원전 수세기경에 익히 알고 있었다.

그리고 이러한 자질에 따라 음운을 분류하고 정리하여 범자를 고찰하였다. 따라서 이러한 범자에 기대어 새로운 표음문자를 제정하는 것이 매우 쉽게 가능하였는데 그 첫 시작은 전술한 바대로 7세기 중엽의 티베트의 서장(西藏) 문자가 그 효시(嚆矢)로 보인다. 그러나 이보다 훨씬 앞서서 일본의 가나(假名) 문자가 브라미 문자의 마다(摩多) 14자와 체문 36자에 따라 오십음도(五十音圖)의 가나(假名)를 만들어 표음문자로 사용하였다. 먼저 이에 대하여 고찰하기로 한다.

1) 오십음도(五十音圖)의 가나(假名) 문자

3.1.1.0. 일본은 일찍부터 백제(百濟)로부터 한자를 들여다가 자신들의 언어를 소략하게 기록하였다. 백제의 근초고왕(近肖古王, ?~375 A.D.) 때에 아직기(阿直岐)와 왕인(王仁)이 일본에

한자와 유교 경전을 전달하였고 이를 통하여 한자를 교육한 것으로 알려졌다.

그리하여 이나리야마(稻荷山) 고분(古墳)에서 출토된 5세기경의 철검(鐵劍)에는 겉에 57자, 속에 58자의 명문(銘文)이 한자로 새겨졌다. 일본 사이다마현(埼玉県) 교우다시(行田市)의 고분군(古墳群)에서 발굴된 이나리야마 고분은 피장자(被葬者)가 많은 무구(武具)를 부장(副葬)하고 있어 무인(武人)으로 추정되며 주검의 좌협(左脅) 조금 아래에서 명문(銘文)이 새겨진 철검(鐵劍)이 발견되었다.

이 명문(銘文)은 한자를 빌려 일본어를 썼으며 내용은 "신해(辛亥, 471 A.D.) 7월에 오와게노오미(乎獲居臣, おわけのおみ)가 상조(上祖) 오호히고(オホヒコ)로부터 본인의 오와게노오미에 이르는 8대의 계보(系譜)를 적었고 그의 집안이 '장도인의 우두머리(杖刀人首)'로서 대대로 그 자리를 이어왔다는 것, 오와게노오미(乎獲居臣)는 가다게루(カタケル, 雄略) 왕(王) 밑에 있으면서 시키노미야(斯鬼宮)에서 천하를 좌치(左治 - 佐治)했다는 것 등을 한자로 적었다.

이 철검은 왕인(王仁)과 아직기(阿直岐)가 일본에 한문을 전달한지 100년 후의 일이므로 이미 이때에 한자가 상당히 유포되었음을 말해주는 자료다. 거기다가 한자로 일본어의 고유명사를 적는 방법이 어느 정도 유행하였음을 알 수 있다. 그리고 일본에는 철검(鐵劍) 이외로도 토기(土器)나 와당(瓦當) 등에도 한자로 명문을 새겼으며 목간(木簡), 칠지(漆紙) 등에 묵서(墨書)된 것도 있다.

그리고 이러한 한자 표기는 오오노 야스마로(太安万呂, ?~723 A.D.)의 『고사기(古事記)』(712 A.D.), 그리고 도네리 신노(舍人親王) 등의 『일본서기(日本書紀)』(720 A.D.)에서 일본어를 전면적으로 표기하도록 발달한다. 이 두 책은 한자로 일본의 역사를 적었는데 한문보다는 망요가나(萬葉假名)와 같은 일본식 한자표기가 중심을 이루었다. 여기서는 일본의 가나문자의 변천과 발달에 대하여 살펴보기로 한다.

3.1.1.1. 일본의 가나(假名) 문자는 처음에는 한자를 빌려 표음문자로 하여 사용하였으나 후대에는 점차 편방(偏旁)을 빌려 간략한 글자를 만들어갔다. 한자를 빌렸지만 표음 문자로만 사용한 것이 특징이다. 여러 사람들이 자의적으로 한자를 빌려서 썼고 어떤 개인이 만든 것이 아니어서 가나(假名) 문자의 제정이란 말은 쓰지 않는다.

다만 여러 사람이 제멋대로 한자를 빌려다가 일본어를 기록하였기 때문에 하나의 발음에 여러 개의 한자가 사용되어 혼란스러웠다. 따라서 후대에는 이를 통합하는 작업이 계속되었다. 즉, 일자일음(一字一音)의 원칙에 맞추려고 같은 발음의 한자를 하나로 묶는 작업이 계속해서 이루어졌다.

현대 일본 가나문자의 교재인 오십음도(五十音圖)는 바로 범자(梵字)의 50자에 맞추어 가나문자를 만든 것이다. 범자에서는 앞의 제1장 1.5.1.1.~7.에서 살펴본 대로 <대반열반경>(권8) <문자품>에서 모음의 마다(摩多, mātṛ) 14자에 자음의 체문(体文, vyaňjana) 36자를 더하여 50자를 정하고 석가(釋迦)의 말로 모음의 14자가 기본이라 하였다.

가나(假名) 문자는 범자(梵字)에서 마다(摩多)의 14 모음자를 기본으로 한 것처럼 'a[ア], i[イ], u[ウ], e[エ], o[オ]'의 5자로 된 ア[a]행(行)을 기본으로 하였다. 즉, 범자의 마다 14자에서 모음의 장단(長短)을 불문하고 하나로 통일하고 이중모음의 글자를 버린 것이다. 그렇게 제정된 가나(假名) 문자의 5개모음 글자는 오십음도(五十音圖)의 맨 앞에 두었다.

그리고 이 5모음자에 'k, s, t, n, h, m, i계중모음, r, w계중모음'을 결합한 'カ[ka], サ[sa], タ[ta], ナ[na], ハ[ha], マ[ma], ヤ[ya], ラ[ra], ワ[wa]' 행(行)의 순서로 5자씩을 더하여 45글자를 만들고 여기에 모음의 5자를 더한 50자라고 한 것이다.

그러나 마지막에 'ン[ng]'을 추가하여 실제로는 51자임에도 고쥬온즈(五十音圖)라고 한 것은 역시 전술한 <대반열반경>의 범자(梵字)의 50 문자 체제를 따른 것으로 보지 않을 수 없다(졸고, 2020b). 그리고 전술한 <실담자기>에서 47자로 줄이자 일본에서는 발 빠르게 'いろは 47자'로 바꾼다.

3.1.1.2. 일본의 나라(奈良)시대에 고쥬온즈(五十音圖)로 가나(假名) 문자를 정리한 것은 기비노마기비(吉備眞備)로 알려졌다. 기비노마기비(キビノマキビ, 693/695~775 A.D.)는 일본의 영구(靈龜) 2년(716 A.D.)에 견당(遣唐) 유학생으로 선발되어 당(唐)에 가서 오랫동안 그곳에 체류하고 돌아왔으며 천평승보(天平勝寶) 4년(752 A.D.)에 일본의 견당(遣唐) 부사(副使)로 다시 중국을 방문한 바 있다.

그는 아마도 『대반열반경(大般涅槃經)』(권8) 「문자품(文字品)」 등의 불경에 소개된 50자의 범자(梵字)에 의거하여 이 가나문자를 고안하고 그 교재로 고쥬온즈(五十音圖)를 작성한 것으로 보인다. 그러나 범자(梵字)의 변천에 따라 중국으로 싯담마트르카(siddhamātṛkā)가 유입되었고 이 문자에 따라 당(唐)의 지광(智廣)은 『실담자기(悉曇字記)』를 편찬하였다.

이 <실담자기>(권1)에는 「실담장(悉曇章)」이라 하여 실담문자의 47자만을 소개하였다. 따라서 <대반열반경> 등의 50자와 다르게 되었다. 일승(日僧) 구카이(空海)가 <실담자기>를 이 책을 일본으로 가져온 이후에 일본에서 <실담자기>가 크게 유행하였고 이 책의 <실담

장>의 47자에 따라 일본의 가나(假名) 문자도 이로하(伊路波, いろは) 47자가 널리 유행하게 된다.

그리하여 조선의 일본어 교육에서 사역원(司譯院)의 왜학(倭學)에서는 『이로파(伊路波)』의 47자를 배웠다(졸저, 2017:595~605).[1] 즉, <실담장>에서는 모음으로 마다(摩多, mātṛ) 12자와 자음으로 체문(体文, 'vyañjana) 35자를 인정하여 47자를 교육하였다. 그로부터 가나 문자도 고쥬온즈(五十音圖)의 51자보다 이로하(伊路波, 또는 伊呂波, 以呂波)라는 47자의 가나(假名)가 유행하였다.

3.1.1.3. 조선의 외국어 교육기관인 사역원(司譯院)에서도 일본어를 배우는 왜학(倭學)에서 가나 문자의 교재로 『중간첩해신어(重刊捷解新語)』의 권미에 첨부된 「이로하반자수상통(伊呂波半字竪相通)」(이하 <수상통>)과 「이로하반자횡상통(伊呂波半字横相通)」(이하 <횡상통>)은 일본 가나 문자의 고쥬온즈(五十音圖)를 말한다.

다음의 [사진 3-1]에서 볼 수 있는 것처럼 조선 사역원의 왜학서(倭學書)인 <중간첩해신어>의 마지막 권10 하(下)에 부록된 「이로하반자수상통(伊呂波半字竪相通)」, 즉 <수상통>은 이어서 소개할 <횡상통>과 더불어 일본의 가나문자 교재인 고쥬온즈(五十音圖)를 보인 것이다.

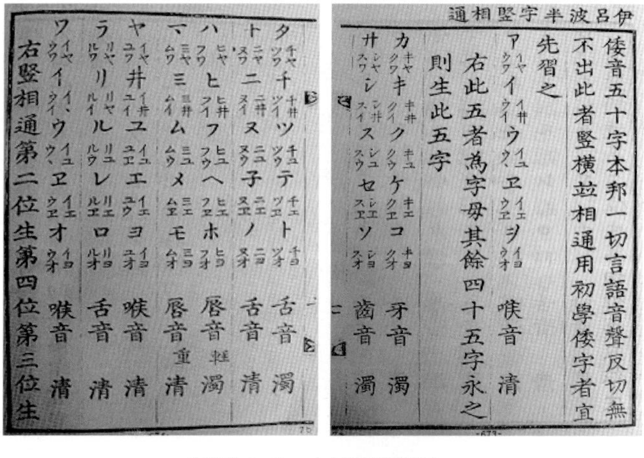

[사진 3-1] <수상통(竪相通)>

1 일본어의 가나 문자 교재인 <伊路波>는 弘治 5년(1492)에 조선 司譯院에서 간행한 것이 일본 가가와(香川) 대학 도서관에 소장되었다. 이 자료에 대한 것과 일본 가나 문자 교재의 변천에 대하여는 졸저(2017: 515~518)을 참고할 것.

이 <수상통>은 사진의 오른쪽에 쓰인 "倭音五十字, 本邦一切言語音聲反切, 無不出此者, 竪横竝相通用, 初學倭字者宜先習之. - 일본어 발음의 50자는[2] 우리나라(일본을 말함-필자)의[3] 모든 언어와 음성, 그리고 반절이 이것에서 나오지 않은 것이 없으니 <수상통>과 <횡상통>은 일본 글자를 배우는 사람들에게는 마땅히 먼저 이를 배워야 한다."라는 기사와 함께 다음과 같이 50음을 배열하고 이를 성명기론(聲明記論)과 실담학(悉曇學)의 이론으로 설명하였다

앞의 [사진 3-1]에 보이는 "倭音五十字 云云"이후의 <수상통>을 보기 쉽게 정리하면 다음과 같다.

アイウエヲ	喉音		
右此五字爲字母, 其餘四十五字永之則生此五字			
カキクケコ	牙音		濁
サシスセソ	齒音		濁
タチツテト	舌音		濁
ナニヌネノ	舌音		淸
ハヒフヘホ	脣音	輕	濁
マミムメモ	脣音	重	淸
ヤイユエヨ	喉音		淸
ラリルレロ	舌音		淸
ワイウエオ	喉音		淸

5개 모음자 다음에 "右此五字爲字母, 其餘四十五字永之則生此五字 - 앞의 5자, 즉 '아, 이, 우, 에, 오'를 자모로 삼고 나머지 45자를 읽으면 [모두] 이 5자에서 나오다"라는 설명이 있다. 이 말은 앞의 다섯 자를 자모로 하고 나머지 45자는 모두 이 다섯 자에서 나온다고 한 것이다. 전술한 <대반열반경>에서 석가(釋迦)가 14자의 마다(摩多), 모음이 모든 글자의

2 福井久藏 編(1939:59)에 所收된 「以呂波問辨」에서는 이 '倭音' 대하여 "[前略]然ニ貝原が倭漢名數ニ。倭音五十字ト標目ヲ出セルハ一笑ニ勘タリ。ソノ無稽コヽニ至レリ[下略] - 그러나 가이하라 아쯔노부(貝原篤信)가 <왜한명수>에 왜음 50자라고 제목을 붙인 것은 一笑에 붙일 만큼 황당무계하다"라고 하여 이로하(以呂波)에 많은 저술을 남긴 諦忍 禪師는 이 <수상통>과 <횡상통>을 폄하하였다.

3 이 글은 일본의 貝原篤信의 『倭漢名數』(1689)에서 인용한 것이라 여기서 '本邦'은 일본을 지칭한다(졸저, 2017:590).

근본이라고 한 것을 상기하게 한다.

3.1.1.4. 조선 사역원의 왜학서에 부록된 <수상통>과 이어서 게재한 「이로하반자횡상통(伊呂波半字横相通)」, 즉 <횡상통>은 현재 일본에서 가나(假名) 문자의 기본 교재인 고쥬온즈(五十音圖)의 ‘ア、カ、サ、タ、ナ、ハ、マ、ヤ、ラ、ワ、ン’에 앞의 10행(行)에 각기 5자씩 50자와 마지막 ‘ン’의 51자를 말한다. 앞의 <수상통>에는 ‘ン’은 넣지도 않았다.

즉, ‘ア’행의 가나문자 ‘ア、イ、ウ、エ、ヲ’를 세로로 한 것이라면 ‘ア、カ、サ、タ…’는 가로로 한 것이라는 뜻이다. 그리하여 일본어의 가나 문자에서 ‘アイウエヲ、カキクケコ’를 <수상통>, 즉 세로로 연결되는 문자로 보았고 이에 대하여 ‘アカサタナハマヤラワン’과 같이 가로로 연결되는 문자는 <횡상통>이라 한 것이다.

중국 성운학(聲韻學)에서 조음위치인 오음(五音)을 경(經)으로 하고 조음방식인 사성(四聲)을 위(緯)로 하여 <운도(韻圖)>, 또는 <자모도>를 작성한 것에 영향을 받은 것이다. 다음의 [사진 3-2]에서 보이는 것처럼 <횡상통>에서 “アカサタナハマヤラワン 牙 齒脣共開永, 此十字則皆生阿音 - ‘아, 가, 사, 다, 나, 하, 마, 야, 라, 와, 응’은 아음(牙音)이고 치아와 입술을 모두 열고 발음하며 이 열자는 모두 아(阿)음에서 나온 것이다”라고 하여 아[a], 그리고 이것과 결합된 것은 개구음(開口音)이고 이 자음들이 모두 아[a]에서 나온 것으로 보았다.

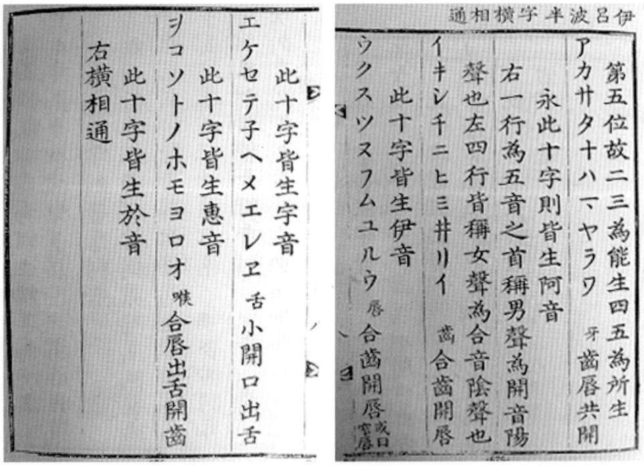
伊呂波半字横相通
第五位故二三為能生四五為所生
アカサタ十ハ丅ヤラワ 牙齒脣共開
永此十字則皆生阿音
右一行為五音之首稱男聲為開音陽
聲也左四行皆稱女聲為合音陰聲也
イキシ千ニヒミ井リイ 齒合齒開脣
此十字皆生伊音
ウクスツスフムユルウ 脣合齒開脣或口唇
此十字皆生宇音
エケセテ子ヘメエレヱ 舌小開口出舌
此十字皆生恵音
ヲコソトノホモヨロオ 喉合脣出舌開齒
此十字皆生於音
右横相通

[사진 3-2] <횡상통>

이 일본어 가나(假名) 문자의 <수상통>과 <횡상통>은 전혀 범자(梵字)의 문자에 기대여 만든 것이다. 우선 반자(半字)란 술어가 앞의 제1장에서 언급한 것처럼 불경에 자주 등장하는 반만이교(半滿二教)의 반자교(半字教), 반자론(半字論)에 등장하는 반자를 말하므로 고쥬온즈(五十音圖)의 가나 문자를 반쪽 글자로 인식한 것이다.

이것이 전술한 바와 같이 일본 나라(奈良) 시대에 기비노마기비(吉備眞備)가 만든 고쥬온즈(五十音圖)와 같은 것인지는 알 수 없으나 현대 일본에서 사용하는 가나(假名)의 고쥬온즈는 여기에 'ん[n, ng]'를 더하여 51자임에도 불구하고 오십음도(五十音圖)라고 한 것은 전술한 범자(梵字)의 50자에 맞춘 것으로 볼 수밖에 없다.[4]

또 이 <수상통>과 <횡상통>을 통하여 무엇을 탁음(濁音)으로 하고 청음(淸陰)으로 했는지 알 수 있다. 즉 구강(口腔) 또는 비강(鼻腔)에서의 공명을 수반하는 음운은 청(淸)이라 하고 공명이 없는 순수 자음들은 탁(濁)이라 한 것이다. Chomsky·Halle(1968)에서 제시한 변별적 자질로 이를 표시하면 [+resonant]의 공명성을 갖는 자질을 갖는 것은 청(淸)이고 그것이 없는 [-resonant]의 탁(濁)은 참자음(true consonants)을 가리킨 것이다.

3.1.1.5. 또 위의 <횡상통>과 <수상통>에서 '아음(牙音), 치음(齒音), 설음(舌音), 순음(脣音), 후음(喉音)'의 구별은 중국 성운학(聲韻學)에서 말하는 '아설순치후(牙舌脣齒喉)'의 오음(五音)이 어디서 왔는지를 말해준다. 모두 고대인도의 성명기론(聲明記論)에서 연유된 것이다.

즉, 지음의 조음 위치에 따라 연구개(velar)의 위치에서 조음되는 음운을 아음(牙音)으로 보았고 치음(齒音)은 경구개의 위치에서 조음되는 경개구음(hard-palatal)을 말하며 설음(舌音)은 치경의 위치에서 발음되는 치경음(alveolar)이고 순음(脣音)은 입술에서 발음되는 양순음(bilabial), 그리고 후음(喉音)은 성문음(laryngeal or glottal)을 말하는 것임을 알 수 있다.

따라서 50자의 범자(梵字) 가운데 앞의 1.5.1.3.에서 소개한 <대반열반경>(권8)「문자품」에서 체문의 가(迦, [ka])행은 아음(牙音)이며 타(咤, [ta])행과 다(多, [ṭa])행은 설음(舌音)이고 파(波, [pa])행은 순음(脣音), 사(賖, [ṣa])행은 치음(齒音), 그리고 야(倻, [ya])행 후음(喉音), 또는

4 일본에서는 앞의 1.2.2.0.에서 소개한 바와 같이 法隆寺에 전해지는 貝葉에 쓰인 悉曇字가 남아 있어 나라(奈良) 시대 이전부터 悉曇學이 발달한 것으로 보고 있다. 헤이안(平安) 시대에는 密教의 전래와 더불어 悉曇學은 크게 융성하였다. 弘法대사 空海가 『梵字悉曇字母幷釋義』와 『大悉曇章』을 저술하여 일본에서의 悉曇學을 선도하였다. 이후 가마구라(鎌倉) 시대에도 悉曇學에 대한 많은 저술이 발표되었고 에도(江戶) 시대에도 이 문자에 대한 연구는 계속되었다.

설음(舌音)이었음을 알 수 있다. 즉, 조음위치가 '연구개(velar), 치경(alveolar), 양순(labial), 경구개(hard-palatal), 성문(laryngeal)'의 순서에 따라 구별한 것으로 모두 조음 위치에 따른 구별임을 시사(示唆)한 것이다.

또 중국 성운학(聲韻學)에서는 전술한 바와 같이 고대인도의 성명기론(聲明記論)의 영향을 받아 조음방식 자질의 사성(四聲)을 인정하였다. 그리하여 전청(全淸)의 무성무기음 'k, t, p'와 차청(次淸)의 유기음 'kh, th, ph', 그리고 전탁(全濁)의 유성음 'g, d, b', 불청불탁(不淸不濁)의 비음 'ng, n, m'으로 구분한다. 다만 중국어에 없는 유성유기음 /gh, dh, bh, zh/은 인정하지 않아서 따로 구분하지 않았다.

또 일본어에서는 유기음이 변별적이지 못하므로 유기음의 차청(次淸) 계열을 글자를 만들지 않았고 불청불탁의 비음(鼻音)도 따로 인정하지 않았다. 오로지 전청(全淸)의 무성무기음과 전탁(全濁)의 유성음만을 구별하였다. 따라서 고대인도의 성명기론(聲明記論)에 따라 제정된 범자(梵字)이더라도 유기음과 같이 일본어에 맞지 않는 것은 글자로 만들지 않은 것이다.

2) 이로하(以呂巴, いろは) 47자

3.1.2.0. 전술한 바와 같이 조선 사역원에서 가나문자 교재로 홍치(弘治) 5년(1492)에 편찬한 『이로파(伊路波)』가 있다. 이 자료가 임진왜란 때에 일본으로 반출되어 현재는 일본 다카마쓰시(高松市)에 있는 가가와(香川) 대학 도서관의 간바라(神原) 문고에 소장되었다.[5]

다음의 [사진 3-3]으로 <이로파>의 첫 장을 보인 이 자료는 일본 가나 문자의 변천을 연구하는데 아주 중요한 자료다. 조선 사역원에서 간행한 이 책은 '이로파(伊路波)'라는 제목 밑에 "四體字母 各四十七字 - 네 가지 자체의 각각 47자"라 하여 '이로하 47자'의 가나 글자를 '히라가나(平仮名)', '마나(眞字) 1', '마나(眞字) 2' 그리고 '가타가나(片假字)'의 4체로 47개의 가나 글자를 보인 것이다.

즉, 'いろは'의 /い/에 대하여 'い, 以, 伊, イ'와 /ろ/에 대하여 'ろ, 呂, 路, ロ', 그리고 /は/에 대하여 'は, 波, 葉, ハ'와 같이 가나(假名) 47자의 서로 다른 네 개의 자체(字体)를

5 이 자료는 일본의 서지학자로 알려진 神原甚造씨가 수집하여 香川대학에 기증한 것이다. 이에 대하여는 졸저(2017:516~519)를 참조할 것.

보인 것이다. 첫 번째가 히라가나(平假名)의 자체이며 두 번째와 세 번째가 마나(眞字), 즉 한자이고 마지막 네 번째가 가타가나(片假名)이다.

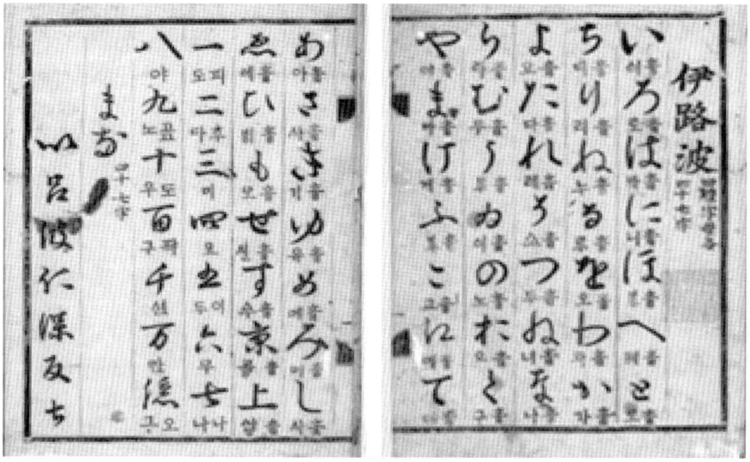

[사진 3-3] 일본 가가와(香川) 대학 소장의『이로파(伊路波)』

이런 방식으로 47자의 이로하(以呂波) 글자를 제시하고 그 발음을 한글의 정음(正音)으로 표음한 것이 <이로파(伊路波)>란 사역원의 가나(假名) 문자 교재다. 여기에 보인 가나(假名) 문자의 자형은 일본에서도 찾아보기 어려운 고형(古形)의 글자 자체로서 아마도 가나 문자의 자형을 통일했다고 알려진 구카이(空海)의 것을 보여준 것으로 보인다.

3.1.2.1. 원래 '이로하우타(いろは歌)'는 헤이안(平安) 시대에 활동한 홍법대사(弘法大師) 구카이(空海, 744~835 A.D.)가 지은 것으로 알려졌다.[6] 또 일본의 가나 문자 연구에서는 한자의 편방(偏旁)을 떼어내어 문자로 사용한 것이기 때문에 어떤 한자에서 가나 글자가 왔는지를 살피는 것이 중요한 과제였다.

가나(假名, 假字) 문자의 자형은 홍법(弘法)대사가 지은 것이 아니라 통일한 것이라는 학설이 유력하다. 조선 사역원의 가나 문자 교재인 <이로파>에서 보여주는 가나 문자가 구카이(空海)가 통일한 자형과 유사한 점을 들어 이 자료의 중요성을 강조하였다(졸저, 2017:515~8).

6　이러한 주장은 耕雲明巍(?~1429)의『倭片假字反切義解』(1400?) 등의 오래 전의 자료에서도 있었다.

특히 <이로파(伊路波)>에 보인 가나 문자의 자형은 역시 조선 사역원에서 편찬한『첩해신어(捷解新語)』에서도 그대로 반영된다. 임진왜란 때에 납치되었다가 쇄환(刷還)된 후에 사역원의 왜학 역관이 된 강우성(康遇聖)이 짓고 안신휘(安愼徽)가 서자(書字)한 왜언(倭諺) 대자(大字)의 활자본 {원본}<첩해신어>의 가나문자 자체(字体)는 앞에 [사진 3-3]과 다음의 [사진 3-4]로 보인 이로하(いろは) 글자와 유사하다.

그리고 이 글자의 자체는 <첩해신어>의 제1차 개수(改修) 때까지 계속되어 쓰이다가 최학령(崔鶴齡)의 제2차 개수 때에 자형이 바뀐다. 그리하여 무진(戊辰, 1748) 개수본으로 알려진『개수첩해신어(改修捷解新語)』부터는 앞의 [사진 3-1]과 [사진 3-2]에서 볼 수 있는 것처럼 새로운 가나 문자의 자체로 쓰였다.

따라서 가나 문자의 역사적 연구에서 구카이(空海)가 통일한 자형은 매우 중요하다. 즉, 일본 운주(雲州)의 신문사(神門寺)에는 홍법(弘法)대사의 진적(眞跡)이라는 이로하(以呂波)가 있어 福井久藏 編(1939:57~59)에 수록된「이로하문변(以呂波問辨)」에서 옮겨서 사진으로 보이면 다음의 [사진 3-4]와 같다.

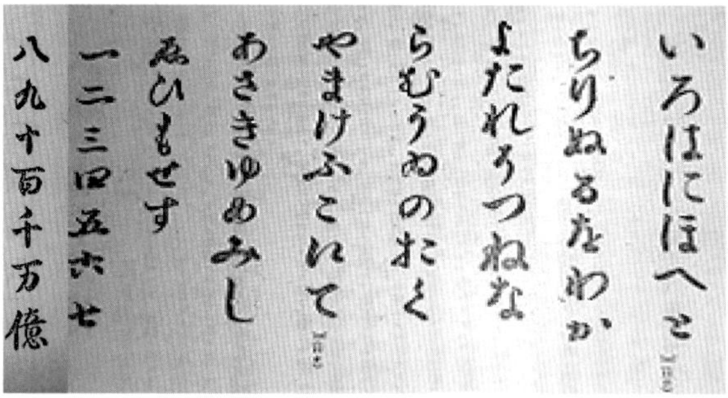

[사진 3-4] 홍법(弘法)대사의 이로하(以呂波)

이 자형과 조선 사역원의 <이로파(伊路波)>와 비교하면 서로 유사하고 <원본 첩해신어>의 가나문자도 이와 같으므로 홍법(弘法)대사의 '이로하우타(以呂波歌)'에서 통일된 가나 문자의 자형은 에도(江戶) 중기까지 사용되었음을 알 수 있다.

즉, <첩해신어>의 <중간본> 권두에 첨부된 이담(李湛, 후일 李洙로 개명)의 서문에 쓰인 대로 제2차로 개수할 때에 오사카(大坂, 大阪를 말함), 에도(江戶)에서 유행하는 가나 문자의 자형으로 고친다고 하였을 때 비로소 새로운 가나문자의 자형이 도입된 것으로 보인다.

아마도 에도(江戶) 시대에 들어와서 가나 문자가 바뀌기 시작하여 에도(江戶) 중기에는 새로운 자형으로 통일된 것 같다. 따라서 건륭(乾隆) 무진(戊辰, 1748)에 개수한 것으로 알려진 제2차 <개수첩해신어>에서는 새로운 가나 문자로 바꾸어 교재를 편찬한 것으로 보아야 할 것이다.

3.1.2.2. '이로하우타(いろは歌)'가 전술한 고쥬온즈(五十音圖)와 같이 범자(梵字), 특히 실담(悉曇)에 의거한 것임을 밝혀놓은 전거가 있다. 일본 에도(江戶) 시대에 기노구니(紀伊国)에서 이름을 날리던 승려 젠조우(全長)가 겐분(元文) 원년(1736)에 간행한 『이로하자고록(以呂波字考錄)』의[7] 서문에 다음과 같은 기사가 있다.

> 夫、いろはは吾朝の字書なり。唐土の說文に、同じ國字の字躰を悉く書つらねたる故に。又四十七字は、日本の字母なり。天竺の摩多躰文に似たり。此四十七字をもつて合字合聲すれば、あらゆる字を出生す。梵漢和三國の言葉數萬言をしるすといへども、音訓ともに字としてたらず、といふ事なし。これ字母なるにあらずや。されば日本にては、おさなきもの筆をとるのはじめには、まづ此字母を習ふをもつて、事とす。しかれども、日本人只是を和朝の作り字のようにのみおもひて、本字根源を知る人、世にまれなり。たまたましれる人もまた、本字の正俗僞字のたがひを、辨ぜざるもの多し。[下略] 福井久藏(1939:4)
> - 이 '이로하'는 우리나라(일본을 말함- 필자주)의 자서(字書)이다. 당나라의 '설문'(<說文解字>를 말함 - 필자주)과 같이 나라의 글자 모양을 자세하게 써 보였기 때문이다. 또 47자는 일본의 자모이다. 천축의 마다(摩多)와 체문(体文)과 유사하다. 이 47자를 갖고 합자(合字)하고 합성(合聲)하면 온갖 글자를 나오게 한다. 범어(梵語)와 한어(漢語), 그리고 일본어 세 나라의 말의 수만 어를 기록한다고 말하지만 발음과 뜻을 함께 글자로서 모자라는 일이 없다. 이것을 자모라고 하지 않을 수 없다. 그렇다면 일본에서는 어린아이들이 처음으로 붓을 잡을 때에는 먼저 이 자모를 배워야 할 것이다. 그렇다 하더라도 일본인만이 이것을 일본에서 만든 문자처럼 생각하고 글자의 근원을 아는 사람은 세상에 드물다. 아는 사람이라도 본래 글자의 정속(正俗)과 위자(僞字)를 서로 구별하지 못하는 사람이 많다. [하략]

이 기사에 의하면 천축(天竺)의 범자(梵字)에서 모음의 마다(摩多)와 체문(体文, 본문에서는

7 福井久藏(1939)가 편집한 『以呂波字考錄』은 全長의 <以呂波字考錄>(2권), 諦忍의 <以呂波問辨>(1권), 滕孔榮의 <和翰名苑>(3권), 伴直方의 <以呂波歌考>(1권), 關根爲寶의 <假名類纂>(1권), 그리고 伴信友의 <假字本末>(2권)의 6권 10책을 모은 것이다. 필자가 주로 참고한 伴直方의 <以呂波歌考>은 無窮會가 소장한 手稿本을 영인한 것이다.

躰文)에 의거하여 '이로하우타(いろは歌)'가 작성된 것임을 말하고 있다.[8] 실제로 일본 에도(江戶) 후기에 편찬된 『이로하문변(以呂波問辨)』에는 실담(悉曇) 글자로 쓰인 이로하(いろは)를 보였다.

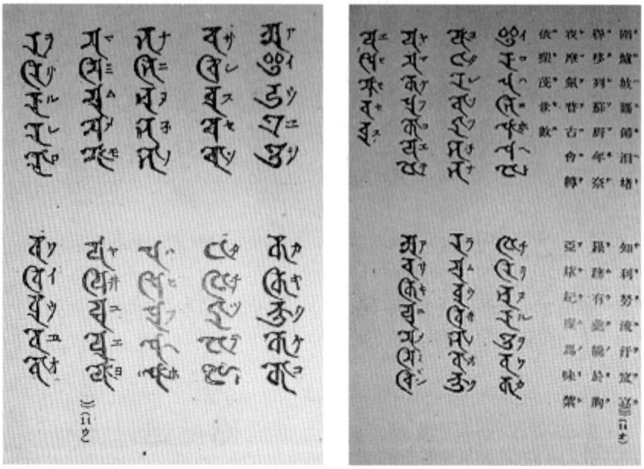

[사진 3-5] 범자로 쓰인 이로하우타(いろは歌)[9]

그리고 福井久藏 編(1939:60~61)에 수록된 <이로하문변>에 다음과 같은 문답(問答)이 오고 간 다음에 실제 실담으로 쓰인 이로하(以呂波)를 앞의 [사진 3-5]와 같이 실었다.

여기에 실린 문답을 옮겨 우리말로 번역하면 다음과 같다. 번역은 필자. 이하 같음.

問: ソノ梵字ト。本邦ノ神語ト。音ノ差別如何
　그 범자와 우리나라(일본)의 신어와 음의 차이는 어떠한가?

答: 全ク異ナルヿナシ。仍テ梵字ヲ以テ以呂波ヲ書ニ。障アルヿナシ。無导自在ナリ
　전혀 다른 것은 없다. 또 범자로 이로하를 쓰는데 장애는 없고 무애 자재하다.

問: 梵字ノ以品呂ト云モノ。終ニ未ダ見聞セザル所ナリ。望ムラクハ乞フ開示シ玉ヘ
　범자의 이품려(以品呂, 以呂波의 오자로 보임)라고 하는 것은 끝내 아직 보고 듣지 못하

8 摩多는 범어 'mātṛ(母)'의 주격 단수인 'mātā'를 한자로 쓴 것이고 体文은 범어 'vyaňjana(부속하다)'를 漢譯한 것이다. 근대 인본의 譯語에서 후자를 子音으로, 전자를 母音으로 번역한 것은 범어의 뜻을 살린 것이나 体文은 중국 聲韻學에서 한자음의 음절 초 자음의 중요성을 인식해서 體用의 体로 한역한 것으로 보인다.

9 福井久藏 編(1939:60)에 所收된 「以呂波問辨」에서 인용함.

였으니 바라건대 제발 보여주시오.

答: イカニモ來請ノ如クセン。先神語四十七字ヲ以テ以呂波ヲ書シ。次ニ梵字四十七字ヲ以テ以呂波 ヲ書シ。次ニ梵字ヲ以テ五十字門ヲ書メ拜瞻セシメン。敬ヒ愼テ拜覽スベシ 이렇게까지 요청을 하니 먼저 신어(神語) 47자로서 이로하를 적고 다음에 범자 47자로 이로하를 썼으며 다음에 범자로 50자를 썼으니 배첨(拜瞻)할 것. 경신(敬愼)해서 보아야 할 것임.

위의 문답에 의거하여 [사진 3-5]를 보면 오른쪽의 한자로 적은 이로하(以呂波)는 신어(神語)를 쓴 것이라 하였고 그 다음은 범자(梵字)로 47자의 이로하(以呂波)를 적은 것임을 알 수 있다. [사진 3-5]의 왼 편의 것은 고쥬온즈(五十音圖)를 역시 범자로 쓴 것이다. 따라서 이로하(以呂波)와 고쥬온즈가 동시에 가나 문자 교재로 사용되었고 실담 문자로 발음을 표음하였음을 알 수 있다.

3.1.2.3. 앞의 [사진 3-5]의 오른쪽에 보이는 이로하(以呂波) 47자를 신어(神語)라고 한 것은 <이로하문변>을 쓴 불승(佛僧) 체인(諦忍)이 일본의 가나 문자를 신대(神代)문자로 인정하고 그로부터 나온 것으로 보았기 때문이다.

즉, <이로하문변>에서 범자로 쓰인 'いろは 우타(歌)'에 앞서 다음과 같은 문답이 있다. [ ] 안의 글자는 필자가 해독의 편의를 위하여 삽입한 것임.

問: 神代ニ文字アリシ道理。棠ニ至極セリ。若爾ラバ一字ナリモ、ソノ字殘リテ今ニ傳ルベシ。絶テ 世ニ流ハラザルㄱ如何ゾヤ - 신대(神代)에 문자가 있었던 것은 도리로 참으로 지극한 것이다. 만약 [가나 ニ의] '니(爾)'도 그 한 글자인데 그 남은 것이 이제 전해야 하지만 끊어져 세상에 쓰이지 않은 것은 어떤 일인가?

答: 舊キ神社ニハ。上古ノ神字于今殘 リテ。儼然トメ存在スルナリ。平岡 宮泡輪 宮ノ神字ノ記錄 ノ如キ是ナリ。然シモ深密ニメ。通用シガタキ故ニ。世ニハ流行セザルナリ。末ノ世ニハ漢字及 ビ以呂波字。甚ダ省易ニメ。專用ニ尤便ナル故ニ。神字ハ深く藏シテ居ナリ。是自然ノ勢ナリ。止本邦ノミナラズ。異邦モ又上古ノ文字ハ通用セズ。後世作ル所ノ新字盛ニ流行スルナリ [下略] - 옛날 신사(神社)에는 상고의 신자(神字)가 지금도 남아있으니 [니(爾)가] 엄연히 존재한다. 히로오카(平岡)의 아와미야(泡輪宮)에 신자(神字)의 기록이 이것이다. 다만 깊이 은밀하게 감춰져서 통용하기 어렵기 때문에 세상에는 유행할 수 없었다. 요즘 세상에는 한자 및 이로하의 글자가 많이 생략하여 전용하기에 매우 편해서 신자(神字)는 깊숙이 숨게 된 것이다. 이런 자연적인 형세로

> 우리나라만이 아니라 다른 나라에서도 상고의 문자는 통용하지 않았고 후세에 만든 새 글자가 매우 많이 유행하게 되었다. [하략]

이 기사에 의하면 신어(神語)란 상고(上古)의 문자, 즉 신대(神代)에 사용한 가나 문자로 쓰인 말을 말하는 것으로 볼 수 있다. 따라서 [사진 3-5]의 오른쪽에 보이는 '이로하(以呂波)'의 "イ圍, ロ爐, ハ坡, ニ爾, ホ餔, ヘ泪, ト堵"로 시작하는 47자는 상고(上古), 즉 신대(神代)의 문자에서 온 것이라고 하였음을 알 수 있다.[10]

일본에서 이와 같이 고대시대, 기원 후 1~2세기에 범자(梵字)가 표음 문자로 쓰였음을 감안할 때에 한반도, 즉 신라와 고려, 조선 초기에 불가(佛家)에서 범자를 표음문자로 하여 향찰(鄕札)이나 이두문(吏讀文), 또는 구결(口訣)을 표기하였을 가능성이 있다.

다만 이런 표기를 보이는 자료는 현재 전하는 것이 없지만 이러한 전통이 불가(佛家)에서는 면면하게 이어져 신미(信眉)대사에게 전달되어 그가 세종에게 소개하였고 그로 인하여 새 문자의 제정에서 범자의 영향을 받게 되었을 것이다. 예를 들면 훈민정음에서 전탁(全濁)의 각자병서(各字竝書), 즉 쌍서(雙書)자들의 제자형식은 실담(悉曇)에서 체문(体文)을 겹쳐 쓰는 방식에 근거했을 가능성이 있다.

3) 일본에서의 난학(蘭學)과 난어학(蘭語學)

3.1.3.0. 일본에서는 16세기경부터 소위 흑선(黑船, くろふね)을 타고 일본에 온 서양의 기독교 선교사들에 의하여 서양의 문물이 들어오기 시작하였다. 특히 홀란드(Holland), 즉 네덜란드(Netherlands)와 포르투갈(Portugal)에서 온 선교사들이 많아서 그들이 전해온 지식을 연구하는 난학(蘭學)이 17~18세기부터 성행하기 시작하였다.

일본에서 난학과 난어학(蘭語學)의 발달에 대하여는 졸저(2022:744~747)에서 논의한 바 있어서 그것을 요약하여 소개하기로 한다. 일본에서 난학(蘭學)이란 단순한 홀란드(Holland), 즉 화란(和蘭)의 학문만이 아니라 서양학(西洋學) 전체를 의미한다. 18세기 전반에 '만학(蠻

10 나머지 39자는 "チ知、リ利、ヌ努、ル流、ヲ汗、ワ窊、カ嘉, ヨ譽、タ哆、レ列、ソ蘇、ツ廚、ネ年、ナ奈, ラ羅、ム務、ウ有、ヰ彙、ノ能、オ於、ク朐, ヤ夜、マ摩、ケ氣、フ普、コ古、ェ會、テ轉, ア亞、サ掌、キ紀、ユ庾、メ馬、ミ味、シ紫, ュ依、ヒ棐、モ茂、セ世、ス數"이다.

學), 홍모학(紅毛學)'으로 부르던 난학(蘭學)은 에도(江戶) 막부(幕府)의 말년에는 서양학을 가리키게 되었다.

이 가운데 난어학(蘭語學)은 단순히 화란어, 즉 네덜란드(Netherlands)의 언어를 연구하는 것이 아니라 서양의 언어학 전체를 말하기도 한다. 난어학은 일본에서 17세기, 즉 에도(江戶) 막부가 시작하던 때부터 화란어를 학습하던 나가사키(長崎)의 일본인 통사(通詞)들에 의하여 시작되었다. 난어학(蘭語學)은 화란의 상관(商館)이 히라도(平戶)에서 나가사키(長崎)로 옮기면서 본격적으로 화란의 언어가 학습되었고 여기서 화란어 통사들이 배출되기 때문이다.

물론 히라도(平戶)에서도 외국어를 학습하지 않은 것은 아니지만 거기서는 주로 포르투갈어(Portuguese)가 사사로이 교육되었다. 그러나 나가사키의 데지마(出島)로 화란의 상관을 옮긴 다음에 이곳에서만 막부(幕府)의 감시 아래에 화란어가 정식으로 교육되었고 직업적인 화란어의 통사(通詞)가 여기서 배출되어 세습(世襲)되었다.

3.1.3.1. 난어학(蘭語學)은 이러한 나가사키(長崎)의 화란어 통사(通詞)들에 의하여 시작되었다고 한다. 그 가운데 대표적인 통사로는 시즈키 다다오(志筑忠雄, 일명 中野柳圃, 1760~1806)를 들 수 있다.

시즈키(志筑)는 화란어에 정통하였으며 그가 쓴 『난학생전부(蘭學生前父)』(필사본, 제작연대 미상)는 당시 대단히 인기가 있는 화란어 교재였다. 이 책에서는 조사(助詞)와 조동사(助動詞)를 중심으로 화란어와 일본어를 비교하였으며 『난어구품집(蘭語九品集)』(1806년 이전 성립)에서는 화란어의 9품사에 대하여 논의한 것이다.

이후 9품사로 분류한 화란어의 문법서가 뒤를 이어 일본에서 간행되었다. 뿐만 아니라 수많은 화란어의 문법서가 번역되거나 일본인의 화란어 전문가들에 의하여 저술되어 세상에 알려졌다. 뿐만 아니라 포르투갈어는 화란어보다 먼저 일본에 들어왔고 프랑스어도 들어와서 서양의 언어에 대한 학습서가 일본에서 수 없이 출판되었다.

나가사키의 통사(通詞) 중에 매년 에도막부(江戶幕府)에 참부(參府)하기 위하여 에도(江戶), 즉 동경(東京)에 왔으며 개중에는 의사(醫師)나 과학자, 언어학자들과 접촉하기도 했다. 그들과 접촉하여 에도(江戶)에서 난어학(蘭語學)을 발전시킨 학자로 먼저 아라이 하구세키(新井白石)를 들 수 있다. 그는 에도(江戶)시대를 대표하는 일본의 유학자(儒學者) 기노시다 순칸(木下順菴)의 문하생으로 스승인 기노시다(木下)는 어학에 관심이 있어 그의 제자이면서 아라이(新井)의 동문(同門)인 아메노모리 호우슈(雨森芳洲)는 대마도에서 조선어학을 연구하였다.

3.1.3.2. 그러나 많은 일본연구자들은 에도(江戶)에서 난어학(蘭語學)을 일으킨 사람으로 아오키 곤요(青木昆陽)을 든다. 아라이(新井)가 썼다는 화란어의 메모장은 나가사키 통사(通詞)들의 것으로 보기 때문이다. 에도 막부(幕府)의 8대 소군(將軍)인 요시무네(吉宗)로부터 화란어를 연구하라는 명을 받은 아오키(青木)는 전술한 나가사키의 화란어 통사들로부터, 특히 시즈키 다다오(志筑忠雄, 일명 中野柳圃)에게 화란어를 배워서 그들의 지도자로서 활약하였다.

아오키 곤요(青木文藏로도 불림, 1698~1769)는 『화란문자략고(和蘭文字略考)』(1746, 필사본)에서 화란어의 문자와 철자법, 발음, 그리고 간단한 문법을 소개하였다. 이후에 야마지 유키요시(山路之徵, 1729~1778)는 『화란서언(和蘭緖言)』(1778, 후에 <蘭學緖言>으로 불림)을 써서 에도(江戶)에서 난학(蘭學)의 기초를 세웠다.

이 시대에 에도(江戶)의 마에노 료타쿠(前野良沢, 蘭化, 1723~1893)는 『난역전(蘭譯筌)』(1771, 필사본)에서 화란어의 문법을 소개하였는데 에도(江戶), 즉 동경에서 간행된 화란어의 문법서는 이것이 최초의 것으로 보인다.

그리고 오츠키 겐타쿠(大槻玄澤, 1757~1827)의 『난학계제(蘭學階梯)』(1795)가 있다. 또 후지야바시 후산(藤林普山)의 『화란어법해(和蘭語法解)』(1815)는 정식 판본으로 간행된 최초의 화란어 문법서로서 많은 사람들이 참고하는 당시 최고의 문법 서적이었다.

이후 많은 난어학(蘭語學)의 연구서가 뒤를 이었다. 그리고 이를 참고하여 일본어의 문법을 연구하는 이른바 에도(江戶) 문법이 생겨난다. 요시오 도시구라(吉雄俊藏)의 『육격전편(六格前篇)』(1814)에서는 화란어의 6격 체제에 맞추어 일본어의 격을 고찰하기도 하였다.

3.1.3.3. 난어학(蘭語學)에 의한 에도(江戶) 문법은 오츠키 후미히코(大槻文彦, 1847~1928)에 의해서 시작된다고 본다. 그는 조부(祖父)인 전술한 난학자(蘭學者) 오츠키 겐타쿠(大槻玄澤)로부터 난어학(蘭語學)을 전수받고[11] 스스로 일본어의 사전인 『언해(言海)』(1889~1891, 전 4책)를 편찬하였으며 일본어의 문법서인 『광일본문전(『広日本文典』)』(1897)을 간행하였다.

최초의 근대적 일본어 사전인 『언해(言海)』의 편찬은 당시 서양의 열강(列强)이던, 영국, 미국, 프랑스, 독일, 이탤리 등이 19세기~20세기에 걸쳐 언어 통일 운동과 그를 집대성한

11 大槻玄澤가 저술한 <蘭學階梯>는 당시 蘭學의 학습에서 필수적인 교재였다. 그의 손자인 大槻文彦는 開成所와 센다이(仙台)의 藩校인 養賢堂에서 영어와 수학, 蘭學을 배웠고 大學南校를 거쳐 1872년에 일본 文部省에 들어갔다. 문부성 報告課長의 명으로 일본어 사전을 편찬하기 시작하여 1889년 5월 15일부터 1891년 4월 22일에 걸쳐 <言海> 4책을 자비로 출판하였다. 이것이 일본 최초의 근대적 일본어 사전이다.

사전의 편찬이 유행하였는데 이를 따른 것이다. 예를 들면 영국의 <옥스퍼드 영어사전>과 미국 웹스터(Daniel Webster, 1782~1852)의 <웹스터 대사전>, 프랑스의 <프랑스어사전>, 본서의 제2장에서 언급한 독일의 그림(Grimm) 형제에 의한 <독일어사전> 등이 그렇게 간행된 것이다.

오츠키(大槻)의 <언해(言海)>에는 권두에 <어법지남(語法指南)>이란 일본어 문법이 실려 있었다. 난어학(蘭語學)에서 서양의 라틴문법에 의하여 잘못된 문법으로 일본어를 억압하였다는 반성에서 시작한 이 <어법지남>은 서양문법에서 벗어난 일본어 문법을 추구하려는 목적이 있었다.

그는 후에 <광일본문전(広日本文典)>이란 독립된 일본어 문법서를 간행하여 이로부터 에도(江戶) 문법이 시작되어 일본어의 문법 연구에 한 획을 긋는다. 졸저(2022:788~790)에서 논의한 바와 같이 오츠키(大槻) 문법은 후대에 근대 일본어 문법으로 발달한다. 그는 <광일본문전>에서 일본의 9품사를 주장하였다.

이것은 본서의 제2부 서양 언어학사 3.1.4.1.에서 논의한 바와 같이 영어의 학교문법을 구축한 머레이(Lindly Murray, 1745~1826)의 Murray(1795)의 <영문법>에서 9품사를 주장하였고 이것이 영어의 학교문법으로 정착하면서 많은 다른 언어의 문법에서도 9품사로 품사를 분류한 경우가 많았다.

일본에서는 난어학(蘭語學)의 영향으로 20세기 초에 일본어 문법이 성행한다. 흔히 야마다(山田) 문법, 마쓰시다(松下) 문법, 하시모토(橋本) 문법, 도키에다(時枝) 문법을 일본 근대 학교교육에서 시행한 사대(四大) 문법이라고 한다. 일본어의 학교문법 연구는 모두 이 문법들로부터 발달한 것이다. 그리고 한국에도 영향을 주어서 일본의 문법 연구로부터 여러 가지 한국어 문법이 생겨났고 후대에 통합이 되었다.

야마다(山田) 문법은 본서의 제2부 서양의 언어학 4.2.3.3.에서 논의할 분트(Wundt)의 통각론에 입각한 심리주의 방법으로 일본어 문법을 정리한 야마다 요시오(山田孝雄, 1873~1958)의 일본어 문법을 말한다. 그는 1929년에 <일본문법론>으로 박사학위를 받고 이를 정리하여 山田孝雄(1908)의 <일본문법론>과 山田孝雄(1936)의 <일본문법학개론>을 간행하였다.

마쓰시다(松下) 문법은 마쓰시다 다이사브로(松下大三郞, 1878~1935)가 주장한 일본어 문법을 말한다. 그는 와세다(早稻田)의 전신인 동경전문학교(東京專門學校)의 영문과에서 수학하였으나 만족하지 못하고 국학원(國學院)으로 자리를 옮겨 1898년에 졸업하였다. 1899년 4월에 일본 최초의 구어(口語) 문법인 "일본 속어(俗語) 문전"(松下大三郞, 1898)을 『국문학계(國文學

界)』에 발표하고 1907년에는 <한역(漢譯) 일본구어문전>(松下大三郎, 1907)을 간행하였다. 중국인 유학생의 일본어 교육을 위한 교재였다.

마쓰시다(松下) 문법은 松下大三郎(1930)의 『표준일본구어법』에서 주장한 것처럼 언어의 보편적인 특질로 얻어낸 일반이론에 의거하여 일본어의 문법을 구축하려고 하였다. 다만 용어가 독특하여 접근하기 어려운 점이 있지만 구조 개념을 세련되게 정리하고 언어 분석의 각 레벨에서의 요소들을 엄밀하게 구별한 점은 높게 평가된다. 일제 강점기의 우리말 문법에서 그를 따른 문법들이 있다.

도키에다(時枝) 문법은 도키에다 모토키(時枝誠記, 1900~1967)의 일본어 문법을 말한다. 그는 동경제국대학의 교수로서 일본의 한국 병합을 열렬히 지지하고 조선어의 말살을 획책한 몇몇 일본인 지식인의 하나다. 그는 소쉬르(F. de Saussure)의 언어관을 '언어구성관(構成觀)'이라고 비판하고 이와 대립하는 '언어 과정설(過程說)'을 주장하는 등 학문에 있어서도 기행(奇行)을 일삼았다.

3.1.3.4. 이 시대에 일본의 4대 문법파들은 당시 일본학계에서 서로 각축하였으나 도키에다(時枝) 문법은 그가 제국대학의 교수로서 일제 강점기에 막강한 힘을 가졌기 때문에 이 시기의 한국어 문법의 연구에 많은 영향을 끼쳤을 것으로 보이지만 실제로는 그렇지 않다.

원래 도키에다(時枝)의 문법은 당시 일본에서도 문제가 있는 것으로 보았으니 가토(加藤重廣)의 "일본인도 괴로운 일본어(日本人も悩む日本語)"(<朝日新聞> 2014년)에 다음과 같은 에피소드를 소개하여 도키에다(時枝) 문법이 당시 어떤 평가를 받았는지 알려준다,

그것을 여기 소개하면 "동경대학 국어학 출신의 국어학자가 지방 국립대학의 국어학 신임 교원으로 부임했을 때에 현(縣)의 교육위원회 최고위 인사가 '우리 현(縣)에서는 하시모토(橋本)문법이니까 잘 부탁합니다.'라고 침을 놓았다고 합니다. 그럴 정도로 당시의 교육 현장에서는 도키에다(時枝) 문법이 경계되었고 멀리했다고 말할 수 있다."고[12] 하여 당시에도 도키에다(時枝) 문법은 부적절한 것으로 인식되었음을 알 수 있다.

12 원문은 "東大の国語学出身の国語学者がさる地方国立大学に国語学の新任教員として着任したところ、県の教育委員会のトップに『我が県は橋本文法ですのでよろしく』と釘を刺されたそうである。それだけ、当時の教育現場では、時枝文法は警戒され、遠ざけられていたとも言える"(졸저, 2022:790의 주)。

후대에 일본 문부성(文部省)이 야마다(山田) 문법과 하시모도(橋本) 문법을 중심으로 통합 문법을 인정하였고 통일된 문법이 학교 문법으로 정착하여 오늘날까지 사용된다.

2. 범자(梵字) 계통의 문자

3.2.0. 앞에서 일본어의 가나(假名) 문자가 한자의 편방(偏旁)을 떼어 글자로 하였지만 문자 체계는 범자(梵字)의 영향을 받았음을 살펴보았다. 실제로 고대인도에서 발달한 범자는 불경(佛經)의 문자이어서 보급과 더불어 동아시아의 여러 민족들에게 널리 알려진 문자가 되었다.

범자와 더불어 유교(儒敎) 경전의 문자로 역시 동아시아의 여러 민족에게 알려진 한자는 범자와 더불어 가장 영향력이 큰 문자가 아닐 수 없다. 중국의 강력한 정치 세력과 찬란한 문명을 등에 업고 한자는 동아시아 여러 민족들에게 침략자의 통치(統治) 문자로 널리 이용되었다. 그리고 그 결과는 한자가 바로 중국 침략의 첨병(尖兵)처럼 느끼게 되었다.

거기다가 한자는 고립어인 중국어의 표기에 맞춰진 표의(表意)문자여서 교착어가 대부분인 중국 변방의 여러 언어를 표기하기에 매우 불편하였다. 따라서 중국의 침략으로부터 벗어나기 위하여, 그리고 자민족의 언어를 쉽게 표기할 수 있는 표음문자를 찾게 되었다. 이런 경우 일찍이 표음문자로 불교를 통하여 익숙한 범자(梵字)를 모델로 하여 새로운 문자를 제정하려는 노력이 생겨났다.

범자에 의거하여 전혀 새로운 표음문자를 만들고 이를 체계화시킨 문자로는 전술한 바와 같이 7세기 중반에 티베트의 토번(吐藩)에서 제정한 서장(西藏) 문자를 그 효시(嚆矢)로 들 수 있다. 그리고 이 문자가 성공하자 중국의 북방민족들은 나라를 새로 세우면 새 문자를 만드는 전통이 생겨나게 된다.

그리하여 서장(西藏) 문자를 모델로 하여 14세기에 원대(元代) 파스파 문자가 제정되고 이의 영향으로 한반도의 조선에서 15세기에 한글이 제정된다. 이 문자들은 한자와는 아무런 관계가 없고 범자(梵字)와 고대인도의 성명기론(聲明記論)이라는 음성학에 맞추어 새로운 표음 문자를 제정한 것이다. 이제 이 문자들에 대하여 살펴보기로 한다.

1) 티베트의 서장(西藏) 문자

3.2.1.0. 김민수(1990:24)에 의하면 서장(西藏) 문자는 토번(吐蕃) 왕조의 송첸 감포(松贊干布, Srong-btsan sgam-po) 왕 시대에 대신(大臣)이었던 톤미 삼보다(Thon-mi Sam-bho-ṭa)를 인도에 파견하여 고대인도의 음성학을 배우고 그에 의거하여 티베트어를 표기하기 위하여 만든 표음문자라고 하였다.

톤미 삼보다는 문자만이 아니라 인도 파니니(Pāṇini)의 문법서인 『팔장(八章, *Aṣṭādhyāyī*)』을 본 따서 티베트어 문법서 『삼십송(三十頌, Sum-cu-pa)』과 『성입법(性入法, rTags-kyi 'jug-pa)』을 편찬한 것으로 알려진 인물이다(山口瑞鳳, 1976).[13] 그러나 그가 송첸 감포(松贊干布) 왕 시대의 대신임을 알려주는 어떤 사적(史籍)도 없다.[14]

졸저(2009:143~145)에서는 티베트 문자를 만든 사람이 상술한 톤미 삼보다가 아니라 톤미 아누이브(Thon mi Anu'ibu)라고 보았다. 즉, 토번(吐蕃)의 송첸 감포 왕은 톤미 아누이브와 함께 16인을 인도에 문자 연수를 위하여 파견하였으며 이들은 판디타 헤리그 셍 게(Pandita lH'i-rigs seng ge) 밑에서 인도 문법을 배워서 티베트어에 맞도록 자음 문자 30개, 모음 기호 4개를 정리하여 티베트 문자를 만들었다고 주장하였다.

이들이 만든 문자의 모습은 카스미르(Kashmïrï, Kashmir) 문자를 본떴고 라사르성(城)에서 수정한 다음에 문자와 문법의 <팔론(八論)>을 만들었으며 왕은 4년간 이것을 배웠다고 한다. 카시미르 문자란 인도의 서북부 카시수미르 지역의 언어인 카시미르 언어를 표기한 사라다(Sarada)[15] 문자를 말한다.

사라다 문자는 8세기경에 당시 갠지스 강 중류 지역과 동인도, 서북 인도, 카시미르 지역에 보급되었던 싯담마트르카(Siddhamātṛkā)의 서부파(西部派)에서 만들어진 것이다(Narkyid, 1983). 카시미르의 카르코다카(Karkoṭaka) 왕조는 3세기에 걸쳐 이 지방을 지배하였고 이 세력에 의거하여 사라다 문자는 카시미르에서 펀자브, 서인도, 북인도에 널리 퍼져나갔다

---

13 톤미 삼보다의 문법은 파니니의 『八章(팔장, Aṣṭādhyāyi)』에 맞추어 『八論』으로 되었지만 『三十頌(Sum-cu-pa)』와 『性入法(rTags-kyi 'jug-pa)』, 또는 『添性法』의 2권에 완결되어 전해진다. 내용은 파니니의 『八章』과 같은 짧은 운문으로 된 티베트어의 문법서다.

14 전술한 敦煌 出土의 문헌에는 송첸 감포 시대 얼마간의 상세한 大臣이나 官吏의 목록이 있지만 어디에도 톤미 삼보다의 이름은 보이지 않는다.

15 사라다(Sarada)라는 명칭은 카시미르 지역의 守護 女神인 사라다 데뷔(Śāradā Devï)에서 온 것이다. '사라다'는 시바神의 부인 '파라웨디'를 말한다(졸저, 2009:144).

(졸저, 2015:62~63).

3.2.1.1. 중국의 『구당서(舊唐書)』「토번전(吐蕃傳)」에 의하면 티베트에는 "문자는 없고 나무를 조각하거나 끈을 묶어서 약속을 하다"라고 하였으며 처음으로 당(唐)을 방문한 토번(吐蕃) 왕조의 재상(宰相)인 갈 통 찬(mGar-stong-rtsan)이 "문자를 알지 못하지만…"이라고 한 것으로 보아 토번왕조의 초기에는 문자가 없었던 것을 알 수 있다.

다만 전술한 송첸 감포가 죽은 지 6년째인 서기 655년에는 분명히 티베트어를 기록하는 문자가 있었다는 기록이 돈황(敦煌) 출토의 티베트 문헌에서 확인할 수 있다(졸저, 2009). 서장(西藏) 문자는 기원 후 650년경에 티베트 토번(吐蕃)의 송첸감보(Srong-btsan sgam-po, 松贊干布) 대왕이 톤미 아누이브(Thon-mi Anu'ibu)를 인도로 유학시켜 비가라론(毘伽羅論)과 성명기론(聲明記論)을 배우고 돌아와서 티베트어를 표기할 수 있는 서장(西藏) 문자를 제정하였다.

졸저(2015:62~63)에서는 이 서장(西藏) 문자에 대하여 다음과 같이 소개하였다.

> 문자의 모습은 카시미르(Kashmir) 문자를 본떴고 라사르 성(城) 마루에서 수정한 다음 문자와 문법의 <팔론(八論)>을 만들었으며 왕은 4년간 이것을 배웠다고 한다. 카시미르 문자란 인도의 서북부 카시미르 지역의 언어인 카시미르 언어를 표기한 사라다(Sarada)[16] 문자를 말하는 것으로 8세기(世紀)경에 당시 갠지스 강 중류 지역과 동인도, 서북 인도, 카시미르 지역에 보급되었던 싯담마트리카(Siddhamātṛkā) 문자의 서부파(西部派)에서 만들어진 것이다. 카시미르의 카르코다카(Karkoṭaka) 왕조는 3세기에 걸쳐 이 지방을 지배하였고 이 세력에 의거하여 샤라다(Śāradā) 문자는 카시미르에서 펀자브, 서인도, 북(北)인도에 퍼져나갔다.[17]

이를 보면 이 서장 문자가 싯담마트리카(Siddhamātṛkā), 즉 실담(悉曇) 문자를 본떠서 만들었으며 파니니의 <팔장>의 문법으로 티베트어를 분석하고 음운을 추출하여 문자화한 것임을 알 수 있다.

티베트문자는 고대인도의 성명기론과 반자론(半字論)의 음운 연구에 의거하여 제정된 것

---

16 샤라다(Śāradā)는 명칭은 카시미르 지역의 守護女神인 사라다 데뷔(Śāradā Devī)에서 온 것이다. '사라다'는 시바神의 부인 '파라웨디'를 말한다.

17 인도의 대표적인 문자 데바나가리(Devanagari script)와 티베트 문자가 자형(字形)을 달리 하는 것은 사라다 문자의 영향을 받았기 때문으로 생각한다. 사라다 문자에 대한 것은 졸저(2012:80~81)를 참고할 것.

이므로 음절 초(onset) 자음은 29개의 문자로 표기되었고 모음은 /ɑ, a/를 표기하는 글자만 하나를 만들어 모두 30개의 문자를 만들었다. 이를 사진으로 보이면 다음과 같다.

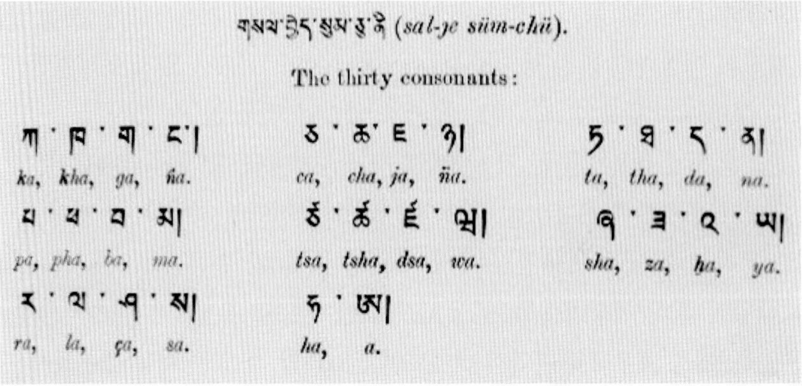

[사진 3-6] 서장(西藏) 문자의 30자모(字母)[18]

이를 로마자로 전사하여 정리하면 다음과 같다.

[표 3-1] 티베트 문자의 중국 성운학적 분류. 졸저(2009:146~7)에서 재인용.

	西藏문자 (로마자전사)	중국 聲韻學과의 對音	五音
연구개음	ka, kha, ga, nga	牙音의 全淸, 次淸. 全濁, 不淸不濁 음에 해당	牙音
경구개음	ca, cha, ja, nya	齒音의 위와 같음	齒音
치 경 음	ta, tha, da, na	舌頭音의 위와 같음	舌音
양 순 음	pa, pha, ba, ma	脣音의 위와 같음	脣音
파 찰 음	tsa, tsha, dza, wa	齒頭音의 위와 같음	齒音
마 찰 음	zha, za, 'a, ya	부분적으로 正齒音의 위와 같음	齒音
유 음	ra, la, sha, sa	半舌半齒의 不淸不濁	半舌半齒
후 음	ha, a	喉音의 次淸, 불청불탁에 해당	喉音

서장 문자는 30개의 글자를 각기 발음 위치와 발음 방법에 따라 연구개 정지음 [ka,

18 이 [사진 3-6]은 졸저(2012:82)에서 재인용하였다.

kha, ga, nga], 경구개 마찰음 [ca, cha, ja, nya], 치경 정지음 [ta, tha, da, na], 양순 정지음 [pa, pha, ba, ma], 경구개 파찰음 [tsa, tsha, dza, wa], 동 유성음 [zha, za, 'a, ya], 유음 [ra, la, sha, sa], 후음 [ha, a]의 순서로 정리되었다.

3.2.1.2. 서장(西藏) 문자는 29개의 자음 문자(sal-je süm-chü)를 제정하고 모음은 /a/의 한 글자만 만들어 모두 30 글자로 하였으며 모음은 /a/ 이외로는 별도의 글자를 만들지 않았다. 모음의 표기는 앞의 제1장 1.1.2.3.에서 논의한 바와 같이 자음자에 붙이는 뷔라마(virāma), 즉 구분부호(diacritical mark) 5개를 만들어 사용하였다.

이러한 문자의 제정은 파니니 문법으로 대표되는 고대인도의 성명기론(聲明記論)과 반자론(半字論)의 음운 연구에서 영향을 받은 것으로 비가라론(毘伽羅論)의 음성 연구, 즉 성명기론(聲明記論)으로부터 조음위치의 '아(牙), 설(舌), 순(脣), 치(齒), 후(喉)'와 조음방식의 전청(全淸), 차청(次淸), 전탁(全濁), 불청불탁(不淸不濁)에 따라 자음 문자를 배치하는 방법에 따른 것이다.

그리고 모음을 표음하는 30번째 글자 /a/와 네 개의 구분부호(diacritical mark), 즉, 제1장 1.1.2.3.에서 살펴본 뷔라마(virāma)를 만들어 자음과 더불어 결합하여 범자(梵字)와 같은 음절문자로 사용하였다. 즉, 모음의 표기를 위하여 [표 3-1]의 마지막에 위치한 ཨ [a] 1자밖에 만들지 않았으나 4개의 구분부호로 다음의 [사진 3-7]과 같이 모음을 표기하였다.

[사진 3-7] 서장(西藏) 문자의 모음 표시 구분부호[19]

이 문자는 이렇게 고대인도의 고도로 발달된 음성학의 이론인 성명기론의 이론으로 제정된 표음문자이어서 토번(吐蕃)의 티베트어만이 아니라 주변의 여러 언어를 표기하는데 매우 편리하여 여러 언어가 이를 빌려 자국의 언어를 표기하였다(졸저, 2009:149~50). 티베트

19 [사진 3-7]은 河野六郎·千野榮一·西田龍雄(2001:598)에서 재인용. /ka/ 이외의 /ki, ku, ke, ko/에는 모두 서로 다른 뷔라마(virāma)를 붙여 표시하였다.

에서는 지금도 이 문자를 사용한다.

이 문자 역시 고대인도의 반자론(半字論)에 의거하여 제자한 것으로(졸고, 2016b:27) 서장(西藏) 문자는 후일 원대(元代) 팍스파(hP'ags-pa) 라마(喇嘛)에 의하여 몽고어와 한자음 표기의 파스파 문자로 발전한다.

3.2.1.3. 이 서장(西藏) 문자 제정의 성공으로 중국의 북방 민족 사이에서는 새 나라를 건국하면 먼저 새 문자를 제정하는 전통이 생겨났다. 앞의 1.5.4.2.에서 소개한 바와 같이 10세기 초엽에 거란(契丹)의 요(遼) 나라를 세운 태조(太祖) 야율아보기(耶律阿保機)는 나라를 세운지 14년째인 신책(神冊) 5년(920 A.D.)에 돌려불(突呂不) 등에게 거란(契丹) 대자(大字)를 만들게 하였다.

그리고 몇 년 후에 태조(太祖)의 동생인 질랄(迭剌)이 거란 소자(小字)를 만든다. 후자는 위구르 문자의 영향을 받은 것으로 표음문자로 알려졌다. 이렇게 제정된 거란 문자의 대자(大字)와 소자(小字)는 요(遼)나라의 국자(國字)로 사용되었으나 오늘날 그 해독은 지지부진하다. 우선 거란어의 재구가 어렵기 때문에 이를 표기한 거란문자의 해독도 쉽지가 않았다.

거란(契丹)의 요(遼)가 망하고 여진(女眞)의 금(金)이 건국하자 역시 금(金)의 태조(太祖) 아구타(阿骨打)가 12세기 초에 여진 문자를 만든다. 즉, 『금사(金史)』(권73) '완안희윤(完顔希尹)'조를 보면 천보(天輔) 3년(1119)에 여진자를 만들어 태조(太祖) 아구타가 이를 반포하였다는 기사가 있다. 이것이 여진(女眞) 대자(大字)이다.

역시 <금사(金史)>(권4)에 제3대 희종(熙宗)의 천권(天眷) 원년(元年, 1138)에 여진 소자(小字)를 제정하여 반포하였다는 기사가 있다. 이렇게 제정된 여진 문자는 거란 문자에 가려서 오래도록 잘 쓰이지 않았다. 그리하여 금대(金代)에 만들어진 여러 비문(碑文) 등의 금석문에 쓰인 글자들이 여진 문자로 간주하였지만 후대에 거란 문자임이 밝혀진 예가 매우 많다(金光平·金啓綜, 1980).

역시 앞의 1.5.4.3.에서 소개한 대로 금(金)을 멸망시키고 광대한 스텝 지역을 차지한 몽골의 칭기즈칸은 13세기 초에 위구르 문자를 빌려다가 몽골어를 적게 하였다. 칭기즈칸이 위구르족의 나이만(乃蠻)을 정복하고 태양칸의 신하인 타타퉁아(塔塔統阿)를 포로로 잡아 그로 하여금 몽고어를 적게 하였더니 그는 위구르문자로 몽고어를 표기하였다고 한다(졸저, 2015:92~94). 이것이 몽고-위구르 문자다.

칭기즈칸은 아들들에게 이 문자를 교육하고 몽고-위구르 문자를 몰골 제국(帝國)의 문자로 인정하였다. 오늘날에도 내몽고에서는 이 문자를 교육문자로 사용한다. 만주족의 청(淸)을 세운 누르하치(努爾哈赤)가 17세기 초에 이 몽고-위구르 문자를 빌려다가 만주어를 표기하여 만주 문자가 되었다. 현재 북경(北京)의 자금성(紫禁城)에 있는 모든 편액(扁額)은 이 만주문자로 쓰였다.

2) 원대(元代) 파스파 문자

3.2.2.0. 남송(南宋)을 멸망시키고 중원(中原)에 몽고의 원(元)을 세운 쿠빌라이 칸(忽必烈汗)은 새 국가에는 새 문자의 전통에 따라 파스파 문자를 제정하였다. 그리하여 세조는 즉위 초에 제국(帝國)의 통치를 위하여 파스파 문자를 제정하고 지원(至元) 6년(1269)에 황제의 조령(詔令)으로 이를 반포하여 원(元) 제국(帝國)의 공용 국자(國字)로 삼았다.

파스파 문자의 제정은 『원사(元史)』의 기사에 의하면 원(元) 지원(至元) 6년(1269)에 팍스파(八思巴) 라마가 파스파 문자 41개 자모를 만들었다고 기록하였다. 즉, 『원사』(권202) 「전(傳)」 89 '석로(釋老) 팍스파(八思巴)'조에

> 中統元年, 世祖卽位, 尊他爲國師, 授給玉印。令他製作蒙古新文字, 文字造成後進上。 這種文字祗有一千 多個字, 韻母共四十一個, 和相關聲母造成字的, 有韻關法; 用兩個、三個、四個韻母合成字的, 有語韻法; 要點是以諧音爲宗旨。至元六年, 下詔頒行天下。- 중통(中統) 원년에 세조가 즉위하고 [팍스파를] 존경하여 국사를 삼았다. 옥인(玉印)을 수여하고 몽고 신문자를 제작하도록 명령하였고 그는 문자를 만들어 받쳤다. 문자는 일천 몇 개의 글자이었고 운모(韻母)는 모두 41개이었으며 성모(聲母)가 서로 관련하여 글자를 만들고 운이 연결하는 법칙이 있어 두 개, 세 개, 또는 네 개의 운모가 합하여 글자를 이루며 어운법(語韻 法)이 있어 요점은 음이 화합하는 것이 근본 내용이다. 지원(至元) 6년(1269)에 반포하여 천하에 사용하라는 조칙(詔勅)을 내리다.

라는 기사가 있어 파스파 문자가 운모(韻母), 즉 어두 자음에 대한 글자로 41개를 만들었으며 지원(至元) 6년에 황제의 조령(詔令)으로 반포되었음을 알 수 있다.[20]

20 그 詔令은 "詔令說: "朕認爲用字來書寫語言, 用語言來記錄事情, 這是從古到今都采用的辨法。我們的國家在北方創業, 民俗崇尙簡單古樸, 沒來得及制定文字, 凡使用文字的地方, 都沿用漢字楷書及畏兀文字, 以表達本朝的

『원사(元史)』(권6) 「세조기(世祖紀)」에 "至元六年二月己丑, 詔以新製蒙古字, 頒行天下。 ―지원 6년 2월 기축(己丑)일에 새로 만든 몽고자를 천하에 반포하도록 조칙(詔勅)을 내리다"라는 기사도 있어 파스파 문자는 원 세조, 즉 쿠빌라이 칸(忽必烈汗)에 의하여 지원(至元) 6년(1269)에 반포되었음을 확인할 수 있다(졸저, 2015:303).

3.2.2.1. 원(元) 세조의 칙명으로 파스파 문자를 제정한 팍스파 라마(八思巴 喇嘛, ḥP'ags-pa Lama, Tib. འཕགས་པ་བླ་མ་, *ḥP'ags-pa bLa-ma*)는 토번 출신으로 살사가인(薩斯嘉人, Sa-skya, Tib. ས་སྐྱ་, *Sa-skya*)이며 장족(藏族)인 사키야 판디타(Sakya Pandita, Tib. ས་སྐྱ་པཎྜིཏ, *sa-skya paṇḍita*)의 조카다.[21]

원래 이름은 로도이 잘트산(Lodoi Ĵaltsan, Tib. *ḅLo-gros rgyal-mts'an,* བློ་གྲོས་རྒྱལ་མཚན་) 이고 잔자 소드남잘트산(Ĵanǰa Sodnam- ǰalsan, Tib. *Zaṅs-ts'a bsod-nams rgyal-mts'an* ཟངས་ཚ་བསོད་ནམས་རྒྱལ་མཚན་)의 아들이며 성(姓)은 མཁོན་(*mK'on*)이다. 팍사파(ḥP'ags-pa, 八思巴)는 '성동(聖童)'이란 뜻이다(Poppe, 1957:3).[22]

이미 그가 7세 때에 경서(經書) 수십만 언(言)을 능히 외웠으므로 국인(國人)이 그를 성스러운 아이(聖童)라는 뜻의 '팍스파(八思巴, 八思馬, 帕克斯巴)'로 불렀다고 한다(『元史』 권202, 「傳」 第89 '釋老 八思巴'조, 졸저, 2009:133~134). 팍스파(八思巴) 라마는 자신의 모국인 티베트 글자를 증감(增減)하고 자양(字樣)을 개정하여 몽고신자(蒙古新字)를 만들었다.[23]

이렇게 만들어진 파스파 문자는 전술한 바와 같이 원(元) 세조(世祖), 즉 쿠빌라이 칸(忽必烈汗)에 의하여 지원(至元) 6년(1269)에 황제의 조령(詔令)으로 반포된다. 원대(元代)에는 보통 파스파자(八思巴字), 몽고신자(蒙古新字), 국자(國字)라고 부러 종래 사용하던 몽고-위구르 문자

語言。查考遼朝, 金朝以及遠方各國, 照例各有文字, 如今以文教治國逐漸興起, 但書寫文字缺乏, 作爲一個朝代的制度來看, 實在是沒有完備。所以特地命令國師八思巴創制蒙古新字, 譯寫一切文字, 希望能語句通順地表達淸楚事物而已。從今以後, 是頒發詔令文書, 都用蒙古新字, 幷附以各國自己的文字。"와 같다. 졸저(2015:304~5)에서 전문을 번역하고 그 요지를 정리하였다.

21 몽고 문학에서 널리 알려진 작품 *Subhāṣitaratnanidhi*는 사키야 판디타의 저작이며 여러 번 몽고어로 번역되어서 지금도 판본이 많이 남아있다. 이에 대하여는 Vladimirtsov(1921:44), Ligeti(1948:124)를 참고할 것.

22 Poppe(1957)의 팍스파에 대한 소개는 G. Huth가 번역하여 편찬한 티베트의 ཧོར་ཆོས་བྱུང་ *hor-č'os-byuṅ*(religious doctrine, 傳)에서 인용한 것이다. 이 책은 비교적 상세하게 팍스파(八思巴) 라마의 일대기가 소개되었다.

23 칭기즈칸의 몽고 畏兀字, 몽고-위구르 문자에 대하여 파스파자를 蒙古新字라고 한 것이다.

(畏兀字)와 구별한다.

또 모양이 사각(四角)이므로 첩아진(帖兒眞), 첩아월진(帖兒月眞, dörbelǰin)으로 불리기도 한다. 원래 몽골어로는 *dörbelǰin üsüg*, 외국어로는 영어 *ḥPags-pa script*, 프랑스어 *écriture carrée*, 독일어 *Quadratschrift*, 러시아어 *квадратная письменность*로 불린다(Poppe, 1957:1). 모두 몽고어의 사각(四角) 문자를 이름으로 한 것이다.

그러나 최근의 영어에서는 구분부호(diacritical mark)를 모두 없애고 팍스파 문자(Phags-pa Script)로 통일하였다(졸저, 2009). 또 현대 중국의 부통화(普通話)에서 '八思巴'는 '팔(八)'의 입성(入聲)이 모두 없어져 '파스파'로 발음되므로 필자는 '파스파' 문자로 통일하여 사용하였다.[24] 그러나 일부 국내 전문가 중에서는 아직도 '팍바'가 맞는다고 주장하기도 한다(송기중, 2016).

3.2.2.2. 무엇보다도 파스파 문자로 한자음을 표음한 몽운(蒙韻), 즉 <몽고운략(蒙古韻略)>과 <몽고자운(蒙古字韻)>, 그리고 {증정(增訂)}<몽고자운> 등의 운서가 원(元)나라만이 아니라 고려와 조선에서도 한자음 학습에 유용(有用)하게 이용되면서 파스파 문자가 인국(隣國)에도 알려진 문자가 되었다.

물론 고려 후기와 조선 전기에는 사역원(司譯院)의 몽고어 교육에서 몽고문자로 외올진(畏兀眞)과 첩아월진(帖兒月眞)을 가르쳤는데 이때의 '외올진(畏兀眞)'은 위구르 문자, 즉 몽고-위구르 문자를 말한다. 그러나 '첩아월진, 또는 첩월진帖月眞)'은 몽고어 '*dörbelǰin üsüg*(사각문자)'으로 파스파 문자를 말한다.

이 문자로 한자음을 표음한 몽운(蒙韻)으로 현재에는 {증정}<몽고자운>의 런던초본만이 전해진다. 이 현전하는 <몽고자운>의 증정본도 원본(原本)이 아니고 청(淸)의 건륭(乾隆) 연간, 특히 건륭제(乾隆帝)가 등극한 1737년부터 황제가 개역(改譯) 인(人)지명(地名)의 유고(諭告)를 내렸던 1778년 사이에 필사된 것이다(졸저, 2009:101).

그리하여 필자는 졸저(2009)에서 이 책을 <몽고자운>의 런던 초본(鈔本)으로 불렀다. 이 런던 초본(鈔本)은 현전하는 유일한 몽운(蒙韻)이며 권두에 파스파자로 표음한 36자모도가

24 필자의 '파스파 문자'란 명칭이 일본인들의 'パスパ'에서 왔다고 억측하면서 '팍바'가 맞는다고 주장한 사람도 있다(송기중, 2016). 그러나 오히려 핫토리 시로(服部四郞)의 논문에서는 パクパ[pakupa]라 하여 パスパ[pasupa]로 쓰지 않았다. 일본어의 パスパ나 필자의 파스파가 모두 '八思巴'의 현대 중국 普通話의 발음에 의거한 것이다.

붙어 있다. 현전하는 유일한 36자모도로 볼 수 있다. 이를 통하여 그동안 몰랐던 파스파 문자에 대한 많은 사실을 알게 되었다.

이와는 별도로 청대(淸代) 도광(道光) 연간(1821~1850)의 나이지(羅以智)가 쓴 '발몽고자운(跋蒙古字韻)'이 있다. 나이지(羅以智)는 <몽고자운>의 원본, 아마도 주종문(朱宗文)의 <증정본> 이겠지만 이를 실제로 열람하고 나서 쓴 <발몽고자운>에는 파스파 문자에 대한 많은 사실을 알려준다. 이를 여기에 옮겨 보면 다음과 같다.

> [前略] 蒙古初借用畏吾字、迨國師製新字、謂之國字。[中略] 頒行諸路、皆立蒙古學。此書專爲國字漢文對音而作、在當時固屬通行本耳。 - [전략] 몽고는 처음에 위구르 문자를 빌려서 썼는데 국사(國師, 팍스파 라마를 말함)가 새 글자를 만들어 국자(國字)라고 불렀다. [중략] [이 문자를] 제 로(路)에 반포하여 사용하게 하여 모두 몽고 학교를 세웠다. 이 책은 오직 국자(國字, 파스파자)로 한문을 대음(對音)하여 만든 것인데 당시에는 늘 통행하던 책이다.

이 기사에 의하면 <몽고자운>이 파스파 문자로 한자음을 표음한 운서임을 알 수 있고 이것은 다른 몽운(蒙韻), 즉 <몽고운략(蒙古韻略)>, <몽고자운(蒙古字韻)>, 그리고 {증정(增訂)} <몽고자운>도 똑 같이 파스파 문자로 한자음을 표음하였을 것을 말한 것이다.

이렇게 파스파 문자로 표음된 몽운(蒙韻)은 조선 초기에 이 땅에서도 한자음 학습에 많이 이용되었으니 신숙주(申叔舟)의 <사성통고(四聲通攷)>나 최세진(崔世珍)의 <사성통해(四聲通解)>에 <몽고운략>을 비롯한 몽운(蒙韻)의 서명이 자주 등장하였다.

3.2.2.3. 파스파 문자는 중국 전통의 절운계(切韻系) 운서에서 인정한 36성모(聲母)를 서장(西藏) 문자의 30자모(字母)에 의거하여 새 기호로 만들어 대응시키는 방법으로 새 문자를 제정하였다. 그리고 유모(喩母)에 속한 모음 7자를 추가로 제자하고 이를 36자모와 합하여 모두 43자의 파스파 문자로 간주하였다.

그리고 이 글자로 원(元) 제국(帝國)에서는 송대(宋代) 광운(廣韻)계 운서인『예부운략(禮部韻略)』을 번역하여『몽고운략(蒙古韻略)』을 편찬하였다. 여기서 '번역'은 운서를 파스파자로 표음하는 것을 말한다. 이로부터 원대(元代) 성희명(盛熙明)의『법서고(法書考)』와 도종의(陶宗儀)의『서사회요(書史會要)』에서 43자의 파스파 문자라고 소개되었다.[25]

25 그러나『法書考』와『書史會要』에 제시된 파스파자는 43자에서 한 자가 모자란 42자였다. 왜냐하면 36자

파스파 문자에서 중세몽고어의 7개 모음을 표음하기 위하여 7자를 제정하고 이를 유모(喩母)에 속한 것으로 본 것은 그동안 세계의 파스파 문자를 연구하는 학계에서 미처 살펴보지 못한 것으로 졸고(2011b)에서 처음으로 밝혀내었다.

그동안은 Poppe(1957)의 연구를 대표로 하는 서양연구자들에 의하여 파스파자는 8개의 모음자를 제정한 것으로 보아왔었다. 그러나 <몽고자운> 런던초본의 권두에 실린 「(字母)」의 말미에 " 此七字歸喩母"라는 기사가 있어 7자의 유모(喩母) 글자, 즉 모음의 글자를 만들었음을 알려준다.

파스파 문자는 반절상자, 즉 성(聲)의 표음으로 중국 전통의 36성모(聲母)를 글자로 제자(製字)하였다. 즉 <광운(廣韻)>의 36성모를 문자화한 파스파 문자의 자음 글자는 졸고(2011a)에서 {증정}『몽고자운(蒙古字韻)』의 런던 초본(鈔本)에 반절상자(反切上字)의 36 성(聲)을 권두의 「자모(字母,)」라는 제목으로 제시한 것으로 보았다.

<몽고자운> 런던초본의 「(字母)」를 사진으로 보이면 다음과 같다.

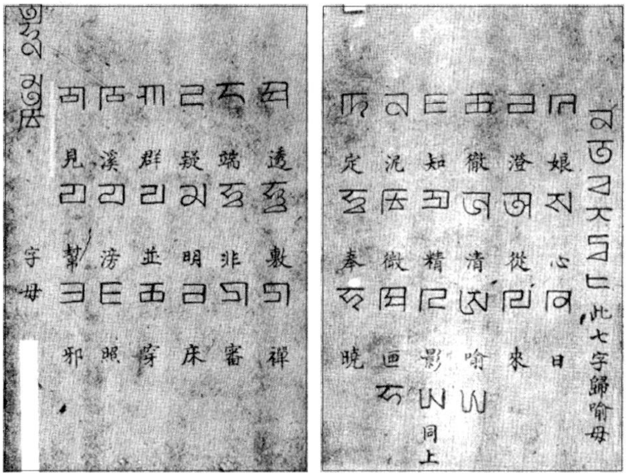

[사진 3-8] {증정}<몽고자운> 권두의 자모(字母). 졸저(2009:41)에서 재인용.

3.2.2.4. 앞의 [사진 3-8]에서 보인 바와 같이 <몽고자운>의 런던초본에서 <광운(廣韻)> 계통 운서의 전통적인 36자모를 각기 파스파자로 대응시켰지만 같은 글자가 있어서 실제

모에 이미 포함된 喩母 /, [a]/가 7자 속에 다시 포함되어 이중으로 계산되었기 때문이다(졸고, 2011b).

로는 32개만이 새 기호를 제시하였다.

다시 말하면 당시 한어음(漢語音)의 설상음(舌上音) 4음을 정치음(正齒音)과 동일한 글자로 표음하여 설상음과 정치음의 차이를 인정하지 않고 같은 글자로 표시한 것이다. 그리고 순경음 전청의 비(非)모와 전탁의 봉(奉)모가 /ꡤ/로 역시 그 차이를 인정하지 않았다. 따라서 파스파 문자에서는 반절상자(反切上字), 즉 성(聲)으로 모두 32음만을 서로 다른 글자로 표기한 셈이다.

이를 보이기 위하여 앞의 [사진 3-8]을 표로 보이면 다음과 같다.

[표 3-2] {증정}<몽고자운> 런던초본의 자모도(字母圖). 졸저(2009:187)에서 재인용.

五音 / 四聲	牙音	舌音		脣音		齒音		喉音	半音	
		舌頭音	舌上音	脣重音	脣輕音	齒頭音	正齒音		半舌音	半齒音
全淸	見 ꡀ	端 ꡈ	知 ꡄ	幫 ꡌ	非 ꡤ	精 ꡐ	照 ꡄ	曉 ꡜ		
次淸	溪 ꡁ	透 ꡉ	徹 ꡅ	滂 ꡍ	敷 ꡰ	淸 ꡑ	穿 ꡅ	匣 ꡣ, ꡯ		
全濁	群 ꡂ	定 ꡊ	澄 ꡆ	並 ꡎ	奉 ꡤ	從 ꡒ	床 ꡆ	影 ꡖ, ꡝ		
不淸不濁	疑 ꡃ	泥 ꡋ	娘 ꡇ	明 ꡏ	微 ꡓ			喩 ꡗ, ꡭ	來 ꡙ	日 ꡔ
全淸						心 ꡛ	審 ꡮ			
全濁						邪 ꡕ	禪 ꡚ			

이 32자모는 훈민정음의 <언해본>에서 제시한 한음(漢音) 표기를 포함한 초성(初聲) 32자와 일치한다. 즉, <언해본>에서는 훈민정음 '예의(例義)'의 초성 17자에 각자병서, 즉 쌍서자(雙書字) 6개를 더하고 훈민정음의 <해례본>에서 추가한 순경음 4개를 더한 27자에다가 한음(漢音) 표기를 위하여 제정한 치두(齒頭)와 정치(正齒)의 구별의 5자를 추가하여 모두 32자를 제시하였다.

따라서 <몽고자운>의 런던초본에서 인정한 32자의 한자음 음운과 일치한다. 다만 훈민정음의 <언해본>에서는 치두(齒頭)와 정치(正齒)의 구별은 한음(漢音), 즉 중국어의 발음 표기를 위한 것임을 밝혀두었다. 이 <몽고자운(蒙古字韻)>의 런던 초본(鈔本)에서 보여준 32자의 자모(字母)는 파스파 문자가 얼마나 훈민정음의 제정에 영향을 주었는가를 웅변으로 말하고 있다.

3.2.2.5. 파스파 문자는 티베트 문자와 달리 음절 문자가 아니며 또 모음자를 별도로 제정한 자음과 모음의 음소문자다. 파스파 문자의 모음자는 원말(元末)에 주종문(朱宗文)이 증정(增訂)한 『몽고자운』(1301)의 청대(淸代) 필사본인 런던 초본에 보인다.

즉, 앞의 [사진 3-8]에 보이는 '자모(字母)'의 오른쪽에 "ꡞ ꡟ ꡞꡡ ꡡ ꡠꡡ ꡠ 此七字歸喩母"라는 기사가 있다. 이것은 "여기에 보인 [i, u, ü, o, ö, e]의 7자가 유모(喩母)에 속하다"는 내용으로 유모(喩母)에 속하는 글자, 즉 모음자로서 실제로는 모두 6개만 제시하였다. 그동안 학계에서는 이것이 모음자를 표시한 것인지도 몰랐다. 그리고 여기서 7자라고 한 것이 무엇이며 왜 6자를 보이고 7자라 했는지도 몰랐다.

졸고(2011b)에서 처음으로 36자모도에 들어 있는 "유모에 돌아가는 이 7자(此七字歸喩母)"가 유모(喩母)의 /ꡝ, ꡝ[ɑ]/를[26] 포함하여 'ꡞ[i], ꡟ[u], ꡞꡡ[i+o=ü], ꡡ[o], ꡠꡡ[e+o=ö], ꡠ[e]' 등 7개의 모음 글자임을 밝혔다. 파스파 문자에서 모음의 표기를 위하여 7자를 제정했다는 주장도 졸고(2011b)에서 처음 있었다.[27] 그동안은 Poppe(1957)을 대표로 한 거의 모든 논저에서 파스파 문자의 모음 글자는 8개로 알고 있었다.

훈민정음에서도 중성자(中聲字), 즉 모음자를 11개 제정하였으나 실제로는 단모음의 문자로는 기본자 3자와 초출자(初出字) 4자의 7자만을 제정한 것이다. 그리고 이 모음자들은 음양(陰陽)으로 나누어 서로 같은 계통의 모음끼리만 연결되는 것을 설명하였다.

파스파 문자의모음자와 훈민정음의 중성자(中聲字)를 모음사각도에서 보면 다음과 같을 것이다.

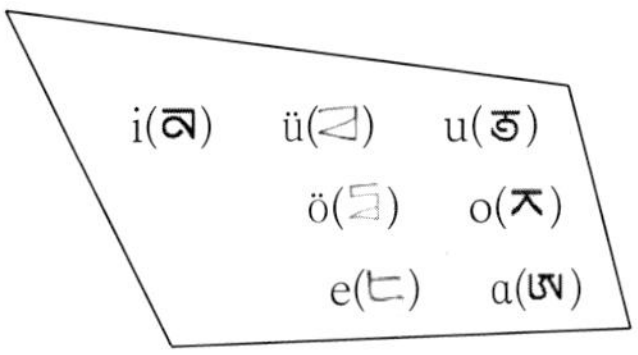

[표 3-3] 파스파자 모음

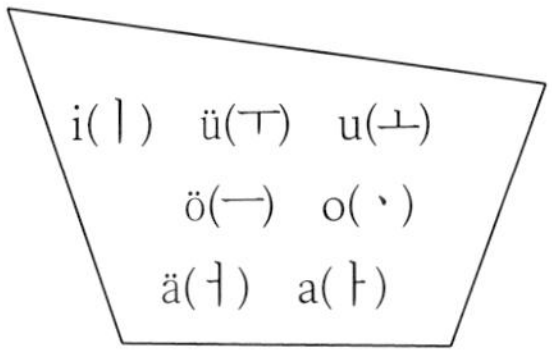

훈민정음 중성자

26 이 두 문자는 서로 異體字로 몽고어 [ɑ]를 표기한 모음자이다.

27 필자로서도 이러한 주장이 조심스러워서 파스파 문자의 모음자에 관한 논저를 가장 많이 발표한 일본의 服部四郎 교수의 모교이고 또 그가 수학했던 東京大學 언어학과에서 간행하는『東京大學言語學論集』에 투고하였다. 1년 넘는 기간에 걸쳐 철저한 심사 끝에 제31호의 권두 논문으로 게재되었다. 졸고(2011b).

지금까지는 훈민정음의 중성자(中聲字), 즉 모음자들이 당시 한국어의 모음체계를 반영하고 음양(陰陽)은 한국어의 모음에 존재하는 모음조화로 생각하여 왔다. 그러나 Martin(1954, 1966, 2000)을 비롯하여 Unger(2008)과 Vovin(2010) 등의 알타이어학자들은 한국어에 모음조화가 없다고 주장한다.

그들은 어간과 어미 사이에 존재하는 모음의 동화현상은 모음조화(vowel harmony)가 아니라 느슨한 모음동화라고 보고 있다. 필자도 졸고(2011b)에서 훈민정음의 7개 중성자(中聲字)는 파스파 문자의 유모(喩母) 7자를 모방한 것이라 당시 중세한국어에 근거한 것이 아니라고 주장하였다.

훈민정음의 7개 중성자(中聲字)의 모음에 근거하여 중세한국어가 전설 대 후설의 구개적 모음조화(palaltal harmony)이라고 주장한 김완진(1963)의 주장은 김완진(1978)에서 부정되었고 새로운 중세한국어의 모음체계를 보였다. 훈민정음 7개의 모음 글자와는 관계없이 5모음 체계를 인정한 것이다.

따라서 그동안의 훈민정음 7개의 모음 글자에 근거하여 중세한국어의 모음체계를 세운 것은 재고해야 할 것이다. 필자는 이러한 연구가 파스파 문자의 유모(喩母)자에 근거하여 제정한 훈민정음의 모음자, 즉 중성자(中聲字)를 만든 것을 미처 이해하지 못하여 일어난 오해라고 주장하였다(졸저, 2015:350~355).[28]

초기의 언문(諺文) 제정에서 모음자는 거의 파스파 문자를 추종하여 글자를 만든 것으로 보인다. 그러나 호원(胡元)의 잔재(殘滓)를 말살(抹殺)하려는 명(明)의 감시와 한문에 중독된 유신(儒臣)들의 저항을 피하기 위하여 세종이 초기에는 가족 중심으로 파스파 문자와 중국 성운학(聲韻學)에 의거하여 새 문자를 제정한 것이다(졸저, 2015).

3.2.2.6. 다음은 파스파 문자의 사용과 전파에 대하여 살펴보기로 한다. 지원(至元) 6년(1269)에 반포된 파스파 문자는 '몽고신자(蒙古新字)', '몽고자(蒙古字)', 그리고 '국자(國字)'로 불리면서 몽고-위구르 문자와 구별되었다. 이 문자는 원(元) 제국(帝國)의 공식 문자로 인정되어 같은 해 7월에는 모든 지역에서 전술한 바와 같이 몽고자 학교가 설치되었다.[29]

---

28 西陂 柳僖는 「諺文志」(1824, 『文通』 전100권의 제19권)의 '全字例'에서 "諺文雖刱於蒙古, 成於我東, 實世間至妙之物 - 언문은 비록 몽고에서 시작하여 우리나라에서 이루어졌지만 실제로 세간에 지극히 오묘한 것이다."라고 하여 파스파 문자가 몽고에서 시작하였지만 조선의 諺文으로 완성된 표음문자임을 밝히고 있다.

이어서 지원(至元) 8년(1271) 12월에는 국자(國字) 사용을 증가하라는 포고령이 내렸고 지원(至元) 10년(1273) 정월에는 이후의 모든 명령서에 국자를 사용하라는 칙령(勅令)이 있었다. 그러나 이러한 노력에도 불구하고 몽고인들과 중국인 관리의 자제(子弟)들은 파스파 문자의 교육을 받지 않았고 위구르(畏兀) 문자, 즉 몽고-위구르 문자를 사용하는데 익숙하였다.

이에 대하여 원(元) 조정(朝廷)에서 화례곽손(和禮霍孫)의 상소가 있었으며 이에 의하면 신문자의 전파는 매우 더뎠다는 것을 알 수 있다(Poppe, 1957:6). 드디어 지원(至元) 16년(1279)에는 중서성(中書省)이 관문(官文)이나 상소(上疏)에 위구르, 즉 외올(畏兀)문자 사용을 금지시켰다는 기사가 있었으나 이 명령은 지켜지지 않았고 중서성은 5년 후인 지원 21년 5월에 다시 같은 명령을 내리게 된다.[30]

원대(元代)에 중국의 사서(史書)들도 몽고어로 번역되어 파스파 문자로 기록되었다. 예를 들면 『자치통감(資治通鑑)』은 몽고어로 번역되어 파스파 문자와 외올(畏兀)문자, 즉 몽고-위구르 문자로 간행되었다는 기사가 있다. 뿐만 아니라 『효경(孝經)』도 당시 한아언어(漢兒言語)로 번역된 것을 다시 몽고어로 번역하여 파스파 문자로 기록한 <국자효경(國字孝經)>이 간행되었다는 기사가 있다(Pauthier, 1862:21).[31]

이 외에도 『대학연의택문(大學衍義擇文)』, 『몽고자모백가성(蒙古字母百家姓)』, 『몽고자훈(蒙古字訓)』 등 파스파 문자로 쓰인 책들의 서명이 『팔사경적지(八史經籍志)』의 「원사예문지(元史藝文志)」에 보인다. 그러나 오늘날 현존하는 파스파 문자의 기록물은 전적(典籍)으로 된 것이 <백가성(百家姓)>을 제외하면 거의 없고 금석문이 조금 남아 있을 뿐이다.

몽골의 원(元)을 멸망시키고 오아(吳兒)의 명(明)을 세운 태조(太祖) 주원장(朱元璋)은 파스파 문자가 호원(胡元)의 대표적 잔재(殘滓)로 간주하고 이를 말살(抹殺)하는 정책을 철저하게 수행하였다. 그리하여 파스파 문자로 작성된 모든 서적은 파괴되었고 파스파자로 써서 각종 운서(韻書)와 자서(字書)에 <오음도식(五音圖式)>으로 첨부한 운도(韻圖), 자모도(字母圖)들도 모두 삭제되었다. 얼마나 명초(明初)에 행해진 몽골의 잔재(殘滓)를 말살하는 정책이 철저했는지 알려주는 대목이다.

---

29 至元 7년에는 10월에 皇帝 祖上을 祭祀하는 寺院에서 祈禱文의 문자로 파스파 문자를 지정한다는 布告가 내려졌다. 졸저(2009:229) 참조.

30 조선시대의 馬牌에 해당하는 牌字(몽고어 gerege)의 글도 至元 15년(1278) 7월에 황제의 칙령으로 위구르문자로부터 파스파 문자로 바꾸도록 하였다. 그러나 실제로 이것이 시행된 것은 몇 년 후의 일이다.

31 『孝經』의 漢兒言語 번역과 그 간행에 대하여는 졸고(2006)을 참고할 것.

3) 조선의 언문(諺文)

3.2.3.0. 한반도의 조선에서 훈민정음, 즉 언문이 어떻게 제정되었는가에 대하여는 아직도 확실하지 않고 미심한 부분이 적지 않다. 창제 시기나 문자의 반포(頒布)에 대하여 모르는 부분이 많지만 극성스러운 한글 애호가들이 이에 대한 연구를 철저하게 가로 막고 있어서 좀처럼 확실한 연구는 아직 없다.

필자는 졸고(2002a)를 비롯하여 많은 논저에서 세종의 한글 창제에 대하여 비교적 혁신적으로 논의하였다. 특히 졸저(2015)의 <한글의 발명>은 일반인들의 교양서적을 출판하는 김영사에서 간행되었고 이 책의 내용이 매스컴에 크게 보도되어 일반에게 널리 알려지게 되었다. 종래 "영명하신 세종대왕이 사상 유례가 없는 문자를 독창적으로 창제하셨다"를 신봉하고 있는 사람들에게 대단한 논란거리를 제공한 것이다.

여기서는 앞의 졸저의 내용을 요약하여 훈민정음이란 이름으로 제정한 언문(諺文), 즉 한글에 대하여 살펴보기로 한다.

3.2.3.1. 훈민정음은 『세종실록』(권103) 세종 25년(1443) 계해(癸亥)년 12월의 기사가 실록에 나타난 가장 이른 시기의 것이다. 그러나 이 이전부터 세종은 가족을 중심으로 새 문자를 제정하였다. 다만 세종이 세 문자를 제정하는 작업은 비밀리에 진행되어 어떤 기록도 남기지 않았다.

원(元)나라 파스파 문자를 본받아 조선에서 새 문자를 제정(制定)하려는 것을 좋지 않게 보는 명(明)의 눈치를 보아야 하고 또 한문에 중독되고 새로운 한자음의 제정을 반대하는 유신(儒臣)들을 피하기 위하여 세종은 암암리에 가족들과 새 문자 제정의 작업을 수행하였던 것이다.

그리고 어느 정도 마무리하고 갑자기 이를 공표하여 세종 25년 12월에 "上親制諺文二十八字 [中略] 是謂訓民正音 - 임금이 친히 언문 28자를 짓다. [중략] 이것이 소위 말하는 훈민정음이다."라는 실록의 기사로 나타난 것이다. 다만 졸저(2019a:260)에서 이 기사는 세종 당시의 것과 달라서 후일 세조 때의 실록청에서 <세종실록>을 간행할 때에 고친 것이라고 보았다.

즉, 임홍빈(2008, 2013)에서 이 기사가 날짜의 간지(干支)가 없어 나중에 추가된 것이라고 주장하였는데 필자도 '훈민정음 27자'로 되었던 기사를 '언문 28자'로 고쳐서 실록에 실었다고 추정하였다(졸고, 2017b). 왜냐하면 실록의 기사는 마음대로 추가할 수가 없고 실록의 근거가 된 일지(日誌)가 있었기 때문이다.

3.2.3.2. 앞에서 인용한 <세종실록>의 "是謂訓民正音 - 이것이 소위 말하는 훈민정음이다"라는 기사를 보면 전에는 '훈민정음(訓民正音)'으로 불렀지만 이제는 '언문(諺文)'이라고 한다는 뜻이 있기 때문이다. 이것은 원래 "上親制訓民正音二十七字"라고 한 것을 위의 기사로 바꾼 것으로 보았다.

왜냐하면 세종 25년 12월의 기사보다 불과 2개월 후인 세종 26년 2월조에 실린 최만리(崔萬理)의 반대 상소문에는 언문(諺文) 27자라고 하였기 때문이다.[32] 이 '언문 27자'는 『훈몽자회』의 「언문자모(諺文字母)」의 부제(副題)인 "俗所謂反切二十七字 - 속되게 소위 반절 27자라고 하는 것"에 보이는 '반절 27자'이기도 하다.

따라서 세종 25년 12월까지는 반절상자(反切上字), 즉 초성을 표기하는 문자로 27자를 제정한 것으로 본 것이다. 그리고 따로 모음의 중성자(中聲字)들은 기본 3자와 초출(初出) 4자의 7자만 제정하여 유모(喩母), <동국정운>의 욕모(欲母)에 속하게 하여 이 글자들로 한자음을 표기하려고 한 것 같다.

여기서 언급한 <언문자모>의 반절 27자는 먼저 반절에 대한 지식을 필요로 한다. 반절(反切)은 졸고(2017b)에서 밝히고 앞의 제2장 2.2.1.0.에서 살펴본 바와 같이 불교를 전하려고 중국에 온 서역(西域)의 역경승(譯經僧)들이 중국어와 한문을 배우기 위하여 한자를 학습하려고 한자음을 표음하는 방법으로 고안된 것이다.

따라서 반절이란 한자음 표기를 말하는데 <언문자모>의 '반절(反切) 27자'는 언문이 한자음 표기에 사용되는 글자였었음을 알려주는 증거다. 즉, 언문을 반절로 한 것은 이 글자의 시작이 한자음 표기를 위한 것이었음을 분명하게 알려준다. 물론 세종이 새 문자를 제정하던 초기에는 반절 27자에 파스파 문자와 같이 유모(喩母)에 속하는 모음자 7자를 함께 만들어 <운회>를 번역하는데 사용하였다.

유모(喩母)는 훈민정음 <해례본>과 동국정운에서 욕모(欲母)가 되었고 신미(信眉)가 욕모

32 그동안의 통설에서는 이 최만리의 반대상소에 등장하는 '諺文二十七字'가 '二十八字'의 오자라고 하였는데 실록에서 오자를 인정하지 않는 엄격한 규율을 무시한 어처구니 없는 주장이다.

(欲母) 7자에 재출자(再出字) 4자를 더하여 모음의 중성을 11자로 하였다. 우리가 중성자(中聲字)들을 단독으로 표기할 때에 욕모(欲母) /ㅇ/를 붙여 쓰는 것은 전에 이 중성자들이 욕모(欲母)에 속하였던 것임을 증언한다. 그렇지 않고는 왜 모음은 'ᄋᆞ, 으, 이, 오, 아, 우, 어'로 /ㅇ/을 붙여 쓰는지 설명할 길이 없다. 이에 대하여는 졸고(2017b)에서 자세하게 논의하였다.

3.2.3.3. 졸저(2015)의 연구에 의하면 한글이 훈민정음이란 이름으로 창제된 이후에 적어도 세 가지 표기 수단으로 이 문자가 사용되었음을 알 수 있다고 하였다. 첫째는 우리말의 고유어를 표기하는 문자로 쓰였으며 둘째는 한자의 동음(東音)을 정리하여 <동국정운>을 편찬하는데 그 발음 기호로 사용되었고 셋째는 중국어를 학습하는데 있어서 한음(漢音)의 정음(正音), 즉 표준음을 정하여 표음하는 기호로 이용되었음을 알 수 있다.

첫째의 표기에 이용된 한글을 언문(諺文)이라 하였고 둘째의 표기는 훈민정음(訓民正音)이었으며 셋째의 표기를 위한 것이 정음(正音)이었다. 훈민정음과 정음이란 명칭은 신문자의 제정이 한자음 표기를 위한 목적이었고 이로 인하여 반절(反切)로 불렸음을 말해 준다. 그리고 우리말 표기에 사용된 문자를 언문(諺文)이라 한 것이다.

언문(諺文)에 대한 정서법은 훈민정음의 <해례본>이나 <언해본>이 아니라 졸저(2019a), 특히 '2. 훈민정음 제정에 도움을 준 세종의 가족들'의 '2) 정의(貞懿) 공주' 편에서 주장한 바와 같이 세종의 둘째 따님인 정의(貞懿) 공주의 소작으로 보이는 <언문자모(諺文字母)>라고 할 수 있다. <언문자모>는 한자음 표음의 반절로부터 우리말 표기의 언문으로 탈바꿈한 것이다.

물론 <해례본>의 <용자례(用字例)>는 모든 용례(用例)를 고유어인 당시 조선어를 들어 우리말 표기를 위한 설명도 없지는 않지만 그 이전의 <제자해>부터 <합자해>까지는 모두 한자음의 표기를 위한 훈민정음(訓民正音)과 정음(正音)에 대한 설명이었고 <언해본>도 동일하였다. 그러나 <언문자모>는 처음부터 우리말 표기를 위한 문자의 설명으로 일관하였고 그 예들도 모두 이두(吏讀)나 구결(口訣)에서 널리 쓰이던 익숙한 한자로 들었다.

오늘날 '기역(其役), 니은(尼隱)---' 등의 글자 명칭이 정해진 것은 <언문자모>에서의 일이다. 최세진(崔世珍)의 『훈몽자회(訓蒙字會)』 권두(卷頭) 범례에 부재된 '언문자모(諺文字母)'의 아래 협주(夾註)에 "俗所謂反切二十七字 - 소위 속되게 부르는 반절 27자"라 하여 한글을 반절(反切)이라 하였고 또 28자가 아니라 27자라 하였다.

이것은 언문(諺文) 이전에 '정음(正音)', '훈민정음(訓民正音)'이라는 명칭이 "올바른 한자음", 그리고 "백성들에게 가르쳐야 하는 바른 한자음"이란 이름으로 보아 한자음의 표기를 위한 반절(反切)로 본 것이다. 따라서 원래 세종이 새 문자를 창제한 것은 한자음의 표기를 위한 것이라는 주장이 나오게 된다(졸저, 2015:221~3).

이러한 주장은 훈민정음이라는 새 문자의 제정 동기를 밝힌 세종의 '어제(御製) 훈민정음 서문'에 잘 나타나 있다. 즉, 고려대 소장의 훈민정음 <언해본>에 실린 어제 서문의 첫째 단락 "國之語音, 异乎中國, 與文字不相流通, - 나·랏:말소·리 中듕國·귁·과 달·라 文문字·쫑·와·로 서르 ᄉᆞᄆᆞᆺ디 아·니ᄒᆞᆯ·ᄊᆡ."는 한자의 발음이 조선과 중국이 서로 달라서 같은 한자가 서로 통하지 않는다는 뜻으로 해석해야 한다.[33]

3. 한자의 변형 문자

3.3.0.0. 앞에서 살펴본 아시아의 여러 문자들은 모두 고대인도의 표음문자였던 산스크리트 문자, 즉 범자(梵字)로부터 영향을 받아 제정된 문자들이었다. 범자는 불경을 통하여 동아시아 여러 나라에 널리 알려졌다.

그리하여 한때 그 언어인 범어(梵語)와 더불어 범자는 지식인들이 필수로 배웠던 언어와 문자였다. 실로 범어, 즉 산스크리트어는 당시 세계의 언어, 링구아 후랑카(Lingua Franca, 세계어)였던 것이다. 예를 들면 현장(玄奘)과 의정(義淨)을 비롯한 많은 당승(唐僧)과 신라승(新羅僧) 혜초(慧超)는 범어(梵語)를 배워 천축(天竺)을 여행하여 여행기를 남겼다.

특히 현장(玄奘)은 범어와 범자(梵字)를 익혀 많은 범본(梵本) 불경을 한역(漢譯)하였다. 신라승(新羅僧) 원효(元曉)와 일승(日僧) 기비노마기비(吉備眞備), 홍법(弘法) 대사 구카이(空海) 등도 모두 범어(梵語)와 범자(梵字)를 배워 익혀서 불경을 학습한 명승(名僧)들이었다.

당시 승려(僧侶)들에게 범어와 범자는 필수 지식이었다. 그러나 범어(梵語)에는 프라크리트(Prakrit, Prākṛta)라고 불리는 많은 방언이 있었고 또 시대적으로 많은 다른 언어로 변천하

33 고려대 소장의 훈민정음 언해본은 표지와 권수 서명이 '訓民正音'이고 세종의 어제 서문이 '御製曰'로 시작하여 세종 生存 時의 것임을 알 수 있다. 세조 년에 간행된 <월인석보> 제1권 권두의 것은 卷首書名이 <世宗御製訓民正音>이고 '御製曰'도 삭제되었다. 따라서 고려대 소장본이 <월인석보>에 첨부된 <세종어제훈민정음>보다 원본에 가깝다고 보지만 이 부분이 후대에 필사된 것이고 필사 부분의 표기법이 후대의 것이라 그동안 방치되어 연구에 이용되지 않았다.

였다. 범자(梵字)도 변형된 많은 글자들이 생겨서 이들도 익혀야 하는 일은 쉽지 않았다. 그리하여 후대에는 점차 범어와 범자에 대한 학습이 퇴조하여 갔다.

고려부터는 범본(梵本) 불경보다는 한문으로 된 한역본(漢譯本)이 원본의 역할을 하였다. 더욱이 세계화(cosmopolitanism)를 추구하는 몽골의 원대(元代)에는 한문과 한자가 중국 주변의 여러 민족들에게 일반화되었고 그들의 언어도 한자로 표기하거나 한문으로 적게 되었다. 동아시아에서 다시 한문(漢文) 중심의 시대가 열린 것이다.

3.3.0.1. 산스크리트, 즉 범어(梵語)와 범자(梵字)처럼 한문(漢文)의 중국어와 한자는 당시 아시아에서 또 다른 세계어(世界語)였다. 신라와 고려의 승려(僧侶)들은 한역(漢譯) 불경으로 배운 중국어의 통어(通語)로 자유롭게 당(唐)과 송(宋)을 여행하였다.

특히 당대(唐代)에는 한자의 세력이 동아시아 전역을 덮게 되어 중국 주변의 여러 민족들은 범자(梵字)보다 한자에 의거하여 자국의 언어를 표기하였다. 물론 몽골의 원(元) 이후에 한아언어(漢兒言語), 즉 한어(漢語)가 공용어가 되면서 사정은 달라지지만 고려 전기(前期)까지 고려인의 관리와 승려들은 한문으로 배운 중국어로 중국인과 만나서 언어 소통이 가능하였다.

원(元) 제국(帝國)의 영향으로 중국 주변의 여러 소수민족들에게도 한자와 한문이 보급되었다. 그러나 주로 알타이어족에 속하는 이 민족들은 교착어(膠着語)를 사용하여 고립어(孤立語)인 중국어와 문법구조가 기본적으로 다른 언어들이었기 표의문자인 한자로 자민족의 언어를 기록하기가 어려웠다.

즉, 교착어에서는 문법적 의미만을 갖는 형태부가 발달하여 문장 형성에 필수 요소이지만 중국어와 같은 고립어에서 이러한 문법적인 요소는 대부분 어순(語順)에 의거하였다. 그리하여 한자는 의미부만 표기하는 한자로 충분하게 표기할 수 있었다. 기원전 수십 세기 전부터 한자는 표의(表意) 문자로 고립어인 중국어를 표기하여 왔다.

그러나 동사의 어미(語尾)나 명사의 조사(助詞)와 같은 문법 요소들이 문장형성에 매우 중요한 교착어에서는 표의문자인 한자로 이들을 표기하기 어려웠다. 그리하여 많은 중국 주변의 민족어에서 한자의 음과 새김으로 이러한 형태부를 표기하려고 노력하였지만 원래 한자가 갖고 있던 의미와 상충되어 상당한 혼란을 일으키게 되었다. 따라서 한자를 변형시킨 새로운 문자의 제정이 유행하게 되었다.

3.3.0.2. 한자를 변형시켜 자국어를 표기하는 다른 문자로 사용하는 것은 아마도 전술한 바와 같이 고구려에서 시작한 것 같다. 고구려에서는 한문을 사용하였지만 고유명사 표기에는 한자의 편방(偏旁)을 이용하거나 글자를 변형시켜 고구려어를 표기한 것으로 보이는 흔적이 많이 발견된다.

소위 수이자(殊異字)라고 불리는 한자의 변체 글자들은 고구려어를 표기하기 위하여 한자를 변형시킨 글자들이다. 그러나 현재로서는 전해지는 자료가 적어서 고구려 문자라고 부를 만한 새 문자를 체계화시킬 수는 없다. 다만 이러한 전통이 발해(渤海)로 이어져서 발해에서도 많은 수이자(殊異字)들이 금석(金石)과 와당(瓦當) 등에 새겨져 있다. 꽤 많은 자료가 수집되었으나 이들을 해독하는데 많은 문제가 있다.

우선 발해의 언어가 분명하지 않아서 재구하지 못한다는 점이 해독을 어렵게 한다. 고구려 유민들이 세운 나라이므로 지배층은 고구려어를 사용하였을 것이지만 그 백성들은 말갈(靺鞨)이므로 말갈어가 발해(渤海)의 언어라는 주장이 있으나 확인하기 어렵다. 언어가 재구되지 못하니 그것을 기록한 문자도 해독하지 못하므로 발해 문자도 연구가 이루어지지 않는다.[34]

한자를 변형시켜 새롭게 만든 문자로는 발해(渤海)의 고토(故土)에 나라를 세운 요(遼)의 거란(契丹) 문자가 현재로는 그나마 어느 정도 문자 체계를 살필 수 있는 첫 번째 문자다. 그리고 요(遼)의 뒤를 이은 금(金)의 여진(女眞) 문자도 한자를 변형시켜 만든 문자에 속한다. 물론 이보다 앞서 이원호(李元昊)가 세운 서하(西夏)에서 만든 문자도 한자를 변형시킨 문자로 본다.

이제 이에 대하여 간략하게 살펴보면서 이들이 한자를 변형시켜 자국어를 표기할 때에 그들의 언어에 대하여 어떤 연구가 있었는지 고찰하고자 한다.

1) 요(遼)의 거란(契丹) 문자

3.3.1.0. 중국의 역사에서 당(唐) 왕조 말년에 중원이 분란하여 번진(藩鎭)이 활거(割據)하

34 金毓黻(1934a,b)에서, 특히 金毓黻(1989)에서 渤海語와 발해 문자에 대한 연구가 있었으나 후속적인 연구가 이어지지 못하고 있다.

였고 발해(渤海)도 쇠약하여 스텝의 강자들이 난립하게 되었는데 거란(契丹) 귀족의 수령인 야율아보기(耶律阿保機)가 이 기회를 타서 각 부족을 통일하고 나라를 세웠으며 서기 907년에 황제(皇帝)라 칭하고 신책(神冊) 원년(916 A.D.)에 건국한 것이 요(遼) 나라다.

이것이 역사상 '거란(契丹, Khitan)'이라고 부르기도 하는 '요(遼)' 왕조다. 'Khitai'이라고 부르는 이 명칭은 여러 언어에서 중국을 가리킨다. 거란 왕조인 요(遼)는 오대(五代)에 이어 북송(北宋)에 이르기까지 한족(漢族)과는 남북으로 대치한 국가다. 이 왕조의 역사를 기록한 『요사(遼史)』는 <이십사사(二十四史)>의 하나다.

그에 의하면 요국(遼國)이 극성할 때에는 그 영토가 서쪽으로 금산(金山)과 유사(流沙)에 이르고 남쪽으로는 하북성(河北省) 중부, 산서성(山西省) 북부에 이르며 북으로는 외흥안령(外興安嶺)에 이르렀다. 오경(五京)을 설치하고 6부(臨潢府, 大定府, 遼陽府, 析津府, 大同部, 興中部)를 두었다. 주(州)와 군(郡), 성(城)이 156개, 현(縣)이 209개, 부족이 52개, 속국이 60개였다(淸格爾泰 外 4人, 1985).

오경은 상경(上京), 중경(中京), 동경(東京), 남경(南京), 서경(西京)을 말한다. 상경(上京)은 임황(臨潢)으로 지금의 임동(林東)을 말하고 중경(中京)은 대정(大定)으로 지금의 영성(寧城) 경내를 말하며 동경(東京)은 요양(遼陽), 남경(南京)은 석진(析津)으로 지금의 북경(北京)이고 서경(西京)은 대동(大同)을 말한다. 지금의 북경(北京)이 요대(遼代)에는 남경(南京)이었다.

3.3.1.1. 요(遼)는 태조(太祖, 耶律阿保機), 태종(太宗, 耶律德光), 세종(世宗, 耶律阮), 목종(穆宗, 耶律璟), 경종(景宗, 耶律賢), 경종(經宗, 耶律隆緖), 흥종(興宗, 耶律宗眞), 도종(道宗, 耶律洪基), 천조황제(天祚皇帝, 耶律延禧)의 9제(帝)를 거쳤고 1125년에 금(金)에게 망하였다.

금(金)이 바야흐로 요(遼)를 멸하려고 할 때에 요의 종실인 야율대석(耶律大石)이 스스로 왕이 되어 서쪽으로 부족을 이끌고 가서 기올만(起兀漫, 현재 舊蘇聯 境內의 사마르칸트 부근)에서 황제(皇帝)라 칭하고 호사알이타(虎思斡耳朵, 지금 구소련의 타크마크 以東)에 도읍을 정하였으니 이것이 서요(西遼)다.

서요(西遼)의 영토는 지금의 신강(新疆) 및 그 부근 지역을 포함하였다. 1211년 왕권을 나이만(乃蠻)의 왕인 굴출율(屈出律)에게 빼앗겼어도 서요(西遼)의 국호를 계속 사용하다가 1218년에 몽고에게 멸망하였다. 당(唐)이 망하고 후량(後粱)의 개평(開平) 원년(907)부터 계산하면 311년간 왕조가 계속된 것이다.

거란(契丹) 왕조는 중국역사에서는 말할 것도 없고 세계 역사에서도 큰 영향을 주었는데 요(遼)는 주로 중국의 서쪽을 통제하여 서역과의 교통을 이어주는 중요한 길을 터 주었다. 이로 인하여 거란, Kithan(契丹)이란 하나의 국가, 또는 민족이 중국 전체를 지칭하기에 이르렀으며 이에 대하여는 유명한 마르코 폴로의 『동방견문록(東方見聞錄)』에서 자세하게 기록하였다.

아주 흥미 있는 것은 15세기 콜럼버스가 신대륙을 발견한 일도 거란(契丹)과 관계가 있다. 콜럼버스는 마르코 폴로의 <동방견문록>의 영향을 많이 받아서 스페인 국왕의 지령을 얻고 거란과 인도를 방문할 수 있는 빠른 길을 찾아 서쪽으로 갔으며 대서양을 건너서 아메리카 신대륙을 발견한 것이다. 콜럼버스는 당시에 그곳을 거란(契丹), 또는 인도(印度)로 믿었다.

오늘날에 이르러는 어느 국가, 또는 한 민족의 언어에서, 예를 들면 러시아어와 칼카 몽고어(蒙古人民共和國) 등에서는 거란(契丹)이란 단어의 발음만 바꾸어 중국을 부르는데 사용한다.[35] 영어의 'Cathay(중국)'도 Kithan(契丹)의 로마자 표음이다.

3.3.1.2. 거란어(契丹語)는 알타이어족으로 분류되는 몽골계의 언어로 오늘날 없어진 언어다. 문자는 말을 기록하는 부호이어서 거란(契丹) 문자를 연구하려고 한다면 반드시 먼저 거란어를 알아야 한다. 그것도 거란어의 역사적 연구가 있어야 하기 때문이다.

그러나 요어(遼語), 즉 거란어는 아직 그 전모를 알 수 없고 그에 대한 연구도 이렇다 할 것이 없다. 요(遼)의 거란인들이 사용한 언어 자료가 보존되어 내려온 것은 많지 않기 때문이다. 거란어의 자료로는 『요사(遼史)』의 「국어해(國語解)」에 수록된 200여 항 정도가 가장 객관적인 자료이다.

그렇지만 그 가운데 일부는 한어(漢語)의 어휘에 포함될 것으로 인명(人名), 지명(地名) 등 고유명사를 제거하면 겨우 100항에도 미치지 못할 것이다. 100항도 안 되는 이 어휘 가운데는 또 많은 관직, 또는 관부(官府)의 명칭이 있어서 진정한 의미의 거란어의 기본 어휘는 겨우 40여 개 항이 남을 뿐이다.[36]

---

35 고려 말기에 편찬된 중국어 교과서 '老乞大'의 '乞大'도 契丹을 지칭하는 것이다. 이 시대의 한반도에서도 元의 중국을 '乞大'라는 契丹의 별칭으로 불렀음을 알 수 있다. 따라서 '老乞大'란 말은 '중국 통', 또는 '중국인'이란 의미를 갖는데(졸저, 2010:377).

36 예를 들면 '女古'(金), '孤稳'(玉), '阿斯'(大), '監母'(遺留), '耐'(首), '耶魯碗'(興旺), '陶里'(免), '捏褐'(犬), '爪'(百), '達剌干'(縣官), '斡魯朶'(官) 등이 있다.

또 청대(淸代)에 편찬한 『삼사어해(三史語解)』의 「요사어해(遼史語解)」는 비록 수록한 어휘는 많지만 단어 해석에 너무 주력하여 증거가 없거나 매우 적을 뿐만 아니라 예문의 인용도 부족한 자료다. 따라서 요(遼)의 거란어를 알려주는 역사적 자료는 이 언어를 연구하는 데 충분하지 않다.

북송(北宋) 유반(劉攽)의 『중산시화(中山詩話)』에는 "건란(契丹)으로 가는 두 사신(使臣)이 호어(胡語)에 능하였네."라는 칠언율시(七言律詩) 한 수가 있는데 송나라 사신 여정(余靖)이 거란어와 한어를 섞어서 지은 것이다.[37] 따라서 이 시에서 몇 마디 거란어를 추출할 수 있다.

즉, 이 시는 "夜宴設還(厚盛也) 臣拜洗(受賜)、兩朝厥荷(通好) 情感勤(厚重)、微臣雅魯(拜舞) 祝若統(福祐)、經壽鐵擇(崇高) 俱可忒(無極)。"(汲古閣『津逮秘書』 제5집)이라 하여 거란어와 한어를 대작하여 섞어 지은 시(詩)로서 "設還(厚盛也)、拜洗(受賜)、厥荷(通好)、感勤(厚重)、雅魯(拜舞)、若統(福祐)、鐵擇(崇高)、可忒(無極)"과 같은 대작어(對作語)에서 거란어를 추출할 수 있다(淸格爾泰 外 4人, 1985).

또 같은 책에서 심괄(沈括)의 『몽계필담(夢溪筆談)』에도 북송(北宋)의 사신이었던 조약(刁約)의 유사한 대작시(對作詩)가 있다고 하며 그러한 시(詩)로부터 몇 개의 거란어를 건질 수가 있다. 즉, "押燕移离畢、看房賀跋支、餞行三匹裂、密賜十貔貍。"라는 시(詩)의 말미(末尾)에 주(註)가 붙어있다.

이 주(註)에는 "移离畢, 官名, 如中國執政官。賀跋支, 如執衣防閤。匹裂, 小木罌, 以色稜木爲之, 如黃漆。貔貍, 形如鼠而大, 穴居, 食果穀, 嗜肉狄人爲珍膳, 味如㹠子而脆。"이라 하여 "移离畢, 賀跋支, 匹裂, 貔貍" 등의 거란어를 추출할 수 있다. 이때의 이 어휘들은 한자의 음(音)을 빌려 표기한 것으로 볼 수밖에 없다.

3.3.1.3. 거란어와 중국어의 차이는 어휘만에서 보이는 것이 아니다. 기본적으로 고립적인 문법구조의 중국어에 비하여 거란어는 교착어이기 때문에 차이가 난다. 교착어인 거란어는 어간(語幹)이 문법적 차이에 의하여 언어의 어형이 변할 뿐만 아니라 다른 문법요소들이 첨가된다.

어순(語順)도 거란어가 'S(主語) + O(目的語) + V(敍述動詞)'의 문장구조를 가진 반면 중국어는 'S(主語) + V(動詞) + O(目的語)'의 구조를 보인다. 따라서 거란어로 중국 한문을 읽으려면

37 이 시는 叶隆禮의 『契丹國志』(권24)에도 수록되었으나 양자에는 글자의 차이가 있다.

목적어를 먼저 읽고 서술동사를 읽어야 하기 때문에 거꾸로 읽게 된다. 이에 대하여는 다음과 같은 증언이 있다.

송대(宋代) 홍매(洪邁)의 『이견지(夷堅志)』(권18) 「병지(丙志)」에 "契丹小兒初讀書, 先以俗語顚倒其文句而習之, 至有一字用兩三字者。- 거란의 어린 아이들이 처음 글을 읽을 때에 먼저 속어(거란어를 말함)를 거꾸로 하여 그 문구를 배운다. 한 글자에 두 석자를 쓰기도 하다"라고 하여 거란어로 한문을 풀이할 때에 중국어의 뒤 부분을 먼저 읽는 문장 구조임을 밝히고 있다.

그리고 이 책에서는 이어서 추고, 또는 퇴고(推敲)의 고사로 유명한 가도(賈島)의 오언율시의 "鳥宿池中樹 僧敲月下門"의 두 구(句)를 앞의 2.4.1.1.에서 인용하고 설명한 것처럼 거란의 아이들은 "月明里和尙門子打, 水底里樹上老鴉坐 - 달 밝은데 스님이 문을 두드리고 물 밑 나무 위에 늙은 갈가마귀가 앉았다"라고 읽는다고 하였다.

이 이야기를 그가 송(宋)의 사신으로 금(金)나라에 갔을 때에 접반사(接伴使)이었던 비서소감(秘書少監) 왕보(王補)가 우스갯소리로 했다고 썼다. 이 왕보는 금주(錦州) 사람으로 거란인이었다. 거란어는 알타이어족에 속하는 몽골 계통의 언어다. 따라서 위의 소화(笑話)는 한문의 어순을 거란어에 맞추어 읽은 것을 말하는 것이다.

이것은 한반도의 신라에서 임신서기석(壬申誓記石)의 한자 표기와 향찰(鄕札) 표기에서, 그리고 일본의 망요가나(萬葉假名) 등에서도 흔히 발견되는 예들이다. 이러한 거란어를 한자로 기록하는데 많은 어려움이 따랐고 그들은 새 나라의 건국과 더불어 자국의 언어를 표기하기 쉬운 새로운 문자를 만들었는데 이를 거란(契丹) 문자라 한다. 한자를 변형시켜 거란어의 표기에 사용한 문자다.

3.3.1.4. 거란의 요(遼) 왕조가 선 다음에 중국 북방민족들의 새 국가에는 새 문자라는 전통에 맞추어 거란 문자를 제정하였다. 요(遼)나라의 정치, 군사, 경제, 문화 발전의 수요에 부응하고 한자 문화로부터의 독자성을 유지하려는 민족적 자각에서 거란 대자(大字)와 거란 소자(小字)를 제정한 것이다.

요(遼)나라의 거란 문자의 제정은 무엇보다도 고구려와 발해의 고토(故土)에 세워진 요(遼)가 그들의 전통을 이어간 것으로 보아야 할 것이다. 그리고 7세기 중반에 티베트의 서장(西藏)에서 제정한 서장 문자 이후 북방민족들 사이에 새로운 국가를 건설하면 새로운 문자를 제정한다는 전통이 생겼기 때문에 거기에 따른 것이다.

그러나 거란 문자는 서장(西藏) 문자와 서로 유형적으로 같지 않으며 한자(漢字)에 의거한 것이어서 그 해독이나 이해가 아직도 부족하다. 거란 문자(Khitan script)를 제정할 때에 처음에 한자와 유사한 대자(large)를 만들고 이어서 좀 더 표음적인 소자(small)를 제정하였다.

서기 916년에 요(遼) 태조 야율아보기(耶律阿保機)가 나라를 세운 뒤에 얼마 되지 않은 신책(神冊) 5년(920 A.D.) 정월에 거란대자(大字)를 만들기 시작하여 9월에 완성하고 이를 반행(頒行)하라는 조칙(詔勅)을 내렸다고 한다.[38] 이때에 요(遼) 태조를 도와 거란 대자를 만든 사람은 돌려불(突呂不)과 야율노불고(耶律魯不古)인 것 같다.

즉, 『요사(遼史)』(권75) 「돌려불전(突呂不傳)」에 "突呂不, 字鐸袞, 幼聰敏嗜學, 事太祖見器重。及制거란大字, 突呂不贊成爲多。未几爲文班林牙, 領國子博士, 知制誥。- 돌려불은 자(字)가 탁곤(鐸袞)이며 어려서 총민하고 학문을 좋아하였다. 태조[遼 太祖 耶律阿保機를 말함]가 그릇이 무거움을 알았다. 거란문자를 지을 때에 도와서 이룬 것이 많았고 문반에 들어가 한림(翰林)에 이르지는 못하였으나 국자학 박사, 지제고를 지냈다."이라는 기사가 있다.

또 같은 책(권75) 「야율노불고(耶律魯不古傳)」조에 "耶律魯不古, 字信貯, 太祖從侄也。初太祖制契丹國字, 魯不古以贊成功, 授林牙, 監修國史。—야율노불고는 자(字)가 신저(信貯)이고 태조의 종질(從姪)이다. 처음에 태조가 거란 국자를 만들 때에 도와서 성공시켜서 임아(林牙)를[39] 주고 국사(國史)를 감수하게 하였다"라는 기사를 보면 그들이 태조의 새 문자 제정을 도운 것임을 알 수 있다.

이때에 제정된 거란국자(國字)가 바로 '거란 대자'이며 신책(神冊) 5년(920 A.D.) 9월에 요(遼) 태조의 조칙(詔勅)으로 반포된다. 아마도 고구려와 발해의 한자 변형 문자에서 그 원리를 찾은 것 같고 일본의 망요가나(萬葉假名)와 같은 방법의 표기였을 것으로 추측된다.

3.3.1.5. 거란소자(小字)는 이보다 몇 년 후에 태조의 황제(皇弟)인 질랄(迭剌)이 위구르의 사절들을 만나 그들의 표음적인 위구르 문자를 배워서 만든 문자다. 즉, 원대(元代) 탈탈(脫脫)이 찬수한 『요사(遼史)』(권 64) 「황자표(皇子表)」에 다음과 같은 기사가 있다.

---

38 『遼史』(권2) 「太祖紀」에 "神冊、春正月乙丑、始制契丹大字。[중략] 九月壬寅大字成、詔頒行之。"이란 기사 참조.

39 遼나라의 관직으로 翰林에 해당함.

迭剌, 字云獨昆。[중략] 性敏給, [중략] 回鶻使至, 無能通其語者。太后謂太祖曰: 迭剌聰敏可使, 遣迓䢒。相從二旬, 能習其言與書, 因制契丹小字, 數少而該貫。－질랄은 자(字)가 독곤(獨昆)이다. [중략] 성격이 총민하고 원만하였다. 위구르(回鶻)의 사신이 도달하였는데 그 말에 능통한 사람이 없었다. 태후가 태조에게 말하기를 '질랄(迭剌)이 총민하니 가히 쓸 만합니다'하니 [그를] 보내어 [使臣들을] 맞이하게 하였다. 서로 상종하기를 20일간 하여서 능히 그 말과 글을 배워 거란소자(小字)를 제정하였는데 글자 수는 적으나 모두 갖추고 꿰뚫었다. 淸格爾泰 외 4인(1985:4)에서 재인용함.

이 기사에 의하면 위구르 사신들에게 위구르 문자를 배워 거란 소자(小字)를 지었음을 말하고 있다.

거란 문자에 대하여는 송대(宋代) 왕이(王易)의 『연북록(燕北錄)』과 도종의(陶宗儀)의 『서사회요(書史會要)』에 기재된 "朕, 勅, 走, 馬, 急"에 해당하는 5개의 거란자 자형 이외에는 알려진 것이 없었다. 더욱이 현재 잔존하는 거란문자의 자료 가운데 어느 것이 소자(小字)인지 분명하지 않았으나 최근에 들어와서 대자와 소자의 구별이 가능하게 되었다.

1920년 전후로 중국 몽고 자치구 적봉시(赤峰市) 파림우기(巴林右旗) 경내의 백탑자(白塔子) 부근에서 경릉(慶陵)이 발굴되고 1922년 여름에 역시 적봉(赤峰) 일대에서 선교하던 게르빈(L. Kervyn)에 의하여 중릉(中陵)의 묘실(墓室)에서 발견된 요(遼) 제7대 흥종(興宗, 在位 1031~1055)의 비문과 그의 비(妃)인 인의황후(仁懿皇后)의 비문('哀冊'으로 불림)이 초사(抄寫)되어 학계에 보고된 다음부터 거란문자의 실체가 확실해졌다.

이때에 발굴되어 공개된 '애책(哀冊)' 등의 거란문(契丹文) 자료는 대부분 거란소자(契丹小字)의 것으로 거란대자(契丹大字)는 1951년 여름 요녕성(遼寧省) 금서현(錦西縣) 서고산(西孤山)의 요묘(遼墓)에서 출토된 거란문 묘지명(墓誌銘)이 대표적이다.[40] 이 묘지명은 졸저(2019b: 89)에 사진으로 첨부되었다.

3.3.1.6. 거란문자는 한자의 부수(部首)와 편방(偏旁)을 분석하여 그 하나하나를 표음 기호로 쓰는 문자를 제정한 것이다. 예를 들면 요(遼)의 거란어에서 소유격조사는 /-Vn/이었는데 모음조화에 의한 매개모음의 교체에 의하여 /-ən. -in, -un, -ɔn, -an, -ün/의 6개 이형태가 가능하였다. 졸고(2010)에서 사진으로 보인 거란소자의 표기를 여기에 옮기면

40 예를 들면 [사진 2-1]의 '北大王墓志' 등을 말한다.

다음과 같다.

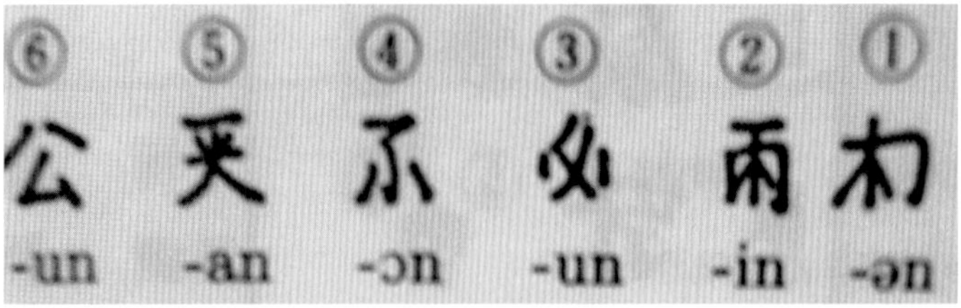

[사진 3-9] 거란어 소유격조사 표기의 거란소자(小字)

이 사진에서 보이는 한자 변형의 거란소자는 모두 표음문자로서 거란어의 소유격 형태 "①-ən. ②-in, ③-un, ④-ɔn, ⑤-an, ⑥-ün"을 표기한 것이다. 이들이 다른 단어의 어간에 다음과 같이 결합한다.

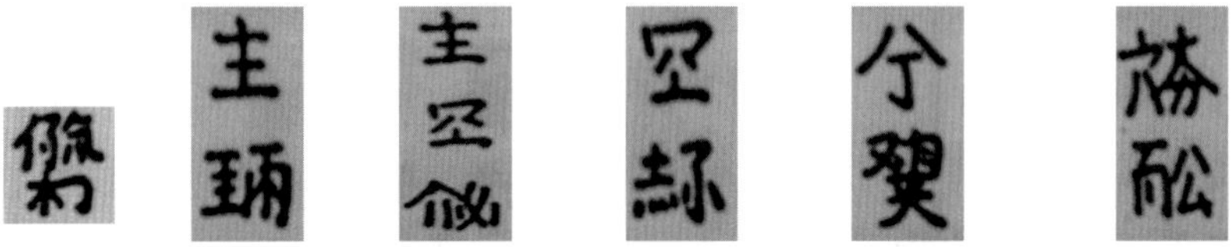

① 唐의 ② 皇帝의 ③ 皇太后의 ④ 大王의 ⑤ 駙馬의 ⑥ 耨斡麼(皇后)의

[사진 3-10] 거란어의 어간에 붙는 소유격 조사(河野六郞·千野榮一·西田龍雄, 2001:301)

이와 같은 거란소자의 표기는 기본적으로 한자 편방(偏旁)의 결합에 근거한 것으로 거란어의 문법 형태를 의미 부분의 편(偏), 또는 방(旁)으로 한 문자 안에서 표기하려고 한 것이다. 이러한 문자의 제정은 한자의 육서(六書)에서 가장 중요한 형성(形聲)의 제자 원리에서 그 발상을 가져온 것으로 보인다.

실제로 거란문자에는 한자의 한 부분이 의미를 나타내고 또 한 부분은 발음을 표시하는 한자의 형성(形聲)의 제자 원리에 입각한 글자가 많다. [사진 3-10]에서 볼 수 있는 것처럼 형태부 표기에서는 더욱 그런 현상이 뚜렷하다.

한자의 대부분이 상형(象形)이나 지사(指事), 회의(會意)보다 형성(形聲)의 원리에 의하여 제자된 것이다. 거란문자도 이러한 원리에 의거하여 편방(偏旁)을 떼어 표음문자로 만든 것 같다.

중국 성운학(聲韻學)에 입각하여 한자의 음절구조를 인식하는 데 있어서 김완진·정광·장소원(1997:154)에서는 현대 음운론에서 복선(複線)음운론(non-linear phonology)의 음절음운론(syllabic phonology) 연구방법을 들고 다음과 같이 한자의 음절구조를 분석하였다.

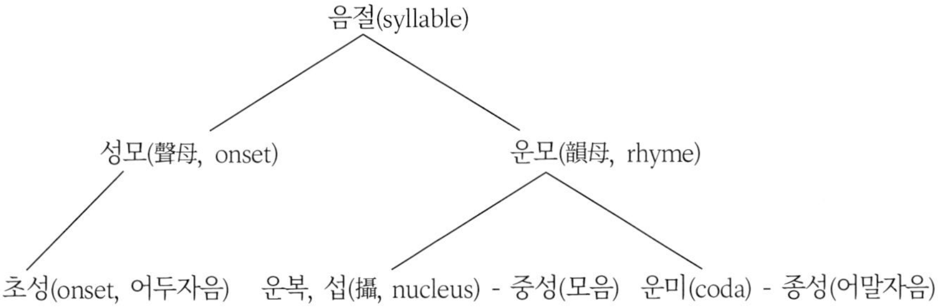

실제로 거란소자에서는 음절 초 자음(子音)인 성모(聲母, onset)와 그에 연결되는 운모(韻母, rhyme)를 분리하여 각각 하나의 음운을 표시하는 방법을 선택하였다. 예를 들면 '-ing'을 운(韻)으로 분리하여 표기한 예를 보면 거란자 / /이 마치 한자의 편(偏)처럼 성모의 오른쪽에 붙어서 [-ing] 운(韻)을 나타낸다.

반면에 왼쪽은 성모로서 /k, p, n, l/을 표기한 것이다. 이와 같이 한자의 편방(偏旁)을 나누어 만든 음절 단위의 표음문자를 성모(onset)에 붙여서 표음적인 거란소자를 만든 것이며 380개 정도의 성모(聲母, onset)와 운모(韻母, rhyme)를 표기하는 음절표음문자를 만들어 사용하였다.[41]

이를 사진으로 보이면 다음과 같다.

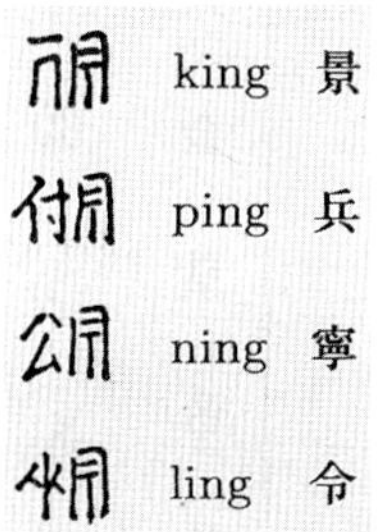

[사진 3-11] '景, 兵, 寧, 令'의 거란자　　분리된 성모(聲母)[42]

41 清格爾泰 外(1985)에서는 당시까지 抽出된 契丹小字의 音節文字 378個를 보였다.

이러한 거란문자를 제정할 때에 가장 중요한 것은 한자의 자형(字形)을 분석하여 편방(偏旁)으로 나누고 이 각각을 표음 기호로 바꾸는 작업이다. 거란인들은 한자의 자형을 분석하여 그 하나하나를 표음문자로 사용하는 데 익숙하였고 그런 방법으로 거란문자를 제정한 것이다.

2) 서하(西夏) 문자

3.3.2.0. 한자를 변형시켜 만든 문자로 표음문자는 아니지만 서하(西夏) 문자를 들 수 있다. 송조(宋朝)에 이원호(李元昊)가 서하(西夏) 왕국의 건국을 선언하기 2년 전인 경우(景祐) 2년(1036)에 국자(國字)로 선포된 서하 문자는 표의(表意)문자였다. 러시아에서는 서하(西夏)를 탕구트(Tangut)로 불렀기 때문에 탕구트 문자(Tangut script)라고도 한다.

西田龍雄(1997) 등의 연구에 의하면 서하 문자는 거란인(契丹人) 야리인영(野利仁榮)이 제정한 것이라는 일부 주장도 있지만 그를 포함한 서하인(西夏人) 여럿과 한인(漢人)의 조력으로 만들어진 문자로 보고 있다(河野六郎·千野榮一·西田龍雄, 2001:537).

현재까지 찾아낸 자료에 의하면 6천여 개의 글자가 찾아져서 그 가운데 5,840자가 정리되었다. 글자는 소수의 단체자(單体字)와 다수의 합체자(合体字)로 되었으며 서하인(西夏人)들이 독창적으로 제자한 글자로서 독특한 성격의 표의문자로 평가된다. 합체자(合体字)는 한자와 같이 편(偏), 관(冠), 방(旁)으로 분해할 수 있다.

서하문자의 자료는 러시아의 코즈로프(П. К. Козлов)가 1908년에 중국의 감숙성(甘肅省)에 있는 하라호트(Harahot, 黑城)를 찾아가서 발굴한 여러 문헌이 있다. 이후 영국의 스타인(M. A. Stein)이 1915년에 역시 하라호트에서 수집한 자료가 있고 프랑스의 페리오(P. Pelliot)와 스웨덴의 헤딘(Sven A. Hedin)이 수집한 것이 있다. 그 외에 북경(北京)도서관, 천리(天理)도서관, 경도(京都)대학 소장의 불전 등에 서하문자가 쓰인 자료가 있다.

자체는 주로 해서(楷書)체이지만 행서(行書)체와 초서(草書)체가 있고 인장(印章)이나 비문(碑文)에 새긴 서하(西夏)문자에는 전서(篆書)체도 있다. 간본의 서적에는 모두 해서체가 쓰였고 이 자체의 목활자(木活字)도 발견되어 동아시아에서 가장 이른 시기의 목활자로 알려지

42 河野六郎·千野榮一·西田龍雄(2001:301)에서 인용함.

기도 한다.

3.3.2.1. 서하(西夏) 문자는 겉으로 보기에는 매우 복잡한 필획(筆劃)으로 된 글자이고 소수의 제한된 계층만이 사용하였지만 글자에는 매우 높은 수준의 편방(偏旁)과 관(冠)에 연합관계가 있었다. 즉, 일군의 기본이 되는 글자가 있고 이로부터 여러 글자가 파생했다고 본다.

[사진 3-12] 해서체 서하 문자(<佛說諸佛經>의 일부)[43]

6천여 개의 서하(西夏) 문자 가운데 기본자도 상당한 수에 이르며 여기서 파생한 글자도 여러 가지 방법이 있어 쉽게 파악하지 못한다. 기본자에서 파생하여 만든 결합 문자에는 먼저 의미의 결합이 있다. 한자의 육서(六書)에서 회의(會意)의 방법과 같은데 같은 의미의 편방(偏旁), 또는 관(冠)을 붙여 유사한 의미의 글자를 만드는 방법이다.

예를 들면 동물을 나타내는 부수(部首)에 획을 더하거나 다른 편방(偏旁)을 더하여 다양한 글자를 만들 수 있고 식물을 나타내는 부수도 한자의 풀초(艸 - 艹)와 같이 많은 파생 글자를 만들어낸다. 한자보다 훨씬 다양하며 규칙적이어서 비록 획수가 많아 얼핏 보기에 배우기 어려운 글자처럼 보이지만 이러한 결합 글자의 원칙만 알면 많은 글자를 그대로 이해할

43 河野六郎·千野榮一·西田龍雄(2001:546)에서 인용함.

수 있다.

또 한자의 형성(形聲)의 방법도 있어서 서하(西夏) 문자의 한 부분이 발음을 보이고 나머지는 의미를 표하는 방법으로 글자를 만든다. 기본자에 하나, 또는 둘의 글자를 접합(接合)시켜 글자를 만드는 방법이다. 접합되는 편방(偏旁), 또는 관(冠)은 발음을 나타낸다. 여기에도 엄격한 규칙이 있어 그 원리만 알면 표의문자인 서하문자의 발음을 쉽게 알 수 있게 한다. 더욱이 1음절 낱말이 기본 어휘를 이루는 서하어를 잘 표기하도록 고안되었다.

3.3.2.2. 이 문자는 서하(西夏)의 왕국이 망할 때(1228)까지 200년간 유통되었다. 서하(西夏) 문자는 단음절을 기반으로 하는 서하어(西夏語)를 효과적으로 표기하기 위하여 고안된 표의(表意) 문자로서 서하어의 의미만이 아니라 문법에 관한 정보도 전달해주어서 한자보다 훨씬 발달한 표의 문자였다.

한자를 모방하여 편(偏), 방(旁), 관(冠)으로 나눈 의미의 요소를 결합하여 만든 글자이나 문법까지도 여기에 포함시키는 독자적인 방법을 덧붙였고 여러 의미를 나타내는 편, 방, 관을 추가하여 매우 다양하게 회의(會意) 글자를 만들어낼 수가 있었다. 그리하여 부정(不定)이나 대칭(對稱)의 자형과 같이 독창적인 의미의 방법을 구사하였다.

특히 서하어가 가진 문법 특성을 충실하게 글자로 나타낼 수 있게 하였다. 하나의 기본자로부터 다수의 문법 형태를 나타내는 글자를 만들었는데 이를 西田龍雄(1981~3)에서는 '쌍생자(雙生字)'라고 하였다. 어간(語幹) 변형 쌍생자(雙生字), 평성·상성 쌍생자, 명사·동사 쌍생자, 주격·사격(斜格) 쌍생자, 사역(使役)·비사역(非使役) 쌍생자 등을 제자(製字)하여 사용하였다고 한다.

이러한 문법 형태의 글자를 제자한 것은 아마도 이보다 먼저 제정되어 사용되고 있는 표음문자인 티베트 서장(西藏) 문자의 영향을 받은 것으로 보인다. 반면에 서하어에 스며든 다량의 한어(漢語) 어휘들도 쌍생자로 표기하였는데 이러한 한어 처용어의 표기를 위한 서하 글자를 차용(借用) 쌍생자로 부르기도 한다(西田龍雄, 1998). 이 차용어들은 서하 문자의 제정 당시에 이를 표기하기 위한 글자를 만들었던 것이다.

서하 문자를 제정한 사람들은 기억의 부담이 증가함에 구애받지 않고 의미 전달의 효과를 극대화하기 위하여 여분의 글자, 여잉자(餘剩字)를 많이 만들었다(河野六郎·千野榮一·西田龍雄, 2001:545~6). 앞으로 서하(西夏) 문자의 연구에서 이에 대한 연구가 절실하게 요구된다. 아무튼 서하 문자는 한자가 가지 여러 결함을 고쳐서 서하어의 표기에 적합한 문자를 제정한 것이다.

3) 금(金)의 여진문자

3.3.3.0. 요(遼) 다음으로 중국의 북방에 나라를 세운 여진족의 금(金)은 역시 나라를 건국한 태조 아구타(阿骨打)가 완안희윤(完顔希尹, 본명 谷神)으로 하여금 한자를 변형시킨 여진자를 만들게 하여 천보(天輔) 원년(1119)에 칙명(勅命)으로 반포하였는데 이것이 여진대자(Jurchen large script)이다.

이후 금(金) 희종(熙宗) 때에 더 표음적인 여진소자(Jurchen small script)가 만들어져 적어도 천권(天眷) 원년(1138)에는 사용되었음을 밝힌 바 있다(졸고, 2010). 여진문자는 아직 그 해독이 이루어지지 않았고 일부 여진문자로 알려진 것도 실제로는 거란문자임이 밝혀졌다. 또 여진문자도 그 제자와 표기 방법은 거란문자와 대동소이한 것으로 알려졌다.

즉, 한자를 변형시켜 여진어를 표음자로 표기한 방법은 거란문자의 전통을 이어받은 것이다. 거란문자가 있음에도 불구하고 다시 여진 문자를 만든 것은 전술한 바와 같이 중국 북방민족들 사이에 새 국가를 건설하면 새 문자를 만드는 전통이 있었기 때문이다.

3.3.3.1. 여진족의 금(金)에서 제정된 여진문자(Jürchin or Jurchen script)에 대하여 살펴보기로 한다. 전술한 바와 같이 스텝의 여진 지역에서는 거란 문자가 통용된 지 수백 년 후에도 여진족은 아직 문자를 쓰지 않았고 각전(刻箭, 화살대에 새김을 말함)의 방법으로 통신하였으며 여진의 일족이 금(金) 나라를 세운 후에도 초기에는 문자가 없었다.

즉, 李德啓(1931:1)에 다음과 같은 기사가 있어 여진 대자(大字)와 소자(小字)가 금(金)의 국초에 만들어졌음을 알 수 있다.

> [전략] 自建國稱金之後, 始漸知契丹文及漢字。王圻續文獻通考一八四卷三一頁云; "金初無字, 及獲契丹漢人, 始通契丹漢字。 太祖遂命谷神依漢人楷字, 因契丹字制度, 合本國語, 製女眞字行之。後熙宗製女眞小字, 谷神所製爲大字。" ― 나라를 세워 금(金)이라 칭한 다음부터 [여진족은] 점차 거란 문자 및 한자를 알기 시작하였다. 왕기(王圻)의 『속문헌통고(續文獻通考)』(권184:31)에 말하기를 "금나라는 처음에 글자가 없었으나 거란인과 한인(漢人)을 얻어 거란 문자와 한자로 소통하기 시작하였다. [금] 태조가 명을 내려 곡신(谷神)으로 하여금 한인(漢人)들의 해자(楷字)

에[44] 의거하고 거란 문자의 제도에 따르며 본국의 말에 맞추어 여진 문자를 만들어 사용하였다. 후에 희종(熙宗) 때에 여진 소자(小字)를 만들었는데 곡신이 지은 것은 대자(大字)라고 하였다"라고 하다.[45]

여진족의 완안부(完顔部) 추장(酋長)이었던 아구다(阿骨打)가 주변 여러 부족을 통합하여 나라를 세우고 금(金)이라 하였으며 태조가 되었다. 위의 기사에 의하면 금 태조는 통치를 위한 문자가 없어 완안희윤(完顔希尹, 本名은 谷神)에게 명하여 한자의 해서자(楷書字)를 변형하여 표음적인 여진자를 만들게 하였는데 이것이 여진대자(女眞大字)라는 것이다.

즉, 『금사(金史)』(권73) 「완안희윤전(完顔希尹傳)」에 "太祖命希尹撰本國字備制度。希尹依漢人楷字, 因契丹字制度, 合本國語, 制女眞字。天輔三年八月字書成, 太祖大悅命頒行之。- 태조[阿骨打를 말함]가 [완안(完顔)] 희윤(希尹)에게 명하여 금나라의 글자를 만들게 하여 제도를 마련하게 하였다. 희윤(希尹)이 한인(漢人)들의 해서(楷書) 글자에 의거하고 거란(契丹) 글자의 제도에 의거하며 금나라의 말에 맞추어 여진자를 만들었다. 천보(天輔) 3년(1119) 8월에 글자가 완성되니 태조가 크게 기뻐하고 반포하여 행하게 하였다."라 하여 위와 사실을 확인할 수 있다.

따라서 거란자에 맞추어 만들어진 여진대자(Jurchen large script)가 천보(天輔) 3년(1119)에 글자가 만들어져서 칙명(勅命)으로 반포(頒布)되었음을 알 수 있다. 이어서 "희윤(希尹)이 만든 것이 여진대자이다(希尹所撰謂之女眞大字)"(『金史』, 권73 같은 곳)라 하였다. 그러나 이 문자는 한자와 유사하지만 한자가 아니어서 여진인들은 이 글자를 읽기가 어려웠고 배우기도 어려웠다.

이보다 19년 후인 제3대 희종(熙宗, 在位 1135~1149)이 천권(天眷) 원년(1138) 정월에 대자(大字)를 간략화한 다른 여진자를 만들어 공포하였으니 이를 여진 소자(小字)라 한다. 역시 『금사(金史)』(권4) 희종(熙宗) 천권(天眷) 원년 정월조에 "頒女眞小字。皇統五年五月戊午, 初用御製小字。- 여진소자를 반포하다. 황통(皇統) 5년 5월 무오에 처음으로 어제 소자를 사용하다"라는 기사가 있어 천권 원년(1138)에 처음으로 어제(御製) 소자(小字)를 썼음을 알 수 있고

44 한자의 자체 가운데 楷書体를 말함.

45 비슷한 내용이 陶宗儀의 『書史會要』에도 전한다. 그것을 옮겨보면 "金人初無文字。國勢日强、與隣國交好、迺用거란字。太祖命完顔希尹{本名谷神}、撰國字。其後熙宗亦製字竝行。希尹所製謂之女眞大字、熙宗所製之女眞小字。"와 같다.

이것이 여진소자(Jurchen small script)이며 모두가 거란 문자의 대·소자를 따른 것임을 알 수 있다.

3.3.3.2. 이 여진문자에 대한 연구는 이 문자에 대한 몇 개의 자료, 즉 명대(明代)에 편찬된 여진어와 한어(漢語)의 대역(對譯) 어휘집이며 예문집인 『여진관역어(女眞館譯語)』을[46] 위시하여 금대(金代)의 「대금득승타송비(大金得勝陀頌碑)」(1185), 명대(明代)의 「노아한도사영녕사비(奴兒汗都司永寧寺碑)」(1413) 등의 비문(碑文)과 부패(符牌), 동경(銅鏡)의 문자들이 있다. 이들은 여러 변형(變形)이 있지만 기본적으로 거의 같은 종류의 자형(字形)으로 쓰였다.

여진자에 대한 연구는 거란문자에서 언급한 바 있는 천회(天會) 12년(1134)에 섬서성(陝西省)의 당(唐) 건릉(乾陵)에 세운 「대금황제도통경략낭군행기(大金皇弟都統經略郎君行記)」(이하 <낭군행기>)에 쓰인 문자를 여진대자(大字)로 판단하고 <여진관역어> 등의 자료에 있는 문자를 여진소자로 추정하였다.

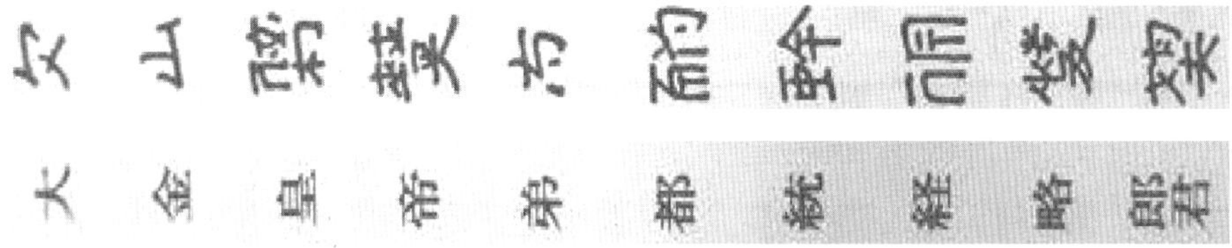

[사진 3-13] <낭군행기>의 **'大金皇弟都統經略郎君'**에 해당하는 거란소자[47]

이러한 주장은 청대(淸代) 도광(道光) 연간에 유사륙(劉師陸)으로부터 시작되어 인경(麟慶) 등의 청대(淸代) 학자들에 의하여 이어졌다. 그러나 1962년에 당시 내몽고대학 교수이었던 진광핑(金光平)이 "從契丹大小字到女眞大小字 - 거란 대소자로부터 여진 대소자에 이르기까지"란 논문을 발표하면서 전게한 <낭군행기>의 문자가 거란문자임을 밝혔다(金光平·金啓綜, 1980).[48]

---

46 이 자료는 明代 四夷館에서 간행한 『華夷譯語』의 하나로 '永樂女眞譯語'라고도 불린다.

47 졸저(2015:83)에서 재인용.

48 金光平은 상술한 慶陵에서 발견된 '哀冊'이 거란소자로 쓰인 것이 밝혀짐에 따라 같은 문자로 기록된 「낭군행기」가 거란소자의 표기임을 밝힌 것이다. 한자음은 辛亥 혁명 이전의 한자음은 '유사륙 - 劉師陸, 인경 - 麟慶'과 같이 우리 한자음으로 읽고 그 이후의 발음은 '진광핑 - 金光平'과 같이 현재 普通話로 읽는다.

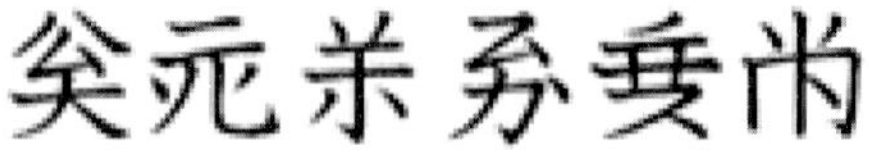

[사진 3-14] 여진문자 [옴마니반메훔][49]

또 진광핑(金光平)은 『금사(金史)』의 "策用女眞大字, 詩用女眞小字。 ―책(策)에는 여진대자를 쓰고 시(詩)에는 여진소자를 썼다."라는 기사에 근거하여 만일에 여진문(女眞文)의 시(詩)가 있으면 여진소자로 쓰였을 것임을 추정하였다(金光平·金啓綜, 1980).

다행히 1960년대에 「오둔양필시각석(奧屯良弼詩刻石)」(다음의 [사진 3-15])이 발견되어 여진소자로 쓰인 시(詩)를 찾을 수가 있었는데 여기에 쓰인 여진자(女眞字)들은 모두 <여진관역어>의 것과 크게 다르지 않았다. 이로부터 여진대자(女眞大字)와 소자(小字)의 구별이 비로소 가능하게 되었다.

[사진 3-15] 산동성(山東省)에서 발굴된 오둔양필(奧屯良弼) 여진자 시각(詩刻)[50]

여진문자는 금(金) 제4대 왕인 세종(世宗) 때에 대대적인 보급정책을 펼쳤다. 산서(山西)의 서경(西京) 대동부(大同府)와 상경(上京) 회녕부(會寧府)에 여진학(女眞學)을 설립하고 각처에서

49 옴마니반메훔(唵嘛呢叭銘吽, oṃ mani padme hūṃ)은 티베트 불교의 신자가 외우는 呪文이다. 蓮華菩薩에게 귀의하여 왕생극락을 기원하는 내용으로 이를 부르면 죽은 뒤에 六趣에 들어가서 輪回를 벗을 수 있다고 한다.

50 金光平·金啓綜(1980:卷頭)에서 재인용함.

수재(秀才)를 입학시켜 여진 문자를 교육하였다. 또 과거시험에 여진진사과(女眞進士科)를 두고 관리를 선발하였다. 『논어(論語)』, 『사기(史記)』, 『정관정요(貞觀政要)』를 위시한 많은 한적(漢籍)들이 여진어로 번역되어 여진문자로 기록되었다.

4. 북셈(Northern Semitic) 문자 계통

3.4.0.0. 이제까지 중국 주변의 여러 민족들이 자민족의 언어를 표기하기 위하여 한자 이외의 다양한 문자를 제정하여 사용하였음을 살펴보면서 먼저 범자(梵字) 계통의 표음 문자와 한자를 변형한 문자들의 제정에 대하여 논의하였다. 그런데 한자도 범자(梵字)도 아닌 전혀 다른 형태의 문자도 동아시아 여러 민족의 문자 중에서 발견된다.

즉, 칭기즈칸(成吉思汗)이 이룩한 몽골 대제국(大帝國)에서는 위구르 문자를 차용하여 몽고어와 제국(帝國)의 여러 민족의 언어를 표기하였다. 원래 위구르 문자는 7~10세기에 우즈베키스탄의 사마르칸트를 중심으로 한 소그디아나(Sogdiana, 索格代)의 소그드어를[51] 표기하던 소그드 문자(Sogdic script)로부터 발달하였고 이 문자는 아람 문자(Aramaic script)에 소급된다.

고대 페르시아의 아케메네스 왕조에서 공문서의 작성에 사용되던 아람 문자는 기원 전 2세기경에 제국(帝國)이 멸망하여 더 이상 공용 문자로 사용되지 않았으나 이 문자를 사용하던 서기(書記)들은 각 지방에 흩어져 아람어(Aramaic)가 아닌 여러 방언을 이 문자로 기록하게 되었다. 이 문자는 소그디아나의 소그드 방언도 표기하게 되었는데 이렇게 소그드의 언어를 기록하던 아람 문자를 소그드 문자라고 한다.

아람 문자 이외에도 소그드 언어를 기록하던 또 다른 문자들, 즉 아베스타 문자(Avestan script), 코레즘 문자(Choresmian script)도 소그드 문자에 속한다. 이들 모두 북셈(Northern Semitic) 문자 계통이어서 첫 글자가 aleph, 그리고 이어서 beth, gimel, daleth 등의 순서

51 소그드어(Sogdian)는 인구어족의 이란어파에 속하는 중세시대의 언어로 현재는 사용되지 않는 死語다. 사마르칸트(Samarkand)를 중심으로 하는 소위 소그디아나(Sogdiana)에서 사용하던 언어였는데 실크로드에서 소그드인들이 활발한 상업 활동으로 인하여 중앙아시아에서의 상용어로 등장하였고 이슬람 세력에 의하여 정복되기 이전에는 이 언어가 널리 사용되었다.

다. 희랍문자의 α(alpha), β(beta)나 라틴문자와 영어의 a, b와 같은 순서다.

소그드인들은 중앙아시아와 중국의 본토에까지 들어와서 장사를 하였다. 이들과 같은 지역에서 활약하던 위구르인들이 이 문자로 자신들의 언어를 기록하였다. 이렇게 위구르인들이 사용하던 문자를 칭기즈칸(成吉思汗)이 몽고어의 표기를 위하여 수입하였고 이것이 후대에 만주족의 누르하치(奴兒哈赤)가 다시 사용하여 만주문자가 되었다.

이 절(節)에서는 소그드 문자와 그로부터 발달한 위구르 문자, 그리고 이를 차용하여 몽고어를 기록한 몽고-위구르 문자에 대하여 살펴보고 후일 만주문자와 비교하기로 한다.

3.4.0.1. 중앙아시아의 소그디아나에서 사용되던 아람문자는 전술한 바와 같이 소그드어를 표기하는 소그드문자로 변천하였다. 이 문자는 중앙아시아 일대, 그리고 중국의 본토의 서북 지방에서도 사용되었다. 이 지역에서 함께 살던 위구르인(Uighur)들은 소그드인과 교류하면서 이 문자를 접하게 되었고 급기야 자신들의 언어를 기록하는데 이 문자를 사용하기 시작하였다.

그리하여 중국 신강성(新疆省) 위구르 자치구와 감숙성(甘肅省)의 위구르인들의 거주지에는 위구르어를 소그드 문자로 기록한 위구르 문헌이 남아 있으며 이를 기록한 문자를 위구르 문자라고 한다. 현재 위구르인들은 아라비아 문자로 된 신(新) 위구르 문자를 사용한다. 소그드 문자와는 차이가 있다.

소그드 문자에는 해서체(楷書体)와 초서체(草書体)의 두 서체가 있었는데 위구르인들은 주로 초서체의 소그드 문자를 빌려 자신들의 언어를 기록하였다. 그러나 현재 남아있는 위구르 문헌에는 매우 조금이지만 해서체의 소그드 문자로 기록한 위구르어 자료들이 남아있다.[52] 이 문자들을 도표로 보인 것을 여기에 옮겨보면 다음의 [사진 3-16]과 같다.

위구르 문헌에는 위구르 문자의 리스트를 표시한 것이 남아있다. 거기에는 18종의 문자

52 이에 대하여는 Poppe(1965:65)에 "By far the larger number of Ancient Turkic texts, namely those of later origin(IX~X centuries), are written in the so-called Uighur script. The latter developed from the Sogdian alphabet, to be exact, from what the German scholars called 'sogdishe Kursivschrift', i.e., Sogdian speed writing. the Uighur transmitted to the Mongols.— 매우 많은 고대 투르크어 자료, 다시 말하면 후기 자료(9세~10세기)가 소위 말하는 위구르 문자로 쓰였다. 후자[위구르 문자는] 소그드 문자의 자모에서, 정확하게 말하면 소그드 문자의 속기체(速記体, Kursivschrift)에서 발달한 것이다. 위구르 문자는 후대에 아마도 12세기 후반을 지나서 몽고에 전달되었다."라는 언급을 참조할 것. 졸저(2009:112)에서 재인용. 여기서 '속기체'는 草書体를 말한다.

로 맨 처음에 aleph(희랍문자의 alpha에 해당함)에서 17번째의 tau에 이르기까지 소그드 문자의 배열순서와 대부분 일치하고 맨 마지막의 *resh만이 위구르인들이 따로 만든 것이다.

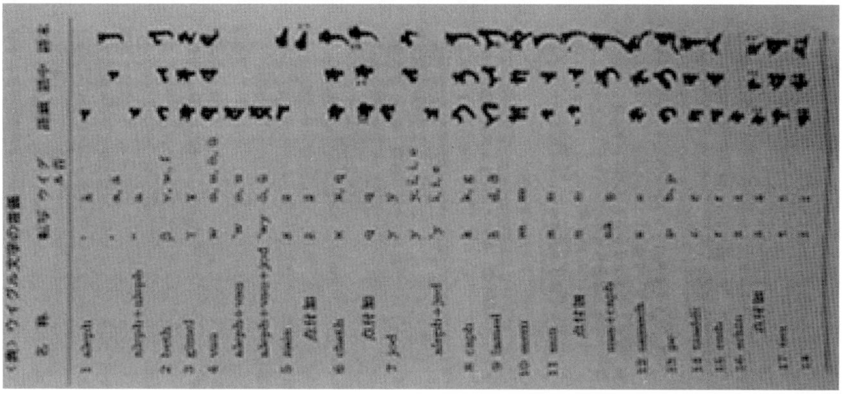

[사진 3-16] 위구르 문자[53]

이 도표의 글자들을 옮겨 보면 다음과 같다.[54]

① aleph /'/, ② beth /β/, ③ gimel /γ/, ④ vau /w/, ⑤ zain /z/, ⑥ cheth /x/, ⑦ jod /y/, ⑧ caph /k/, ⑨ lamed /δ/, ⑩ mem /m/, ⑪ nun /n/, ⑫ samech /s/, ⑬ pe /p/, ⑭ tzaddi /c/, ⑮ resh /r/, ⑯ schin /š/, ⑰ tau /t/, ⑱ *resh /l/

[표 2-4] 위구르 문자 18자의 명칭과 음가

앞에서 언급한 대로 마지막의 ⑱ *resh /l/는 위구르어의 표기를 위해서 만들어진 것으로 ⑮ resh /r/을 가공한 것이다. 앞의 [사진 3-16]에서 ⑮의 resh 글자와 ⑱의 *resh 글자를 비교하면 이 사실을 알 수 있다.

뿐만 아니라 소그드 문자에 있었던 수사나 표의 문자, 혹은 어말에만 사용되던 특수문자 5개가 위구르 문자에서는 보이지 않는다. 위구르어 표기에는 필요가 없었기 때문이다

53 [사진 3-16]의 문자표는 河野六郎·千野榮一·西田龍雄(2001:119)의 庄垣內正弘씨가 집필한 것에서 인용하였다. 庄垣內씨와는 오랜 친구였으나 얼마 전에 유명을 달리하였다. 삼가 고인의 명복을 빈다. 사진은 편집의 편의상 옆으로 뉘었다.

54 소그드 문자는 음절 초에 16개 문자, 음절 가운데에 18개 문자, 음절 말에 17개 문자를 사용하였다(졸저, 2009:113).

(河野六郎·千野榮一·西田龍雄, 2001:119).

3.4.0.2. 위구르 문자가 소그드 문자에서 온 것이고 문자의 배열순서는 같지만 그 글자의 음가와 정서법은 서로 달랐다. 거기다가 소그드 문자는 오른쪽에서 왼쪽으로 횡서(橫書)하였지만 위구르 문자는 한자의 영향을 받았는지 주로 종서(縱書)로 썼다. 초기의 위구르 문자는 횡서한 것도 있었다고 하지만 남아있는 위구르 문헌들은 거의 모두 종서된 것이다. 다만 한문과 다르게 왼쪽에서 바른 쪽으로 행을 이어갔다.

위구르 문자는 처음에는 소그드 문자와 거의 같은 정서법을 가졌으나 시대의 변천에 따라 문자의 자형과 음가, 그리고 사용법이 달라졌다. 앞의 [사진 3-16]에서 보이는 ⑫ samech의 /s/와 ⑯ schin의 /š/의 자형이 동화되어 본래의 /š/를 표음하기 위하여 오른쪽 옆에 2점을 찍었다.

또 ③ gimel /γ/과 ⑥ cheth /x, q/의 자형이 어말(語末)의 위치에서만 구별되었는데 ⑥ cheth의 아랫부분을 길게 하고 ③ gimel의 윗부분을 짧게 하였으나 서서히 gimel의 형태로 바뀌어 갔다.

⑤ zain /z/는 소그드 언어에서는 ⑪ nun /n/과 구별하기 위하여, 또는 /ž/를 표음하기 위하여 1점, 또는 2점을 붙였다. 위구르어에서도 초기 문헌에는 /z/에 점을 더 하기도 하고 /ž/를 분명하게 표음하기 위하여 2점을 붙이기도 했다.

① aleph /a, ä/와 ⑪ nun /n/의 자형은 초기 문헌에서 변별하기가 어려웠다. 더욱이 어중(語中)의 위치에서 ⑥ cheth, ③ gimel과의 구별도 어려웠다. 그로부터 ⑪ nun의 자형에 점차 1점을 붙이게 되었다.

3.4.0.3. 위구르 문자는 원래 다음자성(多音字性)의 큰 문자였다. 문자간의 구별도 비교적 확실했었는데 후기에 들어와서 초서체의 문자가 발달함에 따라 문자간의 구별이 매우 애매해져서 사본에 의하면 aleph, nun, gimel의 돌기(突起) 부분이 생략되어 1본의 봉선(棒線)이 여러 개의 문자를 대신하기도 한다.

예를 들면 /s--l/, /bwr--n/이 /saqal/ '수염', /burxan/ '부처'와 같이 한 줄의 선이 /aqa/, /xa/을 표기한다(河野六郎·千野榮一·西田龍雄, 2001:120). 후기의 위구르 문자는 한자의 영향을 받아 문자로서는 분석이 불가능하게 하나의 문자가 하나의 의미를 표하기도 한다.

이 시대에는 위구르 불경에서 한자를 섞어 쓴 위구르 문장이 발견된다. 한자는 음독(音讀)

하는 것과 석독(釋讀)하는 것이 있지만 대체로는 석독하였다. 석독 한자에다가 위구르어의 접사(接辭)가 덧붙여서 마치 우리 한문과 한글이 섞여 쓰인 문장과 같다. 당시 위구르에는 위구르 한자음이라는 것이 있었는데 이것 역시 우리가 별도의 한자음을 가졌던 것처럼 그들도 자신들의 한자음을 가졌던 것과 같다.

위구르 문자는 소그드 문자를 차용하여 사용하여서 초기에는 소그드의 언어적 특색을 많이 보였으나 한문 불경을 대량으로 번역하면서 한자 표기의 영향을 받게 되었다. 일반인들의 민속(民俗) 문서에는 개인적인 특징이 들어난 치졸한 표기가 많이 남아있다.

1) 몽고-위구르 문자

3.4.1.0. 몽골의 칭기즈칸은 이 위구르 문자를 들여다가 몽고어와 제국(帝國)의 여러 언어를 표기하게 하였다. 전통적으로 위구르 족으로 불리는 종족이 8세기 중엽에 돌궐(突厥)을 쳐부수고 몽골 고원에 위구르 카한국(可汗國)을 세웠다. 그러나 이 나라는 9세기 중엽에 이르러 키르기스(Kirgiz)족의 공격을 받아 궤멸하였고 위구르 족은 남쪽과 서쪽으로 나뉘어 패주(敗走)하였다.

남쪽으로 도망간 위구르 족은 당(唐)으로의 망명이 이루지지 않아서 뿔뿔이 흩어졌다. 서쪽으로 향한 위구르 족의 일부가 현재 중국의 감숙성(甘肅省)에 들어가 그곳에 왕국을 세웠다가 11세기 초엽에 이원호(李元昊)의 서하(西夏)에 멸망하였다. 앞에서 논의한 서하(西夏) 문자, 즉 탕구트 문자를 만들어 사용하던 나라다.

한편 현재의 신강성(新疆省) 위구르 자치구에 들어간 별도의 일파는 9세기 후반 당시의 언자(焉耆), 고창(高昌), 북정(北庭)을 중심으로 한 지역에 '서(西) 위구르 왕국'으로 일반에게 알려진 국가를 건설하였다. 제2장 2.4.2.3.에서 <효경직해(孝經直解)>의 저자로 책의 말미에 '북정성재직설효경종(北庭成齋直說孝經終)'라고 한 북정(北庭)을 말한다.

즉, 북정(北庭)의 성재(成齋)가 직설(直說), 당시 한어로 직접 해설한 <효경(孝經)>이란 뜻이다. 성재(成齋)는 위구르인 소운석해애(小雲石海涯)의 아호(雅號)이므로 '북정(北庭) 성재(成齋)'란 뜻은 위구르 사람 성재(成齋), 즉 소운석해애(小雲石海涯)가 <효경>을 직해한 것이라는 뜻을 가진 것이다.

서(西) 위구르 왕국들도 13세기 전반 몽골족의 발흥에 의하여 멸망을 길을 걷게 되었고 결국은 사라지게 되었다. 이것이 다음에 언급할 나이만(乃蠻)으로 보인다. 우수한 문명을 가졌던 이 나라는 몽고 문화의 발전에 지대한 영향을 주었다(졸저, 2009:106~9).

3.4.1.1. 몽고의 칭기즈칸(成吉思汗)은 나이만(乃蠻, Naiman)을 정복하고 포로로 잡아온 위구르인(畏兀人) 타타퉁아(塔塔統阿, Tatatunga)로 하여금 위구르 문자(畏兀文字)로 몽고어를 기록하는 방법을 고안하여 태자(太子) 오고타이(窩闊臺)와 제한(諸汗)에게 가르쳤다.

즉 『원사(元史)』에 다음과 같은 기사가 있다.

> 塔塔統阿畏兀人也, 性聰慧、善言論、深通本國文字。乃蠻大敭可汗尊之爲傅, 掌其金印及錢穀。太祖西征, 乃蠻國亡, 塔塔統阿懷印逃去, 俄就擒。帝詰之曰: "大敭人民疆土悉歸於我矣, 汝負印何之？" 對曰: "臣職也。將以死守、欲求故主授之耳。安敢有他？" 帝曰: "忠孝人也。問是印何用？" 對曰: "出納錢穀委任人才, 一切事皆用之, 以爲信驗耳"。帝善之, 命居左右。是後凡有制旨, 始用印章, 仍命掌之。帝曰: "汝深知本國文字乎？" 塔塔統阿悉以所蘊對, 稱旨遂命敎太子諸王, 以畏兀字書國言。－타타퉁아는 위구르 사람이다. 천성이 총명하고 지혜로우며 언론(言論)을 잘 하였고 자기 나라 글자(위구르 문자를 말함－필자)를 깊이 알았다. 나이만(乃蠻)의 대양가한(大敭可汗－나이만의 황제를 말함)이 존경하여 스승을 삼고 금인(金印) 및 돈과 곡식을 관장하게 하였다. 태조(칭기즈칸을 말함)가 서쪽으로 원정하여 나이만의 나라를 멸망시켰을 때에 타타퉁아가 금인(金印)을 안고 도망을 갔다가 곧 잡혔다. 황제(칭기즈칸을 말함－필자)가 따져 물었다. "대양(大敭)의 인민과 강토가 모두 나에게로 돌아왔거늘 네가 금인을 갖고 무엇을 하겠는가?" [타타퉁아가] 대답하여 말하기를 "신(臣)의 직분입니다. 마땅히 죽음으로써 지켜서 옛 주인이 주신 바를 구하려고 한 것일 뿐 어찌 다른 뜻이 감히 있겠습니까?" 황제가 말하기를 "충효(忠孝)한 인물이로다. 묻고자 하는 것은 이 인장(印章)을 무엇에 쓰는 것인가?" 대답하기를 "전곡(錢穀) 출납을 위임받은 사람이 일체의 일에 모두 이것을 사용하여 믿고 증명하려는 것일 뿐입니다." 황제가 좋다고 하고 [타타퉁아를 황제의] 곁에 두도록 명하였다. 이후로부터 모든 제도를 만드는 명령에 인장을 사용하기 시작하였고 [타타퉁아가] 명을 받들어 이를 관장하였다.[55] 황제가 말하기를 "네가 너의 나라의 문자를 깊이 아느냐?" 하였더니 타타퉁아가 모두 알고 있다고 대답하였다. [그는] 황제의 뜻으로 태자와 여러 왕들에게 위구르 문자로 나라의 말(몽고어를 말함－필자)을 쓰는 것을 가르치는 명령을 수행하였다(『元史』권124권, 「列傳」 제11 '塔塔統阿'조). 우리말 번역은 졸저(2009:107~8)에서 재인용.

55 몽고의 제2대 황제 오고타이 칸(窩闊臺汗, Ogödäi, 후일 元 太宗) 시대에도 印璽를 만들어 耶律楚材와 田鎭海에게 나누어 관장 시켰는데 용처는 漢人과 色目人의 군사에 관한 일에 국한하였다.

이에 의하면 나이만(乃蠻)의 타타퉁아에 의하여 그 나라의 문자인 위구르 문자로 몽고어를 기록하게 한 것이 몽고어의 위구르 문자로 발전한 것임을 알 수가 있다. 이것이 바로 필자에 의해서 명명된 몽고-위구르자(畏兀字, Mongolian Uighur alphabet)다. 몽고인들이 사용한 최초의 문자로 초기에는 웨올(維兀, 維吾爾, 위구르) 문자라고 불리기도 하였다.[56]

3.4.1.2. 조공(趙珙)의 『달달비록(蒙韃備錄)』에 "其俗旣朴, 則有回鶻爲隣, 每於兩{說郛本作西}河博易販賣於其國。迄今文書中自用於他國者, 皆用回鶻字, 如中國笛譜字也。今二年以來, 因金國叛亡, 降附之臣無地容身, 願爲彼用, 始敎之文書, 於金國往來却用漢字。- [몽골은] 그 풍속은 순박하고 위구르(回鶻)가 이웃에 있어서 매번 그 나라에 물건을 널리 판매하였다. 지금까지의 문서 가운데 타국에 보내는 것은 모두 위구르(回鶻) 문자를 썼는데 중국의 적보(笛譜)의 문자와 같다. 이제부터 2년 이래에 금나라가 모반을 일으켰다가 망하여 항복한 다음에 그 신하들이 용신(容身)할 곳이 없어서 그들을 고용하여 문서를 만드는 것을 가르치기 시작하였다. 금나라와의 왕래에서는 한자를 썼다"라는 기사가 있어 몽고가 그들과 이웃한 위구르인의 사용한 위구르 문자를 빌려서 서역의 여러 민족과 교통하고 금(金)나라와는 한자를 사용하여 서로 소통하였음을 알 수가 있다(졸저, 2009:108).

몽고인들은 원(元)의 쿠빌라이 칸(忽必烈汗)이 파스파 문자를 제정한 다음에도 서역(西域)으로 퍼져나간 몽고의 여러 칸국(汗國)에서 그대로 사용되었고 원 제국(帝國)에서도 한동안 사용되었다. 그리고 후대에 만주족의 청(淸)나라에서 이 문자를 차용하여 만주어를 기록하여 만주문자로 변신한다. 현대의 몽고, 즉 몽고 인민공화국에서도 이 문자를 사용하지 않는다.

현재 몽고-위구르 문자가 사용되고 있는 곳은 중국 내몽고 자치구(自治區)에서 고전 몽고-위구르 문자를 약간 개편해서 현대 몽고자라 하여 사용하고 있다. 현대의 몽고에서는 여러 번 몽고문자라 하여 몽고-위구르 문자를 사용하려고 노력하였으나 아직까지 실현되지 못하고 있다. 그 원인은 이 몽고-위구르 문자가 매우 불완전하고 몽고어 표기에 많은 문제가 있었다. 거기다가 주로 종서(縱書)로 쓰이고 횡서(橫書)하기가 불편하기 때문일 것이다.

3.4.1.3. 이 문자는 표음문자이기는 하지만 불완전해서 각 글자가 위치에 따라 발음을

56 몽고어의 문자 표기에 대하여는 Vladimirtsov(1929:19), Poppe(1933:76)를 참고할 것.

달리 표기하기도 하고 한 글자가 몇 개의 음운을 나타내기도 한다. 또 어두, 어중, 어말에 따라 자형이 변하기도 하고 독립형이 따로 존재한다. 따라서 이 문자의 보급에는 일정한 제한이 따를 수밖에 없었다.

글자의 배열은 12자두(字頭)라는 전통적이 자모의 배열순서가 있었다. 이것은 역시 고대 인도의 성명기론에 의거한 것으로 후대의 파스파 문자의 제정에도 영향을 준다. 몽고-위구르 문자의 자음을 도표로 보인 것을 Poppe(1966:16~17)에서 옮겨 보면 다음과 같다.

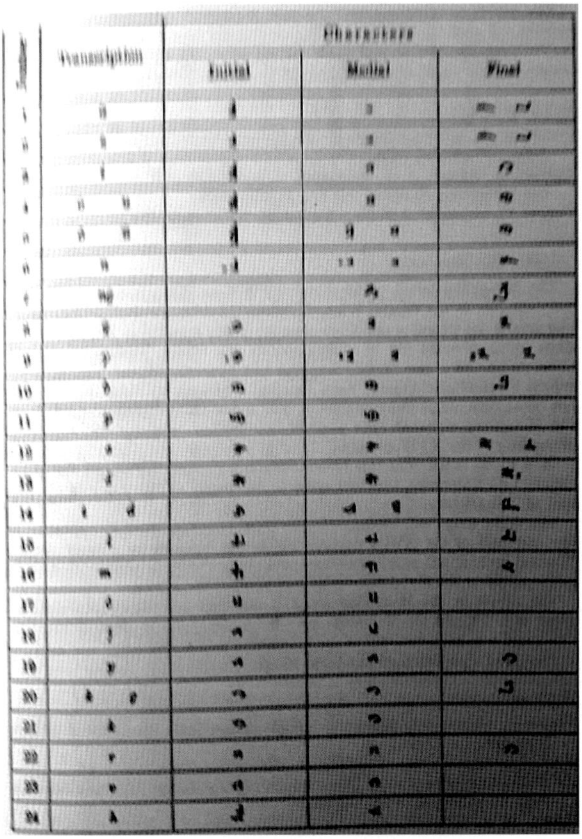

[사진 3-17] 몽고-위구르 문자의 자음자[57]

이어서 모음의 글자를 도표로 보이면 다음과 같다.

57 이 도표들은 Vladimircov(1929)의 것을 대부분 그대로 수용한 것이다.

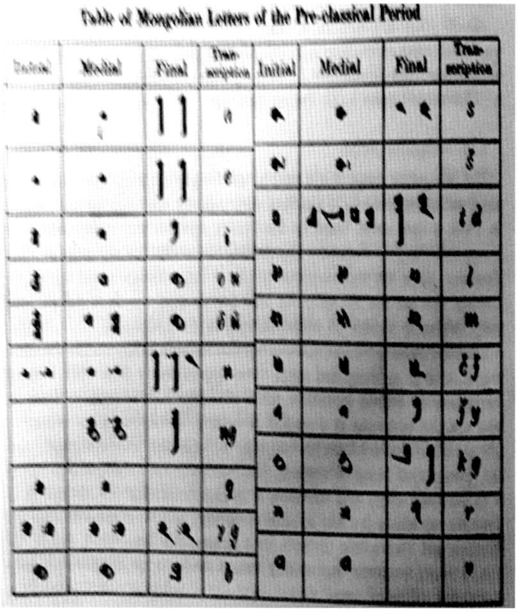

[사진 3-18] 몽고-위구르 문자의 모음자

[사진 3-17]과 [사진 3-18]을 보면 몽고-위구르 문자의 자음과 모음이 위치에 따라 다른 자형을 보이고 한 글자가 반드시 한 발음을 표음하는 것이 아님을 알 수 있다. 또 모음 글자는 선행하는 자음에 따라 음가가 달라지기도 하였다. 중세 몽고어를 지배하는 강한 모음조화(vowel harmony)의 영향에 따른 것이다.

3.4.1.4. 이 문자는 『장춘진인서유기(長春眞人西遊記)』에 구처기(丘處機)가 몽고 태조 17년(1222)에 칭기즈칸에게 장생술(長生術)을 가르칠 때에 아리선(阿里鮮, Arisen)이란 서기(書記)가 위구르 문자로 이를 기록했다는 기사가 있다. 이것이 몽고-위구르 문자로 몽고어를 기록했다는 기사 가운데 가장 오래된 것이다. 아마도 아리선(阿里鮮)은 위구르 문자를 아는 나이만(乃蠻)의 사람일 것이다.

칭기즈칸 때 사용된 몽고-위구르 문자는 위구르 문자와 동일한 자형(字形)이었다. 몽고 태조 19년(1224)이나 다음 해(1225)에 세운 것으로 알려진 '칭기즈칸의 돌(Jinghis Khan's stone)'에 새긴 몽고-위구르 문자가 지금까지 발견된 가장 이른 시기의 몽고-위구르 문자의 자료다. 원대(元代)에 들어와서는 목판에 몽고-위구르 문자를 새겨 간행한 문헌도 있었다.

이렇게 몽고-위구르 문자로 쓰인 몽고어를 '몽고문어(蒙古文語)'라고 부르며 주로 13세기까지의 몽고어를 말한다. 즉, Poppe(1954)의 『몽고문어 문법』에 의하면 현대의 몽고어만이 아니라 근대몽고어와도 다른, 문헌어로서만 존재하는 몽고어를 말하며 몽고-위구르 문자로 표기된 언어를 몽고문어라고 하였다. 예를 들면 『원조비사(元朝秘史)』의 몽고어가 바로 몽고문어(written Mongolian)에 해당한다.

칭기즈칸에 의해서 사용되기 시작한 몽고-위구르 문자는 몽고 대제국(大帝國)이 유라시아 대륙의 거의 대부분을 점령함에 따라 이 문자도 널리 퍼져나갔다. 몽고-위구르 문자로 쓰인 비문(碑文)이나 문서의 단편들은 중국과 투르케스탄, 그리고 일 칸국(汗國, Ilkhante, 1256~1353)의 치하였던 이란(Iran) 지역과 킵차크 한국(汗國, Kipchak)의 차하에 있던 남(南)러시아 등지에서 발견된다.

일 칸국(汗國)은 칭기즈칸(成吉思汗)의 아들로 태어난 툴루이(拖雷, Tullui)의 아들, 즉 칭기즈칸의 손자인 뭉케(蒙哥, Möngke)가 황제(大汗)에 오르자 그의 동생 훌레그(Hulleg)가 중동을 원정하여 기원후 1258년에 아랍 아바스 왕조(Abbasid dynasty)의 수도인 바그다드(Baghdad)를 점령하고 주변의 여러 국가를 통합하여 세운 나라다.

킵차크 한국(欽察汗國, Kipchak)은 칭기즈칸의 넷째 아들 주치(朮赤, Zuchi)와 그의 둘째 아들 바투(拔都, Bator)가 남러시아에 세운 나라로서 볼가강(Volga) 하류의 사라이(Sarai)에 도읍을 정하였다. 일한국(汗國, Ilkhanate)의 왕이 몽고-위구르 문자로 써서 로마의 바티칸 교황(敎皇)과 프랑스의 국왕 필립에게 보낸 서한(書翰)이 바티칸 교황청과 프랑스 국립문서보관소에 완전한 형태로 소장되었다.

이로부터 몽골의 여러 한국(汗國)들도 몽고-위구르 문자를 사용한 것으로 볼 수 있다. 다만 이 문자가 각 한국(汗國)의 백성들도 사용하였을 것으로 보이지는 않는다. 통치자인 몽고인들만이 사용한 통치문자의 하나였을 것이다.

3.4.1.5. 몽고-위구르 문자는 위구르 문자를 차용하여 몽고어를 표기하였기 때문에 몽고어를 기록하기에는 적절하지 않았다. 거기다가 위구르 문자는 반드시 일자일음의 표음문자가 아니었기 때문에 몽고어를 표기할 때에 적지 않은 혼란을 일으켰다.

여북하면 17세기에 바톨(Bator) 홍타이지(Hong Taiji, 皇太極)가 세운 서(西)몽고의 오이라트족(Oirat, Oyrat)들은 몽고-위구르 문자를 개량하여 토도 문자(Todo üsüg)를 새로 만들어 썼을까. 오늘날의 몽고에서도 쉽게 이 문자를 살려 쓰지 못하고 로마자를 빌려다가 몽고어를 기록하는 것은 이 문자가 몽고어를 기록하는데 많은 결함을 갖고 있었기 때문이다.

토도(Todo)라는 말은 몽골어로 '명료(明瞭)한'이란 뜻이다. 따라서 몽고-위구르 문자의 불분명한 글자들을 고쳐서 범어(梵語)나 티베트어를 정확하기 표기하기 위하여 만든 문자임을 알 수 있다. 토도문자는 몽고문어에 17세기 오이라트(Oirat) 방언이 반영된 오이라트 문어의 표기에 사용되었다. 이런 정도로 몽고-위구르 문자는 부실한 문자였고 원(元)이 건국하자 파스파 문자를 제정하게 된 이유가 여기에 있다.

모음글자는 [사진 3-18]에서 보인 바와 같이 /', y, w/의 3자가 조합하여 만들었다. /e/를 제외하고 모든 모음자는 음절 초에 오게 되면 /'/를 수반한다. /a/는 어두위치가 아니면 /e/와 구별하지 않는다. 또 중세몽고어에서 모음조화 현상이 매우 뚜렷했으므로 전설모음의 /ö, ü/와 후설의 /o, u/는 자동적으로 교체되어 구별할 필요가 없다. 따라서 이 모음들은 음가는 다르지만 한 글자로 통일되었다.

조선의 훈민정음 창제에서 모음 글자들이 천지인(天地人) 삼재(三才)의 /ㆍ, ㅡ, ㅣ/의 3자(字)를 조합하여 /ㅗ, ㅏ, ㅜ, ㅓ, ㅛ, ㅑ, ㅠ, ㅕ/의 8자(字)를 더 만들어 중성(中聲) 11자로 한 것은 여기에서 힌트를 얻은 것일 수도 있다. 또 파스파 문자에서 모음이 어두에 올 때면 반드시 유모(喩母)의 /ᢒ/를 쓰는 것과 한글에서 모음이 어두에 올 때면 욕모(欲母)의 /ㅇ/을 먼저 쓰는 것도 이 몽고-위구르 문자로부터 전승되어 온 것임을 알 수 있다.

훈민정음을 제정한 조선 세종 당시에는 몽고-위구르 문자가 외국어를 교육하는 사역원(司譯院)에 사용하는 중요한 표음 문자였다. 조선 초기에 사역원을 설치할 때에 제조(提調)로서 실무를 담당한 설장수(偰長壽)는 위구르인으로 원(元)에 귀화했다가 다시 고려로 망명한 설손(偰遜)의 장남이었다.

따라서 설장수는 세습언어(heritage language)로 위구르어와 위구르 문자, 그리고 원(元)에서 사용하던 몽고-위구르 문자를 모두 잘 알고 있었다(졸고, 2015a). 따라서 졸저(2017:683)에서 여진어를 학습하는 조선 전기의 사역원 여진학서(女眞學書)들이 금(金)의 여진문자가 아니라 몽고-위구르 문자로 표기되었을 것으로 추정하였다.

그러나 조선 전기의 여진학서들이 현재 하나도 전하는 것이 없어서 확인할 수는 없다. 다만 후일 청학서(淸學書), 즉 만주어 학습 교재의 만주 문자와 여진학서의 표기문자에 대하여 불과 권점(圈點)의 차이만이 있을 뿐이라는 언급으로부터 이러한 추론을 하게 된 것이다(졸고, 2015a).

2) 만주(滿洲) 문자

3.4.2.0. 한자도 아니고 범자(梵字)도 아닌 서양의 북셈(Northern Semitic) 문자 계통의 문자로 몽고-위구르 문자와 더불어 만주(滿洲) 문자를 들 수 있다. 만주 문자는 청(淸) 태조 누르하치(奴兒哈赤)가 에르데니(額爾德尼) 등을 시켜 몽고 위구르 문자를 빌려 만주어를 기록하도록 만든 문자다.

만력(萬曆) 27년(1599)에 만들었다가 청(淸) 태종 홍타이지(Hong Taiji, 皇大極)가 숭정(崇禎) 5년(1632)에 다하이(Dahai, 達海) 박사 등으로 하여금 몽고-위구르 문자에 몇 개의 문자를 더 첨가하고 권점(圈點)을 붙여 수정하였다. 원래 몽고-위구르 문자가 일자일음에 어긋나는 결함이 있었기 때문이다. 그리고 다하이(達海) 박사 등에 명하여 많은 중국의 서적을 만주어로 번역하고 이 문자로 기록하게 하였다.

숭정(崇禎) 5년의 후자가 신(新) 만주문자이고 만력(萬曆) 27년의 전자가 구(舊) 만주문자, 흔히 만문노당(滿文老檔)이라고 부르는 무권점(無圈點) 만주문자다. 이 문자는 조선 사역원에서 병자호란 이후에 만주어 학습을 위하여 교육되었다. 이미 이때에는 여진족의 금(金)나라에서 한자를 변개시켜 만든 여진자(大字, 小字)가 사용되지 않고 몽고 위구르 문자를 수정한 만주문자가 널리 사용되었기 때문이다.

만주어 학습의 초기에는 사역원의 여진학관 신계암(申繼黯)이 여진학서(女眞學書)를 만주어 학습 교재로 재편하여 상용하였다. 아마도 여진학서도 위구르 문자로 표기되었을 것이다. 이에 대하여는 전술한 바와 같이 졸고(2015a)에서 조선 사역원의 여진학서들도 몽고-위구르 문자로 표기하였을 것이라고 추정한 것이다.

졸저(2017:687)에서 사역원의 여진학서는 앞에서 논의한 금(金)의 여진 대자(大字)나 소자(小字)가 아니라 몽고-위구르 문자로 쓰였을 것이라고 추정하였다. 여진의 금(金)이 제정한 여진 문자는 금(金)이 망한 단평(端平) 1년(1234) 이후에 즉시 폐절되었고 조선 사역원에 여진학(女眞學)이 설치된 것은 금(金)이 멸망한 한참 후인 조선 세종 16년(1434)의 일이기 때문이다.

졸저(2017:680)에서 조선의 여진학이 사역원에 설치된 것은 세종 때의 일로 보았다. 그나마 여진학서가 역과 과시(科試)의 교재로 등재된 것은 세조 때에 시작하여 성종 16년(1485)에 간행된 『경국대전(經國大典)』에서의 일이다. 조선의 건국 초기에 설치된 외국어 학습기관이면서 역관들을 관장하는 사역원(司譯院)은 설장수(偰長壽)에 의하여 주도되었다.

설장수(偰長壽)는 졸고(2015a)에 의하면 위구르인들의 나라인 고창(高昌)에서 원(元)으로 귀화하였다가 다시 고려로 피난하러 온 설손(偰遜)의 장남이므로 위구르어와 문자를 세습(世襲)언어(heritage language)와 문자로 익히 알고 있었을 것으로 추정되기 때문이다. 오늘날 타국에 이민(移民)한 경우를 보면 몇 세대에 걸쳐 그들의 언어가 유지되는 것을 볼 수 있다.

그리하여 설장수가 제조(提調)로 있는 동안 당시 거의 유일한 표음문자였던 위구르 문자로 사역원의 여러 교재가 작성되었을 것으로 추정하고 초기의 여진학서들이 몽고-위구르 문자로 표기되었을 것이라고 주장하였다(졸고, 2015a). 위구르 문자는 이미 몽고-위구르 문자로 변천하여 당시 몽고 학습서에서 쓰이고 있어서 사역원의 역생(譯生)들이 잘 알고 있는 문자였다.

3.4.2.1. 만주족은 여진족의 일부로서 건주여진(建州女眞)과 해서여진(海西女眞)을 기초로 하여 여진 각부를 통일한 것이며 청조(淸朝) 안에는 야인여직(野人女直), 한인(韓人), 한인(漢人), 몽고인, 시버(錫伯), 달알이(達斡爾) 등의 여러 민족이 흡수되어 있었다.

조전(趙展)씨[58]의 보고서에 의하면 만주족은 16세기 말부터 17세기 초에 걸쳐 누르하치(奴兒哈赤)에 의하여 여진 각부가 통일되고 1636년에 여진의 호칭을 만주라고 고치도록 명령하였다. 이어서 이들은 산해관(山海關)을 넘어 중원에 들어가 명(明)을 멸망시키고 청조(淸朝)를 건립하였으며 청조 일대를 통하여 만주족은 통치민족이 되었다.

이러한 정치적 지위를 이용하여 학교를 건립하고 만주어를 보급하면서 만주족은 문화적 발전을 거듭하였으며 만주문자도 보급되었다. 그리하여 순치(順治)·강희(康熙)·옹정(雍正)의 3대에는 대부분의 군사·정치상의 중요사항이 만주 문자로 기록되었고 공문서도 만문(滿文)으로 작성되었다.

그러나 만주족이 세운 청(淸)의 언어와 문화는 몽고족의 원(元)과 마찬가지로 점차 한화(漢化)되어 건륭(乾隆)·가경(嘉慶)·함풍(咸豊)의 3대에는 공문서가 만한(滿漢) 합벽(合璧)의 형식이 많았으며 함풍(咸豊)·동치(同治) 이후에는 만문(滿文)의 사용이 현저하게 줄어들게 되었다.

---

58 趙展씨는 1931년 중국 黑龍江省 寧安縣에서 출생한 滿洲族으로 伊爾根覺羅(이르겐교로)가 그 만주어 이름이다. 鑲紅旗人에 속하고 있으며 1957년 東北人民大學 歷史系를 졸업하고 그 해부터 北京의 中央民族學院에 근무하면서 滿洲族의 歷史 文化에 관한 연구를 담당하였다. 1985년 中央民族學院 民族研究所 東北蒙古研究所 副主任으로 있을 때에 일본에 와서 “中國에 있어서 滿洲學의 復興에 대하여”라는 제목의 보고서를 『天理大學學報』에 실었다. 趙展(1985) 참조.

드디어 청(淸)의 멸망으로 만주문자의 사용도 종지부를 찍게 된다.

따라서 만주-위구르 문자라고 불러야 할 이 만주 문자는 청조(淸朝, 1636~1911)에서 만주어 표기에 사용된 문자이다. 청대(淸代)에 간행된 많은 문헌과 자금성(紫禁城)의 편액(扁額), 그리고 금석문에 그 문자를 볼 수 있다. 서적의 간본에 쓰인 것은 인쇄체(印刷体)이며 필사체(筆寫体)도 있다. 『수군기행(隨軍紀行, *beye i cooha bade yabuha*)』에 쓰인 만주문자는 필사체(筆寫体)를 보여준다.

전서체(篆書体)도 있어서 인장(印章) 등의 글에 사용하였다. 유기(遊技)이기는 하지만 건륭(乾隆) 13년(1748)에 전서(篆書)를 정하여 『어제성경부(御製盛京賦)』를 전서(篆書)로 써서 간행하였다. 만문(滿文) 32체 전서(篆書)는 한자의 전서를 모방한 것이어서 필획(筆劃)이나 명칭도 모두 같다.

3.4.2.2. 모음 글자는 만주어의 6개모음을 표음하도록 몽고-위구르 문자를 개량하였다. 각 글자는 어두(語頭)와 어중(語中), 그리고 어말(語末)이 각각 달랐으며 선행하는 자음에 따라 모음 글자가 변하기도 한다. 비록 권점(圈點)을 붙여 복잡해 보이지만 만주문자는 몽고-위구르 문자보다는 실용적인 문자라고 할 수 있다.

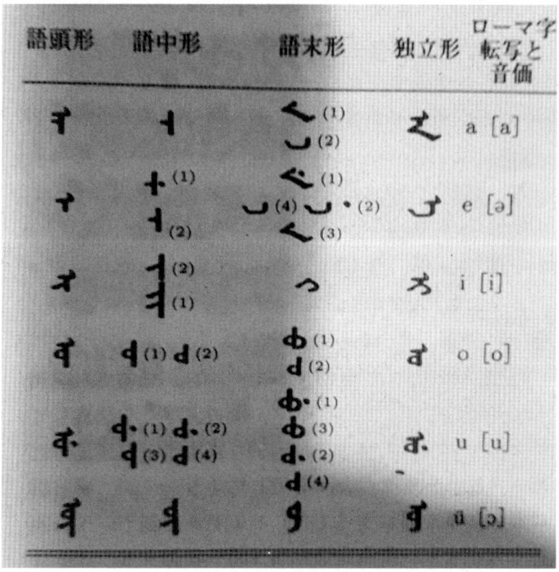

[사진 3-19] 만주문자 모음자[59]

먼저 만주 문자의 모음 글자는 [사진 3-19]와 같이 /a, e, i, o, u, ü/의 6자를 만들어 [a, ə, i, o, u, ɔ]를 표기하도록 하였다. 만주문자에는 3종의 원순모음 글자가 있으나 이 가운데 [o]와 [u]는 권점(圈點)의 유무로 표시하고 나머지 /ü [ɔ]/는 새로운 글자를 제자(製字)하여 한 글자가 다음가(多音價)인 것을 회피하였다. 이 만주문자의 6개 모음자를 도표로 보이면 앞의 [사진 3-19]와 같다

[사진 3-19]의 어말에 (1)과 (2)로 표시한 것은 선행하는 자음에 따라 자형이 변하는 것을 말한다. 즉, 첫줄 /a/의 어말(語末) (2)는 선행하는 자음이 /k', g', h'/일 경우에 한해서만 쓸 수 있는 글자들이다. 둘째 줄 /e/와 셋째 줄의 /i/는 어말(語末)에서 모음자가 선행하는 경우에 (1)이 쓰이고 자음이 선행하는 경우에 (2)가 쓰인다.

첫째 줄의 /a/와 둘째 줄의 /e/는 어중(語中)에서 권점(圈點)의 유무(有無)에 의해서 구별되지만 선행하는 자음이 /t, d, k, g, h/일 경우에만 무점(無點)의 /e/(/a/도 같음) 글자가 쓰인다. 이들 자음에 후속하는 모음의 범주가 정해져 있어서 이를 혼동할 여지가 없기 때문에 점을 붙이지 않는 것이다.

이런 원칙에 따라 둘째 줄 /e/의 어말에서도 선행자음이 /t, d/인 경우에는 (3), /k, g, h/의 경우에는 (4), /p, b/의 경우에는 (2), 그 외의 자음에서는 (1)을 쓴다. 셋째 줄의 /i/에서 어중(語中)의 모음자가 선행하는 경우 (1)을 쓰고 자음 다음에 쓰일 때에는 (2)의 자형을 쓴다. 모음자가 겹칠 때에 자획을 뒤로 하였지만 자음 다음에는 /a/와 같이 한 것이다.

넷째 줄의 /o/는 어중(語中)과 어말(語末)에서 /p, b/가 선행하면 (2)를 쓰고 그 외에서는 (1)을 쓴다. 다섯째 줄의 /u/는 어중(語中)에서 무점(無點)의 (3)은 /t, d/ 다음에 쓰이고 /k, g, h/ 다음에는 (4)의 자형이 쓰인다. 유점의 (2)는 /p, b/가 선행하면 쓴다. 그 외에는 (1)의 자형을 쓴다. 어말(語末)에서도 같아서 (4)의 자형은 단음절로 음절 초 자음이 /t, d/인 경우에 쓰이고 음절 수효의 다과(多寡)에 상관없이 /k, g, h/에 후속하는 경우에도 (4)의 자형을 쓴다.

(3)은 다음절어의 말미에서 /t, d/가 선행하거나 선행자음과 관계없이 단음절어의 말미에 올 경우에 (2)를 쓰고 그 외의 경우에는 (1)의 자형을 쓴다. 모음조화에 따라서 모음이 결정되는 경우에 이를 표음하는 별도의 글자를 되도록 줄이려고 노력한 흔적이 보인다.

59 河野六郎·千野榮一·西田龍雄(2001:948)에서 인용.

3.4.2.3. 다음으로 만주문자의 자음 글자에 대하여 살펴보기로 한다. 만주어의 모음조화에 이끌린 자음조화를 반영한 것으로 /k, g, h/에 후속하는 모음은 다르게 대응함으로 어두(語頭)에서 각각 다른 2계통의 자형을 갖고 있다. 이 가운데 음절 말에서는 /k/만이 변별적임으로 점이 있는 어중의 자형이 바로 그것이다. 이런 이유로 몇 개의 자음 글자들은 두 개의 자형을 갖는 수가 있다.

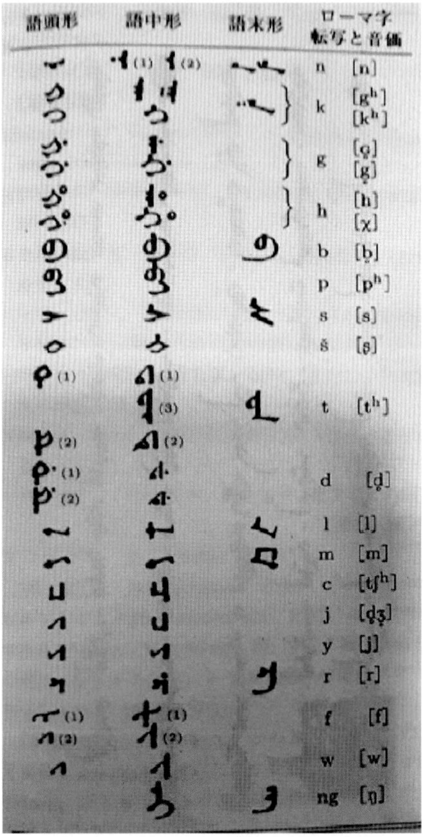

[사진 3-20] 만주 문자의 자음 글자[60]

앞의 [사진 3-20]에 의하면 만주 문자는 19개의 자음을 글자로 하여 만주어를 표기하였음을 알 수 있다. 물론 만주자의 자음 글자도 어두, 어중, 그리고 어말에서 같은 발음의

60 河野六郎·千野榮一·西田龍雄(2001:949)에서 인용.

서로 다른 글자가 있어 실제 글자 수는 늘어날 것이다.

제1줄의 /n/을 표음한 글자는 어중에서 점이 없는 (2)는 자음의 글자가 후속하는 경우의 자형이다. 그 이외에는 (1)의 자형으로 쓰인다. 제2~3줄의 /k, g, h/는 전술한 바와 같이 어두(語頭)에서 자형은 후속하는 모음의 범주에 따라 각각 2계통의 자형을 갖는다. 점은 /g, h/에서 의무적이지만 /k/에서는 수의적이다. 어중(語中)에서도 점은 의무적이지만 /k/에서는 수의적이며 어말(語末)에서도 동일하다.

제9~10줄의 /t, d/는 점의 유무로 구별되지만 /k, g, h/와 같이 후속하는 모음에 따라 각기 2계통의 자형을 갖는다. /t/의 경우에는 어두(語頭), 어중(語中)에서 /a, o, u/와 같은 후설모음이 오면 (1)의 자형을 쓰고 /e, i, ü/와 같은 전설모음이 오는 경우에는 (2)의 자형을 쓴다. (3)의 자형은 음절 말에 쓰인다.

이외에도 한자음 표기를 위한 특수 문자가 만들어져 사용되었다. 그러나 세로로 써야하는 문자의 특이성 때문에 한자음 표기에는 별로 이용되지 않았다. 현재 북경의 자금성(紫禁城)에 걸려있는 편액(扁額) 등의 한자 표기는 한자를 한 글자씩 표기하지 못하고 연달아 적어 놓았다.

3.4.2.4. 이상 몽고-위구르 문자와 이 문자를 모방한 만주 문자를 살펴보았다. 비록 만주 문자가 몽고-위구르 문자를 개량하였다고 하나 역시 문자의 자형이 일관되지 않고 어두, 어중, 어말에서 각기 다른 자형을 보이는 등 만주문자도 표음문자로서 치명적인 결함을 갖고 있다.

이것은 위구르 문자를 들여다가 몽고어를 표기할 때부터 있었던 결함으로 몽골의 원(元)에서는 결국 파스파 문자라는 표음문자를 다시 만들게 되었다. 또 몽고-위구르 문자를 모방하여 만주어 표기에 사용한 만주 문자도 비록 이 문자를 개량하였다고는 하지만 같은 결함이 있어서 만주족의 청(淸)나라에서 점차 그 표기의 역할을 한자와 한문에 뺏기게 되었고 청(淸)이 멸망하고 바로 이 만주문자도 역사 속으로 사라지게 된다.

이런 현상은 인류가 언어를 표기하기 위하여 고안한 문자들이 겪어야 하는 냉혹(冷酷)한 현실이다. 문자는 정치 세력과 연합할 때에 그 사용이 가능하고 언어는 공용어의 지위를 획득해야 그 표기가 실현된다. 언어는 자생적으로 생겨나서 발달하지만 문자는 정치나 문화의 영향을 받고 생겨나거나 유행하게 됨을 깨닫게 한다.

제4장 한글의 창제와 조선어의 음운 연구

4.0. 제3장의 중국 주변 여러 민족의 문자 제정과 언어 연구에서 조선의 언문(諺文) 제정에 대하여 간단하게 살펴보았다. 즉, 언문이란 이름의 한글이 고대인도의 브라미(Brāhmi) 문자, 또는 실담(悉曇) 문자의 영향을 받았고 그 문자 제정의 이론적 근거가 고대인도의 음성학에 있었음을 강조하였다.

이 제4장에서는 조선에서 어떻게 음성학적으로 매우 발달된 과학적인 문자를 제정했는가를 구체적으로 살펴보고자 한다. 원래 <동·서양 언어학사>를 집필하게 된 동기가 한글 창제의 이론적 배경을 살펴보기 위함이기 때문이었다. 따라서 한글의 창제에 대한 연구는 이 책을 집필하게 된 직접적인 동기로 볼 수 있다.

우리말을 표기하는 고유문자에 대한 욕구와 변화하는 한자음의 정확한 표음을 위한 시대적 요구가 드디어 훈민정음으로 불리는 새로운 문자의 제정을 가져오게 된다. 조선에서는 전시대의 다양한 한자 표기와 그 사용으로부터 고유문자의 필요성이 인식되었다. 그리고 중국어와 한자음의 차이를 극복하기 위하여 새로운 한자음을 제정하고 그를 표기하기 위한 표음문자가 시급하게 필요했던 것이다.

새로운 문자의 제정을 위하여 필연적으로 여러 음성, 음운의 연구 이론이 필요했으며 우리말에 대한 철저한 음운 분석과 문법적 해석이 필요했다. 세종은 새 문자의 필요성을 인지하고 그를 위하여 여러 학자와 여러 이론을 수합하였고 여러 차례 시행착오를 거쳐 드디어 한자음을 정밀하게 표음할 수 있고 겸하여 우리말도 표기할 수 있는 문자를 제정하게 된다.

또한 이것은 새 나라를 세우면 새 문자를 제정한다는 북방민족의 전통에 맞춘 것이다. 이 장(章)에서는 훈민정음이라는 이름으로 제정된 우리의 글자인 한글의 발명에 대하여 그 동안 이에 대하여 고찰한 다른 여러 연구자들과 다른 시각에서 살펴보기로 한다.

1. 세종의 가족과 제정한 훈민정음

4.1.0. 한사군(漢四郡) 이래로 당송(唐宋)을 통하여 본격적으로 한반도에 유입된 한자와 한문은 바로 중국어와 이를 표기한 한문(漢文)이었고 이 한문을 통하여 배운 것은 중국어였다. 따라서 중국에서 오는 사신(使臣)을 비롯하여 중상(中商)들과의 교역에서도 한문으로 배운 중국어로 서로 소통할 수 있었다. 왜냐하면 이 시대의 한자음은 모두 중국의 역사에서 통어(通語)의 발음이었고 한문의 문장도 통어에 기반을 둔 것이기 때문이다.

그러나 몽골의 원(元)이 건국하면서 도읍(都邑)을 당시로는 동북방언을 사용하는 북경(北京)으로 정하고 그곳의 말인 한아언어(漢兒言語)를 공용어로 하면서 이 중국어와는 한문을 통하여 배운 것으로는 통하지 않게 되었다. 당송(唐宋)의 통어(通語)와 원대(元代)의 근대한어(近代漢語)와는 통역이 필요할 만큼 서로 다른 언어였기 때문이다.

조선 왕조는 역성(易姓) 혁명에 의하여 건국되었다. 고려의 무신(武臣)이었던 이성계(李成桂)가 위화도(威化島)에서 회군(回軍)한 이래 세력을 키워 고려의 우왕(禑王)을 내어 쫓고 공양왕(恭讓王)을 세운 다음 이를 3년 만에 또한 폐위(廢位)시키고 스스로 왕위에 올라 조선왕조를 세운 것이다.

조선 태조(太祖) 이성계는 건국 초기부터 고려의 교육제도를 본받아 육학(六學)을 설치하여 양가(良家) 자제로 하여금 각 분야의 전문 지식을 학습하게 하였다. 즉, 『태조실록』(권2) 태조 2년 10월 조에 "設六學, 令良家子弟肄習, 一兵學、二律學、三字學、四譯學、五醫學、六算學。- 육학(六學)을 설치하여 양가 자제에게 명하여 학습하게 하였다. 하나는 병학(兵學)이오 둘은 율학(律學)이오 셋은 자학(字學)이며 넷은 역학(譯學)이고 다섯은 의학(醫學)이고 여섯은 산학(算學)이다"라는 기사가 있어 학문을 6개 분야로 나누어 각 기관에서 교육하게 하였음을 알 수 있다. 이것은 고려의 공양왕(恭讓王)이 설치한 십학(十學)의 전통을 이어받은 것이다.

조선의 제3대 왕인 태종(太宗)은 이 육학(六學)에 '유학(儒學), 이학(吏學), 음양풍수(陰陽風水), 악학(樂學)'을 추가하여 십학을 두었는데 태조 때의 병학(兵學)을 무학(武學)으로 명칭을 바꿔 '유학(儒學), 무학(武學), 이학(吏學), 역학(譯學), 음양풍수(陰陽風水), 의학(醫學), 자학(字學), 율학(律學), 산학(算學), 악학(樂學)'을 두었으며 이것은 고려 공양왕의 십학(十學)에 비하여 역학과 산학이 추가된 것이다.[1]

뿐만 아니라 유학(儒學)은 삼관(三館 - 조선 초기의 예문관, 성균관, 춘추관을 말함)의 7품 이하의 관원에게, 그리고 기타 9학은 4품 이하의 관원에게 고시(考試)하여 출척(黜陟)의 근거로 삼았음으로 학문과 기술이 크게 발달하였다.

1) 초기의 훈민정음

4.1.1.0. 세종이 초기에 새 문자를 제정할 때에는 가족들과 비밀리에 수행하였다. 왜냐하면 몽골의 원(元)을 멸망시키고 새로운 오아(吳兒)의 새 나라를 세운 명(明) 태조 주원장(朱元璋)은 정복자 몽골에 의해서 오염된 중국을 되돌려 놓으려고 혈안(血眼)이 되었다.

그리하여 북경(北京) 중심의 중국어 동북방언이던 한아언어(漢兒言語, 이하 漢語)도 몽고인들에 의하여 오염된 언어로 간주하고 이를 다시 되돌리려고 노력하였다. 특히 한어(漢語)에 의하여 변질된 한자음을 종래의 운서(韻書)에 맞도록 바꾸려고 노력하였으며 그 결과로 내놓은 것이 황제의 흠찬(欽撰)운서인 『홍무정운(洪武正韻)』이다.

특히 원대(元代)에 제정한 파스파 문자와 이 표음문자로 발음을 표음한 『몽고운략(蒙古韻略)』, 『몽고자운(蒙古字韻)』, 그리고 {증정(增訂)}<몽고자운> 등의 몽운(蒙韻)을 모두 폐하고 파스파 문자를 오랑캐 원나라, 즉 호원(胡元)의 잔재(殘滓)로 보아 철저하게 파괴하였다. 당시에는 앞의 2.2.2.1.에서 논의한 바와 같이 몽고(蒙古)라는 말은 쓸 수가 없는 금기어(禁忌語)였고 파스파 문자도 마찬가지로 써서는 안 되는 용어였다.

그러나 고려 말과 조선 초기, 특히 세종 당시에는 파스파 문자로 발음을 표음한 몽운(蒙韻)이 한자음 교육에 매우 유용함을 익히 알고 있었고 그와 같은 한자음을 표기할 수 있는 표음 문자가 절실하게 필요함을 느끼고 있었다. 그리하여 조선 한자음, 즉 동음(東音)을 고쳐 동국정운식 새 한자음을 정하여 『동국정운(東國正韻)』을 편찬하였다.

언문(諺文)이란 새 문자는 새로 교정한 동국정운식 한자음을 표기하는데 사용하는 문자였으며 그래서 명칭도 '백성들에게 가르치는 올바른 발음'이란 의미의 훈민정음(訓民正音)

---

1 태종의 십학에 대하여는 『태종실록』(권12), 태종 6년 11월 辛未 조에 "置十學, 從左政丞河崙之啓: 一曰儒, 二曰武, 三曰吏, 四曰譯, 五曰陰陽風水, 六曰醫, 七曰字, 八曰律, 九曰算, 十曰樂, 各置提調官. [下略] - 십학을 두다. 좌정승 하륜의 啓에 따라 십학을 두다. 하나는 유학, 둘은 무학, 셋은 이학, 넷은 역학, 다섯은 음양풍수, 여섯은 의학, 일곱은 자학, 여덟은 율학, 아홉은 산학, 열은 악학으로서 각각 제조관을 두었다." 라는 기사를 참조할 것. 졸저(1990a:50)에서 재인용.

이라고 한 것이다. 세종의 새 문자 제정은 한자음을 교정하기 위한 발음기호로서 제정한 것이며 곧 바로 이를 우리말 표기에 사용하면서 언문이란 이름을 얻은 것이다.

그러나 파스파 문자를 호원(胡元)의 잔재로 간주하는 명(明)이 그와 유사한 문자를 조선에서 만드는 것을 좋아할 리가 없었다. 특히 비록 명(明)에 패하여 옛 몽고의 본 고장으로 물러나서 북원(北元)을 세우고 다시 중원(中原)을 정복하려고 호시탐탐 노리는 몽고와 조선이 옛날처럼 연대할까 보아 철저하게 감시하였다.

거기다가 이미 조선 한자음으로 한자를 배워서 과거시험에 합격하여 기득권 세력이 된 유신(儒臣)들은 새로운 한자음을 만들기 위하여 제정하는 세종의 새 문자를 달가워하지 않았다. 더욱이 그들은 모든 사람들이 문자를 사용하는 세상이 좋을 리가 없었다. 자신들만이 문자를 알고 국정(國政)에 참여하는 특권을 빼앗길 수가 있기 때문이었다.

이와 같이 명(明)의 감시와 유신(儒臣)들의 반대를 무릅쓰고 새로 만드는 문자는 암암리에 이루어질 수밖에 없었다. 그리하여 초기에는 세종이 가족들과 함께 새 문자를 제정하고 일부 왕을 따르는 젊은 학자들의 도움을 받았을 뿐이다.

4.1.1.1. 초기에 가족들과 함께 새 문자를 제정할 때에 문자를 만드는 기본 이론은 파스파 문자와 중국 성운학(聲韻學), 그리고 성리학(性理學)에서 가져왔다. 새로운 표음 문자를 제정할 때에는 언어의 음운이나 음절을 분석하고 그 각각에 글자를 대응해서 만들어야 했기 때문이다.

음운 단위의 음소문자이거나 음절 단위의 음절문자를 제정하기 위해서 언어의 음운과 음절을 분석할 때에는 상당한 수준의 음성학적 지식이 필요하다. 음운의 분석을 위한 음성학적 이론은 중국의 성운학에서 가져왔고 음운의 분류와 체계적인 이해는 성리학에서 가져왔으며 실제로 글자를 만들고 그것을 배열하는 방법은 파스파 문자에서 가져왔다.

특히 세종의 새 문자 제정은 한자음의 교정(校正)을 위한 발음기호이었던 것 같다. 같은 한자임에도 불구하고 중국의 한어(漢語)로 읽는 발음과 우리의 발음이 다른 것을 바로잡기 위하여 새로운 동국정운식 한자음을 상정(想定)하고 이를 표음하는 기호로 훈민정음(訓民正音), 즉 백성들에게 가르쳐야 하는 올바른 한자음이라고 이름을 붙인 것이다.

이것은 파스파 문자가 한자음 표음을 위하여 제정되었으며 훈민정음도 초기에는 바로 그러한 목적으로 만들어진 것이다. 제3장의 3.2.2.2.에서 인용한 청대(淸代) 나이지(羅以智)의 '발(跋)몽고자운'에 "此書專爲國字漢文對音而作 - 이 책은 오직 파스파 문자로 한문의 발음을 대음(對音)하기 위하여 지은 것이다"라고 하여 <몽고자운(蒙古字韻)>을 위시한 몽운(蒙韻)들은 모두 한자음을 파스파 문자로 표음하였다.

마찬가지로 <동국정운(東國正韻)>도 인위적으로 한자의 운서음을 재구하여 훈민정음으로 표음한 운서다. 몽운(蒙韻)이나 <동국정운>이 모두 파스파 문자와 훈민정음을 발음기호로 사용하였다. 다만 몽운(蒙韻)은 당시 원(元) 제국(帝國)의 공용어로서 한자의 한어(漢語) 발음을 살리려고 노력하였으나 <동국정운>은 전통 운서에 맞는 한자음을 재구한 것이다.

세종이 <동국정운>을 편찬한 계기는 명(明) 태조 주원장(朱元璋)이 원대(元代)의 변화된 한자음을 바로 잡기 위하여 <홍무정운(洪武正韻)>을 편찬한 것에서 온 것이다. 명(明) 태조는 호원(胡元)에 오염되어 한어(漢語)의 발음으로 변질된 한자음을 바로 잡기 위하여 현실음을 무시하고 전통 운서에 맞추어 인위적인 한자음의 운서로 <홍무정운>을 편찬하였다.

그리고 세종은 우리의 한자음을 중국 전통의 운서음에 맞추려고 했기 때문에 이 두 운서는 현실 한자음을 도외시하고 편찬된 운서여서 실제로 사용되기는 어려웠다. 두 운서 모두 이를 편찬한 제왕이 세상을 떠난 다음에 무용지물이 되어 폐기된다.

4.1.1.2. 초기에 세종이 가족들과 제정한 훈민정음은 음절 초(onset)의 자음, 즉 초성(初聲)으로 27자를 만들고 7개의 중성자(中聲字)를 만들어 처음에는 유모(喩母)에 속하게 하였다. 필자가 재구한 초기 언문(諺文) 27자를 자모도로 보이면 다음의 [표 4-1]과 같다.

[표 4-1] 초기의 언문 27자[2]

	牙音	舌音	脣音		齒音	喉音	半音	
			脣重音	脣輕音			半舌音	半齒音
全淸	見 ㄱ	端 ㄷ	幫 ㅂ	非 ㅸ	精 ㅈ	曉 ㅎ		
次淸	溪 ㅋ	透 ㅌ	滂 ㅍ	敷 ㆄ	淸 ㅊ	影 ㆆ		
全濁	群 ㄲ	定 ㄸ	並 ㅃ	奉 ㅹ	從 ㅉ	匣 ㆅ		
不淸 不濁	疑 ㆁ	泥 ㄴ	明 ㅁ	微 ㅱ		喩 ㅇ	來 ㄹ	日 ㅿ
全淸					心 ㅅ			
全濁					邪 ㅆ			

2 이 도표는 졸고(2019a)에서 재인용하였으며 이 자모도에 의거하여 東國正韻序와 『사성통해』 '凡例'에 등장하는 "以影補來"가 'ㄹㆆ'임을 알 수 있다. 그리고 이 논문에서 喉音의 次淸字를 雙書하여 全濁字를 만든 것이 아니라 애초에 全淸을 雙書한 것임을 알 수 있다고 하였다.

[표 4-1]의 자모도는 아직 어디에도 분명하게 보여주는 자료는 없지만 <동국정운> 등에서 자주 보이는 '이영보래(以影補來)'는 이 자모도로서만 설명이 가능하다. 즉, 동국정운식 한자음 '發 벓'의 받침 'ㄹㆆ'을 이영보래(以影補來)라고 하는데 영모(影母) 'ㆆ'로 래모(來母) 'ㄹ'를 보충하여 '發 벓'로 표기함으로써 이 한자음이 입성(入聲)임을 표한다는 뜻이다.

전술한 영모(影母)의 'ㆆ'이나 래모(來母)의 'ㄹ'은 [표 4-1]로 보인 '초기의 언문 27자'의 자모도(字母圖)에서만 가능하다. 왜냐하면 다음의 [표 4-2]에 보이는 훈민정음의 '예의(例義)'나 『동국정운』에서는 운목(韻目)의 한자를 모두 바꾸어 'ㆆ'는 읍모(挹母)로 하였고 'ㄹ'은 려모(閭母)로 하였기 때문이다.

따라서 '이영보래(以影補來)'는 훈민정음의 17 초성이나 <동국정운>의 23자모에 의하면 '이읍보려(以挹補閭)'이어야 한다. 그럼에도 불구하고 'ㄹㆆ'을 이영보래(以影補來)라고 한 것은 [표 4-1]와 같은 '언문 27자'의 자모도가 애초에 있었음을 증언하는 것이다. 이 표는 최만리(崔萬理)의 언문반대상소에 등장하는 '언문 27자'를 이해하게 한다.

그리고 <언문자모(諺文字母)>의 부제(副題)가 '속소위반절이십칠자(俗所謂反切二十七字)'라고 한 반절(反切) 27자가 어떻게 가능한지 알게 해 준다. 그리고 이 '언문 27자'는 비록 음가 표시의 한자는 바뀌었지만 훈민정음의 '예의(例義)'에서 전탁과 순경음(脣輕音)의 모든 글자가 소개되었다.

4.1.1.3. 세종이 초기에 훈민정음을 초성 27자, 중성 7자를 제정하여 처음으로 시험한 것은 <고금운회>, 또는 <고금운회거요>를 번역하면서 이 문자로 발음을 적는 일이었다. 즉, 『세종실록』(권103) 세종 25년(1443) 계해(癸亥)년 12월의 기사에 "上親制諺文二十八字, [中略] 是謂訓民正音 - 임금이 친히 언문 28자를 제정하였으니 [중략] 이것이 소위 말하는 훈민정음이다"라는 기사가 세종의 새 문자를 만든다는 최초의 기사다.

그런데 이로부터 2개월 후인 세종 26년(1444) 2월 2월 병신(丙申, 16일)조에 다음과 같은 기사가 있다.

> 병신(丙申)일에 집현전 교리 최항, 부교리 박팽년, 부수찬 신숙주·이선로·이개, 돈녕부 주부 강희안 등에게 명하여 의사청에서 언문으로 <운회(韻會)>를 번역하게 하다. 동궁과 진양대군(수양대군을 말함-필자 주) 이유·안평 대군 이용으로 하여금 그 일을 관장하되 모두 임금의 품의하여 결단하도록 하였으므로 상을 거듭 내려 주고 내려주는 것이 넉넉하고 후하게 하였다

(○丙申: 命集賢殿校理崔恒, 副校理朴彭年, 副修撰申叔舟、 李善老、 李塏, 敦寧府注簿姜希顏等, 詣議事廳, 以諺文譯韻會, 東宮與晉陽大君瑈, 安平大君瑢, 監掌其事。 皆稟睿斷, 賞賜稠重, 供億優厚矣。).

이 기사를 보면 <운회>의 번역을 위하여 가족들 이외에도 세종을 추종하는 젊은 유신(儒臣)들로서 집현전의 최항, 박팽년, 신숙주, 이선로 등이 참가하였고 유일하게 돈령부(敦寧府)의 주부(注簿)인 강희안이 포함되었음을 알 수 있다.[3]

여기서 <운회(韻會)>의 번역은 바로 원대(元代)의 『고금운회(古今韻會)』, 또는 『고금운회거요(古今韻會擧要)』라는 운서의 번역을 말하며 운서(韻書)의 번역이니 여기서 말한 역(譯)은 의미의 언해가 아니라 발음의 표음임을 알 수 있다. 세종이 새 문자를 제정하고 이 문자로 시도한 최초의 노력이 <운회>라는 운서의 번역이어서 한자음을 새 문자로 표음하는 일이었다.

4.1.1.4. 더욱이 '운회(韻會)'의 번역은 더 깊은 뜻이 있다. 일찍이 원대(元代) 초기에 파스파 문자를 제정하여 송대(宋代) 표준한자음의 운서인 『예부운략(禮部韻略)』의 한자를 이 문자로 한자음을 표기한 『몽고운략(蒙古韻略)』을 편찬한다.

<몽고운략>은 송대(宋代) <광운> 계통의 운서인 <예부운략>을 파스파자로 표음한 것인데 <예부운략>의 한자음을 남송(南宋)의 황공소(黃公紹)가 지은 『고금운회(古今韻會)』의 교정 한자음에 맞추어 수정한 『몽고자운(蒙古字韻)』을 편찬하고 이어서 황공소의 제자인 웅충(熊忠)의 『고금운회 거요(擧要)』에 의거하여 수정한 {증정}<몽고자운>도 편찬된다. 실제로 <고금운회>는 너무 방대하여 간행되지 못하고 <고금운회거요>만이 출판되었다고 보기도 한다.

중국어의 역사에서 통어(通語)는 한당(漢唐) 이후에 장안(長安)의 언어를 바탕으로 천여 년간 계속된 통용어로 이를 반영한 운서 <예부운략>은 원(元) 제국(帝國)의 공용어인 북경지역의 한아언어(漢兒言語)를 따른 한자음과는 차이가 있었다. 이를 파스파자로 번역한 <몽고운략>을 원대(元代)의 <고금운회>, 또는 <동 거요(擧要)>를 참고하여 수정한 것이 <몽고자운>이고 이를 다시 수정한 것이 {증정}<몽고자운>이다.

---

3 姜希顏은 비록 집현전의 학사는 아니나 역시 새 문자의 제정에 관심을 가진 신진 학자였음을 알 수 있다. 또 강희안은 信眉의 추종자이기도 하였다.

따라서 '운회(韻會)'의 번역은 바로 <몽고자운>의 한자음을 훈민정음으로 바꾸어 표음하는 것이다. <몽고자운>을 훈민정음으로 번역하는 일은 아주 쉬운 일이었다. 즉, 훈민정음과 파스파 문자를 일대일로 대응시켜 바꾸면 번역이 되기 때문이다. 다만 명(明)의 감시가 삼엄했던 세종 때에는 파스파 문자로 표음된 <몽고자운>을 들어낼 수가 없었기 때문에 <운회>라고 한 것으로 보인다.

다만 세종이 신하들에게 <운회>를 번역하라는 명령으로 세종이 새 문자로 한자음을 수정하려는 사실을 알게 된 유신(儒臣)들은 곧 바로 격렬한 반대를 하게 된다. 즉, <운회>의 번역을 명한 날(16일)로부터 4일 후인 2월 경자(庚子, 20일)에 최만리(崔萬理)의 반대 상소가 올라온다.

전부터 세종이 암암리에 새 문자를 제정하고 그것으로 새 한자음을 정하려고 한다는 소문은 들었으나 실제로 집현전(集賢殿)의 젊은 학자들에게 이 문자로 <운회>를 번역하도록 명한 것으로부터 새 문자로 한자음을 새롭게 정리하려는 임금의 뜻을 알게 되어 그들은 바로 반대의 상소를 올린 것이다.

그리고 이 반대 상소에서 새 문자의 제정을 반대하는 가장 중요한 이유가 명(明)이 이것을 마땅치 않게 여기기 때문에 반대한다는 것이었다. 당시 유신(儒臣)들은 명(明)이 호원(胡元)의 잔재(殘滓)인 파스파 문자를 철저하게 파괴하고 이를 없애려고 하는 정책을 잘 알고 있었기 때문이다.

또 자기들에게도 마땅치 않은 새로운 한자음을 정립하려는 조선의 제왕(帝王)을 일을 명(明) 황제(皇帝)의 힘을 빌려 제압하려는 뜻도 있었을 것이다. 실제로 한자 문화를 지키려는 한족(漢族)의 세력과 이에 저항하는 북방민족의 세력이 새 문자의 제정으로 한반도에서 부딪힌 것이다.

마치 동북아에서 황제(黃帝)와 치우(蚩尤)의 싸움이[4] 후대에 면면하게 계속되는 것처럼 중국의 북방민족들은 한자 문화에 대항하고 자신들의 정체성을 지키기 위하여 나라를 세우면 새 문자를 제정하여 왔던 전통을 이어가려는 세종에 대하여 유신들은 한자 문화의 연속을 주장하는 투쟁으로 번진 것이다.

4 중국의 神話에서 남방민족의 대표인 黃帝와 북방민족의 대표인 蚩尤가 涿鹿에서 싸우다가 치우가 패배했다고 한다. 그러나 중국에서는 남과 북의 대립은 계속되었고 중국의 역사는 이러한 대립의 역사라고 본다.

4.1.1.5. 세종이 한자음 표기를 위하여 제정한 훈민정음은 그의 둘째따님인 정의(貞懿)공주가 이 문자로 변음토착(變音吐着)을 해결함으로써 새로운 국면을 맞게 된다. '변음토착(變音吐着)'이란 한문에 구결-토를 달 때에 음독(音讀)하지 않고 석독(釋讀)하는 한자로 토를 다는 경우를 말한다.

즉, '시라(是羅)'를 '-이라'로, '위고(爲古)'를 'ᄒᆞ고'로 토을 달 때에 '라(羅), 고(古)'는 발음대로 읽지만 '시(是), 위(爲)'는 '이, ᄒᆞ'로 석독(釋讀)하여 읽는데 이를 "변음토착(變音吐着) - 발음을 바꿔서 토를 달다"라고 하는 이두(吏讀)로 표기한 것이다. 이것은 한자를 상용(常用)하는 문인(文人)들에게는 매우 황당한 한자 표기로 보였을 것이다.

정의(貞懿) 공주는 이를 훈민정음으로 대체하여 문제를 해결한다. 이로 인하여 부왕(父王)인 세종으로부터 많은 상(賞)을 받았다는 기사가 <죽산안씨대동보(竹山安氏大同譜)>에 전해온다(졸저, 2015:183~4). 그러나 정작 <세종실록>에는 이런 기사가 없다. 다만 세조 때에 정의공주가 <언문자모>를 고안하여 <초학자회(初學字會)라는 훈몽서의 권두에 붙여 새 문자를 보급하는데 기여했기 때문에 세조로부터 많은 상을 받는다(졸저, 2019a:60~71).

훈민정음으로 변음토착(變音吐着)의 난제를 해결할 수 있음을 보고 세종은 이 문자로 우리말을 전면적으로 표기할 수 있음을 깨닫게 된다. 파스파 문자도 한자음을 표음한 것만이 아니라 몽고어 표기에도 이용된 것을 알고 있었기 때문에 새 문자로 우리말을 쓸 수 있음을 알게 되어 이 문자로 우리말을 표기하게 된 것이다.

이때에는 고대인도의 음성학인 성명기론(聲明記論)에 익숙한 신미(信眉) 대사가 참여한 이후의 일이다. 최만리의 반대상소에 놀란 세종은 복천사(福泉寺)에서 수행중인 신미(信眉)를 불러 올려 훈민정음을 대대적으로 수정하는 작업을 맡도록 하였다. 그는 불경 속에 들어있는 성명기론(聲明記論)이란 고대인도의 음성학과 실담학(悉曇學)이란 표음 문자인 범자(梵字)에 대하여 깊이 알고 있었다(졸저, 2019a).

그에 의하여 언문 27자 가운데 유성음인 순경음(脣輕音)과 전탁의 글자들이 모두 우리말 표기에서 제외하였다.[5] 우리말에 유성음과 무성음의 대립이 없는 것을 알고 있었기 때문이다. 다만 모음의 중성(中聲)은 범자(梵字)의 마다(摩多)에 준하여 11자로 늘렸다. 처음에는 순경음(脣輕音)만 제외하여 동국정운 23자모를 만들더니 유성음의 전탁 6자까지 배제시켜 훈민정음 초성 17자로 하였다. 여기에 중성 7자에서 재출자 4자를 더한 11자로 하였고 초성과

5 고대인도의 음성학에서는 유서음과 무성음을 정확하게 구별하였다. 앞의 제1장 1.4.3.4.을 참고할 것.

중성을 모두 더한 훈민정음 28자가 된 것이다.

2) 언문(諺文)과 불경 언해

4.1.2.0. 세종이 새 문자로 우리말을 표기하려는 시도는 불경인 <증수석가보(增修釋迦譜)>의 언해로부터 시작된다. 즉, 전술한 바와 같이 둘째 따님 정의(貞懿) 공주가 그동안 문젯거리였던 변음토착(變音吐着)을 해결하는데 새 문자를 사용하는 것을 보고 이 문자로 우리말을 전면적으로 표기할 수 있음을 깨닫게 되었다.

그리하여 아들인 수양대군(首陽大君)과 신미(信眉), 김수온(金守溫)으로 하여금 『증수석가보(增修釋迦譜)』를 언해하여 『석보상절(釋譜詳節)』(이하 <석보>)을 찬술하게 하고 스스로도 이를 확인하기 위하여 『월인천강지곡(月印千江之曲)』(이하 <월인>)을 지었다. 그리고 이 둘을 합편하여 『월인석보(月印釋譜)』(이하 <월석>)를 편찬하고 이것을 먼저 간행하였다.

<석보>는 한자를 먼저 쓰고 다음에 한자음을 훈민정음으로 달았으나 <월인>은 훈민정음을 먼저 쓰고 다음에 한자를 적었다. <석보>가 새 문자로 우리말을 표기하기 위한 것이라면 <월인>은 어디까지 세종 스스로 새 문자로 우리말과 한자음을 표기할 수 있음을 확인하기 위한 것이기 때문에 <월인>은 새 문자로 표기한 한자의 발음을 먼저 적은 것이다.

세종은 이 과정을 거쳐 새 문자로 우리말을 표기할 수 있음을 확인하고 이 두 불경을 합편하여 {구권}<월인석보(月印釋譜)>(이하 <구권 월석>)를 세종 28년 10월경에 간행하면서 제1권 권두에 훈민정음의 언해본을 첨부하였다고 보았다(졸고, 2013b). 그리고 <구권 월석>의 제1권에도 훈민정음의 언해본이 '훈민정음'이란 제목으로 첨부되었을 것이라고 주장하였다.

이러한 주장의 근거는 고려대 도서관 육당문고에 소장된 『훈민정음(訓民正音)』이 실제로 <구권 월석>에 첨부가 되었던 언해본을 제1장만 필사하여 덧붙인 것으로 보이기 때문이다. 이 판본은 서강대학교에 소장된 {신편}<월인석보>(이하 <신편 월석>)의 제1권 권두에 첨부된 <세종어제훈민정음>과 같은 책판을 쇄출(刷出)한 동판본(同板本)이다. 다만 고려대 소장본의 <훈민정음>은 첫 장만을 원본을 베껴 첨부한 것이다.[6]

<구권 월석>의 제1권 권두에 훈민정음의 언해본을 첨부하여 간행한 것은 새 문자를

배워 익혀서 이 언해된 불경을 읽으라는 뜻이다. 세종이 새 문자를 제정하고 이를 정식으로 공표한 일은 없지만 <월석>에 언해본을 붙여 공간하면서 이를 세상에 알린 것이다. 유경(儒經)이 아니라 불경(佛經)에 붙인 것은 유신(儒臣)들의 반대가 컸기 때문이다. 그러나 이런 사실은 학계에서 인정하기 어려웠다.

4.1.2.1. 그동안 학계에서는 <월석>이 천순(天順) 3년. 세조 5년(1459)에 처음 간행한 것으로 알고 있어서 만일 여기에 첨부된 훈민정음의 언해본인 <세종어제훈민정음>을 새 문자의 공표로 본다면 훈민정음이라는 새 문자의 제정과 공표가 세종이 아니라 세조의 일이 되기 때문이다.

그리하여 우리 학계에서는 훈민정음의 언해본보다 정통(正統) 11년 구월(九月) 상한(上澣)이란 간기를 가진 『{해례}훈민정음』(이하 훈민정음 <해례본>)의 간행을 세종이 새 문자를 반포한 것으로 보고 이 날을 양력을 환산하여 10월 9일을 한글날로 정하고 기념한다.

그러나 북한은 전술한 세종 25년 12월에 '上親制諺文二十八字'란 기사로부터 이 달에 훈민정음이란 새 문자가 제정된 것으로 보고 12월을 양력으로 환산하여 1월에 조선 글의 창제일로 기념한다. 필자는 이것이 옳다고 생각한다. 적어도 세종의 한글 창제를 3년이나 앞서서 볼 수 있기 때문이다.

뿐만 아니라 훈민정음 <해례본>은 어려운 한문으로 되어있고 중국의 성운학(聲韻學)과 성리학(性理學)의 난삽한 이론으로 설명되었을 뿐만 아니라 성운학을 공부한 유생(儒生)들도 이해하기 어려운 고대인도의 성명기론(聲明記論)으로 글자의 제자(製字)를 설명하여 어리석은 백성들만이 아니라 한다하는 성운학의 연구자들도 알기 어려운 새 문자의 해설서이었기 때문이다.

훈민정음의 <해례본>으로 새 문자의 공표를 인정하기 어렵다는 생각이 팽배한 가운데 정통(正統) 12년(1447)의 간기를 가진 <월인석보 옥책>이 발굴되어 진품으로 인정되면서 이보다는 1년 전인 세종 28년(1446) 10월경에 <월석>이 간행된 것이 증명되었다. 졸저

6 첫 장의 책판을 책판갈이로 수정한 것은 이 첫 장의 세종의 어제훈민정음서'에 '御製曰'이 들어 있어서 이를 그대로 세조 때에 간행하면 이 서문이 세종이 아니라 세조의 것이 되므로 이를 고치기 위하여 책판 하나를 모두 고쳐 갈아 넣었다. 아마도 숙종 때에 복간한 것으로 보이는 고려대 판본은 그때까지 남아있던 원본을 보고 첫 장을 필사하여 合綴하였다. 다만 필사할 때에 17세기의 표기법을 반영하여 이 판본은 오래도록 학계의 관심에서 벗어나 있었다.

(2021)의 <월인석보 옥책 연구>에서는 <구권 월석>의 제8권을 처음부터 끝까지 옥간(玉簡)에 새긴 옥책(玉冊)의 내용을 검토하고 이를 진품으로 판정하였다.

우리나라에는 찬란한 불경 옥책의 문화가 있었다. 멀리는 신라 진흥왕(眞興王) 12년(551 A.D.)에 제작한 <예불대참회문(禮佛大懺悔文)>의 옥책이 발굴되어 학계에 소개되었고 필자에 의하여 고려 광종 13년(962 A.D.)에 홍원사(弘圓寺)에서 제작한 <부모은중경(父母恩重經)>의 옥책과 고려 고종 25년(1238)에 역시 <예불대참회문>의 옥책도 소개되었다(졸저, 2021).

이러한 찬란한 불가의 옥책 문화는 연구자들의 무관심 속에서 누구도 돌아보지 않는 문화의 사각지대에 있었다. 다만 조선 세조(世祖) 때에 옥석(玉石)의 채취를 법으로 엄금(嚴禁)하면서 사찰에서 자유롭게 옥석을 구할 수 없어 불가(佛家)의 찬란했던 옥책문화는 그 맥을 끊게 되었다(졸저, 2021:601).

4.1.2.2. 20세기가 끝날 무렵 불복장품(佛腹藏品)으로 발굴된 <월석> 제4권은 <구권 월석>의 복각본으로 보이며 여기에 전하는 '월인천강지곡 제83장'의 예문을 현전하는 <월인>의 기(其) 83장과 비교하여 보았더니 <월인>의 83장이 <구권 월석>의 내용을 수정한 것임을 확인하였다. <월석>이 <월인>보다 먼저 간행되었다는 명백한 증거다(졸고, 2023a).

뿐만 아니라 이미 <신편 월석>의 제1권 권두에 첨부된 세조의 '어제월인석보서(序)'에서는 <월석>에는 선고(先考), 즉 부왕(父王)인 세종이 편찬한 '옛 글월(舊卷)'이 있고 지금 자신이 편찬한 <월석>은 '새로 만든 글월(新編)'임을 분명하게 밝혀놓아서 <월석>에 세종 때의 구권(舊卷)과 세조 때의 신편(新編)이 있었음은 의심의 여지가 없는 것 같다(졸저, 2021:69).

다만 이 세조의 '어제월인석보서(御製月印釋譜序)'에 밝혀놓은 <월석>의 구권(舊卷)과 신편(新編)은 일제 강점기에 조선총독부의 촉탁으로 서울에 온 일본인 어용학자 에다 도시오(江田俊雄)가 <월석>의 구권(舊卷)은 세조의 부왕에 대한 겸양에서 언급된 것이며 실제 <월석>의 구권은 없었다고 주장하였다(江田俊雄, 1936a,b).

이 주장이 우리 국어학계에 지대한 영향을 준 오구라 신페이(小倉進平)에게 그대로 받아들여서 그의 小倉進平(1940)과 小倉進平·河野六郎(1964)에서 <월석>의 구권(舊卷)을 인정하지 않았으므로 우리 학계에서는 어느 누구도 <구권 월석>을 언급하지 않았다.[7] 그리고

7 小倉進平에 대한 연구는 21세기에 들어와서도 계속되었다. 李珍昊·飯田綾織(2009)에서는 小倉進平과 그의 韓國語音韻論을 연구한 저서다.

<월석>은 세종 때의 <석보>와 <월인>을 세조 때에 합편하여 간행한 것이라고 보는 학설이 정설이 되었다.

그러나 전술한 바와 같이 세종이 새 문자를 제정하고 맨 처음 이 문자로 저술한 것은 <석보>와 <월인>이다. 다만 이 두 책은 이를 합편한 <월석>보다 1년 가깝게 늦게 간행되었다. 따라서 세종의 새 문자로 우리말을 적은 책으로는 물론 <석보>와 <월인>이 처음이겠지만 간행은 <구권 월석>이 최초로 보아야 할 것이다.

졸저(2021)의 <원인석보 옥책(玉冊) 연구>에서 <석보>와 <월인>이 <석보>에 실린 수양군(首陽君)의 정통 12년, 즉 세종 29년 7월이란 간기로 보아 이때에 간행된 것으로 보아야 하지만 <월석>은 이보다 앞서 세종 28년 10월에 간행된 것으로 보아야 실록에 실린 여러 기사와 합치되기 때문이다(졸저, 2021:77).

즉, <세종실록>(권 113)의 세종 28년 10월에 "然今佛經已成, 何不被覽 - 그러나 이미 불경이 완성되었으니 어찌 보지 않을 수 있겠는가?"이란 기사에 등장하는 불경을 <구권 월석>으로 보아 <월석>이 이때에 간행된 것으로 보았다(졸저, 2019a:40~7).

그리고 이러한 주장은 정통(正統) 12년, 세종 29년의 간기를 가진 <월석 옥책>으로 확인할 수 있게 되었다. 통설대로 천순(天順) 3년, 세조 5년(1459)에 <월석>이 간행되었다면 그보다 12년이나 앞선 정통(正統) 12년(1447)의 <월인석보 옥책>이 있을 수가 없다. <월석>보다 이를 옮겨 새긴 <월석 옥책(玉冊)>이 먼저 나올 수는 없기 때문이다.[8]

4.1.2.3. 그러면 왜 세종은 새로 제정한 문자를 하필 <석보>라는 불경에 처음 썼을까? 여기에는 우선 두 가지 원인을 생각할 수 있다. 하나는 조선의 새 문자 제정을 곱지 않은 눈으로 보는 명(明)의 감시를 피하려는 의도였을 것이다. 또 하나는 세종이 훈민정음을 제정하여 한자음을 고치려는 것을 유신(儒臣)들은 달가워하지 않았기 때문이다.

먼저 명(明)을 의식해서 불경의 권두에 훈민정음의 <언해본>을 첨부한 것에 대하여 논의하면 주지하는 바와 같이 불경은 대부분 범자(梵字)로 된 범본(梵本) 불경이 원본으로 존재하고 있다. 그리고 이를 한역(漢譯)한 것이 많기 때문에 범어(梵語)의 불경에 새로운 문자를 추가해도 이상하지 않았을 것이다.

8 그러므로 일부 한글학자나 훈민정음 연구자들은 이 옥책을 僞作으로 본다. 그러나 여러 가지 과학적 검증 결과, 특히 量子검증기에 의하면 이 옥책은 1447년경에 제작된 것으로 판정하였다(졸저, 2021).

이미 불경은 많은 언어로 번역되어 티베트의 서장(西藏) 문자, 팔리 문자, 가나(假名) 문자 등으로 기록되어 있기 때문에 조선에서 이를 언해하여 새 문자로 표기하더라고 크게 문제 될 것은 없었을 것이다. 불경은 범어가 원문이지만 유경(儒經)은 한문이 원문이다. 여기에 언문(諺文)이란 새 문자를 첨부하는 것은 용납하기 어려울 것이다.

또 하나는 세종이 훈민정음을 제정하여 동국정운(東國正韻)식으로 전통 한자음을 고치려는 것을 유신(儒臣)들을 달가워하지 않았기 때문에 유경(儒經)이 아니라 불경으로 이를 공표한 것이다. 이미 그들은 전통 한자음으로 유경(儒經)을 배웠고 그것으로 과거시험을 보아서 합격한 기득권 세력이었기 때문이다. 새로운 한자음을 따로 배워야 하는 부담을 느꼈을 것이다.

그리고 최만리(崔萬理)의 언문반대상소에서 볼 수 있는 것처럼 유신(儒臣)들은 아무나 쉽게 배워서 익힐 수 있는 새 문자를 두려워하였다. 자신들만이 한자를 배워 한문으로 누리는 문자생활의 특권을 서민(庶民)들과 나눌 생각이 없었다. 그들은 당시 조선 사회의 문자생활에서 기득권 세력이었던 것이다.

따라서 세종은 새 문자의 제정을 반대하는 유가(儒家)를 피하여 불가(佛家)의 경전을 새 문자로 표기하여 이들의 저항을 피하려고 한 것이다. 고려 이후에 권력에서 추락하는 불가(佛家)에서는 다시 제왕(帝王)의 비호(庇護)를 받아 세력을 회복하는 것이 절대로 필요했기 때문에 세종의 새 문자 제정에 전적으로 찬동하고 도움을 주었다.

거기다가 무엇보다 중요한 것은 유경(儒經)은 송독(誦讀) 구결(口訣), 즉 한문의 어순(語順)대로 읽는 순독(順讀) 구결이 발달하여 굳이 유경(儒經)을 풀어 읽을 필요가 없었다. 따라서 유경(儒經)은 한문 그대로 읽어도 문제가 없었고 어미와 조사처럼 한문으로 언해가 안 되는 형태부의 표기에는 구결-토로 넣어서 읽었다.

그러나 불경은 신라 때부터 석독(釋讀) 구결로 표기하여 불경의 어려운 내용을 우리말로 풀어 읽는 전통이 있었다. 1970년대 초에 고려시대의 『구역인왕경(舊譯仁王經)』에서 떼어낸 몇 장의 자료가 불복장품(佛腹藏品)으로 전해진 것이 발굴되었다. 이 몇 장의 <구역인왕경> 자료들은 당시까지 알 수 없는 구결-토가 붙어 있었는데 심재기(1975)에 의하면 그것은 석독(釋讀) 구결로서 불경을 우리말로 풀어 읽었다고 주장하였다.

이러한 석독 구결의 방법을 정리한 남풍현(1986b)도 발표되었다. 이에 의하면 원문은 한문을 중국어의 어순(語順)에 맞추어 배열하였고 번역문은 우리말로 석독(釋讀)하였는데 풀어 읽는 순서에 맞도록 문법형태를 구결로 써 넣었다는 것이다. 즉, 풀어 읽는 한국어와 한문의 어순이 다른 경우에는 구결을 좌우로 달리 써 넣거나 수자, 또는 권점을 찍는다고 한다.

4.1.2.4. 심재기(1975)에서 예를 들은 "復有他方不可量衆"의 한 구절을 들어 그 구결의 삽입과 해독을 보면 다음과 같다.

ㅅ 1		ヒ				ノ 寸	-- 우측 삽입 구결
復	有	他方	不	可	量	衆∘	-- 원문
	ヒ ナ 厼		矢 刂 ㅌ ヒ	ヒ ㅅ 1			-- 좌측 삽입 구결

이 구결들은 모두 약자를 사용하였음으로 이를 어순에 맞도록 우측 삽입 구결을 먼저 읽고 역독(逆讀) 표시의 '∘', 그리고 다음에 좌측 삽인 구결을 읽어야 하는데 이 순서대로 약체구결을 정자로 옮겨보면 "ㅅ 1 - 爲隱, ヒ - 叱, ノ 寸 - 乎音, ヒ ナ 厼 - 叱在於, 矢 刂 ㅌ ヒ - 知是飛叱, ヒ ㅅ 1 - 叱爲隱"와 같다.

이것은 세로로 썼을 때에 위편의 것이 우측에 삽입한 구결이고 아래편의 것이 좌측에 삽입한 구결이며 위편(-우측)의 'ㅅ 1 (爲隱)', 'ヒ (叱)'에 이어서 'ノ 寸 (乎音)' 다음과 원문의 '衆' 다음에 역독(逆讀)의 권점은 있어서 거꾸로 거슬러 올라가며 읽어야 한다. 그리하여 "不矢 刂 ㅌ ヒ 可ヒ ㅅ 1 量"를 먼저 읽고 마지막에 "有ヒ ナ 厼"를 읽는 방법이다.

이러한 구결의 표기는 이 한문을 우리말로 풀어 읽기 위한 것으로 우측(상단의 것)에 구결이 있으면 먼저 읽고 권점이 있을 경우에 거꾸로 올라가서 읽은 다음에 좌측(하단의 것)에 구결이 있는 것은 다음에 읽는다. 따라서 위의 것을 이러한 방법에 맞추어 읽어서 순서대로 옮겨보면 다음과 같다.

復ㅅ 1 他方ヒ 量ノ 寸 可ヒ ㅅ 1 不矢 刂 ㅌ ヒ 衆 有ヒ ナ 厼

여기에 쓰인 구결의 약자를 정자로 바꾸고 해독하면 다음과 같이 된다.

復爲隱 他方叱 量乎音 可叱爲隱 不知是飛叱 衆 有叱在於
쏘ᄒᆞᆫ 타방ㅅ 헤아룜 가ㅅᄒᆞᆫ 안디이ᄂᆞᆺ 무리 잇겨며 이를 현대어로 풀이하면 "또한 다른 사람이 헤아림이 가하지 않는(불가한) 군중이 있었으며"의 뜻이다. 즉, "또한 다른 이들이 헤아릴 수 없는 많은 군중이 있었다"는 뜻이다. 이와 같은 석독 구결은 고려시대에 매우 발달한 것으로 최근에 많은 자료가 발견된다. 그중에 『유가사지론(瑜伽師地論)』 같은 것은 그 양에 있어서 <구역인왕경>의 낙장 몇 개에 비할 바가 아니다.

4.1.2.5. 또 이러한 불경의 석독(釋讀) 방법은 신라시대에 이미 활발하게 있었던 것으로 보인다. 즉, 『삼국사기』(권46), 「열전(列傳)」(6), '설총(薛聰)' 조에 "薛聰字聰智. 祖談捺奈麻. 父元曉, [中略] 聰, 性明敏, 生知道理. 以方言讀九經, 訓導後生, 至今學者宗之. - 설총의 자는 총지(聰智)이고 조부는 담날(談捺) 나마(奈麻)이며 아버지는 원효(元曉)다. [중략] 설총은 성격이 명민하여 태어나면서 도리를 깨달을 정도다. 방언(方言)으로 구경을 읽어 후생을 가르쳤는데 오늘에 이르도록 배우는 사람들의 본받음이 된다."라는 기사가 있다.

이 기사 가운데 '以方言讀九經, 訓導後生, 至今學者宗之.'는 방언(方言)으로 구경(九經)을 읽었고 그러한 전통이 후세에 계속되었다는 뜻인데 여기서 방언(方言)이란 신라 말을 말하는 것으로 보아야 한다. 따라서 불경에서는 신라 때부터 우리말로 풀어있는 석독(釋讀)의 방법이 있었음을 알 수 있다.

특히 세종의 새 문자 제정에 참여한 신미(信眉) 대사는 원래 불경의 현토(懸吐)에 열중하여 『몽산화상시중(蒙山和尙示衆)』, 『고담화상법어(古潭和尙法語)』에 현토하였으며 이들은 『사법어언해(四法語諺解)』(서울대 규장각 일사 문고소장)에 수록되었다. 여기서 신미(信眉)가 불경에 현토한 것은 석독(釋讀) 구결의 토(吐)를 말할 것이다.

따라서 <석보>가 <증수석가보>를 언해한 것이라는 말의 뜻은 이미 <증수석가보>를 신미(信眉)가 현토(懸吐)하여 우리말로 풀어 읽었음을 말하며 이를 훈민정음, 즉 세종의 새 문자로 적는 것은 어려운 일이 아니다. 새 문자가 창제된 이후에 많은 불경의 언해가 뒤를 이은 것은 이미 불경은 우리말로 읽혔기 때문으로 보인다. 즉, 이미 언해가 되어 있어 문자로 적기만 하면 되었기 때문이다.

4.1.2.6. 그러나 유경(儒經)은 전술한 바와 같이 주로 송독(誦讀) 구결로 읽어서 한문을 그대로 읽고 거기에 구결(口訣)을 덧붙이기 때문에 이것을 새 문자로 적으려면 먼저 경전의 해석부터 있어야 한다. 유경(儒經)의 언해에는 이러한 해석이 뒷받침해야 하는데 불경에

비하여 유경은 그러한 준비가 없었던 것 같다.

다만 세종 자신은 새 문자로 유경(儒經)도 표음문자인 새 문자로 풀이되기를 바랐다. 세종은 훈민정음이란 이름의 언문(諺文)을 제정하고 이 문자로 유경(儒經)을 언해하여 백성들을 교화하려고 노력한 것으로 보인다.[9] 그리하여 새 문자를 장려하고 보급하기 위하여 언문청(諺文廳)을 설치하였다. 그리고 문종(文宗) 때에는 따로 정음청(正音廳)을 설치하여 신문자의 보급에 더욱 박차를 가하였다.

이들 관서에서는 유경(儒經)의 언해를 담당하여 세종 생존 시에 이미 유교의 경전을 언해(諺解)하려고 노력한 것으로 보인다. 즉, 『세종실록』 세종 30년 3월 28일 조의 기사에 "驛召尙州使金鉤, 鉤爲尙州未半年. 時集賢殿奉敎, 以諺文譯四書, 直提學金汶主之. 汶死集賢殿鹿鉤, 故特召之. 尋拜判宗簿寺事. - 역(驛)에 명하여 상주목사 김구(金鉤)를 부르다. 김구는 상주에 간지 반년도 채 못 되었다. 이때에 집현전에서 임금의 말씀을 받들어 언문으로 사서를 번역하였으며 직제학 김문(金汶)이 이를 주재하였다. 김문이 죽자 집현전에서 김구를 충원하려 함으로 특별히 부른 것이다. 자리를 찾아 종부사의 판사로 임명하다."라는 기사가 있어 집현전에서 사서(四書)를 신문자로 언해하려고 시도하였음을 알 수 있다.

또 서거정(徐居正)의 『필원잡기(筆苑雜記)』(권1)에 "世宗大王好學, [中略] 四經五經音解, 同時撰修 - 세종대왕은 학문을 좋아하여 [중략] 사경(四經)과 오경(五經)을 발음으로 해석하여 이 날에 동시에 편찬하다."라는 기사와 『증보문헌비고(增補文獻備考)』(권245)에 "經書音解, 世宗朝命儒臣設局撰次, 以便句讀 - 경서를 음해(音解)한 것은 세종 때에 유신들에게 명하여 실시하였고 국(局)을 설치하여 차례로 편찬하다."라는 기사에 의하면 우선 사서(四書)와 오경(五經)의 한자음만 먼저 훈민정음으로 표음하였음을 알 수 있다.

그러나 세종 당시에는 물론이고 세조 때에도 유경(儒經)이 언해된 예를 찾아볼 수 없다. 아마도 유신(儒臣)들은 경전을 언해하는 것을 달가워하지 않았고 불경처럼 언해되기 위한 우리말 풀이도 제대로 되어있지 않았던 것이다. 실제로 세종도 한문의 내용을 언해하기보다 그 한자음 표기에 주력한 것으로 보인다.

세종도 유신(儒臣)들처럼 유경(儒經)의 내용을 한문으로 능히 알고 있었기 때문이다. 그리하여 당시에는 유경(儒經)의 언해보다는 <두시언해(杜詩諺解)>와 같은 문학작품이 오히려 먼저 언해되었다. 이러한 한시(漢詩)는 아마도 우리말로 번역하여 읊었을 가능성도 없지 않다.

9 특히 <三綱行實圖>를 언해하여 출판할 것을 바랐던 같다.

따라서 이러한 운율(韻律)가진 문학작품이 먼저 언해되었을 것으로 보인다.

<두시언해> 초간본은 성종 12년(1481)에 간행되었으니 새 문자가 공표된 지 35년이 지났을 때이다. 그리고 성종 24년(1493)에『악학궤범(樂學軌範)』이 교정청(校正廳)에서 간행되어 우리말로 구전되는 신라와 고려 가요 등이 새 문자로 표기되었다. 따라서 우리말로 언해하여 새 문자로 표기하는 일은 그 대상이 먼저 유교 경전이 아니고 이미 석독(釋讀)이 되어있는 불경이거나 우리말로 쓰인 시가(詩歌)를 우선한 것으로 보인다.

유경(儒經)의 언해는 이보다 훨씬 뒤에 나타난다. 가장 기초적인 유경의 하나인 <소학(小學)>의 언해는 선조(宣祖) 19년(1586)에 역시 교정청(校正廳)에서 간행되었고 <사서언해(四書諺解)>도 이때에 비로소 언해되어 간행된다. 세종 때에 유신(儒臣)들의 새 문자에 대한 거부감이 얼마나 컸는지 알려주는 대목이다.

2. 새 문자 제정의 동기

4.2.0.0. 훈민정음이란 이름으로 세종이 제정한 언문(諺文)은 전게한『세종실록』(권103) 세종 25년 계해(癸亥)년 12월의 "上親制諺文二十八字 [中略] 是謂訓民正音 - 임금이 친히 언문 28자를 짓다. [중략] 이것이 소위 말하는 훈민정음이다."라는 실록의 기사로 알 수 있듯이 세종 25년(1443) 12월에 처음 알려졌다.

이 기사로부터 이 문자가 '훈민정음(訓民正音)'으로 불렸고 이제는 '언문(諺文)'이라고 한다는 뜻이기 때문이다. 이것은 원래 "上親制訓民正音二十七字"라고 한 것을 위의 기사로 바꾼 것으로 보았다(졸저, 2022:487). 왜냐하면 세종 25년 12월의 기사보다 불과 2개월 후인 세종 26년 2월조에 실린 최만리(崔萬理)의 반대 상소문에는 언문(諺文) 27자라고 하였기 때문이다.[10]

뿐만 아니라『훈몽자회』의 권두에 첨부된「언문자모(諺文字母)」의 부제(副題)가 "俗所謂反切二十七字 - 속되게 소위 반절 27자라고 하는 것"이어서 원래 훈민정음은 초성 27자로 제정되었음을 알려 준다(졸저, 2022:515). 그리고 그 명칭도 훈민정음에서 언문, 그리고 반절

10 그동안의 통설에서는 이 최만리의 반대상소에 등장하는 '諺文二十七字'가 '二十八字'의 오자라고 하였는데 실록에서 오자를 인정하지 않는 엄격한 규율을 무시한 어처구니 없는 주장이다.

(反切)로도 불리었음을 알 수 있다.

그러면 세종은 왜 이러한 새 문자를 제정하였는가? 이에 대하여 많은 사람들이 세종의 애민(愛民) 정신이 어리석은 백성들에게 쉬운 문자를 만들어 그들의 문자생활을 도와주기 위한 것으로 알고 있다. 한자와 한문은 어려운 글자이고 우리말을 표기하기에 적절하지 않았기 때문이다.

세종은 우선 한자음의 정리가 필요하다고 생각했고 그를 위하여 한자음 표음의 문자를 제정했다가 이를 우리말 표기에도 사용한 것으로 보아야 한다. 그래야 그가 택한 훈민정음(訓民正音)이란 용어라든지 <운회>라는 운서를 번역한 것이라든지 그가 취한 정책의 우선순위가 납득이 된다.

4.2.0.1. 왜 새 문자를 만들었는가에 대한 세종의 뜻은 훈민정음의 <해례본>이나 <언해본> 모두에 실려 있는 '어제훈민정음서문'의 첫 구에 분명하게 밝혀놓았다. 즉, 고려대 소장의 언해본 <훈민정음>에 "御製曰ᄒᆞ샤ᄃᆡ 國之語音이 异乎中國ᄒᆞ야 與文字로 不相流通이라 - 御製예 ᄀᆞᆯᄋᆞ샤ᄃᆡ 나랏 말소리 中國과 달라 文字로 더부러 서르 흘러 通티 몯 ᄒᆞ논디라"로 시작하는 훈민정음 서문(序文)에 세종이 새 문자를 제정한 동기의 대강(大綱)이 들어 있다.[11]

이 첫 구의 의미는 중국과 우리나라가 같은 한자를 쓰지만 말소리, 즉 한자음이 달라서 문자가 서로 통하지 않는다는 뜻이다. 왜 한자의 발음은 중국과 조선이 다르게 되었는가? 이미 졸저(2022:492~494)와 앞의 2.4.1.2.에서 밝힌 것처럼 중국에서 당송(唐宋)의 통어(通語)가 원대(元代) 이후에 북경(北京)을 중심으로 하는 동북방언으로 공용어의 대치가 있었기 때문이었다.

원래 한반도에 유입된 한자는 주로 당대(唐代)에 다량으로 들어왔고 한자 사용이 통일신라시대 이후에 일반화되었다. 그 이전에는 고유명사, 즉 관직명(官職名), 지명(地名), 인명(人名) 등에만 부분적으로 사용하던 한자가 통일 신라 이후에 일반화되어 우리말 전반에 대한 기록에 사용되기 시작하였다.

---

11 세종의 훈민정음 서문은 흔히 <세종어제훈민정음>이라고 제목을 붙인 <월인석보> 제1권 권두의 것을 든다. 그러나 필자는 비록 후대의 필사지만 고려대 소장의 <훈민정음> 권두에 '御製曰'이 붙은 이 서문을 원문에 가깝다고 보기 때문에 본서에서 인용하였다.

당대(唐代)에 들어온 한자는 물론 그 발음도 통어(通語), 즉 장안(長安)의 발음을 위주로 한 한자음이었다. 따라서 이 발음으로 한문을 읽으면 바로 당시 사용되는 중국어가 되고 의사소통이 가능하게 되었다. 신라의 최치원(崔致遠)은 신라에서 한문을 배워 중국에 가서 8년만에 빈공과(賓貢科)지만 장원급제를 하고 격황소문(檄黃巢文)을 지어 문명을 중국에 떨치게 된다.

한반도에서 한문을 배우면 중국어에 통하는 현상은 당송대(唐宋代)까지 이어진다. 고려전기에 많은 승려들이 중국을 여행하면서 언어 소통에 문제가 없었던 것은 한역(漢譯) 불경의 한문으로 당시 중국에서 통용되는 통어(通語)를 배운 것이다. 아언(雅言)으로 된 사서오경(四書五經)의 고문(古文)과 달리 불경은 한당(漢唐)의 통어(通語)로 번역되어 한자로 정착하였기 때문이다.

4.2.0.2. 그러나 몽골의 원(元)이 건국하고 수도(首都)인 북경(北京)의 한아언어를 바탕으로 하는 그 지역의 동북방언이 제국(帝國)의 공용어가 되면서 상황은 바뀌게 된다. 즉, 원대(元代)의 한아언어(漢兒言語)는 아언(雅言)으로 부르던 상고어(上古語, Archaic Chinese)와 통어(通語)라고 하던 중고어(中古語, Ancient Chinese)와 달리 교착적 문법구조의 알타이제어의 영향을 받아 매우 변질된 중국어여서 중국어의 역사에서 근대어(近代語, Middle Chines)로 부른다.

한아언어(漢兒言語, 이하 漢語)는 문법이나 어휘에서도 변화가 있었지만 특히 음운은 크게 변하여 한반도에 한자음을 가져온 통어(通語)와는 따로 통역을 두어야 할 정도의 다른 언어였다. 그리하여 고려에서는 전기(前期)까지 한문으로 중국어를 배워 유신(儒臣)들이나 승려(僧侶)들이 중국인과 접촉에서 아무런 장애가 없었으나 한어(漢語)는 따로 배워야 했다.

그리하여 원대(元代) 이후의 고려 후기(後期)에는 한어(漢語)를 따로 교육하는 한어도감(漢語都監)을 설치하였다. 더 이상 한문의 통어(通語)가 중국인들과의 접촉에서 통하지 않게 되었기 때문이다. 고려 후기에는 국가적으로 한어를 교육하고 이 언어의 학습을 권장하였으나 고려의 문신들이나 학승들은 한어(漢語)를 천시(賤視)하고 배우려고 하지 않았다.

따라서 노예들로 하여금 한어를 배우게 하여 원대(元代)의 중국인들과 통역하게 하였는데 이들은 천대를 받는 계급이어서 이를 역설(譯舌)이라고 비하하여 불렀다. 또 이들은 천한 계급이었기 때문에 통역에서 많은 문제를 일으켰다. 어쩔 수 없이 고려에서는 통문관(通文館)이란 외국어 교육기관을 설치하고 양가(良家) 자제들로 하여금 한어와 몽고어를 교육하였다(졸저, 2014).

통문관은 후대에 사역원(司譯院)으로 이름을 바꾸고 실제로 한어와 몽고어를 교육하기 위하여 많은 교재를 자체적으로 편찬하였다. 예를 들면 필자가 발굴하여 학계에 소개한 {원본}<노걸대>는 고려 말에 편찬되어 늦어도 조선 태종 때에 간행된 것으로 보이는데 이 자료를 통하여 중국어의 역사에서 한아언어의 존재를 확인할 수 있었다.

<노걸대>란 중국어를 학습하는 초급 회화 교재였다. 이 <노걸대>의 초반부에 해당하는 제4화에 한어(漢語)를 배워야 하는 이유를 설명하는 다음과 같은 구절이 있다. 이 부분을 <원본 노걸대>를 역주한 졸저(2010:30~1)에서 인용하여 본다.

漢 你是高麗人, 學他漢兒文書怎麽?
그대는 고려인인데, 한어 서책 따위를 공부해서 무엇을 하려는가?

高 你說的也是, 各自人都有主見。
당신이 말씀하시는 것도 당연하지만, 사람은 각기 모두 자기 생각이 있으니까요.

漢 你有甚麽主見? 你說我試聽咱。
그대 생각은 어떤 것인가? 이야기 해 보시게. 내 들어 보겠네.

高 如今朝廷一統天下, 世間用著的是漢兒言語。咱這高麗言語, 只是高麗田地裏行的。過的義州, 漢兒田地裏來, 都是漢兒言語。有人問著, 一句話也說不得時, 教別人將咱每 做甚麽人看?
지금 조정이 천하를 통일하였고 세상에서 통용되고 있는 것은 한어입니다. 우리 고려의 말은 단지 고려 땅에서만 사용되는 것이고, 의주(義州)를 지나 한인(漢人)들의 땅에 들어오면 모두 한어를 사용합니다. (중국에서) 누가 물었는데 한 마디도 말을 못하면 남들이 우리들을 갖다가 어떻게 보겠소?

漢 你這般學漢兒文書呵, 是你自意裏學來那你的爺娘教你學來?
그대가 이렇게 한인(漢人)의 글을 공부하게 된 것은 자기 스스로 한 것인가, 아니면 부모님이 시켜서 공부한 것인가?

高 是俺爺娘教我學來。
부모님께서 나에게 공부하라고 하신 것입니다.

漢 你學了多少時?
얼마간 공부를 했는가?

高 我學半年有餘也。
반년 넘게 공부했습니다.

漢 省的那省不的?
잘 알 수 있던가? 없던가?

高 每日和漢兒學生每一處學文書來的上頭, 些小理會的有。

매일 한인 학생과 함께 공부해서 조금은 알 것 같습니다.

—漢은 중국인 상인, 高는 고려인 상인, 원문의 번역은 필자.

여기서 네 번째 등장하는 대사에서 “지금의 조정이 천하를 통일해서 세간에서는 모두 한아언어를 사용하다(如今朝廷一統天下, 世間用著的是漢兒言語)”와 “의주(義州)를 지나서 한인(漢人)들의 땅에 들어오면 모두 한어(漢語, 한아언어)를 사용하다(過的義州, 漢兒田地裏來, 都是漢兒言語)”라는 말로부터 원(元)나라 남송(南宋)을 통일한 이후에는 모두 한아언어를 사용한다는 내용이 들어있다.

4.2.0.3. 이 <노걸대>의 대화로부터 필자는 원대(元代)부터 한아언어가 중원(中原)의 공용어로 사용하기 시작하였고 그 말이 오늘날의 보통화(普通話)와 연결된다는 엄청난 주장을 하게 되었다(졸고, 1999, 2002b, 2004a). 이 사실은 중국어의 역사적 연구에서 획기적인 일이었고 이로 인하여 <원본노걸대>의 발견은 일약 중국어학사에서 중요한 자료의 발굴로 알려지게 되었다(Dyer, 2005).

<원본 노걸대>는 조선의 성종 때에 명초(明初)의 공용어였던 남경관화(南京官話)로 수정되었다. 이를 필자는 <산개(刪改) 노걸대>(이하 <산개본>)로 불렀다. 조선의 중종 때에 최세진(崔世珍)의 『노박집람(老朴集覽)』에서 <노걸대>의 원본을 중국인 사절(使節)들이 산개(刪改)한 것이 있다는 기사가 있었기 때문이다(정광·양오진, 2011).

<산개 노걸대>에서 전게한 “지금의 조정이 천하를 통일해서(如今朝廷一統天下)”는 명(明)이 원(元)을 멸하고 오아(吳兒)의 나라를 세운 것을 말하는 것으로 바뀌었다. 이 <산개본>은 명대(明代)에 명의 사절(使節)로 온 중국인들, 즉 사행(使行)의 두목(頭目) 갈귀(葛貴) 등이 산개(刪改)한 수정본이기 때문이다. 따라서 원본과 산개본(刪改本) 사이에는 이러한 내용상의 차이가 많이 발견된다.[12]

<노걸대>의 원본에 의하면 원대(元代)에는 한아언어(漢兒言語)가 실제로 사용되었음을 분명하게 알 수 있다. 그동안 중국어의 역사를 연구하는 학계에서는 이 언어의 존재를 인정하지 않고 그저 한문의 다른 문체로 보았다.

12 이에 대하여는 정광 외(1999, 2002b)와 졸저(2004, 2010)을 참고할 것. 특히 졸저(2004, 2010)는 <원본 노걸대>의 전문을 우리말로 번역하고 주석을 붙였다. 주석에서는 원본과 刪改本의 이러한 내용의 차이를 많이 밝혀놓았다.

즉, 당시의 한어(漢語)로 작성된 <원전장(元典章)>과 같은 사법(司法) 관계의 문헌에서 발견되는 문체를 몽문직역체(蒙文直譯体), 또는 한문이독체(漢文吏牘体)라고 하면서 실제로 한아언어라는 언어의 존재를 인정하지 않았다(田中謙二, 1961, 1962, 1964; 및 吉川幸次郎, 1953).

그러나 <노걸대>가 원대(元代)의 구어(口語)인 한아언어를 학습하는 회화교재이었으므로 원대(元代)에 대도(大都), 즉 북경(北京) 중심의 동북방언에서 한아언어(漢兒言語)가 실제로 사용된 언어이며 <노걸대>는 고려에서 이 언어를 배우는 교재이기 때문에 한아언어의 존재는 인정하지 않을 수가 없었다.

20세기가 끝나고 새 천년이 시작되는 1999년대에는 중국어의 역사에서 새로운 언어의 존재를 밝혀낸 필자에게 정말 뜨거운 한 해가 아닐 수 없었다. 이로 인하여 필자는 여러 차례 일본과 미국, 오스트레일리아, 중국에 불려가 <원본 노걸대>와 한아언어에 대하여 강의하게 되었다.

4.2.0.4. 고려후기와 조선 초기에 한아언어가 중국에서 공용어로 사용되었음을 알게 되면서 세종의 훈민정음 서문의 "국지어음(國之語音) 이호중국(異乎中國) 여문자(與文字) 불상유통(不相流通)"의 의미를 분명하게 알 수 있게 되었다.

당대(唐代) 통어(通語)의 한자음과 원대(元代)의 한아언어(漢兒言語)의 한자음은 서로 다를 수밖에 없고 이것은 여말(麗末) 선초(鮮初)에 통어(通語)의 한자음이던 우리 한자음과도 한아언어의 한자음은 다르게 된 것이다. 세종이 새 문자를 제정하게 된 가장 분명한 동기는 이러한 한자음의 차이를 극복하려는 것이었다.

다만 중국의 한자음을 우리가 바꿀 수는 없어서 우리 한자음, 즉 동음(東音)을 고쳐 새로운 한자음을 백성들에게 가르쳐야 한다는 생각으로 세종은 동국정운식 한자음을 고안한 것으로 보인다. 그리고 이 한자음을 표음하는 문자로 훈민정음(訓民正音), 즉 "백성들에게 가르쳐야 하는 올바른 한자음"이라고 부른 것이다.

이것은 명(明) 태조가 통어의 한자음이 원대(元代)에 달라진 것을 한아언어(漢兒言語)에 의하여 오염된 것으로 보고 이를 고치려고 <홍무정운(洪武正韻)>이라는 인위적인 한자의 운서음(韻書音)을 억지로 만들게 한 것과 같은 맥락이다. 즉, 명(明) 태조는 악소봉(樂韶鳳), 송렴(宋濂) 등으로 하여금 원대(元代)의 변화된 한자음을 고쳐서 고전 운서, 즉 송대(宋代)의 <광운(廣韻)>이나 <예부운략(禮部韻略)>의 운서음에 맞도록 수정한 것이 <홍무정운(洪武正韻)>이다.

물론 이 <홍무정운>은 현실 한자음과는 거리가 있어서 사용되지 못하고 곧 폐기되었다.

세종의 <동국정운>도 당시 우리의 현실 한자음을 반영하지 못하고 전통 운서에 맞춘 한자음이어서 세종~세조 연간에만 사용되었고 그 이후에는 다시 현실 한자음으로 돌아가게 되어 폐기되지 않을 수 없었다.

훈민정음이라는 이름으로 제정된 언문(諺文)은 세종의 이러한 한자음 수정과 관련이 있다. 따라서 그 문자의 명칭도 훈민정음(訓民正音)이었으며 후에 세종의 둘째 따님인 정의(貞懿)공주가 변음토착(變音吐着)을 해결하면서 우리말 표기에 이용되어 비로소 언문(諺文)이란 이름을 얻게 된다.

다만 이러한 주장은 "영명하신 세종대왕이 어린 백성들을 위하여 사상 유례가 없는 문자를 독창적으로 창제하셨다"라고 믿는 그간의 국민 정서와는 많이 다른 주장이다. 따라서 그동안 많은 비판이 있었는데 이 절에서 이에 대하여 살펴보기로 한다.

1) 세종의 어제(御製) 훈민정음 서문

4.2.1.0. 세종이 새 문자를 제정한 동기는 그의 어제 훈민정음 서문에 가장 분명하게 밝혀놓았다. 먼저 훈민정음의 한문본인 {해례}<훈민정음>(이하 훈민정음 <해례본>)과 언해본인 <훈민정음>(이하 <언해본 훈민정음>) 및 <세종어제훈민정음>의 모두에 실린 세종의 어제 훈민정음서문은 다음과 같은 세 단락으로 되었다.

① 國之語音, 異乎中國, 與文字 不相流通. - 나라의 말 소리,즉 한자음이 중국과 달라서 문자가 서로 통하지 않는다.[13]

② 故愚民, 有所欲言, 而終不得伸其情者, 多矣. - 그러므로 어리석은 백성이 말하고자 하는 바가 있어도 종내는 그 뜻을 펴지 못하는 경우가 많다.

③ 予. 爲此憫然. 新制二十八字. 欲使人人易習. 便於日用耳.[14]- 내가 이를 불쌍하게 생각하여 새로 28자의 문자를 만들었으니 사람들로 하여금 쉽게 익혀서 매일 사용함에 편안하게 하고자

---

13 고려대 소장의 언해본 <훈민정음>에는 '이호중국(異乎中國)'의 '이(異)'가 '이(异)'로 필사되었다. <배자 예부운략>이 권두에 첨부된 훈민정음과 어제서문도 이 한자로 되었다. 어제서문이 다른 판본이 있음을 말해 준다.

14 원본의 이 부분은 落張된 것을 후에 墨書로 補寫한 것인데 <實錄本>의 이 부분과 비교하면 제3행의 "人人易習"이 '人易習'으로 바뀌었고 마지막의 '矣'자가 '耳'의 誤寫였음을 알 수 있었다. '.'은 <해례본>에 붙은 권점을 표시한 것임.

할 따름이다.[15]

훈민정음의 창제에 대한 세종의 어제서문(御製序文)은 위와 같이 ①, ②, ③의 세 부분으로 나누어 생각할 수 있다. 그러나 이 세 단락 가운데 ①부분과 ②부분은 문맥이 서로 통하지 않는다. 즉 "우리 말소리와 중국어가 달라서 서로 문자가 서로 통하지 않는다는 말"(첫째 단락)과 "그렇기 때문에 어리석은 백성들이 말하고자 하는 것이 있어도 끝내 제 뜻을 펼 수가 없다"(둘째 단락)와는 의미가 연결되지 않는다.

억지로 해석하면 백성들이 중국어, 즉 한문으로 표현할 수가 없다는 의미로 볼 수 있으나 ①은 분명히 한자의 발음이 중국과 우리의 발음이 다르다는 뜻이고 둘째 단락은 백성들이 자신의 말을 자유롭게 표현할 문자가 없다는 뜻이 분명하다. 실제로 고려대 육당문고에 소장된 '훈민정음'이란 서명의 언해본은 첫 구절의 "國之語音이 异乎中國ᄒᆞ야"를 "나·랏:말소·리 中듕國·귁·과 달·라"로 언해하였다.

여기서 '나랏 말소리'는 우리의 한자음을 말하는 것이다. 훈민정음 언해본의 여기저기에 '소리'가 '음(音)'이나 '성(聲)'에 대응하는 언해였음으로 '나라의 말소리'는 우리의 한자음, 동음(東音)을 지칭하는 것으로 보아야 할 것이다. 즉, 우리 한자음, 동음(東音)이 중국의 한음(漢音)과 다르므로 같은 한자가 서로 통하지 못한다는 뜻이다.

4.2.1.1. '국지어음(國之語音)'은 같은 언해본이지만 {신편}<월인석보>에 부재된 <세종어제훈민정음>에 "나·랏 :말ᄊᆞ·미 中듕國·귁·에 달·아"로 언해하였다. 여기서 '나·랏 :말ᄊᆞ·미'가 같은 언해본인 <언해본 훈민정음>의 고려대 소장본에서는 '나·랏:말소·리'이어서 '國之語音'을 직역한 것이 된다. '나·랏:말소·리'를 '나·랏 :말ᄊᆞ·미'로 언해한 것은 의역(意譯)이라고 아니할 수 없다.

졸고(2020a)에 의하면 고려대 소장본의 <언해본 훈민정음>은 세종 생존 시에 간행된 {구권}『월인석보』에 부재(附載)된 것을 따로 떼어 단행본으로 한 것이어서 {신편}<월인석

15 훈민정음의 <언해본>인 <世宗御製訓民正音>의 이 부분을 옮겨보면 "國之語音이 異乎中國ᄒᆞ야 與文字로 不相流通ᄒᆞᆯᄊᆡ 故로 愚民이 有所欲言ᄒᆞ야도 而終不得伸其情者ㅣ 多衣라 予ㅣ 爲此憫然ᄒᆞ야 新制二十八字ᄒᆞ노니 欲使人人ᄋᆞ로 易習ᄒᆞ야 便於日用이니라. - 나랏 말ᄊᆞ미 中國에 달아 文字와로 서르 사ᄆᆞᆺ디 아니ᄒᆞᆯᄊᆡ 이런 젼ᄎᆞ로 어린 百姓이 니르고져 ᄒᆞᇙ 바 이셔도 ᄆᆞᄎᆞᆷ내 제 ᄠᅳ들 시러 펴디 몯ᄒᆞᇙ 노미 하니라 내 이ᄅᆞᆯ 爲ᄒᆞ야 어엿비 너겨 새로 스믈 여듧字ᄅᆞᆯ ᄆᆡᇰᄀᆞ노니 사ᄅᆞᆷ마다 ᄒᆡᅇᅧ 수ᄫᅵ 니겨 날로 ᄡᅮ메 便安킈 ᄒᆞ고져 ᄒᆞᇙ ᄯᆞᄅᆞ미니라." 띄어쓰기, 구두점은 필자.

보>의 권두에 첨부된 <세종어제훈민정음>의 '나·랏 :말ᄊᆞ·미'보다 ''나·랏:말소·리'가 원전(原典)에 가깝다고 보았다.

다만 이 부분은 후대 필사된 것이어서 표기법에 후대의 모습을 보이기 때문에 그동안 이러한 논의에서 무시되었다. 즉, 고려대 소장의 <언해본 훈민정음>은 첫 장에 소장자인 남학명(南鶴鳴)의 낙관(落款)이 있어서 이 첫 장이 숙종 때에 필사된 것임을 알 수 있다. 남학명은 숙종 때의 사람이다.

당시 숙종 때에는 왕위(王位)를 찬탈(簒奪)한 세조에 대한 반감이 유학자들 사이에 커서 아마도 '어제왈(御製曰)'이 들어있는 세종의 '어제훈민정음서'를 세종 때의 원문을 찾아 필사하여 첨부한 것으로 보인다. 폐위된 단종의 복위(復位)를 위하여 세조에 대응하다가 참수(斬首)의 형을 당하고 삼족(三族)이 멸했던 사육신(死六臣)도 숙종 때에 복권이 되었다.

4.2.1.2. 세종의 '어제훈민정음서(序)'의 ②는 ③에 의하여 그 뜻을 다시 확인할 수 있다. 다시 말하면 ②와 ③은 서로 뜻이 연결되지만 ①은 ②와 연결되지 않는다. 따라서 ①과 ②사이에 적어도 한 단락 정도는 생략되었을 것이어서 공표할 때에 이 부분을 삭제한 것으로도 생각할 수 있다.

①의 다음에 올 문구는 분명히 한자음의 명확한 정리, 즉 한음(漢音)과 동음(東音, 또는 國音)의[16] 차이를 밝혀야한다는 구절이 들어있어야 한다. 그리고 우리 한자음을 중국 운서음(韻書音)에 맞게 교정하여 한문만 배워도 중국인과의 의사소통이 가능하게 하려고 한다는 구절이 생략된 것으로 볼 수 있다.

어떻든 훈민정음의 어제서문에 나타난 세종이 새 문자를 창제한 의도는 먼저 한자의 한음(漢音)과 국음(國音), 즉 동음(東音)의 차이를 밝힌 것에 방점이 찍힌 것으로 보지 않을 수 없다. 이러한 차이를 해소하기 위하여 <동국정운>을 만들어 한자음을 정리하고 그것을 백성들에게 가르쳐야 하는 올바른 한자음, 즉 '훈민정음(訓民正音)'이란 뜻이다. 이 한자음을 표기하기 위하여 새 문자를 만들게 되었다는 뜻이 행간 속에 묻어있다.

---

16 東音은 우리의 전통한자음을 말한다. 주로 唐代에 많이 유입되었는데 한자가 전래할 때에 당시의 중국어 발음도 함께 들어왔으나 세월이 지나면서 한자음은 우리말의 음운체계에 동화되어 변화되었다. 또 중국어의 발음도 시대의 변천에 따라, 또는 지방에 따라 바뀌게 되어 결국 같은 漢字라도 그 발음은 중국어와 한국어의 것이 서로 크게 차이가 나게 되었다. 특히 元代 이후 漢語의 한자음과 우리 한자음은 상당한 차이를 보인다.

이에 대하여는 정인지(鄭麟趾)의 후서(後序)에 "蓋外國之語. 有其聲而無其字. 假中國之字以通其用. 是猶枘鑿之鉏鋙也 豈能達而無礙乎? 要皆各隨所處而安. 不可强誌使同也. - 대개의 [중국어를 제외한] 외국어가 말소리는 있으나 그를 기록할 문자가 없어서 중국의 글자를 빌려서 [자국어를 기록하는데] 통용하고 있다. 이것은 마치 모가 난 자루를 동그란 구멍에 끼는 것과 같아서 서로 어긋나서 맞지 않으니 능히 그 뜻을 통달하는데 장애됨이 없겠는가? 중요한 것은 모두가 각기 자기의 것에 따르는 바가 편안한 것이지 억지로 같게 할 수는 없는 것이다."([ ] 안은 필자가 문맥으로 보아 삽입한 것, 이하 같음)라는 표현이 있어 고립적인 언어구조의 중국어를 표기하는 한자로 교착적인 문법구조의 한국어를 표기하는 것은 아주 잘못된 일임을 역설하였다.

최만리(崔萬理)의 반대 상소문에 대한 세종의 비답(批答) 가운데도 이두(吏讀)처럼 한자를 빌려서 우리말을 표기하는 취지는 백성의 문자 생활을 도와주기 위한 것이며 그와 똑 같은 취지로 새 문자를 만들었는데 이두는 괜찮고 새 문자는 틀렸다는 것이 잘못된 것이 아닌가 하면서 이두보다는 훈민정음이 우리말을 기록하는데 훨씬 합리적인 문자임을 강조하고 있다.[17]

아무튼 이 어제서문은 ③의 구절에 보이는 세종이 애민(愛民) 정신으로 한자가 아닌 우리말 표기에 적절한 새 문자를 제정한 것으로 이해하여 모든 사람들이 이를 신봉하고 있다. 다만 이 서문이 갖는 여러 가지 뜻은 후세 사람들에게 잘 전달되지 않아 수면 속에 갈아앉거나 무시되었다고 보는 것이 필자의 솔직한 생각이다.

4.2.1.3. 이상 졸저(2022:492~496)에서 주장한 내용에 따르면 백성들의 문자 생활을 도와주기 위하여 새 문자를 제정하였는데 과연 그것이 한자음의 표음을 위한 것인지 우리말을 표기하기 위한 것인지 분명하지 않다는 것이다. 초기에는 아마도 한자음 정리를 위한 발음

17 <세종실록>에 소재된 崔萬理 등의 새 문자 제정의 반대 상소문에 대한 세종의 답변으로 "[前略] 汝等云: 用音合字, 盡反於古. 薛聰吏讀. 亦非異音乎? 且吏讀制作之本意, 無乃爲其便民乎? 如其便民也, 則今之諺文亦不爲便民乎? 汝等, 以薛聰爲是, 以非其君上之事, 何哉? - 너희들이(최만리 등을 말함) 말하기를 발음으로 적고 글자를 모아쓰는 것이 전혀 옛것과 다르다고 하니 설총의 이두도 [한자와] 역시 발음이 다르지 않느냐? 또 이두를 만든 본 뜻이 백성을 편안하게 하기 위한 것이 아니었느냐? 백성을 편안하게 한다는 것은 서로 같아서 지금의 언문도 역시 백성을 편안하게 하는 것이 아니겠느냐? 너희들이 설총은 옳다 하고 지금 임금의 일은 틀렸다고 하니 어찌된 것이냐?"라는 기사가 실려 있어 세종의 애민정신과 함께 새 문자가 이두보다 합리적인 문자임을 암시하고 있다.

기호로 훈민정음을 제정하였다고 보았다.

그러나 이것으로 변음토착(變音吐着)의 고질적인 병폐를 해결하는 것을 보고 우리말의 전면적인 표기로 옮겨갔을 수가 있다. 그리하여 명(明)의 감시와 유신(儒臣)들의 반대를 피하기 위하여 먼저 불가(佛家)의 경전인 <석보상절>을 편찬하게 하여 이 문자로 우리말 표기를 시험하게 하였다.

그리고 자신도 <월인천강지곡>에서 이를 확인하고 이 둘을 합편한 <월인석보>을 먼저 간행하면서 제1권 권두에 훈민정음의 언해본을 첨부하여 세상에 알린 것이다. 이때의 <월인석보>는 세종 생존 시에 간행된 <구권 월인석보>이어야 한다(졸고, 2023b.c).

2) 새 문자로 시도한 최초의 작업

4.2.2.0. 무릇 사물을 만들었을 때에 그것을 어디에 쓰려고 한 것인가를 알기 위해서는 그것으로 처음에 어떤 것에 사용했는가를 밝히는 것이 첩경(捷徑)인 경우가 있다. 새로운 일을 할 때에 거창한 대의명분에 따라 사업을 한다고 내세우지만 실제로는 그 일을 어디에 사용했는가를 보면 그 사업의 목표가 분명한 경우가 많다.

세종의 새 문자 창제에 대한 기사는 『세종실록』(권103)의 세종 25년 12월조에 "上親制諺文二十八字 - 임금이 언문 28자를 친히 만드셨다"라는 기사다. 그런데 이로부터 2개월 후인 『세종실록』(권103), 세종 26년(1444) 2월 병신(丙申)조의 기사에 "命集賢殿副校理崔恒等, [中略] 指議事廳, 以諺文譯韻會 - 집현전의 부교리 최항 등에게 명하여 의사청(議事廳)에서 언문으로 운회를 번역할 것을 지시하다."라는 기사가 있다.

이를 보면 세종이 새로 만든 문자로 처음 시도한 작업이 <운회(韻會)>의 역(譯)이었다. 여기서 말하는 <운회(韻會)>란 원대(元代) 황공소(黃公紹)가 편찬한 <고금운회(古今韻會)>이거나 그의 제자 웅충(熊忠)이 이를 요약한 <고금운회거요(擧要)>일 것이다. 따라서 운서의 번역임으로 내용의 언해가 아니라 발음을 새 문자로 표음하는 것이다. 이때의 새 문자는 아마도 정음(正音)으로 불리었을 것이며 한자음 표음을 위한 기호이었다.

4.2.2.1. 더욱이 <세종실록>의 운회(韻會)는 <고금운회>가 아니라 <몽고자운>일 수도 있다는 주장이 졸고(2019a,c)에서 거론되었다. 즉, 이 운회(韻會)는 바로 황공소(黃公紹)의 <고

금운회(古今韻會)>, 또는 그의 제자 웅충(熊忠)의 <동 거요(擧要)>에 의하여 <몽고운략(蒙古韻略)>을 수정한 <몽고자운(蒙古字韻)>을 말하는 것이라고 본 것이다(졸저, 2019b:352~4).

당시에 '몽고(蒙古)'라는 말은 명(明)의 감시 아래에서는 기휘(忌諱)해야 하는 말이라 <몽고자운>을 '운회(韻會)'라고 할 수 밖에 없었을 것이다. 그리고 <몽고자운>을 번역하는 것은 이 운서에서 파스파 문자로 표음한 한자음을 훈민정음으로 바꾸는 작업이니 파스파자와 훈민정음의 일대일 대응만 정하면 아주 쉽게 이루어질 수 있다고 보았다.

이러한 <몽고자운>의 한자음을 후대에 최세진(崔世珍)의 <사성통해(四聲通解)>에서는 몽운(蒙韻)으로 수록하였다. 세종 때에 신숙주(申叔舟)가 편찬한 것으로 알려진 <사성통고(四聲通攷)>에서도 범례(凡例)에 <몽고운략>이란 서명이 보이고 있어 몽운(蒙韻)들이 여말선초(麗末鮮初)에 널리 이용되었음을 알 수 있다.

4.2.2.2. 원(元) 세조 쿠빌라이 칸(忽必烈汗)이 팍스파 라마를 시켜 파스파 문자를 제정한 다음에 이 문자로 한자음을 표음한 <몽고운략(蒙古韻略)>을 간행하였다. 조선에서 세종이 훈민정음 제정하고 <동국정운(東國正韻)>을 편찬한 것과 같은 목적이고 같은 과정을 거친 것이다.

이 <몽고운략>은 송대(宋代) 칙찬(勅撰)운서인 <광운(廣韻)>을 축약하여 과거시험을 관장하는 예부(禮部)에서 간행한 <예부운략(禮部韻略)>을 파스파자로 표음한 운서다. 따라서 <몽고운략>은 통어(通語)의 한자음이어서 시문(詩文)에는 맞지만 당시 한아언어의 현실음과 잘 맞지 않으므로 이를 원대(元代)의 <고금운회>에 맞추어 수정하여 <몽고자운(蒙古字韻)>을 편찬한다.

그러나 이것도 아직 북경(北京)의 한어(漢語)를 충분하게 반영하지 못한다고 보아서 주종문(朱宗文)이 이를 다시 증정한 {증정}<몽고자운>을 지대(至大) 원년(1308)에 간행한다. 한자의 표준음이 <예부운략>의 운서음에서 완전히 벗어나서 한어음으로 정착한 것을 말한다. 이 세 운서들을 모두 몽운(蒙韻)이라 부른다. 모두가 한자음을 파스파 문자로 표음한 운서들이다.

그러나 명(明) 태조가 호원(胡元)의 잔재(殘滓)의 대표를 파스파 문자라고 생각해서 이 문자로 쓰인 책을 철저하게 파괴하였다. 그리하여 중국에는 현전하는 파스파 문자로 된 자료가 거의 없다. 몽운(蒙韻)도 오늘날 전하는 것은 청대(淸代) 건륭(乾隆) 연간에 필사한 <증정몽고자운> 한 질뿐이다. 그것도 중국이 아니라 영국의 대영(大英)도서관에 소장되었다.

따라서 전술한 바와 같이 <세종실록>(권103)의 세종 25년 12월조 기사의 "以諺文譯韻會"에 보이는 '譯韻會'의 '운회(韻會)'는 <몽고자운>일 수가 있다. <고금운회>로 수정한 <몽고자운>을 '운회(韻會)'라고 부른 것은 아마도 명(明)의 감시를 의식한 것으로 보인다. 세종 당시에는 '몽고(蒙古)'란 말이 금기어였기 때문이다.

현전(現傳)하는 <고금운회거요>의 권두에는 "예부운략칠음삼십륙모통고(禮部韻略七音三十六母通攷)"라는 제하(題下)에 '몽고자운음동(蒙古字韻音同)'이란 소제(小題)를 붙였다. 이 '몽고자운(蒙古字韻) 음동(音同)'은 세종 16년(1434)에 경상도 관찰사 신인손(辛引孫)이 경주에서 간행한 <고금운회거요>의 복각본에서는 '거고자운(據古字韻) 음동(音同)'으로 고쳐졌다.[18]

이렇게 고친 것은 '몽고(蒙古)'를 쓸 수가 없기 때문으로 보인다. '몽고(蒙古)'를 '거고(據古)'로 바꾼 것이지만 그래도 '據古字韻音同'이 "옛 자운에 의거하면 같은 음이다"이라는 뜻이어서 의미가 통한다. 이것은 세종 시대에 명(明)의 감시가 어느 정도였는지를 알려주는 대목이다(졸저, 2012:295).

4.2.2.3. 세종이 새 문자로 우리 한자음, 즉 동음(東音)을 수정하여 <동국정운>을 편찬한 것은 명(明) 태조 주원장(朱元璋)의 <홍무정운(洪武正韻)>을 본받은 것이다. 명 태조는 당송(唐宋)대의 통어로 발음하던 한자음이 원대(元代)에 한아언어의 발음으로 바뀐 것도 호원(胡元)에 오염된 것으로 보고 이것을 바로 잡으려고 전술한 바와 같이 <홍무정운>을 편찬하였다.

중국의 북방민족들은 새 나라를 세우면 새 문자를 제정하는 전통이 있는 것처럼 중국에서는 새 왕조(王朝)가 서면 새 한자음을 정하여 흠찬(欽撰) 운서를 간행한다. 그리고 그 운서의 한자음으로 과거시험을 시행하여 자신들의 고향 사람들로 통치 계급을 물갈이 하는 전통이 있었다. <홍무정운>도 그러한 전통에 의하여 명(明) 태조의 칙찬(勅撰)운서로 간행되었다.

수대(隋代)의 인수(仁壽) 원년(601)에 간행한 육법언(陸法言)의 <절운(切韻)>이 칙찬(勅撰) 운서이고 당대(唐代)에 간행된 많은 운서들이나 손면(孫愐)이 편찬한 <당운(唐韻)>도 그런 성격의 원서들이다. 그리고 송대(宋代) 대중상부(大中祥符) 원년(1008)에 진팽년(陳彭年)과 구옹(邱雍) 등이 편찬한 <대송중수광운(大宋重修廣韻)>도 흠찬(欽撰) 운서였다.

중국은 광대한 지역에 여러 방언이 사용되고 있어서 한자음도 각 방언에 따라 다르게

18 이 <고금운회거요>는 고려대 도서관의 華山문고에 소장되었다.

발음되었다. 새로운 왕조(王朝)가 섰을 때에 자신들이 사용하는 한자음으로 표준을 정하고 칙찬운서를 간행하여 그 한자음으로 과거시험을 실시하였다. 이 시험으로 새로운 관리를 선발함으로써 통치계급의 물갈이를 하게 된다. 이러한 전통은 중국에서 대를 이어 전해왔다.

이렇게 보면 세종의 새 문자 제정이나 <동국정운>의 편찬은 어쩌면 중국 북방민족의 전통을 따른 것으로 볼 수 있다. 그러나 세종의 이러한 원대한 의도는 유신(儒臣)들의 격렬한 반대에 부딪혀 일부만 성공할 수 있었다. 즉, 새 문자를 제정하여 서민(庶民)들의 문자생활을 도와 준 것은 성공하였지만 새로운 한자음의 사용은 세종~세조 이후에 무산되었다.

4.2.2.4. 이상 고찰한 바와 같이 세종이 새 문자를 제정하고 최초로 시도한 것이 <운회(韻會)>라는 운서의 번역이었고 그 명칭도 '훈민정음(訓民正音 - 백성들에게 가르쳐야 하는 발음)'이어서 처음에는 한자음의 표음을 위하여 새 문자를 만든 것이 아닌가 하는 추측을 낳게 한다.

즉, 문자 명칭이 훈민정서(訓民正書)이거나 훈민정문(訓民正文)이 아니라 훈민정음이었고 이 문자로 처음 시도한 것이 운서(韻書)의 번역, 즉 훈민정음으로 한자음을 표기하는 작업이었다면 세종의 새 문자를 제정한 첫째 목적이 중국의 표준 한자음이거나 우리 한자음의 교정음을 표기하기 위한 것이 아닌가 하는 생각이 든다.

물론 둘째 따님인 정의(貞懿) 공주가 '변음토착(變音吐着)'의 난제를 훈민정음으로 해결함으로써 세종은 이 문자로 우리말을 전면적으로 표기할 수 있음을 깨닫게 된다. 그리하여 전술한 바와 같이 <석보상절>을 편찬하면서 새 문자로 우리말 표기를 시험하고 세종 자신도 <월인천강지곡>을 저술하면서 이를 확인하였다.

그리고 이 둘을 합편하여 {구권}<월인석보>를 먼저 간행하면서 이 불경의 제1권 권두에 언해본 훈민정음을 붙여 공표하여 일반 백성들이 새 문자를 익히도록 하였다. 이때의 문자 명칭은 이미 훈민정음이 아니라 언문(諺文)이었다. 한문(漢文)에 준하는 문자로 본 것이다.

3. 세종이 새 문자로 제정한 글자 수효

4.3.0. 무릇 문자를 제정할 때에 가장 중요한 관심사는 몇 개의 글자를 만들었는가 하는 문제다. 이것은 표기하려는 언어의 음운이 몇 개인가와 직결되어 매우 중요하기 때문이다. 주지하는 바와 같이 훈민정음의 모델이 된 파스파 문자는 졸저(2009)가 간행될 때까지 글자의 수효조차 분명하지 않았다.[19]

훈민정음의 글자 수도 지금까지 분명하게 밝혀지지 않았다. <세종실록>의 첫 기사에 '훈민정음 28자'로 되었지만 곧 이은 최만리의 언문반대 상소에서는 언문 27자로 되었고 <언문자모(諺文字母)>에서도 '반절(反切) 27자'라고 하여 훈민정음이 27자로 만들어졌다고 하였다. 그러나 <동국정운>에서는 '동국정운 23자모'를 들었다.

과연 세종은 몇 개의 글자를 만들었을까? 이에 대하여 지금까지 제대로 된 논의가 없었다. 다만 졸고(2011a,b)에서 훈민정음의 초성(初聲)과 중성(中聲)의 글자 수효를 검토하면서 많은 글자를 제정하였지만 실제로 우리말을 표기하기 위하여 인정된 것은 초성 17자와 중성 11자의 28자로 한 것이라고 보았다.

그러나 실제로 훈민정음 <해례본>의 「중성해(中聲解)」에서 실제로 모두 29자의 모음 글자를 만들어 보였고 훈민정음의 <언해본>에서는 초성의 글자로 32개까지 만들어 보였다. 그러니 모두 61개의 문자를 만든 셈이 된다. 이렇게 만든 글자들은 우리말 표기에는 물론이고 한자음의 정음(正音)이나 동음(東音), 동국정운식 한자음 표기에 한 번도 사용되지 않은 글자도 있었다.

세종이 새 문자를 제정할 때에 왜 이런 글자를 만들었을까? 과연 글자 수효는 모두 몇 개나 되는가? 우리말 표기에 쓰기 위해서는 몇 개의 글자를 인정하였는가 하는 문제는 세종의 한글 창제에 대한 많은 사실들을 알려준다. 이에 대하여 이 절(節)에서 논의하기로 한다.

---

19 <元史>에는 41자를 제정했다고 밝혔으나 元代의 <法書考>와 <書史會要>에서는 43자로 보았다. 초성의 자음을 표음하는 36자와 喩母에 속한다는 모음의 7자를 합한 숫자다.

1) 초기의 언문(諺文) 27자

4.3.1.0. 세종이 명(明)의 감시와 유신(儒臣)들의 반대로 인하여 가족들과 암암리에 문자를 만들 때에는 주로 파스파 문자를 모델로 하고 중국 성운학(聲韻學)의 이론에 의거하였다. 따라서 파스파 문자의 자음 글자 36개와 유모(喩母)에 속한다고 본 모음 글자 7개, 도합 43자를 모델로 한 것 같다.

자음 글자인 36자모(字母)에는 유모(喩母)도 포함되었고 이미 원대(元代)의 한자음에서 변별 기능을 상실한 설상음(舌上音)과 정치음(正齒音)의 전청, 차청, 전탁의 3자를 동일하게 제자하였으며 또 순경음(脣輕音)에서 동일한 글자가 하나 있어 모두 32자모만이 서로 다른 글자를 제정하였다.

[표 4-2] <몽고자운> 파스파 문자의 36 자모도

	牙音	舌音		脣音		齒音		喉音	半音	
		舌頭音	舌上音	脣重音	脣輕音	齒頭音	正齒音		半舌音	半齒音
全淸	見 ꡂ	端 ꡊ	知 ꡆ	幫 ꡎ	非 ꡤ	精 ꡒ	照 ꡆ	曉 ꡣ		
次淸	溪 ꡁ	透 ꡉ	徹 ꡅ	滂 ꡍ	敷 ꡰ	淸 ꡑ	穿 ꡅ	匣 ꡜ		
全濁	群 ꡀ	定 ꡈ	澄 ꡄ	並 ꡌ	奉 ꡤ	從 ꡐ	床 ꡄ	影 ꡖ		
不淸不濁	疑 ꡃ	泥 ꡋ	娘 ꡇ	明 ꡏ	微 ꡓ			喩 ꡗ	來 ꡙ	日 ꡔ
全淸						心 ꡛ	審 ꡚ	(幺) ꡭ[20]		
全濁						邪 ꡕ	禪 ꡮ			

이를 현전하는 {증정}<몽고자운> 런던 초본(鈔本)에 추출한 36자모표를 졸저(2009:187)에서 여기로 옮겨 보면 앞의 [표 4-2]와 같다. 이 32자모는 훈민정음 <언해본>의 32 조성과 거의 일치한다.

즉, <월인석보> 제1권 권두에 첨부한 훈민정음의 언해본 해설서에는 초성 17자 이외에 전탁의 6자, 그리고 순경음 4자를 더하여 27자에 다가 한음(漢音) 표기를 위한 것이라면서

20 유모(喩母) /ꡗ/자의 이체자이므로 36자에 들어가지 않음. 『몽고자운』 런던鈔本에 의거함.

치두(齒頭)와 정치(正齒)를 구별하는 5자를 더 만들어 모두 32자의 초성(初聲) 글자를 보였다.

4.3.1.1. 훈민정음의 예의(例義)에서 순중음 /ㅂ, ㅍ, ㅃ, ㅁ/에 대하여 순경음 /ㅸ, ㆄ, ᄬ, ㅱ/을 제자(制字)한 것이라든지 <언해본>에서 치두음 /ᄼ ᄽ ᅎ ᅔ ᅏ/과 정치음 /ᄾ ᄿ ᅐ ᅕ ᅑ/을 구분한 것은 앞의 [표 4-2]에 보인 파스파 문자의 36자모에 맞춘 것이다.

그나마 [표 4-2]에서 보인 설두음(舌頭音)과 설상음(舌上音)은 이들을 구별하는 문자나 구분부호(diacritical mark)조차 만들지도 않았다. 파스파 문자에서 이들은 동일한 글자로 표시하였기 때문이다. 특히 조선 중종 때에 최세진(崔世珍)이 편찬한 <사성통해>에는 앞의 [표 4-2]와 유사한 자모도를 <광운 36자모도>라는 제목으로 보였다.

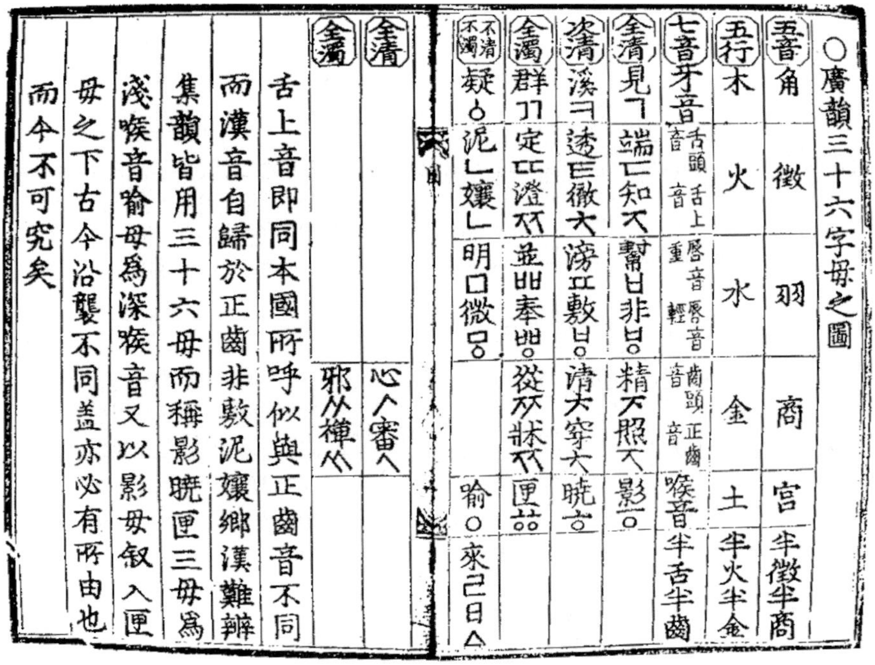

○廣韻三十六字母之圖

五音	角	徵		羽		商		宮	半徵半商	
五行	木	火		水		金		土	半火半金	
七音	牙音	舌頭音	舌上音	脣音重	脣音輕	齒頭音	正齒音	喉音	半舌半齒	
全清	見ㄱ	端ㄷ	知ᅐ	幫ㅂ	非ㅸ	精ᅎ	照ᅐ	影ㆆ		
次清	溪ㅋ	透ㅌ	徹ᅕ	滂ㅍ	敷ㆄ	清ᅔ	穿ᅕ	曉ㅎ		
全濁	群ㄲ	定ㄸ	澄ᅑ	並ㅃ	奉ᄬ	從ᅏ	牀ᅑ	匣ㆅ		
不清不濁	疑ㆁ	泥ㄴ	孃ㄴ	明ㅁ	微ㅱ			喻ㅇ	來ㄹ	日ㅿ
全清						心ᄼ	審ᄾ			
全濁						邪ᄽ	禪ᄿ			

舌上音即同本國所呼似與正齒音不同而漢音自歸於正齒非敷泥孃鄕漢難辨集韻皆用三十六母而稱影曉匣三母爲淺喉音喻母爲深喉音又以影母叙入匣母之下古今沿襲不同盖亦必有所由也而今不可究矣

[사진 4-1] <사성통해> 권두의 <광운(廣韻) 36자모도>

[사진 4-1]로 제시한 <광운 36자모도>는 [표 4-2]로 게시한 <몽고자운>의 파스파 36자모도와 유사하다. 이 표에 의거하여 작성한 것임을 알 수 있다. [사진 4-1]로 보인 <광운 36자모도>를 표로 보이면 다음의 [표 4-3]과 같다.

[표 4-3] <사성통해> 권두의 <광운(廣韻) 36자모도>

五音	角	徵		羽		商		宮	半徵半商	
五行	木	火		水		金		土	半火半金	
七音	牙音	舌頭音	舌上音	脣音重	脣音輕	齒頭音	正齒音	喉音	半舌半齒	
全淸	見 ㄱ	端 ㄷ	知 ᅐ	幫 ㅂ	非 ㅸ	精 ᅎ	照 ᅐ	影 ㆆ		
次淸	溪 ㅋ	透 ㅌ	徹 ᅕ	滂 ㅍ	敷 ㅸ	淸 ᅔ	穿 ᅕ	曉 ㅎ		
全濁	群 ㄲ	定 ㄸ	澄 ᅑ	並 ㅃ	奉 ㅹ	從 ᅏ	牀 ᅑ	匣 ㆅ		
不淸 不濁	疑 ㆁ	泥 ㄴ	孃 ㄴ	明 ㅁ	微 ㅱ			喩 ㅇ	來 ㄹ	日 ㅿ
全淸						心 ᄼ	審 ᄾ			
全濁						邪 ᄽ	禪 ᄿ			

[표 4-2]의 <몽고자운> 파스파 문자의 36자모도와 [표 4-3]의 <사성통해> 권두의 <광운(廣韻) 36자모도>를 비교하면 후자가 전자에 의거하여 작성된 것임을 알 수 있다. [표 4-3]에서 파스파 문자 대신 훈민정음으로 바꾼 것을 살펴보면 모두 서로 다른 훈민정음 32개의 글자를 제정하였음을 알 수 있다.

즉, 설상음(舌上音)의 3자는 정치음(正齒音)의 전청, 차청, 전탁 /ᅐ, ᅕ, ᅑ/과 같고 마지막 불청불탁은 설두음(舌頭音)과 설상음이 모두 /ㄴ/으로 같아서 4자가 동일한 글자를 보인다. 따라서 4자가 같은 글자여서 36자모에서 이를 빼면 32자만 남는다. 이것은 훈민정음의 <언해본>에서 치두음과 정치음을 구별하는 5자를 한음(漢音)의 표기를 위한 것이라는 주석과 함께 32자로 소개되었다.

4.3.1.2. <사성통해>에는 <광운 36자모도>만이 아니고 <운회(韻會) 35자모도>와 <홍무운(洪武韻) 31자모도>도 함께 실려 있다. 아마도 <사성통해>에서는 <홍무운 31자모도>에 무게를 둔 것 같다. 왜냐하면 이 자모도만이 운목(韻目) 한자의 발음까지 표기하였기 때문이다. 역시 이 자모도를 여기에 옮겨 보기로 한다.

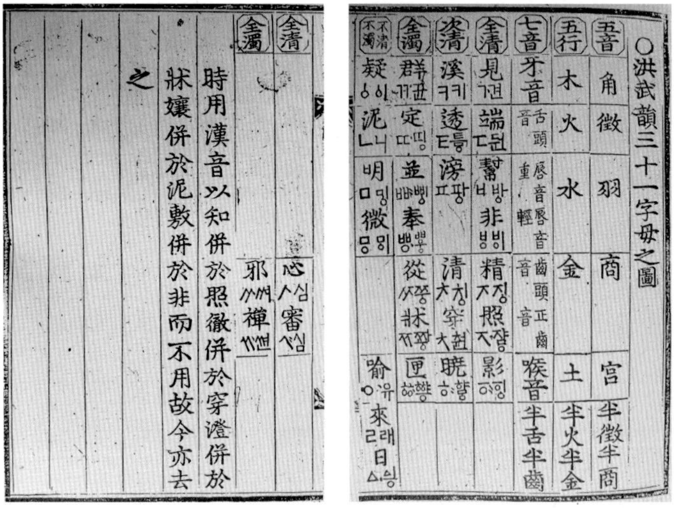
○洪武韻三十一字母之圖
五音 角 徵 羽 商 宮 半徵半商
五行 木 火 水 金 土 半火半金
七音 牙音 舌頭音 脣音重 脣音輕 齒頭音 正齒音 喉音 半舌半齒
全清 見 端 幫 非 精 照 影
次清 溪 透 滂 清 穿 曉
全濁 群 定 並 奉 從 牀 匣
不清不濁 疑 泥 明 微 喻 來 日
全清 心 審
全濁 邪 禪
時用漢音以知併於照徹併於穿澄併於牀孃併於泥敷併於非而不用故今亦去之

[사진 4-2]『사성통해』 권두의 <홍무운(洪武韻) 31자모도>

[사진 4-2]로 보인 <홍무운 31자모도>를 앞에 보인 <광운 36자모도>와 비교하면 설상음(舌上音) 계열의 4자가 모두 빠졌고 순음경(脣音輕)에서 차청(次淸)의 '敷 ㅸ'이 빠져서 5자가 줄게 된 것임을 알 수 있다. [사진 4-2]의 <홍무운 32자>를 도표로 보이면 다음과 같다.

[표 4-4] <홍무운(洪武韻) 31자모도>[21]

五 音	角	徵	羽		商		宮	半徵	半商
五 行	木	火	水		金		土	半火	半金
七 音	牙音	舌頭音	脣音重	脣音輕	齒頭音	正齒音	喉音	半舌	半齒
全 淸	見ㄱ:견	端ㄷ 뒨	幫ㅂ 방	非ㅸ 비	精ᅎ 징	照ᅐ·쟝	影ㆆ:힝		
次 淸	溪ㅋ 키	透ㅌ 틍	滂ㅍ 팡		淸ᅔ 칭	穿ᅕ 춴	曉ㅎ:향		
全 濁	群ㄲ 뀬	定ㄸ·띵	並ㅃ:뼁	奉ㅹ 뽕	從ᅏ 쭝	牀ᅑ 쫭	匣ㆅ 향		
不淸不濁	疑ㆁ 이	泥ㄴ 니	明ㅁ 밍	微ㅱ 비			喩ㅇ 유	來ㄹ래	日ㅿ·싱
全 淸					心ᄼ 심	審ᄾ·심			
全 濁					邪ᄽ 써	禪ᄿ·쎤			

21 졸저(2022:508~513)에는 <사성통해>에 첨부된 <광운 36자모도>, <운회 35자모도>, 그리고 <홍무운 31자모>를 사진으로 게재하고 모두 도표로 보였다.

<사성통해>의 <광운 36자모도>와 <운회 35자모도>, 그리고 <홍무운 31자모도>는 모두 한자음 어두의 음절 초 자음을 36개, 35개, 그리고 31개로 보았다는 말이다. 당연히 훈민정음 제정에서 초성(初聲), 즉 자음의 글자 수를 이로부터 가져왔을 가능성이 크다.

특히 [표 4-2]의 <몽고자운> 파스파 문자의 36자모도와 비교하면 더욱 훈민정음 초성의 글자가 이로부터 온 것임을 깨닫게 한다.

4.3.1.3. 전술한 바와 같이 훈민정음 <언해본>에서 인정한 32자모는 <홍무운(洪武韻) 31자모>에서 빠져있던 순경음(脣輕音)의 차청(次淸) /ㆄ/를 다시 인정한 것이다. 즉, 세종 때에 시작하여 단종 3년에 완성된 『홍무정운역훈(洪武正韻譯訓)』은 성모(聲母), 즉 초성(初聲)으로 31자만 인정하여 <홍무정운>을 정음(正音)으로 번역한 것이다(졸고, 2011a).[22]

실제로 초기의 언문 자모, 즉 세종 25년 12월 말에 <세종실록>(권103)의 기사에 등장하는 "諺文二十八字 - 언문 28자"는 원래 '언문 27자'였던 것을 후대에 고쳐서 실록이 편찬될 때에 붙인 것이다. <세종실록>의 이 기사가 후대의 추가된 것임을 주장한 임홍빈(2006)에서 더욱 자세하게 논의되었다.

그리고 12월의 이 기사가 실린지 2개월 후인 세종 26년 2월에 최만리(崔萬理)의 반대상소문에는 '언문 27자'로 나타나는 것을 보아도 세종 25년 12월의 '언문 28자'는 실제는 '언문 27자'임을 알 수 있다(졸고, 2019a). 아마도 <초학자회(初學字會)>의 것을 옮겨 실은 <훈몽자회>의 「언문자모(諺文字母)」에서 부제(副題)로 실린 "속소위반절이십칠자(俗所謂反切二十七字)"의 27자도 초기의 언문 27자를 말한 것으로 보인다(졸고, 2017b).

초기의 '언문 27자'는 [표 4-4]로 보인 <홍무운 31자모도>의 31 초성 중에서 치두음(齒頭音)과 정치음(正齒音)을 구별을 없애고 /ㅈ, ㅊ, ㅉ, ㅅ, ㅆ/ 5자로 하고 순경음 차청의 /ㆄ/를 더한 것이다. 이것은 훈민정음의 <언해본>에서 한음(漢音)의 표기를 위한 것이라고 하여 우리말이나 우리 한자음에는 불필요한 권설음(捲舌音)인 것을 밝힌 셈이다.

그렇다면 세종이 가족들과 함께 만든 초기의 훈민정음은 초성의 글자로 27자를 인정하였다. 즉, 유성음인 전탁음(全濁音)과 마찰을 수반하는 순경음(脣輕音)을 모두 인정하여 27자로 한 것이다. 이것은 말할 것도 없이 <홍무운 31자모도>에 보인 31개의 자음에 우리말

22 여기서 '正音'은 '훈민정음'과 구별된다. 訓民正音은 東國正韻식 한자음을 표기할 때의 명칭이고 중국 표준 한자음을 표기할 때에는 '正音'이라 하였다. 물론 우리말을 표기하면 諺文이다.

표기에 불필요한 권설음의 정치음(正齒音)을 빼고 순경음 차청을 더한 것이다.

4.3.1.4. 앞의 4.1.1.2.에서 보인 [표 4-1] '초기의 언문 27'의 자모도는 아직 어디에도 분명하게 보여주는 자료는 없고 다만 상게(上揭)한 [사진 4-1]과 [표 4-3]의 <사성통해> 권두의 <광운(廣韻) 36자모도>, 그리고 [사진 4-2]과 [표 4-4]의 <홍무운(洪武韻) 31자모도>로부터 유추(類推)할 수 있을 뿐이다. 다만 <동국정운> 등에서 자주 보이는 '以影補來(이영보래)'는 이 자모도로서만 설명이 가능하다.

즉, 동국정운식 한자음 '發 벓'의 받침 'ㄹㆆ'을 이영보래(以影補來)라고 하는데 영모(影母) 'ㆆ'로 래모(來母) 'ㄹ'를 보충하여 '發 벓'이 입성(入聲)임을 표한다는 뜻이다. 이것은 [표 4-1]과 같은 자모도가 초기에 있었음을 증명하는 대목이다. 이와 같은 '초기의 언문 27자'의 지모도를 통하여만 '이영보래(以影補來)'는 설명할 수 있다.

훈민정음의 '예의(例義)'나 <동국정운>에서는 운목(韻目)의 한자를 모두 바꾸어 'ㆆ'는 읍모(挹母)로 하였고 'ㄹ'은 려모(閭母)로 하여 다음 4.3.2.1의 [표 4-5]의 <동국정운 23자모>로 하였기 때문에 '이영보래(以影補來)'는 훈민정음이나 <동국정운>에 의하면 '이읍보려(以挹補閭)'이어야 한다. 그럼에도 불구하고 'ㄹㆆ'을 이영보래(以影補來)라고 한 것은 위의 [표 4-1]와 같은 '언문 27자'가 애초에 있었음을 증언하는 것이다.

4.3.1.5. 그리고 중성(中聲)의 모음 글자는 파스파 문자에서 따로 인정하지 않고 7자를 만들어 유모(喩母)에 속한다고 하였다. 따라서 초기의 훈민정음에서도 역시 천지인(天地人) 삼재(三才)를 상형(象形)하여 'ㆍ(天圓), ㅡ(地平), ㅣ(人立)'의 기본자를 제자하고 이들이 결합하여 만든 초출자(初出字)의 4자, 즉 /ㅗ(天 + 地), ㅏ(人 + 天), ㅜ(地 + 天), ㅓ(天 + 人)/의 4자를 추가하여 모두 7자를 제자(製字)하였다.

그리고 파스파 문자에서처럼 이 7자를 역시 유모(喩母)에 속한다고 보아서 이 중성자(中聲字)를 단독으로 쓸 때에는 유모(喩母) 'ㅇ'를 붙여 /ᄋᆞ, 으, 이, 오, 아, 우, 어/와 같이 쓰도록 하였다. 초기의 어문 27자에서 유모(喩母)라고 했던, 음가가 'null'인 운목(韻目)의 한자는 동국정운 23자모에서는 욕모(欲母)로 바뀌었다.

현대 한글의 정서법에서 모음 글자인 중성자(中聲字)는 단독으로 쓸 때에 반드시 욕모(欲母) 'ㅇ'를 붙여 쓴다. 그동안 학계에서는 왜 한글의 모음 글자에 'ㅇ'를 붙여 쓰는가에 대하여 아무런 해답도 주지 못했는데 졸고(2018b)에서 처음에 중성(中聲)의 모음 글자를 유모(喩

母), 즉 욕모(欲母)에 속한다고 보았기 때문임을 밝혔다.

이 논문 이전에는 한글의 모음 글자가 왜 /ㅇ/를 붙여 쓰는지 설명하지 못했다. 그저 초성과 중성의 결합해야 한다는 훈민정음 <해례본> 「합자해(合字解)」의 첫 구절 "初中終三聲, 合而成字 - 초성, 중성, 종성의 삼성이 합해야 글자를 이루다"에 맞춰서 중성자(中聲字)에 초성의 /ㅇ/를 붙인 것이라는 설명만을 했을 뿐이고 왜 욕모(欲母)의 /ㅇ/가 초성으로 선택됐는지는 알지 못했다.

2) <동국정운>의 편찬과 23자모

4.3.2.0. 초기에 가족들과 함께 만든 초성 27자와 중성 7자의 34자로 <세종실록>(권103의 세종 26년 2월 병신(丙申, 16일)조에 볼 수 있는 "命集賢殿副校理崔恒等, [中略] 指議事廳, 以諺文譯韻會 - 집현전의 부교리 최항 등에게 명하여 [중략] 의사청(議事廳)에서 언문으로 운회를 번역할 것을 지시하다"라는 기사는 세종이 새 문자를 제정하고 처음으로 시도한 사업이었다.

이때에는 아마도 초성 27자와 중성 7자를 가지고 운회(韻會), 즉 <고금운회>를 번역하였는데 이때의 '역(譯)'은 내용의 언해가 아니라 한자음을 훈민정음으로 표음하는 것을 말한다.[23] 이때의 왕명(王命)으로 소문으로만 듣던 세종이 새 문자를 제정한 것을 듣고 놀란 유신(儒臣)들은 4일 후인 2월 20일에 집현전(集賢殿) 부제학(副提學)이던 최만리(崔萬理)를 대표로 하여 언문 반대의 상소를 올린다.

이 반대 상소는 세종의 새 문자 제정에 대한 생각을 크게 바꾸게 한 것 같다(졸저, 2015: 373~375). 그리하여 초기에 제정된 새 문자를 전면적으로 검토하게 되었다. 이때에 세종을 도운 것은 신미(信眉) 대사를 비롯한 불가(佛家)의 학승(學僧)들이었다. 유신(儒臣)들의 반대를 의식하여 불가의 사람들에게 도움을 청한 것이다.

신미(信眉) 대사는 범자(梵字)의 연구인 실담학(悉曇學)에 정통하였다. 그리고 성명기론(聲明記論)으로 불경에 들어 있어 이 땅에도 전해진 고대인도의 음성학을 잘 알고 있었다. 그리하여 그는 새 문자의 제정에 이러한 고대인도의 문자학과 음성학을 접목하여 훈민정음을

23 '譯'과 '諺解'의 차이에 대하여는 졸저(2022:446)에서 자세하게 논의하였다.

고도로 발달된 음성학의 이론으로 설명하게 된다.

이러한 고대인도의 성명기론(聲明記論)으로 설명한 음운과 그에 따른 글자의 제정이 훈민정음 <해례본>의 '제자해(制字解)'에 자세하게 설명되었다. 실제로 <해례본>의 새 문자에 대한 조음 음성학적인 설명은 현대 음성학으로도 설명하기 어려운 높은 수준이었다.

4.3.2.1. <해례본>에서는 중국 성운학의 36자모, 또는 35, 31자모(字母)의 운목(韻目) 한자를 모두 <동국정운(東國正韻)>의 운목(韻目) 한자로 바꾸면서 유성 마찰음의 순경음(脣輕音) 4자를 인정하지 않고 모두 23자모의 동국정운식 운목의 한자로 바꾸어서 다음과 같이 '동국정운 23자모'로 정리한다.

[표 4-5] 동국정운 23자모

七音 / 四聲	牙 音	舌 音	脣 音	齒 音	喉 音	半舌音	半齒音
全　淸	ㄱ(君)	ㄷ(斗)	ㅂ(彆)	ㅈ(卽)	ㆆ(挹)		
次　淸	ㅋ(快)	ㅌ(呑)	ㅍ(漂)	ㅊ(侵)	ㅎ(虛)		
全　濁	ㄲ(虯)	ㄸ(覃)	ㅃ(步)	ㅉ(慈)	ㆅ(洪)		
不淸不濁	ㆁ(業)	ㄴ(那)	ㅁ(彌)		ㅇ(欲)	ㄹ(閭)	△(穰)
全　淸				ㅅ(戌)			
全　濁				ㅆ(邪)			

여기에 보인 23자모 중에서 전탁(全濁)이라 한 유성음 6자, 즉 /ㄲ, ㄸ, ㅃ, ㅉ, ㅆ, ㆅ/를 뺀 것이 훈민정음 초성 17자이다. 유성음이 우리말에 변별적이지 못한 것을 신미(信眉)는 알고 있었던 것이다. 다만 옥에 티라고 할 수 있는 것은 당시 우리말에 된소리가 있어서 변별력을 가졌는데 이것을 미처 깨닫지 못하여 온전한 글자를 만들지 못한 것이다.

역시 범어(梵語)와 중국어의 음운에 없는 된소리, 즉 성문긴장(glottal tension)을 수반하는 된소리 계열은 인식한다는 것은 쉬운 일이 아니었을 것이다. 따라서 된소리 계열의 음운들은 전통적인 한자 차자표기에서 사용하던 질(叱)을 '된시옷'이라 하여 /ㅺ, ㅼ. ㅽ. ㅾ, ㅆ/과 같은 구분부호(diacritical mark)로 붙여 표기하였다.

그리고 신미(信眉)는 모음의 글자로 초기의 7자를 11자로 늘렸다. 이것은 범어의 <실담장(悉曇章)>에서 모음의 마다(摩多)가 12자이기 때문에 이를 유사하게 11자로 한 것이다(졸고,

2011b 및 졸저, 2022:116). 다만 중성의 모음 글자를 유모(喩母), 또는 욕모(欲母)에 속하는 것으로 본 것은 신미(信眉)도 어쩔 수 없이 그대로 따라서 단독으로 중성자(中聲字)를 쓸 때에는 욕모(欲母) /ㅇ/를 붙여 쓰도록 하였다.

4.3.2.2. 훈민정음의 창제가 한자음의 정리나 한어음(漢語音)의 발음 전사를 목적으로 하였을지도 모른다는 가설이 있음을 위에서 살펴보았다. 실제로 신문자의 창제에는 한자음에 대한 연구와 깊은 관계가 있다. 그리고 세종의 훈민정음이란 새 문자 제정 목표가 <동국정운(東國正韻)>의 편찬을 위한 것이라는 주장이 오래 전부터 있었다(유창균, 1966).

조선 왕조 초기에는 중국의 성운학(聲韻學)에 의하여 한자에 대한 상당한 수준의 한음(漢音) 및 동음(東音)에 대한 연구가 있었고 이러한 연구 결과에 의하면 당시 우리 한자음은 상당히 혼란된 것으로 인식한 것으로 보인다. 그런 인식의 결과로 여러 가지 우리 한자음에 대한 지적이 있었다.

즉, 신숙주의 '동국정운서(東國正韻序)'에 "字劃訛而魚魯混眞, 聲音亂而涇渭同流. 橫失四聲之經, 縱亂七音之緯, 經緯不交, 輕重易序 - 자획이 와전되어 어(魚)와 로(魯)가 서로 혼란되고 성음이 어지러워 서로 다른 경강(涇江)과 위수(渭水)가 함께 흐름과 같다. 횡(橫)으로 사성(四聲)의 경(經)을 잃고 종(縱)으로 칠음(七音)의 위(緯)가 어지러워져서 경(經)과 위(緯)과 서로 만나지 않고 경중(輕重)의 차례가 바뀌었다"라고 하여 우리 한자는 자획과 성음(聲音)이 잘못되었음을 지적하였다.

특히 성음에서는 횡(橫)으로 사성(四聲), 즉, 청탁(淸濁)을 바로 잡고 종(縱)으로 칠음(七音)의 흐트러진 것을 올바르게 해야 하며 중성(中聲)에서 경중(輕重)이 바뀐 것을 고쳐야 한다는 것이었다. 즉, 횡으로 전청, 차청, 전탁, 불청불탁의 사성을 바로 잡고 종으로 아설순치후(牙舌脣齒喉)음과 반설(半舌), 반치(半齒)음의 칠음(七音)을 바르게 해야 함을 지적한 것이다.

송대(宋代)에 성리학(性理學)과 함께 발달한 중국의 운학은 성음(聲音)을 기술하는데 있어서 종래의 방법을 따르지 않고 일정한 도식(圖式)을 만들어 그 안에 한자를 배열하여 발음의 미세한 차이까지 알아볼 수 있게 하였다. 이 도식의 구조가 가로, 즉 횡(橫)으로는 사성(四聲)을 표시하고 세로, 즉 종(縱)으로는 칠음(七音)을 표시하도록 하였으며 순음(脣音)에서 경중(輕重)을 분별하여 한자음을 표시하는 것이었다. 앞에 보인 [표 4-1~5]가 모두 이러한 도식(圖式)에 의하여 작성된 자모도로 볼 수 있다.

4.3.2.3. 신숙주(申叔舟)의 '동국정운서(序)'에 지적된 것은 우리 한자음이 이 도식에 비추어 볼 때에 맞지 않는 것이 많음을 말한 것이다. 송대(宋代)의 이러한 도식을 등운도(等韻圖)라고 하였으며 한자음을 운도(韻圖)에 맞추어 기술하는 학문을 등운학(等韻學)이라 한다.

이 등운학은 고려 말과 조선 초기에 매우 성황을 이루었고 세종 시대의 한자음 연구는 등운학(等韻學)을 배경으로 한 것이다. 그리하여 훈민정음의 창제를 전후로 하여 등운학에 입각한 자모도(字母圖)가 발달하였다. 즉, 범자(梵字)의 36 체문(体文)에 맞추어 36성모(聲母)를 인정하고 이를 칠음(七音)과 사성(四聲)으로 분류하는 자모도가 유행하였다.

앞에서 [표 4-3]과 [표 4-4]에서 보인 바와 같이 <광운(廣韻) 36자모도>와 <홍무운(洪武韻) 31자모도>가 모두 사성(四聲)과 칠음(七音)을 경위(經緯)로 한 자모도(字母圖)들이었다. 특히 명(明) 태조(太祖)의 칙찬(勅纂) 운서인 <홍무정운>의 편찬은 세종으로 하여금 한자음 정리에 대한 요구를 절실하게 하여 <동국정운>을 편찬하기에 이른다.

이러한 운서의 편찬은 파스파 문자로 표음한 몽운(蒙韻), 즉 <몽고운략>, <몽고자운>, 그리고 {증정}<몽고자운>의 편이함을 따르고자 한 것이다. 몽운(蒙韻)이 파스파 문자로 한자음을 표음하여 배우는 사람들에게 편리함을 준 것처럼 훈민정음으로 한자음을 표기한 운서를 편찬한 것이 <동국정운>이다.

한자가 이 땅에 들어올 때에는 자형(字形)만이 아니라 뜻과 발음도 함께 들어왔다. 자형과 자의(字義)는 변하지 않았으나 발음은 피아(彼我)가 모두 변하여 중국어의 한음(漢音)과 한국어의 동음(東音)이 크게 다르게 되었다. 여기서 훈민정음의 어제서문에 "國之語音 異乎中國"이란 지적이 나오게 된 것이다.

특히 원대(元代) 북경(北京)을 중심으로 한 한아언어(漢兒言語)의 한자음은 한자의 한음(漢音)과 동음(東音)의 차이를 더욱 크게 하였다. 그리고 세종이 훈민정음을 창제하여 맨 처음 <운회(韻會)>를 번역하게 한 것도 한자음에 보이는 북경(北京)을 중심으로 하는 중국어의 동북방언음과 우리의 동음(東音)과의 차이를 밝혀보려는 의도가 있었다.

원대(元代) 북방음(北方音)에 비하면 당시 우리의 한자음, 즉 동음(東音)은 전혀 다른 발음이었다. 그리하여 세종의 어제서문에 "與文字로 不相流通홀씨 - 문자와로 서르 사뭇디 아니홀씨"라는 탄식이 나온 것이다. 우리 한자음을 교정하여 어느 정도 중국 동북방언음에 유사한 발음으로 고치려는 노력이 우리 한자음의 교정으로 나타났으며 결국은 <동국정운>을 편찬하게 되었다.

4.3.2.4. 그러나 새로운 동국정운식 한자음의 교정이 동북방언음을 무조건 수용한 것도 아니며 또 당시 속음(俗音)이라 불리는 동음(東音)을 전혀 도외시한 것도 아니다. 동국정운식 한자음의 교정은 원대(元代)에 편찬된 <고금운회거요(古今韻會擧要)>을 기준으로 삼아 한어음(漢語音)과 우리 동음을 독자적인 방법으로 대조(對照)하여 새로운 체계의 한자음 표기를 시도한 것이다.

다시 말하면 우리 한자음에 대한 인위적인 교정이라고 할 수 있다. <동국정운>에 권두에 실린 신숙주(申叔舟)의 서문(序文)에 의하면 이 운서(韻書)의 편찬이 고대 인도문법이나 라틴문법과 같이 언어의 변화를 막으려는 의도였음을 알 수 있다. 즉, 신숙주의 '동국정운 서문(序文)'에는 우리 한자음이 변하여 중국의 원음과 매우 달라졌음을 주장하고 동음에서 바로 잡아야 할 문제점을 지적하였는데 이를 차례로 살펴보면 다음과 같다.

첫째는 우리 한자음이 자모(字母)와 칠음(七音), 청탁(淸濁)의 사성(四聲)에서 일어난 변화를 들었다. 먼저 자모의 변화에 대하여는 동 서문에 "若以牙音言之, 溪母之字, 太半入於見母, 此字母之變也 - 만약에 어금니 소리를 예로 하여 말하자면 계모(溪母 - ㅋ)의 한자들이 반 이상이나 견모(見母 - ㄱ)에 들어갔다. 이것이 자모의 변화다"라고 하여 아음(牙音) 차청의 'ㅋ'이 전청의 'ㄱ'으로 변하였음을 지적하였다.

이것은 원래 한음(漢音)에서 '克'이 "큭 > 극"의 변화를 겪은 것이고 '困'도 "콘 > 곤"의 변화를 보인 것이다. 위의 서문은 사성(四聲)의 청탁(淸濁)에서 차청(次淸)이 전청(全淸)으로 변한 예를 아음(牙音)에서 찾아 예로 든 것이다. 청탁의 사성(四聲)이 앞의 3.1.1.5.에서 언급한 바와 같이 조음방식에 의한 구별임을 상기하게 한다. 한자음에서 유기음이 평음으로 바뀐 예들이다.

다음 칠음(七音)의 변화로는 "溪母之字, 或入於曉母, 此七音之變也 - 계모(溪母 - ㅋ)의 글자가 혹시 효모(曉母 - ㅎ)에 들어간 것은 칠음의 변화다"라 하여 "酷 콕 > 혹, 欽 큼 > 흠"과 같은 변화를 지적하였다. 전자는 같은 아음(牙音)내에서 차청(次淸)이 전청(全淸)으로 변한 것이고 후자는 아음에서 후음(喉音)으로 변한 것이다. 역시 앞의 2.2.4.0.에서 언급한 바와 같이 칠음(七音)은 조음위치를 말하기 때문에 'ㅋ > ㅎ'의 변화는 조음위치의 변화로 본 것이다.

청탁(淸濁)의 변화로는 역시 전게한 '동국정운서문'에 "我國語音, 其淸濁之辨, 與中國無異. 而字音獨無濁聲, 豈有此理? 此淸濁之變也 - 우리나라의 말소리에서 청음(淸音)과 탁음(濁音)을 분별하는 것이 중국과 더불어 다르지 않는데 [우리] 한자음(東音)에만 홀로 탁성(濁聲

- 유성음)이 없으니 어찌 이치에 맞겠는가? 이것이 청탁의 변화다."라 하여 '極 끅 > 극, 食 씩 > 식, 貧 삔 > 빈, 談 땀 > 담, 雜 짭 > 잡"와 같이 전탁이 전청으로 변한 것을 청탁의 변화라고 하였다.

이것은 한어음(漢語音)에서 유성음과 무성음의 구별이 있지만 우리 한자음에서는 이 구별이 없어서 모두 전청(全淸, 무성음)으로 표음하는 것을 지적한 것이다. 우리말과 한어(漢語)의 음운론적 차이를 밝힌 것으로 이들이 얼마나 깊은 음운론적 지식을 가졌는가를 알려주는 대목이다. 그리고 이러한 지식은 전술한 바와 같이 고대인도의 음성학에서 온 것임을 알 수 있다.

4.3.2.5. 다음으로 <동국정운>의 신숙주 서문에는 성조(聲調)의 사성(四聲)에 대하여는 "語音卽四聲甚明, 字音則上去無別, 質勿諸韻宜以端母爲終聲, 而俗用來母. 其聲徐緩, 不宜入聲, 此四聲之變也 - 말소리는 사성이 매우 분명한데 한자음에는 상성(上聲)과 거성(去聲)의 구별이 없다. 질운(質韻)과 물운(勿韻)의 여러 운(韻)들은 마땅히 단모(端母 - ㄷ)로서 종성(終聲 = 받침)을 삼아야 하는데 속되게는 래모(來母 - ㄹ)를 써서 그 소리가 느리어 입성이 되지 못한다. 이것이 사성(四聲)의 변화다."라 하여 입성(入聲)의 글자에 'ㄹ' 받침을 써서 입성(入聲)의 특징인 촉급(促急)함을 나타내지 못함을 지적하였다.

즉, 입성(入聲)에서 "質 짇 > 질, 勿 묻 > 물"의 변화를 지적한 것이다. 이에 대하여는 "이영보래(以影補來 - 影母 'ㆆ'로서 來母 'ㄹ'를 보조하여 입성임을 표현하는 방법)"로서 이를 표음하였다. 이것을 예를 들어 설명하면 '發 벌 > 벓'의 표음으로 이 한자음이 입성임을 표시하도록 하였다.

그리고 이러한 변화는 올바른 운서(韻書)가 편찬되지 않아서 일어난 것으로 보고 표준적인 운서를 마련하여 이러한 언어의 변화를 방지하려는 의도가 <동국정운>의 편찬 목적임을 밝혔다. 당시 그들에게는 언어의 변화는 타락이었고 이것은 방지되어야 한다는 생각을 가지고 있었다. 서양에서 문법의 발생과 같은 맥락으로 보인다.

즉, 같은 '동국정운의 서문(序文)'에 "其音雖變, 淸濁四聲則猶古也. 而曾無著書以傳其正, 庸師俗儒不知切字之法, 昧於紐躡之要, [中略] 或依漢音, 或依俚語. 而字母淸濁四聲皆有變焉. - 그 자음은 비록 변하였어도 청탁과 사성은 옛날과 같으련만 일찍부터 책이 없어 [그 발음을] 바르게 전달하지 못하였으니 어리석은 교사나 속된 선비들이 반절법(反切法)을 알지 못하였을 뿐 아니라 유섭(紐躡-韻腹)의 요체에도 어두워 [중략] 혹은 한음(漢音)에 의지하고 혹은 우리말 자음에 의지하여 자모와 청탁, 사성이 모두 변하게 되었다."라고 하여 일찍이 올바른 운서가 없기 때문에 전술한 자모(字母), 칠음(七音), 청탁(淸濁), 사성(四聲)의 변화가 일어난 것이라 하였다.

4.3.2.6. 중요한 것은 중국 운서의 전통적인 36자모에 해당하는 초성이 우리 한자음에는 없기 때문에 23자모를 책정한다는 것이다. 예를 들면 중국 운서의 설두(舌頭)와 설상(舌上)의 구별이라든지 순중(脣重)과 순경(脣輕)의 구별, 그리고 치두(齒頭)와 정치(正齒)의 구별이 우리 한자음에서는 없음을 분명히 하였다.

즉, 신숙주의 '동국정운서문'에 "且字母之作, 諧於聲耳. 如舌頭、舌上、脣重、脣輕、齒頭、正齒之類, 於我國字音未可分辨. 亦當因其自然, 何必泥於三十六字母乎? - 또 자모를 지을 때에 [동음의] 성(聲 - 초성)에 맞추었을 뿐이다. 예를 들면 설두(舌頭)와 설상(舌上), 순중(脣重)과 순경(脣輕), 치두(齒頭)와 정치(正齒) 따위는 우리나라 한자음에서는 분별이 불가능함으로 역시 자연에 따름이 마땅하거늘 구태여 36자모에 억매일 필요가 있겠는가?"라 하여 우리 한자음, 즉 동음의 성(聲)에 맞추어 설두음(舌頭音)과 설상음(舌上音), 순중음(脣重音)과 순경음(脣輕音), 치두음(齒頭音)과 정치음(正齒音)의 구별을 하지 않았음을 말한 것이다.

따라서 중국의 전통운서에서 편운(編韻)한 것 가운데 합칠 것은 합치고 나눌 것은 나누어 23자모와 91운을 결정하였는데 이 모든 것을 세종의 재가에 의한 것임을 서문에서 밝혔다. 즉, 같은 서문에 "乃因古人編韻定母, 可併者併之, 可分者分之, 一併一分, 一聲一韻, 皆稟宸斷. 而亦各有考據 於是調以四聲, 定爲九十一韻二十三字母. 以御製訓民正音定其音. 又於質勿諸韻, 以影補來, 因俗歸正, 舊習譌謬至是而悉革矣. - 옛 사람이 운을 나누고 자모를 정한 것을 가지고 합칠 것은 합치고 나눌 것은 나누었는데 한 번 합치고 한 번 나누는 것과 한 성(聲)이나 한 운(韻)이라도 모두 임금께 아뢰어 결정을 받았으며 또 각기 상고하고 근거하는 바가 있다. 이에 비로소 사성(四聲)이 고르게 되었으며 91운 23자모를 정하였다. 임금이 지으신 훈민정음으로서 그 발음을 정하고 또 질(質), 물(勿)의 여러 운(韻)은 이영보래(以影補來)의 방법으로 속음을 바르게 하여 옛날의 잘못된 습관이 이에 이르러 모두 고쳐지게 되었다"라 하여 표준적인 한자음을 결정하고 이를 훈민정음으로 표기하였음을 밝혔다.

이때에 결정된 23자모와 중국 전통 운서의 36자모, 그리고 훈민정음의 초성자를 비교하여 도표로 그리면 다음과 같다.

[표 4-7] 초기의 언문 27자모와 전통운서의 36자모 대조표. *표는 동국정운의 운목 한자가 없는 것.

七音 / 四聲	牙 音	舌 音		脣 音		齒 音		喉 音	半舌音	半齒音
		舌頭音	舌上音	脣重音	脣輕音	齒頭音	正齒音			
淸 音	ㄱ(君, 見)	ㄷ(斗, 端)	知*	ㅂ(彆, 幇)	ㅸ(非*)	ㅈ(卽, 精)	知	ㆆ(挹, 影)		
次 淸 音	ㅋ(快, 溪)	ㅌ(呑, 透)	徹*	ㅍ(漂, 滂)	ㆄ(敷*)	ㅊ(侵, 淸)	徹	ㅎ(虛, 曉)		
濁 音	ㄲ(虯, 群)	ㄸ(覃, 定)	澄*	ㅃ(步, 並)	ㅹ(奉*)	ㅉ(慈, 從)	澄	ㆅ(洪, 匣)		
次 濁 音	ㅇ(業, 疑)	ㄴ(那, 泥)	娘*	ㅁ(彌, 明)	ㅱ(微*)			ㅇ(欲, 喩)	ㄹ(閭, 來)	△(穰, 日)
次淸次音						ㅅ(戌, 心)	審	ㆆ(么*)		
次濁次音						ㅆ(邪, 邪)	禪	ㆅ(合*)		

이것은 동국정운의 23자모가 <고금운회거요> 등의 전통 중국운서의 대운(大韻), 또는 성(聲)이라고 불리는 36자모에서 설두(舌頭)와 설상(舌上)의 4모(母), 치두(齒頭)와 정치(正齒)의 5모, 그리고 순경음의 4모를 통합한 13자모를 뺀 것임을 알 수 있다.

그리고 앞에서 제시하지는 못했지만 역시 <사성통해>의 권두에 실린 <운회(韻會) 35자모도>에서 아음(牙音), 즉 각(角)의 차청차음(次淸次音)의 '어(魚 - ㆁ)'와 후음(喉音), 즉 우(羽)의 '요(幺 - ㆆ)', 그리고 차탁차음(次濁次音) '합(合 - ㆅ)'모의 3자모를 없애어 모두 16자모를 줄여서 책정한 것이다. 초기의 언문 27자모는 훈민정음 28자 가운데 초성 17자에다가 병서자(竝書字), 즉 쌍서자(雙書字) "ㄲ, ㄸ, ㅃ, ㅉ, ㅆ, ㆅ"의 6자와 순경음(脣輕音)의 4자를 더한 것이다.

3) <언문자모>와 한글의 보급

4.3.3.0. 한글은 창제되고 나서 그 해설서로 전술한 바와 같이 훈민정음 <해례본>과 같은 한문본이 있고 고려대 소장의 <훈민정음>이나 서강대 소장의 <월인석보> 제1권 권두에 첨부된 <세종어제훈민정음>과 <언해본>이 있었다.

그러나 훈민정음의 <해례본>이나 <언해본> 모두가 한자음 표음을 위한 운서(韻書)식 설명이어서 일반 백성들이 이해하기에 어려웠다. 예를 들면 훈민정음의 'ㅂ'에 대한 설명에서 "ㅂ 彆字初發聲 - 별(彆)의 처음 나오는 소리"라는 예로 들은 별(彆)자는 "활 시울 뒤틀릴 별"이어서 여간해서는 알 수 없는 벽자(僻字)의 한지다.

따라서 당시 백성들이 사용하던 이두(吏讀)의 한자로 새 문자를 설명한 <언문자모(諺文字

母)>가 세종의 둘째 따님인 정의(貞懿) 공주와 신미(信眉) 대사에 의해서 고안되었다. 특히 신미(信眉)는 각 글자의 제자를 상형설(象形說)로 설명하면서 고대인도의 음성학적 이론을 붙였다.

예를 들면 초성의 글자를 조음위치에 따라 분별한 아설순치후(牙舌脣齒喉)의 오음(五音)에 맞추어 기본자를 만들면서 다음과 같은 상형(象形)의 이론으로 설명하였다.

ㄱ 象舌根閉喉之形 - 혀뿌리가 목구멍을 막는 모습을 본뜬 것. 아음(牙音)의 기본자
ㄴ 象舌附上腭之形 - 혀가 입천장에 붙는 모습을 본뜬 것. 설음(舌音)의 기본자
ㅁ 象口形 - 입의 모습을 본뜬 것. 순음(脣音)의 기본자
ㅅ 象齒形 - 이의 모습을 본뜬 것. 치음(齒音)의 기본자
ㅇ 象喉形 - 목구멍의 모습을 본뜬 것. 후음(喉音)의 기본자

이러한 자형(字形)의 조음 음성학적인 설명은 중국의 성운학(聲韻學)에서도 없는 고대인도의 음성학, 즉 성명기론(聲明記論)에 의거한 발음기관의 상형설(象形說)이다(졸저, 2022:535). 이 오음(五音)의 글자를 기본자로 삼고 나머지 글자들은 인성가획(引聲加劃)의 방법으로 제자하였다.

이로부터 한글은 변별적 자질을 문자화했다는 평가를 얻었다(Sampson, 1985). 이것은 중성자(中聲字), 즉 모음 글자의 천지인(天地人) 삼재(三才)의 상형과 더불어 훈민정음이란 이름의 새 문자가 과학적으로 제정된 것이라는 사실을 일깨워준다. 즉, 삼재(三才)의 기본자 3자와 이를 결합한 초출자(初出字) 4자, 그리고 재출자(再出字) 4자를 합하여 11자를 제자하고 또 이 글자의 결합으로 모두 29자를 만들었다.

다만 이것은 새 문자의 중성자(中聲字)들을 중국 성리학(性理學)의 이론으로 설명한 것이고 이어서 초성자(初聲字)들은 어려운 조음음성학으로 해설한 것이어서 일반 백성들이 이해하기 어려웠다. 이로부터 세종의 둘째 따님인 정의(貞懿) 공주는 <언문자모>를 고안하여 보다 쉽게 새 문자의 음가와 철자법을 익히게 되었다.

따라서 <언문자모>는 새 문자의 보급에 지대한 공헌을 하게 된다. 만일 <언문자모>가 없었으면 한글도 파스파 문자처럼 세종과 세조 시대를 지나서 일반인들의 관심에서 멀어져서 결국 사라졌을 수도 있다. 이 절(節)에서는 이에 대하여 고찰하고자 한다.

4.3.3.1. <언문자모(諺文字母)>는 중종 때에 최세진(崔世珍)이 편찬한 한자의 자서(字書)인

<훈몽자회(訓蒙字會)>의 권두에 첨부되어 전해온다. 이 자서의 한자음 표기에 사용한 언문을 학습하는 교재의 역할을 겸한 것이다.

<훈몽자회>는 <천자문(千字文)>과 <유합(類合)>과 같이 우리 한자음의 교육과 그 뜻을 배우기 위한 아동용 교재였다. 그리하여 서명도 '훈몽(訓蒙)'이란 이름을 붙였으며 <천자문>과 더불어 조선조에서 가장 널리 보급된 한자 교과서의 하나였다. 그래서 일본에서도 명성을 얻어 그곳에서도 여러 번 간행되어 널리 사용되었다.

이 책은 한자 3,360자를 전실자(全實字-실명자)와 반허자(半虛字)로 나누어 천문(天文), 지리(地理) 등의 항목별로 배열한 유서(類書)의 형태로 편찬된 것이다. 특히 <훈몽자회>의 권두에 실린 범례(凡例)는 최세진의 신문자 연구의 정수(精髓)로서 그의 언문에 대한 견해를 알 수 있게 한다.

그리고 전술한 바 있는 <언문자모(諺文字母)>을 이 책의 권두에 실어 세종이 창제한 새 문자 보급에 크게 기여하였다. <언문자모>는 협주(夾註)에 "俗所謂反切二十七字 - 속되게 소위 말하는 반절 27자"라 하여 훈민정음이 언문(諺文)이란 이름 이외에도 '반절(反切)'이란 이름으로 불리었음을 알 수 있다.

이 <언문자모>는 이 책의 범례에 "凡在邊鄙下邑之人, 必多不解諺文. 故今乃幷著諺文字母, 使之先學諺文, 次學字會則庶可有曉誨之益矣. [下略] - 무릇 변방이나 시골 소읍의 사람들이 언문을 이해하지 못하는 수가 많아서 이제 <언문자모>를 함께 싣는다. 먼저 언문을 배우게 하고 다음에 <훈몽자회>를 배우면 깨우치고 이해하는데 모두 도움이 있을 것이다. [하략]"라 하여 전부터 있던 언문자모를 실어 언문을 깨우치게 하고 그로부터 훈몽자회를 배울 수 있게 하였음을 알 수 있다. 벌써 이때에는 <언문자모>가 새 문자의 해설로 널리 알려진 것임을 알 수 있다.

물론 불가(佛家)의 <진언집(眞言集)> 등에도 '언본(諺本)'이란 이름으로 <언문자모>가 첨부되어 불가(佛家)에서 진언(眞言)의 범자(梵字)들은 언문으로 그 발음이 표기되었다. 불가에서도 언본(諺本)의 <언문자모>를 통하여 새 문자를 학습하였던 것이다. 그리고 범자(梵字)의 발음을 언문으로 표기하였다. 이러한 사실로부터 필자는 <언문자모>가 정의(貞懿) 공주만이 아니고 신미(信眉)도 관여해서 작성됐다고 보는 이유다.

4.3.3.2. <언문자모>는 세종의 둘째 따님인 정의(貞懿) 공주가 훈민정음의 보급을 위하여 후대에 간편한 이두자(吏讀字)를 써서 그 사용법을 설명한 것으로 본다(졸고, 2017a). 그동

안 학계에서는 비록 <언문자모>가 <훈몽자회>에서 처음 발견되지만 그것이 최세진의 소작이 아닐 것이라는 여러 연구가 있었다(이기문, 1963).

최세진(崔世珍)은 역관 출신으로 그의 저서는 주로 세종 때의 여러 문헌을 수정 보완한 것이 많다. 앞에서 많이 인용한 그의 <사성통해(四聲通解)>는 세종 때에 신숙주(申叔舟)가 저술한 <사성통고(四聲通攷)>에 의거한 것처럼 최세진(崔世珍)의 <훈몽자회>도 세조 때에 간행된 <초학자회(初學字會)>를 수정 보안한 것으로 보인다.[24] <사성통해>의 권두에는 <사성통고>의 범례(凡例)를 첨부할 정도로 후자의 영향을 많이 받았다.

<훈몽자회>의 권두에 실린 <언문자모>는 그의 저술이 아니다(이기문, 1963). 따라서 <초학자회>의 권두에 실렸던 것을 그의 <훈몽자회>에 다시 옮겨 첨부한 것으로 추정하는 것이 타당하다(졸고, 2017a). <언문자모>는 풀이의 간편성과 실제 문자생활을 영위하는 중인(中人)들의 이두 표기 방법으로 설명되어 새 문자를 쉽게 이해할 수 있었기 때문이다.

이 <언문자모>가 정의(貞懿) 공주의 소작이라고 보는 것은 <세조실록>에 <초학자회>가 간행될 무렵에 세조가 그의 누님인 정의(貞懿) 공주에게 전결(田結)과 백미 등의 많은 상(賞)을 내렸다는 기사가 있기 때문이다. 이로부터 졸저(2019a:69)에서는 <언문자모>를 <초학자회>에 첨부하여 새 문자의 보급에 많이 기여했기 때문에 상(賞)을 내린 것으로 보았다.

<언문자모>는 바로 언문의 보급에 공헌했기 때문에 후대에 여러 야사(野史)에 언문을 정의(貞懿) 공주가 제정한 것으로 보기도 한다. 그리하여 후대의 여항(閭巷)에서 널리 퍼진 야담(野談)을 수록한 이우준(李遇駿)의 『몽유야담(夢遊野談)』(卷下)에서는 "我國諺書, 卽世宗朝延昌公主所製也。- 우리나라 언서는 세종 때에 연창공주가 지은 것이다"(동 '刱造文字' 조)라는 기사도 있다.[25]

따라서 <언문자모>는 훈민정음과 달리 우리말과 우리 한자음의 표기를 위하여 고안된 문자 교재다. 훈민정음(訓民正音)이 어디까지 수정된 한자음의 표기를 위한 문자라면 <언문자모>의 언문(諺文)은 우리말의 표기와 우리 한자음의 표음을 위한 문자였다. 따라서 세종이 <석보상절>과 <월인천강지곡>으로 우리말 표기에 쓰도록 발전한 새 문자는 언문(諺文)이란 이름으로 고쳐 부르게 된다.[26]

---

24 崔世珍은 譯官 출신의 中人 계급이기 때문에 비록 후대에 東班으로 遷轉하였다고는 하지만 역시 儒臣들의 저술을 흉내 낼 수밖에 없었을 것이다(졸고, 2017a).

25 貞懿공주는 延昌尉 安孟聃에게 출가하여 延昌공주로도 불리었다.

26 한글의 창제에 대한 최초의 기록인 <세종실록>(권103) 세종 25년 12월의 기사에서 "上親制諺文二十八字

이러한 여러 정황을 살펴보면 <언문자모>는 훈민정음 제정 당시까지 거슬러 올라가서 작성된 것으로 보이며 적어도 세조 때의 <초학자회>의 권두에 부재되어 한자 교육에서 한자음의 발음기호의 역할을 하고 풀이말에서 우리말을 표기하였던 것이 아닌가 한다. <훈몽자회>에는 <초학자회>의 것이 많이 그대로 인용되었고 이 <언문자모>의 정서법은 순전히 우리 한자음, 즉 동음(東音)의 표기를 위한 것이기 때문이다.

4.3.3.3. <언문자모>에서는 훈민정음의 <해례본>이나 <언해본>과 전혀 다르게 다음과 같이 새 문자에 대하여 초성 중성, 그리고 종성에서의 음가와 사용법을 설명하였다.

- 초성종성통용팔자(初聲終聲通用八字) - 기역(其役), 니은(尼隱), 디귿(池*末), 리을(梨乙), 미음(眉音), 비읍(非邑), 시옷(時*衣), 이응(異凝)
- 초성독용팔자(初聲獨用八字) - 키(箕*), 티(治), 피(皮), 지(之), 치(齒), ㅿ|(而), 이(伊). 히(屎)
- 중성독용십일자(中聲獨用十一字) - 아(阿), 야(也), 어(於), 여(余), 오(吾), 요(要), 우(牛), 유(由), 으(應, 不用終聲), 이(伊, 只用中聲), ᄋᆞ(思, 不用初聲)

이러한 설명은 언문 각 글자의 초성(初聲)에서 '기(其)', 그리고 종성(終聲)에서 '역(役)'과 같이 'ㄱ'이란 글자의 음절 초(onset)와 음절 말(coda)에서의 음가를 설명하였다.

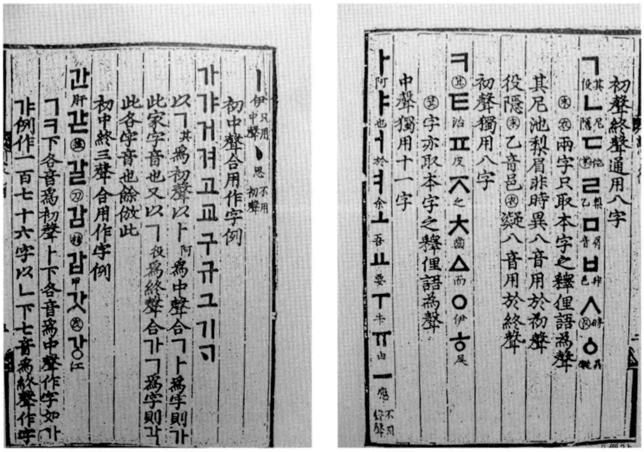

[사진 4-3] 일본 존경각(尊經閣) 소장 『훈몽자회』 권두에 실린 <언문자모>[27]

- 임금이 친히 언문 28자를 지었고"이고 이어서 "是謂訓民正音 - 이것이 소위 말하는 훈민정음이다"라고 하여 이미 '훈민정음'이란 말은 쓰지 않았음을 말한다.

여기에 쓰인 한자들, 즉, 기역(其役)에 쓰인 '기(其)'와 '역(役)'은 이두(吏讀)에 널리 쓰이던 한자들로서 <동국정운>의 운목(韻目) 한자로 "ㄱ 君字初發聲 - ㄱ은 군(君)자의 첫 발음"으로 표시한 훈민정음과 다르게 모두 알기 쉬운 한자여서 일반 백성들이 알기 쉽고 친근한 설명이었다.

그리고 모두 27자의 초성과 종성, 그리고 중성의 글자들을 보였다. 이 숫자는 앞에서 살펴본 초기의 언문 27자를 상기하게 된다. 다만 초성이 16자로 'ㆆ'이 빠졌고 중성은 11자로 모두 27자가 된 것이다. 뿐만 아니라 초성(初聲)과 중성(中聲)의 결합하는 방법과 여기에 종성(終聲)을 붙이는 방법을 예를 들어 설명하였다.

4.3.3.4. 이것은 훈민정음에서는 <해례본>의 용자례(用字例)로 설명하거나 <언해본>에서는 초성과 중성의 합용(合用, 어울워 ᄡᅳ다)으로 설명한 것과 비교하면 이해하기가 매우 쉬웠다. 즉 중성자(中聲字)를 초성자의 옆이나 아래에 부서(附書, ᄇᆞ텨ᄡᅳ기)하는 방법으로 설명되었다. 그러나 <언문자모>에서는 다음과 같이 명쾌하게 예를 보여 설명하였다.

> 초중성합용작자례(初中聲合用作字例) - 가갸거겨고교구규그기ᄀᆞ
> 以ㄱ其爲初聲, 以ㅏ阿中聲, 合ㄱㅏ爲字則가, 此家字音也。
> 又以ㄱ役爲終聲, 合가ㄱ爲字則각, 此各字音野。餘倣此。
> 초중종삼성합용작자례(初中終三聲合用作字例) - 간(肝), 갇(笠*), 갈(刀*), 감(柿*), 갑(甲),
> 갓(皮), 강(江)

이와 같은 <언문자모>의 설명은 알기가 쉽고 쉬운 한자의 예로서 분명하게 깨우칠 수 있었다. 특히 초성과 중성의 합용에서 부서(附書)의 예를 보이면서 'ㄱ(其) + ㅏ(阿) = 가(家), 가(家) + ㄱ(役) = 각(各)'과 같은 설명은 모든 초성, 중성, 종성의 합용(合用) 방법을 일목요연(一目瞭然)하게 보여주었다.

<언문자모>에 의하여 새 글자는 빠르게 일반 대중에게 보급되어 전술한 바와 같이 문자가 제정된 지 35년만에 <두시언해(杜詩諺解)>가 간행되었다. 그리하여 중국의 한시(漢詩)가 언해되어 우리말의 시가가 새 문자로 적혔고 50년도 안 되어 <악학궤범(樂學軌範)>에서 우

27 <訓蒙字會>는 일본 叡山문고 소장의 乙亥字본이 원본이지만 판면의 사진에 문제가 있어서 일본 尊經閣본의 것을 싣는다.

리말로 된 고려의 가요(歌謠)와 특수 우리말 용어를 새 문자로 표기하였다.

그리고 여항(閭巷)에서 일반인들은 서간문(書簡文)에 새 문자를 사용하게 되었다. 순천(順天)김씨(金氏) 묘지(墓地)에서 출토된 언간(諺簡)은 1555년을 전후하여 작성된 것으로 보이고 졸고(2003c)에서 소개한 파평윤씨(坡平尹氏) 모자(母子) 미라에서 발견된 언간(諺簡)은 묘지가 조성된 것이 1566년으로 밝혀져서 적어도 16세기 중반, 새 문자가 제정된 지 100년 이후에는 언문이 여항(閭巷)에서 널리 사용되었음을 알 수 있다.

그러나 조선 왕조에서는 공문서를 비롯한 계약문서들은 한자로 된 이문(吏文)을 공용문(公用文)으로 하였다(졸고, 2006). 언문(諺文)은 어디까지나 시문(詩文)이나 서간문과 같이 사용(私用)의 문서에 쓰였고 한문(漢文)의 보조 문자였다. 언문이 국문(國文)이 되어 국가 공용(公用) 문서에서 사용된 것은 대한제국(大韓帝國)시대에 들어와서의 일이었다.

4.3.3.5. <언문자모>는 불경의 범자(梵字) 표기에도 사용되었다. 신미(信眉)가 <언문자모>의 작성에 직접 관여했거나 그것을 추종했다는 증거이기도 한다. 후대의 판본으로 선조 2년(1569)에 전라도 무등산 안심사(安心寺)에서 출판한 <진언집(眞言集)>의 권두에는 언본(諺本)이란 이름으로 '언본십육자모(諺本十六字母)'를 실었다.

<언문자모>의 16자의 초성 글자를 소개한 것인데 표음문자이면서 음절 단위로 쓰는 범자(梵字)를 언문이 가장 잘 표음할 수 있다고 보았기 때문이다. 왜냐하면 언문도 음절 단위로 모아쓰기 때문이다. 실담(悉曇)의 마다(摩多)를 <대반열반경(大般涅槃經)>에서 '자본(字本)'이라고 한 것처럼 한글을 언본(諺本)이라 하여 범자 표음의 기본으로 본 것이다.

불가의 <진언집>에서 범자(梵字)를 훈민정음이 아니고 <언문자모>로 표음한 것은 많은 것을 가르쳐준다. 이미 훈민정음은 <해례본>은 물론 <언해본>조차 더 이상 일반인들에게 새 문자를 알기 쉽게 해설한 것이 아니었다. 불가(佛家)의 신도를 포함한 일반 서민(庶民)들은 모두 <언문자모>에 의해서 새 문자를 배우고 있었음을 말한다.

<언문자모>에서 제시한 언문 27자는 /ㆆ/을 뺀 초성과 종성에 쓰이는 16자와 중성에 쓰이는 11자를 말한다. 초성과 종성에 쓰이는 16자는 우리말의 자음을 표기하는 글자들이다. 그리고 중성의 11자는 모음을 표음하는 글자를 말한다. 그러나 이것으로 우리말의 음운을 모두 표기할 수는 없었다.

무엇보다도 한국어에는 된소리 계열의 성문긴장음(glottal tension)이 아설순치후(牙舌脣齒喉)의 조음위치에 따라 5음에 걸쳐 6개나 있어서 이들을 표기할 글자가 필요하였다. 이

음운의 표기는 전술한 바와 같이 향찰(鄕札)과 이두(吏讀)에서 쓰던 '질(叱)', 즉 된시옷으로 표시하여 /ㅺ, ㅼ, ㅽ, ㅾ, ㅆ, ᄻ/으로 표음하였다.

그러나 1930년대에 이러한 '된시옷 ㅅ'을 붙여 쓰는 방법이 일자일음(一字一音)의 원칙에 어긋난다고 보아 이것은 전탁(全濁) 표기를 위하여 제정한 쌍서자로 교체하였다. 즉, 한국어에서 변별적이지 못한 유성음의 표기를 위하여 각자병서(各字竝書), 즉 쌍서자(雙書字)로 /ㄲ, ㄸ, ㅃ, ㅆ, ㅉ/를 제자(製字)하였으나 이러한 글자가 한국어 표기에 필요가 없어지자 이를 된소리 계열의 음운을 표기하는데 사용하였다.

현재 언문(諺文)은 남한과 북한에서 공용 문자로 사용된다. 남한에서는 이를 한글이란 명칭으로 사용되고 북한에서는 조선 글이란 이름으로 국가 공용(公用) 문자로 사용된다. 남한의 한글(Hangul)이란 문자 명칭은 국제적으로 공용되어 이 글자의 정식 이름으로 인정되었다.

4.3.3.6. 그동안의 한글 창제에 대한 새로운 논의들을 정리하여 세종의 새 문자 창제를 연도별로 정리하면 다음과 같다. 이것으로 이 장(章)의 결론으로 한다. 중요한 사항이거나 필자가 처음 주장한 내용은 고딕으로 표시하였다.

세종 2년(1419) - 좌의정 박은(朴訔)의 계청으로 집현전(集賢殿) 설치.
세종 13년(1431) - 설순(偰循)이 어명을 받아 『삼강행실도(三綱行實圖)』(한문본) 편찬.
세종 16년(1434) - 『삼강행실도』 간행.
세종 24년(1442) 3월 - 『용비어천가(龍飛御天歌)』의 편찬을 위한 준비.
세종 25년(1443) 12월 - 세종이 훈민정음 28자를 친제하여 공표함.
세종 26년(1444) 2월 16일(丙申) - <운회(韻會)>의 번역을 명함.
세종 26년(1444) 2월 20일(庚子) - 최만리(崔萬理) 등의 반대 상소문.
세종 27년(1445) 1월 - 신숙주(申叔舟)·성삼문(成三問) 등이 운서를 질문하려고 요동에 유배된 유학자 황찬(黃瓚)에게 감.
세종 27년(1445) 4월 - 『용비어천가』(한문본) 제진(製進)
세종 28년(1446) 3월 - 소헌왕후(昭憲王后) 승하(昇遐).
세종 28년(1446) 병인(丙寅) - <석보상절>과 <월인천강지곡> 편찬 시작.
세종 28년(1446) 9월 - 해례본 『훈민정음(訓民正音)』 완성.
세종 28년(1446) 10월 - **『월인석보(月印釋譜)』 구권(舊卷) 간행(?), 제1권 권두에 훈민정음의 언해본을 <훈민정음>이란 제목으로 부재(附載)함. 또 이를 단행본**

으로도 제책하여 유생(儒生)들의 언문 학습에 이용.

세종 28년(1446) 11월 - 언문청(諺文廳) 설치.

세종 28년(1446) 12월 - 이과(吏科)와 취재(取才)에서 훈민정음을 부과함.

세종 29년(1447) 2월 -『**용비어천가**』**간행. 이때에 국조(國肇) 찬양의 한시(漢詩) 언해.**

세종 29년(1447) 4월 - 각종 취재(取才)에서 훈민정음 시험 강화.

세종 29년(1447) 7월 -『석보상절』,『월인천강지곡』별도 간행.

세종 29년(1447) 9월 -『동국정운(東國正韻)』완성.

세종 29년(1447) 12월(?) - 개성(開城) 불일사(佛日寺)에서 <월인석보> 옥책 간행. <월인석보> 옥책의 '정통(正統) 12년 불일사(佛日寺)'란 간기 참조.

세종 30년(1448) 10월 -『동국정운』보급.

문종 원년(1450) 10월 - 정음청(正音廳) 설치.

문종 2년(1452) 4월 -『동국정운』한자음에 의한 과거시험 실시.

단종 원년(1452) 12월 -『동국정운』과『예부운략』의 한자운을 모두 과거에 사용하도록 함.

단종 3년(1455) 4월 -『홍무정운역훈(洪武正韻譯訓)』완성,『홍무정운역훈』의 신숙주 서문에 "景泰六年仲春旣望 - 경태 6년(1455) 중춘(4월) 보름" 이라는 간기 참조.

세조 4년(1458) - 최항(崔恒) 등의『초학자회(初學字會)』편찬. 권두에 <언문자모> 첨부?

세조 5년(1459) 7월 -『월인석보』신편(新編) 간행. 제1권에 권두에 <세종어제훈민정음> **게재. 훈민정음의 언해본으로 세종 28년의 것을 '어제왈(御製曰)'이 들어있는 첫 장만 책판갈이로 수정하고 나머지는 세종 28년의 같은 책판을 쇄출하여 제책함.**

세조 7년(1461) - 간경도감(刊經都監) 설치.

세조 8년(1462) 6월 - 과거에 홍무운(洪武韻)을 예부운(禮部韻)과 함께 쓰게 함.

— 이상 졸저(2015:225~227)에서 인용.

마치기 I
— 동양 언어학사 고찰의 의의

Ⅰ. 마지막으로 『동·서양 언어학사 Ⅰ』의 「제1부 동양의 언어 연구」를 마치면서 과연 동양의 언어학사는 무엇을 위한 것이며 무엇을 밝히고자 한 것인가, 각 민족의 새 문자 제정의 원리를 필자 나름대로 정리하면서 결론을 대신하고자 한다.

먼저 제1부 동양 언어학사의 내용을 짧게 요약하고 과연 무엇을 중점적으로 서술하였는지 살펴본 다음에 이러한 연구가 언어 연구와 문자 제정의 무엇을 위하고 무엇을 밝히고자 한 것인가를 살피기로 한다. 물론 역사 이래로 동양에서 이루어진 많은 언어 연구를 한마디로 요약하기는 어렵다. 따라서 전체적인 줄거리를 정리하는 수준으로 앞에서 논의한 내용을 요약하고자 한다.

제1부 동양의 언어학사에서는 제1장 고대인도의 범어(梵語) 문법을 고찰하면서 1. 범어(梵語)와 범자(梵字), 특히 2. 브라미(Brāhmi) 문자의 변천에 대하여 살펴보았다. 그리고 3. 범어(梵語) 불경의 한역(漢譯)과 실담(悉曇) 문자에 대하여 고찰하고 불경 속에 전해진 고대인도의 언어 연구에 대하여 조감(鳥瞰)하였다.

그리고 범자(梵字)를 통하여 동양의 여러 문자들, 예를 들면 일본의 가나(假名) 문자라든지 티베트의 서장(西藏) 문자, 원대(元代)의 파스파 문자가 만들어졌고 결국은 조선의 훈민정음이란 희대의 표음문자를 제정하게 되었다고 보았다. 고대인도의 범자(梵字)는 중국의 한자(漢字)와 더불어 유라시아대륙에서 가장 오래된 문자로 동양의 여러 문자의 제정에서 언제나 기준적인 모델이 되었음을 강조하였다.

이어서 4. 파니니 <팔장>의 문법 및 음운 연구에서는 고대인도의 비가라론(毘伽羅論)으로 불리던 굴절어 문법에 대하여 살펴보면서 그것이 서양에 전달되어 희랍문법과 라틴문법으로 발전할 것을 예상하였다. 다만 중국어와 주변의 여러 민족의 언어는 문법구조가 고립어(孤立語)이거나 교착어(膠着語)이어서 비가라론의 굴절문법은 적용되지 못하였다.

그 대신 고대인도의 음성학은 성명기론(聲明記論)이란 이름으로 중국과 조선에 전달되어 중국어의 음운 연구, 특히 한자음 연구에 이용되어 성운학(聲韻學)이란 학문을 발달하게 한다. 고대인도의 음성학은 인간의 발화에 쓰이는 음운을 조음위치와 조음방식에 따라 분류하는 조음음성학이 발달하였다. 그런데 중국의 성운학도 이를 따랐고 조선에서 한글이란 새 문자를 제정할 때에 이 조음음성학의 방법을 이용하였다.

다음의 5. 범자(梵字)의 문자교육에서는 불경에 많이 등장하는 반만이교(半滿二敎)의 반자교(半字敎)와 만자교(滿字敎)를 통하여 자음(vyaňjana) 글자와 모음(svara, mātr,) 글자를 따로 교육하는 알파벳 교육의 반자교가 있으며 또 이 둘을 결합한 음절문자의 교육인 만자교가 있었음을 밝혔다. 이로부터 중국에서는 반절법(反切法)이 발달하고 조선에서는 초성, 중성, 종성으로 나누어 이 셋이 결합하는 음절단위로 한글 문자를 표기하였다.

제2장 중국의 자학(字學)과 운학(韻學)에서는 중국의 언어 연구가 주로 한자(漢字)에 대한 연구로 수행되었으며 1. 시경(詩經)의 연구와 운학의 발달에서 중국 최고(最古)의 시가집인 시경(詩經)의 연구를 통하여 운율을 고찰함으로써 중국에서 언어의 연구가 시작된다고 보았다. 마치 고대인도에서 운문으로 된 베다(Vedic) 경전의 산스크리트어를 고찰하는 것으로부터 고대인도에서 언어 연구의 효시(嚆矢)가 된 것과 같다.

이어서 2. 한자음의 반절(反切)과 성운학(聲韻學)에서는 고대인도의 역경승(譯經僧)들이 한자를 배우기 위하여 개발한 반절법(反切法)이 한자음 연구의 성운학으로 발달하였음을 밝히고 성운학은 어떠한 음운학인가를 살펴보면서 그에 의한 운서(韻書)의 발달을 고찰하였다. 그리고 3. <용감수경(龍龕手鏡)>과 불경의 번역에서 불경을 한역(漢譯)할 때에 일어나는 여러 문제, 특히 한자 사용의 문제를 논하였다.

제2장의 4. 중국어 표기에서 한이문(漢吏文)에 대한 고찰은 중국어의 변천에서 원대(元代)의 북경(北京) 주변의 동북방언이 제국(帝國)의 공용어가 되면서 이 한아언어(漢兒言語)를 그대로 적은 것을 이문(吏文)이라 불렀으며 종래 아언(雅言) 또는 통어(通語)를 한자로 적은 한문(漢文)과는 구별하여 한아언어를 그대로 적은 이문을 조선이문(朝鮮吏文)과 구별하여 한이문(漢吏文)이라고 명명하였다.

종전의 한문은 동주(東周)의 서울인 낙양(洛陽)의 말인 아언(雅言)을 한자로 적은 고문(古文)을 비롯하여 한당(漢唐)의 서울인 장안(長安)의 통어(通語)를 한자로 적은 것도 한문(漢文)이라고 하였다. 그러나 몽골의 원(元)이 건국하고 북경(北京)에 도읍을 정하자 중국의 정치, 문화, 경제의 중심지가 멀리 동북지방의 변방이었던 대도(大都), 즉 북경으로 옮아가게 되면서 새로운 문어(文語)가 생겨난 것이다. 이것이 이문(吏文)이며 필자는 이를 한이문(漢吏文)이라 부른 것이다.

그리하여 이 지역의 언어인 한아언어(漢兒言語, 줄여서 漢語)가 공용어로 쓰이게 되었고 이를 한자로 적은 문어도 새로 생겨났다. 따라서 당송(唐宋)의 통어(通語)는 중국의 다른 지역에서 방언으로 남게 되었고 원(元) 제국(帝國)의 공용어는 한어(漢語)가 대신하게 되었다.

그런데 원래 이 지역은 고립어를 사용하는 한족(漢族)과 주변의 여러 소수민족, 특히 알타이어족이라고 불리는 교착적 문법 구조의 언어와 혼효되어 전통적인 중국어, 즉 장안(長安)을 중심으로 하는 동북방언의 통어(通語)와는 많이 다른 중국어이어서 이를 한자로 기록하면 전술한 한문과는 매우 다른 문어(文語)가 되었다(졸고, 2000).

당시 몽고인 단사관(斷事官)인 자르구치(札魯忽赤)에게 올리는 서리(胥吏)의 직을 맡고 있던 한족(漢族)이나 다른 색목인(色目人)의 보고서는 이 한어(漢語)로 하지 않을 수가 없었다. 왜냐하면 아언(雅言)의 고문(古文)이나 통어(通語)의 한문(漢文)은 몽고인 단사관들이 이해하지 못했기 때문이다(졸고, 2006).

앞의 제1부 2.4.1.3.에서 논의한 대로 원(元) 제국(帝國)은 관리(官吏) 제도에 의하여 몽고인의 단사관(Jarghuchi)을 중국 각처에 보내고 이(吏)에 해당하는 원주민의 행정관(行政官)인 다루가치(達魯花赤, Darugachi)나 통역을 담당하는 게레메치(怯里馬赤, Kelemechi), 또는 문서를 번역하는 비치에치(必闍赤, Bichigchi)가 실제로 통치자로서 관(官)에 해당하는 몽고인의 단사관들은 겨우 한어(漢語)만을 배워서 알고 있었다.

따라서 몽고인의 관(官)을 보좌하는 원주민의 이(吏)들은 한어(漢語)를 한자로 표기하여 보고서를 올리지 않을 수가 없었다. 그런데 이 문체는 비록 한자로 쓰였지만 종래의 한문(漢文)과 크게 달라서 이를 따로 한이문(漢吏文)이라고 한 것이다. 한이문은 몽고인 단사관에 올리는 보고서만이 아니라 형률(刑律)을 다루는 법문(法文)에는 이러한 글이 많았다.

형률(刑律)을 다루는 법률 문서는 죄인의 자백과 같은 중요한 것을 한문으로 의역하게 되면 문의(文意)가 왜곡될 수 있어 그들의 자백을 그대로 적어야 하기 때문에 한어를 그대로 한자로 표기하게 된다. 이러한 문어를 앞의 2.4.1.4.에서 논의한 바와 같이 필자는 한자로 쓴 문장을 종래의 한문과 구별하기 위하여 한이문(漢吏文)이라고 하였다. 현재의 보통화(普通話)를 한자로 적어도 이를 한문이라고 하지 않는 것과 같은 이치다.

이러한 주장은 세계의 중국어역사 학계에 처음 시도된 것이지만 요즘은 많이 이 학설에 동조하고 있다(金文京 編, 2021). 원래 이것은 원대(元代) 북경의 한아언어를 배우는 교재로 고려 말(末)의 통문관(通文館), 또는 사역원(司譯院)에서 편찬한 {원본}<노걸대>가 20세기 말에 발견되어 이에 근거하여 중국어의 역사에서 처음으로 한아언어(漢兒言語)의 존재를 확인하였기 때문이다(졸고, 1999).

제3장 중국 주변 여러 민족의 문자 제정과 언어 연구에서는 아시아의 두 고대문자, 즉 인도의 범자(梵字)와 중국의 한자(漢字)에 의하여 아시아의 여러 민족들은 자신들의 언어를 표기하기 위하여 새로운 문자를 제정하면서 자신들의 언어를 고찰한 것에 대하여 살펴보았다.

일본의 가나(假名) 문자는 비록 한자의 편방(偏旁)을 떼어 글자로 하였지만 그 글자의 분류와 배열은 범자(梵字)의 체문(体文) 36자와 마다(摩多) 14자, 도합 50자로 본 것에 의거하여 모음 5자와 그와 결합된 자음 46자를 만들어 마지막의 'ン'을 일부러 제외하고 50음(音)으로 보아 고쥬온즈(五十音圖)라 하여 음절 문자 51자를 교육하는 자모도(字母圖)를 만들어 사용하였다.

그러다가 <실담자기(悉曇字記)> 등에서 범자(梵字)를 47자로 줄이자 가나(假名) 문자도 'いろは 47자'로 줄여서 교육하였다. 따라서 일본의 가나 문자는 한자와 더불어 범자의 영향 아래에 제정된 문자라고 할 수 있다. 일본의 나라(奈良)와 헤이안(平安) 시대에 중국으로부터 유교의 한자와 불교에 의한 범자의 영향을 동시에 받았기 때문이다.

그러나 7세기 중반에 제정된 티베트의 서장(西藏) 문자나 13세기 몽골의 원(元)에서 제정된 파스파 문자는 전혀 범자(梵字)에 의거하여 제정된 문자이다. 15세기 조선에서 제정한 언문(諺文)도 중국 성운학(聲韻學)의 영향을 받은 것은 사실이지만 많은 부분에서 범자의 영향을 받았다. 이들은 자형까지도 유사하다.

동아시아에서는 범자(梵字)의 영향이 없이 순전히 한자에 의거하여 만들어진 문자도 있다. 요(遼)의 거란(契丹) 문자와 서하(西夏) 문자, 그리고 금(金)의 여진(女眞) 문자는 한자에 의거하여 제정된 것으로 표음 문자의 역할을 하기도 하지만 근본적으로는 한자의 표의적인 문자를 모방한 것이다.

한자(漢字)와 범자(梵字)의 영향에서 벗어나 서양의 북셈(Northern Semitic) 문자를 차용하여 교착적 문법 구조의 몽고어와 만주어를 표기한 몽고-위구르 문자와 만주 문자가 있었다. 동아시아에 들어와 장사를 하던 소그드인의 문자를 위구르인들이 빌려서 사용하고 이것을 다시 12세기에 칭기즈칸이 차용하여 몽고어와 몽골 제국의 여러 언어를 표기하게 한 몽고-위구르 문자가 있었다.

이 문자는 몽고와 같은 교착어를 표기하는 데에 여러 가지 결함이 있어서 원(元)에서 파스파 문자를 제정하게 된 것이지만 여진족을 규합하여 청(淸)을 새운 누르하치(努爾哈赤)가 17세기에 이를 빌려다가 만주문자를 만들어 만주어와 제국(帝國)의 여러 언어를 표기하게 하였다.

아시아에서 한자와 범자에 의거하거나 다른 서양의 문자에 기대어 새로운 문자를 제정할 때에 그 언어의 음운과 문법에 대하여 고찰하게 된다. 예를 들어 조선의 언문(諺文) 제정은 당시에 조선에서는 상당한 수준의 음운학과 문학에 대한 연구가 있었음을 보여주며 이 문자로 조선어를 표기하면서 이 언어의 문법에 대하여도 고찰한 바가 있었다.

제4장 한글의 창제와 조선어의 음운 연구에서는 앞서 말한 문자 제정과 언어 연구의 예로 조선에서 제정한 언문에 대하여 고찰한 것이다. 이에 대하여는 한국에서 국수주의적인 연구가 횡행하여 제대로 다른 문자와의 관계, 특히 파스파 문자와의 관계에 대하여 고찰하지 못하고 "영명하신 세종대왕이 사상 유례가 없는 한글을 독창적으로 만드셨다." 라고 신화(神話) 속에 묻어두고 더 이상의 연구를 방해하고 있다.

그러나 종래의 시각과는 달리 제4장에서는 세종이 명(明)과 유신(儒臣)들의 반대 때문에 가족들과 비밀리에 새 문자를 제정하였고 이를 만들어 <운회(韻會)>를 번역하라고 조정(朝廷)에 명령하여 세상에 알려지게 되었다고 보았다. 이로부터 최만리(崔萬理)의 반대 상소를 받게 되었는데 이 상소문에서는 새 문자를 제정하면 명(明)으로부터 상당한 제재가 있을 것이라 하면서 언문 제정을 반대하였다.

그리고 세종이 새 문자 제정의 직접적인 동기는 한자음을 교정하기 위한 것으로 중국의 한자음과 우리 동음(東音)의 발음이 다르므로 이를 바로 잡기 위한 것임을 훈민정음의 어제서문(御製序文)에서 분명하게 밝혔다. 다만 그동안 이 서문의 뜻한 바를 제대로 이해하지 못한 탓으로 세종의 애민(愛民) 정신만이 부각되었고 그 서문의 초두에 밝힌 새 문자 제정의 동기를 밝힌 내용은 무시되었다.

우선 처음의 문자 명칭이 훈민정음(訓民正音)이어서 "백성들에게 바르게 가르쳐야 하는 한자음"의 뜻임으로 세종이 수정한 동국정운식 한자음의 교육을 위하여 만든 발음기호였음을 말한다. '훈민정서(書)'나 '훈민정문(文)'이 아니라 '훈민정음(音)'이기 때문이다. 물론 이 문자로 우리말을 표기하면서 언문(諺文)이란 이름으로 불린다.

실제로 세종이 새로 만든 문자는 처음에 훈민정음으로 부르다가 우리말 표기에 쓰이면서 언문이 되었고 <홍무정운역훈(洪武正韻譯訓)>과 같은 중국어 한자음의 표기를 위해서는 정음(正音)이라 하였다. 표기 대상에 따라 그 명칭을 달리 부른 것으로 동국정운식 한자음 표기에 사용될 때에는 훈민정음이고 우리말과 우리 한자음 표기에는 언문이었으며 한자의 중국 표준음을 표기할 때에는 정음이었음을 알 수 있다.

또 처음에 세종이 훈민정음을 제정할 때에 글자 수효는 초성이 27자였고 중성은 파스파 문자의 유모자(喩母字)처럼 7자였으며 아마도 종성은 초성을 그대로 썼을 것이다. 초성 27자는 최만리(崔萬理)의 반대 상소에 '언문 27자'로 나타나고 <언문자모>의 부제에 '속소위(俗所謂) 반절(反切) 27자'가 되었다. 여기서 반절이란 한자음 표기의 성(聲)과 운(韻)을 말한다.

그러다가 <동국정운>에서 23자모로 줄었고 훈민정음에서 17자 초성으로 다시 줄어든다. 이렇게 초성(初聲), 즉 자음이 줄어드는 것은 중국 성운학에서 인정한 유성음의 순경음(脣輕音)과 전탁(全濁)의 음운을 우리말에서 인정하지 않았기 때문이다. 즉, 동국정운 23자모는 유성음의 순경음 4자를 27자에서 뺀 것이고 여기서 다시 전탁의 유성음 6자를 뺀 것이 훈민정음 초성 17자이다.

모두 우리말에 유성음이 변별적이지 않은 것을 깨달아 유성음이 변별적인 순경음(脣輕音)과 전탁(全濁)을 제외한 것이다. 아마도 이것은 실담(悉曇) 문자에 정통하고 고대인도의 음성학을 어느 정도 파악하고 있던 신미(信眉) 대사가 유성음을 표기하는 글자를 제외하였기 때문에 초성을 17자로 한 것으로 추정하였다.

신미는 고대인도의 성명기론(聲明記論)을 잘 알고 있어서 유성음과 무성음의 구별이 가능했고 우리말에 그러한 구별이 없다고 본 것이다. 앞의 1.4.3.3.에서 논의한 바와 같이 고대인도의 음성학에서는 자음은 조음체(karaṇa, or varṇa)가 조음위치(varṇa-sthāna)에서 접촉(spṛṣṭa)에 의하여 발음된다고 보았다.

또 접촉의 방법에 따라 접촉자음(sparśa)은 비접촉음(aspṛṣṭa), 반접촉음(nemaspṛṣṭa), 접촉음(spṛṣṭa)으로 나누고 <파니니의 음성학>의 슬로카(śloka) 19에서는 호기(prāṇa)의 작용에 따라 접촉자음을 성대를 진동하지 않는 무성음(aghoṣa)이거나 성대를 진동하는 유성음(ghoṣavat), 그리고 무성음은 다시 무기음(alpaprāṇa)과 유기음(mahāprāṇa)으로 구분하였는데 이러한 발달된 음성학의 이론에 의거하여 세종의 세 문자가 정리된 것이다.

신미(信眉) 대사는 유기음이 우리말에 있지만 유성음과 무성음의 구별이 없는 것을 간파하였다. 다만 범어(梵語)에도 없고 중국어의 성운학에서도 구별하지 못한 성문긴장음, 즉 우리말의 된소리는 독자적인 음운으로 인식하지 못하여 그를 표음하는 글자를 만들지 못한 것이 옥에 티라고 할 수 있다.

Ⅱ. 이상 살펴본 제1부 동양의 언어학사에서는 지금까지의 언어학사의 기술과 다르게 제1장 고대인도의 범어(梵語) 문법을 시작으로 하여 제2장에서 중국의 자학(字學)과 운학(韻學)을 소개하였고 제3장에서는 중국 주변 여러 민족의 문자 제정과 그에 수반한 언어 연구의 순서로 살펴보았다.

그리고 제4장에서는 필자의 모국인 한국에서의 한글 창제와 그로부터 당시 조선어의 음운이 어떻게 연구되었는지 고찰하였다. 15세기 중반에 한반도에서 한글이란 새로운 문자를 제정하면서 멀리 고대인도의 음성학이나 중국의 성운학(聲韻學)을 탐구하였고 그로부터 많은 영향을 받아 조음음성학에 기초한 과학적인 표음문자로 제정한 것임을 강조하였다.

이 책을 쓰게 된 동기가 조선에서의 한글 창제가 바로 이와 같은 학문의 교류에 의한 것임을 살펴보기 위한 것이다. 졸저(2015) <한글의 발명>에서 15세기에 제정된 한글이 당시 아시아의 인도와 중국에서 고도로 발달했던 음성학의 영향을 받았음을 강조하였다. 이러한 음성 연구 이론이 불경(佛經)과 유경(儒經)으로 한반도에 유입되어 한글을 제정하게 된 것이라고 주장하였다.

실로 한글은 이러한 조음 음성학, 음운론의 이론에 근거하여 제정한 표음문자이기 때문에 매우 과학적이다. 즉, 조음음성학의 이론에 근거하여 초성(初聲)의 글자를 발음기관을 상형(象形)하는 놀라운 자형(字形)을 보였고 또 모음의 중성(中聲)은 천지인(天地人) 삼재(三才)를 상형하여 논리적이며 음운에 따라 매우 생성적인 글자를 제자(製字)하였다.

그러나 이러한 사실들은 그동안 한반도 주변의 언어 연구를 알지 못한 탓으로 전혀 한글 연구에서 무시되었다. 그리하여 한글은 "영명하신 세종대왕이 사상 유례가 없는 글자를 독창적으로 만드셨다"는 신화(神話) 속에 묻어두고 이와 관련된 다른 이론을 전혀 연구하지 않았다. 오로지 세종의 위대성과 한글의 우수성을 앵무새처럼 되풀이했을 뿐이다.

Ⅲ. 15세기에 한반도에서 새로운 표음 문자를 제정하는데 영향을 준 고대인도의 음성학을 고찰하면서 새로운 많은 사실을 알게 되었다. 그동안 언어학계에서 파니니의 <팔장>으로 알려진 고대인도의 언어 연구는 언어음의 연구만이 아니라 문법의 연구도 있었다.

이 언어음의 연구를 불경에서는 성명기론(聲明記論)이라 했고 문법의 연구를 비가라론(毘伽羅論)이라는 술어(術語)로 팔만대장경 등에서 소개하였다. 앞의 1.1.0.5.에서 논의한 것처럼 성명기론의 성명(聲明)은 산스크리트어의 '섭타필태(攝拖苾馱, śabdavjdyā)'를 한역(漢譯)한 것으로 섭타(攝拖, śabda)의 '언어음(聲)'과 필태(苾馱, vjdyā)의 '학문(明)'이 결합한 복합어다(졸저, 2019b:137~138). 즉 음성학을 말한다.

또한 불경에 여러 번 등장하는 비가라론(毘伽羅論)은 앞의 1.5.3.0.에서 논의한 바와 같이 한자로 비가라나(毘伽羅那)로 표기한 'Vyākaraṇa(분석하다)'의 문법 이론으로 본서에서는 분석문법이라 부른 바 있는 고대인도의 산스크리트어 문법을 말한다. 범어(梵語)라고 한역해서 본서에서 사용한 산스크리트어는 희랍어, 라틴어, 그리고 유럽의 여러 언어와 같이 단어가 굴절(inflection)하는 굴절어(屈折語)로서 문법 유형이 동일하다.

필자는 불경에 소개된 비가라론(毘伽羅論)을 분석적인 굴절문법으로 보았고(졸저, 2022:69) 한역(漢譯)해서 '기론(記論)'이라 한 것으로 보아 성명기론(聲明記論)은 성명(聲明)을 기론의 방법, 즉 비가라론의 방법인 분석적인 방법으로 연구한다는 뜻으로 이해하였다(졸저, 2022:70).

불경에서 성명기론으로 소개한 고대인도의 음성학은 주로 조음(調音)음성학으로 앞의 1.4.3.2.에서 논의한 것처럼 조음위치에 따라 8로 나누어 후음(喉音, kaṇṭhya), 연구개음(牙音, jihvāmūlīya), 경구개음(舌上音, tālavya), 고구개음(正齒音, mūrdhanya), 치음(舌頭音, dantamūliya), 치경음(半舌音, barsvya), 순음(脣音, oṣṭhya), 비음(鼻音, nāsikya)의 8음으로 나누었다.

이러한 조음위치의 구별은 중국의 성운학(聲韻學)에 그대로 도입되어 아설순치후(牙舌脣齒喉)의 오음(五音)과 설음을 설두음(舌頭音)과 설상음(舌上音)으로 다시 나누고 치음을 치두(齒頭)와 정치(正齒), 순음을 순중(脣重)과 순경(脣輕)으로 다시 나누어 아음(牙音), 설두음, 설상음, 치두음, 정치음, 순중음, 순경음, 후음, 반설반치음의 9음으로 구별하였다.

조선 중종 때에 최세진이 편찬한 『사성통해(四聲通解)』에는 <광운 36자모도>가 게재되었는데 조음위치를 9음으로 나누고 그 각각에 한글 글자를 대입한 것이 있다. 사진으로 그 표를 졸저(2022:508)에 소개하였으며 이를 도표로 정리하여 보이면 다음의 [표 4-8]과 같다.

이 표를 보면 칠음(七音)이라는 것이 본서의 제1부 1.4.3.2.에서 소개했던 고대인도의 *Pāṇinīya Śikṣā*(『파니니의 음운학』)와 그리고 이의 해설서인 *Śikṣāprakāśa*(『음운학의 해설』)와 *Pañjikā*(『상세한 주석(細疏)』에서 논의한 8개의 조음위치임을 알 수 있다.

앞의 제1부 1.4.3.5.에서 논의한 바와 같이 <파니니의 음운학>의 슬로카(śloka) 9에서 "위로 올라간 호기(呼氣, prāṇa)가 입천장 중앙에 걸려 구강(口腔)에 들어가 음운을 만드는데 이 음들의 종류는 모두 5가지로 기억되다(sodirṇo mūrdhnyabhihato vaktamāpadya mārutaḥ, varṇāñjanayate teṣāṁ vibhāgaḥ pañcadhā smṛtaḥ).”라고 한 것처럼 원래 5개의 조음위치만을 인정하였다.

[표 4-8] <사성통해> 권두의 <광운(廣韻) 36자모도>(졸저, 2022:509에서 재인용)

五音	角	徵		羽		商		宮	半徵半商	
五行	木	火		水		金		土	半火半金	
七音	牙音	舌頭音	舌上音	脣音重	脣音輕	齒頭音	正齒音	喉音	半舌半齒	
全淸	見 ㄱ	端 ㄷ	知 ᅐ	幫 ㅂ	非 ㅸ	精 ᅎ	照 ᅐ	影 ㆆ		
次淸	溪 ㅋ	透 ㅌ	徹 ᅕ	滂 ㅍ	敷 ㅸ	淸 ᅔ	穿 ᅕ	曉 ㅎ		
全濁	群 ㄲ	定 ㄸ	澄 ᅑ	並 ㅃ	奉 ㅹ	從 ᅏ	牀 ᅑ	匣 ㆅ		
不淸不濁	疑 ㆁ	泥 ㄴ	孃 ㄴ	明 ㅁ	微 ㅱ			喩 ㅇ	來 ㄹ	日 ㅿ
全淸						心 ᄼ	審 ᄾ			
全濁						邪 ᄽ	禪 ᄿ			

그리하여 중국 성운학에서 아설순치후(牙舌脣齒喉)의 5음을 기본으로 하고 여기에 반설음(半舌音)과 반치음(半齒音)을 더하여 칠음(七音)으로 한 것이다. 한글은 오음(五音)의 아음, 설음, 순음, 치음, 후음에 맞추어 5자의 글자를 만들었다. 그리고 이를 조음위치나 조음할 때의 발음기관을 상형하여 /ㄱ, ㄴ, ㅁ, ㅅ, ㅇ/의 5자를 제자하고 여기에 인성가획(引聲加劃)하여 나머지 초성, 즉 자음(子音) 글자들을 만든 것이다.

한글 창제에서 이러한 사실들은 아시아에서 일어난 학문의 역사적인 교류를 모르면 알 수 없는 일이다. 그래서 이것을 밝혀보려고 졸저(2022)의 <언어학사로 본 20세기까지의 한국어 연구사>를 쓴 것이다.

다만 졸저(2022)의 제2장에 간단한 ‘동·서양 언어학사’를 쓴 것이고 이것이 너무 소략하다는 평을 받고 이 책을 다시 썼다. 졸저(2022)의 서론에서 동·서양 언어학사를 좀 더 자세하게 쓰겠다고 약속한 것을 지킨 것이다. 그리하여 제1부에서 동양 언어학사, 제2부에서 서양 언어학사를 쓰게 되었다.

Ⅳ. 고대인도의 언어 연구에서 비가라론(毘伽羅論)으로 불리는 문법 이론보다 성명기론(聲

明記論)으로 부르는 음성연구가 중국에 도입된 것은 중국어와 범어(梵語)라고 부른 산스크리트어와의 문법의 구조가 근본적으로 달랐기 때문이다. 굴절어인 산스크리트어에 대하여 중국어는 고립적 문법 구조를 가져서 일체의 굴절이 없었기 때문이다.

따라서 중국어의 문법 연구에 비가라론(毘伽羅論)이라 굴절어의 문법은 이용되지 않았다. 많은 중국에서 편찬한 불경에서 비가라론의 예로 범어(梵語), 즉 산스크리트어의 예로 설명되었다. 고립어인 중국어로는 단어의 굴절에 대한 예를 들 수가 없었기 때문이다.

즉, 앞의 1.4.1.2.~3.에서 논의한 <삼장법사전>과 <대당서역기(大唐西域記)>, 그리고 <남해기귀내법전(南海寄歸內法傳)>에 소개된 디언다(底彦多, tiṅanta)라고 하는 동사의 활용(活用)과 수반토(蘇槃多, subanto)라는 명사의 곡용(曲用)에 든 예들은 모두 중국어가 아니라 산스크리트어였다. 다만 한자로 표기된 산스크리트어의 이해가 쉽지 않았음을 솔직히 고백하지 않을 수가 없다.

그러나 음성 연구는 중국어와 범어가 같은 방법으로 연구될 수 있어서 문법의 비가라론보다 음성연구의 성명기론이 중국에 유입되어 한자음 연구에 이용되었다. 그리하여 많은 한역(漢譯) 불경에서 비가라론(毘伽羅論)을 성명기론(聲明記論)과 혼동하여 서술하였다. 졸저(2022:99~100)에서도 이 둘을 같은 것으로 보고 그 이론을 소개하였다.

후한(後漢) 이후에 불교를 전파하려고 중국에 온 역경승(譯經僧)들이 한자음을 배우기 위하여 고안한 반절법(反切法)으로부터 중국의 성운학(聲韻學)은 발달하였다. 즉, 한 음절로 언중(言衆)이 인식하는 한자음을 반절상자(上字)로 본 어두 자음의 성(聲)과 반절하자(下字)라고 한 나머지를 운(韻)으로 분리하여 한자음을 표음하던 반절(反切)로부터 성운학(聲韻學)은 발달하였다. 그 이전에는 시가의 운(韻)만을 연구하는 운학(韻學)이 있었을 뿐이다.

고대인도의 음성학에서는 앞의 1.4.3.1.에서 언급한 바와 같이 자음을 'vyaňjana'라고 하여 "모음에 붙어 의미의 차이를 나게 하는 소리"를 의미한다. 이들은 조음위치와 조음방식에 따라 분류하였다. 그리고 모음인 '스봐라(svara)'는 음절 형성의 주체로 보아서 불가(佛家)에서는 마다(摩多, mātṛ, 母)라 하였다.

중국의 성운학(聲韻學)에서는 반대로 어두(onset) 자음(子音)인 성(聲)을 중요하게 여겼다. 그것은 한자음에서 음절 초 자음이 기능부담량이 월등히 높았기 때문이다. 중국어 한자음의 특징이기도 하지만 이로부터 성운학은 한자음의 성(聲)을 무시한 운학(韻學)에 비하여 보다 깊은 한자음 연구가 가능하게 되었다.

그리고 한자음의 음절 초 자음인 성(聲)을 고대인도의 음성학을 받아 들여 조음위치와 조음방식에 따라 음운을 분류하는 방법으로 성운학을 발전시켰다. 즉, 사성(四聲)이라는 전청(全淸), 차청(次淸), 전탁(全濁), 불청불탁(不淸不濁)의 조음방식으로 구분하였다. 여기서 사성(四聲)은 성조가 아니라 무성무기음, 유기음, 유성음, 비음 내지는 구강공명음을 말한다.

일찍이 고대인도의 음성학에서는 자음에서 앞의 1.4.3.3.에서 논의한 바와 같이 유성음과 무성음, 유기음과 무기음, 비음과 비(非)비음을 구분하였는데 전청은 무성무기음, 차청은 유기음, 전탁은 유성음. 불청불탁은 비음, 또는 구강 내 공명을 수반하는 자음을 말한다. 중국의 성운학은 이를 그대로 받아들여 사성(四聲)을 구분한 것이다.

이러한 조음방식에 의하여 사성(四聲)으로 구분하고 이를 세로로 하며 오음(五音), 또는 칠음(七音)을 조음위치를 가로로 하여 음운을 배치하는 음도(音圖)가 중국에서 유행하였다. 앞에 보인 <광운 36자모도>도 그 가운데 하나로 볼 수 있다. 전술한 최세진의 <사성통해>에는 이 <광운(廣韻) 36자모도> 이외에 <운회(韻會) 35자모도>, <홍무운(洪武韻) 31자모도>가 더 첨부되었다.

조음위치로는 전술한 바대로 오음(五音), 또는 칠음(七音)으로 구분하는 것을 말한다. 즉, 아음(牙音)이란 연구개음(velar sounds)과 설음(舌音)이란 치경음(dental-alveolar), 순음(脣音)이란 양순음(bilabial), 치음(齒音)이란 경구개음(palatal), 후음(喉音)이란 인후(guttural), 또는 후두(laryngeal)에서 발음되는 소리를 말한다.

이런 오음(五音)의 조음위치에서 반설음(半舌音)과 반치음(半齒音)을 더하여 칠음(七音)을 인정하고 이를 가로로 하고 전술한 조음방식을 세로로 한 자모도로 보통 36자를 인정한 것이다. 앞의 <광운 36자모도>는 비로 이것을 말한다. 그런데 이것도 중국어의 음운을 반영한 것이 아니라 산스크리트어에서 36 자음에 따른 것이고 후대의 실담장(悉曇章)에서 35자음을 인정하였다. 중국의 성운학이 얼마나 고대인도의 음성학에 근거했는지를 말해주는 대목이다.

훈민정음의 초성 17자는 앞의 '광운 36자모'에서 조음방식의 유성음인 전탁의 6자를 빼고 설상음의 4글자, 순음경의 4글자, 정치음의 5글자를 뺀 것이다. 이렇게 36자에서 19자를 제외한 17자가 훈민정음의 초성 17자이다. 당시 조선어의 음운에서 전탁과 순음경의 유성음이 변별적이지 못한 것을 알고 있었고 정치음(正齒音)의 권설음(捲舌音)도 중국어에만 있었음을 간파하고 있었던 것이다.

한글의 해설서인 언해본 훈민정음의 <세종어제훈민정음>에서는 한음(漢音)의 표음에만 쓰인다고 하면서 정치음의 5자를 따로 인정하였다. 그리고 동국정운식 한자음 표기에서는 유성음도 인정하여 전탁의 6자와 순경음의 4자를 살려내어 모두 32자를 소개하였다. 졸저(2015:221~224)에서 강조한 바와 같이 훈민정음은 우리말과 더불어 동국정운식 한자음 표기에도 사용하였기 때문이다.

모음도 고대인도에서 이를 전술한 바와 같이 자음(vyaňjana)과 따로 분리하여 스봐라(svara)로 불렀다. 그러나 불가(佛家)에서는 모음이 산스크리트어의 음절 형성에서 주역이므로 이를 범어(梵語)의 모음(mātr, 母)으로 불렀기 때문에 한자로는 마다(摩多)라 하였다. 반대로 자음은 한자음에서 음절 초의 자음이 매우 중요하였기 때문에 이를 체문(体文)이라 하였다. 성리학의 체용(體用)에서 주체인 체문(体文)으로 한 것이다.

따라서 한역 불경에서는 자음(vyaňjana)을 체문(体文), 모음을 마다(摩多)로 불렀다. 훈민정음에서는 체문을 초성(初聲)과 종성(終聲)으로, 마다를 중성(中聲)으로 구분하였다. 중국 성운학에서 음절 초 자음과 음절 말의 자음을 구별하였기 때문이다. 한글이 고대인도의 음성학과 중국 성운학의 영향을 받아 창제되었음을 말해주는 대목이다.

Ⅴ. 고대인도의 음성학이던 성명기론(聲明記論)의 연구는 한국의 한글만이 아니라 전술한 일본의 가나(假名) 문자와 티베트의 서장(西藏) 문자, 그리고 원대(元代)의 파스파 문자의 제정과 문자의 구조, 글자의 수효, 그리고 정서법을 이해하는데 절대적으로 필요하다. 그리고 궁극적으로는 중국의 성운학(聲韻學)도 이를 통하여 정확하게 이해할 수 있다.

일본의 가나(假名) 문자가 왜 51개의 음운을 고쥬온즈(五十音圖)로 하였으며 왜 'アイウエオ' 5개의 모음을 기본자로 하였는지는 <대반열반경> 등의 구역(舊譯) 불경에 전하는 자음(子音)의 체문(体文) 36자와 모음의 마다(摩多) 14자를 알아야 이해할 수 있다. 또 후대에 'いろは 47'가 유행한 것은 <실담자기(悉曇字記)>의 47자를 염두에 두어야 한다.

티베트 서장(西藏) 문자의 29개의 자음 글자와 1개의 모음자도 성명기론(聲明記論)을 통하여 문자 제정의 근거를 알 수 있다. 모두 /k, kh, g, ng/의 4글자로 시작하며 이것은 범자(梵字)의 /k, kh, g, gh, ng/의 순서에 따른 것으로 티베트어에 /gh/, 즉 유성유기음은 없기 때문에 제외되었다.

몽골의 원대(元代)에 제정된 파스파 문자도 동일하게 /k, kh, g, ng/의 순서로 글자가 시작되며 조선의 훈민정음에서도 /ㄱ[k], ㅋ[kh], ㄲ[g], ㆁ[ng]/의 순서대로 글자를 제정하였다. 모두 자음(子音) 글자는 조음위치를 아설순치후(牙舌脣齒喉)의 오음(五音)에 따랐으며 조음방식으로는 아음(牙音, velar)에서 전청(全淸)의 /ㄱ/, 차청(次淸)의 /ㅋ/, 전탁(全濁)의 /ㄲ/,

그리고 불청불탁(不淸不濁)의 /ㅇ/의 순서에 맞추었다.

물론 성명기론(聲明記論)은 전술한 바와 같이 중국의 성운학(聲韻學)의 음운 이론이었다. 이와 같이 고대인도의 음성학은 성명기론으로 동양의 여러 나라의 문자 제정에 기본 이론이 되었고 중국 성운학에서도 핵심 이론이 되었음을 알려준다.

참고문헌

국문논저(저자명의 가나다순)

강길운(1988), 『한국어 계통론』, 형설출판사, 서울.

_____(1993), 『國語史精說』, 형설출판사, 서울.

감신항(1980), 『鷄林類事 高麗方言 硏究』, 成均館大学校出版部, 서울.

_____(1984), "世宗朝의 語文政策," 『世宗文化硏究』 II, 韓國精神文化硏究院, 서울.

_____(1987), 『訓民正音 硏究』, 成均館大學校 出版部, 서울.

_____(1990), "『訓世評話』에 대하여," 『大東文化硏究』(성균관대학교 대동문화연구원), 제24집.

김민수(1990), 『全訂版 신국어학사』, 一潮閣, 서울.

김완진(1963), "國語母音體系의 新考察," 『震檀學報』(震檀學會), 제24호 pp.63~99. 이 논문은 김완진(1972a)에 재록됨.

_____(1972), 『國語音韻體系의 硏究』, 一潮閣, 서울.

_____(1978), "母音體系와 母音調和에 대한 反省," 『어학연구』, 14-2호, pp.127~139.

_____(1996), 『음운과 문자』, 신구문화사, 서울.

_____(2000), 『향가와 고려가요』, 서울대학교 출판부, 서울.

김완진·정 광·장소원(1997), 『국어학사』, 한국방송통신대학교출판부, 서울.

김주원(2016), "세계 여러 문자의 모음 표기 양상과 훈민정음의 모음자," 『국어학』, 제80호, pp.77~108.

김진우(1973), "Gravity in Korean phonology," 『언어』(한국언어학회), 1-1.

_____(1988), 『言語 小典(Sojourns in Language)』 I. II, 탑출판사, 서울.

김일성(1968), 『김일성 저작선집』, 조선로동당출판사, 평양.

김한규(1999), 『한중관계사 I』, 아르케, 서울.

김현 역(1972), 『構造主義란 무엇인가』, 文藝출판사, 서울. Fage(1968)의 번역.

김현권 역(2021), 『소쉬르의 1·2·3차 일반언어학강의』, 그린비, 서울.

남권희(1997), "<月印釋譜> 卷四 覆刻本의 形態 書誌," 『月印千江之曲 第四 釋譜詳節 第四』(경북대 출판부 고전총서 1, 경북대학교 출판부, 대구, pp.133~168.

南星祐(2008), "월인석보 제19에 대하여," 『역주 월인석보 제19』, 세종대왕기념사업회, 서울

남풍현(1975), "漢字借用表記法의 發達," 『檀國大 國文學論集』(檀國大學校 國語國文學科), 제7·8호.

_____(1980), "口訣과 吐," 『국어학』(국어학회), 第9号. 南豊鉉(1999)에 再錄.

_____(1981), 『借字表記法硏究』, 檀國大출판부, 서울.

_____(1986a), 『借字表記法硏究』, 學術叢書6. 檀國大學校出版部. 서울.

_____(1986b), "舊譯仁王經의 口訣에 대하여," 『國語學新硏究』, 塔出版社. 서울.

_____(1988), "釋讀口訣의 起源에 대하여," 『국어국문학』, 제100호, 南豊鉉(1999)에 "釋讀口訣의 起源"으로 再錄.

_____(1994), "借字表記의 '詩經釋義,' 『退溪學硏究』(단국대, 退溪學硏究所), 제8집.

_____(1999), 『國語史를 위한 口訣研究』, 太學社, 서울.
_____(2000), "高麗時代의 點吐口訣에 대하여," 『서지학보』(韓國書誌學會), 제24호.
남풍현·김두찬·윤승준(1995), 『국어사와 차자표기』, 태학사, 서울.
남풍현·심재기(1976), "舊譯仁王經의 口訣研究(其一)," 『東洋學』(단국대 동양학연구소), 제6집.
노태조(2005), 『佛敎系 孝行文學 硏究』, 중앙인문사, 대전.
려중동(2001), 『배달글자』, 한국학술정보(주), 파주.
劉 烈(1983), 『세나라시기의 리두에 대한 연구』, 과학, 백과사전출판사, 평양.
孟仁在(2015), "月印釋譜 玉冊에 대하여," 『글마루(宗文)』, No. 54(2015년 2월호), pp.58~60.
閔泳奎(1969), "月印釋譜 解題," 『韓國의 名著』, 玄岩社, 서울.
朴炳彩(1962), "月印千江之曲의 編纂經緯에 대하여," 『文理論集』, 제6집, pp.2~23.
_____(1991), 『論註 月印千江之曲』 [附 原本影印], 世英社, 서울.
朴相國(1977), "월인석보 목판고," 『文化財』(문화재관리국), 제11호, pp.1~20.
史在東(2006), 『月印釋譜의 佛敎文化學的 硏究』, 中央人文社, 대전.
세종대왕기념사업회(1991a), 『역주 석보상절 제6·9·11』, 세종대왕기념사업회, 서울.
_______________(1991b), 『역주 석보상절 제13·19』, 세종대왕기념사업회, 서울.
_______________(1993), 『역주 월인석보 제7·8』, 세종대왕기념사업회, 서울.
_______________(2008), 『역주 월인석보 제19』, 세종대왕기념사업회, 서울.
송기중(2016), "서평 정광 저 <몽고자운 연구>," 『알타이 학보』, 제26호, pp.157~180.
沈在箕(1975), "舊譯仁王經 上 口訣에 대하여," 『불교미술』, 제18호.
沈載完(1962), "月印釋譜 第21, 異本攷," 『青丘大學論文集』, 제5집.
沈載完, 李鉉奎 編著(1991), 『月印釋譜 — 無量崛板 第21研究 — 』, 慕山學術研究所, 대구.
安炳禧(1994), "『月印釋譜』의 編刊과 異本," 震檀學會編 『韓國古典 심포지엄』 第4輯, 一潮閣, 서울.
_____(2007), 『훈민정음 연구』, 서울대학교출판부, 서울.
梁伍鎭(1998), "老乞大 朴通事 研究 — 漢語文에 보이는 語彙와 文法의 특징을 중심으로 —," 고려대 대학원 박사 학위 논문.
여홍상 역(1995), 『바흐친과 문화 이론』, 문학과 지성사, 서울.
유창균(1966), 『東國正韻研究』, 螢雪出版社, 서울.
_____(1975), 『蒙古韻略과 四聲通攷의 研究』, 螢雪出版社, 大邱.
李基文(1961), 『国語史概説』, 民衆書館, 서울.
_____(1963), 『국어 표기법의 역사적 연구』, 한국연구원, 서울.
_____(2008), "訓民正音 創制에 대한 再照明," 『韓國語研究』, 제5호, pp.5~45.
이기문·김진우·이상억(1984), 『국어음운론』, 학연사, 서울.
李能和(1918), 『朝鮮佛敎通史』, 上中下 3권 2책, 新文館, 京城. 1968년 재판.
李民樹(1972), 『역주 父母恩重經』, 乙酉文化社(乙酉문고 100), 서울.
李東林(1959), "月印釋譜와 關係佛經의 考察," 『白性郁博士頌壽記念佛敎學論文集』, 서울.
_____(1974), "訓民正音創製經緯에 對하여 — 俗所謂 反切二十七字와 相關해서 —," 『국어국문학』(국어국문학회), 제64호, pp.59~62.
이동술(1997), 『韓國寺刹寶鑑』, 우리출판사, 서울.

이숭녕(1964), “崔萬理 硏究,” 『李相佰博士 회갑기념논총』, pp.43~73, 이숭녕(1981 : 211~239)에 재록.
_____(1976), 『혁신 국어학사』, 박영사, 서울.
_____(1978), 『신라시대의 表記法體系에 관한 試論』, 탑출판사, 서울.
_____(1981), 『世宗大王의 學問과 思想』, 亞細亞文化社, 서울.
_____(1986), “信眉의 譯經事業에 關한 硏究,” 『대한민국 學術院論文集(人文社會科學篇)』, 第25輯, pp.1~42.
李載駿(2015), “세계적 보물 대한민국 한글 문화유산 ‘월인석보옥책’ 고증 문화재 지정사업,” 『글마루(宗文)』, No. 54(2015년 2월호), pp.53~57.
李珍昊·飯田綾織(2009), 『小倉進平과 國語音韻論』, 제이앤씨, 서울.
이태승·안주호(2004), 『悉曇字記와 望月寺本 眞言集 硏究』, 글익는들, 서울.
李泰鎭(2012), 『새 韓國史 — 선사시대에서 조선 후기까지 — 』, 까치글방, 서울.
임근동(2022), “고려대장경의 실담문자 — 瑜伽金剛頂經釋字母品의 문자 배열과 음운을 중심으로 —,” 『훈민정음 창제에 대한 새로운 관점』(영축총림 통도사 특별학술대회 예고집, pp.165~204), 학회 일시 : 2022년 10월 7일 13 : 00~18 : 00, 장소 : 통도사 해장보각.
임홍빈(2006), “한글은 누가 만들었나 : 한글 창제자와 훈민정음 대표자,” 『국어학논총』(이병근선생 퇴임기념), 태학사, pp.1347~1395.
_____(2008), “訓民正音의 몇 가지 問題,” 한국학중앙연구원 主催 ‘八思巴文字와 訓民正音’ 國際學術會議 자료집.
_____(2012), 千田俊太郎 역 “訓民正音創製者と音價表示の代表字に関する問題,” 『朝鮮學報』, 제222집, 뒤에서 1~51.
_____(2013), “正音 創制와 관련된 몇 가지 問題,” 훈민정음학회 : 『2013년 훈민정음학회 제2회 전국학술대회 발표논문집』, pp.1~39, 일시 : 2013년 5월 11일, 장소 : 서울대학교 규장각국학연구소 지하 강당.
정 광·양오진(2011), 『노박집람 역주』, 태학사, 서울.
정 광 외(1999), 남권희, 양오진 : “元代 漢語 <老乞大> — 신발굴 역학서 자료 <구본노걸대>의 한어를 중심으로 —,” 『국어학』, 제33호, pp.3~68.
_______(2002a), 『原本老乞大』(解題·原文·原本影印·併音索引), 鄭光 主編, 編者 梁伍鎭·鄭丞惠, 外語敎學与研究出版社, 北京.
_______(2002b), 『吏學指南』, 정승혜·양오진 공저, 태학사, 서울.
_______(2015), 정광·Alexander Vovin·Martine Robbeets·홍재성·목정수·박진호 공저 : 『한국어의 좌표 찾기 — 계통론과 유형론을 넘어서 — 』, 역락, 서울. Chung ed.(2015).
_______(2017), 정광·劉鳳翥·張少珊·吉田 豊·Г. Эрэгзэн·Василий Соенов 공저. 『유라시아 문명과 알타이』(가천대학교 아시아문화연구소 아시아 학술연구총서 10), 역락, 서울.
정 광·허승철 역(2004), “뽈리봐노프의 한국어와 알타이제어의 친족 관계,” 『한국어학』(한국어학회), 제24호 pp.355~378.
“Е. Д. Поливанов, “К вопросу о родственных отношениях Корйског и ‘Алтайких’ языков”, Izvestija Akademii nauk SSSR(Series VI, Vol.XXI, Nos. 15~17, Leningrad)의 번역.
정 광·本郷照夫 공편(2006a), 『朝鮮吏讀辭典』, ペン·インタプライス, 東京.
鄭明鎬(2013), “月印釋譜玉冊所見書,” 『월인석보 옥책의 감정서』, 紅山中國陶瓷박물관, 서울.
_____(2019), “正統 12年 佛日寺의 月印釋譜 玉冊 工藝에 대한 考察,” 국회 백봉정치문화교육연구원 2019 하계

심포지엄(일시 : 2019년 6월 4일 10 : 00~12 : 00, 장소 : 국회의원회관 제1회의실) 발표.
精文研(1986), 『譯註 經國大典 [註釋篇]』, 한우근·이성무·민현구·이태진·권오영 역주, 한국정신문화연구원, 서울.
鄭然粲(1972), "月印釋譜 第一·二 解題," 『影印月印釋譜 第一·二』, 西江大 人文科學研究所, pp.373~389.
졸 고(1983), "빌렘 마테지우스의 機能構造言語學," 『덕성어문학』(덕성여대 국문과), 창간호, pp.6~36.
____(1987), "朝鮮朝 譯科漢學과 漢學書 — 英.正祖시대의 譯科漢學試券을 중심으로 —," 『震檀學報』(震檀學會), 63호 pp.33~72.
____(1997), "한국어의 형성과정", 국어사연구회 편 『國語史研究』(전광현·송민 화갑기념논문집), 태학사, pp.175~210.
____(1999), "元代漢語の<舊本老乞大>," 『中國語學研究 開篇』(早稲田大學中國語學科), 제19집, pp.1~23.
____(2000), "元代 漢語 <舊本 노걸대> — 新發掘 역학서 자료 <舊本 노걸대>," 『元代 漢語本 <노걸대>』, 경북대학교출판부 고전총서 9, pp.83~124.
____(2001a), "淸學書 <小兒論>攷," 『梅田博之教授 古稀記念』, 太學社.
____(2001b), "所謂 佛日寺版 『月印釋譜』 玉冊에 대하여," 제28회 국어학회공동연구회(일시 : 2001년, 12월 21일, 장소 : 국제청소년센터) 발표요지.
____(2002a), "훈민정음 중성자의 음운대립 — 한글창제의 구조언어학적 이해를 위하여 —," 『문법과 텍스트』(고영근선생 정년기념논문집), 서울대학교 출판부, 서울, pp.31~46.
____(2002b), "The Formation and Change of <LaoQita>," Gregory K. Iverson ed.; Pathways into Korean Language and Culture, Pagijong Press, Seoul, pp.85~102.
____(2003a), "국어학의 언어학적 방법," 『인문언어(Lingua Humanitas)』(국제언어인문학회), 제5집, pp.37~53.
____(2003b), "韓半島에서 漢字의 受容과 借字表記의 變遷," 『口訣研究』, 제11호, pp.53~86.
____(2003c), "파평윤씨 모자 미라 부장(副葬) 언간(諺簡)," 『坡平尹氏 母子 미라 종합 연구 논문집 I. II』, 고려대학교 박물관, 서울, pp.87~98.
____(2004a), "朝鲜时代的汉语教育与教材 — 以<老乞大>为例 —", 『国外汉语教学动态』(北京外国语大学), 总第5期, pp.2~9.
____(2004b), "韓半島における日本語教育とその教材," 『日本文化研究』(동아시아 일본학회), 제10집, pp.43~68.
____(2005a), <서평> Christopher I. Beckwith : Koguryo the language of Japan's continental relatives의 서평, 『북방사논총』(고구려재단), 제5호 pp.369~377.
____(2006), "吏文과 漢吏文", 『口訣研究』, 제16호 pp.27~69.
일어역, 竹越孝 譯 : "吏文と漢吏文"、『開篇 — 中國語學』(東京 : 好文出版社) Vol. 27(2008. 4), pp.83~107.
____(2008), "언어의 분기(divergence)와 통합(convergence)," 서울대학교 대학원 국어연구회 편 『이숭녕 현대국어학의 개척자』(심악 이숭녕 선생 탄신 100주년 기념논집), pp.815~840.
____(2009), "朝鮮半島での外国語教育とその教材 — 司訳院の設置とその外国語教育を中心に —," 『譯學과 譯學書』(譯學書學會), 創刊號, pp.1~22.
____(2010), "契丹·女眞文字と高麗の口訣字," 『日本文化研究』(동아시아일본학회), 第36輯, pp.393~416, 이 논문은 國際ワークショップ「漢字情報と漢文訓讀」(日時 : 2009年 8月 22日(土)~23日, 場所 : 札幌市·北海道大學人文·社會科學總合教育研究棟 W408)에서 일본어로 발표한 것을 수정 보완한 것이다.
____(2011a), "훈민정음 초성 32자와 파스파자 31자모," 『譯學과 譯學書』(譯學書學會), 제2호, pp.97~140.

____(2011b), “<蒙古字韻>喩母のパスパ母音字と訓民正音の中聲,”『東京大學言語學論集』(東京大學 言語學科), 제31호, pp.1~20.

____(2012a), “<몽고자운>의 파스파 韻尾字와 훈민정음의 終聲,”『譯學과 譯學書』(譯學書學會), 제3호, pp.5~34.

____(2012b), “元代漢吏文と朝鮮吏文,”『朝鮮學報』(일본朝鮮學會), 제224輯, pp.1~46.

____(2012C), “고려본 <용감수경>에 대하여,”『국어국문학』(국어국문학회), 제161호 pp.237~279.

____(2013a), On Polivanov’s Study of the Genealogy of Korean : Focused on Polivanov’s Life and Scholarship, IROKS(International Review of Korean Studies, Sydney, Australia), Vol. 10, No.1, pp.19~45.

____(2013b), “≪월인석보≫의 舊卷과 훈민정음의 언해본 — 正統 12년 佛日寺판 ≪월인석보≫ 옥책을 중심으로 —,”『국어학』, 제68호, pp.3~49.

____(2015a), “朝鮮 前期의 女眞學書 小攷 — 위구르인 偰長壽의 高麗 歸化와 더불어 —,”『譯學과 譯學書』(국제역학서학회), 제6호(2015. 12), pp.5~48.

____(2015b), “高麗本<龍龕手鏡>ついて,” 藤本幸夫 編『龍龕手鏡(鑑)硏究』(麗澤大學出版會, 千葉), pp.98~134.

____(2016a), “朝鮮半島における仏経玉冊の刊行について,”『朝鮮學報』(일본朝鮮學會), 제238輯 pp.35~79.

____(2016b), “毘伽羅論과 훈민정음 — 파니니의 <八章>과 佛家의 聲明記論을 중심으로 —,”『한국어사 연구』(국어사연구회), 제2호, pp.113~179.

____(2017a), “다시 살펴 본 최세진의 생애와 학문,”『한국어사 연구』(국어사연구회), 제3호, 147~196.

____(2017b), “反切考,”『어문논집』(민족어문학회), 제81호, pp.127~184.

일본어 역, 鄭光 譯 : “反切考 —「俗所謂反切二十七字」を解明するために —,”『中國語學 開篇』(東京 : 好文出版) vol. 36(2018), pp.23~48.

중국어역, 曺瑞炯 譯 : “反切考 — 理解 ‘俗所謂反切二十七字 —,” 張西平 主編『國際漢學』(北京 : 外語教學與硏究出版社), 秋之卷, pp.83~102.

____(2018a), “훈민정음의 새로운 이해 — 毘伽羅論과 파스파 문자와의 관련을 중심으로 —,”『한국어사 연구』(국어사연구회), 제4호, pp.123~188.

____(2018b), “파스파 문자의 喩母와 훈민정음의 欲母 — 왜 한글에서는 모음자에 /ㅇ/를 붙여 쓰는가? —”,『국제고려학(International Journal of Korean Studies)』, 제17호, pp.489~520.

____(2018c), “司譯院 譯學書의 諸 文字,”『譯學과 譯學書』(國際譯學書學會), 제9호, pp.5~56.

____(2019a), “한글~어떻게 제정되었는가? I,”『인문언어(Lingua Humanitas)』(국제언어인문학회), 제20권 2호, pp.86~120.

____(2019b), “신미대사와 훈민정음,”『한국어사 연구』(국어사연구회), 제5호, pp.135~196.

____(2019c), “한글~어떻게 제정되었나? II,”『인문언어(Lingua Humanitas)』(국제언어인문학회), 제21권 1호, pp.86~131.

____(2019d), “한국어의 형성 과정,”『국어사 연구 1』(서울 : 태학사), pp.64~127.

____(2020a), “훈민정음의 <언해본> — 고려대도서관 육당문고 소장의『훈민정음』을 중심으로 —,”『어문논집』(민족어문학회), 제88호, pp.5~48.

____(2020b), “한글과 梵字”,『국어학』, 제96집, pp.59~107.

____(2021), “ハングルとパスパ文字,” 金文京 編(2021 : 77~89).

____(2022), “중국 북방민족의 표음문자 제정과 훈민정음 —한글 제정의 배경을 중심으로—,”『한국어사 연구』

(국어사연구회), 제7호.
____(2023a), "<월인석보> 구권(舊卷), 신편(新編) 그리고 옥책(玉冊);" <월인석보 옥책> 연구회(일시 : 2023년 2월 16일 14시 : 00~17 : 00, 장소 : 서울 프레스센터 19층 기자회견장, 주관 : 동아시아 문화유산 보존관리협회) 발표문.
____(2023b), "심악선생의 <혁신국어학사>로 본 한글 창제", 『인문언어』(국제언어인문학회), 제25권 1호, pp.143~184.
____(2023c), "최만리의 언문 반대상소," 『역학과 역학서』, 제10~12호 합병호, pp.5~44.
졸 저(1988), 『司譯院 倭學 研究』, 太學社, 서울.
____(2004), 『역주 原本老乞大』, 김영사, 서울.
____(2006a), 『훈민정음의 사람들』, 제이앤씨, 서울.
____(2006b), 『역주 번역노걸대와 노걸대언해』, 100대 한글문화 유산 45, 신구문화사, 서울.
____(2009), 『몽고자운 연구』, 박문사, 서울. 중문판(2013), 일문판(2015).
____(2010), 『역주 원본 노걸대』, 박문사, 서울. 2004년 김영사 판본의 수정본.
____(2011), 『삼국시대 한반도의 언어 연구』, 박문사, 2012년 학술원 우수도서.
____(2012), 『훈민정음과 파스파 문자』, 도서출판 역락, 서울.
____(2014), 『조선시대의 외국어 교육』 김영사, 서울, 2015년 학술원 우수도서, 일문판(2016).
____(2015), 『한글의 발명』, 김영사, 서울. 2016년 세종도서 우수학술도서.
____(2017), 『역학서의 세계—조선 사역원의 외국어 교재 연구—』, 박문사, 서울.
____(2019a), 『증정 훈민정음의 사람들』, 박문사, 서울.
____(2019b), 『동아시아 여러 문자와 한글』, 지식산업사, 서울 2020년 세종도서 우수학술도서.
____(2021), 『월인석보 옥책(玉冊) 연구』, 아카넷, 서울, 대우학술총서 631.
____(2022), 『언어학사로 본 20세기까지의 한국어 연구사』, 박문사, 서울.
졸편저(1988), 『諸本集成 倭語類解』, 태학사, 서울.
_____(2004), 『四本對照 倭語類解 上,下』, 제이앤씨, 서울.
_____(2007), 『한국어와 일본어의 어휘 비교 I』, 제이앤씨, 서울. 김동소 외 14인 공편.
_____(2008), 『한국어와 알티어의 비교어휘』, 제이앤씨, 서울. 김동소 외 14인 공편.
허 웅(1958), 『국어 음운론』, 정음사, 서울
허 웅·이강로(1999), 『주해 월인천강지곡 상』, 신구문화사, 서울
洪起文(1927), "朝鮮文典要領," 『現代評論』, 1-5, 1-6, 京城.
_____(1946), 『正音發達史』 上·下, 서울신문사 出版局, 서울.
_____(1947), 『조선문법 연구』, 서울신문사 출판국, 서울.
_____(1956), 『鄕歌解釋』, 科學出版社, 平壤.
_____(1957), 『리두연구』, 과학원출판사, 평양.

영문 논저(저자명의 알파벳순)

Aarsleff(1982), H. Aarsleff : *From Locke to Saussure*, London.
______(1967), *The Study of Language of England, 1780~1860*, Princeton. second edition, London, 1982.
Abel-Rémusat(1820), Jean Pierre Abel-Rémusat : *Recherches sur les langues tatars*, Paris.

Adelung(1806), Johan Christoph Adelung : *Mithridates order Allgemeine Sprachen Kunde, mit dem Vater unser als Sprach probe in beinahe fünfhundart Sprachen und Mundarten,* Vol. 2(1809), Vol. 3(1812~6), Vol. 4(1817). Berlin.

Allen(1953), W. S. Allen : *Phonetics in ancient India,* London.

Ahlovist ed.(1987), A. Ahlovist : "Les premières grammaires des vernaculaires européens, " *Historia épistémologie langage* 9-1.

Amirova 외(1952), А. Амирова & В. А. Олъховиков & Ю. В. Рождественский; *Очерки по истории лингвистки.* Москва.

Amsterdamska(1987), Olga Amsterdamska : *Schools of Thought : The Development of Linguistics from Bopp to Saussure,* D. Reidel Publishing Company, Dordrecht.

한국어 역, 임혜순 역(1999), 『언어학파의 형성과 발달』, 서울 : 아크넷, 대우학술총서 번역 435.

Anderson·Jones eds.(1974), John M. Anderson & C. Jones : *Historical Linguistics,* 2 vos., North-Hilland, Amsterdam.

Anderson·Kiparsky eds.(1973), John M. Anderson & P. Kiparsky : *A Festschrift in Morris Halle*, Holt, Rinehart & Winston, New York

Apresyan(1966), Ю. Д. Апресян : *Иден н метды современной структурной лингвистки.* Москва.

Arens(1955), Hans Arens : *Sprachwissenschaft : der Gang ihre Entwicklung von der Antike bis zur Gegenwart,* München.

_____(1969), Second edition, *Sptrachwissenschaft, der Gang ihre Entwicklung von der Antike bis zur Gegenwart,* Freiburg/Munich.

Aristotle(320? B.C.), *De Interpretation,* Athene.

일어역, 山本光雄 譯注(1971), 「命題論」, 『アリストテェス全集 I』, 岩波書店, 東京.

Arnauld·Lancelot(1660), Antoine Arnauld et Claude Lancelot : *Grammire générale et raisonuée*, Versaillais.

영어역(1753), *A general and rational grammar*, Nourse, London.

일어역, 南館英孝 譯(1972), 『ポール·ロワイヤル文法』, 大修館, 東京.

Asher ed.(1994), R. E. Asher : *The Encyclopedia of Language and Linguistics,* Pergamon Press.

Averintsev(1977), Sergei Averintsev : "The world of Mikhail Bakhtin," *Soviet Literature,* No. 1.

Bach·Harms eds.(1968), E. Bach & R. T. Harms : *Universals in Linguistic Theory,* Holt, Rinehart and Winston, New York.

Bacot & Toussaint(1940), F. W. Thomas Bacot & Ch. Toussaint : *Documents de Touen~houang relatifs à histoir du Tibe*t, Paris [DTH].

Bally(1913), C. Bally : *La langage et la vie*, Atar, Geneva.

일어역, 小林英夫 譯(1941), 『言語活動と生活』, 岩波書店, 東京.

____(1932), *Linguistique géenérale et linguistique française*, Geneva.

Baroschian(1974), Vahan D. Baroschian : *Russain Cubo~Futurism 1910~1930.* Mouton. London.

Bàrtoli(1925), M. G. Bàrtoli : *Introductione alla Neolingistica,* Geneva.

Baskin tr.,(1959), Wade Baskin : *Course in General Linguistics*, Philosophical Library, New York.

Baudouin(1888), Baudouin de Courtenay, И. А. Бодуэн де Куртенэ : "Mikolaj Kruszewski, jgo zucie i prace naukowe," *Prace filologiczne*, II, Fasc., 3(1888), pp.837~849
________(1889), *Prace filologiczne*, III, Kazan.
________(1895), 독어역, *Versuch einer Theorie phonetischer Alternationen,* Strassburg.
________(1909), *Zarys historii językoznawstwa czyli lingwistyki*(glottologii). Warzawa.
________(1963), *Избранные труды по общему языкознани,* ю, т.1·2, Москва.
Baxchin(1963), М. М. Бахтин : *Проълемы поетики Достоевского.* Москва.
일어역, 新谷敬三郎 譯(1968)『ドストエフスキ論』(1963年版より), 冬樹社, 東京.
영어역, Holquist(1984), " Problems of Dostoevsky's Poetics," Michael Holquist & Caryl Emerson ed.(1984), *Theory and History of Literature* 8. University of Minnesota Press, Minneapolis.
_______(1965), *Творчестово Франсуа Рабле и нароная културa Средневековъа и Ренессанса.* Москва
일어역, 川端香男里 譯(1974),『フランソワ·ラブレ一の作品と中世ルネッサンスの民衆文化』せりか書房、東京.
영어역, Michael Holquist & Caryl Emerson(1981), "The dialogic Imagination," M. Holquis & C. Emerson ed,(1981) *Four Essays by M. M. Baxchin*, University of Texas Press, Austin.
________(1974), "К методологии литературоведеная," *Контекст*·1974, Москва.
일어역, 新谷敬三郎 譯(1978) "文藝學の方法をめぐって"、『はいまあと』, 6.
________(1975), *История лингвистис тистических учений.* Москва.
영어역, Caryl Emerson tr. and ed.,(1984), *Theory and History of Literature* 8. University of Minnesota Press, Minneapolis.
일어역, 新谷敬三郎 譯(1989?), "文藝學の方法をめぐって"、『はいまあと』, 6.
Baxter(1992), William H. Baxter, *A Handbook of old Chinese Phonology.* Mouton de Gruyter, Berlin.
Beauzée(1767), N. Beauzée : *Grammaire générale ou exposition raisonnée des éléments nécessaires du langage pour servir de fondement à l'étude de toutes les langues,* Paris.
Bell(1867), Alexander Melville Bell : *Visible speech : the science of alphabetics*, London.
Belvalkar(1915), S. K. Belvalkar : *System of Sanskrit grammar,* Poona.
Benfey(1869), Theodor Benfey : *Geschichter der Sprachwissenschaft und orientalischen Phiologie in Deutchland*, München.
Bennett(1974), Michael Bennett : Some extensions of a Montague fragment, UCLA Ph.D. Dissertation. (1975), reproduced by the Indiana University linguistic club
Benson·Greaves eds.(1985), James D. Benson & William S. Greaves eds : *Systemic Perspectives on Discourse,* Volume 1 and vol. 2. Ablex Publishing Corporation, Norwood.
Bentley(2001), John R. Bentley : *A Descriptive Grammar of Early Old Japanese Prose.* Brill. Leiden.
Benveniste(1939), E. Benveniste : "Nature du signe linguistique," *Acta Lingistica* 1, pp.23~29.
_________(1964), "Documents pour l'histoir de quelques notions saussuriennes." *Cahiers Ferdinand de Saussure*, 21, Paris.

_________(1966), *Preblèmes de linguistique générale*, Ballimard, Paris.
_________(1968), *Психология искусства Изд.* 2, Москва, 柴田義松 他 飜譯(1971)『藝術心理學』, 明治圖書, 東京.
Bierwisch(1971), M. Bierwisch : *Modern Linguistics, its introduction, methods, and problems*, Mouton, The Hague.
Binogradov(1926), B. B. Виноградов : "Проблема сказа в стилистике," *Поэтика, Ленинград.*
일어역, 新谷敬三郎·磯谷孝 編譯(1971);『ロシア·フォルマリズム論集』, 現代思潮社, 東京.
_________(1952), "쏘베트 언어학의 발전을 위하여 이. 웨. 스딸린(И. B. Сталин)의 로작들이 가지는 의의," 김일성종합대학 역(1955).
Binokur(1923), Г. О. Винокур : "Культура языка." *Печать и ревлюция*, No. 5(1923).
Black(1989), J. A. Black : "The Babylonian grammatical tradition : the first grammars of Sumerian," *TPS* vol. 87 : pp.75~99.
Bloch(1948), B. Bloch : "A set of postulates for phonemic analysis," *Language* 24, pp.3~46.
_____(1949), "Leonard Bloomfield," *Language*, 25, pp.87~94.
Bloch·Trager(1942), B. Bloch & G. L. Trager : *Outline of linguistic analysis*, Special Publication of the Linguistic Society of America, Waverley Press, Baltimore.
Bloomfield(1914), Leonard Bloomfield : *An Introduction to the study of language,* Henry Holt, New York.
_________(1922), "Review of Sapir, Language," *the Classical Weekly*, 15, pp.142~143, Hocket eds.(1970), pp.91~94.
_________(1925a), "Why a linguistic society?" *Language* 1, pp.1~5, Hocket eds.(1970), pp.109~112.
_________(1925b), "On the sound system of central Algonquian," *Language* 1, pp.130~156.
_________(1933), *Language*, Allen and Unwin, New York.,(1935), Holt, London.
일어역, 勇康雄·增山節夫 譯(1959),『言語』, 研究社, 東京; 三宅鴻·日野資純 譯注(1962),『言語』, 大修館, 東京.
_________(1935), "Linguistic aspects of science," *Philosophy of Science* 2, pp.499~517.
_________(1943), "Twenty-one years of the Linguistic Society," *Language*, 22, pp.1~3.
Boas(1911), F. Boas : *Handbook of American Indian languages,* Bureau of American Ethnology, Washington D.C.
Bogatyre·Jakobson(1966), P. Bogatyre & R. Jakobson : "Die Folklore als besondere Form des Schaffens," *Roman Jakobson : Selected Writings*, 4. Mouton, London.
_______________(1970), *Current Trends in Linguistics*, 1. Mouton, London.
Boloschinov(1928), B. H. Волошинов : "Новейшие течния лингвистичекой мысли на Западе," *Литература и марксизм*, кн. 5, Москва.
__________(1929), *Марксизм и Философия языка~~Основные проблемы социологического мотода в науке о языке~~.* Ленинград.
일어역, 桑野隆 譯(1989),『マルクス主義と言語哲學』, 未來社, 東京.
___________(1976), *Freudianism, A Marxist Critic.* Academic Press. Moskba.
Bopp(1816), Franz Bopp : "Über des conjugstion system der Sanskrit sprache in Vergleichung mit jenem

der Grichischen, Lateinischen, Persischen und Germanischen Sprache." Berlin.
____(1833~52), *Vergleichende Grammatik der Sanskrit, Zend, Armenischen, Griechischen, Lateinischen, Gothischen, und Deutschen*, Vols. 1~6, Berlin.
Botha(1979), R. P. Botha : "External evidence and the validation of mentalistic theories : A Chomskyan paradox," *Lingua* 48, pp.299~328.
Böhtlink(1839~40), Otto von Böhtlingk : *Pāṇini's acht Bücher grammatischer Regeln,* St. Petersburg.
_______(1887), *Pāṇini's acht Bücher Grammatik,* Leipzig.
Breklr·Luelsdorff(1975), H. E. Brekle & P. Luelsdorff : "Notes on Chomsky's extended standard version," *Foundation of Language* 12, pp.367~382.
Brend ed.(1972), R. Brend : *Kenneth L. Pike : Selected writings,* Mouton, The Hague.
Brightland(1711), J. Brightland : *A grammar of English tongue*, London.
Brown(1967), R. L. Brown : *Wielhelm von Humbolt's conception of linguistic relativity*, Mouton, The Hague.
Brugmann(1876), K. Brugmann : "Nasalis Sonans in der indogermanischen Grund-Sprache," *Studien zur grichischen und lateinischen Grammatik* 9, pp.287~338.
Brugmann·Delbbrück(1886~1900), K. Brugmann & B. Delbbrück : *Grundriss der vergleichende Grammatik der indo-germanischen Sprashen,* Strassburg.
Bugodski(1956), Л. С. Выгодский : *Избранные психологические исследования,* Москва.
일어역, 柴田義松 外 譯(1964), 『思考と言語』, 明治圖書, 東京.
________(1968), *Психология искусства Изд.* 2, Москва.
일어역, 柴田義松 他 譯(1971) 『藝術心理學』, 明治圖書, 東京.
Bühler(1934), K. Bühler : *Sprachtheorie, Die därstellung Funktion der Sprach,* Jena.
Buiskool(1939), H. E. Buiskool : *The Tripādī*, Leiden.
Bullokar(1586), W. Bullokar : *Brief grammar for English,* London.
Burich(1897), С. К. Бурич : "Бодуэн де Куртенэ И. А. Критико-биографический словарь русских писателей и ученых", *под ред.* С. А.. Венгерова. т.5. СПб.
Bursill-Hall ed.(1972), G. L. Bursill-Hall : *Speculative grammar of Middle ages,* The Hague.
Bu ston rin chen grub(1729~33), *bDe bar gshegs pa'i gsal byed chos kyi* 'byung gnas gsung rab rin po che'i mdzod, sDe dge edition, 203 fols. [SRD]
Bühler(1880), Georg Bühler : *Indische Palaeographie*, Trübner, Strsßburg.
______(1996), *Indian Paleography*, Oriental Books Reprint, Delhi. Bühler(1880)의 영역본.
Campbell(1984), R. N. Campbell; "The immersion education approach to foreign language teaching," In Studies on immersion education : A collection for United States educators, pp.114~142.
Carey(1806), W. Carey : *Grammar of the Sanskrit*, Serampore..
Carney tr.,(1964), E. Carney : *New trends in linguistics*, Lund, Stockholm. Malmberg(1959)의 영역.
Carter(1973), M. G. Carter : "An Arab grammarian of the eighth century," *JAOS* 93, pp.146~157.
Chafe(1970), W. L. Chafe : Meaning and the Structure Language, Univ. of Chicago Press, Chicago.
일어역, 青木晴夫 譯(1974), 『意味と言語構造』, 大修館, 東京.

Chakravarti(1930), *The phiolosophy of Sanskrit grammar*, Calcutta.
Chomsky(1951), Noam Chomsky : Morphophonemics of Modern Hebrew, Master's Thesis, University of Pennsylvania.
________(1955a), *The Logical Structure of linguistic theory,* Mimeographed. Rpt. 1975, Plenum, New York.
________(1955b), Transformational Analysis, Ph. D. Dissertation, Univ. of Pennsylvania.
________(1956), "Three models for the description of language," I. R. E. Transactoons on Informational Theory, IT-2, pp.113~124.
________(1957), *Syntactic Structure*, Mouton, The Hague.
일어역, 勇康雄 譯(1963), 『文法の構造』, 研究社, 東京.
________(1959), "Review of B. F. Skinner, Verbal behavior(1957)", *Language,* 35 : 26~58.
________(1964), *Current Issues in Linguistic Theory,* Mouton, The Hague.
일어역, 橋本万太郎、原田信一 共譯(1972), 『現代言語學の基礎』, 大修館, 東京.
________(1965), *Aspects of the Theory of Syntax,* MIT Press, Cambridge. MA.
일어역, 安井稔 譯(1970), 『文法理論の諸相』, 研究社, 東京.
________(1966a), *Cartesian linguistics*, Harper & Row, New York, London.
일어역 川本茂雄 譯(1976), 『デカルト派言語學』, みすず書房, 東京.
________(1966b), *Topics in the Theory of generative Grammar*, Mouton, The Hague.
________(1966c), "The current scene in linguistics : Present directions," *College English* vol. 27, pp.587~195, Reibel·Schane eds.(1969 : 3~12).
________(1968), *Language and Mind*, Haracourt, Brace & World, New York.
일어역, 川本茂雄 譯(1976), 『言語と精神』, 河出書房新社, 東京.
________(1969), "Deep structure, surface structure, and semantic interpretation", Jakobson·Kawamoto eds.(1970).
________(1970a), "Deep structure, surface structure, and semantic interpretation," Jakobson· Kawamoto eds.(1970).
이 논문은 Chomsky(1972b)와 같다.
________(1970b), "Remarks on nominalization," Jacobs & Rosenbaum eds., 1970. 이 논문은 Chomsky(1972b)와 같다.
________(1972a), *Studies on Semantics in Generative Grammar*, Mouton, The Hague.
일어역, 安井念 역(1976) : 『生成文法の意味論研究』, 研究社, 東京.
________(1972b), "Some empirical issues in the theory of transformational grammar," Peters ed.(1972)
________(1973), "Conditions on transformations," In Anderson and Kiparsky eds.(1973). Chomsky (1977b).
________(1975a), *Reflections on Language*, Pantheon Books, New York.
일어역, 井上和子·神尾昭雄·西山佑司 共譯(1979) : 『言語論』, 大修館, 東京.
________(1975b), "Questions of form and interpretation," *LA* 1, pp.75~109. In Chomsky(1977b).
________(1976), "Conditions on rules of grammar," *LA* 2, pp.303~351, In Chomsky(1977b).

________(1977a), "On the nature of language," In Chomsky(1977b).

________(1977b), *Essays on form and interpretation*, Elsevier North-Holland Inc. New York.

일어역, 安井念 譯(1982),『形式と意味』, 硏究社, 東京.

________(1977c), "On wh-movement," In Culicover et al. eds.(1977).

________(1979), *Language and Responsibility,* Pantheon Books, New York.

일어역, 三宅德嘉·矢野正俊 共譯(1980),『チョムスキーとの対話』, 大修館, 東京.

________(1980), *Rules and Representation,* Columbia Univ. Press, New York.

________(1981), *Lectures on Government and Binding,* Foris, Dordrecht.

일어역, 安井稔, 原口庄輔 共譯(1986) :『統率·束縛理論』, 硏究社, 東京.

________(1982), *Some Concepts and Consequences of the Theory of Government and Binding,* MIT Press, Cambridge, MA.

일어역, 安井稔, 原口庄輔 共譯(1987),『統率·束縛理論の意義の展開』, 硏究社, 東京.

________(1986a), *Knowledge of language : His nature origin, and use,* Preeger.

________(1986b), *Barriers,* MIT Press, Cambridge MA.

Chomsky·Halle(1968), Noam Chomsky & Morris Halle : *Sound Patterns of English,* Harper & Row, New York.

Chung(2004), Kwang Chung : "On Polivanov's Study of the Genealogy of Korean — Focused on Polivanov's Life and His Scholarship —," Paper presented ICKL 2004(July 13~14) at Ankara Univ., Antalia, Turkey.

______(2005), "<Review> Christopher I. Beckwith, *Koguryo-The language of Japan's continental relatives,*"『北方史論叢』(高句麗財團) No.5, pp.369~377.

Chung et Ali. eds.(2015), Kwang Chung Alexander Vovin, Martine Robbeets, 홍재성, 목정수, 박진호 : *Pinpoint the Linguistic coordinate of Korea-beyond genealogy and typology,* Yoekrak, Seoul.

Clark·Halquist(1984), Katerina Clark & Michael Halquist : *Mikhail Bakhtin,* Cambridge, Mass.

한국어역, 여홍상 편역(1995),『바흐친과 문화이론』, 문학지성사, 서울.

Cobbett(1819), William Cobbett : *Grammar of the English language,* London.

Cohen(1955), Marcel Cohen : *Cinquante années de recherches linguistiques, ethnologique, sociologique, critiques et pédagogiques,* Paris.

______(1956), *Pour une sociologie du langage,* Paris.

Collinder(1952), Björn Collinder : "Ural~Altaisch", *UAJ*(*Ural-Altaisch Jahrbücher,* Wiesbaden) 24, pp.1~26.

Comrie(1981), B. Comrie : *The Languages of the Soviet Union,* Cambridge, London.

Coseriu(1969), E. Coseriu : *Die Geschichte der Sprachphilosophicon der Antike bis zur Gegenwart,* Tübingen.

Covington(1984), M. A. Covington : *Syntactic theory in the high Middle age,* Cambridge.

Croce(1902), Benedetto Croce : *Estetica come scienza dell' espressionee lingistica generale,* Rome.

Crystal(1971), D. Crystal : *Linguistics,* Harmondsworth, Middlesex : Penguin Books.

일어역, 瀧本二郎 譯(1975),『言語學とは何か』, 南雲堂, 東京.

Culler(1976), Jonathan Culler : *Saussure*, Fontana, London-Glassgow.
일어역, 川本茂雄(1978), 『ソシユール』, 岩波現代叢書 12, 岩波書店, 東京.
Culicover et al. eds.(1977), P. W. Culicover & T. Wasow & A. Akmajian : *Formal Syntax*, Academic Press, New York.
Curtius(1858), Georg Curtius : *Grundzüge der grichischen Etymologie*, Leipzig.
Curtius·Brugmann ed.(1869~1868), Georg Curtius & Karl Brugmann : *Studien zur griechkischen und lateinischen Grammatik*, Leipzig.
Dallet(1874), Ch. Dallet : *Histoire de l'Eglise de Corèe*, Paris.
Dani(1963), A. H. Dani : *Indian Palaeography*, Oxford Univ. Press, London.
Daniels(1990), Peter T. Daniels : "Fundamentals of Grammatology", *Journal of American Oriental Society*, No.110, pp.727~730.
Danielsson(1955), B. Danielsson : *John Hart's works on English orthography and pronunciation,* Stockholm.
Danilov(1931), G. Danilove : review, "E. Polivanov, Za marksistskoe jazykoznaie," *Russkij jazyk v sovetskoj škole*, Nos. 6-7.
Dasgupta(1958), C. C. Dasgupta : *The Development of Kharoṣṭhī Script,* Calcutta.
Davidson·Harman eds.(1972), D. Davidson & G. Harman : *Semantics of Natural Language,* Reidel, Dordrecht.
Derrida(1967), Jacques Derrida : *De la grammatologie*, Minuit, Paris.
Diez(1836~44), Friedrich Diez : *Grammatik der romanischen sprachen*, Bonn.
Diogenes(3C. B.C.), *Vitae Philosophorum*, Athene.
Dobson ed.(1957), E. J. Dobson ed. : *The phonetic writings of Robert Robinson*, London.
Donatus(330 A.D.), Aelius Donatus : *Ars Grammatica,* Rome.
Doroszewski(1969), W. Doroszewski : "Quelques remarques sur les rapport de la sociologie et de la linguistique," E. Durkheim et F. de Saussure. *Essais sur le langage,* Les Éditions de Minuit, Paris.
Dowty·Wall·Peters(1981), David Dowty·R. E. Wall·S. Peters : *Introduction to Montague semantics,* D. Reidel publishing company, Dordrecht(Holland).
Dragunov(1930), A. Dragunov : The hP'ags~pa Script and Ancient Mandarin, *Izvestija Akademii Nauk*, SSSR, (1941년 北京 勤有堂書店 影印本 참조).
Durand(1990), Jacques Durand : *Generative and Non-linear Phonology*, Longman Ltd., New York.
Dyer(1983), Svetlana Rimsky-Korsakoff Dyer : *Grammatical Analysis of the Lao Ch'i-ta, With an English Translation of the Chinese Text*, Faculty of Asian Studies Monographs : New Series No. 3, Australian National University, Canberra.
____(2005), *Pak The Interpreter-An annotated translation and literary-cultural evaluation of the Piao Tongshi of 1677-*, The Australian National University, Pandanus Books, Canberra.
이 책은 2006년 2월에 University of Hawaii Press에서 재간됨.
Eliséèv(1924), Serge Eliséèv : "La langue Coréenne," A. Meillet & Marcel Cohen eds. *Les langue du*

monde, 1924, Paris.

Elson ed.(1960), B. Elson : *A William Cameron Townsend en el XXV aniversario del I.L.V,* Instito Linguistico del Verano, Mexico, D. F.

Emmerick et al. eds.(1996), *Turfan, Khotan und Dunhwang, Vorträge der Tagung "Annemarie v. Gabain und Turfanforschung",* Academie Verlag, Berlin.

Emonds(1976), J. Emonds : *A Transformational Approach to English Syntax*, Academia Press.

Engels(1935), F. Engels; *Naturdialektik*, 우리말 번역 『자연변증법』, 조선로동당 출판사, 평양, 1957. 개정판, 1966.

Erasmus(1528), Desiderius Erasmus : *De recta Latini Graeique sermónis pronunciátĭone*, Basle.

Erlich(1959), Victor Erlich; *Russian Formalism.* 3 edition, Mouton, New York~London.

Faddegon(1936), B. Faddegon : *Studies on Pāṇini's grammar*, Amsterdam.

Fages(1968), J. B. Fages : *Comprendre le Structualism*, Paris.

한국어 역, 김현 역(1972), 『構造主義란 무엇인가』, 文藝출판사, 서울.

Fillmore(1968), C. J. Fillmore : "The case for case," In Bach and Harms eds.(1968).

_______(1969), "Toward a modern theory of case," Reibel and Shane eds.(1969), pp.361~375.

일어역, 田中春美·船城道雄 共譯(1975), 『格文法の原理 ― 言語の意味と構造』, 三省堂, 東京.

_______(1971), "Some problems for case grammar," *Monograph Series on Language and Linguistics,* 24.

Fillmore·Langendoen eds.(1971), C. J. Fillmore & D. T. Langendoen : *Studies in linguistic semantics*, Holt, Rinehart and Winston, New York.

Firth(1935), John. Rupert Firth : "The technique of semantics," *TPS*, pp.36~72. Firth ed.(1957a) pp.92~120.

____(1946), "The English school of phonetics," *TPS*, pp.92~132. Firth ed.(1957a) pp.92~120.

____(1948), "Sounds and prosodies," *TPS*, pp.127~152. Firth ed.(1957a), pp.121~138.

____(1957a), "Ethnographic analysis and language with reference to Malinowskis view," Firth ed.(1957) pp. : 93~118.

____(1957b), *Man and Culture*, London.

____ ed.(1957), *Papers in linguistics, 1934~1951*, Oxford Univ. Press, Oxford.

Fleming(1969), I. Fleming : "Stratificational theory : an Annotated Bibliography," *Journal of English Linguistics*, Western Washington State College, Seatle.

Fodor·Katz eds.(1964), J. A. Fodor & J. J. Katz : *The structure of language : Readings in the philosophy of language,* Prentice-Hall, Englewood Cliffs, N, J.

Frank(1990), Joseph Frank, "The Voices of Bakhtin," Ch. 2 in Through *the Russian Prism : Essays on Literature and Culture*, Princeton UP, Princeton, pp.18~33.

한국어 역, 여홍상 역(1995), "바흐친의 생애와 사상", 『바흐친과 문화이론』(현대의 문화이론 총서 24), 문학과 지성사, 서울, pp.17~43.

Fries(1961), C. C. Fries : "The Bloomfield 'school'," In Mohrmann et al. eds.(1961).

____(1962), *Linguistics and Reading,* Holt, Rinehart & Winston, New York.

Fries·Pike(1949), C. C. Fries & K. L. Pike : "Coexistent phonemic systems," *Language*, 25, pp.29~50

Gabelentz(1892), G. von der Gabelentz : "Zur Beurtheilung des Koreanischen Schrift und Lautwesens", *Sitzungsberichte der Königlich Preussischen Akademie der Wissenschaften* zu *Berlin*, Berlin.

________(1901), *Die Sprachwissenschaft, Ihre Aufgaben, Methoden und bisherigen Ergebnisse,* Leipzig.

Gardiner(1932), A. H. Gardiner : *The theory of speech and language*, Clarendon Press, Oxford.

Garvin(1969), P. Garvin : "The Prague school of linguistics," Hill ed.(1969), pp.229~238.

______ ed.(1970), *Method and theory in linguistics*, Mouton, The Hague.

Giles(1892), Herbert A. Giles : *A Chinese-English Dictionary*, London.

Gilliéron(1902~10), J. Gilléron : *L'Atlas linguistique de la France*, Paris.

Gleason(1955), H. A. Gleason Jr. : *An Introduction to descriptive linguistics*, Holt, Rinehart and Wiston, New York.

일어역, 竹林滋·橫山一郞 共譯(1970), 『記述言語學』, 大修館, 東京.

Godel(1957), Robert Godel : *Les sources manuscrites da 'Cours de linguistique générale' de F. de Saussure,* Genève~Paris.

____ ed.(1969), *A Geneva school reader in linguistics*, Indiana Univ. Press, Bloomington, London.

Goldsmith(1990), John A. Goldsmith : *Auto-segmental and Metrical Phonology*, Basil Blackwell Ltd., Oxford.

Goonatileke(1882), W. Goonatileke : *Pāṇini's Eight Books of Grammatical Sutras*, London.

Grabmann(1926), M. Grabmann : *Mittellaterliches Geistesleben*, Munich.

Grammont(1895), Maurice Grammont : *La dissimilation consonatique dans les langues indo-européennes et dans les langue romanes,* Dijon.

Grierson(1919), G. A. Grierson : *Linguistic Survey of India*, Vol. 8, 1990년 재판.

Grimm(1819), Jakob Grim : *Deutche Grammatik*, vol. I.

______(1822), *Rev. Deutche Grammatik*, vol.1, Gütersloh : C. Bettelman, Göttingen. vol II(1826), vol. III(1831).

Grgar(1973), M. Грыгар : "Кубизм и поэзия русского и чешского авангарда", *Structure of Texts and Semiotics of Culture』,* Mouton, New York~London.

Guiraud(1954), Pierre Guiraud : *La stylistique*, R.U.F., Paris.

일어역, 佐藤信夫 譯(1959), 『文體論 — ことばのスタイル —』, 白水社, 東京.

Hall(1950), Robert A. Hall Jr. : *Leave your language alone*, Ithaca & New York.

일어역, 鳥居次好·興津達朗 譯注(1956), 『記述言語學入門』, 三省堂, 東京.

____(1951~2), "American linguistics, 1925~1950," *Archivum Linguisticum,* vol. 3, pp.101~125. reprinted (1958), Univ. of Glasgow, Glasgow.

일어역, 興津達朗 譯註(1958), 『アメリカ言語學史 1925~1950』, 英語教育シリーズ 9, 大修館, 東京.

____(1963), Idealism in romance linguistics, Chilton, Philadelphia.

____(1969), "Some recent developments in American linguistics," *New philologiche Mitteilungen* vol. 70, pp.192~227.

Halle(1962), Morris Halle : "Phonology in Generative Grammar," *Word* vol. 18, pp.54~72.

Halliday(1961), M. A. K. Halliday : "Categories of the theory of grammar," *Word* 17, pp.241~292.
_______(1966), "Some notes on 'deep' grammar," Journal of Linguistics, Vol. 2-1, pp.57~67.
_______(1985), *An Introduction to Functional Grammar*, Edward Arnold, London.
Halliday·McIntosh·Strevens(1964), M. A. K. Halliday, A.. McIntosh, and P. Strevens : *The linguistic sciences and language teaching,* Longman, London.
Harris(1941), Z. S. Harris : "Review of Trubetzkoy, Grundzüge der phonologie," *Language,* 17, pp.345~349.
____(1951), *Methods in structural linguistics*, Univ. of Chicago Press, Chicago.
____(1970), *Papers in Structural and transformational linguistics*, D. Reibel, Dordrecht Holland.
Haugen(1951), E. Haugen : "Direction in modern linguistics,", *Lg* vol. 27, pp.211~222.
Joos ed.(1957, pp.357~363)에 재록.
______(1974), "Half a century of the Linguistic Society," *Lg* vol. 50, pp.619~621.
Häusler(1976), Frank Häusler : *Das Problem Phonetik und Phonologie bei Baudouin de Courtenay und in seiner Nachfolge*, 2. erweiterete Auflage. VEB Max Niemeyer Verlage. Berlin.
Hayden·Alworth·Tate eds.(1968), D. E. Hayden · E. P. Alworth ·G. Tate : *Classics in linguistics*, Peter Owen, London.
Hayman(1975), L. Hayman : *Phonology-Theory and Analysis-*, Holt, Reinhart and Winston, New York.
Helbig(1970), Gerhard Helbig : *Geschichte der neueren Sprachwissenschaft-Unter dem besonderen Aspekt der Grammatik Theorie*, Leipzig.
한국어역, 임환재(1984), 『言語學史』, 經文社, 서울.
일어역, 岩崎英二郎·早川東三·千石喬·三城滿禧·川島淳夫 譯(1972), 『近代言語學史 — とくに文法理論を中心に — 』, 白水社, 東京.
Heintel(1964), *Johann Gottfried Herder : sprachphilosophischem Schriften,* Hamburg.
Herder(1891), G. Herder : "Abhandlung über den Ursprung de Sprache," in B. Suphan ed. *Herder's sämmtliche Werk,* Berlin, vol. 5 : 1~156.
일어역, 木村直司 譯(1972), 『言語起源論』, 大修館, 東京.
Hill(1958), A. A. Hill : *An Introduction to Linguistic Structures-From sound to sentence in English-*, Harcout, New York.
일어역, 筧壽雄 譯注 『言語構造序說(音素論)』, 南雲堂, 東京.
____ ed.(1969), *Linguistics today*, Holt, Rinehart & Winston, New York.
Hjelmslev(1928), Louis Hjelmslev : *Principes de grammaire générale*, Copenhagen.
________(1935), *La catégorie des cas*, Aarhus. Copenhagen.
________(1943), *Omkring sprogteories grundloeggelse,* Munks gaard, Copenhagen.
영어역, Whitfield(1953), F. J. Whitfield : *Prolegomena to a theory of language*, The Univ. of Wisconsin Press, 1961 증보.
일어역, 林榮一 譯述(1959), 『言語理論序說』, 研究社, 東京.
Hockett(1949), Charles F. Hockett : "Two fundamental problems in phonemics," *SIL*, vol. 7, pp.29~51.
______(1954), "Two models of grammatical description," *Word*, vol. 10, pp.210~231.

______(1955), "A manual of phonology," *IJAL*, pp.21~24.
______(1958), *A Course In Modern Linguistics*, The Macmillan, New York.
______(1961), "Linguistic elements and their relation," *Lg.*, vol. 37, pp.29~53.
______(1968), *The state of the art,* Mouton, the Hague.
______ ed.(1970), *A Leonard Bloomfield anthology*, Indiana Univ, Press, Bloomington.
Hoernle(1916), R. Hoernle : *Manuscript Remains of Buddhist Literature found in Eastern Turkestan*, Oxford.
Holder(1669), W. Holder : *Elements of Speech*, London.
Holenstein(1976), Elmar Holenstein : *Roman Jakobson's approach to language,* Indiana University Press, Bloomington.
Humboldt(1836~39), Wilhelm von Humboldt : *Über die Verschiedenheit der menschlichen Sprachbaues und ihren Einfluss auf die gestige Entwickelung des Menschen-geschlechts,* Berlin.
________(1971), *Linguistic Variability & Intellectual Development*, University of Miami Press, Miami, Hunboldt(1836~39)의 영역.
Hunt(1941~3), R. Hunt : "Studies on Priscian in the eleventh and twelves centuries", *Mediaeval and renaissance studies,* vol. 1, pp.194~231.; vol. 2(1950).
____(1989), T*he History grammar in the middle ages*, Amsterdam studies in the theory and history of linguistic science, series III, volum 5.
Hymes ed.(1974), D. Hymes : *Studies in the history of linguistics : Traditions and Paradigms,* Indiana Uni. Press, Bloomington.
Ivanov(1976), В. В. Иванов : *Очерки по истории семиотики в СССР.* Москва.
Ivič(1963), Milka Ivič : *Pravci u lingvistici,* Belgrade.
영역본 M. Heppell tr.(1965), *Trends on Linguistics*, Mouton, London.
영역본의 일역본, 早田輝洋·井上史雄 駅(1974),『言語學の流れ』, みすず書房, 東京.
일역본의 국역본 김방한(1982),『言語學史』, 형설출판사, 서울.
Jaberg·Jud(1928), Karl Jaberg & Jakob Jud : ·*Sprach-und Sach-atlas Italiens und der Südschweiz*· Paris.
Jacobs·Rosenbaum eds.(1970), R. A. Jacobs & P. S. Rosenbaum : *Readings in English Transformational Grammar*, Ginn & Co., Waltham, MA.
Jakobson(1921), Роман О. Якобсон(Roman O. Jakobson) : *Новейшая поэзия.* Прага.
일어역, 水野忠夫 編(1971),『ロシア·フォルマリズム文學論集 1』, せりか書房, 東京.
_______(1931), "Prinzipien der historischen phonologie," *TCLP* 4, pp.247~267.
불어역, Cantineau(1939), "Primciples de phonologie historique," Trubetzkoy's "Principes de phonologie" pp.315~336.
_______(1966a), "Henry Sweet's paths toward phonemics", In *memory of J. R. Firth*(eds C.E. Bazell et ali.), pp.242~254.
_______(1966b), *Roman Jakobson Selected Writings*, I., Phonological Studies, Mouton, The Hague.
_______(1970), *Main Trends in the Science of Language,* New York.
_______(1971a), *Roman Jakobson Selected Writings*, I. II, Phonological Studies, Second expended

edition, Mouton, The Hague.
________(1971b), *Word and Language,* Mouton, The Hague·Paris.
________(1975), "Очередные задачи оыщей лингвстики," *Sound, Sign, and Meaning,* Ann Arbor, Michigan. Jakobson(1985 : 283~292)에서 인용.
________(1981), *Poetry of Grammar and Grammar of Poetry,* Mouton, The Hague.
________(1985), *Roman Jakobson Selected Writings* VII, Mouton, Berlin·New York·Amsterdam.
________(1988), *Roman Jakobson Selected Writings* VIII, Completion Volume One, Major Works, 1976~1980, Mouton de Gruyter, Berlin·New York·Amsterdam.
Jakobson·Fant·Halle(1955), R. Jakobson & H. Pant & M. Halle : *Preliminaries to speech Analysis, the distinctive features and their correlates*, MIT, Boston.
Jakobson·Halle(1956), R. Jakobson & M. Halle : *Fundamentals of Language*, The Hague, New York.
Jakobson·Kawamoto eds.(1970), R. Jakobson & Kawamoto Sigeo(川本茂雄) : *Studies in General and Oriental Linguistics* : Presented to Shiro Hattori on the Occasion of His Sixtieth Birthday, TEC Co., Tokyo.
Jakubinskji(1919), Л. П. Якубинский; "О звуках стихотворного языка." *Поэтика, Пг.*
________(1924), "О снижении высокого стиля у Ленина," *Леф,* No. 1(5).
일어역, 桑野 隆 譯(1975), シクロフスキ 他『レ~ニンの言語』, 三一書房, 東京.
________(1926), "Ленин о <революционной> Фразе и смежных явленях," *Печать и революция*, кн. 3.
________(1953), *История древнерусского языка*, Москва.
Jakubinskji·Ivanov(1932), Л. П. Якубинский и Н. М. Иванов : *Очерки по языку*, Москва.
Janhunen·Rybatski(1999), Juha Janhunen & Volker Rybatzki : *Writing in the Altaic World, Studia Orientalia*(The Finnish Oriental Society), Helsinki.
Jean(1987), Georges Jean : *L'écriture : mémoire des hommes*, Gallimard, Paris.
일어역, 矢島文夫 監修, 『文字の歷史』 知の再發見 叢書 01, 東京 : 創元社.
Jespersen(1922), Otto Jespersen : *Language, its nature, development and origin*, Allen & Unwin, London.
일어역, 市河三喜·神保格 共譯(1927), 『言語, 本質·發達および起源』, 岩波書店, 東京.
________(1924), *The Philosophy of Grammar*, George Allen & Unwin, London.
일어역, 半田一郎 譯(1958), 『文法の原理』, 岩波書店, 東京.
Johanson·Robbeets eds(2009), Lars Johanson & Martine Robeets eds : *Transeurasian verbal morphology in comparative perspective : genealogy, contact, chance*, Turcologica 78, Harassowitz, Wiesbaden.
Jones(1807), Sir William Jones : *Works,* London.
____(1807), *Dissertation on the orthography of Asiatic words in roman letter*, *Works*, vol. 3 pp.253~318.
Jones(1918), Daniel Jones : *An outline of English phonetics*, first edition, London.
____(1947), *An outline of English phonetics,* sixth edition, London.
____(1950), *The phoneme : its nature and use,* Heffer, Cambridge.
____(1951), "History and meaning of the term 'phoneme'," *Maitre phnoetique*(July to December, 1951).

supplement.
Jonson(1640), B. Jonson : *The English grammar,* London.
Joos(1958), Martin Joos : "Semiology; A linguistic theory of meaning," *SIL* 13, 53~70.
___(1964), *The English Verb; Form and Meaning*, The Univ. of Wisconsin Press, Madison.
Joos ed.(1957), *Readings in Linguistics I : The Development of Descriptive Linguistics in America* 1925~56, The Univ. of Chicago Press. Chicago.
Kahn(1976), Daniel Kahn : *Syllable based generalizations in English phonology*, MIT. Ma.
Karcevskij(1927), Sergei Karcevskij : *Sytéme du verbe russe, Essai de linguistique synchronique,* Prague.
Karlgren(1954), Bernhard Karlgren : *Compedium of Phonetics in Ancient and Archaic Chinese,* Stockholm.
_______(1957), *Grammata Serica Recensa.* Museum of Far Eastern Antiquities, Stockholm.
Katre(1981), Sumitra M. Katre : *A Glossary of Grammatical Elements and Operation in Aṣṭādhyāyi*, CIIL Occasional Monograph Series 20, Central Institute of Indian Languages, Mysorè, Bloomington.
____(1987), *Aṣṭādhyāyi of Pāŋini :* In Roman Translation by Sumitra M. Katre, University of Texas Press, Austin.
Katz(1966), J. J. Katz : *The Philosophy of language*, Harper & Row, New York.
일어역, 西山佑司 譯(1971), 『言語と哲學』, 大修館, 東京.
Katz·Fodor(1963), J. J. Katz & J. A. Fodor : "The structure of semantic theory," *Language*, 39-2, pp.170~210.
Katz·Postal(1964), J. J. Katz & P. M. Postal : *An integrated theory of linguistic description,* M.I.T Press, Cambridge, Mass.
Kaverin(1928), B. A. Каверин : *Скандалист*, Москва.
______(1989), *Петроградский студент,* Москва.
Kenstowicz(1994), Michael Kenstowicz : *Phonology in Generative Grammar,* Blackwell, Cambridge MA. Oxford UK.
Kiparsky(1985), Paul Kiparsky : *Explanation in Phonology,* Foris, N.J.
Kim(2014), Jeong-Seok Kim : *Generative Analysis-A second course-*, Sejin, Seoul.
Klaproth(1812), J. von Klaproth : *Abhandlung über die Sprache und Schrift der Uiguren*, Berlin.
Koerner(1832), J. Koerner : *Aperçu de l'origines des dioverses écitures de l'ancien monde*, Paris.
______(1976), E. F. K. Koerner : "Phoneme," *Phonetica* vol. 33, pp.222~231.
______(1982), E. F. K. Koerner et al. eds. : "Studies in medival linguistic thought", *Histographia linguistica*, 7. 1-2.
Krause·Thomas(1960), W. Krause and W. Thomas : *Tocharische Elementarbuch*, Band 1 : Grammatik, Winter, Heidelberg.
Kukenheim(1932), L. Kukenheim : *Contributions à l'histoire de la grammaire italienne, espagnol, et française à l'époque de la Renaissance*, Amsterdam.
_________(1951), *Contributions à l'histoire de la grammaire grecque, latine, et hébraique à l'époque*

de la Renaissance, Leiden.
__________(1962), *Esquisse historique de la linguistique française*, Leiden.
LaCapra(1984), Dominick LaCapra; *Rethinking Intellectual History* : "Bakhtin, Marxism, and the Carnivalesque,"
Ladefoged(1975), Peter Ladefoged : *A Course in Phonetics,* 2nd ed.(1982), New York.
Lakoff(1969), George Lakoff : "On generative semantics," Steinberg·Jakobovits eds.(1971).
Lamb(1967), P. Lamb : *Linguistics in proper perspective*, Charles E. Merrill, Columbus.
Lamb(1966), S. M. Lamb : *Outline of stratificational grammar,* Georgetown Univ. Press, Washington D.C.
Langendoen(1968), D. T. Langendoen : *The London school of linguistics : A study of the linguistic theories of B. Maliniwiski and J. R. Firth*, Research monograph 46, M.I.T. Press. Boston.
Law(1982), V. A. Law : The insular Latin grammarians, Woodbridge.
Lehmann(1962), W. P. Lehmann : *Historical linguistics : An introduction*, Holt, Rinehart & Winston, New York.
일어역, 松浪 有 譯(1967), 『歷史言語學序說』, 研究社, 東京.
_________ ed.(1967), *A reader in nineteenth-century historical indo-european linguistics,* Indiana Univ. Press, Bloomington.
Leibig(1891), B. Leibig : *Pāṇini : ein Beitraag zur Kenntnis der indischen Literature und Grammatik,* Leipzig.
Leitner ed.(1986), G. Leitner : *The English reference grammar*, Tübingen.
Lenin(1924), В. И. Ленин : *О праве наций на самоопределение,* Москва.
한국어 역(1958) 『민족 자결에 관하여』, 조선 로동당출판사, 평양.
Leont'ev et ali.(1974), A. A. Leont'ev et ali. compiled, *E. D. Polivanov Selected Works, Articles on General Linguistics,* Mouton, The Hague & Paris.
Leont'ev·Rojzenzon·Xajutin(1974), A. A. Leont'ev & L. I. Rojzenzon & A. D. Xajutin : "The Life and Activities of E. D. Polivanov," Leont'ev et ali.(1974 : 11~31).
________________________(1974), A. A. Leont'ev et ali. compiled, *E. D. Polivanov Selected Works, Articles on General Linguistics*, Mouton, The Hague & Paris.
Lepsius(1855), C, R, Lepsius : *Standard alphabet,* London.
Leroy(1963), *Les grands courants de la linguistique moderne,* Univ. of Brussels & Univ. of France Press, Brussels : Paris.
영어역, G. Price tr.(1967), *The main trends in modern linguistics*, Blackwell, Oxford.
Leskien(1876), A. Leskien : *Declination im Slawisch-Litauischen und Germanischen,* Leipzig.
L'Hermitte(1969), René L'Hermitte : "La linguistique sovietique," *Language* vol. 15.
Liberman(1975), Mark Liberman : The Intonational system of English, Cambridge, Mass. MIT Ph.D dissertation.
Lotman(1970), Ю. М. Лотман : *Структура художественного текста*, Москва.
일어역, 磯谷 孝 譯(1977), 『文學理論と構造主義』, 勁草書房, 東京.

Loya(1968), Я. В. Лоя : *История лингвистических учений,* Москва.
Lyons(1970a), John Lyons : *Noam Chomsky,* Viking Press, New York.
일어역, 長谷川欣佑 譯(1973), 『チョムスキー』, 新潮社, 東京.
____(1970b), *New horizons in linguistics,* Penguin Books.
일어역, 田中春美 監譯(1973), 『現代言語學』, 大修館, 東京.
Maclay(1971), S. M. Maclay : "Linguistics : Overview," D. Steiberg & L. Jakobovits eds. *Semantics,* Cambridge Univ. press, Cambridge.
Malinowski(1936), B. Malinowski : "The problem of meaning in primitive languages," Ogden and Richards(1923, 1952), Supplement 1, pp.296~336.
Malmberg(1959), B. Malmberg : *Nya vägar inom språkforsingen,* Svenaka Borkförlaget, Stockholm.
영어역, E. Carney tr.,(1964), *New trends in linguistics,* Lund, Stockholm.
Mandelbaum ed.(1949), D. G. Mandelbaum : *Selected Writings of Edward Sapir in Language, Culture and Personality,* Univ. of California Press, Berkeley & Los Angeles.
Markov(1968), V. Markov, *Russian Futurism,* Berkeley.
Martin(1954), Samuel E. Martin : *Korean Morphophonemics,* Linguistic Society of America, Baltimore
______(1966), "Lexical Evidence Relating Korean to Japanese," *Language* No. 42, pp.185~251.
______(1987), *The Japanese Language Through Time.* Yale University Press, New Haven.
______(1990), Morphological clues to the relationship of Japanese and Korean.' In : Philip Baldi(ed.). *Linguistic Change and Reconstruction Methodology.* Trends in Linguistics : Studies and Monographs 45, pp.483~509.
______(1991), "Recent Research on the Relationships of Japanese and Korean." *Sprung from Some Common Source,* 269-292. Stanford : Stanford University Press.
______(1995), "On the Prehistory of Korean Grammar : Verb Forms," *Korean Studies,* No. 19 pp.139~150.
______(2000), "How have Korean vowels changed through time?" *Korean Linguistics* No.10, pp.1~59.
Martinet(1949), André Martinet : *Phonology as functional phonetics,* Oxford, London.
_______(1955), *Économie des changements phonétique, Traité de phonologie diachronique,* Francke, Berne.
_______(1958), "Function, Structure, and Change," *Word* Vol. 6, No. 1.
일어역, 黒川新一 譯(1958), 『機能·構造·音韻變』, 研究社, 東京.
________(1960), *Eléments de linguistique générale,* Armand Colin, Paris.
일어역, 三宅德嘉(1972), 『一般言語學要理』, 岩波書店, 東京.
Marx·Engels(1845~46), Karl H. Marx & F. Engels, *Die deutsche ideologie.,* Berlin.
우리말 역(1957), 『독일 이데올로기』, 조선 로동당 출판사, 평양.
Mathesius(1907), Вилэм Матезиус : "Studié k déjinám anglickèho slovosledu," *Véstnik Čes, akademie* 16, pp.261~275.
________(1911a), "O potenciálnosti jevü jazykovych", *Véstnik Kráhl Čes, společnosti nauk,* tr. histor., pp.1~24.
영어역, Vachek ed.(1964), pp.1~32.

________(1911b), "Poznámky o tzv. elipse a anglických vètach neslovensných," *Sbornik filogiscky* vol. 2, pp.215~234.
________(1912), "O apposici v moderni angličtinč," *Sbornik filogiscky*, vol. 3, pp.240~251.
________(1916), "Z nove literatury o rhthmu a slovosledu současné angličtumy," *Véstnik Čes, akademie* 19, pp.496~519.
________(1928), "On linguistic characterology, with illustrations from modern English," Premier Congress International de Linguistes a la Haye L. Prepositions(Nimĕgu 1928) pp.28~34.
________(1929a), "Zur Satzperspektive im moderen English," *Herrigs Archv* 155, pp.202~210.
________(1929b), "La structure phonologique du lexique du tchéque moderne," *TCLP* I, pp.67~84, Vachek(1966 : 156~176).
________(1935), "Zur synchronischen Analyse fremden Sprachguts," *Englisch Studien* vol. 70, pp.21~35. Vachek.(1964 : 306~319).
________(1961), *Obsahovy rozbor současnè angličtini na základè obesnè lingvistickèm,* Praha.
영역판(1975), The Hague, Paris.
________(1965), "Куда мы пришли в языкознании," *История языкознания XIX~XX веков в очерках и извлечениях*, В. А. Звегинцева, ч. 2.
일어역, 磯谷孝 譯(1975), "19世紀から20世紀へ,"『現代思想』(青土社) 1975年 6月號.
Maue & Sims-Williams(1991), D. Maue and N. Sims-Williams : "Eine sanskrit-sogdische Bildung in Brāhmī," *Bulletin of the School of Oriental and African Studies*, Vol. 54(3), pp.486~495.
Meillet(1921~36), Antoine Meillet : *Linguistique historique et linguistique générale*, 2 vols. Paris.
______(1922), *Introduction à L'Étude Comparative des Langues Indo-Européennes,* Paris. 페이지 수는 Septième édition(1934)의 알라바마 대학 복사본(1964, Univ. of Alabama Press)의 second printing(1966)에 의함.
Meillet·Cohen(1924), Antoine Meillet & Marcel Cohen : *Les langue du monde,* CNRS, Paris.
일어역, 泉井久之助 編(1954),『世界の言語』, 朝日신문사, 東京.
Miklosich(1870), Franz Miklosich : *Vergleichende Grammatike der Slavischen Sprachen*, Ljubjana.
Ming((1964), Lai Ming : *A history of Chinese literature*, London.
Miśra(1966), V. N. Miśra : *The descriptive technique of Pāṇini : an introduction*, The Hague.
Mohrmann et al. eds.(1961), C. A. Sommerfelt Mohrmann & J. Whatmough : *Trends in European and American Linguistics 1930~1960,* Spectrum, Utrecht & Antwerp.
Montague(1974), Richard Montague : *Formal Philosophy : Selected Papers of Richard Montague,* ed. by Richmond Thomason, Yale Univ. Press, New Haven.
Mounin(1968), George Mounin : *Saussure ou le structuraliste sans le savoir*, Éditions Seghers. Paris.
일어역, 福井芳男·伊藤晃·丸山圭三郎 譯『ソシュ-ルー 構造主義の原點』, 大修館, 東京.
______(1970), *Histoire de la linguistique*, Paris.
Müller(1855), Max Müller : *The Languages of the Seat of Far in the East, With a Survey of Three Families of Languages, Semitic, Arian, and Turanian,* London-Edinburgh-Leipzig.
______(1869), *Essays* I, Leipzig.

______(1884), *Anecdota Oxonniensa*, Vol.1, Part 3.
Murray(1795), Lindly Murray : *English Grammar, Adapted to the Different Classes of Learners,* London
______(1821), *English Grammar*, thirty-fourth edition, York.
Narkyid(1983), Nagawangthondup Narkyid : "The Origin of the Tibetan script," in E. Stein-kellner & H. Tauscher eds. *Contributions on Tibetan language, history, and culture*,(Proceedings of the Csoma de Kőrös Symposium held at Velm-Vienna, Austria, 13–19 September 1981, Wiener Studien zur Tibetologie und Buddhismuskunde 10), Wien : Arbeitskreis für Tibetische und Buddhistische Studien Universität Wien, pp.207~220.
Newmeyer(1986a), Fredrick J. Newmeyer : *Linguistic Theory in America*, Kul Press, New York.
한국어역, 나병모 역(1991), 『현대 언어학의 흐름』, 도서출판 글, 서울.
________(1986b), "Has there been a 'Chomskyan revolution' in linguistics?" *Language,* 62, pp.1~18.
Nida(1951), E. A. Nida : *A Synopsis of English Syntax*, Afghan Institute of Technology, South Pasadena, CA.
____(1960), "Some problems of semantic structure and translational equivalence," In Elson ed.(1960).
Ogden·Richards(1923), C. K. Ogden & I. A. Richards : *The meaning of meaning*, Harcourt, Brace, New York. 1952 재판.
일어역, 石橋幸太郎 譯(1936), 『意味の意味』, 興文社, 東京. 新泉社에서 1967에서 재판.
Osthoff·Brugmann ed.(1878), Hermann Osthoff & Karl Brugmann : *Morphologische Untersuchung en auf dem Gebiete der indogermanischen Sprachen,* Leipzig.
영어역, Lehmann(1967).
Paetow(1914), L. J. Paetow : *The battle of the seven arts*, Berkeley.
Pallas(1787~1789), P. S. Pallas : *Linguarum totius orbis vocabularia*-Comparativa Augustissimae cura Collecta, St. Petersburg.
Palmer(1971), F. Palmer : *Grammar*, Harmondsworth : Penguin Books.
일어역 高橋久 譯(1974), 『グラマー』, 文化評論出版, 東京.
Pandey(1952), *Indian Palaeography,* Indo : Benares.
Papp(1966), Ferenc Papp, *Mathematical Linguistics in Soviet Union.* Mouton, New York~London.
Paul(1880), Hermann Paul : *Prinzipien der Sprachgeschichte*, Berlin.
영어역, Strong(1889), *Principles of the history of language*, London.
일어역, 福本喜之助 譯(1965), 『言語史原理』, 講談社, 東京.
Pauthier(1862), G. Pauthier : "De l'alphabet de P'a~sse~pa", *JA*(*Journal Asiatique,* Paris), sér.V, 19 : 8(Janv, 1862), pp.1~47.
Pedersen(1924), H. Pedersen : *Sprogvidenskaben i det Nittende Aarhundrede : Methoder og Resultater*, Gyldendalske, Köbenhavn.
영어역, J. W. Spargo tr.(1931), *Linguistic science in the nineteenth century : Methods and results*, Cambridge.
Reissued(1962), *The discovery of language*, Indiana univ. Press, Bloomington.
Perrot(1971), Jean Perrot : *La Linguistique,* Que sais~je N. 570, Neuvième edition, Paris.

일어역, 高塚洋太郎, 内海利郎, 滝沢隆幸, 矢島猷三(1973) : 『言語學』, 白水社, 東京.
Peters ed.(1972), S. Peters : *Goals of Linguistic Theory*, Englewood Cliffs, Prentice Hall, NJ.
Pike(1943), Kenneth L. Pike : *Phonetics-A Critical Account of Phonetic Theory, and a Thechnique for the Practical Description of Sounds-*, Univ. of Michigan Press, Ann Arbor.
____(1947a), "Grammatical prerequisites," *Word*, vol. 3, pp.155~172.
____(1947b), *Phonemics ~ A Technical for Reducing Languages to writing*, Univ. of Michigan Press, Ann Arbor.
____(1948), *Tone Languages, -A Technique for Determining the Number and Type of Pitch Contrasts in a Language, with Studies in Tonemic Substitution and Fusion*, Univ. of Michigan Press, Ann Arbor.
____(1952), "More on grammatical prerequisites," *Word*, vol. 8, pp.105~121.
____(1954), *Language in Relation to a Unified Theory of the Structure of Human Behavior*, Mouton, The Hague.
____(1967), *Language in relation to unified theory of structure of human behavior*, Mouton, The Hague.
Pinborg(1967), J. Pinborg : *Die Entwickilung der Sprachtheorie im Mittellater*, Copenhagen.
______(1972), *Logik und Semantik im Mittelalter*, Stuttgart.
Polivanov(1927), E. Д. Поливанов, "K voprosu o rodstevennyx otnošenijax koreikogo i 'altajskix' jazykov" *Izvestija Akademii nauk SSSR*(Series VI, Vol.XXI, Nos. 15-17, Leningrad.
________(1928), *Введение в языкознание для востоковедных вузов.* Ленинград.
________(1931), *За марксистское языкознание*, Москва.
________(1968), *Статьи по общему языкознание*, Москва.
Pomorska(1968), K. Pormorska : *Russian Formalist. theory and its Poetic Ambiance,* Mouton, New York~London.
Poppe(1933), Nicholas Poppe : *Бурят~монгольское языкознание,* Leningrad.
_____(1950), "Review of G. J. Ramstedt's 'Studies in Korean Etymology'," *Harvard Journal of Asiatic Studies* 3.4.
_____(1954), *Grammar of Written Mongolian,* Otto Harassowitz, Wiesbaden.
_____(1957), *The Mongolian Monuments in ḥP'ags~pa Script,* Second Edition translated and edited by John R. Kruger, Otto Harrassowitz, Wiesbaden.
_____(1960), *Vergleichende Grammmatik der Altaischen Sprachen,* Otto Harrassowitz, Wiesbaden.
_____(1965), *Introduction to Altaic Linguistics,* Otto Harrassowitz, Wiesbaden.
_____(1983), *Reminiscences,* Center for East Asian Studies, Western Washington University, Bellingham.
일어역, 下内充·板橋義三 譯(1990), 村山七郎 監修, 『ニコラス·ポッペ 回想錄』, 三一書房, 東京.
Poppe et al.(1964), N. Poppe & L. Hurvitz & H. Okada, *Catalogue of the Manchu-Mongol Section of the Toyo Bunko.* Tokyo : The Toyo Bunko & Washington : The University of Washington Press. Seattle.
Pott(1833~6), August Friederich Pott : *Etymologische Forschungen auf dem Gebeite der indogermanischen Sprachen,* Lemgo.

Pozdněev(1895~1908), A. M. Pozdněev : *Lekcii po istorii mongolskoĭ literaturi̇̆,* vol. I~III, St. Petersburg.
Prémare(1727), J. H. Prémare : *Notítĭa linguae Sinicae*, Hongkong(1883).
Prinsep(1837), J. Prinsep : "Note on the Facsimiles of Inscription from Sanchi near Bhilsa," *JASB*, Vol. VI.
Priscian(500. A.D.), C. Priscianus : *Institutiones grammaticae*, Constantinople.
Propp(1969), В. Я. Пропп, "Морфология сказки". *Изд.* 2~е, Москва.
일어역, 大木伸一 譯(1972), 『民話形態論』, 白馬書房, 東京.
Prúcha(1972), Jan Prucha, *Soviet Psycholinguistics.* Mouton, New York, London.
Puraimond et al.(1979), J. M. Puyraimond & W. Simon & M. R. Séguy; *Catalogue du fonds mandchou. Bibliothèque Nationale,* Paris.
Radford(1981), Andrew Radford : *Transformational Syntax,* Cambridge University Press, London.
한국어역, 서정목·이광호·임홍빈 공역(1985), 『변형생성문법이란 무엇인가』, 을유문화사, 서울.
_______(1988), *Transformational Grammar*, Cambridge University Press, London.
한국어역, 서정목·이광호·임홍빈 공역(1990), 『변형문법』, 을유문화사, 서울.
Ramus(1545), Petrus Ramus : *Scholae grammaticae,* Paris.
Rask(1818), Rasmus K. Rask : "Undersogeles om det gamle nordiske eller islandske sprogs oprindelse," Copenhagen.
Hjelmslev ed.(1932), *Ausgewählte Abhandundlungen* Vol. I, pp.49~51, Levin & Munksgaad, Copenhagen.
_____(1834), *Den Skytiske Sproget, Sammlede filldells forhen utskyte Afandlingen* I, København.
Raza(1963), K. K. Raza : *Indian theory of meaning*, Madras.
Reibel·Schane eds.(1969), D. A. Reibel & S. A. Schane : *Modern studies in English : Readings in transformational grammar*, Prentice-Hall, Englewood Cliff, New Jersey.
Renou(1948~54), Louis Renou : *La grammaire de Pāŋini treduite du sanskrit avec des extraits des commentaires indigénes,* Paris.
______(1966), *La grammaire de Pāŋini traduite du sanskrit avec des extraits des commentaires indigénes*, Revised edition, Ecole Française d"Extrme-Orient, 2v, Paris.
Ridel(1880), Félix-Clair Ridel(李福明) : *Dictionnaire Coréen-Français*(韓佛字典), Yokohama.
____(1881), *Grammaire Coréene*(韓語文法), Yokohama.
Robeets(2005), Martine Robeets : "Is Japanese related Korean, Tungusic, Mongolian?," *Turcologica* 64, Harrassowitz. Wiesbaden.
_______(2015a), *Dictionary of Verb Morphology : Japanese and the Transeurasian Languages*, Mouton de Gruyter, Berlin.
_______(2015b), "Korean and the Transeurasian Type," Chung ed.(2015).
Robey ed.(1973), D. Robey : *Structuralism : an introduction*, Clarendon Press, Oxford.
Robins(1951), Robert Henry. Robins : *Ancient and Mediaeval Grammatical Theory in Europe,* Bell & Sons, London.

______(1967), *A Short History of Linguistics*, Longman, London & New York : Longman Linguistics Library, First published 1967, Second edition 1979, Third edition(1990), 필자가 참고한 것은 Fourth Edition(1997).

______(1971), "Malinowski, Firth, and Context of Situation," E. Ardener ed. *Social Anthropology and Language*, Tavistock, London.

______(1986), "The evolution of English grammar books since the Renaissance," Leitner ed.(1986 : 292~306).

______(1990), 3rd edition, *A Short History of Linguistics*, Longman, London & New York.

일어역, 中村 完·後藤 齊 공역(1992), 『言語學史』, 硏究出版社, 東京. Third edition(1990)의 일어역.

______(1997), 4th Edition, *A Short History of Linguistics*, Longman, London & New York : Longman Linguistics Library, Geoffery Horrocks(Univ. of Cambridge), David Denison(Univ. Manchester) eds. London.

Rocher(1964), R. Rocher : "'agent' et 'object' chez Pāṇini," *JAOS* 84, pp.44~54.

Roos(1952), H. Roos : "Die modi significandi des Martinus de Dacia", *Beiträge sur Geschichte der Philosophie und Theologie der Mittelalters,* 37-2.

Rosier(1983), I. Rosier : *La grammaire spéculative des Modites*, Lille.

Rousseau(1822), Jean Jacque. Rousseau : "Essai sur l'origine de langues ou il est parle de la Melodie et de L'imitaton Musi-cale", *Oeuvre de J. J. Rouseau,* Paris, Vol. 13, pp.163~257.

일어역, 小林善彦 譯(1970), 『言語起源論』, 現代思潮社, 東京.

Rowe(1974), J. H. Rowe : "Sixteenth and seventeenth century grammars," Hymes ed.(1974)

Salomon(1998), R. Salomon : Indian Epigraphy : *A Guide to the Study of Inscription in Sanskrit, Prakrit and the Other Indo-Aryan Languages*, Oxford Univ. Press, New York.

Salus(1969), P. H. Salus : *On Language, Plato to von Humboldt*, Holt, Rinehart & Winston, Inc., Ney York.

Sampson(1980), Geoffrey Sampson : *Schools of Linguistics*, Stanford university Press, Stanford.

______(1985), *Writing Systems—A linguistic introduction—*, Hutchinson, London.

Sander(1968), L. Sander : *Paläographisches zu den Sanskrithandschriften der Berliner Turfansammalung,* Steiner, Wiesbaden.

______(1983), "Einige neue Aspekte zur Entwicklung der Brāhmī in Gilgit und Bamiyan," in K. Röheborn & W. Veenker eds. *Sprachen des Buddhismus in Zentralasien*, Harrassowitz, Wiesbaden, pp.113~124.

______(1986), "Brāhmī scripts on the Eastern Silk Roads," *Studien zur Indologie und Iranistik,* 11/12, pp.159~192.

______(1989), "Remarks on the Formal Brāhmī of Gilgit, Bāmiyān, and Khotan," in K. Jettmar ed. *Antiquities of Northern Pakistan. Report and Studies*, Vol. 1 : *Rock Inscriptions in the Indus Valley*(Phillipp von Zabern, Mainz), Text 107~130, Plates 196~207.

Sandys(1921), J. H. Sandys : *History of classical scholarship*(third edition), Cambridge.

Sansom(1928), G.S. Sansom : *An historical grammar of Japanese,* Oxford.

Sanctius(1587), Sanchez Sanctius : *Minerva seu de causis linguae Latinae*, Amsterdam.
Sapir(1907~8), Edward Sapir : "Herder's 'Ursprung der Sprache'," *Modern Philology*, no. 5, pp.109~142.
____(1921), *Language, An Introduction to the study of speech*, Harcourt, New York.
일어역, 木坂千秋 譯(1943), 『言語 — ことばの研究序說』、刀江書院, 東京 : 泉井久之助 譯(1957), 『言語 — ことばの研究』, 紀伊国屋書店, 東京.
____(1925), "Sound patterns in language," *Language* vol. 1, pp.37~51.
Mandelbaum ed.(1949)에 재수록.
일어역, 木坂千秋 譯(1957), 『英語音韻論』(東京 : 研究社), 英語ライブラリー 10, pp.20~39.
黑川信一 譯注(1958), 『音聲構造の型』(東京 : 大修館), 英語教育シリズ 11, pp.26~48.
____(1929), "The status of linguistics as a science," *Language* vol. 5, pp.207~214.
____(1933), "La réalité pschologique des phonèmes," *Journal de pschologie normale et pathologique*, No. 30, pp.247~265.
일어역, 黑川信一 譯注(1958), 『音素の心理的存在』, 英語教育シリズ 11, 大修館, 東京 pp.26~48.
Śāstrī(2005), Bhīmasena Śāstrī : *Laghusiddhāntakaumudī-Bhaimī Prakāśana*, Dilli. Fifth edition.
Šaumjan(1958), Г. Cаумиан : *Strukturnaja lingvistika kak immanentnaja teorija jazyka,* Moskva.
Saussure(1879), Ferdinand de Saussure; *Mémoire sur le systéme primitif des voyelles dans les langues indo-europiennes*, Leipzig.
_______(1880), *De l'emploi du génitif absolu en sanscrit,* Leibzig대학 박사학위 논문.
_______(1916), *Cours de la linguistique générale, Geneva.* 정식 출판은 아님.
일어역, 小林英夫 譯(1928), 『言語學原論』, 岩波書店, 東京 개정본 1940, 2000.
독어역, Lommel tr.(1931), H. Lommel : *Grundfragen der allgemeinen Sprachwissenschaft*, Berlin.
_______(1931), *Cours de la linguistique générale,* Leipzig.
_______(1949), *Cours de la linguistique générale,* Payot, Paris. 4th edition에서 인용.
영어역, Baskin tr.(1959), W. Baskin : *Course in General Linguistics*, Philosophical Library, New York.
한국어역, 최승언 역(1990), 『일반언어학강의』, 민음사, 서울.
_______(1967), *Cours de linguistique générale,* kritische Ausgabe von Rudolf Engler, Otto Harrasowitz, Wiesbaden.
_______(1972), *Cours de linguistique générale, édition critique préparée par Tullio de Mauro*, Payot, Paris.
일어역, 山內貴美夫 譯(1976), 『ソシュ~ル~一般言語學講義校注』、而立書房、東京.
_______(1993), *Troisieme Cours de la linguistique générale*(1910~1911), d'après les cahiers d'Emile Constantin, Pergamon, Paris.
일어역, 相原奈津江·秋津伶(2003), 『一般言語學三回講義』, エデイット·パルク, 京都.
한국어역, 김현권 역(2021), 『소쉬르의 1·2·3차 일반언어학강의』, 그린비, 서울.
Scaliger(1602), Joseph C. Scaliger : *De causis linguae Latinae*, Rome.
Schaade(1911), A. Schaade : *Sibawaihi's Lautlehre*, Leiden.
Schane(1973), Sanford A. Schane; *Generative Phonology, Evolution and Current Practice*, Holt, Rinehart

and Winston, New York.

Scherer(1868), W. Scherer : *Zur Geschichte der deutchen Sprache,* Berlin.

Schlegel(1795), A. W. Schlegel : "Briefe über Poesie, Silbenmass und Sprache," *Kritische Schriften und Briefe,* Vol. I, *Sprache und Poetik,* W. Kohlhammer, Stuttgart. 1963.

Schlegel(1808), F. Schlegel : *Über die Sprache und Weisheit der Indier,* Mohr und Zimmer, Heidelberg.

Schleicher(1871), August Schleicher : *Compendium der vergleichenden Grammatik der Indogermanischen Sprachen,* Hermann Böhlau, Weismar.

Schmidt(1829), I. J. Schmidt : *Geschichte der Ost~Mongolen und ihres Fürstenhauses verfasst von Ssangnang Ssetsen Chungtaischi,* St. Petersburg~Leipzig.

Shčerba(1957), Л. В. Щерьа, "И. А. Бодуэн де Куртенэ и его значение в науке о языке," *Избранны е работы по русскому языку,* Москва.

______(1974), *Языковая система и речевая деятелыность.* Москва.

Sechehaye(1908), A. Sechehaye : *Programme et méthodes de la linguistique théorique, Psychologie du langage,* Geneva.

Sebeok ed.(1963), Th. A Sabeok : *Current trends in linguistics,* Vol. I, *Soviet and East European linguistics,* Mouton, The, Hague.

________(1969), *Current trends in linguistics,* vol. 5. The Hague.

Sechehaye(1908), A. Sechehaye : *Programme et méthodes de la linguitique théorique, Psychologie du langage,* Paris, Leipzig, Geneva.

________(1926), *Essai sur la structure logique de la phrase,* Champion, Paris.

Sims-Williams(1996), N. Sims-Williams : "The Sogdian manuscripts in Brāhmī script as evidence for Sogdian phonology," in Emmerick et al. eds.(1996 : 307~315).

Sivaramurti(1952), C. Sivaramurti : *Indian Epigraphy and South Indian Script,* Madras.

Sievers(1876), E. Sivers : *Grudzüge der Lautphsiologie : zur Einführung in das Stadium der Lautlehre der indo-germanischen Sprache,* Leipzig.

Sledd(1959), J. Sledd : *A Short Introduction to English Grammar,* Scott, Foresman & Co., Chicago.

Spencer(1996), Andrew Spencer : *Phonology,* Blackwell, Oxford.

Staal(1969), J. F. Staal : "Sanskrit philosophy of language," Sebeok ed.(1969), vol. 5, pp.499~531.

____ ed.(1972), *A Reader on the Sanskrit Grammarians,* Studies on Linguistics 1, Cambridge & London.

Stalin(1950), Иосиф Виссалионович Сталин, "Марксизм и ьопросы языкознания," *Прауда* 1950. 6.20.

우리말 역(1965), 『스탈린선집』, 3, 평양 : 조선로동당 출판사, 평양.

Stankiewicz(1976), E. Stankiewicz : *Baudouin de Courtenay and the foundations of structural linguistics,* Lisse.

Starostin·Dybo·Mudrak(2003), Sergei Starostin & Anna Dybo & Oleg Mudrak : *The Etymological Dictionary of the Altaic Languages.* E. J. Brill, Leiden.

Stary(1985), G. Stary; *Oper Mancesi in Italia e in Vaticano,* Otto Harrassowitz, Wiesbaden.

Steinberg·Jakobovits eds.(1971), D. D. Steinberg & L. A. Jakobovits : Semantics : *An interdisciplinary*

reader in philosophy, linguistics and psychology, Cambridge univ. Press, Cambridge.
Steinthal(1850), H. Steinthal : *Classification der Sprachen*, Berlin.
________(1855), *Grammatik, Logik und Psychologie, ihre prinzipien und ihre verhältnise zu einander*, Berlin.
________(1890), *Geschichte der Sprachwissenschaft bei den Griechen und Römern*(2nd edition), Berlin.
Sweet(1877), Henry Sweet : *Handbook of Phonetics*, London.
_____(1890), *Primer of phonetics*, Oxford.
_____(1891~98), *A new English gramma*, London.
_____(1952), *A new English gramma*, 2 vols. Clarendon Press, Oxford.
Taylor(1883), Isaac Taylor : *The alphabet*, London.
Tenjakov·Jakobson(1928), Ю. Н. Тынянов и Р. О. Якобсон; "Проблемы изучения литратуры и языка." Новый *Леф*, No. 12.
일어역, 新谷敬三郎·磯谷 孝 編譯(1974), 'ツヴェタン·トドロフ 'フォルマリズムと未來派', 『藝術俱樂部』, 1974年 1~2號 및 『ロシア·フォマリズム論集』 現代思潮社, 東京.
Theme(1935), P. Theme : *Pāṇini and the Vedas,* Allahabad.
______(1957), "Pāṇini and the pronunciation of Sanskrit," E. Pulgram ed. Studies presented to Joshua Whatmough, The Hague, pp.263~270.
Togeby(1951), K. Togeby : Sreucture immanente de la langue française, *TCLC* vol. 4, Copenhagen.
______(1965), reissued, Larousse, Paris.
Thomas(1350), Thomas of Erfurt(Duns Scotus) : *Grammatica speculativa*,(Bursill-Hall ed. 1972).
Thomsen(1902), Vilhelm L. P. Thomsen : *Sprogvidenskabens historie*, Copenhagen.
일어역, 泉井久之助·高谷信一 共譯(1937), 『言語學史』, 弘文堂, 東京. 1953 재판.
Thompson(1971), M. Thompson : *Russian Formlism and Anglo~American New Criticism*. Mouton, New York~London.
Togeby(1951), K. Togeby : Structure immanente de la langue française, *TCLC* 4. Copenhagen. 1965, Larousse, Paris.
Trager(1949), George L. Trager : *The Field of Linguistics,* Batternburg Press, Norman, UK.
Trager·Smith(1951), G. L. Trager & H. L. Smith, Jr. : *An outline of English structure*, Battenburg, Washington D.C.
Thrax(120. B.C.), Dionysus Thrax : *Τέχνη γραμματική, Téchnē Grammatikē,* Alexandria.
Trečakov(1923), С. М. Третьяков : "Откуда и куда," *Леф,* No. 1.
일어역, 桑野 隆 譯(1979), 『資料, 世界プロレタリア文學運動』 第1卷, 三一書房. 東京.
Trnka et al.(1958), B. Trnka and Others : "Prague structural linguistics," Vachek ed.(1964), pp.468~480.
Trombetti(1905), Alfredo Trombetti : *L'unita d'origine del linguaggio*, Bologna.
Trubetzkoy(1936), Nikolai Sergejevič Trubetzkoy : "Gedanken über das Indo~germanen problem," *Acta Linguistica* 1~2, Copenhagen.
_________(1939), *Grundzüge der Phonologie*, Travaux de Circle linguistique de Prague VIII, 2 aufl.
프랑스어역, J. Cantineau tr.,(1949), *Principes de phonologie,* Paris.

영어역, C, Baltax tr.,(1969), *Principles of Phonology,* Berkeley & Los Angeles.
한국어역, 한문희 역,『음운학 원론』, 대우학술총서 번역 35, 민음사, 서울.
_________(1975), *N. S. Trubetzkoy's Letters and Notes,* Mouton, New York.
Twaddell(1935), William Freeman Twaddell : "On defining the phoneme," *Language Monograph.* No. 16. In Joos ed.(1957), pp.55~79.
Unger(1975), Marshall J. Unger : "Studies in Early Japanese Morphophonemics." Ph.D. Dissertation, Yale University.
_____(2008), *The Role of Contact in the Origins of the Japanese and Korean Languages,* University of Hawai'i Press, Honolulu.
Vachek(1966~80), Josef Vachek : *Prague Studies in Mathematical Linguistics*(series vol. 1~6), Indiana Univ. Press, Bloomington.
______(1970), *The Linguistic School of Prague. An introduction to its theory and practice,* Indiana University Press, Bloomington.
Vachek ed.(1964), Josef Vachek : *Prague School Reader in Linguistics,* Indiana Univ. Press, Bloomington.
Valla(1471), L. Valla : *De linguae Latinae elegentia,* Venice.
Varo(1703), Francisco Varo : *Arte de la lengua mandarina,* Canton.
Varro(1C. B.C.), Marcus. Terentius Varro : *De Lingua Latina libiri,* Rome.
Vasu(1897), Srisa Chandra Vasu : *The Astadhyaya,* Benares, India.
Vendryes(1921), J. Vendryes : *Le langage, introduction linguistique à l'histoire,* Michel, Paris.
영어역, P. Radin tr.(1952), *Language, a linguistic introduction to history,* Routledge & Kegan Paul, London.
일어역, 藤岡勝二 譯(1942),『言語學概論』, 刀江書院, 東京.
Verezin(1968), Ф. М. Березин; "Очерки по истории языкознания в России,"(*конец XIX~начало X в.*), Москва.
_____(1975), *История лингвистистических учений.* Москва.
_____(1976), *Русское языкознание конца XIX~~начала XX в.*, Москва.
Verner(1877), Karl Verner : "Eine Ausnahme der ersten Lautverschiebung," *Zeitschrift für vergleichende Sprachforschung auf dem Gebeite der der indogermanischen Sprachen* 23, 2, pp.97~130.
Vladimircov (1929), *Сравителъная грмматика монголъского письме-нного языка и халхаского наречия, Vvedeni i fonetica,* Leningrad.
Vološinov(1976), V. N. Vološinov; *Freudianism; A Marxist Critic.* Academic Press, Moskva.
Vossler(1904), Karl Vossler : *Positvismus und Idealismus in der Sprachwissenschaft,* Heidelberg.
Vostokov(1829), A. X. Vostokov : *Rassuždenie o slavjanskom jazyke,* Moskva.
Vovin(1993), Alexander Vovin, "About the phonetic value of the Middle Korean grapheme Δ," B*ulletin of the School of Oriental and African Studies,* IV I.2 : pp.247~259.
_____(1993), "Notes on Some Japanese-Korean Phonetic Correspondences," In *Japanese/Korean Linguistics,* ed. Sonnja Choi, 3, pp.338~350, Stanford Center for the Study of Language and Information, Stanford University.

_____(1994), Genetic affiliation of Japanese and methodology of linguistic comparison,' *Journal de la Société Finno-Ougrienne,* No.85 : pp.241~256.
_____(1995), "Once again on the accusative Marker in Old Korean," *Diachronica* 12.2 pp.223~236.
_____(2003), "Once Again on Lenition in Middle Korean," *Korean Studies* XVII : pp.85~107.
_____(2005a), *A Descriptive and Comparative Grammar of Western Old Japanese.* Vol. 1 : Phonology, Script, Lexicon, and Nominals. Global Oriental, Kensington.
_____(2005b), "The End of the Altaic Controversy." *Central Asiatic Journal* 49.1.
_____(2010), *KOREO-JAPONICA-A critical study in the language relationship*, Univ. of Hawai'i Press, Honolulu.
Wallis(1653), J. Wallis : *Grammatica linguae Anlicanae*, Oxford.
Waterman(1963), J. T. Waterman : *Perspective in Linguistics,* Univ. of Chicago Press, Chicago.
Wells(1947), R. S. Wells : "De Saussure's system of linguistics," *Word* 3, pp.1~31.
Wenker(1876), Georg Wenker : *Deutscher Sprachatlas*는 미완성.
_______(1926), *Sprachatlas des Deutschen Rechtes, Deutscher Sprachatlas*의 축소판.
Whitney(1867), W. D. Whitney : *Language and the study of language,* Charles Scribner, New York.
_______(1875), *The life and growth of language*, Appleton, New York.
일어역, 保科考一(1899) 초역,『言語發達論』, 富山房, 東京.
Wilkins(1806), C. Wilkins : *Grammar of the Sanskrit*, London.
Wundt(1900~1920), Wilhelm Wundt : *Völkerpsychologie : Erster Band : Die Sprache*, 3rd ed., 1911, Leipzig.
Zveguncev(1960), V. A. Zvegincev : *Istoria ja jazykoznania XIX i XX vekov v ocerkax i izvlecenijax,* vol. 1,2, Moskva.

일문논저(저자명의 假名 五十音圖 순)

石川謙·石川松太郎(1967~74),『日本教科書大系』, 第1~15, 講談社, 東京.
石川松太郎(1978),『藩校と寺子屋』, 教育社, 東京.
入矢義高(1973), 陶山信男 :『朴通事諺解·老乞大諺解語彙索引』序, 采華書林. 台北.
江田俊雄(1929),『郷札及び吏讀の研究』, 京城帝國大學 文學部 紀要 第一, 京城帝大, 京城.
_______(1935), "三韻通考及び增補三韻通考に就いて",『藤岡博士公的記念言語學論文集』, 京城.
_______(1934), "朝鮮語譯佛典に就いて,"『青丘學叢』(青丘學會), 第15號(昭和 9年 2月號), 江田俊雄(1977)에 재록.
_______(1936a), "釋譜詳節と月印千江之曲と月印釋譜,"『朝鮮』(朝鮮總督府), 第255號(昭和11년 9月2日號), 江田俊雄(1977)에 재록.
_______(1936b), "李朝刊經都監と其の刊行佛典,"『朝鮮之圖書館』, 第5巻 第5號(昭和 11年 10月號). 江田俊雄(1977)에 재록.
_______(1977), 國書刊行會編『朝鮮佛教史の研究』, 昭和 52(1977), 東京.
太田辰夫(1953), "老乞大の言語について,"『中國語學研究會論集』第1号.
_______(1954), "漢児言語について,"『神戸外大論叢』, 5-3.
_______(1987),『中國語歷史文法』中文版(日文原版 : 1958), 北京大學出版社, 北京.

_______(1991),『漢語史通考』中文版(日文原版：1988), 重慶出版社, 重慶.
太田辰夫·佐藤晴彦(1996),『元版 孝經直解』, 汲古書院, 東京.
大矢透(1918),『音圖及手習詞歌考』, 大日本圖書株式會社, 東京.
小倉進平(1940),『增訂朝鮮語學史』, 刀江書院, 東京.
興津達朗(1976),『言語學史』, 英語學大系 14, 大修館書店, 東京.
尾崎雄二郎(1962), "大英博物館本 蒙古字韻 札記,"『人文』, 제8호, pp.162~180.
龜井 孝·河野六郎·千野榮一(1988),『言語學大辭典』, 第1卷「世界言語編」上, 三省堂, 東京.
干瀉龍祥(1920), "梵文古寫經雜報,"『哲學年譜』(九州大學), 2집.
岡教 邃(1910), "朝鮮華藏寺の梵夾と印度指空三藏法,"『宗教研究』, 新 3-5, pp.140~152.
金文京(2011, "日韓訓讀史の比較 ― その共通點と相違點 ―," 麗澤大學 第3回「日韓訓讀ジンポジウム」, 平成 23年 10月29日, 麗澤大學 廣池千九郎記念講堂 2層 大會議室.
金文京 外(2002),『老乞大ー朝鮮中世の中國語會話讀本ー』, 金文京·玄幸子·佐藤晴彦 譯註, 鄭光 解說, 東洋文庫 699, 平凡社, 東京.
金文京 編(2021),『漢字を使った文化はどう広がっていくのか ー 東アジアの漢字漢文文化圈ー』、文學通信, 東京.
桑野 隆(1975), "ポードアン ド クルトネについて,"『言語における思想性と技術性』, 朝日新聞社, 東京.
______(1978), "バフチーンの對話をめぐて,"『未來』, 1978年 1月號, 2月號.
______(1979),『ソ連言語理論小史 ~ ポードアン ド クルトネからロシア·フオルマリズムへ』, 三一書房, 東京.
______ 譯(1975),『シクロフスキ 他'レーニンの言語'』, 三一書房, 東京.
______ 譯(1976),『ヴォロシノフ·バフチ~ン 'マルクス主義と言語哲學'』, 未來社, 東京.
______ 譯(1979a),『ソ連言語理論小史,-ボ-ドアン·ド·クルトネからロシア·フォルマリズムへ-』, 三一書房, 東京.
______ 譯(1979b),『ヴォロシノフ バフチ ― ン 'マルクス主義と言語哲學'』, 未來社, 東京.
______ 譯(1989),『マルクス主義と言語哲學』, 未來社, 東京.
河野六郎·千野榮一·西田龍雄(1989) 編：『言語學 大辭典』 上·中·下, 三省堂, 東京.
______________________(2001) 編：『言語學 大辭典』 別卷「世界文字辭典」, 三省堂, 東京.
白鳥庫吉(1897a), "日本書記に見える朝鮮語の解釋,"『史學雜誌』, 第8編 第6號, 東京.
_______(1897b), "諺文,"『史學雜誌』, 8-1.
_______(1914~6), "朝鮮語とUral~Altai語との比較研究,"『國學院雜誌』, 4~2.3.5(1914), 5~1.2.3.(1915), 6~2.3(1916),『白鳥庫吉全集』(1970)에 재록됨. 東京.
_______(1915), "言語上より觀たる朝鮮人種,"『人類學雜誌』, 30~8, 東京.
_______(1970),『白鳥庫吉全集/朝鮮史研究』, 岩波書店, 東京.
荻原雲來(1915),『實習梵語學』, 明治書院, 東京.
志村良治(1995),『中國中世語法史研究』(中文版), 中華書局, 北京.
高橋愛次(1974),『伊呂波歌考』, 三省堂, 東京.
田久保周譽(1944),『批判悉曇學』, 平河出版社, 東京.
_________(1981),『梵字 悉曇』, 補筆：金山正好, 平河出版社, 東京.
田中謙二(1961), "蒙文直譯体における白話について," 京都大學人文科學研究所 元典章研究班排印本：『元典章の

文體』(校定本 元典章 刑部第1冊 附錄), 京都, pp.4~52.
________(1962), "元典章における蒙文直譯體の文章", 『東方學報』(京都大學人文科學硏究所), 第32冊, pp.47~161.
________(1964), "元典章文書の構成," 『東洋史硏究』(일본 東洋史硏究會), 23~4號, 이 논문은 京都大學 人文科學硏究所 元典章硏究班排印本 『元典章の文體』(校定本 元典章 刑部 第1冊 附錄), pp.187~224에 재록됨.
內藤湖南(1907), 『日本滿州交通略說』, 五山講演集, 東京.
長澤規矩也(1933), "元刊本成齋孝經直解に關して," 『書誌學』(日本書誌學會), 第1巻 第5号, 『長澤規矩也著作集』 第3巻 「宋元版の硏究」 所収.
長澤規矩也·阿部隆一(1933), 『直解孝經』, 吉川弘文館, 東京.
西田龍雄(1964~66), 『西夏語の硏究 — 西夏語の再構成と西夏文字の解讀』 I.II, 座右寶刊行會, 東京.
______(1981~3), 『西夏語韻圖<五音切韻>の硏究』 상·중·하, 「京都大學文學部硏究紀要」 No. 20~22, 京都
______(1997), 『西夏王國の言語と文化』, 岩波書店, 東京.
______(1998), 『西夏語硏究新論』, 古稀記念會, 京都.
西田龍雄 編(1981), 講座 言語 第5巻 『世界の文字』, 大修館書店, 東京.
花登宏正(1973), "「古今韻會擧要」 反切考 — とくに反切上字について —," 『東方學』(東方學會) 第58輯, pp.93~112.
________(1983), "「禮部韻略七音三十六母通攷」 聲母攷," 『伊地智善繼, 辻本春彦兩教授退官紀念 中國語學文學論集』 東方書店, 東京, pp.259~277.
________(1997), 『古今韻會擧要硏究 — 中國近世音韻史の一側面 — 』, 汲古書院, 東京.
服部四郎(1946), 『元朝秘史の蒙古語を表はす漢字の硏究』, 龍文書局, 東京.
________(1948), "日本語と琉球語, 朝鮮語, アルタイ語との親族關係," 『民族學硏究』, 13~2.
________(1984a), "パクパ字(八思巴字)について ~ 特にeの字とėの字に関して ~(一)" "On the ḥPhags~pa script ~ Especially Concerning the letters e and ė ~(I)", 1984년 5월에 완성한 논문을 服部四郎(1993 : 216~223)에서 재인용.
________(1984b), "パクパ字(八思巴字)について ~特にeの字とėの字に関して~(二)" "On the ḥPhags~pa script ~ Especially Concerning the lettes e and ė ~(II)" 1984년 6월에 완성한 논문을 服部四郎(1993 : 224~235)에서 재인용.
________(1984c), "パクパ字(八思巴字)について ~再論~" "On the ḥPhags~pa script ~ the Second Remarks ~" 1984년 10월에 완성한 논문을 服部四郎(1993 : 236~238)에서 재인용.
________(1986), "元朝秘史蒙古語の/o/および/ö/に終わる音節を表わす漢字のシナ語音の簡略ローマ字轉寫," "The Broad Roman Transcription of the Chinese Sounds of the Chinese Characters Representing the Mongolian Syllables Ending in ~o in the Yüan~ch'ao Mi~shih," 1986년에 완성한 논문을 服部四郎(1993), 제2권 pp.202~227에서 재인용.
________(1993), 『服部四郎論文集』, 巻3, 三省堂, 東京.
服部四郎 編(1978), 『ロマ~ン·ヤ~コブソン選集 2』, 大修館書店, 東京.
林 榮一·小泉 保 編(1988), 『言語學の潮流』, 勁草書房, 東京.
福井久藏 編(1939), 『以呂波字考錄』, 東京.
藤塚 鄰(1929), "高麗版龍龕手鏡解說," 影印本 『高麗版龍龕手鏡』, 京城帝國大學法文學部, 京城.
藤本幸夫(1996), "高麗大藏經と契丹大藏經について、" 『中國佛教石經の硏究』, 京都大學學術出版會, 京都.
________ 編(2015), 『龍龕手鏡(鑑) 硏究』, 麗澤大學出版會, 柏市.

馬淵和夫(1962~65), 『日本韻學史の研究 I~III』, 日本學術振興會, 東京.
松下大三郎(1899), "日本俗語文典," 『國文學界』, 東京.
_________(1907), 『漢譯日本口語文典』, 東京.
_________(1928), 『改撰標準日本文法』, 紀元社, 東京.
_________(1930), 『標準日本口語法』, 中文館書店, 東京.
山口瑞鳳(1976), "『三十頌』と『性入法 』の成立時期をめぐって," 『東洋學報』, 第57號.
宮崎市定(1946), 『科擧』, 秋田屋, 東京.
________(1987), 『科挙史』, 平凡社, 東京.
山田孝雄(1908), 『日本文法論』, 宝文館, 東京：大阪.
________(1936), 『日本文法學概論』, 宝文館, 東京：大阪.
吉池孝一(2004), "跋蒙古字韻 譯註," 『KOTONOHANA』(古代文字資料館), 22号 pp.13~16.
吉川幸次郎(1953), "元典章に見える漢文吏牘の文體," 『東洋史研究』(일본 東洋史研究會), 제23권 제4호, pp.1~161, 『校定元典章刑部』 第一冊 附錄에서 인용.

중문 논저(저자명의 우리 한자음 가나다순)

顧 實(1925), 『中國文字學』, 商務印書館, 北京.
_____(1977), 『中國文字學』, 臺灣商務印書館, 臺北.
金光平·金啓綜(1980), 『女眞語言文字研究』, 文物出版社, 北京.
金毓黻(1934a), 『渤海國志長編』, 金氏千華山館著鉛印, 遼陽. 金毓黻(1980)에서 활자 인쇄.
______(1934b), 『遼陵石刻集錄』, 國立奉天圖書館, 奉天.
______(1946), 『宋遼金史』, 商務印書館, 北京.
______(1980), 『渤海國志長編』, 社會科學前線 雜誌社, 北京. 金毓黻(1934a)의 활자본.
霍明琨(2013), 『东北史坛巨擘金毓黻≪静晤室日记≫研究』 黒龙江大学出版社, 哈介濱.
羅常培(1965), 『漢語音韻學導論』, 太平書局, 香港.
羅常培·蔡美彪(1959), 『八思巴文字與元代漢語』 [資料汇編], 科學出版社, 北京.
寧忌浮(1992), "蒙古字韻校勘補遺", 『內蒙古大學學報』(1992.8), pp.9~16.
______(1994), "『蒙古字韻』與『平水韻』," 『語言研究』(1994.2), pp.128~132.
董同龢(1968), 『漢語音韻學』, 文史哲出版社, 台北.
한국어 역, 공재석(1975), 『漢語音韻學』, 汎學圖書, 서울.
______(1969), 『上古音韻表稿』 第18本 第1分冊. 國立中央研究院歷史語言研究所 刊, 上海.
______(1979), 『中國語音史』, 華岡出版有限公司, 台北.
潘重規(1988), 『龍龕手鑑新編』, 中華書局, 北京.
蘇啓慶(1994), "元代蒙古人的漢學," 蘇啓慶, 『蒙元史新研』, 允晨文化公司, 台北, pp.95~216.
蘇振申 總編校(1980), 『中國歷史圖說』,(一)「先史時代」, 民國68년(1980), 新新文化出版社有限公司, 台北.
林 燾(1987), "北京官话溯源," 『中国语文』(中国语文杂志社, 北京), 1987-3, pp.161~169.
呂叔湘(1985), 『近代漢語指代詞』, 學林出版社, 上海.
______(1987), "朴通事里的指代詞," 『中國語文』(中國語文雜誌社), 1987-6, 北京.
余志鴻(1983), "元代漢語中的後置詞 '行'," 『語文研究』, 1983~3, 北京, pp.1~10.

_____(1988), "蒙古秘史的特殊語法,"『語文研究』, 1988~1, 北京.
_____(1992), "元代漢語的後置詞系統,"『民族語文』, 1992~3, 北京.
王 力(1958),『漢語史稿』, 科学出版社, 北京.
_____(1978),『漢語詩律學』, 中華書局, 香港.
_____(1985),『漢語語音史』, 社会科学出版社, 北京.
_____(1994), 再版『漢語詩律學』, 中華書局, 香港.
魏國忠·朱國沈·郝慶云(2006),『渤海國史』, 동북아역사재단 번역본, 동북아역사재단, 서울.
李强(1982), "論渤海文字,"『學習與探索』, 1982년 제5기, pp.119~130.
李德啓(1931), "滿洲文字之起源及其演變,"『國立北平圖書館刊』, 5卷 6期(民國 20년 11~12월), 뒤에서 pp.1~18, 도표 16.
李得春(1988), "『四聲通解』 今俗音初探,"『民族語文』, 1988~5, 北京, pp.29~41.
李永海(1987),『隨軍紀行譯註』, 中央民族學院出版社, 北京.
蔣紹愚(1994),『近代漢語研究概況』, 北京大學出版社, 北京.
張 帆(2002), "金朝路制再檢討一兼論其在元朝的演變一",『燕京學報』(燕京研究院), 2002~12, pp.99~122.
江愼修·孫國中(1989), 點校『河洛精蘊』, 學苑出版社, 北京.
鄭再發(1965),『蒙古字韻跟跟八思巴字有關的韻書』, 臺灣大學文學院文史叢刊之十五, 台北.
鄭賢章(2004),『龍龕手鏡研究』, 湖南師範大學出版會, 長沙.
照那斯图(1981),『八思巴字百家姓校勘』, 中國社會科學院出版社, 北京.
_______(1988), "有關八思巴字母ė的几个問題,"『民族語文』, 1988~1, 北京, pp.1~17. 이 논문은 1987년 9월 25일에 열린 내몽고대학 국제학술토론회에서 발표한 논문이다.
_______(2001), "<訓民正音>的借字方法,"『民族語文』(社會科學院民族研究所), 第3期, pp.336~343.
_______(2003),『新編 元代八思巴字 百家姓』, 文物出版社, 北京.
_______(2008), "訓民正音基字與八思巴的關係,"『훈민정음과 파스파문자 국제학술 Workshop』(International Workshop on Hunminjeongeum and hPags~pa script), pp.39~44.
照那斯图·宣德五(2001a), "訓民正音和八思巴字的關係探究一正音字母來源揭示一,"『民族語文』(중국社會科學院民族研究所), 第3期, pp.9~26.
___________(2001b), "<訓民正音>的借字方法,"『民族語文』(社會科學院 民族研究所), 第3期, pp.336~343.
照那斯图·薛磊(2011),『元國書官印汇釋』(中國蒙古學文庫), 遼寧民族出版社, 沈陽.
照那斯图·楊耐思(1984), "八思巴字研究,"『中國民族古文字研究』(中國民族古文字研究會), pp.374~392.
____________(1987),『蒙古字韻校本』, 民族出版社, 北京.
趙展(1985), 河内良弘 譯, "中國における滿洲學の復興について,"『天理大學報』(天理大學), 第145輯.
周法高(1973),『漢字古今音彙』, 香港 中文大学, 香港.
周有光(1989), "漢字文化圈的文字演變,"『民族語文』(民族研究所), 1989~1(1989年第1期) pp.37~55.
陳慶英(1999), "漢文'西藏'一詞的來歷簡說,"『燕京學報』(燕京研究院, 北京大學出版社) 新六期(1999년 5월) pp.129~139.
陳乃雄(1988), "契丹學研究述略,"『西田龍雄還曆記念東アジアの言語と歷史』, 松香堂, 京都.
陳 垣(1928), "史諱挙例,"『燕京大學 燕京學報』(燕京大學燕京學報編輯委員會), 第4期(民國17年 12月), pp.537~652.
_____(1928),『史諱挙例』, 燕京大學燕京學報編輯會, 北京.

이것은 『燕京學報』 第4期(民國17年 12月) pp.537~651를 단행본으로 한 것임.
_____(1996), “元西域人華化考,” 劉夢溪 編, 『中國現代學術經典·陳垣卷』, 河北教育出版社, 石家莊.
淸格爾泰(1997), “關於契丹文字的特點,” 『아시아 諸民族의 文字』(口訣學會 編), 태학사, 서울.
淸格爾泰 外(1985), 淸格爾泰·劉鳳翥·陳乃雄·于寶林·邢复禮 : 『契丹小字硏究』, 中國社會科學出版社, 北京.
洪金富(1990), 『元代蒙古語文的敎與學』, 蒙藏委員會, 台北.
黃征(2005), 『敦煌俗字典』, 上海敎育出版社, 上海.

찾아보기_제1부 동양의 언어 연구

ㄱ

ㄴ

ㄷ

ㅂ

ㅇ

ㅊ

ㅎ

저자 **정 광**
서울대학교 문리과대학 국어국문학과 졸업
고려대학교 문과대학 국어국문학과 명예교수

동·서양 언어학사 I
제1부 동양의 언어 연구

초판 1쇄 인쇄 2024년 2월 16일
초판 1쇄 발행 2024년 2월 28일

저　　자 정 광
펴 낸 이 이대현

편　　집 이태곤 권분옥 임애정 강윤경
디 자 인 안혜진 최선주 이경진
마 케 팅 박태훈 한주영

펴 낸 곳 도서출판 역락
주　　소 서울시 서초구 동광로 46길 6-6(반포4동 문창빌딩 2F)
전　　화 02-3409-2060(편집부), 2058(영업부)
팩　　스 02-3409-2059
등　　록 1999년 4월 19일 제303-2002-000014호
이 메 일 youkrack@hanmail.net
홈페이지 www.youkrackbooks.com

ISBN 979-11-6742-703-8 94700
979-11-6742-701-4 (전2권)